한국전쟁의 발발과 기원 ①

결정과 발발

나남
nanam

저자 약력

박명림

고려대학교 졸업. 정치학 박사.
고려대학교 아세아문제연구소 북한연구실장 및
하버드대학교 하버드-옌칭연구소 협동연구학자 역임.
현재 연세대학교 지역학 협동과정 교수.

《한국전쟁의 발발과 기원》Ⅰ·Ⅱ, 《한국 1950: 전쟁과 평화》,
《戰爭と平和: 朝鮮半島 1950》, 《역사와 지식과 사회》,
《다음 국가를 말하다》(공저) 등.

〈월봉 한국학상〉(1997), 〈90년대의 책 100〉(1999),
〈한국정치학회 학술상〉(2003), 〈한국의 책 100〉(2005),
〈동아시아 100권의 책〉(2009) 등.

나남신서 477

한국전쟁의 발발과 기원 ①
결정과 발발

1996년 6월 25일 발행
2013년 5월 25일 5쇄
2017년 2월 20일 2판 발행
2023년 6월 25일 2판 2쇄

지은이_朴明林
발행자_趙相浩
발행처_(주) 나남
주소_10881 경기도 파주시 회동길 193
전화_(031) 955-4600 (代)
FAX_(031) 955-4555
등록_제 1-71호 (1979. 5. 12)
홈페이지_http://www.nanam.net
전자우편_post@nanam.net

ISBN 978-89-300-4144-7
ISBN 978-89-300-8001-9(세트)

나남신서 477

한국전쟁의 발발과 기원 ①

결정과 발발

박명림 지음

나남
nanam

The Korean War:
The Outbreak and Its Origins
Vol. I : The Fatal Decisions and Outbreak of the Conflict

by

Park, Myung-Lim

nanam

머 리 말

한국전쟁은 오늘의 우리들의 삶에 가장 커다란 영향을 끼친 사건이
었다. 그 사건은 고통스러웠던 현대한국의 기원과 형성을 말할 때면
언제나 언급되는 대표적인 사건이었다. 1950년 6월 25일 거대한 한
사건이 폭풍처럼 사람들 위에 다가온 이후 일반 시민과 학자들은 이
사건의 해석에 골몰하여 왔다. 그 전쟁은 왜 도래하였고, 어떻게 진
행되었는가? 진정으로 깊숙한 의미에서 그 전쟁은 우리에게 무엇이
었고, 또 무엇을 남겼던가?

이 책은 그 한국전쟁의 기원에 관한 연구이다. 역사적 사건에 대한
연구의 중요한 목적의 하나가, 따라서 과학의 기본 목적의 하나가 신
비스런 모든 것들에 대한 도전이라고 할 때, 한국전쟁의 기원에 대한
탐색은 감추어진 진실에 대한 추적과 해석을 피할 수 없다. 한국전쟁
은 시대의 변화와 자료의 공개에 따라 끊임없이 새로운 의문을 제공
하는 지적 경이로움의 원천이었기 때문에 항상 논쟁을 불러일으켜 왔

다. 사회주의가 붕괴되고 냉전이 해체되자 이 역사적 사건은 다시 세계학계의 중심 논쟁주제의 하나로 떠오르고 있다.

역사적 사건의 연구와 해석에서 새로움의 추구와 논쟁은 불가피하다. 그것이 없다면 우리는 학문의 발전과 진보를 가질 수 없기 때문이다. 인간사회의 특정 부분이나 사건을 탐구한다는 것은, 그리하여 하나의 설득가능한 결론을 찾아낸다는 것은 그것이 어떤 분야에서건 난마처럼 얽힌 복잡함을 뚫고 나아가야 하는 미로찾기와도 같은 것이다. 감추어진 사실을 드러내고 체계화하는 연구의 과정은, 산더미처럼 쌓인 자료의 숲을 뚫고 헤쳐나가야 하는 도정만큼이나 힘겨울 수밖에 없다. 그러나 긴 도정을 통과한 뒤 어떻게 해서든 하나의 빛줄기를 찾을 수 있었다면 그 연구는 성공하지는 않았다고 하더라도 적어도 성공의 궤도로 들어섰다고 말할 수 있을 것이다. 이 연구는 아직 그러한 궤도의 입구에조차 들어서지 못한 상태일지 모른다.

사실 한국전쟁을 제외하고 오늘의 한국을 설명한다는 것이 전혀 불가능한 일만은 아니다. 새로운 세대의 의식, 복장, 서구화된 음식문화, 소비패턴 등 삶의 적지 않은 형태는 이 전쟁과는 독립적으로 진행된 사회변화에서 비롯된 현상들이다. 그러나 조금만 더 이 사회를 들여다본다면 정치와 경제, 사회, 이데올로기, 나라의 국제적 위치, 남한과 북한의 분할선의 존재 등 삶의 주요한 조건과 상황은 이 전쟁의 종결시점에 놓였음을 금방 발견하게 된다.

현실과 직면하고 있는 사회과학도로서 특정의 역사적 주제를 탐구한다는 것은 심각한 어려움을 야기한다. 수준 높은 많은 기존 연구의 검토로부터 시작하여 자료의 수집과 독해, 개념의 학습과 적용, 세련된 이론과 설명방법의 고안, 평가기준의 객관적 설정 등 심각한 문제들이 연구의 시작과 함께 부과된다. 특히 그가 만약, 자신이 속한 사회를 빚어내고 이로 인해 많은 사람들의 삶과 죽음이 갈렸으며 또 여전히 대립적인 시각이 존재하고 있는 중심 사건을 탐구한다면 이러한 문제에 대한 고뇌는 연구의 출발 자체를 불가능하게 할 정도로 심각하다. 왜냐하면 이른바 객관은 과연 사람들의 뒤엉킨 이해와, 갈린 삶과 죽음의 문제를 초월하는 것이냐는 문제가 시작부터 주어지기 때문이다. 특히 전쟁은 사회성원들의 삶에 다른 어떤 사건보다도 커다란 영향을 끼치나, 그 고난의 무게는 차별적이기 때문이다.

사회과학도가 하나의 주제를 탐구하는 데 있어 개입(*commitment*)과 조망(*detachment*)의 결합은 가장 어려운 문제가 아닐 수 없다. 학문성(*scholarship*)과 파당성(*partisanship*)의 균형적 결합이야말로 객관적 지적 작업의 요체이기 때문이다. 자기가 포함된 사회를 연구할 때 아무리 객관적인 연구자라 할지라도 다른 나라를 연구하는 것과 같은 마음을 가질 수는 없다. 연구의 시작부터 개입은 조망을 어렵게 하고 파당성은 학문성을 침해한다. 그것은 이른바 애정과 열정이 가져다주는 문제일 것이다.

현대한국의 특정주제를 탐구한다고 할 때 현실로부터 유리되어 그것을 연구한다는 것은 사실상 불가능하다. 열정 없이 자기사회를 연구한다는 것은 불가능할 뿐만 아니라 무의미하기 때문이다. 그러나 이상과 현실, 개입과 조망을 결합하는 문제는 어렵지만 포기할 수도 없다. 필자는 그러한 결합을 위한 노력과 시도가, 성공 여부를 떠나 이 연구의 출발이자 이 연구의 저변에 흐르고 있기를 기대하였음을 고백하고자 한다. 이 책에는 경제와 정치, 군사, 인구에 대한 수많은 통계가 언급되고 있지만, 사실상 그 모든 통계들은 숫자가 아니라 바로 사람의 삶과 죽음, 이동, 지위변동에 관한 통계들이었다. 숫자가 갖는 비인간성을 넘는 지점에 곧바로 사람의 문제가 놓여 있는 것이다.

연구의 수준이나 기술적인 문제가 해결된다고 해서 도덕적인 의문이 풀리는 것은 아니다. 필자는 이 반대의 물음도 옳다고 생각한다. 하나의 연구에서 이 둘을 결합하여 도달한다는 것은 필자의 현재 능력으로는 거의 불가능한 것이 아닐 수 없다. 아마도 한국전쟁에 대해 구상하고 있는 마지막 연구주제를 다룰 때쯤이면 이에 대한 해답을 조금 얻을 수 있을지 어떨지 모르겠다. 이 연구에서는 아직 전쟁을 인간들의 삶의 전개와 연결하여 쓰기에는 부족하였기에 다만 그러한 문제의식의 일단을 드러내려 시도한 정도로 만족하고자 한다.

　이 연구를 시작하게 된 근본이유는 현대 한국에서 차지하는 이 전쟁의 역사적 위치와, 80년대라는 특수한 시대적 상황에 대한 지적 고민이 합쳐진 소산이었다. 이 연구를 진행하는 동안 우리 사회는 다른 어떤 시기보다도 격변의 시기였다. 이 연구를 진행했던 초기에는 6월 항쟁과 통일운동으로 민중운동의 분출이 절정에 달했으며, 중기에는 동구의 붕괴와 사회주의의 몰락, 냉전의 해체가 세계사를 뿌리째 뒤흔들었고, 후기에는 전쟁을 결정하고 반세기를 통치해 온 북한의 지도자 김일성이 사망했으며, 수많은 형태의 남북접촉이 이루어지고 있고, 근대의 해체와 조종을 알리는 징후와 논의들이 난무하고 있다. 이러한 격변은 역사적 사실 하나하나의 발굴과 해석에 못지않게 큰 영향을 끼치며 이 연구의 진전을 더디게 하였다. 과거에 대한 '해석'은 불가피하게 현재에 대한 '이해' 및 미래에 대한 '전망'과 연결되지 않을 수 없기 때문이다. 이것은 연구자에게는 선택의 문제를 넘어서 주어진다.

　지난 10년간 수행한 이 연구의 진행과 서술에서 필자가 기본적으로 유지하고자 하였던 태도는 편견의 거부와 균형의 추구였다. 그러나 그것은 비판적 균형이었다. 즉 일단 모든 현상을 비판적으로 본 연후에 객관적 균형을 유지하려는 방식이었다. 연구의 기본 출발점은 일체의 편견과 아집, 신비에 도전하는 탈신비화가 되지 않으면 안된다. 방법론적 회의(懷疑)를 의미하는 비판은 비교와 함께 객관을 추출하기 위한 가장 훌륭한 방법이 된다. 그러나 비판은 결코 편향되면 안될 것이다. 하나의 권력에 대한 비판이 다른 하나의 권력에 대한 정당화의 수단으로 전락한다면 연구의 객관성은 출발부터 상실되기 때문이다. 남한에 그러한 방법을 적용하려면 마땅히 우리는 북한에 대해서도 그러한 방법을 적용함으로써 객관성을 확보할 수 있을 것이다.

사실 보편이나 다른 사례와의 비교를 통하지 않은 특수란 존재하지 않는다. 특수성은 보편성을 말하지 않으면, 적어도 사고의 과정에서라도 의식하지 않으면 존재할 수 없는 범주이다. 특수성의 감추어진 전제는 보편성인 것이다. 그리하여, 부족한 대로 필자는 이 연구가 새로운 사실의 발견과 시각의 전환에 의해 비판되더라도 우리 사회를 보는 애정과 문제의식, 그리고 자주 반복되었던 한국사회에 대한 서구이론의 소개적 적용이 아니라 사건과 이론, 특수와 보편을 결합하여 우리문제를 이해하려 나름대로 고민한 문제들은 시간의 흐름을 견뎌 지속될 수 있기를 희망해 본다.

아마도 이 사건의 어느 한 측면, 이를테면 미국의 대한정책과 한국전쟁의 발발이라든지, 스탈린과 한국전쟁, 중국혁명과 북한, 이승만의 통일정책, 인민군과 전쟁으로의 이행, 북한혁명, 농민과 토지문제, 남한사회와 북한사회의 성격비교와 전쟁, 민족주의 등 어느 한 측면에서 이 전쟁을 접근하였다면 이 연구는 좀더 단순하고 명쾌한 결론에 어렵지 않게 도달할 수 있었을 것이다. 그러나 연구를 해나가면 갈수록, 그러한 접근은 사실 사건의 위치와 의미를 정확하게 설명하는 데 있어 한계가 있을 뿐만 아니라 때로는 왜곡할 수도 있는, 다만 우리들이 편의상 채택한 지적 고안물임을 깨닫게 되었다. 전쟁의 결정, 발발, 기원, 원인, 성격, 의미를 연구의 주제로 정하자, 그러한 부분적인 접근으로는 사태의 총체적인 파악이 불가능하다는 판단을 할 수밖에 없었다. 연구의 과정에서 그것은 우선 이론의 문제로 나타났다.

이론은, 인간의 인지체계 속에 사회가 일정한 틀을 잡을 수 있도록 해주는, 혼돈(chaos)을 질서(cosmos)로 잡아주는 색출적 도구이자 안내자이기 때문에 설명을 위한 이론적 구축의 노력 없이는 현실은 다만 파편적으로 존재할 뿐이다. 그러나 우리에게 일반화된 경향인 서구의 특정의 이론과 설명틀 하나를 선정하여 우리 사회나 특정의 사건을 설명하는 방식을 이 연구에서는 채택하지 않았다. 필자에게 있어 그것은 지양되어야 할 전통으로 받아들여졌다.

필자는 연구의 출발로서 과거의 두 중심적 조류를 지양하고 통합한 비판합리주의 퍼스펙티브를 제시한 뒤 다음과 같은 이론적 틀을 시도하였다. 인식과 해석의 세 준거로서의 농민과 민주주의, 민족주의의 설정, 그리고 문제 수준의 국제-동아시아-국내 수준이라는 셋으로의 분리와 종합, 남북한 각각과 그 관계를 동시에 보려 하였던 대쌍관계 동학이라는 다소 색다른 설명틀의 제시, 사회현상에 대한 정치-경제-이념-군사의 분리와 종합 등이 그것이었다. 부족한 대로 이들을 배열하고 결합하여 한 사건을 총체적으로 보려 했던 문제의식을 이 연구의 내용 속에서 발견할 수 있기를 희망해 본다. 나아가, 무엇보다도 이론이 갖는 제한성을 넘어 이 연구가 시도한 설명과 분석에서의 사실성과 논리성은 지탱되기를 희망하게 된다.

이 연구는, 최근 해외에서 이 주제와 관련된 높은 수준의 연구들이 다수 나오고 있음에도 불구하고 극히 최근에 출간된 것들은 반영할 수 없었다. 구소련과 중국의 자료들 역시 최근 들어 지속적으로 공개되고 있는 실정이다. 이러한 사정 때문에 필자는 책의 출간을 조금 미루려고 하였으나, 일단 현재까지의 연구로 출간한 뒤 판을 달리하여 수정 보완하는 기회를 갖자는 주변의 충고를 받아들여 현재의 상태로 출간하게 되었다. 이 책은 다음과 같은 세 가지의 이유 때문에 멀지 않은 기간에 보완될 것이다.

가장 중요한 이유는 사실에 대한 우리의 파악능력의 한계로부터 주어진다. 이 문제는 모든 학도가 부딪히는 근본적인 문제이다. 한국전쟁에 대한 사실을 알아가면 갈수록 그것은 알아야 할 더 많은 사실들이 놓여 있음을 깨닫는, 아는 사실보다 모르는 사실이 비교할 수 없이 많다는 것을 알아가는 역설의 과정이었다. 따라서 이 연구는 다만 현재까지 알 수 있었던 사실에 한정해서 연구되고 해석된 것에 불과하다.

두 번째 이유는 오늘의 한국전쟁 연구가 지니고 있는 특수성에서 연유한다. 냉전의 해체는 이 사건에 관련된 비밀자료들을 공개할 수 있게 하여 많은 비밀들을 풀어주었다. 그것은 지금도 계속되어 서문을 쓰고 있는 이 시점에도 이 사건을 둘러싼 새로운 자료와 연구들은 끊임없이 쏟아져 나오고 있다. 필자는 그들을 전부 검토하고 책을 내고 싶은 욕망을 지울 수 없었으나 출간 이후 사계 전문가들의 더 많은 지적과 비판을 통해 교정해야 할 것으로 판단하였다. 짧지 않은 연구가 지녔을 부족한 점에 대해 독자들의 엄정한 비판과 토론을 기대한다.

세 번째 이유는 필자 자신의 앞으로의 연구계획 및 일정과 관련해서이다. 필자는 이 작업에 이어 기원과 시작에 이어지는 한국전쟁의 몇몇 주요 주제들을 더 탐구할 것인 바, 그 과정에서 발견될 많은 새로운 사실들은 이 책의 연구결과에도 역으로 영향을 끼칠 것으로 보인다. 필자는 전쟁의 기원에 관한 연구를 현재의 두 권으로 출간한 뒤, 전쟁의 '전개과정'과 '영향 및 의미'에 관한 연구를 더 진행하고, 끝으로는 전쟁의 기원부터 의미까지를 전반적으로 다룬 연구를 제출하려고 한다. 그 과정에서 필자는 이 연구를 보완할 것을 다짐한다. 이상의 이유들은 두려움으로 필자를 압박하는 한편, 이 주제에 대해 더 많이 탐구하고 겸손하게 접근해야 한다는 각오로 다가와 출간에의 도전을 감수하게 하였다. 빠른 시간에 국내외에서 행해진 연구들과 공개된 자료들의 도움을 받아 보완할 수 있기를 희망한다.

끝으로 이제 감사의 말을 써야 할 때이다. 진정으로 이 연구는 많은 분들의 도움이 없이는 불가능했다. 특히 고려대학교 정치외교학과의 최장집 교수의 도움은 절대적이었다. 우선 이 연구는 10여년 전 그와의 만남으로부터 시작되었다. 그는 한국전쟁과 관련된 뛰어난 연구의 존재로 인해 초학도인 필자가 한국전쟁을 연구주제로 삼는 것에 대해 주저하던 시점에 오히려 그러한 이유 때문에라도 반드시 한국전쟁 연구에 도전하라고 격려해 주었다. 뛰어난 기존 연구의 존재와, 사건 자체가 갖고 있는 비교할 수 없는 크기라는 두 가지 이유 때문에 이 사건에 대한 연구에 필수적으로 요구되는 학문적 준비로 인해 필자가 가질 수밖에 없었던 두려움을, 이들을 지났을 때의 의미를 설명해 주며 극복할 수 있도록 해주었다. 그의 최초의 격려가 없었다면 이 연구는 출발부터 가능하지 않았을 것이다.

이후 그는 이 연구의 기본틀을 짜고 필요한 이론을 공부하는 동안 부족한 필자를 이끌어주고 질타하며 이론의 선정과 독서를 지도해 주었다. 그와의 길고도 힘든 토론에서 필자는 정치, 역사, 군사, 농민, 국가형성, 전쟁 등에 관한 이론을 배울 수 있었다. 필자의 부족함으로 그의 통찰과 이론의 깊이를 이 연구에 전부 소화하지는 못했지만, 그의 시각, 이론, 해석의 편린들은 이 연구의 저류에 깔려 있다. 연구를 진행하면서 함께 읽은 책들과 그가 해주었던 말들은 앞으로 필자에게는 학문과 삶의 지침이 되기에 충분한 것들이었다. 책의 출간을 계기로 그에게 깊은 감사의 마음을 전한다.

이호재, 서진영, 최상룡, 하영선 교수는 이 연구의 초고를 꼼꼼히 읽고 날카로운 문제제기와 비판으로 이 연구가 더 나아지게 하는 데 큰 도움을 주었다. 이호재, 하영선 교수는 한국외교와 국제정치를, 서진영 교수는 중국 부분을 다듬는 데 큰 도움을 주었고, 최상룡 교수는 원래 가졌던 균형의식을 가다듬도록 해주었다. 존경하는 강만길, 김우창, 한배호 세 분의 오랫동안의 깨우침과 격려에도 감사드린다. 와다 하루키, 브루스 커밍스 교수는 뛰어난 연구를 통해서도 필자를 자극했을 뿐만 아니라 만남과 토론을 통해서도 이 주제의 연구를 가다듬는 데 큰 도움을 주었다. 커밍스 교수의 연구는 필자로 하여금 이 주제에 대해 천착하게 만든 자극제의 하나였다. 그의 책을 읽고 받았던 지적 충격과 한국인으로서의 불만족스러운 자긍이 동시에 밀려왔던 80년대 초반의 날들을 필자는 아직도 기억하고 있다. 시각과 해석의 같고 다름을 떠나 필자는 이들의 지속적인 한국연구로부터 서로 배우고, 학문적 교류를 통해 현대한국연구를 함께 증진시키기를 희망한다.

개인소장 자료를 흔쾌히 보여줌은 물론 좋은 충고까지 해준 김국헌, 박원순 두 분에게는 특별한 사의를 표하지 않을 수 없다. 관심과 격려를 보내준 이홍영, 백영철, 김용기, 조정남, 신복룡, 라종일 서중석 교수와 홍성태, 장창호, 하기와라 료, 김남식, 김영기, 고(故) 최창윤 박사에게도 큰 감사를 드린다. 김태일, 권혁범, 유재일, 이삼성, 이종석, 김동춘, 김성보, 이승렬, 임대식 박찬표 등 선배 동료들도 이 연구의 과정에서와 이 연구의 초고에 대해 날카로운 토론으로 교정할 수 있게 해주었다.

증언과 면담에 응해 준 분들에게도 감사를 표하지 않을 수 없다. 자료의 보완을 위해 증언은 필수적이었으나 '80년대 한국'이라는 시대적 상황과 이 주제가 갖고 있는 특성상 체험자의 증언채취는 많은 어려움을 안을 수밖에 없었다. 이 연구에 언급되지는 않았지만 휴전선과 낙동강전선, 제주도의 산간부락, 지리산 게릴라전 현장 등을 홀로 답사하고 취재하는 동안 만났던 사람들의 경험과, 그때 가졌던 느낌들은 내용의 배면에 깔려 있다. 그러한 답사는 특정한 사실의 확인과 획득을 위해서라기보다는 자료와 탁상연구가 제공해 주지 못하는, 다만 현장을 가본 뒤의 느낌으로서만 얻을 수 있는 어떤 정신적 깨우침을 얻기 위해서였다. 외국의 한국전쟁 연구자들이 가질 수 없는 우리만의 장점이 있다면 그것은 바로 현장 가운데 서 있고 또 현장을 느낄 수 있다는 점일 것이다.

한국 국방군사연구소, 통일원, 정부기록보존소, 고려대학교 도서관, 고려대학교 아세아문제연구소, 국회도서관, 국립중앙도서관, 육군사관학교 도서관, 한국전략문제연구소, 한국방송공사(KBS), 역사문제연구소, 워싱턴의 국립문서보관소와 의회도서관 등 이 연구가 필요로 하는 자료를 소장하거나 제공해 준 기관들의 협조 역시 결정적인 도움이 되었다. 이들 기관에 감사한다. 수많은 자료를 복사하고 옮겨 쓰는 데 있어 조원제, 안미령 사서를 비롯하여 각 기관들의 많은 사서들의 수년 동안의 도움은 참으로 컸다. 이들의 도움에도 감사를 드린다.

필자는 이 연구를 부모님에게 헌정한다. 필자는 식민과 전쟁, 분단과 궁핍의 현대사를 뚫고 살아온 아버지와 어머니가 현대한국의 어떤 면을 표상하고 있다고 상념하곤 하였다. 초등학교 시절 역사와 현실 문제에 깊은 관심을 갖고 있던 아들을 곁에 놓고 해방 당시 활동했던 중앙과 지방의 조직들과, 여운형과 조봉암을 비롯한 현대사 속에 명멸했던 인물들, 그리고 전쟁을 비롯한 주요 사건들에 대해 최초로 들려주신 분은 아버지였다. 어머니는 정확한 기억으로 그러한 격변 속의 사람들의 삶을 인간적 체취가 묻어나게끔 전해주시곤 하였다. 필자는 그분들의 이야기가 그 세대가 겪은 공통적인 경험에 바탕을 둔 사회사라는 사실을 뒤늦게야 깨달을 수 있었다. 두 분은 나의 최초의 교사였던 것이다. 필자는 이 책을 식민에서 분단, 빈곤을 거치며 살아온 그 세대에게 바치려 한다. 오늘의 우리가 약간의 풍요를 누리고 있다면 그것은 전적으로 엄청난 고통 속에서도 역사의 무게를 감내해 온 그 세대의 공로로 돌려야 하며, 그들이 그토록 소망했던 평화와 통일을 볼 수 있도록 해줄 의무는 젊은 세대에게 주어진 가장 큰 책무일지도 모른다.

끝으로 필자는 자신의 학위논문 제출을 뒤로 미루면서까지 이 연구의 완성을 위해 헌신한 아내 한은숙 교수와, 여러모로 후원해 준 형제들에게 깊은 감사를 전한다. 내용토론을 포함하여 결코 만만찮은 편집과 교정, 색인, 참고문헌 작업을 해준 조영재, 조찬수, 신상범, 변영학, 권혁용 학형과, 출판을 담당해 준 나남출판의 조상호 대표와 방순영 차장에게도 출간에 즈음하여 감사의 마음을 표한다.

1996년 6월

朴 明 林

나남신서 477

한국전쟁의 발발과 기원 ①
결정과 발발

차 례

제 III 부 전쟁의 발발

한국전쟁의 발발과 기원 Ⅱ
기원과 원인

차 례

제1장

서론: 한국전쟁 연구의 의미와 방법

1. 문제의 제기

1950년 6월 25일부터 1953년 7월 27일까지 한국은 3년 1개월 2일 동안 역사상 가장 잔인하고 격렬했던 전쟁을 치렀다. 그러나 1996년 현재 전쟁의 한쪽 당사자였던 남한은 세계 10위권의 경제력을 자랑하고 있다. 무역규모 역시 그에 다다르고 있다. 세계은행은 한국의 경제가 21세기에 접어들면 세계 7위에 달할 것으로 전망하고 있다.[1] 조선, 전자, 반도체, 철강, 자동차, 건설, 화학, 섬유 등 20세기 후반의 사람들의 삶과 세계경제를 주도하였던 핵심산업 부문에서 한국은 현재 선진국 수준에 육박하고 있다. 다만 몇몇 나라들만이 한국을 앞서 있을 뿐이다. 30년의 권위주의를 경험한 나라로서는 민주주의로

---

1) 《동아일보》 1994년 11월 10일.

의 이행 역시 근본적인 문제는 없어 보인다.

그들의 기업들은 오늘날 세계 거의 모든 나라, 거의 모든 지역의 산간벽지와 오지, 도서(島嶼)들에까지 진출해 있다. 포항과 울산, 구미, 수원, 광양, 여천 등 한국의 지방 산업도시들을 가보면 그곳이 20세기 후반 압축적인 자본주의 산업화를 이룩한 대표적인 도시들이라는 점을 금방 알게 된다. 한국의 이러한 모습이 다만 30년 동안에 이루어진 것이라는 사실은 오늘날 그리 새로운 것도 놀라운 것도 아니다. 한국의 오늘의 겉모습에서 전쟁의 상흔을 찾기란 정말 어렵다. 그러나 한국민들이 40여 년 전에, 산업화가 시작되기 10년 전에 모든 것이 파괴되었을 정도의 현대 세계사에서 가장 참혹한 전쟁을 경험하고서도 그러한 발전을 이룩하였다는 점을 아는 사람들은 많지 않다.

전쟁은 오늘날 한국인들의 정신 속에는 가장 넓고도 깊숙이 자리잡은 집단적 기억의 근원이다. 30년간의 군사권위주의를 대체한 민주정부의 대통령 김영삼은 평화의 소중함을 깨우치는 역사적 자료로서 한국전쟁을 주저 없이 예거한다.[2] 제국주의, 식민통치, 세계전쟁, 냉전의 내화(內化) 등 우리들은 20세기 세계사의 주요 변화를 혹심하게 체험하였다. 모든 경험중 최대의 사건은 의심의 여지없이 전쟁이었다. 한국군의 3군 총참모장으로 전쟁을 치른 정일권(丁一權)은 이 전쟁의 의미를 민족사적 의미에서 '조선시대에 일본과 싸운 7년간의 임진왜란 이후의 최대의 전쟁이자 사건'이라고 규정하였다.[3]

우리는 민족분단으로 인해 둘로 나뉘어 치른 동족상잔의 이 전쟁을

---

2) 김영삼, 《미국 상하양원 합동회의 연설-21세기 아·태시대를 향한 협력: 평화와 번영의 동반자》(1995년 7월 26일), p. 5.
3) 정일권 면담, 1990년 2월 15일, 서울.

오랫동안 '6 · 25'나 '한국전쟁'이라고 불러왔다. 우리들에게 이 전쟁은 아직 끝나지 않은 전쟁이다. 남한과 북한을 통틀어 이 전쟁에서 사망자나 부상자를 한둘씩 갖고 있지 않은 가족은 하나도 없다. 500만 명에 달하는 해외의 한국인들 가운데서도 전쟁을 체험한 성원을 갖지 않은 가족은 거의 없다. 해방 50년을 맞아 실시한 여론조사를 통해 보아도, 일본식민지로부터 해방된 이후 50년 동안의 최대의 사건으로서 한국민들의 약 60%는 단연 한국전쟁을 꼽는다.[4] 2위의 사건은 다만 12%에 불과할 정도로 이 사건에 대한 기억은 가장 넓고 깊다.

현재 전쟁을 체험한 인구의 구성은 전체 한국민들의 30%를 넘지 않는다. 1995년 현재 남한인구의 72.9%가 1954년 이후의 출생인구로서 이들은 전혀 전쟁을 경험하지 않았다.[5] 북한의 경우에는 78.5%로서 남북한 인구 가운데 평균 74.8%가 전후세대였다. 분단이후 세대는 이보다 더 높아 83.9%에 달한다. 그렇다면 대부분의 한국인들은 전쟁을 체험하지 못한 전후 세대인 것이다. 그럼에도 불구하고 이 전쟁을 최대의 사건으로 여기고 있는 사람들이 이 정도로 클만큼 한국민들에게 이 전쟁은 너무 크고 엄청난 사건이었던 것이다. 퓌레(Francois Furet)는 프랑스혁명이 프랑스의 역사에서 차지하는 위상을 두고 "거슬러 올라가는 흐름과 아래로 내려가는 흐름 둘 다를 풀수 있는 열쇠"라면서 "그것은 시기를 나누고 그럼으로써 그것들을 규정하고 '설명한다'"[6]고 규정한다. 한국전쟁은 현대한국에서 단연 이와 같은 위상을 지니고 있는 사건이다. 이전의 사건들은 크건 작건 전

---

4) 《조선일보》 1995년 3월 5일.

5) 통계청, 《남북한 경제사회상 비교》(서울: 통계청, 1995), p. 21

6) François Furet, *Interpreting the French Revolution*, Elborg Forster (trans.), (Cambridge: Cambridge Univ. Press, 1981), p. 3.

쟁으로 흘러들어 갔고, 이후의 사건들은 적어도 정치와 사회, 정신, 외교의 외선은 이 전쟁의 테두리 안에 놓였다.

제2차 세계대전 이후 인류가 치른 최대의 전쟁을 꼽으라면 그것은 단연 한국전쟁이었다. 트루먼(Harry S. Truman)은 전쟁 중 이미 "우리는 한국에서 제3차 세계대전을 막기 위해 싸우고 있다"고 연설하였다. 7) 말을 바꾸면 이 전쟁은 세 번째의 세계전쟁을 막았을 뿐만 아니라, 대신 치른 셈이었다. 한국전쟁에는 미국, 소련, 중국, 일본, 영국을 비롯하여 세계의 모든 주요 국가들이 어떤 형태로든지 개입하였다. 냉전시기 동안 이러한 규모의 전쟁은 오직 한국전쟁이 유일하였다. 그것은 간단하게 말해 냉전시기 최대의 전쟁이었다. 지금은 해체된, 우리가 자주 말하고 듣던 얄타체제는 이 전쟁으로 인하여 비로소 우리의 눈앞에 구체적으로 그 모습을 드러내었다. 이제는 역사적 존재가 되어버린 이 체제는 바로 얼마 전까지만 해도 세계정치를 특징짓고, 세계인들의 삶을 틀 짓는 가장 중요한 요소였다.

서구에 한국의 존재와 한국인들의 삶의 모습이 알려지기 시작한 것도 이 전쟁 때문이었다. 한국인들은 비록 매우 좋지 않은 모습을 통해서였지만 이 전쟁 때문에 세계에 알려지게 되었던 것이다. 요컨대 한국이 세계와 대면하기 시작한 것은 이 전쟁을 통해서였다. 그러나 이 전쟁은 서구인들에게는 오랫동안 '잊혀진 전쟁'이거나 '감추어진 이야기'(untold story), 또는 '알려지지 않은 전쟁'으로 받아들여졌다. 8) 이

---

7) Bernard Brodie, *War and Politics*(New York: Macmillan Press, 1973), pp. 57, 100.

8) Joseph C. Goulden, *Korea: The Untold Story of the War*(New York: McGraw-Hill, Inc., 1983); Clay Blair, *The Forgotten War: America in Korea, 1950~1953*(New York: Anchor Books, 1987); Jon Halliday and Bruce Cumings,

전쟁은 역사상 국제연합이 수행한 가장 큰 전쟁이었다. 베트남전쟁보다 세계정치에 끼친 영향이 훨씬 더 컸었고, 또 열강의 참여의 정도와 범위가 더 크고 넓었음에도 불구하고 이 전쟁은 알려지지 않았거나 잊혀졌던 것이다. 정확하게 말해 한국전쟁은 기억되지 않았다.

10세기 동안이나 단일민족국가를 유지해 왔던 한국민족의 분단 역시 이 전쟁으로 인해 고착되었다. 이 전쟁이 있기 전에만 해도 한국인들은 통일의 가능성을 믿었고, 분단의 시기가 그리 오래 지속되리라고 생각도 하지 않았다. 그러나 전쟁을 치르고 나자 더 이상 통일의 가능성은 남아있지 않은 것처럼 보였고, 그들 상호간의 증오와 적대는 하늘을 찔렀다. 전후 한국민족의 분단은 반세기를 넘게 지속되고 있다. 우리는 이 사건을 지금까지 일반적으로 한국전쟁이라고 불러왔다. 물론 '한국전쟁'이라는 표현은 한국 밖에서의 명칭이다. 한국 내에서 이 전쟁은 '한국전쟁'이라는 명칭보다는 단연 '6 · 25'라는 표현으로 불려왔다. 이는 지금도 역시 그러하다. '6 · 25'라는 표현은 특정 사건을 달력에 표기된 월일의 시점으로 부르기를 좋아하는 한국인들의 특성을 반영한 것이기는 하다.

그러나 한국민들이 한국전쟁을 포함한 주요 역사적 사건을 월일의 시점으로 부르는 것은 단순한 습관만은 아니다. 이는 한국인들의 어떤 공통된 역사인식을 반영한다. 한국인들은 특정사건의 기원과 성격이나, 그 사건이 초래한 역사적 구조적 변화에 대해서보다는 특정사건의 시발과 양태 자체를 훨씬 더 중요시한다. 이는 인간사회의 일반적인 현상으로서 사실 기원과 원인을 따지는 것은 학자들의 영역이고, 미네르바의 부엉이와 같은 사후적 행위이지 일반인들에게 더 중

Korea: *The Unknown War* (New York: Pantheon Books, 1988).

요한 것은 언제나 그들의 삶과 죽음에 영향을 끼친 사건 그 자체이다. 이를테면 한국민들은 박정희 체제 시기의 경제사회적 변화에 못지않게 1961년 5월 박정희가 군사적 수단에 의해 정권을 장악하였다는 사실에 더 많은 관심을 기울인다.

이러한 인식구조에는 정당과 부당, 호(好)와 오(惡)에 대한 분명한 도덕적 판단이 개입되어 있다. '6·25'라는 표현은 바로 사후의 전쟁과 참혹한 살상을 초래한 6월 25일의 시작 자체를 기억하려는 신념과 직결되어 있는 것이다. 따라서 이를 시작한 쪽은 당연히 그 뒤의 모든 사태의 원인을 제공한 책임에 대한 비난에서 면제될 수 없다. 냉전의 해체이후 오늘날 한국 내에서는 이제 이 사건은 더 이상 '6·25'로만 불리지는 않는다. 이 사건의 호칭은 '6·25'와 '한국전쟁'이 공통적으로 사용되고 있다. 이는 남한사람들의 역사이해와 수용의 폭이 그만큼 넓어졌음을 반영한다.

지금 막 시작하려는 이 연구는 냉전의 산물이었던 한국전쟁을 냉전이 해체된 지평에서 접근해야 한다는 조건에서 출발한다. 또한 이 연구는 분단의 산물이었던 이 전쟁을 분단이 해소되고 있는 도정에서 접근해야 한다는 조건에서 출발한다. 20세기 세계를 틀지었던 냉전의 해체는 냉전시대 역사해석의 새로운 출발점일 수밖에 없다. 특히 한국전쟁의 연구와 해석에서 냉전해체가 갖는 의미는 결코 과소평가될 수 없다. 강조할 필요도 없이 한국전쟁은 냉전시기의 가장 거대한 전쟁이었다. 그것은 냉전의 산물이었으며, 그 결과 냉전시기의 유일한 세계전쟁이었다. 라종일은 "한국전쟁은 1950년 6월 25일부터 3년여에 걸쳐 한반도를 양분하고 있었던 두 정권 사이에 일어났던 전쟁이며, 동시에 2차 세계대전 이후에 이른바 두 초강대국을 포함한 세계의 모든 강대국들이 참전한 '최초의 그리고 마지막 세계전쟁'이었

다"고 표현한다. 9)

냉전의 해체는 이 전쟁의 원인이자 결과였던 구조의 세계적 수준에서의 완전한 해체를 의미한다. 1996년 현재 세계는 이 전쟁을 있게 했던 '냉전시대'로부터 벗어났지만 아직도 한국민들은 이 전쟁의 경험으로부터 탈출하지 못했다고 할 때, 이 상반되는 현상의 교직이 한국전쟁 연구의 지평을 제공한다. 이 전쟁은 한국인들에게는 여전히 살아 있는 현실이고 갈등의 역사적 근원이다. 지난 40년을 지속해온 두 한국간의 화해할 수 없는 대립 역시 이 전쟁의 산물이다. 두 한국의 대립이라는 1953년 질서의 지속이야말로 아직도 한국이 한국전쟁 후사(後史)에 놓여 있음을 웅변한다. 한국인들에게 전쟁은, 1953년에 끝났으나 그것은 또한 아직 '끝나지 않은 전쟁' 10)인 것이다.

이 전쟁이 남긴 영향의 크기에 비추어 우리는 다음과 같은 물음들을 던지지 않을 수 없었다. 이 사태의 기원과 원인은 무엇이었는가? 이 사건은 어떻게 초래되었으며 누가 시작하였는가? 전쟁의 실제 모습은 어떠했는가? 전쟁은 우리에게 무엇을 남겼고 깨닫게 했는가? 이 전쟁의 성격은 무엇이며, 현대한국에서 어떤 위치를 갖고 있는가?

이 모든 질문들은 사태가 끝나자마자 던져진, 이 사태와 관련된 핵심적인 물음들이었다. 우리는 이 물음들을 오랜 시기 동안 던져 왔으며, 이 물음들에 대한 해답을 탐색하여 왔다. 때로는 우회적으로, 때로는 곧바로 이 문제들에 대한 해답을 제시하기 위한 노력을 한국과 세계의 학계는 쉼 없이 추구하여 왔다. 이 물음들은 아직도 유효하며, 사

---

9) 라종일, 《끝나지 않은 전쟁: 한반도와 강대국정치, 1950~1954》(전예원, 1994), p. 11.
10) 라종일, 《끝나지 않은 전쟁》, p. 5.

실 그 동안의 많은 연구에도 불구하고 우리는 이 물음들에 대해 사실추적과 이론, 분석과 해석의 수준에서 만족스런 해답을 얻지는 못하였다. 이 연구를 포함하여 그러한 불만족은 앞으로도 계속될 것이다.

그러나 냉전의 해체로 인해 학문적으로는 이제야 비로소 전쟁을 가능하게 했던 상황으로부터 한발 물러서서 이념적 긴박으로부터 풀려나 객관적으로 조망할 수 있는 시기가 도래한 것이다. 비판합리주의의 시각에서 진행될 이 연구는 다음의 사실들을 중점적으로 규명하려한다. 인간과 사회의 거의 모든 요소들이 개재되는 전쟁의 모든 주요측면을 탐구한다는 것은 터무니없는 욕심일 뿐만 아니라 불가능하다. 우리는 제한된 목적을 갖는데, 가장 먼저 한국전쟁의 결정과정을 탐색하려 한다. 1950년 6월 25일 전쟁에 이르기까지 전쟁개시 주체의 결정과정과 요인, 역할과 인식을 추적하여 재구성하려는 것이다. 당연히 김일성, 박헌영, 스탈린(Joseph Stalin), 모택동이 등장할 것이고 이승만과 맥아더(Douglas MacArthur), 애치슨(Dean Acheson)과 트루만도 등장할 것이다. 이 문제는 지금까지 가장 많이 운위되어 왔으면서도 부분적으로는 아직도 베일에 가려 있다.

우리는 김일성·박헌영-스탈린-모택동 간의 결정의 과정과 역할을 밝힐 것이며, 특히 지금까지 비밀의 늪이었던 북한리더십 내부에서의 결정과정과 요인을 추적할 것이다. 김일성과 박헌영의 관계, 북한리더십 내부에서의 전쟁반대의 의견의 존재여부를 추적할 것이다. 스탈린과 모택동의 인식과 역할은 어떠하였으며 누가 더 적극적이었는가, 스탈린의 동의의 시점은 언제였으며, 그 동의에 결정적인 영향을 끼친 요인은 무엇인가? 일반적인 설명처럼 과연 김일성과 박헌영의 갈등이 전쟁을 초래하였는가 아닌가? 북한리더십 내부에서의 반대는 없었는가, 있었다면 누가 반대하였는가? 김일성과 박헌영은 전쟁을 결정할 때 미국의 개입문제와 남한인민들의 반응에 대해 어떠한 인식을 가지고 개시를 결정하였는가? 이러한 문제들에 대한 해답이 전쟁의 결정을 해명하는 과정에서 탐색될 문제들이다. 끝으로 전쟁의 결정과 관련하여 이 문제를 기원과 연결해서 유도의 문제로 보려는 물음에 답해야 한다. 즉, 미국과 남한이 고의로 북한을 전쟁으로 끌어들여서 전쟁이 발발하였다는 주장이다. 우리는 이 문제도 심층적으로 검토할 것이다. 1950년 6월 25일 북한이 전쟁을 발발하였다는 점은 분명하였더라도 그것이 과연 유도에 의한 것인지 아닌지를 규명할 것이다.

두 번째는 전쟁의 시작과 발발을 다루려고 한다. 이것은 일견 명백한 사실로서 드러나 있는 부분이면서도 가장 알려지지 않은 부분이다. 1950년 6월 25일 북한군이 정규군을 동원하여 전면적인 공격을 개시한 사실은 움직일 수 없다. 그럼에도 불구하고 그 동안 논쟁이 가장 치열한 부분은 아이러니컬하게도 바로 이 문제였다. 우리는 아직도 남침-북침 문제가 현실적 학문적 논쟁점이 되고 있음을 알고 있다. 왜 이런 공명 없는 논란이 반세기 동안이나 지속되어 왔는가? 20세기의 주요 전쟁 중 오직 한국전쟁만이 그러하였다. 다른 전쟁들은 그 시작에 관한 한 논란이 끝났거나 적어도 합의의 과정에 있다. 오직 한국전쟁만이 예외이다. 우리는 논쟁이 촉발된 역사적 근거까지 추적하여 반세기에 걸친 논쟁의 종지부를 찍으려 하나 그것의 성공여부는 시도와는 무관한 것이다.

1950년 6월 25일의 전쟁은 어떻게 시작되었는가? 남침인가 북침인가? 북한이 선제공격을 개시하였다면 그것은 남한과 미국으로부터 유도된 것인가 아닌가? 오히려 북한이 선제공격을 개시하면서 자신들의 공격을 정당화하기 위해 남한의 선제적인 북침이라고 주장하면서 전쟁을 시작하지는 않았는가? 반대로 남한이 북침하고 나서 남침이라고 주장하지는 않았는가? 어떠한 것이 진실이며, 그 진실은 왜 논쟁적이었는가? 이러한 문제들이 전쟁의 발발을 둘러싸고 규명되어야 할 것들이었으나, 논쟁의 치열성에 비하면 이 부분처럼 연구의 사각지대였던 쟁점은 없다. 이것은 참으로 신비한 현상이다. 어떻게 하여 가장 논쟁적인 문제에 대해 가장 연구가 없었는가? 1950년 6월 25일 전후를 해명할 수 있는 방법은 오직 6월 25일 전후의 남한-북한-미국-소련의 내부 비밀 군사명령서들을 추적하여 해명하는 것 이외에는 없다. 이러한 자료들에 접근하지 않고 이 부분이 규명되거나 그를 둘러싼 논쟁이 종식되리라고 기대한다는 것은 무리일 것이다.

세 번째로 이 연구는 한국전쟁의 기원과 원인을 탐색한다. 첫 번째와 두 번째가 정책적 또는 현상적 사실발굴적 수준의 탐색이라면 이부분은 역사적이면서 구조적이고 동시에 정치적, 사회적-경제적인 수준의 분석이다. 이 수준에서의 분석은 한국전쟁의 다른 여러 부분에 대한 이해와 해석의 중심에 놓인다. 이 문제는 학문적으로는 남침-북침의 문제보다 훨씬 더 중요하다. 왜냐하면 전쟁의 발발은 사태의 새로운 시작이면서도 또한 앞선 사태의 귀결이기 때문이다. 무엇이 그러한 결과를 초래하였는가? 전쟁의 발발을 둘러싼 사실을 규명하는 것은 그 자체가 중요하면서도 반드시 그런 것만은 아니다. 기원 및 원인에 대한 해석과 연결되지 않으면 발발은 큰 의미를 갖지 못한다.

이 사건의 기원은 많은 사회과학자와 역사학자의 흥미와 관심의 대상이었다. 전쟁과 같은 거대한 사태의 기원을 풀려는 시도는 끊임없이 이어져왔고, 앞으로도 여전히 수많은 사람들을 붙들어 매놓을 것이다. 지금까지 한국전쟁의 기원과 관련한 설명에는 크게 두 가지가 존재하였다. 하나는 식민시대로부터 한국전쟁의 기원을 설명하려는 시각이고, 다른 하나는 6월 25일로부터 전쟁의 기원을 설명하려는 시각이었다. 우리는 이 두 방식이 모두 부분적인 강점과 부분적인 약점을 동시에 지니고 있다고 판단한다. 전자가 지나치게 근본주의적 해석이라면 후자는 지나치게 현상적 해석이다. 따라서 전자는 자칫 앞선 모든 요인을 특정 사건의 기원으로 설명하는 결정론적 해석에 빠질 위험성을 안고 있다. 그것은 모든 문제를 과거의 요인들로부터 출발하여 설명하려는, 벤딕스(Reinhard Bendix)가 일찍이 비판하여 마지않은 '과거결정주의의 오류'(the fallacy of retrospective determinism)로 빠져들게 할 것이기 때문이다. 11)

그럴 때 모든 과거는 불가피했었다고 보게 되거나, 드러난 현상은 이러한 근본요인의 표출 이외의 다른 어떤 것이 아닌 것으로 설명된다. 문제는 오히려 이들이 표출될 수밖에 없거나 표출되는 구체적 과정과 상황이다. 식민시대 기원론은, 현대한국의 역사를 거시적으로 해석하며 그 구조적 요인을 밝혀내는 데는 웅장하며 탁월한 설명력과 그 만큼의 기여를 한 것이 사실이지만, 그것은 동일하게 식민경험을 보유하였으되 전쟁을 치르지 않은 국가와의 차이를 설명하지 못한다. 식민경험은 반드시 전쟁으로 연결되는 것인가? 우리는 아니라고 판단한다. 또 후자는 1950년 6월 25일의 전쟁의 시작은 앞서 전개된 사태들의 귀결이라는 점에서 사실상 학문적 설득력이 없다. 그것은 역사에 대한 가장 단절적이고 역사해체적인 인식 위에서만 가능한 것이다.

이 연구는 한국전쟁의 기원을 길게는 1945년 해방과 미·소(美蘇)

---

11) Reinhard Bendix, *Nation-Building and Citizenship*: *Studies of Our Changing Social Order*(Berkeley and Los Angeles: University of California Press, 1977), pp. 16, 249.

의 분할점령으로부터, 짧게는 1948년 분단정부의 수립으로부터 설정한다. 아마도 분단기원론이라고 부를 수 있을지도 모르겠다. 1950년 6월 25일의 전쟁은 1945년의 분할점령부터 시작된, 두 이질적인 사회로의 사태전개가 가져온 한 파국적 귀결이었다. 우리가 이 연구를 1945년부터 시작하는 연유는 여기에 있다. 그러나 그것만이 기원은 아니었다. 만약에 분단이 전쟁의 기원이라면 대부분의 분단국가들은 전쟁을 치러야 했으나 그렇지 않았다. 그것은 또 하나의 전쟁필연론으로 빠질 위험을 안고 있다. 따라서 이것만으로는 설명이 안된다.

다른 하나는 필자가 '48년 질서'라고 명명한 1948년에서 1950년까지의 남북갈등이며, 그 안에서의 대쌍관계동학(對雙關係動學)과 북한의 급진군사주의였다. 첫 번째 요인인 분단이 초기 조건을 형성하였다면 직접적으로 전쟁으로 이행하게 되는 이유는 두 번째 요인 때문이었다. 전쟁의 기원을 설명하는 한 가지 주장으로, 남한사회의 낮은 탈식민성을 지적하는 경우가 종종 있다. 즉, 북한은 식민지로부터 해방이 된 사회이고 남한은 그렇지 않았다는 것이다. 만약에 이럴 경우 전쟁의 성격 역시 자연스럽게 반식민 사회혁명이나 민족해방전쟁으로 귀결된다. 과연 그러했는지 우리는 이 문제를 정밀하게 추적할 것이다.

네 번째는 이 전쟁의 성격과 의미를 규명하려 한다. 그것은 과연 혁명전쟁이자 민족해방전쟁이었는가? 또 그것은 내전인가 국제전인가의 문제를 밝히고자 한다. 이를 규명하기 위해서는 지배집단의 성격과 정책, 토지문제, 미소와의 관계, 남북한 각각에서의 사회변혁의 방법과 과정이 분석되어야 할 것이다. 동시에 1950년의 시점에서 전쟁이라는 사회이행의 방법은 과연 옳았는가 하는 물음도 검토되어야 할 것이다. 분단과 통일, 탈식민 사회이행의 문제에서 전쟁에 의한 추구방법이 어떤 의미를 지니고 있는지, 어느 정도 옳고 어느 정도 그렇지 않은 것인지를 규명해야 할 것이다. 그리고 나서 우리는 간략하게 이 전쟁이 현대한국에서 지니는 거시적 미시적 의미를 추출하려 시도할 것이다. 그것은 우리에게 정녕 무엇이었고, 무엇을 남겼는가? 우리는 무엇을 위해, 왜 그토록 참혹한 전쟁을 치러야 했는가? 그러나 위상의 설정과 의미의 추적은 전쟁의 귀결 및 영향과 함께 다시 시작해야 할 방대한 연구주제이기 때문에 여기에서는 상세한 서술은 생략될 것이다.

2. 시각: 비판합리주의와 한국전쟁 연구

개입(*commitment*)과 조망(*detachment*)은 모든 사태에 대한 접근에서 가장 필수적이면서도 어려운 두 요소라고 할 수 있다.[12] 하나의 사고체계와 연구전략 속에 이 둘을 어떻게 결합할 것인가? 개입은 사태에 대한 직접적이고 실천적인 문제의식을 말하며, 조망은 한 발 물러서서 객관적으로 사태를 보려는 전략을 말한다. 일반적으로 전자는 열정과 변혁주의에 의해, 후자는 이성과 합리주의에 의해 안내된다. 실천적 개입 없이는 모든 사태는 사회과학자에게 의미를 상실한다. 이때 말하는 실천적 개입이란 학자 개개인이 속해 있는 공동체에 대한 이상적 비전과 자신의 연구를 견주어 보려는 문제의식을 말한다. 비판없는 연구는 다만 현실을 정당화하는 기술의 하나로 전락하며, 그러할 때 사회과학연구가 존재할 의의는 축소된다. 그렇다고 하

---

12) Reinhard Bendix and Guenther Roth, *Scholarship and Partisanship: Essays on Max Weber* (Berkeley and Los Angeles: University of California Press, 1971).

여 개입과 비판이 전부는 아니다. 학문이 학문으로서 존재할 수 있는 최소한의 근거는 무엇보다도 객관적 시각과 합리적 설명의 틀을 갖고 사태를 설명할 때에 한해서 이다. 개입의 과잉은 종종 특수적 신념을 과학으로 오인하여 사회연구를 특정의 이념적 목적에 치닫게 하는 오류로 연결된다. 교조적 맑스주의의 가장 큰 오류는 사고의 균일화와 역사해석의 국유화, 그리고 권력에의 복무의 강요였다. 그런 점에서 냉전의 해체는, 이성의 해체가 아니라 오히려 이념의 이름으로 가려졌던 이성의 눈으로 사태를 접근할 수 있게 되었음을 뜻한다.

　한국전쟁 연구는 그 동안 사건의 크기에 비례하여 그를 둘러싼 논쟁도 치열하였다. 그럼에도 불구하고 이 전쟁의 기원과 발발, 그리고 전개과정이 담고 있는 깊고도 방대한 사실에 대한 추적과 분석은 논쟁의 치열함에 비하면 그 엄정성과 객관성에서 반드시 만족할 만한 수준에 와 있었다고 할 수만은 없었다. 그것은 기본적으로 이 사건이, 그리고 이 사건의 논의의 지형이 이념적 성격을 띠고 있었다는 단순한 사실에서 연유한다. 단순하나 그것이 전부이기도 하였다. 특정 사회와 사태를 접근할 때 사태에 대한 이념적 개입은 그 개입의 정도에 비례하여 사태에 대한 객관적 이해를 차단한다. 이념적 개입과 헌신의 정도가 크면 클수록 객관성은 떨어진다. 대립하는 권력주체를 동시에 연구의 대상으로 삼아야 할 때 하나의 권력을 비판하는 실천이 다른 하나의 권력을 정당화하는 기술로 변질된다면, 그 연구는 근본전제부터 송두리째 무너져 내리는 것이다.

　이 진술은 단순히 분단과 남북대립의 질곡으로부터 자유롭지 못했던 한국내의 한국전쟁 연구에 대한 진술만은 아니다. 외국의 연구 역시 냉전의 압력으로부터 자유롭지 못했음은 말할 필요도 없다. 세계의 냉전과 한국의 대결은 이 사건의 해석에 결정적인 요인으로 작용하여 왔던 것이다. 지난 시기의 이 사태에 대한 인식과 연구는 바로 이 사태가 초래되고 진행되었으며 남겨놓은 정치적 이념적 지형 위에서의 연구였다. 그것이 어떤 쪽에서였건 간에 이는 동일하였다. 거의 모든 한국전쟁 연구는 마치 1950년의 대결을 반복하듯 하여왔다. 하나는 남한과 미국-유엔을 정당하다고 하였고, 다른 하나는 북한과 소련-중국을 정당하다고 말해 왔다. 아마도 그것은 또 하나의 전쟁이었을 것이다. 우리가 학문의 영역에서 그러한 전쟁을 반복할 필요가 있을까? 우리는 이제 이 순환고리를 끊어야 할 것이다.

이러한 편향이 얼마나 많은 사실들을 제대로 파악할 수 있게 하는지는 의심스러운 것이다. 이 과정에서 진정으로 정밀하게 탐색되거나 분석되어야 할 주제들에는 초점이 두어지지 않거나 방임되어 왔다. 하나의 예만으로도 이 문제는 해답을 얻을 수 있다. 왜 남한의 연구들은 전쟁은 북한의 침략으로 시작되었다고 주장해 왔으면서도 6월 25일의 상황을 재구성한 연구를 하나도 제출하지 않았을까? 전쟁의 '결정'이 전쟁의 '시작'을 모두 말해 주기 때문일까? 스탈린과 김일성의 전쟁개시에 관한 합의가 6월 25일의 전쟁시작을 남한군대가 촉발하였을지도 모른다는 의문을 자동적으로 지우게 하는 것일까? 아니면 상식의 수준에서 일반적으로 받아들여진 이해를 역사적 진리로서 그대로 수용하였기 때문일까? 그렇다고 할 수는 없었다. 그것은 침략 자체를 증오하고 비난하는 동안 이를 치밀하게 추적하려는 학적 노력의 결여에 직결되어 있다. 우리 모두의 책임이었다.

아직 남한-북한의 대결이 종식된 것은 아니고, 이 전쟁이 남겨 놓은 거대 유산들은 계속 남한과 북한을 지배하고 있다. 그러나 20세기의 후반의 세계를 틀지었던, 따라서 한국전쟁을 초래했고 그 틀에서 우리가 사태를 해석하여야만 했던 거대한 냉전이 해체된 오늘의 시점에서까지도 우리가 이러한 학문적 전쟁을 수용해야 할 필요성은 사라졌다. 하나의 사태가 놓여 있던 조건의 변화는 그에 대한 새로운 문제틀과 해석을 요구한다. 한국전쟁을 초래했던 근본질서는 해체되었거나 아니면 해체의 과정에 있다. 따라서 무엇보다도 한국전쟁에 대한 객관적 연구는 한국전쟁이 남긴 이념적 긴박으로부터 탈출할 때만 진정 가능한 것이다. 왜냐하면 진정한 의미에서의 개입은 탈출의 경험 이후에서야 비로소 이루어질 수 있기 때문이다.

그러나 엄연히 바뀌지 않은 것이 존재하고 있다. 무엇이 바뀌고 무엇이 바뀌지 않았는가? 이것을 판별하는 것은 간단하지 않다. 두 한국의 관계의 수준에서, 그리고 각각의 내부정치의 수준에서 1953년 질서는 지속되고 있다. 분명한 것은 사후의 사태변화가 말하지 않는 많은 내용들이 사태진행 당시에 이미 존재했다는 점이다. 또한 주요한 대부분의 문제들은 사태가 진행되는 당대에 제기되어 있었던 것이기도 하다. 따라서 객관적이고자 하는 연구는 당연히 당시의 시점으로 돌아가야 한다. 연구는 현재의 시점에서 진행되지만 사태는 이미 과거의 것이다. 따라서 변한 것과 변하지 않은 것의 판별이 필수적으로 필요하다. 전자가 오늘의 관점에서 사태를 들여다보는 것이라면, 후자는 사태가 발발했던 당시의 관점에서 들여다보는 것을 말한다. 하나의 역사적 사건에 대한 편견 없는, 따라서 객관적인 해석은 둘의 이상적인 결합 없이는 불가능하다.

기본적으로 이 연구는 짧은 시간 동안 우리가 경험하지 않으면 안되었던 두 번의 시각전환, 인식전환을 반영한 지평에서 시작된다. 그것은 패러다임의 변화라고 부를 수 있을 만큼 격변적이었다. 첫 번째 전환은 1980년대 벽두 한국의 역사–사회과학에 불어닥친 현대한국과 한국전쟁에 대한 비판적 연구로 인한 인식의 전환이었다. 80년대 10년간 한국에서 가장 폭발적인 관심을 끌었던 사회과학의 연구주제의 하나는 초기 한국의 정치와 역사였다. 이는 무엇보다도 현대한국의 기원이 해방 전후 시기로부터 출발했다는 역사적이고 구조적 인식의 반영이었다. 이는 특히 해외에서의 중요한 연구들의 수입과 맞물리면서 비판적 사회-역사연구의 절정을 이루었다. 물론 이러한 비판적 연구는 민주주의와 민족통일을 위한 실천적 사회운동의 성장과 맞물려 진행되었다. 이 전환을 통해 우리는 오랫동안 우리가 당연하게 받아들여왔던 국가에 대한 공식인식과 서술로부터 벗어날 수 있었다. 이것이 첫 번째의 전환이었다. 이 시각은 권위주의 정권에 맞서 민주주의를 위해 투쟁하는 현실적 필요 때문에 도덕적 이념적 개입을 필요로 하였고, 또 이에 의해 지탱되었으며, 이론적 근거와 논의의 결론 역시 그와 일치하는 방향으로의 귀결을 동시에 보여주었다.

특히 브루스 커밍스(Bruce Cumings)의 연구들[13]은 한국전쟁과 현대한국연구에 대한 '이정표적 대작'이라고 불릴 만큼[14] 큰 영향을 끼

---

13) Bruce Cumings, *The Origins of the Korean War*, Vol Ⅰ: *Liberation and the Emergence of Separate Regimes, 1945~1947*, Vol.Ⅱ: *The Roaring of the Cataract, 1947~1950* (Princeton: Princeton University Press, 1981, 1990).

14) 최장집, 《한국 현대정치의 구조와 변화》(서울: 까치, 1989), p. 48. 브루스 커밍스의 저작에 대한 한국에서의 평가는 매우 많았고 또 논쟁적이었다. 그의 연구를 검토한 글들로 주요한 것은 다음과 같은 것들이 있다. 최장집, "한국 현대사 연구를 위한 이론적 고려," 《한국현대정치의 구조와 변화》, pp. 48~49; 하영선, "냉전과 한국," 《논문집》 제 10호(서울대학교 국제문제연구소, 1986), pp. 89~103; 손호철, "브루스 커밍스의 한국현대사 연구비판," 《실천문학》 제 15호(1989년 가을), pp. 295~330; 이삼성, "한국현대사와 미국 대외정책연구방법론," 《사회와 사상》 제 15호(1989년 11월), pp. 248~276; 《미국의 대한 정책과 한국민족주의》(서울: 한길사, 1993), pp. 90~128; 전상인, "브루스 커밍스의 한국사·한국사회의 인식," 《한국과 국제정치》 제 8권 제 1호(1992년 봄·여름), pp. 239~280; 박명림, "브루스 커밍스의 《한

쳤다. 이념적 경도와 부분적인 사실적 오류들, 사회의 전망과 관련된 문제를 제외할 때 수준 높은 이론과 방대한 사실발굴, 날카로운 분석의 측면에서 그의 저작으로 인하여 한국전쟁 연구는 한 수준 도약을 이루었으며, 그것이 비로소 본격적으로 세계학계의 중심 연구주제의 하나가 되었다. 커밍스가 등장하기 이전까지 한국전쟁은, 역사적으로는 냉전시기 동안의 중심적인 사건이었음에도 불구하고, 학문적으로는 변방적인 주제로만 취급되어 왔었다. 해외학계에서 그것은 정치학과 역사학, 사회학의 중심 주제로서보다는 다만 외교정책의 성공과 실패를 탐구하는 사례 정도로 여겨져 왔었다.

그러나 어려운 문제를 하나 지적하자면 한국인 학도들의 학문적 자긍의 문제와 관련하여 커밍스가 세계학계에서 한국전쟁 연구에서 오랫동안 독보적인 위치를 차지할 수 있었던 것은 전적으로 한국학계의 풍토, 특히 이념적 풍토와 직결되어 있었다. 그것은, 그를 이념적으로 공격하는 데에 집중하는 동안 아무도 사실과 자료, 내용, 이론과 해석에서 그의 주장을 극복해 보려는 학적 시도를 하지 않아 왔기 때문이었다. 이념적 공격과 매도는 공격자 자신이 자기만족에 빠지는 동안 그 만족이 가져다주는 학문적 퇴보를 누적시킨다. 단순하게 말해 극단적인 이념주의적 연구자들은 자신들의 존재이유인 이념적 의도조차 달성하지 못한다. 그것은 혁명주의자들이나 반공주의자들이

국전쟁의 기원》 1·2에 관한 하나의 비판적 논평-이론과 사실의 검토," 한국정치연구회 1992년 3월 29일 〈브루스 커밍스 초청특별토론회〉 주제발표 논문; 양성철, "서평-Bruce Cumings, *The Origins of the Korean War*," 국토통일원, 《통일문제연구》 제 1권 제 3호(1989 가을); Yang Sung-chul, "Book Review: A Convoluted Approach to the Study of the Korean War-Cumings' Search for a Red Heering," *Korea and World Affairs*, Vol. 17, No. 2 (Summer 1993), pp. 316~323.

나 모두 동일하다. 모든 비판은 비판적 자기성찰의 토대 위에서 수행될 때 학문적 설득력을 갖게 된다.

극단주의적 해석은 단지 현실이 극단일 때에만 존재 가능하다. 연구들은 자주 현실을 실제보다 더 극단화시키는데, 한국전쟁과 같은 극단적인 이념대립을 띠었던 역사적 사건은 더욱더 이러한 면을 많이 갖고 있다. 커밍스를 비롯하여 전통주의 시각에 대한 도전을 시도하였던 연구들은 결국 하나의 편향을 넘어서는 동안 다른 한 편향으로 강하게 경도되었다. 그것은 그러한 경향에 대한 비판들 역시 마찬가지였다. 그리고 엄밀하게 말해 커밍스의 연구의 중심주제는 한국에서의 사태를 사례로 한 미국 외교정책에 대한 급진적 비판에 초점이 놓여 있다. 그의 연구의 출발은 미국외교에 대한 반성적 성찰인 것이다. 이 점에서 이 연구는 그의 접근과 상이하다. 이제 우리의 연구의 중심주제는 해방직후 한국사회의 조건과 가능, 주체의 움직임에 대한 반성적 자기성찰로부터 출발하여야 할 것이다.

두 번째의 인식전환은 독일의 통일과 사회주의의 붕괴, 소련의 몰락과 냉전의 해체라는 세기적 격변이 몰아친 1980년대 후반과 90년대 초반에 다가왔다. 이것이 사실상의 파산상태라는 북한실상의 노출 및 붕괴위기와 겹쳐지면서 두 번째의 시각전환은 더 크고 빠르게 다가왔다. 여기에 내부의 권위주의 후퇴와 민주주의로의 이행으로 인한 운동대상의 상실도 큰 요인으로 작용하였다. 사실 사회주의의 붕괴는 사회주의의 등장보다도 훨씬 극적이었고, 그만큼 충격적이었다. 동독의 붕괴로 인한 독일의 통일 역시 남북한을 바라보는 사태인식에 큰 영향을 끼쳤다.

결국 한국전쟁에 대해서도 사회주의 붕괴와 북한의 생존위기, 북한민중의 기아와 고통에도 불구하고 민중해방과 사회주의 체제의 실현을 명분으로 시도했던 전쟁을 정당화해줄 역사적 근거와 현실적 필요성이 있었는가 하는 좀더 근본적인 철학적 물음들이 제기될 수밖에 없었다. 미래를 담보로 하는 모든 진보운동은 비판의 대상인 현실에 대한 대안적 모델을 가질 때 현실적 힘을 가질 수 있다. 즉, 역사에 대한 '해석'과 현실에 대한 '이해'는 미래에 대한 '전망'과 직결되어 있다. 그렇다면, 대안이 사라진 미래에 대한 전망은 역사해석과 현실이해의 지평을 역으로 규정하는 결과를 초래할 수밖에 없는 것이다.

우리는 "사태발생의 당대로 돌아가야 된다"는 명제를 부정할 수는 없다. 그러나 동시에 현실을 조건 지은 가까운 과거의 역사적 사태에 대한 연구가 현실상황을 반영하지 않는다면 그것은 실천을 말하면서도 오히려 가장 실천적인 '현재의 문제'를 방기하는 이율배반일 것이다. 현재는 과거의 누적이지만, 또한 과거 역시 결국은 현재의 누적일 뿐이기 때문이다. 이 문제와 관련하여 어떤 사람들은 역사를 너무 결과 중심으로, 또 현재적 관점에서만 해석하면 안 된다고 말한다. 즉, 그것은 오늘의 지평에서만 연구되어서는 안 된다는 것이다. 이 말은 기본적으로 옳다. 역사적 사건은 무엇보다도 먼저 그때의 모습을 충실히 그려야 하며 그것은 당연히 그때의 사람들의 관점에서 쓰려 노력해야 한다. 그러나 그것만일 경우 지나간 그 사건은 오늘의 우리에게 과연 무슨 의미가 있는가?

따라서 역사적 사건의 연구는 불가피하게 씌어지는 시점의 인식을 반영하지 않으면 안 된다. 다음의 극단적인 진술은 불변의 명제는 아니지만 일정 정도 사실이다, "모든 역사는 현재의 역사이다." 15) 따라서 역사는 '역사가와 사실 간의 상호작용의 부단한 과정'이자 '현재와

---

15) Benedetto Croce, 이상신 역, 《歷史의 理論과 歷史》(삼영사, 1978), p. 11.

과거의 끊임없는 대화'라는 주장은 유념해야 할 언명이 아닐 수 없다.16) 지나간 사태는 끊임없이 새롭게 씌어지지 않으면 안 된다. 1789년, 1917년 이후에도 바로 앞선 시기의 프랑스와 러시아의 사회를 1788년이나 1916년의 관점에서 기록하고 있다면 그것은 잘못된 것이다. 사회주의의 붕괴, 특히 생존의 위기와 민중의 극단적 빈곤을 노정하고 있는 북한의 실상에도 불구하고 그 체제를 폭력적으로 실현하려 한 시도였던 전쟁을 평가하는 기준이 언제나 동일하다면 그것은 설명력이 떨어질 것이다.

첫 번째 인식의 전환의 시기 동안에는 최초의 공식역사에 대한 반명제이면 거의 모든 명제를 무비판적으로 무검증적으로 수용하는 경향이 두드러졌다. 이것은 인간의 의식과 행태에 있어서 하나의 자연스런 현상일 수 있다. 개인이건 집단이건 일단 사고의 전환이 일어나면 오류로 인식된 지난날의 이해방법은 다만 반발과 수정의 대상으로 바뀔 뿐이기 때문이다. 80년대 반대인식의 급격한 폭발과 수용은 과거의 시각이 얼마나 강하고 오랫동안 부과되어 있었는가를 확인케 하였다. 우리는 지난 10년 동안 이 두 시각의 팽팽한 학문적 냉전을 목도하였다.

그러나 두 번째의 인식전환을 통해서 우리는 비로소 첫 번째와 두 번째의 사태인식과 해석이 지닌 장점과 단점들을 제대로 파악할 수 있게 되었다. 이것은 시대의 변화가 가져다준 행운이었다. 그 둘 사이의 간격과 넓이 사이에서 하나의 선택의 문제가 아니라 둘의 지양이 필요하다는 사실을 서서히 깨닫게 되었던 것이다. 즉, 두 번째의 인식전환이 반드시 첫 번째 전환의 반대가 되어서도 안 되지만, 그것이 또 곧바

---

16) E. H. Carr, *What is History?* (London: Macmillan, 1961), p. 24.

로 최초의 공식서술을 정당화하여 주거나 그것으로 돌아가야 한다는 것을 의미하는 것도 역시 아니라는 점이다. 두 번의 전환을 거쳐 우리는 비로소 이제 세 번째의 인식에 다다를 수 있는 지점에 놓여 있다.

전통적 시각에서 진행된 대표적인 한국전쟁연구 저작들은 강한 직접적 경험을 바탕에 깔고 있다. 경험자로서는 객관적으로 전쟁을 접근하는 한 연구자도 "전쟁은 내 머리 어느 한쪽 구석에 커다란 소음으로 남아 있다. … 여기에는 병기의 움직임이나 전장의 굉음뿐만 아니라 전쟁에 휘말린 사람들이 내는 여러 소리들도 뒤섞여 있다"[17]고 고백한다. 한국전쟁을 북한공산주의자들의 전략과 노선의 관점에서 분석한, 70년대에 진행된 체계적인 연구[18]의 저자는 한국군 고위지휘관으로 전쟁에 직접 참전한 장군이었다. 그는 1946년부터 전쟁 때까지 지속적으로 좌파·북한과 투쟁한 경험을 갖고 있는 사람이었다. 다른 한 저자는 서문에서 어린 시절의 전쟁의 참혹했던 경험을 언급하면서 "수많은 무고한 인명을 빼앗기게 된 전쟁을 일으킨 김일성과 그 패거리는 결코 정당화될 수 없는 것"[19]이라고 극도의 증오를 나타낸다. 우리는 경험이 반드시 사태를 이성적으로 보지 못하게 한다고 단순하게 생각하지는 않지만, 그러나 경험의 충격은 강하면 강할수록 인간을 그것에 긴박되게 만듦으로써 객관적이기 어렵게 만드는 것 또한 사실이다. 이러한 현상은 경험의 공유범위가 넓을수록 더욱 두드러진다.

6월 25일의 북한의 공격을 규명하는 데, 즉 전쟁은 북한의 남침으로 시작되었다는 하나의 초점을 규명하는 데 오랫동안 학적 노력을

---

17) 라종일, 《끝나지 않은 전쟁》, p. 313.
18) 김점곤, 《한국전쟁과 노동당 전략》(서울: 박영사, 1973).
19) 김학준, 《한국전쟁》(서울: 박영사, 1989).

기울였다고 할 수 있는 전통주의 시각은 그럼에도 불구하고 6월 25일
의 사태를 사실적으로 재구성한 하나의 연구도 내놓지 못하였다. 이
것은 지난 40년간의 한국전쟁 연구가 보여온 커다란 아이러니 중의
하나이다. 위의 저작들에서도 역시 1950년 6월 25일을 재구성하려 한
장은 찾을 수 없다. 그러나 전통주의 시각에서 이것은 당연한 결과였
다. 그것은 북한에 대한 증오와 경멸을 담고 있는 동안 실제의 사태에
대한 사실적 구성과 논리적 추론, 정교하고 수준 높은 이론에 의한 해
석은 소홀히 해왔기 때문이다.

남침을 규명하기 위해서는 1950년 6월 25일 전후의 남한과 북한,
소련과 미국, 특히 북한 인민군의 내부 비밀명령서와 같은 내부자료
를 추적하여 발굴해야 한다. 그렇지 않고는 이는 미답(未踏)의 영역
으로 남을 수밖에 없다. 이러한 시각의 연구에서 그러한 자료를 갖고
6월 25일을 구성하고 규명한 연구는 찾아볼 수 없다. 하나의 초점 시
각에서는 그 하나의 초점을 연구의 사각지대로 남겨 놓은 아이러니를
후세에 물려주었다. 그 결과 우리는 오늘날 그 부분을 새로이 구성할
수 있는 기회를 갖게 되었다. 반공도덕주의는 북한과 김일성·박헌영
에 대한 증오와 경멸의 크기 때문에 그것을 위해 높은 소리를 내는 동
안 가장 낮은 수준에서 요구되는 객관적인 사실 재구성에의 천착은
외면하였던 것이다.

최장집은 좌파시각과 수정주의가 범람하던 1980년대 말에 '제3의
시각'을 말한 바 있다. 그는 객관적인 한국전쟁 연구를 위해서는 '경
직된 냉전논리와 수정주의적 이론이 가지는 문제점들을 극복하려는
제3의 시각'이 필요하다는 점을 강조하고 있다. 그는 "이 새로운 접근
은 민족자주와 평화의 가치, 이상을 바탕에 둔, 아직 형성과정에 있
는 이론이다. 전쟁을 체험한 기성세대들은 바로 그것을 체험했다는

사실 때문에 주관적이고 감정적으로 이해할 수밖에 없다는 한계를 가진다. 따라서 이제 사건 자체로부터 거리를 둔 객관적이며 그럼으로써 보다 사실적이고 총체적인 한국전쟁 이해는 … 젊은 세대에게 부여된 하나의 역사적인 과업이기도 하다"고 진술한다.[20]

같은 시각에서 하영선은 한국전쟁 40주년을 맞아 1990년대 초에 '전통주의와 수정주의를 넘는 제 3의 시각'을 강조한 바 있다. 그는 전통주의와 수정주의의 대결속에서 진행되는 현대 한국에 대한 연구는 "오늘의 문제의 기원에 대한 올바른 이해보다는 두 개의 다른 시각과 목적에 따른 두 개의 다른 신화의 창조에 기여하게 될 위험성을 보여주고 있다"면서 "이러한 위험성을 극복하기 위해서는 제 3의 시각이 필요하다"고 진술한다.[21] 여기에서 그는 두 가지 점을 지적하고 있다. 하나는 이른바 전통주의와 수정주의가 신화의 창조에 기여할 위험성이며, 다른 하나는 제 3의 시각의 필요성이다. 이 점에서 그가 편집한 책의 부제가 "전통주의와 수정주의를 넘어서"라는 것은 우리에게 시사하는 바 크다.

이 연구는 비판합리주의(*critical rationalism*) 또는 비판적 현실주의(*critical realism*)의 시각과 연구방법을 추구하려 한다. 이 조어는 앞뒤를 바꿀 수 있는 표현이다. 즉, 현실적 비판주의 또는 합리적 비판주의로서 말이다. 결국 이 문제는 이상을 추구하는 과정에서 도덕과 현실을 결합하는 문제로 귀착된다고 하지 않을 수 없다. 연구와 실천에서 지금의 시점에서 선택가능한 대안은 도덕과 현실 모두에 같은 정

---

20) 최장집, 《한국현대정치의 구조와 변화》, pp. 166~170.
21) 하영선 편, 《한국전쟁의 새로운 접근: 전통주의와 수정주의를 넘어서》(서울: 나남, 1990), p. 8.

도의 강조가 놓이는 '도덕적 현실주의'(*moral realism*)이거나,[22) 도덕적 입장에서 현실을 비판하고 대안을 추구하되 이를 현실적 고려 속에 추구하는 비판합리주의일 것이다.[23) 여기서 말하는 '비판'은 이상이고 '합리'는 현실을 말한다. 비판과 합리의 결합, 즉 비판합리주의는 이상과 현실의 결합을 말한다. 이상을 말하기 위해 현실을 왜곡해서도 안 되지만, 현실을 정당화하기 위해 이상을 포기할 수도 없다. 이 말은 사회와 세계에 대한 두 개의 화석화된 시각들인 기능주의적 시각과 맑스주의 시각을 지양하는 새로운 문제틀로서 한국전쟁의 경우 전통주의와 수정주의를 지양하는 하나의 시도일 수 있을 것이다.

도덕의 극단적 표출이 모든 것을 정당화해 주지도 않지만 마찬가지로 현실의 전면적 긍정이 바람직하다고 할 수도 없다. 이상을 추구하되 이를 현실적으로 실현가능한 범위에서 추구하는 것이 필요하다 하겠다. 즉, 이제는 현실주의적 유토피아(*realist Utopia*)를 추구하여야 하지 않을까 하는 것이다. 랑시에르(Jacques Ranciere)는 최근 "유토피아는 어디에나 있지도 않지만 실현되지 않은 꿈의 미래의 실현도 아니다. 또 현실주의는 유토피아에 대한 분명한 거부도 아니고 목적(*telos*)의 포기도 아니다. 그것은 다만 목적을 실현하고, 이성의 영역

---

22) Perry Anderson, *Arguments within English Marxism* (London: Verso, 1980), p. 206.

23) 이는 무어의 일련의 저작에서 나타난 시각을 말한다. Barrington Moore, Jr., *Social Origins of Dictatorship and Democracy* (Boston: Beacon Press, 1966); *Reflections on the Causes of Human Misery and Upon Certain Proposals to Eliminate Them* (Boston: Beacon Press, 1973); *Injustice: The Social Bases of Obedience and Revolt* (New York: M. E. Sharpe, 1978) 등을 보라. 그의 시각을 비판합리주의로 명명한 저작은 Dennis Smith, *The Rise of Historical Sociology* (Cambridge: Polity Press, 1991), p. 56을 보라.

을 현재의 단일성 내에서 회복하는 한 유토피아적 방법일 뿐이다"라면서 둘의 결합, 즉 현실주의적 유토피아를 제시하였다. 24)

  결국 도덕적 원칙의 추구를 포기하지 않으면서도 현실적으로 그것의 실현에 소요되는 인간들의 희생을 최소화할 수 있는 선택을 할 수 있다면, 즉 최소의 희생으로 도덕과 현실을 결합할 수 있다면, 달리 말하여 무어(Barrington Moore, Jr.)가 말한 인간적 비용(human cost)을 최소화하면서 도덕을 실현할 수 있다면 그것은 가장 나은 길이 아닐까 생각된다. 왜냐하면 역사와 사회는 거대프로젝트에서는 결코 비약을 허용하지 않는다는 점을 20세기의 세계와 한국의 경험은 분명하게 보여주었기 때문이다. 단절적 사회공학을 통한 이상의 추구는 그 자체로서도 엄청난 인간적 비용을 초래할 뿐만 아니라 그나마도 비약 이전의 단계로 후퇴할 수도 있다는 점을 우리는 보았던 것이다.

  여기에서 우리는 사회와 인간에 대한 사실적(factual), 반사실적(counter-factual), 평가적(evaluative) 진술사이의 비교를 시도할 수 있게 된다. 그리하여 우리는 "과거뿐만 아니라 현재의 인간의 선택과 사회변혁을 분석할 때 만일 앞선 어떤 조건들이나 인간의 특정 선택이 (실제 일어났던 것과) 달랐다면 어떤 일이 일어날 수 있었을까?" 하는 질문들을 던져야 할 것이다. 25) 왜냐하면 어떤 역사적 사건이 반드시 그렇게 진행되리라는 보장은 없고, 역사는 표출되지 않은 정치, 사라졌거나 또는 가능성을 내포하고 있던 대안을 언제나 포함하고 있기

---

24) Jacques Ranciere, *On the Shores of Politics*, Liz Heron(trans.) (London: Verso, 1995), pp. 14~15.

25) Dennis Smith, "Discovering Facts and Values: The Historical Sociology of Barrington Moore," Theda Skocpol(ed.), *Vision and Method in Historical Sociology*(Cambridge: Cambridge University, 1984), pp. 316, 320.

때문이다. 26) 역사는 언제나 대안을 포함하고 있는 것으로서 그것은 결정된, 운명 지어진 도정을 시간이 되면 당연히 지나가게 되는 길만은 아니기 때문이다. 이럴 때 이행의 과정에서 들어가는, 인간들이 치르는 대가, 즉 '인간적 비용'이야말로 도덕과 현실을 같은 정도로 접근할 때 가장 중요한 고려의 요인이 되지 않으면 안 된다.

냉전해체후의 한국전쟁 연구가 과거의 두 전통 중 하나에 대한 강한 이념적 도덕적 집착을 버리면서 우리 사회에 대한 열정과 전망을 버린 것이 아니냐는 비판이 가능할지 모르겠다. 그러나 이에 대한 해답은 '그렇지 않다'고 말할 수 있다. 토크빌(Alexis de Tocqueville) 은 《구체제와 프랑스혁명》에서 "나는 이 책을 편견없이 써왔기를 바라나 열정없이 썼기를 바라지는 않는다. 프랑스인이라면 누구나 자기조국에 대해 말하고 자기시대에 대해 생각할 때 완전히 초연할 수는 없을 것이다. 따라서 나는 우리의 옛 사회의 여러 부분을 연구함에 있어 결코 새로운 사회에 대한 전망을 잃지 않았음을 시인한다"고 말한다. 27) 우리는 객관성을 추구하면서도 전망을 잃지 않아야 할 것이다. 베버의 말대로 무지향성과 과학적 '객관성'은 아무런 내적 친화성을 가진 것이 아니기 때문이다. 28)

기존의 신화에 대한 구래의 집착을 상실하였지만 그것은 오히려 이념적 기준에서 역사를 해석하는 학문적 긴박을 해소하여 주었다. 이

---

26) Barrington Moore, Jr. , *Injustice: The Social Bases of Obedience and Revolt*, p. 376

27) Alexis de Tocqueville, 이용재 역, 《구체제와 프랑스 혁명》(서울: 일월서각, 1989), p. 42.

28) Max Weber, *The Methodology of the Social Sciences*, Edward A. Shills and Fenry Finch(trans. and ed.) (New York: The Free Press, 1949).

를 통해 비로소 우리는 신화가 아닌 새로운 전망을 추구할 수 있을 것이다. 비판합리주의는 한국전쟁의 여러 부분을 기존의 시각과는 새롭게 접근하지만 결코 사회에 대한 전망을 잃지 않게 해주는 하나의 방법론적 정신이다. 따라서 여기서 말하는 많은 것들은 이미 기존의 시각에서 연구되고 언급된 것들을 지양적 종합을 통해 재구성한 것들일 뿐이다. 거기에다가 다만 약간의 사실과 해석을 덧붙일 뿐인 것이다. 그러면서도 우리는 둘의 불편한 결합이나 중간적인 절충주의를 시도하지는 않는다. 중간노선도 아니면서 전망의 상실도 아닌 연구와 해석이 이제는 시작되어야 할 때가 되었다.

먼저 이 연구는 사실에서 출발할 것이다. 일찍이, 아이작 도이처(Isaac Deutscher)는 "한 사람의 역사가로서 나는 무엇이 일어났을 것인가를 추론하는 것보다 인간 역사에서 실제로 무엇이 일어났고 또 무엇이 일어나고 있는가를 이해하는 것이 훨씬 더 지난하다는 점을 항상 인식하고 있었다"고 고백한 바 있다. 29) 그만큼 과거의 연구에 있어 사실의 재구성만큼 어려운 것은 없다. 우리는 단순한 실증주의가 아닌 사실주의에 근거하여 사태를 접근하려 한다. 연구자의 관점보다는 존재하는 현상을 먼저 중시해야 한다는 것이다. 연구의 관점과 대상은 반드시 상호 왕복하여야 하지만 최초의 출발을 대상에 놓음으로써 관점에 의한 사실의 작위적 취사를 피할 수 있을 것이다. 따라서 우리는 기존의 두 개의 대립되는 시각이 관점과 이념의 자기전개 및 대립 속에서 놓쳐 왔던 사실들을 드러내는 작업이 중요하다는 인식을 갖는다. 사실에 근거하지 않은 관념적 주장은 배제되어야 할 것이다.

---

29) Isaac Deutscher, Tamara Deutscher(ed. and Intro.), *Marxism, Wars and Revolutions: Essays from Four Decades*(London: Verso, 1984), p. 72.

따라서 비판합리주의의 접근의 기본적인 연구방법은 귀납법이 될 것이다. 우리는 문제를 던지고 문제에 대한 해답을 사실에서 구한 연후에 해답을 제시할 것이다. 기존의 두 시각은 모두 선험적으로 설정된 어떤 이념적 기준과 문제의식의 범주내에서 연구를 진행한다는 공통점을 갖는다. 즉, 연역적 방법을 취하고 있다. 그것은 먼저 예정된 해답을 상정한 문제와 논리를 던져 놓고 그것들을 검증하는 방식을 택한다. 그러나 비판합리주의의 시각에서는 경험적 사실들의 결과와 합치로서 결론을 제시하는 방법을 취할 것이다. 이 점에서 이 시각은 방법론적으로는 오히려 역사와 사회과학의 가장 고전적인 전통으로 돌아가는 것을 의미한다.

다음으로는 좀더 그럴 듯하게 한국전쟁을 설명할 수 있는 이론과 분석틀의 구축을 위한 모색이다. 비판합리주의의 시각에서는 사실의 파편적 존재보다는 그 연관구조와 의미맥락을 추출하려 시도할 것이다. 이것을 위한 도구는 당연히 이론이 되겠다. 이론은 현실을 이해하기 위한 안내이며 색출적 도구가 된다. 그것이 없다면 인간 지식의 범위내에서 현실은 결코 체계적으로 구축되지 않는다. 따라서 비판합리주의의 접근에서는 더 많은 노력을 한국전쟁을 잘 설명하기 위한 이론을 개발하는 데 투입해야 할 것이다. 즉, "사물의 '사실적' 연관이 아니라 문제의 사고적 연관이 과학의 연구영역의 기저에 있다"고 할 때 "새로운 방법에 의하여 하나의 새로운 문제가 추구되며, 그에 의하여 새롭고 의의 있는 관점을 제시하는 진리가 발견되는 데에서 하나의 새로운 '과학'이 성립하는 것이다."[30]

---

30) Max Weber, *The Methodology of the Social Sciences.*

3. 인식과 해석의 준거: 농민, 민주주의, 민족주의

　특정의 시각에 관계없이 하나의 사태나 주제를 객관적으로 연구하려고 할 때 준거의 설정은 불가피하다. 그것은 계급일 수도 있고, 민족일 수도, 이념일 수도, 그리고 국가나 경제일 수도 있다. 준거의 설정은 반드시 사건의 해석과 평가를 위한 것만은 아니다. 그것은 연구의 출발을 가능케 하는 요체라 할 수 있다. 그렇다면 비판합리주의의 시각에서 한국전쟁을 연구할 때 무엇을 그 준거로 삼을 수 있을 것인가? 필자가 이해하기에 한국전쟁의 연구를 위해서는 다음의 세 준거들이 필요하다. 즉, 농민, 민주주의, 그리고 민족주의가 그것들이다.

　첫째 준거로서 농민을 설정한다는 의미는 다수 사회구성원의 관점에서 사태를 접근하려는 것을 뜻한다. 지나간 역사적 경험에서 의미를 추출하려 한다면 상층 정치만 갖고는 사태의 재구성이 불가능하다. 거기에는 필수불가결하게 사회의 분석이 추가되어야 한다. 즉, 밑으로부터의 접근이 필요하다는 얘기다. 농민은 당시 한국 사회구성원의 대부분을 차지하고 있었다. 따라서 농민의 문제는 곧 민중의 문제이기도 하였다. 이때 민중의 존재를 틀짓는 조건과 그 조건의 변화의 내용, 방향과 성격에 대한 논의는 피할 수 없다. 우리는 농민을 출발의 중심에 설정하지만, 그들이 변혁의 동력이자 주체여야만 한다는 근본주의를 수용하지는 않는다. 오히려 우리는 변혁을 통과하는 동안의 그들의 다양한 선택가능성과 그들이 치를 비용에 대해 고려할 분석적 공간을 마련하지 않으면 안 된다.

　1980년대를 휩쓸었던 특정한 경향의 역풍으로 사회주의붕괴와 북한의 실상이 드러나면서 우리사회에서 '민중'이라는 언술은 일종의 금기이거나 때로는 조롱적인 유물처럼 들려오게 되었다. 그러나 민중언술과 이에 대한 착목은 결코 80년대에 등장한 것도, 또 그 시대의 독점적 전유물도 아니다. 박정희 시기에 최초로 등장한 단일한 통합 반대당의 명칭은 '민중당'이었다. [31] 당시 이 당은 거의 모든 반대세력의 집결체였으며, 60년의 4월사태와 장면정부를 주도하였던 정치세력들은 대부분 여기에 모여들었다. 이들은 다양한 명칭을 가지면서 60년대에서 80년대까지 군부권위주의에 맞서는 강력한 반대당의 중심이었다. 80년대에는 87년의 6월항쟁을 이끌어내기까지 상당기간 기층 민중세력과 연대하였다. 즉, 민중언술은 결코 급진적 분파의 전유물만은 아니었다. 그리고 사실 80년대 민중언술은 '서울의 봄'과 '광주항쟁', 그리고 오직 적나(赤裸)의 폭력에 의존하여 등장한 전두환 체제라는 요인을 배제하고는 설명될 수 없는 시대의 산물이었다. 언어의 이념적 제한을 해제하고, 동시에 그것의 상투적 어법을 제거하는 것, 그리하여 신화적 이미지를 벗겨내어 객관적 학문언어로 복원해내는 것도 비판합리주의의 한 임무인 것이다.

더욱이 1945년에서 50년까지 민중언술은 배타적이거나 독점적이지 않았다. 공산주의의 몇몇 교의에 대한 교조적 집착을 제외한다면 이 시기 좌파가 독점적으로 사용한 민중언술은 존재하지 않았다. '인민'? 그것은 그 후 북한이 독점적으로 사용하면서 남한에서는 '사용불가' 언술이 되었지만, 이 시기 그것은 좌파와 우파가 동시에 사용하던 언술이었다. 우파의 삐라와 신문에서 인민이라는 용어는 종종 발견된다. 좌우를 연결하려 시도하였고, 극좌파에 대해 강한 적대의식을 갖고 있었던 여운형(呂運亨)이 주도한 정당의 명칭은 인민당이었다. 그렇다면 인민 언술은 보편적인 언술이었던 것이다. 민중은 더욱 더

---

31) 중앙선거관리위원회, 《대한민국정당사》권 1(1973), pp. 543~573.

그러했다. 이승만과 남한정부가 토지개혁의 시급성을 강조할 때 주장한 것은 '민중의 생활을 향상시킨다'는 것이었다.

우리가 분석의 준거로 설정하는 민중은 이러한 다층적이고 복합적인 수준의 민중을 지칭한다. 그리고 그것은 무엇보다도 현대한국의 역사적 경험을 전제한다. 거시적으로 그것은 근대 이후 한국의 역사를 추동해온 사회적 실체를 지칭한다. 따라서 그것은 맑스주의의 계급적 분석과는 근본적으로 상이하며, 80년대의 협애한 민중시각과도 다르다. 오히려 그것에 반대되는 측면을 많이 갖는다. 이 두 시각은 역사를 구조 속으로 결정화해 버리며 그것을 움직이는 주체들의 선택이 갖는 능동성을 폐색시킨다. 한 역사학자는 '오늘날 우리나라 역사는 민중이 만들어 가는 역사'라고 규정하며 식민시기의 3·1운동을 4월혁명, 광주항쟁, 6월항쟁 등 "민중적 민족·민주운동의 원류이며 또 그 원형이기도 하다"고 주장한다.[32] 식민시기의 3·1운동을 민중의 관점에서 바라보면서 해방직후의 한국과 한국전쟁을 민중의 관점에서 보지 못할 이유는 존재하지 않는다.

농민의 문제는 당시 사회의 거의 모든 문제를 포괄하고 있던 핵심문제였다. 1945년에서 50년까지의 한국사회는 농업사회였으며, 따라서 농민과 토지문제에 대한 분석이 수반되지 않고는 한국전쟁의 기원과 성격의 어떠한 부분도 규명할 수 없다. 당연히 토지소유관계, 남한과 북한에서 취했던 토지개혁의 방법, 농민의 정치행태와 선택, 농민반란의 문제들이 분석되어야 한다. 또 남북한의 토지개혁의 내용과 결과, 발표된 정책과 실제의 현실이 정밀하게 추적되어야 한다.

---

32) 유영익, "民衆史的 立場에서 본 3·1運動,"《韓國近現代史論》(서울: 일조각, 1992), pp. 219~225.

무어의 지적처럼 "농민은 '역사의 한 객체'라는 견해, 즉 농민은 역사적 변화들이 그를 스쳐지나가기는 하지만 이 변화의 추진에는 아무런 기여도 하지 못하는 사회적 삶의 한 형태라는 견해를 진지하게 받아들이는 것은 이제 불가능해졌다". 따라서 그의 진술처럼 "근대의 농민은 혁명의 추진기관이었던 것 못지않게 그 적극적 주체였으며, 그 추진력을 장악한 농민이 역사무대에 유력한 배우로 등장했다는 것은 역사의 역설을 음미하고자 하는 이들에게는 참으로 진기한 맛을 더해줄 것"이다.[33]

그럼에도 불구하고 농민을 주체로 보면서도 또한 농민을 하나의 생각을 갖고 하나의 지향을 추구하는 단일한 구성체로 볼 수는 없다. 왜냐하면 우선 "농민을 보기 전에 사회전체를 보는 것이 필요하다"는 무어의 언명에서 알 수 있듯이 농민은 사회의 한 부분 구성요소로서 사회의 다양한 이해관계와 상이하게 대면하고 있기 때문이다. 우리는 당시 남북한 농민을 농민내부와 전체사회 수준 모두에서 분석하려 한다. 무어는 "혁명에 대한 농민의 공헌은 경우에 따라 매우 달랐다"고 말하면서 "중국과 러시아에서는 결정적이었고, 프랑스에서는 매우 중요했으며, 일본에서는 매우 사소한 것이었고, 인도에서는 현재까지도 하찮은 것이며, 최초의 봉기가 실패로 끝난 독일과 영국에서는 보잘 것이 없었다"[34]는 점에서 그 차이를 간과하지 않는다. 따라서 농민이 어떤 사회계급과 동맹했고, 어떤 사회계급에 대항했는지에 대해서 일반적인 결론을 내린다는 것은 매우 위험한 일이다. 그들은 상이한 시간과 장소에 따라 상상할 수 있는 거의 모든 집단에 대항했

---

33) Barrington Moore, Jr., *Social Origins*, p. 457.
34) Barrington Moore, Jr., *Social Origins*, p. 457.

고, 다른 집단과는 또 동맹했다. 35)

역사적 변동에서의 농민의 역할 자체에 대한 인식의 문제와 그 역할의 차이에 대한 인식의 문제를 분리하여 지적하는 이 두 진술은 남한과 북한에게는 모두 적용될 수 있다. 샤닌(Theodor Shanin)이 말했듯이 혁명적이라든지 반동적이라든지 하는 식의, 시대와 장소를 가로질러 같은 의미가 부여될 수 있는 농민은 존재하지 않는다. 그것은 농민에 대한 하나의 신비화로서, 시대와 사회에 따른 농민의 이질성은 의심의 여지가 없는 현상이다. 36) 특히 초기 한국은 더욱 그러하였다. 좀더 전체적인 사회적 조건(setting)과 역사적 맥락을 보지 않고서는 농민은 이해될 수 없다. 즉, 때때로 "다음과 같은 가정은 보다 현실적으로 보인다. 대다수의 민중들, 특히 농민들은 무엇인가가 자신들의 일상생활을 위협하고 파괴하지 않는다면 또는 위협하고 파괴하기 이전까지는 이해득실을 따지지 않고, 특히 좀더 나은 무엇이 가능할 수 있는가에 대해 조금도 고려하지 않고도 사회체제를 얼마든지 받아들인다. 따라서 농민들은 자기들을 단지 희생자로 만드는 사회도 충분히 받아들일 수 있는 것이다". 37) 이러한 관점에서 남한·북한의 토지개혁의 방식과 농민들의 토지소유관계, 농민들의 참여 여부, 국가와 농민의 관계가 분석되어야 할 것이다.

둘째는 민주주의의 문제이다. 민주주의의 문제를 들여다보지 않으면 1945년에서 48년까지의 모든 정치쟁투와 48년 이후의 두 한국의

---

35) Barrington Moore, Jr., *Social Origins*, p. 464.

36) Theodor Shanin, "Defining Peasants: Conceptualizations and Deconceptualizations—Old and New in a Marxist Debate," *The Sociological Review*, Vol. 30, No. 3(Aug. 1982).

37) Barrington Moore, Jr., *Social Origins*, p. 204.

정치는 객관적으로 분석되기 어렵다. 많은 관찰자들은 민주주의의 실현의 정도와 갈등의 완화를 일치시켜 왔다. 그 동안 민주주의와 전쟁의 양변관계(*bivariation relationship*)에서 민주주의와 전쟁의 상호관계가 반드시 정(正)의 관계에 놓여 있다고 할 수 있느냐는 문제, 즉 "민주주의는 비민주적 체제보다 전쟁을 선호하지 않는다"는 명제에 대해서는 논란을 벌여오기는 했으나, 민주주의가 전쟁을 억제하는 한 요인인 것만은 분명하다. 역사적으로 민주주의 국가들간의 전쟁은 그렇지 않은 국가들보다 훨씬 더 적었기 때문이다. 38) 그러나 우리의 문제의식의 초점은 여기에 있는 것은 아니다.

우리의 초점은 국가(*state*)와 정치사회(*political society*), 시민사회(*civil society*)의 관계에서 밑으로부터의 참여와 의사의 대표성 여부에 놓여 있다. 당연히 소련점령군과 미국점령군, 남북한 국가의 성격, 정당체제와 선거의 과정과 방법, 체제반대 세력에 대한 수용과 배제의 방법과 범위, 갈등의 정도와 수용 여부, 자율적 결사의 허용과 탄압의 문제 등에 초점이 놓일 것이다. 1948년 등장한 두 분단국가는 밑으로부터의 요구를 수렴하고 반영하는 제도적 채널을 얼마나 갖고 있었는가? 언술에서가 아니라 실제의 제도와 기능에서 의사결정과정과 의사결집방식은 어떠했는가? 다양한 갈등적 이해관계의 수렴적 과정을 거치지 않고 일방적으로 위로부터의 주어진 이념과 제도가 강요된 것은 아닌가? 민중적 내용은 민주주의 원칙의 폐기 위에서 일체적 결의를 통하여 부과되거나 하나로 의제화될 수 있는 것인가?

---

38) Stuart A. Bremer, "Dangerous Dyads: Likelihood of Interstate War, 1816~1965," *The Journal of Conflict Resolution*, Vol. 36. No. 2 (Jun. 1992), pp. 315~316, 337.

이때 시민사회는 "국가의 '직접적인' 통제 밖에 위치하는 개인들과 집단들 간의 사적이고 자발적인 관계형성(*arrangement*)에 의해 조직되는 사회적 삶의 영역"을 의미한다.[39] 그렇다면 탐구의 초점은 시민사회는 의사표현과 결집에 있어 어느 정도의 자율성을 갖고 있었고, 집회 및 결사의 자유는 어느 정도 보장되어 있었는가, 해방 시점의 최초의 집단의 분출을 남과 북에서는 어떻게 다루었는가, 국가형성 이후에는 또 남과 북에서 어느 정도로 자유로이 의사를 표출할 수 있었는가, 그리고 시민사회는 어느 정도로 국가나 중앙권력에 얼마나 자유롭고 많이 그들의 의사를 반영할 수 있는가, 반영의 채널은 보장되어 있었는가 하는 문제들에 놓일 수밖에 없게 된다. 이때 정치사회는 시민사회의 의사를 국가에 매개하고 다시 국가를 시민사회에 연결해 주는 영역을 말한다. 그람시(Antonio Gramsci)와 토크빌의 개념을 차용하는 최장집을 따를 때 정치사회는 "사회집단의 자율성과 이들 간의 갈등의 표출이 보장되고 집합적 선택의 토론이 가능한 영역"을 말한다.[40]

그리고, 국가는 단순히 특정계급의 지배도구만은 아니다. 풀란차스(Nicos Poulantzas)[41]가 언급했듯이 국가는 투쟁의 객체(*object*)만은 아니다. 국가는 특정의 지배계급의 지배도구도 아니었지만, 그것은 프롤레타리아트의 배타적 지배도구일 수만도 없었다. 국가는 그 자체가 하나의 주체(*subject*)로서 사회의 갈등이 응축되고 반영되는 장이었다. 또 국가는 지배계급을 포함한 사회세력에 대해 자율성과

---

39) David Held, *Political Theory and the Modern State*(Standford, California: Standford University Press, 1989), p. 6.

40) 최장집, 《한국민주주의의 이론》(서울: 한길사, 1993), pp. 381~382.

41) Nicos Poulantzas, *State · Power · Socialism*(London: Verso, 1980), pp. 127~ 145.

그 자체의 권력을 가지면서 사회의 다양한 이익과 요구에 대해 자체의 정책을 부과한다. 따라서 국가는 완전한 주체도 완전한 객체도 아니며, 상호간의 침투와 교차, 그리고 엇물림에 의해서 정치사회 및 시민사회와 여러 수준에서 다층적으로 연결되어 있다.

  민주주의는 갈등의 존재를 필수적으로 요구한다고 할 때 북한이 채택한 일당체제는 민주주의와 양립하지 않았다. 정치사회의 가장 중요한 기능은 정당에 의해서 수행된다고 할 수 있다. 정당의 가장 중요한 기능은 일반민중과 통치구조 사이, 즉 사회와 국가 사이의 전달벨트(transmission belt) 로서의 기능이라고 할 수 있다. 42) 따라서 정당체제는 민주적 결정과정과 의사수렴의 과정을 판별하는 중요한 기준이 된다. 하나의 독점적 정당이 사회의 갈등적인 이해관계를 두 개의 경쟁하는 정당관계보다 더 잘 수렴할 수는 없다. 일당체제는 제한된 당내 민주주의가 보장된다고 하더라도 일체적 결의(unanimity) 원칙의 표현에 불과했다. 일체적 결의는 가공된 만장일치나 지도자의 결정에 대한 위로부터 아래로의 지시에 의해 창출되는 경우가 많다. 따라서 일체적 결의는 복수의 의견이 경쟁하여 모아지는 정치적 결정과정(political deliberation) 43)의 결여를 특징으로 한다. 정치는 성격상 대립하는 요구들이 겨루어지는 장이라고 할 때 복수정당의 존재는 정치적 결정에 필수적이다. 남한 역시 팔레(James Palais) 가 지적하는 대로

---

42) Otto Kirchheimer, "The Transformation of the Western European Party Systems," Joseph La Palombara and Myron Weiner (eds.), *Political Parties and Political Development* (Princeton, New Jersey: Princeton University Press, 1966), p. 177.

43) Bernard Manin, "On Legitimacy and Political Deliberation," *Political Theory,* Vol. 15, No. 3 (Aug. 1987), pp. 338~368.

"1948년에 민주공화국의 모든 외장을 갖추고 출발하였으나 한국정치의 실제는 빌어온 제도와 상당한 괴리가 있었다".[44] 과연 양쪽은 어느 정도의 민주성을 보여주고 있었는가?

또한 우리는 민주주의를 판단하는 중요한 한 준거로서 의사표현과 언론의 자유를 지적할 수 있다. 해방 직후와 48년 질서 시기 남한과 북한의 언론자유는 어느 정도 보장되고 있었는가? 농민문제나 민족문제와 마찬가지로 이 문제도 객관적이고 보편적인 기준으로 접근되지 않으면 안된다. 이를테면 혁명을 수행한다는 명분으로, 민주주의를 수호한다는 명분으로 밑으로부터의 의사결집이 생략되거나 차단된다면 그것은 민주주의의 원칙에 위배된다. 소련군정과 미국군정, 남한체제와 북한체제가 이 지평에서 동시에 분석될 수 있을 것이다. 반공투쟁을 위한 민주주의의 폐기도 수용될 수 없는 것이었지만 그것은 반대의 경우도 마찬가지였다. 이를테면 김일성의 일당독재는 혁명을 수행하고 있기 때문에 정당한 것이고 힘을 모아주어야 하며, 그에게 문제를 제기하고 도전하는 것은 반혁명적이라는 주장은 북한의 공식언술로는 몰라도 민주주의의 관점에서는 수용될 수 없는 주장이다. 이견의 존재를 허용하는 것은 민주주의의 최소한의 원칙이기 때문이다.

세 번째는 민족주의의 문제이다. 우리는 먼저 민족주의에 대한 정의를 내리고 이 문제를 검토하는 것이 좋을 것 같다. 민족주의는 겔너(Ernest Gellner)의 정의를 받아들일 때, 무엇보다도 "정치적 단위와 민족적 단위가 합치해야 한다는 정치적 원칙이다".[45] 이것은 정치 권

---

44) James Palais, "'Democracy' in South Korea: 1945~1972," Frank Baldwin (ed.), *Without Parallel-The American Korean Relationship Since 1945* (New York: Pantheon Books, 1973), p. 318.

45) Ernest Gellner, *Nations and Nationalism* (Ithaca and London: Cornell Uni-

력의 단위, 구체적으로 말해 국가의 단위를 민족으로 삼는다는 의미
의 진술이다. 따라서 근대 민족주의는 곧 근대 민족국가의 수립문제
와 직결된 것이 아닐 수 없다. 즉, 민족주의는 근대화의 산물이다. 그
것은 의심의 여지없이 근대의 영토국가와 관련된 사회적 실체인 것이
다. 앤더슨(Benedict Anderson)의 지적처럼 "민족은 하나의 상상된 정
치적 공동체로서 본래 제한되고 동시에 주권을 가진 것으로 상상되는
것"인지도 모른다.[46]

'48년 질서'에서 남한과 북한의 민족주의를 논구할 때 초점이 되는
문제들은 다음과 같은 것이다. 식민경험을 가진 사회로서 탈식민 민
족독립의 주장과 요구들은 어떠한 방식으로 얼마나 수용되었는가?
민족주의의 관점에서 지배체제의 성격은 어떤가? 이것을 평가할 때
는 적어도 두 가지의 기준이 설정되어야 한다. 하나는 지배주체의 식
민시기의 경력이고, 다른 하나는 사회경제 구조의 탈식민개혁의 정
도이다. 또 체제를 창설한 중심부 국가(미소)와의 관계는 어떠한 방
식으로 맺어져 있었는가 역시 민족주의의 관점에서는 중요하다. 하
나의 의사를 놓고 중심부와 이 두 탈식민국가들의 관계는 어느 정도
자주적이었고 어느 정도 종속적이었는가, 하나의 사안을 결정할 때
남북한 어느 체제가 중심부의 의사에 반하여 독자적으로 자기결정권
을 보유하고 있었고, 또 할 수 있었으며, 하였는가?

우리가 민족주의 문제를 강조하는 이유는 그것이 48년 질서에서 중
요한 하나의 균열의 기준이었기 때문이다. 당시는 이념적 갈등이 격렬

---

versity Press, 1983), p. 1.
46) Benedict Anderson, *Imagined Communities: Reflections on the Origin and Spread of Nationalism*, rev. ed. (New York: Verso, 1991), p. 6.

하던 시기였다. 홉스봄(Eric Hobsbawm)에 따르면 "무엇보다도 이념갈등이 있는 곳에서 민족이라는 상상의 공동체에 대한 호소는 모든 도전을 제압해 왔던 것으로 보인다". 47) 분단과 통일문제, 즉 단일한 민족국가의 건설문제는 이념문제이면서 다른 무엇보다도 한국민족주의에 직결된 것이 아닐 수 없었다. 탈식민 시점에서의 통일은 다른 어떤 것이 아니라 바로 식민시기 반제 민족독립운동을 잇는 단일 민족독립국가 수립문제이기 때문이었다. 곧 그것은 한국민족주의의 실현이었다.

그러나 이 민족주의의 문제는 또한 거시적 수준을 포함한다. 홉스봄은 한국은 중국, 일본 등과 함께 "종족적으로 거의 동질적인 또는 완전히 동질적인 주민으로 구성된 예외적인 역사적 국가(historic state)" 48) 라고 지적한다. 이 진술은 실제에 부합한다. 지난 10세기 동안 한국은 예외적으로 정치적 단위와 민족적 단위가 일치해 왔다. 근대 이후 한국의 민족주의는 더욱더 역사변화의 중심에 서 왔다. 따라서 우리는 근대 이후의 한국정치의 핵심요소인 민족주의의 문제를, 이 시기가 다른 무엇보다도 그것의 실현을 위해 분투하였던 시기였기 때문에 깊이 살펴보지 않을 수 없는 것이다.

이것은 두 가지 현상의 동시적 결합이다. 즉, 위로부터 동원되는 측면과 밑으로부터 참여하는 두 가지 측면을 동시에 가지고 있다는 것이다. "민족주의는 본질적으로 위로부터 구성되지만 밑으로부터 분석되지 않는 한 이해될 수 없는 이중적 현상이다. 즉, 일반 인민들의 가정, 희망, 욕구, 열망, 그리고 이해의 관점에서 분석되어야 하

---

47) Eric Hobsbawm, *Nations and Nationalism Since 1780*(Cambridge: Cambridge University Press, 1990), p. 163.
48) Eric Hobsbawm, *Nations and Nationalism*, p. 66.

는"[49] 것이다. 이 점을 보지 않으면 남북한의 전간기 민족주의의 문제는 어느 한 쪽으로 경도될 위험을 안고 있다. 남한의 지배계층들은 많은 경우 식민시기의 친일세력이었다. 반면에 북한은 대부분이 식민시기의 항일 독립운동 세력들이 지배체제를 형성하고 있었다. 이 점은 두 체제의 대비점이었다. 토지개혁이나 민주주의 문제보다 최초에 이 점은 가장 분명하게 구분되는 기준이었다. 그러나 이것은 일부 지배세력의 항일-친일의 기준만을 놓고 분류할 때 그런 것이다.

혁명주의를 강조하려는 사람들은 모든 것을 지나치게 1945년 이전의 상황과 그 대립에서 연역하여 사태를 설명하려고 하였고, 또한 지나치게 언술중심으로만 보려 하였다. 그러나 여기에는 사실주의적 인식은 결여되어 있다. 북한의 리더십은 식민시대의 오랜 항일투쟁으로 민족주의와 혁명성에서 앞서 있었고, 그것이 그들의 주요한 역사적 정치적 자산이었다. 그러나 그러한 혁명성은 다른 이념과 멘탈리티, 이를테면 군사주의(militarism)와 같은 새로운 경향에 의해 매우 빨리 결정(結晶)화되었다. 특히 48년 이후 북한의 혁명적 민족주의는 전사회로 넘쳐흐르는 군사주의로 결정화되면서 급속하게 원래의 건강성을 스스로 침식하고 있었다.

우리가 1945년 이전만 보려 하지 않는다면 민족주의 문제에서 남한은 더욱 새롭다. 우리는 이를 분석하는 데 있어 뒤에서 보듯이 '미국의 범위'(American Boundary)라는 새로운 개념을 제시하려 한다. 민족주의 문제를 규명하기 위해서는 이제 식민시대의 경력만이 아니라 이행의 내용과 방법, 남북한 각각의 중심부 국가와의 관계에 대한 분석이 필요할 때가 되었다. 이를테면 이승만은 미국이 귀찮아 할 정도로

---

49) Eric Hobsbawm, *Nations and Nationalism*, p. 10.

도전하였고, 균열음이 컸다. 그러나 소련-북한 관계에서 균열을 발견하기란 어려웠다.

다른 한편에서 남한과 북한의 두 분단국가 사이의 균열에 있어서 공산주의-반공주의 갈등의 기준이 항일-친일의 기준 못지않게 크게 작용하고 있었다. 즉, 전자의 균열이 후자의 균열보다 작지 않았으며, 이것은 또한 중첩된 것이기도 하였다. 지금까지는 탈식민 문제만을 보려는 것이 거의 유일한 준거였는데, 이것은 지양되어야 한다. 친일-항일의 문제가 모든 민족적, 민중적 언술을 독점할 수는 없었다. 민족적 자주적이라는 의제는 체제를 창출한 중심부 국가와의 관계에서도 논의되지 않으면 안된다. 사회주의 연대는 비종속적인 것이고, 자본주의 연대는 반동적이라는 주장이 일방적으로 성립될 수는 없다. 소련연방이나 사회주의 연대처럼 "각 민족의 이익을 보다 높은 공통의 목적보다 밑에 두는 한 그것들은 민족주의 체제가 아닌 것"이다.[50]

48년 질서 시기 남한-북한 대립을 오직 항일-친일의 대립구도로만 볼 수는 없었다. 왜 항일세력이었으면서도 민족주의 항일세력은 북한의 지배체제에서 1946년에 일찌감치 배제되고 월남하였는가? 1950년에도 여전히 북한은 민족주의를 독점하였는가? 북한이 내세운 항일 정통성 주장과 남한이 내세운 반공주의의 사이에서 민중들은 오직 전자만을 지지하였는가? 이것은 분석되지 않으면 안될 문제이다. 이것은 각각의 체제가 어떤 이념에 근거하여 구축되었느냐는 문제와 직결되며, 대중들이 어떤 이념을 받아들이고 있었느냐는 문제와도 직결된다.

민족국가의 형성문제와 관련하여, 냉전의 결과로 등장한 남한과 북한의 두 한국은 비록 부분적 강점과 약점을 동시에 내포하고 있었

---

50) Eric Hobsbawm, *Nations and Nationalism*, p. 172.

으나 엄연히 두 개의 권력 실체, 즉 두 개의 분단 '국가'였다. 1948년 38선의 남북에 들어선 두 지배체제는 각각 하나의 근대국가였다. 베버의 정의를 따라 국가는 '강제력을 사용할 권리의 유일한 원천'으로서, '주어진 영토내에서 물리적 강제력의 정당한 사용을 독점하고자 (성공적으로) 주장하는 유일한 인간공동체'[51]라고 할 때, 남한과 북한은 국가성(stateness)에 있어서 결여되어 있지 않았다. 국가성은 '통치의 기구들이 여타 조직들과는 구별되며, 중앙집권화되어 있고, 자율적이며, 상호간에 공식적으로 조정되는 정도'를 말한다.[52] 이때 "국가는 질서를 유지하고, 실질적 또는 잠재적으로 다른 국가와 경쟁하는 두 가지의 기본업무를 수행한다".[53] 그리고 국가의 실제 조직을 조건짓는 두 가지 요소는 힌쩨(Otto Hintze)가 말하는 바와 같이, "사회의 계급구조와 국가들의 외부적 배열(ordering)이다".[54] 남북한의 국가가 이 두 가지 요소에서 결여된 것은 없었다.

1948년 이전의 대립과 48년 이후의 대립의 근본적인 차이는 여기에 있었다. 필자가 '48년 질서'라는 개념을 통하여 두 개의 국가가 형성되는 48년을 기준으로 하나의 시기구분을 하려는 이론적 근거는 여기에

51) Max Weber, "직업으로서의 정치," 임영일·차명수·이상률 편역, 《막스 베버 선집》(서울: 까치, 1991), p. 208.

52) J. P. Nettl, "The State as a Conceptual Variable," John A. Hall(ed.), The State: Critical Concepts, Vol. I (London: Routledge, 1994), pp. 9~36; Charles Tilly, "Reflections on the History of European State-Making," Charles Tilly(ed.), The Formation of National States in Western Europe (Princeten: Princeton University Press, 1975), p. 32.

53) Theda Skocpol, States and Social Revolutions: A Comparative Analysis of France, russia, and China(Cambridge: Cambridge University Press, 1979), p. 30.

54) Otto Hintze, "Military Organization and the Organization of the State," John A. Hall(ed.), The State: Critical Concepts, Vol. I, p. 183.

있다. 이제는 정통성의 배타적 독점을 주장하는 '두 국가의 공존상태'가 도래한 것이다. 이 둘은 전부 사회적 갈등이라는 내적 계기가 냉전이라는 외적 계기를 매개로 하여 등장한 것이었다. 이 중첩으로 인하여 민족의 분할선으로서의 38선은 이미 세계의 분할선의 의미를 내포하고 있었다. 38선은 사회주의와 자본주의 체제에 의한 한국의 분할과, 같은 기준에 의한 동아시아와 세계의 분할의 중첩이었던 것이다.

이상의 세 가지의 핵심적인 분석준거는 남한과 북한에 대해 동일하게 적용되어야 한다. 만약에 동일하지 않다면, 적어도 '다른 모든 것이 동일하다면'의 가정 위에서라도 접근되어야 한다. 그래야 객관성을 확보할 수 있을 것이다. 농민문제를 우리가 취할 때 농민들의 열망과 희원뿐만 아니라 그 열망을 이루는 방법의 문제, 즉 이를테면 농민들이 원하는 바를 성취하는 방법에서 그들이 치러야 할 고통과 비용에 대해서도 이제 눈을 돌리지 않으면 안 된다. 탈식민 이행의 문제에 있어서는 이행자체도 중요하지만 이행의 방법이 고려되지 않으면 안된다. 왜냐하면 이행의 방법이야말로 이행의 주체가 누구였느냐는 문제에 못지않게 이행 후 등장할 체제의 성격과 지배양식을 결정하며, 이행 시기의 민중의 고통과 비용을 결정하기 때문이다. 결국 이러한 세 준거는 그람시가 말하는 이른바 한 시대의 '민족적 민중적 집합의지'(*national-popular collective will*)[55]의 실현의 정도와 방법, 과정을 탐색하는 것에 비유될 수 있을지 모른다.

---

55) Antonio Gramsci, Quintin Hoare and Geoffrey N. Smith(trans.), *Selections from the Prison Notebooks*(New York: International Publishers, 1971), pp. 130~133.

4. 방법론의 문제: 분석의 영역과 방법

1) 세 수준의 분석 층위: 국제적 수준, 동아시아 수준, 국내적 수준

한국전쟁은 그 기원과 원인, 결정과 발발, 전개와 귀결의 모든 면에서 국제적 수준, 동아시아 수준, 국내적 수준의 세 층위로 나타났다. 전쟁의 기원은 이 세 수준으로 인해 놓였고, 전쟁의 결정 역시 철저하게 그러하였다. 따라서 전쟁의 전개와 귀결은 더 말할 필요도 없었다. 이 세 층위의 밀접한 유기적 관련 속에 한국전쟁은 위치하였다. 각각, 첫 번째 층위는 미소대립과 냉전이었고, 두 번째 층위는 중국혁명과 일본의 존재, 그리고 세 번째 층위는 남북갈등과 각각의 내부정치와 사회의 수준이었다. 실제의 사태가 그러하였다면 분석의 초점도 그에 맞게 놓여져야 할 것이다. 즉, 이 세 수준이 어떻게 맞물려 있었는가, 그것이 어떻게 한국전쟁의 기원을 형성하고 발발로 이어지며 성격을 규정하는가를 탐색하는 것이 한국전쟁 연구에서는 중요한 문제의 하나라 하겠다.56)

먼저 한국전쟁은 세계적 수준의 대립인 냉전과 분리되어서는 결코 논의될 수 없다. 한국전쟁의 도래는 냉전의 고착이라는 세계적 차원의 갈등구조의 재편을 제외하고는 설명될 수 없는 것이다. 그 전쟁은 식

---

56) 하영선은, 필자와는 약간 다르게 동아시아 수준을 설정하는 대신 국내적 수준을 남북한 분단체제와 남북한 국내체제의 둘로 나누어 미소가 주도하는 국제체제와 이들 둘로 이루어진 세 분석단위 간의 위계적 복합성을 파악할 것을 제시한다. 그는 전통주의는 국제체제를, 수정주의는 국내체제를 상대적으로 강조하고 있는 동안에 이들 사이의 동태적인 상호 작동관계를 분석하는 데 한계를 보여주고 있다고 지적한다. 하영선 편, 《한국전쟁의 새로운 접근》, p. 8.

민주의에서 얄타체제로의 전이과정에서의 폭발이었기 때문이다. 스카치폴(Theda Skocpol)이 지적하듯 '패전, 침략위협, 식민지쟁탈전 등과 같은' 세계적 수준의 "국제적 국가체계(*international states system*) 내의 상황전개는 사실상 모든 혁명적 위기의 발발에 직접적으로 기여했다"[57]고 할 때 한국전쟁은 이에 가장 잘 상부(相符)하는 사례의 하나라 할 수 있다. 일찍이 라쿠엘(Walter Laqueur)은 "근대시기에 있어 전쟁은 혁명적 상황의 도래에 있어 결정적인 요소로 등장하였다"며 "대부분의 근대혁명들은 그것이 성공한 것이건 실패한 것이건 모두 전쟁을 뒤따라 일어났다"고 전쟁의 종결과 혁명의 관계를 강조한 바 있다.[58]

우리는 이 수준에서 소련과 미국의 외교정책, 특히 대한정책을 고정된 어떤 것이 아니라 동태적인 현상으로 분석할 수 있다. 스탈린을 분석함으로써 우리는 그의 외교정책의 본질, 그것의 변화, 그리고 스탈린-모택동-김일성 삼각동맹의 형성문제 등을 해명할 수 있다. 이를 통해 전통주의와 수정주의의 일면적 분석 — 이를테면 그는 '공격적이었다'거나 '수세적이었다'는 고전적인 논쟁 — 사이의 공명 없는 대립을 벗어나 그의 대한정책이 변화하며, 이것이 전쟁 발발의 결정적인 전환점이 되었음을 규명할 수 있다. 마찬가지로 미국의 정책에 대해서도 전통주의와 수정주의의 둘중 하나의 선택이라는 압박에서 벗어나서 접근할 필요가 있다.

두 번째로 한국전쟁은 동아시아 지역정치의 수준에서 접근되어야

---

57) Theda Skocpol, *State and Social Revolutions*, p. 23.

58) Walter Laqueur, "Revolution," *International Encyclopedia of the Social Sciences*, Vol. XIII(1968), p. 501, Charles Tilly, " Reflections on the History of European State-Making," Charles Tilly(ed.), *The Formation of National States in Western Europe*(Princeton: Princeton University Press, 1975), p. 74에서 재인용.

한다. 여기에는 중국과 일본, 모택동과 맥아더(Douglas MacArthur), 장개석(蔣介石)이라는 요인이 고려되어야 한다. 먼저 그것은 중국혁명과 모택동이라는 요인을 떼어놓고는 설명되기 어렵다. 그것은 우선 중국혁명의 성공과 밀접 불가분의 관계에 있었다. 중국혁명은 모두 세 가지 점에서 한국전쟁의 도래에 결정적인 영향을 끼쳤다. 하나는 북한리더십에게의 자신감의 제공이었고, 다른 하나는 중국에서 북한으로의 대규모 병력의 이월이며, 마지막은 전쟁을 가능케 한 소련-중국-북한 간의 '동아시아 공산주의 삼각동맹'의 형성이었다. 중국혁명의 성공이 없었다면 전쟁을 가능케 한 이 동맹의 형성은 없었을 것이다.

그럼에도 불구하고 가장 깊이 탐색되어야 하는 층위는 역시 세 번째 층위이다. 냉전은 무매개적으로 한국으로 흡입되지 않고 한국내의 독특한 갈등과 맞물리면서 내화(internalization) 되었다. 그것은 이른바 변형전이(metamorphosis) 였다. 따라서 우리는 앞의 두 수준을 독립적으로 연구하여서는 의미가 없다. 이들은 철저하게 국내적 수준의 문제와 연결되어 논의되어야 한다. 실제의 사태전개 역시 한국내에서의 상황과 밀접하게 맞물려 돌아갔다. 결국 이 세 층위 간의 수직적 위계와 수평적 관계를 규명하는 것이 한국전쟁 연구의 한 중요한 작업이 될 것이다.

38선 자체가 1949년 중반 이후 위의 세 수준의 대립을 함축한 복합적이고 교차적인 대립선으로 변전되었다. 한국의 분단은 세계냉전의 한국적 고착이자 아시아냉전의 확산이라는 의미를 지닌다. 1940년대 중반 세계 냉전의 초점은 두 곳 유럽과 아시아였는데, 한국이 '아시아냉전의 초점'이 된 것이었다. 59) 이것을 들여다보는 것이야말로 한국전쟁의 복합적 층위를 이해하는, 그리고 이러한 구조적인 문제 때문에 한국에서의 전쟁이 단순한 내전이 아니라는 점을 판별할 수 있는 한 근거를 발견할 수 있다. 1945년의 38선 결정은, 그것이 단순한 군사분계선이 아니었던 것은 분명하였으나, 다만 미소간의 전후 문제를 처리하는 한 방식에 불과하였다. 그러나 한국과 동아시아에서의 격동적인 혼돈과 신질서구축은 38선을 최초의 특성을 안은 채 새롭게 변모시켰다.

1949년 이후 아시아에서 배열과 대치의 중심계선은 38선이었고, 그것은 다음과 같은 세 수준을 내장한 실체였다. 하나는 남북대결이었다. 강조할 필요도 없이 38선의 가장 직접적인 의미는 두 분단국가인 남한과 북한을 가르는 계선으로서의 존재였다. 그리고 여기에서의 대결이 가장 불꽃을 튀겼다. 38선의 두 번째 수준은 동아시아 공산주의 세력과 동아시아 반공주의 세력의 대결이었다. 이것은 전적으로 중국혁명의 성공 때문이었다. 말을 바꾸면 중국혁명의 성공은 한국에서의 대결은 물론 아시아에서의 대결의 성격을 크게 바꿔 놓았던 것이다. 중국혁명으로 인한 사태변화의 의미와 영향에 대해서는 스탈린과 애치슨, 김일성과 이승만을 비롯한 당시의 주요 인물들은 예리하게 추적하고 있었다. 이 수준은 국내적 수준과 세계적 수준을 연결하는 매개고리였다. 김일성과 이승만의 대결은 이 수준에서 모택동과 장개석의 대결을, 또 모택동과 맥아더의 대결을 함축하는 것이었다.

세 번째 수준은 이 선이 등장할 때의 원래의 기원인 국제적 수준이었다. 이 수준은 1945년 이후 1950년까지도 계속되었고, 앞의 두 하위수준에서의 대결의 격화로 38선은 더욱더 분명하게 아시아에서 세

---

59) 최상용, "美軍政期 韓國: 아시아 冷戰의 초점,"《한국사회연구 1》(1983), pp. 351~367.

계의 두 진영을 가르는 계선으로 상승하였다. 한국의 38선을 단순히 두 한국의 내부를 분할하는 계선으로만 본다거나, 38선에서의 긴장과 대립을 한국 내부의 문제로만 본다면 그것은 비현실적인 것이었다. 38선에서의 대립은 1950년 현재 유럽에서의 대결과 함께 가장 국제적인 문제였다. 말을 바꾸면 그것은 국제냉전과 아시아냉전의 진앙이었다.

이러한 세 수준을 설정함으로써 우리는 한국전쟁이 갖는 구조적 복합성을 파악할 수 있다. 우리의 연구초점은 이 중 마지막의 국내 수준에 놓여질 것이다. 두 번째와 세 번째의 수준들은 사태진행의 가속요인이나 저지요인으로 설정될 뿐 그 자체가 중심분석의 초점은 아니다. 사회변혁의 기원은 특정 사회에 고유한 과정에서 발견된다는 점은 의심의 여지가 없다. 따라서 변화는 주어진 사회구조에 내재하는 메커니즘들을 통해 발생하고, 그들의 다이내믹스에 의해 형성되고 제한된다. 그러나 변화의 기원이 발전하고 변화하며 드러나는 데 있어 때로는 외부적 요인이 더 결정적인 역할을 할 때가 있다.

2) 대쌍관계 동학: 전체상의 구축을 위한 모색

한국전쟁은 분단상태를 타파하려는 시도의 결과였다. 막스 베버는 특정 사태나 요인을 제거하는 요인배제법을 통하여 특정 사태나 요인의 중요성, 기여, 역할을 판별해 내는 학문방법을 말한 바 있는데 이것은 역사적 사건의 분석에도 적용가능하다. (특정) 요인의 선정은 (다른 특정) 요인의 배제와 동시적으로 진행될 수밖에 없다. 사실 혁명이나 전쟁과 같은 사회변혁은 구조의 자동적인 발현은 결코 아니다. 홉스봄이 날카롭게 지적하였듯이, 하나의 역사적 현상을 이해하는 데 있어 구조가 너무 과장되어서는 안 된다. "**구조와 상황**은 상호작용하며, 결정과 행동의 한계를 설정한다. 그러나 행동의 가능성을 결정하는 것은 주로 상황이다(강조는 원문그대로).".60) 필자는 이 명제를 받아들이려 한다. 식민경험이 역사적 조건이었고 냉전과 분단이 구조였다면, 48년 질서와 그 속에서의 대쌍관계동학은 상황이었다. 한국전쟁을 초래한 요인은 주로 상황이었다.

48년 질서의 위기, 특히 남한의 위기는 앞 시기의 유산들이 차곡차곡 쌓인 누적적 위기였다. 그것은 스틴치콤(Arthur L. Stinchcombe)이 말하는 이른바 누적적 인과관계(*cumulative causation*)의 연장이었다.61) 누적적 인과관계를 말하는 것은 반드시 결정주의를 말하는 것은 아니며, 또 그럴 필요도 없다. 그것은, 앞선 요인들을 배제하는 기능적 설명과, 앞선 요인으로부터만 사태를 꿰는 결정주의적 설명의 통합적 지양이라고 할 수 있다. 많은 부분 1948년 분단질서의 위기는 봉건국가에서 근대국가로의 이행에의 실패와 식민주의의 경험, 그리고 냉전과 분단조건하에서의 국가형성이라는 세 시기의 거시적 미시적 유산들의 누적의 결과였다. 위기의 요인들은 과거로부터 넘겨받은 것들이었다. 그러나 이것을 넘는 데 국가의 역할이 있었다. 국가의 실질적 선택에 따라 또다른 인과관계가 형성된다. 즉, 위기의 성격은 변화한다.

---

60) E. J. Hobsbawm, "Revolution," Paper presented at XIV International Congress of Historical Sciences(San Francisco, Aug. 1975), p. 12, John Dunn, "Understanding Revolutions," in his *Rethinking Modern Political Theory, Essays 1979~83*(Cambridge: Cambridge University Press, 1985), p. 76에서 재인용.

61) Arthur L. Stinchcombe, *Theoretical Methods in Social History*(New York: Academic Press, 1978), pp. 61~70.

전쟁은 모든 정치적 선택 중에서 두 행위주체에 의해 가장 밀접히 맞물린 채 발생하는 사건이다. 따라서 어느 일방의 인식과 정책, 사회구조만을 분석하는 것은 부분적인 설명일 수밖에 없다. 두 쪽 모두를 동시에 분석하고 그 관계까지를 설명할 수 있는 방법론은 없을까? 우리는 졸버그(Aristide Zolberg)가 말한 바 있는 '대쌍관계동학'(對雙關係動學, interface dynamics)[62]이라는 개념을 빌어 1945년에서 50년, 특히 필자가 '전간기'(戰間期) '48년 질서'라고 부르는 1948년에서 50년 사이의 남한과 북한의 관계를 분석할 수 있다고 본다.

대쌍관계동학을 이용한 접근은 남한과 북한 각각에 대한 독립적 이해와 그것들 사이의 관계의 다이내미즘을 분석하는 것을 말한다. 이때 대쌍관계는 남한과 북한 등 같은 수준에서의 수평적 관계뿐만 아니라, 미국과 남한, 소련과 북한 등 다른 수준 사이의 수직적 관계도 함께 고찰하는 것을 의미한다. 대쌍관계동학이 일반적으로 말하는 상호관계와 다른 것은 두 행위자가 특정의 체제나 질서를 구성하고 상호작용할 뿐만 아니라, 그들로 인하여 구성된 전체 질서가 다시 하나의 구조적 조건으로 작용하면서 역으로 두 행위자에게 특정의 제약을 부과하는 체제나 관계를 말한다. 이 점에서 원래의 구성요소는 질서의 형성요소이면서도, 동시에 전체 구조가 가하는 압력에 종속될 수밖에 없게 된다.

필자는 두 분단국가의 대립은 자본주의 세계경제 요인과 같은 것이 중층결정적인 요인으로 받아들여져서는 안되며, 대면지점에서 만나

---

62) Aristide Zolberg, "Strategic Interaction and Formation of Modern State: France and England," *International Social Science Journal*, Vol. 32, No. 4 (1980), pp. 687~716.

고 동시에 각각의 경우에 분리되어 다루어져야 하는, 미결정된 상태로 상호행위를 하는 두 개의 실체이자 하나의 질서로 받아들여져야 한다고 본다. 즉, 분단국가의 전쟁과 통일문제에 세계경제나 세계체제론이 무매개적으로 적용될 수는 없다. 48년 질서가 남한과 북한 각각에 미치는 영향이 다르고, 또 두 분단국가가 48년 질서에 대해 대응하는 양식에 따라 그 일련의 전체적 압력이 변화하는 측면을 보아야 한다. 냉전과 두 한국의 관계 역시 마찬가지이다. 이것은 단순한 비교방법론과는 크게 다르다. 비교방법론은 어떠한 하나의 세계를 상정하고 남한과 북한을 비교하는 방식을 취한다. 그러나 거기에는 상호성이 생략되어 있다.

문제의 시기 동안에 남한-북한 각각에서 발생한 내부변혁은 이들 국가들을 구성요소로 하는 48년 질서자체를 변화시켰다. 이 질서는, 그것의 다이내미즘 자체가 전체의 구성단위인 남북한에게 영향을 주고 또 받는 상호적 효과를 갖는 독특한 변수로서 취급될 수 있는 그 자신의 특별한 다이내미즘을 발전시켰다. 곧 하나의 체제가 구성되면 그 체제의 다이내미즘에 대해 개별단위들이 반응하고, 그것은 또 그 체제의 다이내미즘을 형성하는 독특한 양식을 갖는다. 이러한 교환의 체계는 그 반대로도 발생한다. 즉, 내적 변화가 48년 질서를 변화시켜 전체 체제에 의해 형성된 변수를 수정하는 것이 발생한다. 이러한 방법을 계속한다면 우리는 48년 질서의 구조와 과정의 전체를 파악할 수 있게 될 것이다. 하나의 기준을 두 사회에 각각 다르게 적용하는 것은 옳지 않다. 그것이야말로 우리로 하여금 공식적으로 언표된 선전, 이를테면 스스로 농민적이라든지, 스스로 민주적이라든지 자주적이라는 공식 주장을 반복하거나 수용하게 만든다. 때문에 비판합리주의의 접근은 대쌍관계동학을 하나의 새로운 연구방법론으로 제시하고자 하는 것이다.

북한의 토지개혁의 방법과 공세는 남한의 토지개혁에 직접적이고
도 커다란 영향을 끼쳤다. 이 문제와 관련하여 무어는 '후진성의 이점'
이라는 베블렌(Thorstein Veblen)의 문제의식을 받아들여 "한 나라에
서 선택된 근대화의 방법은 그 단계를 쫓는 다른 나라들이 만나는 문
제의 차원을 변화시킨다"고 지적한다. 63) 이것은 거쉔크론(Alxender
Gerschenkron)에게서도 지적된 바 있는 것이다. 64) 무어는 "앞서간 영
국의 민주주의적 근대화가 없었더라면 독일과 일본이 반동적 방법을
채택했을 가능성은 거의 없었을 것", "자본주의적 경로와 반동적 경로
라는 두 사례가 없었다면 공산주의적 방법은 실제와는 전적으로 다른
무엇이 되었을 것"이라고 진술한다. 65) 이러한 진술은 남북한에도 적
용될 수 있다. 즉, "북한의 급진적 단절적 토지개혁이 선행하지 않았
다면, 남한이 자유주의적 방법을 채택했으리라는 보장은 없었다". 아
마도 남한은 다른 어떤 길로 갔을는지도 모른다.

정부수립 후 전쟁 이전까지의 남북의 대립과 갈등관계는 '48년 질
서'라고 부를 수 있을 것이다. 이 용어는 그 안에 세계와 한국의 다양
한 요소들이 작용하여 1948년에 등장한 두 분단국가로 구성된 질서를
말하는 특정의 함축적 의미가 들어 있는 것이다. 이 시기는 역사적 시
간의 배치로 말하면 '전간기'(戰間期, inter-war period)라고 부를 수 있
을 것이다. 전간기는 일반적으로 20세기 세계사의 두 대전 사이의 시
기를 말할 때 사용되는 용어66)인데 한국에서 그것은 해방과 전쟁의

---

63) Barrington Moore, Jr., *Social Origins*, p. 414.
64) Alexander Gerschenkron, *Economic Backwardness in Historical Perspective*
    (Cambridge: The Belknap Press, 1962), pp. 8, 41~42.
65) Barrington Moore, Jr., *Social Origins*, p. 414.

사이 시기인 1948년에서 50년까지를 가리킨다. '48년 질서'는 미소가 직접 점령하였던 1945~48년의 시기와도 다르고, 또 전쟁을 치른 후 안정적으로 구축되는 '53년 질서'와도 다른, 1948년에서 50년까지 시기의 독특한 특성을 구조화하기 위한 개념이다. 안정과 불안정, 자율과 종속, 혁명과 반혁명, 반공민주주의와 공산혁명주의, 남한과 북한 및 그들로 이루어진 이 시기의 전체 질서를 어느 한 쪽의 특성만 갖고 일방적으로 규정할 수 없으면서도 깊숙이 엇물린, 또 수직적으로도 위의 세 층위가 긴밀히 맞물려 돌아간 그러한 특성을 담고 있다.

당시의 남북한의 리더십이 추구하였던, 결국은 전쟁으로 연결되었던 통일의 추구, 즉 1948년 질서의 유지와 타파의 문제를 볼 때 여기서 파생되는 문제가 군사주의(militarism)와 급진주의(radicalism)의 문제라고 할 수 있다. 1948년 질서를 이해하기 위하여 대쌍관계동학을 설정한 이유는 전쟁의 도래를 이해하는 안내를 얻기 위해서였다. 이 문제는 질서의 타파를 위한 군사주의의 문제를 보지 않고는 해명되지 않는다. 군사주의는 만(Michael Mann)의 견해를 쫓아 "전쟁과 전쟁을 위한 준비를 정상적이고 바람직한 사회적 행동으로 간주하는 태도나 조합(set)"67)이라고 정의 내릴 수 있다. 급진주의는 이것을 급진적 방법으로 조급하게 성취하려 의욕하는 것을 말한다. 상대 분단국가와 대립하고 있는 대쌍관계동학에서 군사주의는 그것을 급진주의

---

66) 이를테면 Gregory Luebbert, "Social Foundations of Political Order in Interwar Europe," *World Politics* (July 1987), pp. 449~478; *Liberalism, Fascism, or Social Democracy: Social Classes and Political Origins of Regimes in Interwar Europe* (New York: Oxford University Press, 1991).
67) Michael Mann, *States, War and Capitalism* (Oxford: Basil Blackwell, 1988), p. 124.

와 결합시킨다. 탕초(Tang Tsou)가 말하는 대로 "전면적 위기와 긴박하다는 의식은 점진적이고 누적적인 개혁의 가능성을 봉쇄"하고 급진주의로 나아가게 만드는 것이다.[68] 북한은 이 둘이 거의 완벽하게 결합하여 급진군사주의로 나아갔다.

'48년 질서' 시기 남한과 북한 체제를 이끌어간 근본적 기치는 민족통일이었다. 특히 북한은 군사주의와 급진주의가 결합되어 통일을 위해 사회의 모든 정신과 자원을 집중시킨 하나의 혁명적 동원체제였다. 혁명적 동원체제는 간단하게 말해 혁명을 수행하는 또는 하기 위한 동원체제를 말한다. 동원체제는 리더십이 특정의 주어진 이데올로기와 주의, 목표를 위해 사회의 자원을 위로부터 추출, 동원하고 집중시키는 체제를 말한다. 1945년부터 1950년까지의 북한체제를 특징짓는 두 요소는 바로 혁명과 동원이었다. 우리가 북한혁명이라고 부를 수 있는 총체적 사회변혁의 시기였던 1946년에는 '혁명'을 위한 동원체제였고, 전쟁직전의 시기동안은 이 체제는 '전쟁'을 위한 동원체제였다. 남한도 같은 시기동안 역시 동원체제였으나 48년 질서하의 남한은 북한의 동원상태에 비해서 현저히 떨어졌다. 남한체제는 실제적 동원상태에 들어가 있었다기보다는 동원 준비상태에 놓여 있었다. 그 체제는 동원의 교의나 준비, 제도의 면에서 북한에 비교되지 않았다. 정치체제의 특징에서 볼 때 남한의 체제는 민주제도와 반공 권위주의체제의 혼합체제였다. 때때로 그 체제는 연성파시즘의 모습을 보여주기도 하였다.

대쌍관계동학으로 접근하는 연구방법은 졸버그로부터 빌려 온 것

68) Tang Tsou, *The Cultural Revolution and Post-Mao Reforms: A Historical Perspective*(Chicago: University of Chicago Press, 1986), p. 327.

이지만 사실 그의 분석틀을 그대로 가져온 것은 아니다. 대쌍관계동학의 개념을 통해 그는 국가 간 체제라는 동일한 변수가 영국과 프랑스에게 각각 어떤 상이한 영향을 끼쳤는가를 분석하였다. 그러나 남한과 북한의 경우 국제적 요인이 미국과 소련이라는 상이한 요소에 의해서 이미 결정되어 있었으므로 이를 그대로 적용할 수는 없는 것이다. 따라서 필자가 말하려는 대쌍관계동학은 단순히 대쌍성만을 강조하려는 것은 아니다. 또 모든 것이 전부 대쌍성으로 설명될 수 있는 것도 아니다. 사건이 놓여있는 구조 또는 상대방의 영향에 의한 선택과 독자적인 선택의 구별이 필요한 이유가 여기에 있다. 즉, 변수사이의 교직의 문제가 그것이다. 우리는 이를 대위법적(contrapuntal) 접근으로 풀어갈 수 있을 것이다. 지속되는 중심요소와 국면의 변화에 따라 추가되고 탈락되는 요소 사이의 판별의 문제는 그래서 더욱 중요하다. 이는 또한 대면적 동학과 내부적 동학을 수직적으로 해명하고 다시 수평적으로 접근하여 마치 베를 짤 때와 같이 짜 엮는 (intertwine) 접근을 말한다.

　사실상 대쌍관계동학은 두 분단국가가 적대적 의존상태에서 대립해 온 현대한국 전 시기에 나타나는 특징이었다. 이는 서로가 맞물린 구조를 전체와 구성인자 각각을 동시에 들여다보기 위해서 설정한 문제틀이다. 전체와 내부를 동시에 들여다본다는 것은 두 가지의 변수를 동시에 짜 엮는 방식이 아니면 불가능하다. 이를테면 북한의 공식통일정책인 국토완정론(國土完整論)과 남한의 공식통일정책인 북진통일론(北進統一論), 그리고 그것들이 놓인 48년 질서가 대표적이다. 이것을 단순히 맞물린 구조로만 보아서는 안 되며, 그 위계적 구조까지 보아야 한다. 국토완정론은 스탈린의 외교정책과의 연관 속에서, 북진통일론은 미국의 대한정책과의 연관 속에서 해명되어야 한다.

이러한 교직 자체가 대쌍관계동학 접근이 보여주는 상호접근이나 비교접근과의 중요한 차이점이다. 중국혁명과 한국전쟁, 38선의 복합성과 다양한 균열구조를 동태성과 함께 추적해야 하는 것은 바로 이러한 이유에서이다.

3) 균열의 구조와 수준, 위계

우리가 세 번째로 설정한 방법론은 균열(*cleavage*) 또는 갈등의 구조와 위계라는 문제틀이다. 여기서 말하는 균열은 특정의제를 둘러싸고 관계된 행위 주체, 이를테면 국가와 국가, 집단과 집단, 계층과 계층 사이에 수직적 수평적으로 벌어지는 힘과 정책의 길항관계를 지칭한다. 그리고 그것이 구조라는 지형위에 어떻게 놓여 있는가 하는 측면을 포함한다. 따라서 이것은 구조적인 개념이면서 동시에 기능적, 동태적인 개념이다. 이것은 모순개념이 구조의 자동적 발현에, 자유경쟁 개념이 행위자의 자율적 선택에만 배타적으로 초점을 두는 것에 대한 지양적 개념이다. 정치적 갈등과 선택은 구조의 자동적 발현도, 구조로부터 완전히 자유로운 인간들의 자율적인 선택만도 아닌, 이 사이 어느 지점에서의 인간들의 '구조화된 자율성'의 반영으로 나타난다고 할 수 있다.

이는 또한 의제나 이슈의 수준에 따른 연대와 대립의 관계를 설명하기 위한 개념이다. 따라서 여기서 말하는 균열은 정당체제 구성과 관련하여 사회적 균열구조와 요소를 분석하는 립셋(Seymour M. Lipset)과 로칸(Stein Rokkan)[69]의 사용과 반드시 동일하지는 않다. 립셋과

---

69) S. M. Lipset & S. Rokkan, "Cleavage Structures, Party Systems, and

로칸의 균열개념이 대체로 거시적이고 사회학적인 반면, 여기서의 균열개념은 미시적이고 정치적인 균열을 포함한다. 따라서 균열의 구조와 수준, 위계의 문제 역시 단순히 사실을 설명하고 층위를 나누는 문제라기보다는 연구의 기본적인 시각 및 방법과 관련되는 문제이다.

균열이라는 개념과 그것의 수준 및 위계는 단순한 자유경쟁다원주의나 편협한 계급론을 넘어서 실제의 사회적 대립과 갈등을 사실적으로 파악하기 위해 설정한 문제틀이다. 정치와 사회가 놓여있는 구조와, 또 그 안에서 인간들의 살아 있는 활동모습을 보여주려는 시도이다. 복합적인 요소의 작용으로 나타나는 사회적 갈등을 어느 하나의 대립으로만 환원시킬 수는 없다. 또 특정의 의제를 둘러싼 인간들의 대립을 완전히 자유로운 경쟁관계로만 설명해서도 안된다. 그것들은 구조적 수준과 전략적 선택의 사이 어디에선가 맞물려 있으며, 때로는 전자가 중요하고 때로는 또 후자가 중요한 변화가능하고 역동적인 현상인 것이다.

이를테면 1945년에서 1948년까지의 북한은 다음과 같은 세 가지의 균열을 가지고 있었다. 소련군정과 한국민중, 민족주의와 공산주의, 공산주의내의 균열이 그것들이다. 반면에 48년 질서에서 북한은 오직 남한과의 균열만을 가지고 있었다. 다른 갈등들이 없었던 것은 아니나 우리가 균열이라고 부르는 개념에 합치되는 갈등은 없었다. 재빠르게 균열이 소멸되었던 것이다. 같은 시기 남한은 미국과의 균열, 북한과의 균열, 정치사회 또는 지배연합(*ruling bloc*)내의 균열, 국가

Voter Alignments: An Introduction," S. M. Lipset & S. Rokkan(eds.), *Party Systems, and Voter Alignments: Crossnational Perspectives*(New York: The Free Press, 1967), pp. 1~64.

와 시민사회의 균열 등의 네 가지의 균열이 존재하였다. 이러한 균열 구조를 갖고서 우리는 한국전쟁의 기원을 설명하면서 남한과 북한체제의 구조와 성격을 분석할 수 있다.

남한이 상대적으로 혼란인 것은 북한보다는 사회적 갈등이 심했기 때문이었다. 그곳에서는 정치적 반대도 존재할 수 있었다. 그러나 갈등은 반드시 사회적 허약함의 징표는 아니었다. 사회의 붕괴를 초래하지 않는 범위에서의 갈등은 사회의 건강성과 강력성, 다원성과 민주성의 징표이지 허약과 혼란의 징표만은 아니다. 그러할 때 갈등은 사회학자 코저(Lewis Coser)의 지적처럼 '안정화와 통합의 기능'을 행사하며, "사회체계를 꿰매는 데 기여하여 근본적인 분열선에 따른 사회의 붕괴를 막아준다". 70)

정당성을 두고 대립하는 두 국가를 둘러싼 균열의 수준과 위계에서 가장 중요한 점은 국가(state)와 체제(regime), 정부(government)의 구별이다. 이를 구분하지 않는다면 균열의 수준과 위계는 설정될 공간을 확보할 수 없게 된다. 먼저 정부는 안보, 질서, 복지 등 특정의 목적을 위한 구체적 역할을 수행하는 기능을 담당하는 인적 조직으로 이해될 수 있다. 반면에 정치체제는 주요 정부지위에 접근하는 경로와 형태, 그 과정에서 배제되고 포용되는 행위자들의 특성, 그러한 지위들에 접근하는 데 그들이 이용할 수 있는 자원과 전략들을 규정하는 유형의 복합체(ensemble)를 의미한다. 또한 국가는 정부와 정치체제의 성격과 기능을 포괄하면서 나아가 구조적 역사적 구성요소를 포함한다. 때때로 국가는 정치사회와 시민사회를 포괄하기도 한다.

---

70) Lewis A. Coser, *The Functions of Social Conflict* (New York : The Free Press), p. 80.

체제에 저항하되 국가에 충성할 수 있는 균열의 존재는 48년 질서 시기에는 얼마든지 많았다. 이를테면 한민당과 이승만은 지배블럭내의 헤게모니를 놓고는 격렬하게 대립하였지만, 좌파의 저항이나 북한의 위협에 대한 대처에서는 가장 긴밀히 협력하였다. 그러한 현상은 남북한에서 자주 나타났다. 예컨대 대쌍관계동학과 균열의 위계를 반영하여 토지문제의 경우 남한은 이승만과 정부의 중도개혁주의, 지주와 한민당의 수구보수주의, 소장 개혁세력과 조봉암의 민중개혁주의의 3자 정립관계 속에 중도개혁주의의 방식으로 해소되는 모습을 보여주었다.

다른 한편 우리가 세 가지 인식 준거 중의 하나로 민족주의를 든 것은, 이를테면 48년 질서하에서의 남한과 미국사이의 균열을 이해하고, 그 속에서 남한국가의 성격을 이해하는 데 도움을 받기 위해서이다. 이 균열을 정확하게 이해하기 위해서 제시하는 개념이 '미국의 범위'로서 이 말은 48년 질서하에서 미국이 한국에 가하는 제한과 허용영역을 중심으로 미국의 대한정책, 한미관계의 본질과 성격, 48년 질서하의 남한국가의 성격이라는 핵심적인 세 가지 문제를 동시에 규명하려는 목표로 설정한 개념이다.

분석의 영역과 관련하여 우리는 네 가지 요소의 분리와 종합을 시도하고자 한다. 즉, 남한과 북한의 사회를 분석하면서 우리는 정치, 경제, 이념과 멘탈리티, 군사영역의 분리와 종합을 시도한다. 먼저 이념과 멘탈리티는 이데올로기, 규범, 도덕, 가치체계, 단체정신, 교육, 인민과 군대의 동원의 논리, 지배세력의 이념과 저항세력의 이념 또는 국가의 이념과 시민사회의 이념의 같은 점과 다른 점, 이념과 정치적 대립의 축과 그 변화 등을 말한다. 그 동안의 연구는 많은 부분 이것에 집중되어 왔다. 역사적으로 도덕적 정당성을 가졌다고 주장하는 쪽이 정당한 모든 것을 독점할 수 있다는 이해였다. 그러나 이 것은 다만 여러 가지 구성요소의 하나일 뿐이었다.

다음으로 경제는 생산양식과 생산력의 수준, 자원의 추출과 축적 의 방식, 경제조직과 체제, 생산 및 분배의 방식과 제도, 토지소유의 관계, 노동력 추출과 동원의 방식을 말한다. 맑스주의-레닌주의자들 은 기본적으로 생산력의 우위가 전쟁의 승패를 결정한다고 인식한다. 북한 역시 그러하였다. 대중의 동원체제로의 견인과 급진군사주의의 확산을 가능케 한 북한리더십의 자신감은 사회경제적 토대의 구축 및 경제적 동원과 직결되어 있었다. 즉, 정치적 이념적 군사적 준비와 동원과 공세는 경제적 강점의 기반 위에서 추동되었던 것이다.

한 인민군 학습요강의 핵심내용은 전쟁의 승패는 생산력의 발달에 의해 결정된다는 주장으로 일관되어 있었다. 교재는 "전쟁의 발생과 무력의 발전이 경제적 조건에 의존한다는 것은 이미 지난 세기에 맑 스주의과학에 의해 확정되었다", "륙해군만큼 경제적 조건에 의존하 는 것이 없다"면서 "모든 대전은 국가의 물질적 정신적 력량의 시험이 며 생산력의 검열이라고 하였다"고 진술한다.[71] 경제와 전쟁, 체제와 전쟁의 관계에 대한 북한리더십의 인식은 확고하였던 것이다. 이념 만을 배타적으로 강조하는 것을 이념주의(*ideologism*) 라고 할 수 있다 면, 경제만을 배타적으로 강조하는 것은 경제주의(*economism*) 라고 할 수 있는데[72] 객관적 분석을 위해서는 둘 다 잘못된 것임은 강조할 필 요도 없다. 전자는 표출되는 이념과 주의만을 보려 하고, 후자는 구

71) NA, RG 242, SA 2012, Item 5/37, 조선인민군 총정치국 선전선동부, 《강연자료-현대전쟁에 있어서의 경제적 요인에 대하여》, pp. 1~3, 25.
72) Antonio Gramsci, *Selections*, pp. 177~178.

조만을 보려 한다.

　다음으로 군사는 병력의 규모 및 충원방식, 무기의 수급, 훈련과 숙련도, 장교집단의 성격과 경력, 충성도 등이 포함된다. 이는 군사주의를 규명하는 데 있어서 핵심적인 부분이다. 북한사회를 군사주의가 지배하는 사회라는 점을 규명하기 위해 이 부분에 대한 연구는 필수적이다. 많은 연구들은 남북한의 군대를 군사적 측면에서만 다루어왔다. 즉, 양적인 측면만이 규명되어 왔던 것이다. 전사(戰史)나 군사(軍史)는 이 수준에만 치중한다. 반대로 맑스주의 해석이나 역사적이고 구조적인 요인을 강조하는 연구들은 전쟁을 담당하는 군대에 대해서 전혀 관심을 기울이지 않는다. 그러한 경향의 연구들에 있어 한국전쟁은 사회모순의 발현이거나 계급갈등을 동인으로 하여 도래한 것이기 때문에 군대는 중요하지 않았다.

　그러나 일찍이 힌쩨(Otto Hintze)가 강조하였듯이, 역사에서 계급갈등을 유일한 요인으로 강조하는 것은 일방적이며 과장된 것으로서, 오류이다. 민족과 국가 사이의 갈등 및 그것을 수행하는 군대는 계급갈등 못지않게, 또는 더 중요하다. 사회구조와 외부갈등의 두 요인은 함께 군사질서와 국가기구의 설정을 결정한다.[73] 상당한 정도로 민주주의를 달성한 20세기 후반 오늘의 시점에서 힌쩨의 진술은 많은 국가에서 받아들여지기 어렵지만, 20세기 중반까지의 유럽과 아시아의 대부분의 국가와 최근까지의 제3세계 국가들 거의 전부에게는 사실이었다.

---

73) Otto Hintze, "Military Organization and the Organization of the State," John Hall(ed.), *The State: Critical Cancepts*, Vol. I. p. 183, 또는 *The Historical Essays of Otto Hintze*, Felix Gilbert(ed. with an Intro.) (New York: Oxford University Press, 1975), pp. 180~192.

군대는 사회의 축소판이다. 군사적 의무들과 기구들은 계급관계와 정치에 강한 영향을 끼친다. 무어가 지적한 바와 같이 "많은 사회에 있어 군사제도들(*military institutions*)은 그 사회를 전체적으로 분석하고 이해하는 데 있어 비할 데 없는 출발점을, 종종 경제적 관계의 분석보다도 더 좋은 출발점을 제공해 준다".[74] 즉, 현대사회에서 군대는 전체사회의 축도인 하나의 소우주(小宇宙)라고 할 수 있다.[75] 특히 국가형성 직후의 탈식민 사회에서 군대의 성격은 사회의 온전한 반영이었다. 지배는 반드시 권력의 제도적 매개(*mediation*)를 갖는다고 할 때,[76] 형성기 권력에서 군대는 가장 중요한 매개제도가 아닐 수 없다. 형성기 국가의 모든 자원과 정신은 군대에 집중되고, 군대는 사회의 어떤 부분보다 가장 전문화된 공급체계, 기술, 교육제도를 갖추고 있을 뿐만 아니라 사회의 여러 중요 부분과 종횡으로 긴밀하게 연결되어 있다.

끝으로 정치는 리더십, 자원의 추출능력, 통치방법, 시민사회에의 침투력과 장악력, 참여와 지지의 정도, 즉 아래로부터 위로의 정치(*politics from below*)와 위로부터 아래로의 정치(*politics from above*)의 결합방식, 동의의 성격문제, 저항의 유무와 강약, 동원의 방식과 정도, 구체제와의 단절문제, 국가와 사회의 관계 등과 관련된 것들이다. 그러나 실제의 분석에서 이 넷을 따로 분리하여 분석하여서는 안될 것이다. 우리는 일련의 사태와 요인들을 분석하면서 이러한 수준들을

---

74) Barrington Moore, Jr., *Reflections on the Causes of Human Misery*, p. 14.
75) S. E. Finer, *The Man on Horseback*(London: Pall Mall, 1962), p. 15ff, Anthony Giddens, *The Nation-State and Violence*(Berkeley and LosAngeles: University of Culifornia Press, 1985), p. 250에서 재인용.
76) Anthony Giddens, *The Nation-State and Violence*, p. 9.

집어넣어서 함께 분석하려 한다.

　이 네 영역 중 가장 중심적인 문제는 역시 정치이며 48년 질서에서 압도적으로 우월하였던 요소는 일부에서 말하는 이념도 경제도 아니었고 바로 정치였다.　한국전쟁의 성격을 분석하고 해석하기 위해서 가장 많이 분석되어야 할 것은 바로 이 정치이다.　여기에서 필자는 정치적 층위에 기본적 우위를 부여한다.　이는 레이몽 아롱(Raymond Aron)이 말했던 '정치의 우위성'(*the primacy of politics*)을 원용하여 설명할 수도 있을 것이다. 77)　군사적 승리를 추구하는 군사주의는 정치에의 강조로 옮아가야 한다.　동시에 우리는 정치에 대한 강조가 또 하나의 편향, 이를테면 정치주의나 정치결정주의로 경도되지 않도록 주의하여야 할 것이다.

77) Raymond Aron, Richard Howard and Annette Baker Fox(trans.), *Peace and War: A Theory of International Relations*(New York: Frederick A. Praeger Publishers, 1966), p. 28.

제 I 부

전쟁의 결정: 과정

1945년 8월 2차 세계대전의 종식과 함께 과거 식민지배를 받던 많은 민족들이 해방되었다. 한국 역시 일본 군국주의의 패망과 함께 1910년 이래 35년 동안 받아온 일본의 식민지배로부터 극적으로 벗어났다. 한국인들로서는 1876년 개항 이래 처음으로 맞이하는 근대 국민국가 수립의 기회였다. 그러나 식민지배의 종식은 단일한 국민국가의 수립으로 연결되지 않았다. 20세기 후반의 세계를 지배했던 냉전의 급류가 갑자기 한반도를 뒤덮었기 때문이었다.

　　1945년 8월 종전과 함께 한반도의 중앙을 가르는 북위 38도선을 분할선으로 하여 남쪽지역에는 미군이 진주하였고 북쪽지역에는 소련군이 진주하였다. 결국 세계냉전의 파고는 한국을 아시아냉전의 축소판이 되게 하였다. 분단은 냉전의 한국화였던 것이다. 세계냉전이 자본주의와 사회주의의 대립이었듯 한국 역시 두 개의 이념에 근거한 체제로 분단되었다.

　　냉전의 심화에 맞추어 한국내의 갈등과 분단의 정도 역시 깊숙이 심화되었다. 세계 냉전과 한국분단, 1940년대 말에 나타난 두 과정은 같은 속도와 정도는 아니었지만 비슷하게 진행되었다. 후자는 전자의 한국판이었다. 그 결과 1948년 한국에는 남한과 북한이라는 두 개의 분단국가가 등장하였다. 이 분단은, 지난 시기의 갈등의 '결과'였지만 동시에, 초기 냉전구도의 형성이 20세기 후반의 세계사를 정초하였듯이, 이후 한국에서 전개된 갈등과 비극의 가장 결정적인 '씨앗'이 되지 않을 수 없었다.

　　역사학자 강만길(姜萬吉)은 1945년 이후 오늘에 이르기까지의 한국역사를 '분단시대'*(分斷時代)라는 말로 표현한 바 있는데 이는 20세기 후반의 세계사를 냉전시대로 표현하는 것이 그러하듯, 현대 한국의 기본 특성을 가장 적절하게 표현한 것이다. 남한은 미국의 후원을 받는 자본주의 국가였고 북한은 소련의 후원을 받는 공산주의 국가였다. 양쪽은 모두 갈라진 민족을 하나로 합치려는 시도 속에 날카롭게 대치하였다. 한국에서 민족이 분단된

---

* 강만길, 《분단시대의 역사인식》(서울: 창작과 비평사, 1978), pp.13~16.

것은 지난 10세기 만에 처음 있는 일이었다. 따라서 한국의 분단은 강렬한 민족통일의 움직임에 직면하지 않을 수 없었다.

쌍방에서 진행된 한국인들의 통일운동은 이념갈등의 측면과 세계냉전과의 중첩의 측면을 안고 있었기 때문에 그만큼 더 격렬하였다. 1948년 이후 남한과 북한의 갈등은 시간이 흐를수록 더욱 첨예해 갔고, 결국 이러한 대립은 1950년 6월 25일 한국에서 전쟁을 가져왔다. 여기에서는 먼저 전쟁을 결정한 상층정치에 대해 살펴보려고 한다. 정치학의 고전적 일반이론들이 밝혀내었듯이 전쟁은 결정의 과정이 없이는 일어나지 않는다. 이 점에서 전쟁과 혁명은 결정적으로 다르다 할 것이다. 결정은 항상 상층 정치수준에서 일어난다.

제 2 장

분단과 국토완정론의 등장

1. 국토완정론: 혁명전술의 변화

1948년 9월 10일 36세의 북한의 젊은 수상 김일성(金日成)은 새로이 수립된 정부정책의 근본기조가 되는 '조선민주주의인민공화국 정부의 정강'(政綱) 여덟 개를 발표하였다. 이 날은 북한이 정부를 수립한 바로 다음 날이었다. 그 중 첫 번째 항목은 "민족의 통일"과 남북한에 주둔중인 "미소양군의 동시철퇴"였다. 김일성은 '정강'의 첫 번째 조항에서 "남북조선인민의 총의에 의하여 수립된 중앙정부는 전조선인민들을 정부 주위에 튼튼히 단결시켜 가지고 통일된 민주주의 자주독립국가를 급속히 건설하기 위하여 전력을 다할 것이며 국토의 완정(完整)과 민족의 통일을 보장하는 가장 절박한 조건으로 되는 량군 동시철거에 대한 쏘련정부의 제의를 실천시키기 위하여 전력을 다할 것"[1]이라고 강조하였다. 정강의 첫 번째 조항을 볼 때 민족통일의 추구가 국가존립의 이유이자 근거였던 것이다.

세 번째 조항에서 그는 "우리민족을 노예화하기 위하여 만들어낸 일제 시대의 온갖 법률들과 또한 모리 간상배 및 반동매국노들이 위조하여 낸 남조선 반동괴뢰 '정부'의 온갖 반민주주의적 반인민적 법령들은 다 무효로 선포될 것"이며 "조선민주주의인민공화국 정부는 이미 북조선에서 실시한 토지개혁, 산업국유화법령, 로동법령, 남녀평등권법령 등 제반 민주개혁을 더욱 공고하게 발전시킬 것이며 그것을 전조선적으로 실시하기 위하여 전조선인민을 이끌고 최대의 투쟁과 백방의 대책을 다할 것"[2]이라고 주장하였다.

이 '정강'에는 통일문제에 대한 김일성의 핵심적 인식이 나타나 있다. 김일성의 인식은 곧 북한정부의 인식이라고 할 수 있는 것이었다. 요컨대 그것은, 분단은 남조선 민족반역자들 때문이며 남조선정부는 제국주의의 괴뢰정부라는 것, 북한정부는 전인민의 총의로 수립된 중앙정부로서 통일에 전력을 다할 것이며, 그 통일은 남한에 북한식의 체제를 이식하는 것이고, 미소양군의 동시철수야말로 국토완정과 조국통일의 가장 절박한 조건이라는 것이다. 정부수립과 동시에 발표한 정강에서 나타난, 통일문제에 대한 이와 같은 인식은, 많은 사태의 변화가 있었음에도 불구하고 전쟁이 발발하는 1950년 6월까지 변화되지 않았다. 전쟁 직전인 1950년 5월에 발표한 김일성의 한 논문을 보자.

1) 《조선중앙년감》(1950), p. 16; 《김일성선집》 2권 (평양: 조선로동당출판사, 1953), pp. 263~264.
2) 《조선중앙년감》(1950), p. 16; 《김일성선집》 2권 (1953), p. 265.

총선거의 결과에 수립된 조선민주주의인민공화국 정부는 유일한 법적 정부이며 전체 조선인민의 지지를 받고 있다. … 조선민주주의인민공화국의 선포와 함께 통일적 독립국가건설을 위한 투쟁의 새 계단이 시작되었다. 전체 애국적 정당들과 조선인민들은 인민공화국 정부 주위에 굳게 뭉치어 공화국의 정치 경제적 기초를 튼튼케하며 조국통일을 촉진시키기 위한 장엄한 투쟁을 전개하고있다. 영웅적 남조선인민들은 미제국주의자들이 인민의 의사를 반대하고 조작하여 낸 리승만괴뢰정부를 분쇄하기 위한 전인민적 투쟁을 더욱 광범하게 전개하고있다. 아직 남북조선은 서로 다른 길로 나아가고 있다. 남북조선의 정치 경제정세는 날이갈쑤록 두 길 중에서 어느 길이 조국과 인민을 번영에로 인도하고있는가 하는 것을 더욱 똑똑히 보이여준다. 3)

요컨대 정부의 최초의 기본정책인 '정부의 정강'에서 우리는 남한에 대한 참을 수 없는 적개심, 통일에 대한 열망, 그리고 남한인민의 지지에 대한 확신이라는 세 가지의 기본인식을 확인할 수 있다. 남한은 대한민국이 아니라 단지 '괴뢰'이자 '공화국 남반부'일 뿐이었다. 그는 남한정부를 인정할 수 없었기 때문에 특별히 '정부'라고 표기하고 있었다. 모든 공식문서와 내부 비밀명령에 이르기까지 남한은 전체 공화국 속에 편입되어야 할 대상일 뿐이었다. 이러한 인식은 1950년 6월까지 조금도 변화되지 않았다.

소련 공산당의 내부 비밀자료에 따르면 "1948년 두 분단국가의 수립 이후 김일성과 다른 한국인 지도자들은, 당시 존재했었던 남한에서의 민주적 운동의 광범한 발전을 통한 평화통일을 위한 가능성에

---

3) "통일적 민주주의 독립국가건설을 위한 조선인민의 투쟁,"《김일성선집》(1953), pp. 566~567.

대한 연구에 주의를 기울이지 않고 군사적 수단에 의하여 나라를 통일하려고 굳게 결심하고 있었다".4) 평화적 수단이 통일의 방법에서 배제되었다는 것은 중요한 의미를 지닌다. 그것은 곧 군사적 수단에 의해 나라를 통일하겠다는 의미였다. 문제는 이러한 의사가 가능해질 수 있는 조건의 도래였다.

1948년 제정된 북한의 건국헌법을 볼 때 그 수도는 평양이 아니라 서울이었다.5) 서울은 한국에서 최초의 통일국가가 수립된 고려왕조 이래 지난 10세기 동안 항상 수도였다. 따라서 서울은 전체 한국의 지배성과 중앙을 상징하는 도시로서 한국민들에게는 단순한 수도 이상의 의미를 지니고 있었다. 그곳은 사실상 한국민들의 정신의 중심이었다. 북한이 헌법에서 수도를 평양으로 변경한 것은, 즉 이상에서 현실로 돌아와 분단을 제도적 법적으로 인정한 것은, 1972년에 이른바 사회주의헌법을 제정하면서부터였다.6) 이것은 북한리더십의 강한 통일의지를 표현하는 표시일지는 몰라도 실제현실과는 크게 유리된 헌법조항이었다.

정부수립 4개월 후 있은 1949년의 신년사는 더욱 더 중요한 의미를 지니고 있었다. 김일성은 신년사에서 남한에 대한 흡수통일의지를 한층 강력하게 피력하였다. 그는 "비록 지난해에 우리민족은 전국적 통일과 완전 자주독립국가를 쟁취하지는 못하였지만 그러나 머지않은 장래에 전국적 통일과 완전 자주독립국가를 쟁취할 수 있는 기초

---

4) mb~04339/gs, "On the Korean War," *CWIHP Bulletin* (Fall 1993), p. 15.
5) 〈조선민주주의 인민공화국 헌법〉 103조, 《조선중앙년감》 (1949), p. 12.
6) 정경모·최달곤 편, 《북한법령집》 1권 (서울: 대륙연구소, 1990), p. 40. 1948년부터 1971년까지는, 수차의 헌법수정이 있었으나 서울을 수도로 규정한 조항은 바뀌지 않았다.

와 조건들을 갖추어 놓았다"고 전제한 뒤 한국문제의 한국화, 곧 미군과 유엔한국위원단의 철수를 강력하게 주장하였다. 1945년에 진주한 소련군은 48년말 이미 철수하였으나 미군은 아직 남한에 주둔하고 있었기 때문이었다.

김일성은 특히 지금까지와는 달리, "모든 것을 국토완정을 위해서 바치자"고 역설하였다. 노동자와 농민을 비롯 모든 인민들에게 국토완정(國土完整)을 위해 강력한 민주기지건설에 궐기하라고 촉구하였다.

공화국 북반부에 있는 로동자들은 공장에서, 광산에서, 철도에서 공화국의 확고부동한 경제적 토대를 구축하는 2개년인민경제계획 초과완수를 위한 건설과 증산으로써 공화국의 륭성을 보장하며 국토의 완정을 촉진시키는 장엄한 구국투쟁을 전개하여야 하겠습니다. 공화국 북반부 농민들은 농업발전에 대한 2개년 인민경제계획을 성과있게 완수하여 원료와 식량을 더 많이 생산하며 공화국의 튼튼한 식량기지를 축성함으로써 국토의 완정을 촉진시키며 완전자주 독립국가를 쟁취하는 구국투쟁을 일층 맹렬히 전개하여야 하겠습니다. 7)

그의 이러한 궐기호소는 북한지역의 학생, 청년, 인민군, 내무원들에게만 제한되지 않았다. 그의 호소는 자신의 통치영역인 북한을 넘어 남한의 인민들에게까지 뻗쳤다. 그는 "공화국 중앙정부는 **머지 않은 장래**에 남반부의 농민들도 북반부의 농민들처럼 토지의 주인으로서 토지개혁의 혜택을 받게되며 로동자들은 로동법령의 혜택을,

---

7) 김일성, "1949년을 맞이하면서 전국 인민에게 보내는 신년사,"《김일성선집》 2권(1953), p. 312. 오늘날 이 연설의 제목은 "국토의 완정과 조국의 통일을 위하여 궐기하자"로 바뀌어 실려 있다.《김일성저작집》5권, pp. 1~13.

녀성들은 남녀평등권의 혜택을 받고 자기조국의 완전한 주인으로 될 그 시각이 돌아오리라는 것을 굳게 확신한다"고 말한 뒤 "오늘 공화국 남반부인민들 앞에 제기되는 임무는 전체 애국적 진보적 민주력량을 **조선민주주의인민공화국의 기치하에 집결시켜 국토의 완정과 완전 자주 독립국가를 쟁취**하기 위한 구국투쟁을 더욱 광범히 전개함에 있다"고 호소하였다. 남한인민의 투쟁에 대한 직접적인 선동인 것이다.

김일성은 또한 "미군을 조선에서 몰아내고 친일파 민족반역자의 소굴이며 미제국주의자들의 주구인 남조선괴뢰 '정부'의 온갖 매국적 협정들을 청천백일하에 폭로하며 정부가 채택한 온갖 매국적 법령들을 분쇄배격하고 국방군의 애국적 의거운동과 남조선인민들의 항쟁을 긴밀히 결속시켜 망국 괴뢰'정부'를 타도 분쇄함으로써 국토의 완정과 완전 자주독립을 촉진시키라"고 강조하였다. 끝으로 김일성은 "전체 조선인민은 우리 중앙정부 주위에 일층 굳게 뭉치어 공화국의 기치를 높이 들고 국토의 완정과 완전 자주독립국가 건설을 위한 거족적 투쟁에 총궐기하자"고 호소했다. 국토의 완정을 위해 남북한인민이 총궐기하자는 선동이었다.

김일성은 이 신년사에서 '국토의 완정'이라는 익숙지 않은 용어를 13번이나 사용하였다. 이는 곧 국토완정론(國土完整論)의 전면적인 등장이었다. 1949년 초의 이 신년사는 북한 통일정책의 한 분명한 전환점이었다. 이 연설은 1945년에서 1950년 사이의 김일성 연설 중 몇몇 핵심연설에 포함될 수 있는 것이었다. 이후로 김일성의 연설에서는 국토완정과 완전 자주독립이 항상 붙어다녔다. 이는, 남한과 북한으로 분단되어 있는 것은 아직 완전한 자주독립이 아니며, 북한에 의해 국토완정을 이루었을 때만 자주독립이라고 할 수 있다는 얘기였다. 이 연설을 계기로 하여 국토완정은 북한사회의 가장 중요한 의제가 되었다.

김일성이 신년사에서 밝힌 통일방도는 전체 북한사회에 강령적 지침으로 작용하였다. 이미 완벽에 가까운 하나의 효율적인 동원체제로 변전된 북한에서 김일성의 호소와 연설은 국가적 교시가 되었다. 방대하고 철저한 관료조직과 선전매체들은 그의 교시를 재빠르게 하부에까지 침투시켰다. 《로동신문》을 비롯한 북한의 모든 매체들은 김일성의 신년사의 핵심테제를 반복적으로 싣고 국토완정을 위해 2개년 계획완수투쟁, 증산투쟁, 건설투쟁에 총궐기하자고 호소하였다. 정부의 정책을 대중들에게 침투시키는 가장 중요한 연결매체인 《로동신문》은 김일성의 신년사 중 중요내용을 뽑아 자주 커다란 활자체로 계속 게재하였다. 이를테면 1월 20일자에는 "조국의 통일과 자유와 독립을 위한 전체 조선인민들의 장엄한 거족적 구국투쟁은 머지않은 장래에 국토의 완정과 자주독립국가를 쟁취하리라는 것을 확신하는 바 입니다"라는 김일성의 언명이 커다란 글씨로 실렸다. [8]

전국의 생산현장과 작업장에서는 "국토완정을 위해 총궐기하라"는 김일성의 교시를 받들어 증산과 건설투쟁에 매진하였다. 각 사업장에서는 모범 노동자들이 선정되어 표창되었고, 증산투쟁에 참여한 노동자들의 집단적 각오와 결의가 반복적으로 보도되었다. 농한기였음에도 불구하고 농민들은 각지에서 집회를 갖고 새해의 증산을 결의하였다. 1월 4일 평양의 곡산공장노동자들은 김일성의 신년사를 연구하는 독보회(讀報會)를 열고 "김일성수상의 신년사를 받들어 남조선주둔 미군을 완전히 철거시키고 민족통일과 국토완정을 쟁취할 때까지 끝까지 싸우자"고 다짐하였다. [9] 학생들 또한 예외가 아니었다.

---

8) 《로동신문》 1949년 1월 20일.

이러한 궐기현상은 전국의 모든 기관과 직장과 학교와 마을에 걸친 것이었다. 이는, "중앙의 결정과 대중의 전면적인 동원 및 호응"이라는 북한정치의 오랜 전형의 초기적 등장이었다.

국토완정론의 등장은 북한 공산지도부의 혁명전술에서 커다란 변화였다. 4개월 전의 건국정강은, 비록 초점이 통일에 놓여 있기는 했으나, 그 주제가 다양하게 분산되어 있고 포괄적이었다. 그러나 신년사의 초점은 오직 '국토완정' 하나로만 모아져 있었다. 해방후 김일성을 비롯한 북한리더십의 초기혁명이론은 이른바 민주기지론(民主基地論)이라는 것이었다. 북한리더십의 혁명이론인 민주기지론은 최초에는 도이처(Isaac Deutscher)가 말하는 바 스탈린(Joseph Stalin)의 '일지역 사회주의'(*Socialism in One Zone*)[10] 정책을 거의 그대로 받아들인 것이었다.

소련은 1945년 8월 북한지역에 진주하면서 전체 한국을 혁명대상으로 삼기보다는 자신들이 진주한 북부한국에만 공산체제를 수립하려 하였다. 그랬기 때문에 소련은 "38선을 기준으로 한 한반도 분할"이라는 미국의 제안을 이의없이 받아들였던 것이다. 소련은 48년 말까지 이러한 일지역사회주의 정책을 변함없이 견지하였다. 이것은 점령한 북한지역에서의 혁명을 우선 추진하는 것으로서, 통일추구보다는 분단수용의 방향이었다.

그 결과 소련점령군과 북한공산리더십은 일국일당원칙이라는 공산주의의 고전적 원칙의 파괴와, 국내 토착 공산주의자들의 격렬한 반

9) 《로동신문》 1949년 1월 11일.
10) Isaac Deutscher, *Stalin-A Political Biography*, 2nd ed. (New York: Oxford Univ. Press, 1967), pp. 552~553.

대에도 불구하고 1945년 10월 북한지역에 독자적 공산당이라 할 수 있는 조선공산당 북조선분국의 창립을 강행하였다. 또한 45년 8월 서울에 수립된 조선인민공화국을, 그것이 공산주의자들이 주도하는 것이었음에도 불구하고 분명하게 부인하였고, 10월에는 북부한국의 독자적 행정을 담당할 행정조직(행정10국)을 만들었다. 북한지역에 독자적인 정치체제를 수립하려는 이러한 움직임은, 미소에 의한 남북한의 분할점령이라는 상황에서 전국적인 사회주의혁명을 추구하기보다는 확보된 북한지역에 우선 소련이 후원하는 공산체제를 수립하겠다는 의지이자 행동이었다. 이러한 정책은 스탈린의 구상과 의도에도 맞는 것이었다. 즉, 한국에서의 소련의 초기정책은 스탈린의 '일지역 사회주의' 노선의 충실한 관철이었다.[11] 그것이 이른바 민주기지(民主基地)의 구축이었던 것이고, 북한지도부의 민주기지론은 일지역 사회주의론의 한국화였던 것이다.

때문에 소련의 최초 점령정책은 민족주의와의 연합을 배제하지 않았다. 그것은 북한의 민주기지론에도 나타났다. 최소한 1946년 초까지는 민족주의자와 공산주의자의 연합정책이 견지되었다. 조만식에게 끝까지 대통령을 임명하려 노력하였던 것도 역시 민공연립정책의 일환이었다. 이른바 통일전선정책이었다. 그러나 46년 초 조만식, 김구를 비롯한 민족주의자들의 격렬한 반탁운동이 반소·반공운동으로 연결되자 연민(聯民)정책은 신속하게 폐기되었다. 탁치균열은 미소가 38선으로 한국을 분할해서 발생한 '한국문제'의 '한국화'의 최초의 계기였는데, 이것을 계기로 한국의 좌파와 우파, 공산주의자와 민

---

11) Erik van Lee, *Socialism in One Zone-Stalin's Policy in Korea, 1945~1947* (Oxford: BERG, 1989).

족주의자, 친일세력과 항일세력은 결정적으로 양분되었다. 이 직후 북한에서는 독자적인 토지개혁과 산업국유화정책이 실시되었으며, 민족주의자들에 대한 배제와 강도높은 탄압, 체포가 이어지고, 급속하게 독자적인 체제, 이른바 민주기지를 건설하기 위한 사회혁명이 추진되었다.

1946년 초부터 48년 9월까지는 독자적인 분단체제 구축을 위한 사회혁명의 추진과정이자 체제의 이행과정이었던 것이다. 국토완정론의 등장은 민주기지론의 전환을 의미한다. 곧, 확보된 지역인 북한에서의 혁명기지의 구축이 아니라 전국을 통일하는, 혁명을 수출하고 확대하는 혁명전술로 그 초점이 옮아간 것을 나타낸다. 한국어에서 잘 사용하지 않는 용어인 완정(完整)은 '완전히 정리한다' 또는 '완전히 정비한다'는 뜻이다. 이 시기에 남한에서 이 용어를 자주 사용한 사람은 중도파의 조소앙(趙素昂)이었다. 그의 용어 역시 김일성의 뜻과 크게 다르지 않았다. 그러나 조소앙의 국토완정론은 남한에 의한 통일을 의미했다.[12] 반대로 김일성의 그것은 남한을 소멸시키고 북한체제로 국토를 완전히 정리하겠다는 의미였다. 김일성은 국토의 완전정리와 통일을 동일시하고 있는 것이다.

즉 국토완정론은, 두 개의 분단국가수립이라는 조건의 변화에 대응하는 한국공산주의자들의 전술의 변화를 의미했다. 이 시점까지 이들은 분단된 북한에 사회주의체제를 건설하는 데에만 그들의 관심과 노력을 집중시켜 왔다. 그러나 이제 통일로 그 초점을 옮긴 것이었다. 레닌(Vladimir I. Lenin)과 트로츠키(Leon Trotsky)의 영구혁명론에 비해 스탈린의 일국사회주의론이 '확보된 한 지역에서의 사회주

---

12) 삼균학회, 《소앙(素昂) 선생문집》(하) (서울: 햇불사, 1979), pp. 126~141.

의 구축'이었듯 민주기지론 역시 확보된 지역인 북한지역에서의 사회주의 구축이었다. 그것은 지난 1945년에서 48년까지 지속되었다. 그러나 국토완정론의 제기는 민주기지론에 따른 사회주의 구축이 완료되자 이제 전국혁명을 추구하겠다는 것을 의미했다. 그것은 1949년 중국혁명의 성공으로 있게 되는 1950년 초의 스탈린의 일국사회주의론의 예외적인 폐기에 앞서 나온 것이었다. 스탈린은 1950년 3월에 김일성의 전쟁의사에 동의하게 되는데 이것은 3장에서 보듯 스탈린이 1945년 제 2차 세계대전 종전 이후 1953년 사망할 때까지 냉전의 고착화 시기 동안 유일하게 군사적으로 소련 지배영역(*Russian Orbit*)을 벗어난 예외적인 군사적 돌출행동이었다.

강렬한 통일의지를 담은 국토완정론을 제시한 직후 1949년 3월 건국후 최초로 김일성은 소련을 방문하여 스탈린을 만났다. 이것은 다른 이유도 있었지만 무엇보다도 국토완정론을 실현할 방안에 대한 논의 및 그에 대한 스탈린의 동의의 필요성 때문이었다. 김일성의 소련 방문은 북한 내각의 결정과 승인요청에 의한 것이었다.[13] 북한의 방소 요청이 있자 스탈린은 이를 수락하였다.[14] 1949년 1월 17일 슈티코프(Terentii F. Shtykov) 주평양 소련대사는 김일성에게 소련정부가 북한의 공식대표단을 2월경 접수하기로 동의하였음을 통보하였다.[15] 1월 17일에 소련의 방소동의가 있었다는 점은 최소한 이전에

---

13) 김일성, "조선민주주의 인민공화국 정부대표단의 쏘베트 사회주의공화국련맹 방문사업 경과보고," NA, RG 242, SA 2005 Item 1/24, 《조국의 통일독립과 민주화를 위하여》 2권, p. 347; 《김일성선집》 2권 (1953), p. 358.

14) Dmitri Volkogonov/한국전략문제연구소 역, 《스탈린》 (세경사, 1993), p. 365; Dmitri Volkogonov, "СЛЕДУЕТ ЛИ ЭТОТО ЂОЯТЬСЯ?" *Ogonyek*, No. 25～26 (1993), p. 28.

북한이 방소요청을 하였다는 얘기가 된다. 추론컨대 1949년도 김일성의 신년사에서 국토완정론이 전면적으로 제기되자마자 방소요청을 하였던 것으로 보인다.

소련의 동의가 있자 김일성과 북한 부수상 겸 외무상 박헌영은 2월 5일 모스크바 방문시 협의하고자 하는 의제가 담긴 문서를 슈티코프에게 전달하였고,[16] 2월 19일에는 내각회의를 소집하여 소련정부와 토의할 문제들과 소련정부에 파견할 대표단을 확정하였다. 물론 대표단의 선정에는 소련의 의사도 반영되었다. 소련과 맺을 협정의 내용과 차관, 기술원조에 관한 내용은 이 내각회의에서 결정되었다.[17] 물론 그것은 공개가능한 내용에 한정되었다. 이에 앞서 2월 14일 슈티코프는 대표단의 방문일정은 2월 말 또는 3월 초가 좋겠다고 제안하였다.[18]

---

15) 《한국전쟁관련 러시아 외교문서》(대한민국 외무부, 1994), p. 1. 여기서 말하는 《한국전쟁관련 러시아 외교문서》는 1994년 6월 한국의 김영삼 대통령이 러시아를 방문하여 옐친(Boris Yeltsin) 대통령으로부터 넘겨받은 한국전쟁관련 소련 비밀외교문서의 한국 외무부 내부용 번역본이다. 이 책에서 필자가 인용하는 한국전쟁관련 소련 비밀외교문서는 약간씩 다른 세 가지이다. 하나는 1994년 7월 20일 한국정부가 공식적으로 발표한 문서(이하 《소련 외교문서》1)이고, 다른 하나는 발표 이전의 한국 외무부 내부용 번역문서이다(이하 《소련 외교문서》2). 또 다른 하나는 서울의 《서울신문》이 입수한 방대한 양의 문서들이다(이하 《소련 외교문서》3). 이 《문서》들은 1949년 1월부터 1953년 8월 사이에 모스크바와 평양 사이에 오고간 비밀전문들로 이루어져 있다.

16) 《소련 외교문서》2, p. 2.

17) 김일성, "조선민주주의 인민공화국 정부대표단의 쏘베트 사회주의공화국련맹 방문사업 경과보고," National Archives(NA), Record Group(RG) 242, Shipping Advice(SA) 2005 Item 1/24, 《조국의 통일독립과 민주화를 위하여》2권, p. 347; 《김일성선집》2권(1953년), p. 358.

18) 《소련 외교문서》2, p. 3.

국가수립 직후 6개월 만에 수상을 비롯한 최고 지도부의 대규모 외국방문은 주목할 만한 것이었다. 김일성의 방문에는 박헌영을 비롯하여 부수상 홍명희(洪命熹), 국가계획위원회 정준택(鄭準澤) 위원장, 상업상 장시우(張時雨), 교육상 백남운(白南雲), 체신상 김정주(金廷柱), 재정성 김찬(金燦) 부상 등이 동행하였다. 이밖에 김일성의 비서이자 통역인 문일(文日)이 동행하였다. 대표단에 군사전문가가 없다는 이유로 그 동안 많은 학자들이 이 방문에서 군사문제에 대한 논의가 없었을 것으로 상정해왔는데 이는 잘못된 상상이다. 김일성 자신이 바로 군사전문가라는 사실이야말로 이에 대한 분명한 반론의 근거가 된다.

이 방문에 참석한 뒤 유일한 기록을 남긴 백남운에 따르면 김일성 일행은 2월 22일 평양을 떠나 3월 3일에 모스크바에 도착하였다. [19] 2월 22일 오전 8시 평양을 떠난 일행은 비행기로 3시간 정도 여행하여 11시경에 보로실로프에 도착하였다. 보로실로프로부터 모스크바까지는 기차여행이었다. 김일성의 유명한 고소공포증 때문에 짧은 시간만 비행기를 이용하고는 시간이 오래 걸림에도 불구하고 기차로 갔던 것으로 보인다. 김일성일행은 보로실로프－바이칼 역－뽈로비나－노보시비로스크－추림스까야－옴스크－스웨르들로브스크 역을 거쳐 모스크바에 도착하였다. 역두에는 소련 내각의 부수상 겸 무역상 미코얀(Anastas Ivanovich Mikoyan), 외무성 부상 그로미코(Andrei Andreevich Gromyko), 모스크바 소비에트 부의장 쓸라빈, 외무성 제일극동부장 대리 페도렌코 등이 마중을 나왔다. 김일성은 역두환영연에서 소련의 조선해방과 북한건설에서의 원조에 대해 스탈린을 향해 최대의 표현으

---

19) 백남운, 《쏘련인상》(평양: 조선역사편찬위원회, 1950), pp. 7～63.

로써 감사를 표하였다. 그는 또한 소련의 군대철수에 대해 언급하며, 이것은 조선의 통일을 바라는 소련의 진정한 의사표시라고 강조하였다. 그는 또한 "조선인민은 강력한 소련인민과의 친선만이 자기의 자유와 독립과 국가자주권에 대한 튼튼한 담보로 된다는 것을 알고 있다"고 언급, 소련과의 연대에 모든 것을 걸고 있는 듯한 메시지를 보냈다.

모스크바에 도착하자마자 일행은 3월 4일 레닌묘를 참배하였다. 같은 날 저녁 방문단 일행은 소련 외무상 몰로토프(Viacheslav Mikhailovich Molotov)와 회담하였다. 회담은 시간도 20분을 넘지 않았고, 내용도 의례적인 수준을 넘지 않았다. 다음날 소련 외상이 비신스키(Andrei Ianuar'evich Vyshinskii)로 바뀌었으므로 이 회담은 몰로토프로서는 외상 자격으로는 마지막 회담이었다. 3월 5일에는 오후 5시에 최고소비에트 위원장 스웨르니크와의 회담이 있었다. 방문의 본래의 목적이었던 스탈린과 대표단의 최초회담 역시 같은 날에 있었다. 오후 8시였다. 소련측의 참석자는 스탈린을 비롯하여 부수상 몰로토프, 부수상 미코얀, 외상 비신스키, 주평양 소련대사 슈티코프 등이었고, 북한측의 참석자는 방문자 전원이었다.

회담은 맑스, 엥겔스, 레닌의 사진이 걸려 있는 방에서 열렸다. 스탈린은 특유의 카키색 군복을 입고 있었다. 참석자의 면면으로 보아 이 회담은 공개회담이었다. 백남운의 기록에 따르면 회담에서는 경제협력문제, 기술원조문제, 차관문제, 원조문제가 논의되었다. 이를테면 김일성은 공장복구, 신공장설계, 지하자원조사 등을 위해 기술적 원조가 필요하며 차관도 필요하고 소련학자 파견을 위한 문화협정도 필요하다고 말했다. 차관에 관한 구체적인 지원 및 상환방법과 액수(2억 1천 2백만 루블) 등이 결정되었다. 김일성과 스탈린의 아래의 회담내용이 공개된 적이 없기 때문에 전문을 소개한다. [20]

스탈린: 어떻게 왔습니까? 기차로 왔습니까? 비행기로 왔습니까?

김일성: 보로실로프까지는 비행기로 오고 거기서 모스크바까지는 기차로 왔습니다.

스탈린: 모스크바는 춥지 않습니까?

김일성: 여러 가지 용념(用念)하여 주시는 관계로 춥지 않습니다. 금번에 온 것은 경제 및 문화협조에 관한 협정이 목적입니다.

스탈린: 무슨 원조가 필요합니까? 구체적으로 무엇입니까?

김일성: 기술자 파견이 긴급히 필요합니다. 공장복구라든지 지하자원 조사라든지 모두 다 기술적 원조가 필요합니다.

스탈린: 무슨 기계가 필요합니까? 광물이 많습니까?

김일성: 많이 납니다.

스탈린: 경제적 기술적 원조가 가능합니다.

김일성: 수입초과되는 물자가 많으므로 차관을 요망하는 바입니다.

스탈린: 차관도 될 수 있습니다. 그 다음 문제는 무엇입니까?

김일성: 문화협정문제입니다. 소련학자 파송, 조선유학생 파견, 연구사업지도, 기술자 및 예술문화견학단 조직 등에 관한 문제들을 해결해야 하겠습니다.

스탈린: 언어관계로 사업활동과 연구사업에 불편치 않습니까?

김일성: 통역을 조직하므로 별로 불편이 없습니다.

스탈린: 문화협정문제도 해결할 수 있습니다. 차관은 어떻게 하면 좋겠습니까? 일시에 다 받기를 희망합니까, 몇 번에 나누어서 받아도 좋습니까?

김일성: 차관은 일시에 다 받고 상환하는 기한은 1951년부터 4년간에 상환하는 것이 좋겠습니다.

스탈린: 차관의 실행방법에는 처음 3년간은 연등분(年等分)하여 요구되는 기계류와 물자를 공급하고 그 다음 3년간에 연등분하

---

20) 백남운, 《쏘련인상》, pp. 98~100.

여 상환하는 것이 좋겠습니다. 기타 더 요구되는 물자는 무역관계를 계승하는 것이 좋겠습니다. 귀대표단은 개별적으로 교섭할 대표위원들이 있습니까?

김일성: 각 분과위원이 있습니다.

스탈린: 차관액은 2억 1천 2백만 루블로 하지요. 다음 요구는 없습니까?

김일성: 자동차, 원유, 방직기계 등이 요구됩니다.

스탈린: 승용자동차입니까, 화물자동차입니까?

김일성: 두 가지 다 요구됩니다.

스탈린: 기타 요구되는 것들은 각 분과위원회에서 구체적으로 요구하시지요.

회담의 분위기를 전하면서 백남운은 스탈린을 "인류의 신사회를 창조하는 최고의 기사", "세계근로인민의 태양", "사물에 정통하는 태양이 그 두뇌 속에 서리고 있는 듯이 세계 정치사정을 꿰뚫고 있는 천재적 정치가"라고 표현하고 있었다. 회담의 과정과 내용을 볼 때 김일성은 스탈린에 대해 곧바로 요구사항을 말할 만큼 대담하고 직설적이었음을 알 수 있다. 스탈린이 날씨에 대해서 물었을 때도 김일성은 바로 방문목적을 말하고 있다. 또한 하나의 의제가 끝나자마자 곧바로 다음 요구를 말하고 있음도 알 수 있다.

새로이 공개된 소련의 비밀자료에 따르건대 이날 스탈린과 김일성·박헌영의 비밀회담도 있었다. 이때의 대화내용은 백남운의 회고록에는 없는 것으로 보아 이 비밀대담에는 다른 방문단원의 참석은 배제되고 김일성과 박헌영만이 참석한 것으로 보인다. 아니면 앞의 전체회담에서 이러한 문제가 논의되었으나 백남운이 회고록에서 고의로 삭제하였는지도 모른다. 그러나 더 그럴듯한 가능성은 전자이다.

비밀대담에서는 군사문제가 주로 논의되었는데 해군의 필요성, 주한미군의 규모, 남북한의 병력과 역량, 전투기 지원약속, 남한에 침투시킨 첩자의 유무 등을 논의하였다. 남한에 침투시킨 첩자문제에 대한 스탈린의 질문에 대해서만은 수상인 김일성이 아니라 부수상인 박헌영이 답변을 하였다.

김일성: 남조선에는 아직 미군이 있습니다. 북조선에 대한 반동세력의 도발이 점점 더 격해지고 있습니다. 우리도 육군은 있지만 해안방어가 거의 전무합니다. 이 점에 소련의 지원이 필요합니다.

스탈린: 미군은 남조선에 몇 명이 주둔하고 있습니까?

김일성: 최고 2만 명쯤 됩니다.

스탈린: 남조선은 군대가 있습니까?

김일성: 있습니다. 약 6만 명입니다.

스탈린: 이 숫자는 경찰을 포함한 것입니까?

김일성: 아닙니다. 정규군 숫자입니다.

스탈린: 그들이 두렵습니까?

김일성: 그렇지 않습니다. 하지만 해군을 갖고 싶습니다.

스탈린: 누구 군대가 더 강합니까? 당신의 군대입니까, 아니면 그들입니까?

박헌영: 우리 군대가 더 강합니다.

스탈린: 해군창설을 지원하겠습니다. 군용기도 주겠습니다. 남조선군 내부에 당신 사람들이 침투해 있습니까?

박헌영: 있습니다. 하지만 모두 하위계급들이라서 아무 일도 하지 못합니다.

스탈린: 잘한 일입니다. 지금은 아무 일도 해서는 안 됩니다. 남조선도 북에 첩자를 보냈을 것입니다. 그러니 정신 차려야 합니다. 요즘 38도선 사정은 어떻습니까? 남조선군이 침범해 많은 초소를 뺏겼다가 다시 찾았다는 게 사실입니까?

김일성: 강원도 지역 38선에서 충돌이 있었습니다. 우리 경찰은 무장이 부실해서 나중에 정규군을 투입해 남조선군을 격퇴했습니다.

스탈린: 쫓아냈나요, 그들 스스로 물러났나요.

김일성: 우리가 그들을 패배시켰고 그런 다음 그들이 물러났습니다.

스탈린: 38도선은 평화로워야 합니다. 이것은 매우 중요합니다.

최근 공개된 자료에 따르면 스탈린-김일성·박헌영 간의 또 다른 대화내용이 존재한다. 이 내용에는 전쟁에 대한 본격적인 논의가 들어 있다. 김일성은 회담 시 "남한에 대한 무력침공과 무력에 의한 조선통일에 관해 소련지도부의 의견을 문의"하였다. 이에 스탈린은 "북한군이 남한군에 대해 절대적인 우위를 확보하지 못하고 있다"면서, 남한에 아직 미군이 주둔하고 있다는 사실과 미소간의 38선분할에 관한 합의를 상기시켰다. 또한 스탈린은 "북한의 남한에 대한 공격은 남한의 침략을 반격하는 경우에만 이루어질 수 있다"고 강조하였다. 다음은 대화내용이다. 21)

김일성: 스탈린 동지. 이제 상황이 무르익어 전국토를 무력으로 해방할 수 있게 됐습니다. 남조선의 반동세력들은 절대로 평화통일에 동의하지 않을 것입니다. 그들은 자신들이 북침을 하기에 충분한 힘을 확보할 때까지 분단을 고착화하려고 합니다. 이제 우리가 공세를 취할 절호의 기회가 왔습니다. 우리의 군대는 강하고 남조선에는 강력한 빨치산 부대의 지원이 있습니다.

스탈린: 남침은 불가합니다. 첫째 북조선 인민군은 남조선군에 대해

---

21) 대화내용은 《소련 외교문서》 3; Volkogonov, 《스탈린》, pp. 367~368; 《朝日新聞》 1993년 6월 26일을 참조.

확실한 우위를 확보하지 못하고 있습니다. 수적으로도 열세이고, 둘째 남조선에는 아직 미군이 있습니다. 전쟁이 나면 그들이 개입할 것입니다. 셋째 소련과 미국 사이에 아직도 38도선 분할협정이 유효함을 기억해야 합니다. 이를 우리가 먼저 위반하면 미국의 개입을 막을 명분이 없습니다.

김일성: 그렇다면 가까운 장래에 조선의 통일기회는 없다는 말씀인가요. 남조선 인민들은 하루 빨리 통일을 해 반동정부와 미제국주의자들의 속박을 벗어나고 싶어 합니다.

스탈린: 적들이 만약 침략의 의도가 있다면 조만간 먼저 공격해 올 것이오. 그러면 절호의 반격기회가 생깁니다. 그때는 모든 사람이 동지의 행동을 이해하고 지원할 것이오.

3월 7일 오후 5시에는 북한방문단 전원과 소련정부측(참석자는 몰로토프 부수상, 미코얀 부수상, 비신스키 외상, 에니시코프 무역상, 슈티코프 대사) 사이에 구체적인 원조규모와 부문, 방법을 논의하기 위한 회담도 있었다. [22]

1949년 3월 김일성의 소련방문에서 소련과 북한 사이에 체결된 가장 중요한 협정은 3월 17일에 체결된 〈조소 경제문화협정〉이었다. [23] 협정의 내용은 통상관계의 발전, 통상 및 상대방 국가에서의 경제활동시의 최혜국대우 보장, 문화과학 예술분야의 관계증진, 전문가 파견 및 기술원조, 상업과 농업경험의 교환 등이었다. 군사문제에 대한 내용이 없었음은 물론 상호우호조약 체결 역시 없었다.

---

22) 회담 내용은 백남운, 《쏘련인상》, pp. 120~124 참조.
23) 소련 과학아카데미 동양학연구소 편, 통일원 조사연구실 역, 《소련과 북한과의 관계, 1945~1980》(1987), pp. 101~103; 백남운, 《쏘련인상》, p. 259; 《김일성선집》 2권(1953), pp. 361~362.

슈티코프는 김일성과 박헌영의 방소요청을 수락하는 1월 17일의 답변에서 이미 "남한측이 남북분단을 영구화하기 위해 조소우호조약의 체결을 북한에 불리한 선전용으로 사용할 수 있으므로 소련정부가 현시점에서 북한과의 우호조약을 체결하는 것은 시기적으로 적절치 못하다"고 생각하고 있다고 북한지도부에게 설명한 바 있었다. 이에 김일성과 박헌영은 당혹감을 표시하고 이 조약을 체결할 수 없다면 대북 비밀원조조약을 체결하자고 제의하였으나 결국 "현시점에서는 양국 간에 우호친선 및 상호원조조약의 체결은 적절치 않다"는 데 동의하였다.24) 이 전문에 따르건대 김일성과 박헌영이 조소우호조약의 체결을 먼저 제의하였으며, 소련측이 이를 거절하였음을 알 수 있다. 소련 외교문서를 공개한 또 다른 논문에 따르면 1948년 12월과 49년 1월에 김일성은 2차례에 걸쳐서 조소우호조약체결을 제의하였으나 "소련이 남북한의 영구분할을 조장한다"는 비난을 피하기 위해 소련이 동의하지 않겠다고 한 것으로 나와 있다.25) 이는 뒤에서 살펴볼 스탈린식 은폐전술이었다.

당시 북한-소련 간에는 〈조소경제문화협정〉 이외에도 1949~50년 간 조소간의 상품유통에 관한 협정, 차관에 관한 협정, 기술원조에 관한 협정, 학생파견과 문화교류에 관한 협정 등의 부수적인 협정들이 체결되었다.26) 지금까지 추적한 바에 의하면 많은 주장에도 불구하고 이 방문에서 비밀군사협정이나 상호방위협정과 같은 것은 없었다. 비밀협정체결에 대한 주장들은 아주 오래된 것이고, 또 사실 전통적 시각에

---

24) 《소련 외교문서》 2, p. 1.
25) 青石, "金日成沮止了毛澤東進攻臺灣的 計劃," 《月刊 明報》 1994년 7월호, p. 84.
26) 백남운, 《쏘련인상》, pp. 260~263; 《소련과 북한과의 관계》, p. 104; 《김일성선집》 2권(1953), pp. 362~367.

서는 정설화되다시피한 것인데, 이는 단지 추론일 뿐 지금까지 어떠한 증거도 제시된 적은 없었다. 서울에서 흔히 볼 수 있는, 저자가 불분명하거나 짐작 가능한 많은 책들에 나와 있는 비밀군사협정 내용은 조작이거나 추측일 것이다.

한국전쟁과 관련하여 이 시기에 비밀군사협정이 체결되었다면 그것은 매우 중요한 점을 시사하는 것임에 틀림없을 것이나 이에 대한 우리의 결론은 부정적이다. 다른 소련문서에 따르면 조소경제문화협정에 근거하여 1961년 7월에 가서야 비로소 〈조소우호협력 및 상호원조에 관한 협정〉이 체결되는 것으로 봐서 전쟁 전에 비밀군사협정이나 상호방위조약 같은 것은 없었던 것으로 보인다.[27] 사실 그러한 문서상의 조약이 있었느냐 없었느냐는 그리 중요한 문제는 아니었다. 조약을 체결하지 않은 이유가 미국과 남한의 비난공세를 우려하였기 때문이었기에 조약체결 여부에 상관없이 실제의 지원은 의사만 있다면 얼마든지 가능하였다. 그러한 조약의 존재유무에 관계없이 방대한 양의 군사원조가 이루어졌다는 점만으로도 서류의 존재유무는 증명을 요하는 문제가 아님을 알 수 있는 것이다.

〈조소경제문화협정〉은 비록 명칭은 경제문화협정이었지만 단순한 경제문화방면에 국한된 협정이 아니라 소련의 공식문서가 말하는 대로 ‘모든 분야에서 협력’이 가능한 협정이었다.[28] 백남운은 이 협정이 체결된 날을 “조선민주건설사와 세계민주발전사에 영원히 빛나는 날”이라고 기록하고 있다.[29] 그는 또한 이 협정의 체결을 “조선민주주의

27) 《소련과 북한과의 관계, 1945~1980》(1987), pp. 267~550.
28) 《소련과 북한과의 관계》, p. 549, 주 16.
29) 백남운, 《쏘련인상》, p. 269.

인민공화국 건설사상에 있어서 새로운 단계를 지어주는 것"이라면서 그 "정치적 의의"를 특별히 강조하여 "조국의 통일과 완전독립을 쟁취하는 전진태세를 더욱 강화하는 데 큰 의의를 가지는 것"이라고 주장하였다. 소련과의 협정체결은 초기 북한역사에서 차지하는 비중이 그만큼 크다는 의미일 것이다. 김일성 자신은 이 방문 이후 더욱더 자신감 넘치는 태도를 보였다. 스탈린의 지원약속과 협정체결은 통일을 구상하고 있는, 그렇지는 않더라도 적어도 남한과 경쟁하고 있는 그에게는 튼튼한 배후담보가 되어주었을 것이다. 백남운은 이 점도 날카롭게 지적하였다. 그는 "민주진영의 호상이익의 원칙에 입각하여 조선의 민주독립을 더욱 공고하게 보장하기 위한 원조협정인 것"이라고 규정하였다. [30]

1949년 4월 7일 김일성 일행은 평양으로 돌아왔다. [31] 김일성은 소련을 떠나기에 앞서 이 방문으로 인한 경제적 협조와 대북원조가 "조선인민의 물질적 행복을 더 한층 향상시키는 데 원조가 될 것"일 뿐만 아니라 "극동에서의 평화와 안전을 강화하는 사업에 기여할 것"이라고 진술하였다. [32] 그는 또한 평양역두에 내리면서 "이 모든 협정들은 참으로 우리 민족력사상에 영광스러운 새 페지를 차지하는 것이며 우리 인민공화국의 국제적 정치적 지위를 더욱 향상시키며 신생공화국의 번영과 발전에 무한한 전망을 가져오는 것"이라고 진술하였다. [33]

---

30) 백남운, 《쏘련인상》, pp. 262~263.
31) 백남운, 《쏘련인상》, p. 332.
32) 김일성, "모스크바 출발에 제하여 진술한 연설," NA, RG 242, SA 2005 Item 1/24, 《조국의 통일독립과 민주화를 위하여》 2권, p. 337.
33) 김일성, "조선민주주의 인민공화국 정부대표단 쏘련방문 귀환 환영대회에서 진술한 답사,"《조국의 통일독립과 민주화를 위하여》 2권, pp. 340~341.

이 진술들에서 우리는 비록 비난과 공격의 빌미를 주지 않기 위하여 조소우호조약을 체결하지는 않았지만, 북한은 소련으로부터 그러한 체결에 못지 않은 지원을 보장받고 있었음을 인지할 수 있다.

2. 최대 공산주의연합의 형성과 화전양면전략

'확보된 지역에서의 사회주의 굳히기' 전략을 폐기하고 전국적 혁명으로 초점이 옮아간 국토완정론의 등장과, 3개월 뒤에 이어진 소련방문 및 스탈린과의 면담 이후로 통일문제와 관련하여 북한은 몇 가지의 큰 변화를 보여주었다. 하나는 소련-중국-북한 간의 연대의 형성이었고 다른 하나는 북한내부의 변화였다. 후자의 경우 첫째는 군대 물리력의 증강, 두 번째는 남한과 북한의 두 공산당(남로당과 북로당)을 하나로 합쳐 한국의 공산주의역량의 최대화를 시도하고 이어서 전사회를 동원화하는 것이었다. 그리고 세 번째는 적극적인 대남 통일정책의 제안 및 추진이었다. 이들 변화는 시기적으로뿐만 아니라 목표와 의도에서도 서로 긴밀히 맞물린 것들이었다.

먼저 중국과의 연대는 스탈린 방문 직후 곧바로 시도되었다. 이것은 모택동과 전쟁문제를 상의하는 것과, 만주에서 활동중인 조선인 부대를 귀국시키는 두 가지 문제로 나타났다. 북한의 처지에서 경험 있는 병력을 확충할 수 있는 최대의 자원은 중국군에 소속되어 있는 한인병사들이었다. 중국, 특히 만주지역은 식민시기 동안 한국인들이 무장투쟁을 통하여 가장 강력히 일본에 저항하여 맞선 지역이었다. 잘 알려진 바와 같이 김일성 역시 만주지역에서 항일무장투쟁을 지도한 게릴라지도자 였다. 많은 조선인들이 종전이 되어 조국으로 돌아갔으나 아직도 상당수는 그대로 남아 있었다. 그들은 대부분 중국 인민해방군 소속으로 편제되어 있었다. 중국군 소속 한인병사의 귀국은 북한의 요청에 의한 것이었다. 김일성은 국토완정론을 제기한 직후 스탈린 방문, 모택동에게 조선인 군인 이양요청 등을 연달아 하고 있는 것이다. 이 점에서 국토완정론의 제기는 북한통일정책의 하나의 분명한 전환점이었다.

　중국과 북한은 중국 인민해방군소속 한인병사들의 북한귀국문제를 중국혁명이 한창 진행중인 1949년 5월부터 논의하였다. 1949년 4월 21일 양자강을 도하함으로서 중국공산혁명의 결정적 승리가 임박하자 조중(朝中) 양국은 이들의 북한으로의 귀국에 합의하였다. 김일성의 설명을 슈티코프가 모스크바에 보고한 바에 따르면 김일성은 측근인 민족보위성 부상이자 조선인민군 문화부사령관 김일을 중국에 파견하였고, 김일은 모택동, 주은래, 고강, 주덕을 만나 협의를 진행하였다.[34] 김일은 4월 30일 고강을 만나 중국공산당 중앙위로 안내되었다. 김일은 모택동을 한 차례 만났으며 주은래 및 주덕과는 4차례 만나 협의를 진행하였다. 김일성은 김일을 통하여 모택동에게 친서를 전달하였다. 그러나 그 친서의 내용은 아직 알 수가 없다.

　김일의 중국방문 목적은 중국인민해방군 각 사단에 소속된 한인들의 북한귀국문제를 협의하기 위한 것이었다. 모택동은 3개 한인사단 중 한만국경에 가까운 목단, 장춘 지역에 배치된 2개사단을 북한의 요청이 있으면 즉시 귀국시키는 데 동의하였다. 모택동은 북한의 투입

---

34) 《소련 외교문서》 2, pp. 6~7; 《소련 외교문서》 3; 앞의 靑石(假名)의 정리에 따르면 이때 중국방문자는 김일이 아니라 김일성으로 되어 있다. 시기도 1949년 4월 하순으로 되어 있다. 靑石, "金日成沮止了,"《月刊 明報》 1994년 7월호, p. 85. 필자는 한국외무부의 공개문서를 쫓아 김일로 보고자 한다.

요청이 없더라도 이들을 훈련시키고 모든 보급품을 계속 제공하겠다고 약속했다. 또한 그는 현재 훈련 중인 200명의 장교는 1개월 이내에 북한으로 보내겠다고 약속했다. 잔여 1개사단은 중국 남부에서 국민당과의 전투에 참여하고 있으므로 당장 귀국할 수가 없었다. 이때의 합의에 따라 1949년 7월부터 8월에 걸쳐 중국인민해방군 166사단과 164사단이 북한으로 넘어왔다. 35) 이들은 각각 인민군 6사단과 5사단이 되었다. 모택동은 이들 부대를 넘겨주면서, "아직 전투력이 약하다"며 "훈련된 장교를 배속시켜야할 것"이라고 권고하였다. 모택동은 무기를 요청하는 김일의 요구도 들어주었다. 전쟁이 발발하자 이들은 북한군의 주력부대가 되었다.

김일과의 대담 시 모택동을 비롯한 중국지도부는 북한이 "어느 순간에도 기습전이건 지구전이건을 수행할 수 있는 준비를 갖추어야 한다"고 강조하였다. 모택동은 "전쟁은 신속히 끝날 수도 있고 장기전이 될 수도 있다. 장기전은 귀측에 불리하다. 왜냐하면 그럴 경우 일본이 전쟁에 개입해 남조선을 도울 수 있기 때문"이라고 언명, 전쟁을 할 경우 단기전이 유리함을 강조하였다. 그러나 그는 곧바로 "물론 격정할 필요는 없다"며 "지근에 소련이 있고 만주에는 우리가 있다. 필요하면 귀측을 위해 중국군을 보낼 수 있다. 우리는 모두 검다. 미국 사람에게는 구별도 안된다"고 격려하였다. 이는 중국군의 지원가능성을 시사한 것이며, 특히 중국측이 지원군을 보내더라도 미국은 같은 동양인을 구별하기 힘들 것이란 점을 지적한 것이었다.

전쟁이 일어날 경우 그는 조선인 사단에 대한 식량과 무기지원은

---

35) Headquarters. Far East Command, *History of the North Korean Army* (이하 HNKA) (1952), pp. 59~62.

물론 모든 필요한 지원을 아끼지 않겠다고까지 다짐했다. 이렇듯 모택동은 적극적인 지원의사를 밝혔으나 "김일성이 가까운 시일 내에는 남한을 공격할 필요가 없다"며 조급한 공격을 분명하게 반대하였다. 그 이유로서는 "전반적으로 국제정세가 별로 유리한 상황이 아니며 중국공산당이 장개석군과 전투 중에 있어 평양을 도울 수 없기 때문"이라고 언급하였다.

모택동은 "국민당을 패퇴시켜 중국공산당이 중국을 완전히 지배할 때까지는 결정적인 행동을 기다려줄 것"을 김일성에게 권고하였다.[36] 모택동은 중국공산당이 중국을 완전지배할 때까지 행동을 유보할 것을 제안한 것이다. 그는 "만약 미군이 철수한 뒤에 일본군이 들어오지 않는다 하더라도 너무 서둘러 남침을 시작하는 것은 좋지 않다"며 "보다 더 적당한 정세를 기다리는 것이 필요하다"고 조언하였다. 왜냐하면 북한이 남침을 하면 맥아더가 신속히 일본군 병력과 무기를 한국에 투입할 수 있으나 중국으로서는 지금 주력부대가 양자강 이남에 배치되어 있기 때문에 즉각적인 대규모의 군사지원을 할 수 없는 상태이기 때문이라는 것이었다. 모택동은 "따라서 남침은 1950년 초 국제상황이 호전되기를 기다려서 하는 게 좋다. 그때는 일본군이 침공해와도 중국군 엘리트를 보내 일군을 격퇴시킬 수 있기 때문"이라고 충고하였다. 한국에서의 전쟁의 시작을 중국내전이 종식될 때까지 기다려야 한다는 점에서 스탈린과 모택동, 김일성의 인식은 동일했다.

김일의 중국방문사실과 토의내용은 곧바로 소련에게도 알려졌다. 즉 5월 17일 모택동은 주북경 소련대사 코발료프에게 김일과의 대담내용을 상세하게 알려주었다. 김일성이 역시 김일의 방중(訪中) 사실

---

36) 《소련 외교문서》 2, pp. 6~7.

과 모택동과의 대담내용을 5월 14일 슈티코프와의 면담을 통해 그에
게 알렸다. 코발료프와 슈티코프는 이를 즉각 스탈린과 비신스키에
게 보고하였다. 코발료프는 이때 스탈린을 '필리포프'로 표기하고 있
었다. 모택동은 코발료프에게 대담내용을 통보하면서 "모든 조치는
모스크바와의 협의하에 취해나가겠다"는 첨언을 잊지 않았다. 이는
스탈린의 의사를 존중한다는 표시였던 것이다. 이를 통해 모스크바
를 정점으로 한, 전쟁논의와 결정의 삼각형이 형성된 것이었다.

코발료프가 보고한 모택동의 전언에 따르면 북한의 지도부는 조만
간 미군이 철수할 것으로 믿고 있었다. 그러나 북한지도부는 미군 대
신 일본군이 들어오지 않을까 두려워하고 있었다. 남조선이 일본군
의 도움을 얻어 북침할 가능성이 있기 때문이라는 것이었다. 이에 모
택동은 "남조선이 침공해올 경우 대응공격을 하되 만약 일본군이 들
어있고 적의 전투력이 우세할 경우 영토의 일부를 내어 주더라도 전
투력을 보존할 필요가 있다"고 충고했다. "그래야 상황이 좋아질 때
적을 격퇴시킬 수 있기 때문"이라는 것이었다. 모택동은 또한 후퇴시
에 대비해 당(黨)·군(軍)·인민들을 이념적으로 교육시킬 것을 권
고했다. 그는 그런 후퇴가 완전한 패배가 아니라 일시 전략적인 후퇴
라는 점을 주지시키라고도 충고하였다. [37)]

49년 3월의 스탈린-김일성·박헌영 대담을 기억할 때 뒤이은 김일
의 중국파견은 1949년 3월과 5월에 걸쳐 스탈린-모택동-김일성·박
헌영 사이에 한국의 통일문제, 또는 북한의 통일전쟁 개시문제를 놓
고 간접적인 3자회담이 진행되었음을 의미한다. 달리 말하면 김일성
은 스탈린과 한국의 통일문제에 대한 논의를 하고 돌아온 뒤 곧바로

---

37) 《소련 외교문서》 2, pp. 7~8.

모택동과 두 가지의 중요한 문제를 논의하였던 것이다. 하나는 병력의 이양문제였고 다른 하나는 전쟁문제에 대한 자문이었다.

김일과의 대담에는 모택동의 중요한 인식 세 가지가 나타나 있다. 하나는 전쟁은 언제라도 할 수 있으며 이에 대한 지원을 아끼지 않겠다는 것이고, 다른 하나는 아직 중국의 통일이 이루어지지 않았으며 국제정세가 유리하지 않기 때문에 전쟁을 개시하기가 이르며, 세 번째는 모든 것은 모스크바와의 협의를 거쳐서 진행되어야 한다는 점이다. 즉 모택동의 입장은, 원칙적으로 통일전쟁의 개시에는 동의하지만 김일성이 조기에 단독으로 무모한 선제공격을 개시하려는 데 대해서는 반대한다는 것이었다. 같은 공산주의자로서, 그리고 중조(中朝) 공산주의자들의 특수관계상 김일성의 통일의지를 정면에서 반대하기 어려운 위치에 있었기 때문에 이는 모택동으로서는 최대한의 자제요구였을 것이다. 더욱이 5월은 그들로서는 아직 국부와 격렬한 전쟁을 계속하고 있었던 시점이었다. 물론 이 시점은 김일성 역시 아직 전쟁을 구체적으로 결정한 것은 아니었다.

5월 1일 슈티코프는 "북한군 기계화계획 및 단순기술이전은 49년 5월까지, 항공기술이전은 9월까지 해줄 것"을 요청하는 4월 28일의 김일성의 편지를 스탈린에게 전달하였다. 이를 보았을 때 적어도 1949년 9월까지는 전쟁실행계획을 구체적으로 하지 않았다는 것은 분명하였다.[38] 이 시점에서 김일성과 슈티코프를 비롯한 북한-소련 정책결정자들의 최고의 관심사는 미군의 철수문제였다. 6월 10일 슈티코프는 모스크바에 "미군이 실제로 한국에서 철수하고 있으며 6월 15일경에 본대가 떠날 것"이라고 보고하고 "미군의 철수로 조선을 무력통일하려는

---

38) 《소련 외교문서》 2, p. 5.

남한의 자유행동이 가능하게 되었다"는 의견을 피력하였다. 북한의 지도부와 슈티코프가 보기에 미군의 철수는 남한정부를 지탱해 주는 버팀목의 철수였다. 반대로 그것은 또한 남한의 공격을 저지하는 요소의 제거를 의미했다.

슈티코프는 "남한이 병력을 38선 부근으로 배치하고 있다는 사실과 미군철수 완료사실 발표 3일 전에 북한측에 대한 남한측의 공격이 있을 것"이라는 북한측의 첩보를 곁들였다. 그는 또 이승만이 6월 11일 공산주의자들에게 큰 타격을 줄 수 있는 공격계획이 마련되었다고 발표할 것이고 향후 2~3주내에 이 계획을 실행에 옮길 것이라고 보고하였다. 슈티코프의 결론은 "현시점에서 남한이 대규모 무력도발을 할 가능성이 어느 때보다도 높다"는 것이었다. 39) 주목할 만한 것은 모스크바당국이 미군철수 소식을 이보다 먼저 정확하게 알고 있었다는 점이다. 벌써 2월 16일에 일본주둔 연합군사령부의 소련측 대표인 드리비얀코 장군과 맥아더가 면담을 할 때 맥아더는 주한미군철수에 관한 미국의 결정과 이미 대부분의 미군이 한국에서 떠났음을 통보하였다. 2월 23일 모스크바는 이 사실을 평양에 알려주었다. 또한 4월에는 모스크바가 미군철수 문제에 대한 정보의 확인지시와 함께 미국내 논의내용을 통보하였다. 40) 미군철수 문제가 소련과 북한지도부에게 얼마나 중요하게 받아들여지고 있었는지를 알게 해준다.

6월 25일 슈티코프 대사는 북한군의 전투준비 태세에 관한 상세한 정보를 모스크바에 보고하였다. 그는 남한군의 예상되는 침공에 대비한 북한의 병력배치 및 준비상황에 대해서 기술하고 소련측이 신속

---

39) 《소련 외교문서》 2, p. 9.
40) 《소련 외교문서》 2, pp. 3~5.

히 무기를 공급해야 한다고 주장하였다. 또한 남한의 북침이 있을 경우 중국 인민해방군의 한인사단이 신속히 파병되어야 한다는 것을 모스크바에 보고하였다.[41] 7월 14일 주평양 소련대사관은 남한군 포로 2명에 대한 신문(訊問)기록을 모스크바에 보고하였다. 그 내용은 남한이 해방기념일인 8월 15일에 대북 전면기습공격을 세우고 있으며 이승만은, "조국전선의 평화적 통일안을 북한의 최후통첩으로 받아들이고 있다"는 것이었다. 그리고 이승만은 조국전선의 통일안이 남한에 의해 거부되고 나서 모스크바가 북한에게 8~9월경 남한을 공격하도록 지침을 내렸을 것으로 믿고 있다고 하였다. 따라서 이승만정부는 7월에 선제공격을 개시한다는 결정을 내렸을 것이라는 것이었다.[42] 그러나 이러한 일은 발생하지 않았다.

1949년 봄과 여름은 북한이 느끼기에 위기이자 기회였다. 미군의 철수와 중국의 상황전개에 대응하여 이승만이 어떠한 전격적인 제스처를 취할지 몰랐다. 북한은 이승만 군대가 북침하리라고 자주 선전하였다. 그러나 그러한 일은 발생하지 않았다. 반면에 미군의 철수는 결정적인 기회를 제공해줄 것이었다. 한 정보보고에 따르면 일찍이 1947년 미소공위(共委)시절부터 북한지도부는 미군이 철수하면 남한을 쉽게 공산화시킬 수 있을 것으로 판단하고 있었다.[43] 그러나 소련은 미군철수후 개입의 빌미를 주지 않으려 고심하였다. 7월 3일 슈티코프는 남한에서의 미군철수후 정치적 선전에 이용될 가능성이 있다며 청진의 소련해군기지, 평양 및 함흥의 공군사령부를 폐쇄할

---

41) 《소련 외교문서》 2, p. 9.
42) 《소련 외교문서》 2, p. 10.
43) ISNK, No. 39(Jun. 30, 1947).

것을 모스크바에 건의하였으며 비신스키는 이를 수락하도록 지시하였다. 48년 말 북한으로부터 자기군대를 전면철수시킨 뒤 소련은 미군철수를 강력하게 주장하여 왔는데, 이번에는 역으로 미군철수후 남겨진 자신들의 기지에 대해 미군이 선전적 공세를 펼 것을 우려하여 내린 조치였다.

1949년 6월을 전후하여 또 하나의 주목할 만한 변화는 남북한 공산세력의 단일화를 통한 지도성의 통일과 공산주의 역량의 최대화의 실현이었다. 국토완정론의 제기와 소련방문에 뒤이어 북한지도부는 1945년 이래 지난 3년여간 독자적으로 존재해 오던 두 개의 공산당인 북조선로동당과 남조선로동당을 하나로 묶는 작업에 착수하였다. 즉 1949년 6월 30일에 비밀스럽게 진행된 조선로동당으로의 합당이 그것이었다.[44] 이 합당은 모든 역량을 결집하기 위한 한국공산주의자들의 최대 공산주의연합의 실현이었으되, 복합적인 이유로 인해 합당사실 자체는 1950년 6월 25일 전쟁이 발발하고 나서야 알려졌다. 남한의 공산당원들에게조차 이 사실은 비밀이었다.[45] 이는 1925년에 한국에 최초로 공산주의정당이 등장한 이후 가장 커다란 단일 공산주의정당이 등장한 것이었다. 한국공산주의 운동의 역사에서 이는 최초로 등장하는 최대 공산주의연합의 실현이었다. 공산주의 국가 일반은 물론 북한에서 공산당의 지도체제의 변화, 특히 당을 통합하고 해체하는 것과 같은 변화는 항상 주변 상황의 중대한 변화나 그들이 실행할 정책의 변화를 반영한다. 때때로 이것은 새로운 정책의 실현을 위한 조치이기도 하다.

---

44) 《조선전사년표》 2권, p. 162; 조선로동당 중앙위원회 당 력사연구소, 《조선로동당 력사교재》(조선로동당 출판사, 1964), p. 241.
45) 이에 대해서는 이 책의 제 4장 제 1절을 참조하라.

실제로 북한의 초기정치에서 당의 창당, 해체, 합당은 국면의 가장 중요한 전환점에서 있어 왔다. 1945년 10월의 조선공산당 북조선분국의 창설은, 45년 8월에 이미 서울에서 창설되어 활동중인 남한의 조선공산당이 가지는 전국적 지도성을 부인한 것이며, 또다른 공산당을 창설하여 한국공산주의운동 지도부를 북한으로 이전하려는 시도였다. 또한 1946년 8월 북조선공산당과 조선신민당을 동시에 해체하고 북조선로동당을 창설한 것은 미소공위의 결렬에 따른 통일정부 수립가능성의 무산과 이에 따라 김일성을 수반으로 하는 단독정권을 북한에 수립하기 위한 것이었다. 1949년 6월의 조선로동당의 창당 역시 커다란 변화를 반영하는 것이었다.

48년 8월 2일에 이미 남북의 로동당이 '연합중앙위원회'를 결성하여[46] '연합적' 중앙지도부를 구성하였음에도 불구하고 이를 해체하고 조선노동당이라는 '단일' 지도부를 구성한 것이었다. 이는 곧 정책의 구상이나 실현에 있어 '연합적' 중앙지도부조차 '단일' 중앙지도부에는 미치지 못하는 어떤 연유가 있었음을 암시한다. 그것은 무엇이었을까? 그것은 대남정책, 즉 북한의 통일정책과 관련이 있는 것이었다.

1945년에서 48년까지 3년간의 남한에서의 좌파의 혁명운동은 남한 좌파의 거의 독자적인 운동이었다. 전술과 정책의 선택에 관한 자율성은 박헌영을 비롯한 남한지도부에 있었다. 즉 김일성을 비롯한 북한지도부의 전일적 통제하에 있지는 않았던 것이다. 1946년 가을에

---

46) 조선민주주의 인민공화국 내각 직속 인민경제대학 통신교육부, 《조국의 자유독립과 민주건설을 위한 조선로동당의 투쟁》, 인민경제대학 통신교재 제 2학년용 제 1호(1956), pp. 26~43; 《조선전사년표》 2권, p. 152; 선우몽령, 《인민정권의 수립과 그의 공고화를 위한 조선로동당의 투쟁》(조선로동당 출판사, 1958), p. 62.

박헌영이 월북한 뒤에도 남한에서의 공산주의자들의 투쟁은 남한출신으로서 북한에 피신해 있는 지도자들의 통제하에 놓여 있었다. 이러한 현상은 46년부터 48년 8월까지 지속되었다. 이 기간에 북로당출신들의 대남문제에 대한 개입은 '자문' 정도를 넘지 않았으며 그것은 한국공산주의운동의 독특한 특성, 즉 각 파벌이 갖고 있는 독자성을 반영한 것이었다. 또 북로당출신들은 남한문제에 대해 상대적으로 남한출신 공산주의자들보다 사태에 대한 인지도가 낮았다. 따라서 북로당출신들은, 공산주의 진영내에서의 실제적인 힘의 배분관계와 무관하게, 남한문제에 대해서는 이들의 독자적 발언권과 지도성을 인정하지 않을 수 없었다. 역설적으로 이러한 자율성은 훗날 박헌영-이승엽을 비롯한 남한출신 공산주의자들이 '남한혁명력량파괴'라는 죄과를 뒤집어쓰게 되는 한 근거가 되었다.

그러나 48년 8월 두 개의 분단국가의 공식적인 등장은 이제 남한좌파의 독자성을 더 이상 필요로 하지 않았다. 뿐만 아니라 두 분단국가의 등장은 좌파 대 우파의 대결을 남한이라는 국가 대 북한이라는 국가사이의 대립으로 변전시켰다. 두 노동당은 48년 8월 두 개의 정당보다는 강력하지만 하나의 단일정당보다는 느슨한, 중간정도의 연합체인 남북로동당 연합중앙위원회를 창설하였다. 건국 후에도 한국의 공산주의자들은, 하나의 정부를 구성하고 있었음에도 불구하고 연합지도부를 약 1년 동안 유지하였다. 그러나 국토완정론의 등장과 김일성-박헌영의 소련방문, 그리고 미군의 철군에 맞추어 새로운 정세에 대비하여 아예 단일정당으로 통합하였던 것이다.

북조선로동당과 남조선로동당만 단일한 조선로동당으로 등장한 것이 아니라, 북조선 민주주의민족전선과 남조선 민주주의민족전선으로 분리되어 있던 통일전선조직 역시 조국통일 민주주의전선(조국전선)으로 통일되었다. 역시 조선로동당의 등장과 같은 시기인 1949년 6월이었다(6월 25~28일).[47] 조국전선의 창설 움직임은 이미 5월 중순부터 있었고 슈티코프 역시 6월 6일 조국전선의 창설과 그것에 의한 남북한 총선거라는 대남제의계획을 모스크바에 보고하고 있었다.[48] 최고결정기구인 공산당과 그것이 결정하는 대남정책의 선전 및 집행기구인 통일전선조직이 같은 시기에 각각 하나로 합쳐진 것이었다. 그러나 조선로동당의 창당이 비밀합당이었던 것에 비해 조국전선의 등장은 공개적인 것이었다. 전자가 비공개였던 만큼 이에 반비례하여 조국전선의 등장은 훨씬 더 광범하게 선전되었고 남북한 좌파조직과 단체의 통일이 강조되었다.

6월 26일 공식적으로 조국전선이 결성되고 이것의 강령과 선언서가 채택되자 이의 선전작업은 전국가적이었다. 6월초부터 이미 한 달 내내 북한은 조국전선 창설지지집회와 대회들이 전국적으로 거행되었다. 이것은 모든 기관과 작업장에서 거행되었다. 직능별, 직업별, 기관별 대회들이 전국적으로 뒤덮였다. 《로동신문》에는 6월초부터 북한과 남한의 각종 정당과 단체들, 노동자와 농민들의 지지성명서가 연속적으로 게재되었다. 5월에는 남한토지개혁에 대한 지지성명과 집회가 잇달았는데 이에 이어 곧바로 조국전선결성을 통한 국토완정의 집회와 성명서들이 분출한 것이었다. 타이틀은 항상 '조국통일민주주의전선 결성을 인민들 절대지지'라고 붙여졌다. 개인과 단체의 모든 지지성명들은 조국전선의 제의를 반드시 국토완정, 통일과 연

47) NA, RG 242, SA 2009 Item 1/109, 《조국통일 민주주의전선 결성대회 문헌집》, pp. 183~188.
48) 《조국통일 민주주의전선 결성대회 문헌집》, p. 183; 《소련 외교문서》 2, p. 8.

결시키고 있었다. 49) 남한에서 투쟁중인 게릴라들도 조국전선의 결성 대회에 "우리는 승리하고 있습니다"는 장문의 편지를 보내 조속한 국토의 완정과 "민족의 절세의 애국자이시며 민족적 영웅이신" 김일성 장군에 대한 충성을 맹세하였다. 50)

결성대회에서는 "미제를 철거하고 이승만 괴뢰도당을 타도하여 국토완정을 이루자"는 유명한 〈조국전선강령〉과 〈조선전체 민주주의 정당 사회단체들에게, 전체조선인민들에게〉 보내는 '선언서'가 채택되었다. '강령'의 핵심은 미군철퇴와 조국의 완전독립, 통일을 반대하는 조국의 반역자들의 반대와 조국통일의 급속한 달성, 민주개혁의 전조선적 실시를 위한 투쟁, 남조선에서의 무상몰수 무상분배 토지개혁과 중요산업 국유화의 실시 등에 모아졌다. 모든 핵심강령이 통일과 직결된 것들임을 알 수 있다. 이는 조국전선의 결성목표가 어디에 있는지를 보여주는 것이었다. 51) 선언서는 위의 강령을 실천하기 위한 내용으로 구성되어 있었다. 주목할 내용은 남북한 동시선거를 통하여 통일정부를 수립하자는 것이었다. 선언서는 특히 통일정부를 수립하기 위한 입법기관 선거를 49년 9월에 남북한에 걸쳐 실시하자고 제의하고 있었다. 52) 그러자 남한의 공산주의자들에게조차 49년 9월

---

49) 이를테면 의학박사 장기려의 〈조국통일 민주주의전선결성 절대지지〉 성명서는 "국토완정 위하여 더욱 힘차게 투쟁(하자)"였다. 《로동신문》 1949년 6월 3일.

50) 지리산 유격전구 유격대 지휘자 및 전사일동, "우리는 승리하고 있습니다"(1949년 6월 19일), 《로동신문》 1949년 6월 28일.

51) "조국통일 민주주의전선 강령," 《로동신문》 1949년 6월 29일; NA, RG 242, SA 2009 Item 1/109, 《조국통일 민주주의전선 결성대회 문헌집》, pp. 1~4.

52) "선언서-조선 전체 민주주의 정당사회단체들에게, 전체 조선인민들에게," 《로동신문》 1949년 6월 29일; NA, RG 242, SA 2009 Item 1/109, 《조국통일 민주주의전선 결성대회 문헌집》, pp. 5~15.

의 총선거는 하나의 강령적 지침으로 작용, 많은 역량과 선전을 이의 실시를 위한 투쟁에 투여했다. 남한에서 49년 가을에 벌어진 치열한 게릴라투쟁은 이를 실천하기 위한 투쟁이었다.

1949년 6월의 북한에서의 급격한 변화는 리더십의 소련방문과 함께 무엇보다도 중국에서의 사태 및 미군의 철수가 커다란 영향을 끼쳤다. 특히 미군철수는 소련과 북한지도부의 가장 핵심적인 주장이었다. 그것은 북한지도부가 이미 1947년부터 이들이 철군하면 전조선을 해방시킬 수 있다고 공언할 만큼 결정적인 것이었다. 미소공위가 교착상태에 빠진 1947년 3월 이미 북한리더십은 소군(軍)-당(黨)-정(政) 간의 고위지도자회의를 열어 미소공위가 실패하거나 성공할 때를 대비하는 가운데, "미소공위가 실패할 경우 그후 미군이 남한에서 철퇴하면 막강하게 강화된 인민군은 약 일주일이면 남한을 점령하고 인민공화국을 수립할 수 있을 것"이라고 인식하고 있었다.[53]

미군철수 문제를 다룬 48년초의 한 좌파저작은 미소양군이 철퇴하면 "얼마나 기쁨에 넘칠 것이냐"며 소련의 양군 철퇴제안을 환영하였다.[54] 북한은 48년과 49년 내내 미군철수를 주장해 왔다. 따라서 1949년 6월의 미군철수의 효과는 북한지도부에게도 즉각적이고도 심중한 것이었다. 이미 다양한 채널을 통하여 미군철수 시점을 정확하게 알고 있던 북한의 대응은 노동당의 창당과 조국전선의 결성으로 나타났던 것이다.

---

53) ISNK, No. 39(Jun. 30, 1947). 한편 동회의에서는 미소공위가 성공할 경우에 대비하여서 다음과 같은 논의가 있었다. "소련은 남북한의 '모든' 군사력은 무장해제하고 새로운 경찰력을 창설하자고 제안한다. 소련은 또한 미소 양군 철수 후에 짧은 탁치를 제안할 것이다. 협상기간중 인민군은 전부 만주로 이동하여 그곳의 한인부대에 가담한다. 미소 양군 철수가 이루어지면 그때 이 군대는 다시 조선으로 들어와 조선을 단숨에 삼켜버릴 것이다"(강조는 원문 그대로).

54) 주동명, 《조국의 민주독립과 철병문제》(서울: 이상사, 1948), p. 38.

미군이 철수하고 이들을 결성하자마자 북한리더십은 통일을 실현하려 의욕을 불태웠다. 북한지도부는 최대 공산주의자연합을 구축하자 7월 에는 곧바로 남한에 대한 공세적 정책을 추진하였다. 대남정책이 눈에 띄게 적극화된 것이었다. 분단 이후 지난 8개월간 이러한 통일공세는 없 었다. 북한은 평화통일공세를 폭포처럼 쏟아부었다. 조국전선이 선두 에 섰고 《로동신문》과 모든 매체들이 총동원되어 연일 '9월 총선' 제의 를 받아들이라고 호소하였다.

또한 북한은 이 시기에 남한의 토지개혁을 담당할 기관인 '공화국 남반부의 토지개혁실시를 위한 법령기초위원회'를 구성하였다(1949 년 5월 9일). 뿐만 아니라 《로동신문》을 통하여 이 사실을 공개하여 남한의 좌파들에게 머지않아 북한주도로 무상몰수 무상분배에 의한 토지개혁이 실시될 것임을 암시하였다. 55) '결정서'는 남한의 농민상 태와 토지개혁의 필요성에 대해 다음과 같이 언급하고 있다.

공화국 남반부에서는 미제국주의의 식민지화 정책과 이승만 괴뢰정권 의 반동정책으로 말미암아 봉건적 토지제도는 그대로 유지보존되고 아직까지 토지개혁은 실시되지 못하여 토지는 여전히 극소수의 지주 의 손에 남아 있고 인구의 절대다수를 차지하고 있는 남반부 농민들 은 지주의 고율소작료와 약탈적 양곡강제공출 및 강제매입 기타 온갖 가렴주구에 시달려 농촌경제는 극도로 피폐되고 있으며 농민들의 생 활은 여지없이 파탄에 빠지고 있다. … (중략) … 공화국 남반부 농민 들은 … 공화국 남반부에 있어서도 북반부에서와 같은 가장 민주주의

---

55) "조선민주주의 인민공화국 내각결정 제 46호-공화국 남반부의 토지개혁 실 시를 위한 법령기초위원회 조직에 관한 결정서," NA, RG 242, SA 2005 Item 2/114, 《내각공보》(1949), pp. 216~217.

적인 무상몰수 무상분배의 토지개혁을 시급히 실시할 것을 요구하고 이러한 가열한 투쟁을 전개하고 있다. 조선민주주의인민공화국 내각은 공화국 헌법과 공화국 정강에 기초하여 공화국 남반부에 있어서도 속(速)한 시일내에 공화국 북반부에서와 같이 토지개혁을 실시할 필요가 있다는 것을 인정하고 …

기초위원회의 위원장은 홍명희였고 위원들은 박문규, 송봉욱, 강진건, 이구훈, 이승엽, 김열, 이극로, 성주식, 이만규, 김병제, 박정애, 이인동, 최경덕, 최용달, 유영준, 장균, 채백희, 김영제, 전종일, 강규찬 등이었다. 이들 중 상당수가 남한에서 활동하던 인물들이었으며 전쟁발발을 전후하여 남한으로 내려와 점령정책의 준비에 착수하였다. 내각의 이 결정은 비밀리에 모스크바에도 곧바로 보고되었다. "공화국 남반부에서 가까운 시일내에 공화국 북반부에서 실시된 것과 꼭 같은 그러한 토지개혁을 실시할 필요성"을 제기하면서 '결정'은 최단시일내에 관계법령안을 준비할 임무를 담당하는 위원회를, 홍명희를 위원장으로 하여 구성할 것을 결정했다. [56]

《로동신문》은 이에 대한 기사를 반복하여 게재하였다. 4일 후인 5월 13일에는, 남한토지개혁을 실시하는 데 필요한 법령을 기초하기 위하여 위의 위원회가 사업에 착수하였다고 보도되었고, 곧이어 남로당, 전국농민조합총연맹(전농) 등 남한의 각 정당사회단체들의 지지성명서가 실렸다. 동시에 남한에서도 북한에서 실시한 것과 똑같은 무상몰수 무상분배가 시급히 필요하다는 논설들도 이어졌다. 6월 초에 들어서는 벌써 법령의 초안이 작성되어 심의중이라는 보도가 잇달았다. [57]

---

56) 와닌 유리 와실리비치, 전현수 역, "러시아 대외정책 문서보관소 소장 해방직후 한국관계자료," 《역사비평》(1994 봄), p. 362.

이때 남한에서는 미군철수, 김구암살, 국회첩자사건과 반민특위 습격 사건 등이 집중적으로 발생하였다. 마찬가지로 조선로동당 창당, 조국전선 결성, 적극적인 대남통일공세의 시작, 남한토지개혁 준비착수 등 6월은 북한에서도 분명히 뚜렷한 전환점이었던 것이다.

이승만은 조국전선의 이름을 빈, 북한의 사실상 '위장된' 제의들을 일언지하에 거부하였다. 이 거부는 북한리더십이 이미 예상하고 있었던, 좀더 정확하게 말해 바라고 있었던 것이었다. 조국전선의 이름을 빌었지만 45~50년 시기 동안, 그리고 오늘날까지도 그 제의가 북한당국의 공식제의가 아니었거나 북한당국이 사전에 조율하여 내보내지 않은 제의는 없었다. 김일성과 박헌영은 남한의 이승만이 조국전선이 제의한 선거를 거부할 것으로 확신하였는데, 그럴 경우 좌파는 정치적으로 승리하는 것이며, 평화적인 통일방안이 조선인민들의 지지를 받을 것이라고 생각하였다. [58] 이러한 방식은 1950년 6월의 공격 시에도 그대로 사용되었다.

49년 6월 통일제안을 하면서 김일성과 박헌영은 진정한 자유민주적 환경하에서 선거가 실시될 경우 좌파조직이 남한과 북한 모두에서 승리할 것이라고 강조하였다. 북한지도부는, 북한에서 좌파가 약 80%, 남한에서 약 65~70%를 득표할 수 있는 것으로 추정하였다. [59] 이 추정에서는 북한의 득표를 80%로 상정하고 있다는 점과, 남한의 득표를 그에 거의 버금갈 정도로 여기고 있다는 점 모두가 흥미롭다. 북한에서의 득표는 예상보다 낮은 것으로서 김일성, 박헌영조차 100% 득

---

57) 《로동신문》 1949년 5월 15일; 5월 17일; 6월 2일.
58) 《소련 외교문서》 2, p. 8.
59) 《소련 외교문서》 2, p. 8

표를 확신하지 못하고 있음을 보여주고 있으며, 반면 남한의 득표는 실제보다 과장되게 인식하고 있었음을 보여주고 있다.

3. 부분공격과 부분점령의 시도

6월의 적극적인 평화통일제안이 실패하면서 김일성과 박헌영은 평화통일의 제안과 동시에 군사적 침투를 병행하는 방식으로 전략을 바꾸었다. 화전(和戰) 양면전략이었다. 7월 들어 미군의 각종 정보보고들에는, 북한의 남한침공시도에 대한 정보가 계속 이어졌다. 7월 하순 인민군 505부대 병사들에게 "비행기로 선전전단을 뿌린 뒤 북한공군은 수상수송과 함께 인천에 합동공격을 감행할 것이다. 인천에 상륙한 이 특수부대는 탱크도 포함된다. 서울은 3일만에 점령될 것"[60] 이라는 내용의 행동을 명령받을 것이라고 알려졌다. 또한 7월 25일에는 김일성이 직접 "8월 15일까지는 서울을 점령해야 한다"고 인민군 장교들에게 연설하였다는 정보가 포착되었다.[61]

여러 곳에 주둔하고 있는 중국으로부터 귀환한 부대들을 북한이 남한을 공격할 때 사용할 것이라는 소문이 돌았다. 그러나 7월에 북한의 장교들은 "북한은 남한을 침략하지 않을 것이다. 그러나 남한이 북한을 침략한다면 38선북방 약 12km 지점까지 전진하도록 허락할 것"이라면서 그럴 경우 "인민군이 남한군을 양면에서 공격할 것"[62]이라

---

60) KMAG, G-2 P/R, No. 151 (Jul. 26, 1949).

61) KMAG, G-2 P/R, No. 156 (Aug. 1, 1949).

62) KMAG, G-2 P/R, No. 152 (Jul. 27, 1949).

고 말했다. 놀랍게도 이러한 인민군장교들의 구상은 남한군과 미군이, 1950년에 북한이 침략했을 때를 대비하여 미리 세운 군사작전과 정확하게 일치하는 것이었다. 그것은 특히 남한군이 1950년 3월 전사단에 내린 비밀방어명령의 구상과 일치하는 것이었다. [63]

7월 24일에는 민족보위상 겸 조선인민군 총사령관 최용건(崔庸健)이 직접 14,000명의 병력을 이끌고 황해도로 왔으며 다음날 그는 해주에서 연설하면서 "8월 10일까지는 북한이 옹진을 점령해야 한다"고 말했다. [64] 그는 또한 "인민군 전체병력 중 2/3를 남한에 대한 행동을 준비하기 위해 8월 15일까지 38선을 따라 배치할 것"을 명령했다. [65] 8월 3일에는 내무국 경비대 제3보안 여단장 최현(崔賢)에게 "8월 10일까지 옹진을 점령하라" [66]는 명령이 하달되었다. 8월 2일에서 8일까지는 38선 경비를 담당하는 최고책임자인 내무상 박일우(朴一禹)가, 대좌가 이끄는 110명의 대규모 소련 군사고문관들을 대동하고 황해도 해주와 벽성을 방문하였다. [67] 또한 8월에는 소련으로부터 수입된 탱크가 대부분 38선을 따라 해주지역에 배치되었다. [68] 옹진에 대한 지속적인 점령시도를 읽을 수 있다. 최용건과 최현, 박일우는 김일성의 측근이자 북한의 군사정책에 관한 최고위 정책결정자들이었다. 따라서 옹진을 공격하려는 이들의 뜻은 곧 김일성과 박헌영의 뜻이었다.

---

63) 1950년 3월 25일, '육본 작전명령 38호', 국방부 전사편찬위 사료 제562호. 이 비밀명령에 대해서는 2권에서 다시 상세하게 살펴볼 것이다.

64) KMAG, G-2 P/R, No. 156 (Aug. 1, 1949).

65) KMAG, G-2 P/R, No. 151 (Jul. 26, 1949).

66) KMAG, G-2 P/R, No. 159 (Aug. 4, 1949).

67) KMAG, G-2 P/R, No. 163 (Aug. 11, 1949).

68) KMAG, G-2 P/R, No. 188 (Sep. 27, 1949).

슈티코프가 하계휴가차 모스크바로 떠나기 전에 김일성과 박헌영은 8월 12일과 14일에 그를 만나 그들의 대남공격계획을 강조하였다. 김일성과 박헌영은 8월 12일 "남한이 조국전선의 평화통일안을 거부하고 있으므로 북한은 대남공격을 준비할 수밖에 없다"고 주장하고 "대남공격 시 남한에서는 이승만정권에 대한 대규모 민중봉기가 분명하게 뒤따를 것"[69] 이라고 강조하였다. 같은 대담에서 김일성과 박헌영은 "만약 대남공격을 하지 않는다면 인민들은 이를 이해하지 못할 것"이라고 강조하였다. 그들은 이승만이 많은 친북민주인사들을 투옥시켰지만 북한은 아직도 남한에서 봉기를 조직할 능력을 갖추고 있다고 주장하였다. 슈티코프에 따르면 북한지도부는 "남한측이 대북공격을 연기하고 38선변에 일종의 마지노선을 구축하기로 결정한 것으로 보이며 이로 인해 인민군의 반격기회는 상실되었으나 스탈린은 북한측이 별도의 행동을 취하지 말도록 권고하고 있다"고 인식하고 있었다.

49년 6월~7월의 집중적인 평화통일 제의는 군사적 공격을 위한 명분의 축적이었다. 미군 정보기관은 "북한정부는 평화통일제의를 할 것이며 그뒤 남한당국이 이것을 거부하면 8월 15일이나 그 부근에 북한군이 남한군을 침략할 것"이라고 추적하고 있었다.[70] 이것은 정확한 추적으로서 1950년 6월에도 반복된 전술이었다. 미군의 정보파악, 김일성·박헌영의 대남인식, 상호대처 등 거의 모든 면에서 49년 6월은 50년 6월의 예고였다. 역사는 1년 전에 이미 한 번의 예행연습을 허용하였던 것이다. 따라서 미리 한 가지 언급하고 넘어가자면 1950년 6월에 미군이 북한에게 완전히 기습을 당하였다는 주장은 많

---

69) 《소련 외교문서》 2, pp. 10~11.

70) KMAG, G-2 P/R, No. 154 (Jul. 29, 1949).

은 비밀보고서들과 기록에 따르면 성립되기 어렵다. 1949년에 이미 미군은, 북한의 평화통일제의는 그 뒤에 군사적 조치를 감추고 있는 전술이라는 점을 인식하고 있었던 것이다. 그렇다면 평화통일공세가 폭증하고, 인민군이 38선 부근으로 집중하였으며, 북한군의 임박한 공격이 예상된다는 정보가 북한에 침투한 첩자들로부터 계속적으로 보고되고 있었음에도 불구하고 이 공격을 대비하지 못했다는 것은 몰라도, 몰랐다는 것은 동의하기 어렵다.

슈티코프와의 대담에서 김일성은 또한 "38선은 남한에 미군이 주둔하는 동안만 그 의미를 가질 뿐이며 미군철수후에는 그 의미를 상실했다"고 언급하였다. 이는 김일성이 주한미군의 철수와 그에 따른 38선의 성격변화를 인식하고 있었다는 점을 보여준다. 이는 또한 북한이 주한미군철수를 강력하게 주장한 이유가 어디에 있었는가를 보여준다. 따라서 미군이 철수한 지금 이제는 38선을 없애기 위한 공격을 감행해도 괜찮다는 언표로 이해될 수 있는 진술이었다. 또한 북한의 지도부는 다수의 분계선충돌을 통해 인민군의 전력이 남한보다 우위라고 판단하였다. 이미 김일성은 1949년 초에 "남조선 매국노중 어떤 놈들은 하룻강아지 범 무서운 줄 모른다는 격으로 '북벌'(北伐)을 운운하고 있으며 내란을 부르짖고 있으며 동족상쟁을 부르짖고 있다"며 북침위협을 가소로워했다.[71] 그는 이후로도 지속적으로 이러한 말을 하였는데 38선 충돌을 거치면서 그의 확신은 더욱 깊어갔다.

49년 8월 12일의 슈티코프와의 대담에서도 김일성과 박헌영은 "다수의 국경충돌을 통해 인민군의 전력이 남한군보다 우위인 것으로 나타났다"고 주장하였다. 9월 12일과 13일 평양주재 소련대사관의 툰킨

---

71) 김일성, "1949년도 신년사,"《김일성선집》2권 (1953), p. 316.

(Grigorii Ivanovich Tunkin) 공사는 전날 있은 모스크바의 지시를 받아 김일성·박헌영과 대담하였다. 이 대담에서도 김일성은 "38선지역에서의 충돌경험에 의하면 남한군의 전투수행 능력은 취약하다"고 언급하였다.[72] 남한군의 역량에 대한 49년 신년사에서의 진술은 공개적인 것이었기 때문에 자신감의 의도적인, 또는 선전적인 표현일 수 있다고 볼 수 있지만 슈티코프 및 툰킨과의 대담에서의 진술은 비밀진술이었기 때문에, 이는 남북한의 군사적 역량에 대한 북한리더십의 실제인식을 나타낸다고 볼 수 있다. 김일성은 연설에서도 종종 38선에서의 충돌을 우리는 인민군을 투입하지 않고 경비대의 힘만으로 능히 제압해 오고 있다고 자신하였다. 그것은 《로동신문》의 논설들도 마찬가지였다. 김일성의 이러한 인식은 1950년 6월까지 지속되었다. 따라서 이 문제에 대해 오랫동안 대립돼 온 두 가지의 선택가능한 해석, 즉 남한의 북침위협에 대해 북한이 과연 위협을 느꼈는가, 아니면 이를 가볍게 여겼는가 중 옳은 해석은 전자가 아니라는 점이다. 분계선 충돌시 남한군은 정규군대를 투입한 데 비해 북한은 38경비대로 맞서왔다. 이 점 역시 김일성은 반복하여 강조했다.

　8월 12일의 대담에서 김일성의 공격계획에 대해 슈티코프가 1950년 3월의 스탈린과 같은 반응을 보이자 김일성은 38선 인접지역인 강원도 삼척에 해방구(解放區)를 건설하는 문제를 제안하였다. 즉 강원도 산악지역의 점령과 게릴라 침투를 기도하였던 것이다. 9월공세로 알려진 게릴라의 1949년 가을공세는 이것과 연결된 것이었다. 이러한 구상에 슈티코프는 그러한 계획의 결행은 더 철저한 준비 및 상황판단 후에나 가능하다고 답변하였다.[73] 이러한 김일성과 박헌영의 구상이

---

72) 《소련 외교문서》 2, pp. 11, 13.

1949년 가을에 강도높게 지속된 남한에 대한 대규모 빨치산 투입으로 이어졌음은 의심의 여지가 없다.

8월 14일에는 김일성은 슈티코프에게 다시 대남공격의 당위성을 강조하고 옹진을 점령하여 현행 38선으로 이루어진 분계선을 120㎞ 정도 단축시켜 최소한의 병력으로 경계선 방어를 하려는 계획을 제시하였다.[74] 우리는 바로 앞에서 7~8월에 반복된 북한의 옹진점령 시도를 미군정보를 인용하여 본 바 있다. 김일성이 슈티코프에게 한 말로 보아 이 정보들은 사실이었던 것이다. 9월 6일에 북한군은 해주지역에 사는 주민들에게 사리원 지방으로 이동할 것을 명령했고, 대신에 이곳에는 무장군인들이 몰려들기 시작하였다.[75] 옹진에 대한 끈질긴 공격시도를 읽을 수 있다. 김일성의 제안에 대해 슈티코프는 좀더 자세한 가능성과 전체상황을 파악한 후 행동을 취할 것을 권고하고 김일성의 계획을 모스크바 도착후 스탈린에게 직접 구두로 보고하였다.

8월 27일 슈티코프는 모스크바에 도착하여 8월 12일과 14일에 김일성·박헌영과 가진 면담을 스탈린에게 보고하고 북한지도부에 의해 제기된 문제에 대해 자신의 견해를 피력하였다. 슈티코프는 "(1) 현재 한반도에는 두 개의 국가가 존재하며 그 중 남한은 미국 및 기타 국가에 의해 승인되었다. 북한의 공격시 미국은 남한에 대한 무기 탄약 공급뿐만 아니라 일본군의 파견을 통해 남한을 지원할 가능성이 있다. (2) 북한의 대남공격은 미국에 의해 소련을 모함하는 선전에 이용될 수 있다. (3) 정치적 측면에서 북한의 공격은 남한과 북한 인민

---

73) 《소련 외교문서》 2, p. 11.
74) 《소련 외교문서》 2, p. 11.
75) KMAG, G-2 P/R, No. 181 (Sep. 15, 1949).

대다수의 지지를 얻을 수 있으나 군사적 측면에서 볼 때 북한은 아직 남한에 대해 압도적 군사력을 갖추지 못하고 있다. (4) 남한은 이미 상당히 강한 군대와 경찰력을 창설하였다"는 이유로 김일성의 제안에 대해 부정적이었다. 다만 그는 김일성이 제안한 강원도 일부지역의 해방구 창설계획에는 찬성하였다. 또 인민군의 옹진점령 계획도 군사적으로는 타당하다고 보고하였으나 남한군의 반격시 지구전(持久戰)화 할 수 있다고 보고하였다. 76) 이 보고는, 김일성과 박헌영의 계획이 슈티코프를 통하여 스탈린에게 정확하고 상세하게 보고되고 있음을 보여준다.

9월에도 김일성은 모스크바를 향해 지속적으로 대남공격의 필요성을 주장하였다. 9월 3일 김일성은 비서 문일을 툰킨 공사와 면담토록 하였는데 이때 문일은 옹진점령계획에 대한 소련측의 견해를 문의하였다. 문일은 김일성이 "옹진반도를 선제점령하기 위해 남조선에 대한 군사작전을 시작토록 허가해줄 것을 바란다"며 북한은 방어선을 단축하기 위해 옹진반도 동쪽의 남한영토 일부를 점령할 목적이라고 했다. 그는 김일성이 "국제정세가 허락할 경우 남조선 방향으로 계속 전진할 준비가 되어있다고 했다"며 "만일 옹진점령계획이 국제문제화할 경우 남한을 2주일 내지 2개월내에 점령할 수 있을 것으로 생각하고 있다"고 언급하였다. 77) 김일성은 초단기간에 전쟁을 끝낼 수 있다는 상당한 자신감을 피력하고 있음을 알 수 있다.

9월 11일 그로미코는 툰킨 공사에게 8월 12일 김일성 면담, 9월 3일 문일 면담 시 제시된 문제와 관련하여 김일성을 만나 아래 내용을 파악

---

76) 《소련 외교문서》 2, p. 12.
77) 《소련 외교문서》 2, p. 12; 《소련 외교문서》 3.

하도록 지시하였다. (1) 남한군의 전투수행능력에 대한 평가, 규모, 무기, 전투능력 등 (2) 남한에서의 빨치산의 활동상태 및 개전시 빨치산의 실질적인 대북협조 여부 (3) 북한의 선제공격시 남한인민의 예상반응과 남한인민의 지원능력 정도 (4) 남한주둔 미군의 규모 및 북한의 공격시 예상되는 미군의 대응 (5) 북한의 군사력, 무기, 전투능력에 대한 평가 (6) 현재의 상황 및 북한이 주장하는 계획의 실현가능성에 대한 소련대사관의 분석을 요구하였다.[78] 이 지시에 따라 툰킨은 9월 12일과 13일 곧바로 김일성과 박헌영을 면담하였다. 8월의 슈티코프와의 면담에 이은 두 번째의 면담이었다. 이 면담은 8월의 슈티코프와의 면담 때보다 훨씬 더 상세하여 가능한 거의 모든 문제에 대해 모스크바와 평양이 의견을 교환하고 검토하고 있음을 보여주고 있다.

9월 12~13일 툰킨과 김일성·박헌영 면담[79]에서 김일성은 "남한군 예하 거의 모든 부대에 북한요원들이 침투되어 있다"고 강조하였다. 빨치산활동에 대한 질문과 관련하여 김일성과 박헌영은 남한에 1,500~2,000명의 빨치산이 활동중이며 최근 들어 그 활동이 증대하고 있다고 말하였다. 김일성의 저평가와는 달리 박헌영은 남한내 빨치산이 인민군에 커다란 도움이 될 것이며, 적의 통신 및 연락을 차단함으로써 북한의 공격을 도울 것이라고 강조하였다. 또한 박헌영은 빨치산이 남한의 주요 항구를 점령할 수도 있을 것이라고 언급했으나 개전초기에 이것이 실제로 가능할지에 대해서는 확신하지 못했다.

김일성은 "북에 의해 남침이 이루어질 경우 남한인민이 어떤 태도를 보일 것이냐"는 질문에 대해서는 분명하게 답변하지 못했다. 그러나

---

78) 《소련 외교문서》 2, pp. 12~13.
79) 《소련 외교문서》 2, pp. 13~15.

김일성은 "북한이 먼저 공격할 경우 인민들에게 부정적 반응을 불러일으켜 정치적으로 손해"라고 진술하고, "조선에서의 개전은 중국내전이 완전히 종식된 후에나 가능할 것"이라는 49년 5월 김일과의 면담에서의 모택동의 견해에 동감을 표시하였다. 중국혁명이 끝날 때까지 기다리겠다는 의사표시였다. 우리는 여기에서 김일성이 왜 1950년 6월 25일에 먼저 공격하였으면서도 끊임없이 '북침'이라고 강조하였는가 그 이유를 간취하게 된다. 그리고 뒤에서 보듯, 50년 초에 왜 "중국혁명이 성공하였으니 다음은 우리 차례"라고 주장하였는지 그 이유도 인지할 수 있게 된다.

김일성은 13일의 면담에서는 전날과는 달리 "북한의 공격을 남한인민들이 환영할 것"이라며 "북한이 먼저 공격해도 정치적으로 실패하지 않을 것"이라고 언급하였다. 슈티코프는 이를 통역으로 나온 조선노동당 부위원장인 소련한인 허가이의 영향탓이라고 분석했다. 대담이 진행되자 김일성은 전쟁이 장기화할 경우 정치적으로 불리한 상황이 벌어질 수 있고 따라서 전면전 대신 옹진반도와 반도동쪽의 개성까지 남한영토 일부를 점령하는 작전이 좋겠다고 다시 말을 바꾸었다. 이 상반되는 진술에서 김일성은 이 문제에 관한 한 흔들리고 있었음을 알 수 있다. 또한 인민의 반응문제와 관련하여 선제공격이 안고 있는 정치적 위험을 상당히 깊이 인지하고 있었음을 엿볼 수 있다. 이는 우리에게 그가 북침으로 위장한 연유의 일단을 알려준다. 훗날 그가 박헌영이 자신과 스탈린을 속였다고 공격하며 처형한 연유의 일단은 이러한 확신의 차이도, 그에 따른 분노도 기여를 하였는지 모른다.

13일의 면담에서 김일성은 "현재의 상황에서 속전속결에 의한 승리는 기대난망이므로 내전을 개시하는 대신 옹진반도와 그 동부지역인 해주 정도까지를 점령할 것"을 다시 제의하였다. 김일성은 구체적으

138

로 옹진에 주둔중인 남한군 2개연대를 공격, 교두보를 마련하고 상황에 따라 후속조치를 결정할 것과, 옹진공격으로 남한군의 사기가 저하될 경우 대남공격을 지속하고 반대의 경우에는 확보된 점령지 경계를 강화하고 남북한 경계선을 1/3 단축시키는 방안을 제시하였다. 김일성은 옹진공격은 소련의 군사지원이 도착될 때를 기다려 서서히 시행할 것이라고 언급하였다. 김일성은 이 작전이 전면전으로 비화할 가능성을 인정하면서도 남한이 38선상의 다른 지역에서 공격을 감행할 수 없다고 보고 전면전으로 확대되지 않을 것이라는 낙관적 견해를 표명하였다. 면담시 김일성은 당시 남한에는 약 900명의 미군고문단, 교관 및 약 1,500명의 병사가 여러 기관을 경비하기 위해 주둔중인 것으로 평가하였다. 또는 그와 박헌영은 내전시 미국의 역할과 개입방식에 대해서 "남한군 지원을 위해 국민당 휘하 중국군 및 일본군 파견, 미국 해·공군에 의한 남한군지원, 미군교관단의 직접 참전"방식으로 이루어질 것으로 본다는 견해를 표명하였다.

툰킨은 북한지도부의 제안을 분석하면서 남한이나 북한의 지도부에는 내전을 지지하는 사람이 적지 않기 때문에 김일성의 계획은 필시 남북간의 내전으로 발전될 것이라고 강조하였다. 그러나 그는 "현 상황에서 북한이 내전을 개시하는 것은 시기적으로 적절치 못하다"고 결론지으면서 그 이유는 인민군이 빨치산의 지원을 받는다 해도 신속히 승리할 만큼 강하지 못하기 때문이라고 지적하였다. 또한 내전이 장기화할 경우 북한이 군사적 정치적으로 유리하지 않으며, 이 경우 미국은 이승만에게 상당한 원조를 할 것이라고 분석하였다. 그는 "중국에서 장개석이 패배한 후 미국은 한국정부를 구원하기 위해 보다 강력한 형태로 개입할 것이며 내전이 장기화하면 조선인민들은 그들이 당한 고통과 불이익으로 인해 전쟁을 시작한 측에 대해 부정적인 입장을 취하게 될 것"이라는 견해를 표명하였다.

툰킨은 분쟁의 장기화는 미국의 반소캠페인에 성공적으로 이용될 것이라고 진단하였다. 그는 설사 옹진반도점령 계획이 성공적으로 수행되고 그 이후에 내전이 발생하지 않는다 해도 옹진반도 점령으로 북한이 동족상잔의 전쟁을 일으킨 장본인으로 비난받게 될 것이며, 미국 등 여타 국가들의 한국개입이 강화될 것이라고 전망하였다. 결국 툰킨은, 전면전 수행은 물론 옹진반도 점령이라는 제한적 작전수행에 대해서도 반대하였다. 슈티코프와 툰킨의 이러한 일관된 입장은 당시까지 지속된 스탈린의 조심스런 비확장 정책의 연장이라고 할 수 있다.

9월 15일 슈티코프는 스탈린에게 다시 한반도정세에 관한 보고서를 올렸다. 보고서는 북한이 남침문제를 제기하고 있는 원인에 대하여 다음과 같이 설명하고 있었다.

> 김일성과 박헌영은 현 정세하에서는 평화통일이 불가능하다고 생각하고 있으며 북한이 남한정부를 무력공격하면 남북 양쪽의 인민들이 이를 지지할 것이라고 믿고 있다. 그리고 지금 무력통일을 하지 않으면 통일이 연기될 뿐이고 그 동안 남한정권은 좌익세력을 탄압하면서 북진할 수 있는 강력한 군대를 만들어서 결국은 북한건설을 수포로 돌릴 것이라고 생각하고 있다. 김일성은 남진을 시작할 때 소련과 중국이 원조해 줄 것을 기대하고 있는 것 같다.[80]

슈티코프의 견해는, 남북의 내전은 북에 유리하나 북한군이 대남공격을 개시하면 소련이 국제적 비난을 당하게 되며, 미국이 개입할 것은 물론 남한을 적극 지원할 가능성을 배제할 수 없으므로 북한이

---

80) 《소련 외교문서》2, p. 16.

남한에서 빨치산 활동을 강화하는 것이 좋다는 것이었다. 그는 옹진 작전은 유리한 상황에서는 실시가능하나 이를 위하여 38선지역에서 "남한으로부터의 도발을 이용할 수 있다"고 견해를 밝혔다. 스탈린, 모택동, 김일성, 슈티코프 모두가 남한으로부터의 선제공격을 이용할 생각을 하고 있었던 것이다.

9월 24일 소련공산당 중앙위원회는 김일성의 성급한 개전계획에 대해 이를 강력히 저지하려는 지침을 슈티코프에게 하달하였다.[81] 이 지침에는 김일성과 박헌영에게 전달될 소련의 입장이 포함되어 있었다. 이것은 곧 이 문제에 대한 스탈린의 확고한 의도라고 볼 수 있다. 지침은 "무엇보다도 현재의 대내외적 상황으로 보아 남한에 대한 공격을 시작하는 것은 시기적으로 적절치 못하다"고 분명하게 못박고 있었다. 또 "남한에 대한 공격은 북한의 침략행위이자 내전도발 의도로 간주될 것이며 또한 미국이 북한의 공격을 유엔총회에 제소하여 유엔으로부터 미군의 남한파병에 대한 승인을 받아낼 수 있는 구실을 제공할 수 있으며 남한에 대한 외군점령의 장기화는 결국 조선통일의 지연으로 귀결될 것"이라고 지적하였다.

지침은 또한 옹진반도 점령작전은 군사적으로는 타당함에도 불구하고 남한측이 이를 전면공격으로 간주할 수 있다는 점과 이에 따라 장기적 분쟁으로 발전될 수 있음을 고려해야 할 것이라고 지적하였다. 동시에 "남한측이 옹진지역에서 공세적 활동을 전개하려한다"는 소련측 정보를 고려하여 문제해결시기를 기다리도록 권고하였다. 모스크바는, 남한이 옹진반도에서 먼저 공격을 개시할지도 모른다는 정보를 알고 이를 기다렸다가 반격작전으로 공격을 개시하라고 지시하

---

81) 《소련 외교문서》 2, pp. 17~18.

고있는 것이다. 지침은 또한 남한내에서의 빨치산활동의 강화계획은 승인이 되었는 바, 빨치산의 활동강화는 한국내 상황에 대한 인민의 불만을 표출시켜 남한정권을 동요시킬 수 있으며, 이승만정부로 하여금 북한이 제의한 평화적 통일문제논의에 응하도록 하든지 아니면 이승만정부를 전복시킬 수 있는 여건을 조성할 것이라고 지적하였다.

소련공산당 중앙위는 또한 "남한의 공격이 있을 경우 이들을 북한 영토내로 들어오도록 한 뒤 남한군을 궤멸시키고 이어 반격작전을 개시하여 옹진반도를 점령하는 방안"을 제시하였다. 이러한 조치가 남한측의 38선 북부에 대한 침입으로 인해 정당화될 수 있을 것이며, 김일성과 박헌영에게 평화적 통일의 가능성을 너무 도외시해서는 안 된다는 점을 지적하고 조국전선의 제안을 남한에 널리 선전할 것과, 일본, 미국, 중국 등에 거주하는 한국인들을 총동원하여 이들이 유엔에 동제의를 지지한다는 문서를 보내도록 하는 방안을 권고하였다. 9월 24일의 소련공산당의 결정은 한국에서의 전쟁의 개시문제를 소련이 최고수준에서 논의하여 방안을 결정하였음을 분명하게 보여준다. 그들에게 이 문제는 단순히 북한만의 문제가 아니었던 것이다. 이 결정은 또한 3월의 스탈린의 입장에 아직 변화가 없음을 보여주고 있다.

10월 4일 슈티코프는 소련공산당 중앙위원회의 이러한 입장을 김일성과 박헌영에게 전달하며 그들과 면담하였다. 북한지도부는 소련의 권고를 소극적으로 받아들였다. 김일성은 "좋다"는 한마디 말만 했고, 박헌영은 모스크바의 논리가 옳다고 수긍한 뒤 빨치산활동을 강화하라는 제의에 대해 김일성보다 더 적극적인 태도를 취하였다. 슈티코프는 모스크바에 "이와 관련한 조치가 이미 시행되어 빨치산활동의 지도를 위해 800명이 파견되었다는 통보를 받았다"고 보고하였다. 남한에의 게릴라파견과 활동은 그 전모가 모스크바의 스탈린에게까지 보고되고 있었던 것이다.

한편 남한에서는 조국전선의 결성과 그에 따른 국토완정·통일의 제의 전면적인 등장 이후 8월부터 각지에서 대규모의 봉기를 결행하기 위한 지령들이 내려갔다. 이것은 북한의 지령에 따른 것이었다. 부정확하고 과장된 남한의 보도와 정보가 아닌, 미군의 G-2에 따르더라도 이러한 정보는 줄을 이었다. 8월 20일에 전북 각군의 남로당 군당에 각 군에서 8월 26일의 대규모폭동을 선동하기 위하여 80명씩을 동원할 것을 지령하였다.[82] 또한 다른 지방에서도 지방의 모든 남로당원들은 8월 25일~29일 동안 군과 경찰을 공격하여 그들로부터 무기를 빼앗으라는 명령을 받았다.[83] 9월에는 또한 조국전선이 입법기관창설을 위해 '선언서'에서 제의한 9월 20일의 총선에 대한 지령들이 집중적으로 내려갔다. 그런가 하면 9월 20일의 총선을 위해 인민군장교가 직접 남한으로 내려오기도 하였다. 이것은 물론 북한의 9월 총선 주장에 호응하기 위한 것이었다.

정보에 의하면 9월 5일 남로당은 9월 공세와 관련하여 다음과 같은 지령을 하부조직에 내렸다.

1. 인민군이 9월에 공격해 올 것에 대비하여 다음과 같은 준비를 하라. (1) 각 군당에서는 쌀 200섬과 현금 20만 원을 준비하라. (2) 각 면당은 10만원. (3) 각 군당은 인민군에 5명씩을 파견할 것.
2. 목표 (1) 쌀은 인민군식량. (2) 돈은 비용. (3) 게릴라는 인민군을 안내역할을 하기 위해 접근할 것[84].

---

82) KMAG, G-2 P/R, No. 168(Aug. 22, 1949).
83) KMAG, G-2 P/R, No. 172(Aug. 29, 1949).
84) KMAG, G-2 P/R, No. 177(Sep. 8, 1949).

이것이 말하는 바는 인민군의 남하사실이 남한의 게릴라와 좌파에게 지령으로 내려갔었음을 의미한다.

전남지방에서도 역시 9월 20일의 총선에 앞서 각 군의 철도, 교량, 도로를 19일 22시까지 파괴하라는 지령이 내려갔고, 모든 무기는 광주와 무등산으로 집결시키라는 지시가 내려갔다.[85] 이러한 '9월 20일 총선' 주장은 각 지방에서의 지령이 동일한 것으로 보아 북한에서 내린 지령이었음에 틀림없었다. 9월에 충북지방에서 발견된 좌파의 선언문은 조국전선의 '강령'과 '선언서'를 거의 그대로 반복하는 내용이었다.[86] 결국 소련의 자료와 미군정보에 따르면 1949년 6월 이후 김일성·박헌영은 부분전, 또는 전면전에 대한 구상과 시도노력을 지속적으로 기울여왔다고 할 수 있다. 또 남한에서 빈발했던 게릴라투쟁은, 독자적이고 자생적인 투쟁이 아니라, 북한과 긴밀히 연결된 투쟁이었던 것이다.

9월 28일에 남로당 당원들에게는 "9월 공세는 상황에 의해 10월로 연기한다"는 명령이 내려갔다. 명령은, "남조선은 10일 안으로 점령될 것이며 인공지휘하에 서울에서 총선거가 실시될 것"이라고 주장하였다.[87] 10월에도 인민군의 공격소문이 사라지지 않았음을 알 수 있다. 10월의 정보보고에 따르더라도 "9월의 남북한총선거는 국회의원들의 검거로 실시되지않을 것"이라면서 "계획은 남한의 게릴라들과 합동작전을 펴는 것으로 바뀌었다".[88] 10월 2일 북한의 내무성은 남한에 있는 간첩들에게 "중간규모의 도시와 큰 마을에 대한 공격을 강화

85) KMAG, G-2 P/R, No. 184(Sep. 20, 1949).

86) KMAG, G-2 P/R, No. 186(Sep. 23, 1949).

87) KMAG, G-2 P/R, No. 190(Sep. 30, 1949).

88) KMAG, G-2 P/R, No. 194(Oct. 10, 1949).

하라"고 명령하였다. 아마도 내무성이 직접 지시를 하지는 않았다고 하더라도 내무성의 어느 한 하급기관이 이런 명령을 하였을 가능성은 높았다. 이는 총선거 계획이 중단된 데 따른 전술의 전환이었다.

10월 하순에는 게릴라들에게 겨울동안 산에서 내려와서 평야지대로 진출하라는 명령이 내려갔다.[89] 집중적인 토벌에 맞서 '9월 공세'에서 이른바 '동계 공세'로의 전이였다. 그러나 이는 공세에서 수세로의 전환이었다. 이것은 게릴라투쟁을 위해 산악으로 들어갔던 1년 전에 비해 역으로 산에서 내려와서 다시 돌아오라는 지령이었다. 지령은 실제의 게릴라투쟁에 곧바로 반영되어 나타났다. 김남식(金南植)에 따르면 게릴라들은 이 시점에 산에서 마을로 침투하는 전술을 썼다. 지리산 지역에서 투쟁하던 남한 게릴라투쟁의 총지휘자 이현상(李鉉相)은 자신의 부대를 전남과 전북의 평야지대로 진출시켜 월동(越冬)과 함께 새로운 활동지구를 개척하도록 명령했다.[90]

김남식은 당시에 실제 게릴라활동을 하였던 인물이자 남한좌파의 투쟁에 대한 가장 권위 있는 저작을 남긴 사람이다. 따라서 그의 증언은 신뢰할 만하다. 이것을 보면 우리가 지금까지 해명하지 못해왔던 것이 하나 해명되는 셈이다. 즉 우리는 지금까지 남한좌파의 9월공세가 과연 남로당만의 독자적인 봉기였는가, 아니면 북한과 연계된 투쟁이었는가에 대해서 많은 논란을 벌여왔는데 분명해진 것이다. 실제로 남한의 게릴라들에게는 인민군이 남하한다면서 이에 호응하여 투쟁하라는 지령이 내려갔었음을 알 수 있다.

---

89) KMAG, G-2 P/R, No. 197(Oct. 14, 1949) ; No. 204(Oct. 27, 1949).

90) 김남식, 《실록 남로당》(서울: 신현실사, 1975), pp. 495~496;《남로당 연구》(서울: 돌베개, 1984), p. 419. 김남식은 오늘날 전쟁전 게릴라 활동과 관련해 서울에서 가장 권위 있는 증언을 해줄 인물로 알려져 있다.

정보에 따르면 슈티코프는 49년 10월 13일 해주에 도착하여 끊임없는 분쟁지역이자 모스크바와 평양의 관심의 초점지역인 옹진지역을 직접 조사하였다.[91] 역시 옹진이 문제였다. 우리는 1950년 6월 25일을 두고도 왜 그렇게 오랫동안 옹진이 문제가 되었는지 이제는 알 수 있을 것 같다. 옹진은 이미 오래 전부터 남과 북 지도부의 인식 속에서, 그리고 실제의 군사대립에서 항상 문제의 시발점이었던 것이다. 슈티코프의 옹진방문은 평양과 모스크바를 연결하는 핵심채널로서 평양과 모스크바 사이의 차이를 직접 분쟁현장을 찾아봄으로써 파악하고 대처하려는 의도임이 분명했다. 슈티코프가 모스크바와 평양의 고리였던 것이다.

　슈티코프를 통한 모스크바의 평양통제의지는 더 강력했다. 1949년 10월 22일 모스크바의 바실레프스키(Aleksander Mikhailovich Vasilevskii) 국방장관과 그로미코 외무차관은 공산당 중앙위 정치국에 슈티코프 대사의 본부지침 이행여부에 대한 심의를 문서로 공동제안하였다. 9월 24일의 결정이 있은 지 약 한 달 뒤였다. 문서에서 그들은 슈티코프 대사가 남한에 대한 적극적인 적대행동을 수행하지 말라는 권고를 북한정부에 전달치 않고 38선 부근에서 발생한 모든 전투행위를 즉시 보고하지 않는 등 중앙의 지침을 제대로 이행치 못했다고 지적하였다. 문서는 이를테면 10월 14일 국경선상의 고지에서 발생한 전투를 4일 후에나 보고하였고, 동전투에 소련군이 사실상 참가하는 것을 허용했다고 추궁하였다. 평양측의 견해를 옹호하는 듯하자 모스크바는 슈티코프를 강하게 제지하려 했던 것이다. 이 지침은 그로미코의 서명과 함께 평양으로 타전되었다.

---

91) KMAG, G-2 P/R, No. 205(Oct. 28, 1949).

그러나 슈티코프는 이 지침에 대해 11월 1일 38선상에서의 북한군의 적극적인 군사활동이 불가피함을 설명하는 회신을 송부하였다. 11월 3일 그로미코는 슈티코프에게 정치국의 지침을 다시 시달하였다. 지침에는 "대사의 해명은 불만족스러우며 38선상에서의 어떤 군사활동도 허용치말라는 중앙의 지침을 강력히 이행하라"는 훈령이 포함되어 있었다. 또한 모스크바에서는 슈티코프대사의 징계문제가 거론되었음이 언급되었으며, 여사한 행동은 결코 허용될 수 없음을 경고하였다.[92] 여기에서 우리는 모스크바와 평양의 슈티코프가 서로 다른 인식과 대처방식을 가지고 있었다는 것을 발견할 수 있다. 둘은 긴장 속에 의견의 상이를 노출하고 있는 것이다.

갈등이 벌어지고 있는 현장에 위치하고 있는 슈티코프는 현장에서 멀리 떨어져 있는 모스크바보다 더 적극적이었고 북한리더십의 결정을 좀더 이해하는 편이었다. 이것은 마치 주한 미대사 무초(John Muccio)가 워싱턴보다 남북대결에 더 적극적으로 대처해야 한다는 입장을 견지하고 좀더 친이승만적 입장에 섰던 것과 동일한 현상이었다. 모든 갈등은 현장성(現場性)이 높을수록 항상 그 정도가 더 크게 마련인 것이다. 한 미군정보에 따르면 슈티코프는 김일성 및 다른 북한 고위지도자들과 함께 7월 20일에 9월 총선을 실현하기 위해 남한을 점령할 계획을 세우는 데 참여하였다.[93] 9월 총선의 실현을 위한 남한에서의 게릴라투쟁의 강화는 북한의 최고위지도부 수준에서 결정된 정책이었던 것이다.

그러나 어쨌든 김일성의 1949년 여름과 가을에 걸친 부분적 또는

---

92) 《소련 외교문서》 2, pp. 18~19.
93) KMAG, G-2 P/R, No. 176 (Sep. 6, 1949).

전면적인 공격계획은 실현되지 않았다. 이것은 취소된 것일 수도 있고 좌절된 것일 수도 있다. 옹진도 역시 공격하지 않았다. 옹진에는 현지 부대장에게까지 명령이 내려갔으나 그것은 시도되지 않았다. 그것은 세 가지 이유 때문이었다. 스탈린의 비(非)동의, 중국혁명의 미완, 북한의 군사적 준비의 미숙이 그 세 가지였다. 그러나 1950년으로 넘어가면서 이 세 가지 조건이 모두 충족되었고 그것은 전쟁으로 연결되었다.

49년 9월에는 남한의 게릴라들에게까지 인민군이 남하한다는 소문이 널리 퍼졌으나 그 소문은 실현되지 않았다. 이 소문의 유포로 남한의 게릴라들은 전면적인 공격으로 나왔고, 그때까지의 산악공격전술에서 벗어나 대담하게 도시 또는 경찰서나 군에 대한 선제공격을 감행하였다. 이는 이른바 아성공격(牙城攻擊)으로 불렸다. 여기에는 지방의 지하좌파까지 지상으로 부상하여 가담하였다. 결국 이 소문은 남한좌파와 게릴라의 역량만 결정적으로 괴멸시킨 결과를 초래하였다.

남한이 북한의 남침위협을 들어 미국에게 끊임없이 군사원조를 요청했던 것처럼 북한은 남한의 북침위협을 들어 소련에게 끊임없이 군사원조를 요청했다. 서로 소련과 미국에게 기대어 동족 괴뢰를 타도해야 한다고 열을 올렸다. 소련과 미국은 겉으로는 싸우면 안 된다고 이들을 제한하고 달래려 노력하였다. 그러나 둘은 내부적으로는 뒤에 있는 거대한 적을 견제하는 데 이용할 수만 있다면 이 작은 호전광(好戰狂)들을 이용하려 했다. "혁명을 지원한다", "반공투쟁을 지원한다"는 명분으로.

1945년 한국을 분할점령하여 두 한국을 만들어 놓음으로써 한국인들 간의 투쟁이 초래될 수 있는 근본기반을 만들어놓고 물러나서는 이 두 강대국은 이제는 싸우지 말라고 권고하고 있었다. 아마도 이러한 모습은 외부의 관찰자들에게는 민족을 통일시키기 위해 싸우려는 자들만이 호전적인 인물들로 보였을 것이다. 그들에게 이들을 갈라 놓은 원죄(原罪)는 보이지 않았다.

제 3 장

최종결정: 스탈린-모택동-김일성의 합의

1. 중국혁명과 동아시아 공산주의 삼각동맹의 형성

1950년 들어 동아시아의 사태는 급격하게 변화하였다. 무엇보다도 가장 극적인 변화는 1949년 가을 중국혁명의 성공에 따른 중국대륙에의 통일된 공산정부의 등장이었다. 수십년에 걸친 대장정(大長征)을 성공시킨 아시아 공산주의의 맹주 모택동은 득의양양하게도 혁명의 성공에 뒤이어 곧바로 모스크바를 방문하였다. 중국혁명의 성공과 뒤이은 49년 말~50년 초의(49년 12월 16일~50년 2월 17일) 스탈린-모택동 회담으로 아시아에서의 세력관계는 근본적으로 변화하였다.

중국혁명 자체도 거대한 변전이었지만 세계공산주의 운동의 두 지도자인 스탈린과 모택동의 관계가 정상화된 것이 그에 못지않은 동아시아 정세변환의 계기였다. 이를 통해 비로소 동아시아의 공산주의 삼각동맹이 구축된 것이었다. 즉, 소련과 북한의 기본적인 위계적 관

151

계, 그리고 항일전쟁 때부터 북한과 중국의 깊은 역사적 유대에 더하여 마지막 남은 소련과 중국까지 연결됨으로써 이른바 동아시아 공산주의국가의 '삼각동맹'이 형성되었다.

중국혁명의 성공, 모택동 방소, 소중 연대의 형성이라는 일련의 사태전개, 그리고 그것과 한국전쟁의 발발과 관련하여 지난 반세기 동안 많은 연구들이 모택동의 모스크바방문 동안 한국전쟁의 결정에 관하여 스탈린과 모택동 사이에 어떤 합의가 있었을 것으로 추론하여 왔다. 이것은 특히 전통적 연구들의 일반적 추론이었다.

예컨대 달린(David J. Dallin)은 "북경과 모스크바는 북한이 전쟁을 시작해야 한다는 데 동의했다. 그들은 북한이 외부의 군사적 지원없이 승리할 것이라고 믿었다. 미국이 승리하게 시작할 때만 중공은 소련의 대공엄호와 군사지원을 받아 참전한다"는 내용이 스탈린과 모택동의 회담에서 결정됐다고 주장했다.[1]

또 다른 연구의 주장도 달린과 유사하다. "중소간의 첫 영수급 회담에서 양국의 공동관심사인 한반도와 일본을 포함한 동북아 문제는 무엇보다도 우선적으로 토의되었을 것이라는 추리는 전혀 무리가 아니다. 더욱이 그간의 몇 가지 사태발전은 이를 여실히 증명하고도 남음이 있다. 물론 이 점에 대한 공식적인 발표는 없으나 중공은 남침과 관련해 이미 논의된 계획을 재확인하고 나아가 북한군의 남침에 대한 구체적 일정에 합의한 것 같다."[2] 그러나 1956년 3월 31일 당시 주중 소련대사였던 유진과의 대화에서 모택동이 언급한 바에 따르면 "스탈

---

1) 김학준, 《한국전쟁》, pp. 80~81에서 인용. 최초 인용에 저서와 면수 없음.
2) 소진철, "한국전쟁-국제공산주의자들의 음모," 김철범 편, 《한국전쟁-강대국정치와 남북한 갈등》, p. 257; 소진철, 〈한국전쟁과 중·소동맹의 대일포위전략〉(서울: 외교안보연구원, 1984).

린과의 회담 시 남한점령문제는 논의되지 않았다". 3) (원문 그대로).

중국혁명에 따른 동아시아 공산주의 삼각동맹의 형성과 함께 나타난 가장 커다란 변화는 스탈린의 혁명전략의 변경이었다. 중국혁명의 성공은 동아시아 정세의 변화와 함께 한국의 통일문제에 직접적인 영향을 끼쳤다. 그 영향은 두 가지 점에서 특히 두드러졌다. 하나는 객관적인 상황의 변화였고 다른 하나는 이 변화에 대한 소련과 북한지도부의 인식의 변화였다. 우선 전자는 소-중연대와 많은 중국군 소속 조선인 병사들의 북한귀환으로 나타났다. 그리고 후자는 소련과 북한리더십의 자신감으로 나타났다.

1949년부터 중국에서의 사태는 북한지도부와 언론의 가장 중대한 관심사였다. 그들은 중국에서의 사태전개를 일순간도 놓치지 않고 추적하고 있었다. 《로동신문》은 물론 로동당 기관잡지인 《근로자》, 정부기관잡지 《인민》, 선전을 담당하는 문화선전성 기관잡지 《선전자》, 국제문제를 다루는 《국제평론》 등에는 중국사태에 대한 논평이 자주, 그리고 상세하게 실렸다. 때로는 국부와 중공 양측의 병력과 전세, 일지 등이 실리기도 하였으며 양측의 군사전술에 대한 분석과 해설도 치밀하게 추적, 게재되었다. 국부에 대한 미국의 원조의 규모와 내용 역시 그들의 주요 관심사였다. 이를테면 《국제평론》 48년 2월호는 자료로써 "국공양군전세"(國共兩軍戰勢) 란을 마련하여 양군배치 상황, 양군병력, 중공군 전과, 중공군에 의한 해방구 지역, 미국의 대장원조상황(對蔣援助狀況) 을 아주 상세한 수치들까지 자세하게 소개

---

3) 《소련 외교문서》 2, p. 19. 2장의 青石의 정리 역시 스탈린과 모택동이 김일성의 계획을 토론하지 않았다고 기록하고 있다. 青石, "金日成沮止了,"《月刊 明報》 1994년 7월호, p. 86.

하고 있었다.[4] 중국의 사태에 대해 북한의 지도부는 작은 사실 하나까지도 날카롭게 주시하고 있었던 것이다.

남경이 해방되고 이어서 상해까지 해방되어 중국혁명의 승리가 임박하자 이상조(李相朝)는 이를 "해방을 위해 투쟁하고 있는 인민들의 거대한 환희"[5]라고 표현하였고, 중국문제에 대한 가장 권위 있는 논평을 써온 연안그룹 출신의 하앙천(河仰天)은 이를 "그야말로 휘황한 것"[6]이라고 흥분하였다. 마침내 혁명이 성공하여 공산정부가 들어서자 하앙천은 "오늘날 민주중국의 승리는 20세기 중엽에서 전 세계를 진동하는 대사건"[7]이라고 진단하였다. 그는 중국혁명의 성공의 의의를 "민주중국의 승리는 동방피압박 민족의 해방운동을 고무추진(鼓舞推進)시키는 것", "쏘베트동맹을 비롯한 세계민주진영의 력량을 더욱 확대강화하는 것"이라며 그것이 세계 두 진영간의 역량에 끼치는 영향과 동아시아 민족해방운동에서의 영향을 주목하였다. 이러한 고무적 인식은 북한지도부의 일반적인 인식이었다.

중국혁명의 성공은 김일성과 박헌영에게도 직접적인 영향을 끼쳤다. 슈티코프의 1월 19일 보고에 따르면 중국혁명이 성공과 관련하여 김일성은 "중국혁명이 성공한 이상 더 이상 해방전쟁을 연기할 수

---

4) NA, RG 242, SA 2005 Item 1/16, 《국제평론》 1948년 2월호, p. 17.

5) 이상조, "중국인민해방군의 위대한 승리와 미제국주의 침략정책의 파탄," NA, RG 242, SA 2005 Item 2/113, 《근로자》 1949년 제6호. 이 글을 쓴 이상조는 인민군 부총참모장과 휴전회담대표, 주소대사를 지낸 뒤 90년대 초 한국을 방문했던 그 이상조이다.

6) 하앙천, "승리일로의 중국인민해방군," NA, RG 242, SA 2005 Item 1/7 《선전자》 창간호(1949), p. 70.

7) 하앙천, "중화인민공화국 창건을 위한 중국인민들의 투쟁," NA, RG 242, SA 2005 Item 1/34 《근로자》 제19호(1949. 10. 15), p. 56.

없다"고 주장하였다. 1월 17일 박헌영 관저에서 개최된 주중 북한대사 이주연(李周淵)의 환송연회에서 김일성은 이그나체프(Aleksandr Matveevich Ignat'ev)[8] 참사관과 펠류쉔코 참사관에게 다가와 "중국해방이 이루어진 현재 남조선 해방 차례가 되었다. 빨치산이 사태를 해결하진 못한다"며 남한인민이 자신을 신임하고 있으며 남한인민은 통일을 원하고 또한 북한이 우수한 군대를 보유하고있는 것을 알고 있다고 강조하였다. 그는 또한 "인민의 열망을 저버리지 않아야 된다는 것을 생각하면 잠이 안 온다"며 "통일이 늦어지면 남한인민은 이에 대해 대단히 실망할 것"이라고 언급하였다.

그는 1949년 3월 스탈린은 남한의 공격에 대한 반격만을 승인하였지만 이승만이 공격을 늦추고 있어 반격을 시행할 기회가 없다고 말했다.[9] 이와 관련하여 김일성은 현상황을 논의하기 위하여 스탈린과의 면담을 희망하였다. 그는 "스탈린과 만날 수 없을 경우 모택동과 면담하는 것이 유용하다고 생각한다"고 말하고 모택동이 "모스크바 방문후에 모든 것을 결정하였을 것"이라고 말하였다. 김일성의 이 말을 통해볼 때 그는 자신이 49년 3월에 스탈린에게 한 말이 있었기 때문에 모택동의 모스크바 방문시 스탈린이 한국전쟁문제를 모택동과도 이미 상의하였을 것으로 짐작하였던 것이다. 그러나 스탈린은 모택동과 아무런 상의도 하지 않았다. 김일성은 스탈린의 분할지배 전

---

8) 이그나체프는 소련점령 시기부터 북한정치에서 매우 중요한 역할을 해온 인물이다. 북한의 초기 정치에서 중요한 역할을 수행한 이 인물에 대해서 우리는 2권에서 다시 살펴보게 될 것이다. 그는 1950년 8월 23일 미군의 폭격으로 사망하였다. 《소련 외교문서》 2, p. 41.

9) 《소련 외교문서》 2, pp. 20~21; KA 45/1/346/7, Dmitri Volkogonov, 《스탈린》, p. 370; *Ogonyek*, No. 25~26(Jun. 1993), p. 28; 《朝日新聞》 1993년 6월 26일.

략을 모르고 있었던 것이다.

김일성은 이때 49년 5월에 모택동이 중국통일 후 북한을 돕겠다고 약속했음도 상기시켰다. 김일성은 자신의 생각을 슈티코프에게 다가와 재차 반복하였다. 김일성은 슈티코프에게 다음과 같이 진술하고 있다.

스탈린과 만나 남조선의 상황과 남진(南進) 공격문제를 토의하고 싶습니다. 이번에 스탈린을 만날 수가 없으면 모택동이 모스크바에서 돌아왔을 때 그와 만나겠어요. 모택동은 모스크바에서 모든 문제에 관하여 지시를 받아올 것이니까요. 3일 안에 끝낼 수 있는데 왜 나의 옹진작전을 허락 안해 줍니까, 총공격으로 넘어가면 몇일 후에는 서울에 들어갈 수가 있는데 스탈린의 조언을 듣고 싶습니다.[10]

김일성의 진술들은 그가 매우 조급해하고 있음을 보여준다. 슈티코프는 김일성이 항시 공격구상만 하고 있다고 보고하였다. 슈티코프는 또 김일성은 이런 말을 하면서 "약간 흥분해 있었다"는 말을 덧붙였다. 스탈린은 슈티코프의 1월 19일 보고를 받고는 1월 30일 그에게 전문을 보내 "김일성의 불만은 이해가 가나 북한의 지도자는 남한에 대해 하려고 하는 대사(大事)에 대해서는 치밀한 준비를 하여야 하며 이를 실현하기 위해 지나친 모험을 해서는 안된다"는 점을 이해해야 한다고 하였다. 그러나 스탈린은 김일성을 만나 이 문제에 관해 논의할 준비가 되어 있으며 그를 지원할 용의가 있다고 밝혔다.[11] 이 전

10) KA 45/1/346/7, Dmitri Volkogonov, 《스탈린》, p. 370; *Ogonyek*, No. 25~26(Jun. 1993), p. 28; 《朝日新聞》 1993년 6월 26일.

11) 《소련 외교문서》 2, p. 21; Dmitri Volkogonov, 《스탈린》, p. 370; *Ogonyek*, p. 28. 볼코고노프는 스탈린이 슈티코프의 1월 19일의 전문을 받고는 모택동에게 조심스럽게 암호전문을 보내 "완전한 성공에 대한 확신이 있다면 이 문제

문에서 스탈린이 '김일성의 불만'에 대해 언급한 것은 1월 19일의 슈티코프의 보고에서 김일성이 허가해 주지 않는 데 대해 매우 조급해한 데 대한 답변이었던 것이다. 그러나 어쨌든 이 전문은 스탈린으로서는 최초의 '논의가능' 의사의 표시였다.

슈티코프는 당일로 스탈린의 회신을 김일성에게 전달해 주었고 김일성에게 이 회신은 자신과의 회담을 수락한 것으로 받아들여졌다. 슈티코프는 이를 확인해 주었다. 김일성은 이 회신에 대해 대단히 만족스러워했다. 김일성은 2월 4일 슈티코프를 만나 10개 사단으로 증강하기 위해 3개 보병사단을 추가로 창설하려는 데 대한 동의를 요청하고, 이를 위해 1951년도로 예정된 원조를 50년으로 앞당겨 줄 것을 요청하였다. 2월 9일 모스크바는 이에 동의하였다.[12] 2월 10일에 슈티코프는 2월 4일의 김일성의 요청에 대해 긍정적인 답변을 전달하였으며, 이에 대해 김일성은 감사하다는 뜻을 스탈린에게 전해줄 것을 요청하였다.

스탈린의 긍정적인 답변 이후에 무기의 원조요청과 지원문제가 논의되었다. 이 논의들은 전부 3월에 집중되었다. 3월 9일 주평양 소련대사관은 1억 2천~3천만 루블 상당의 무기구입을 원한다는 김일성의 공한을 모스크바로 송부하였고, 3월 14일에는 1951년도 차관

를 토의할 수 있을 것"이라는 애매모호한 답변을 하였다고 기술하고 있는데 〔Dmitri Volkogonov, 《스탈린》, p. 370; *Ogonyek*, No. 25~26(Jun. 1993), p. 28; 《朝日新聞》 1993년 6월 26일〕, 여기에서 그가 주장하는 '모택동'은 아마도 '김일성'의 오류일 것이다. 왜냐하면 당시 시점에는 모택동은 모스크바에 스탈린과 함께 머물고 있었기 때문에 이러한 문제를 논의하기 위해 암호전문을 보낼 필요가 없었기 때문이다.

12) 《소련 외교문서》 2, p. 22; 볼코고노프, 《스탈린》, p. 371; *Ogonyek*, No. 25~26(Jun. 1993), p. 28.

에서 7,100만 루블을 3개 보병사단용 무기구입을 위해 1950년중에 집행코자 한다는 김일성의 공한을 송부하였다. 3월 12일 모스크바는, 1949년 3월 17일자의 합의에 의해 소련이 북한에게 제공토록 되어 있는 1951년도 차관분을 1950년 중에 사용하는 데 동의함을 북한 측에 공식 통보하였으며, 3월 17일에 스탈린은 3월 9일의 김일성의 무기구입 요청에 동의한다고 회신하였다.[13] 슈티코프는 3월 20일 김일성과 박헌영을 만나 스탈린의 이 동의메시지를 전달하였다.

이러한 교신과 동의는 4월부터 북한으로 수송되기 시작한 무기와 장비에 대한 스탈린의 동의를 말한다. 우리는 여기에서 중요한 사실 하나를 알게 된다. 즉 김일성의 최종 방문시의 전쟁동의에 앞서 스탈린은 방문의사수락, 무기지원 요구수락, 51년도 차관예산의 50년 전용(轉用)에 대한 동의 등을 통하여 이미 변화된 자신의 정책을 보여주고 있었던 것이다. 말을 바꾸면 반드시 김일성의 요청과 최종방문이 아니었더라도 이미 스탈린은 한국에서의 전략을 변화시키고 있었다는 점이다. 이는 김일성과 박헌영이 아무리 전쟁동의 요구를 끈질기고 집요하게 하였더라도 스탈린 스스로의 변화가 없었다면 그들의 요구는 수용되기 어려웠을 것이라는 점을 분명하게 보여준다.

스탈린의 변화를 반영하여 4월부터는 막대한 양의 무기와 장비들이 해로와 육로를 통해 북한으로 쏟아져 들어왔다. 북한에서는 당시 민족보위성 산하에 최인 부총참모장을 단장으로 하는 무기접수위원단을 구성하여 청진, 나진, 홍의 등을 통하여 소련으로부터 무기를 넘겨받았다.[14] 이를 보면 당시 소련의 북한에 대한 지원은 총의 수량

---

13) 《소련 외교문서》 2, p. 22.
14) 주영복, 《내가 겪은 조선전쟁》(서울: 고려원, 1990), pp. 193~201. 주영복

과 전차의 대수에 이르기까지 커다란 수준에서는 스탈린의 동의하에 집행되었음을 알 수 있다. 그러나 이것은 그냥 무상 원조는 아니었다. 무기요청에 대한 많은 전문(電文)들은 김일성이 구체적인 내역을 말하고 스탈린은 이에 대해 소련이 필요로 하는 광물을 제시하여 요구하였는데 북한의 요구에는 항상 그에 대한 대금지불이 약속되어 있었다. 이를테면 김일성은 3월 9일의 무기구입요청 전문에서 무기의 대금으로 총 1억 3천 8백 5만 5백 루블에 상당하는 금 9톤, 은 40톤 및 모나츠 15천 톤을 지불하겠다고 약속하였다. 스탈린은 철저하게 대가를 받고 지원을 하였던 것이다.

3월 20일 김일성은 박헌영과 함께 슈티코프를 만난 자리에서 둘이 4월 초에 스탈린과 만나고자 한다는 의사를 스탈린에게 전해줄 것을 요청하였다. 김일성은 이번 방문을 비밀방문으로 할 것을 제의하였다. 그는 의제에 남북한 통일방법을 맨 위에 놓았다. 3월 23일 스탈린은 김일성·박헌영과 회담하는 데 동의한다는 전문을 평양으로 타전하였다. 곧이어 3월 24일 김일성은, 3월 30일 모스크바를 향하여 출발할 예정임을 통보하였다.[15] 그리고는 1950년 3월 말 김일성과 박헌영은 어떠한 공식발표도 없이 갑자기 평양에서 사라졌다. 《로동신문》에서도 김일성과 박헌영의 공개된 동정은 찾기 어려웠다. 현재까지 입수가능한 자료를 검토해 볼 때 김일성과 박헌영은 이때 모스크바를 방문하여 스탈린과 한국전쟁 개시문제를 최종 협의하였다.

먼저 방대한 《김일성저작집》을 통하여 그의 행적을 추적해 볼 때 그는 1950년 3월 28일 이후 1950년 5월 23일까지 공식회의나 행사에 참석

은 당시에 소련으로부터 오는 무기를 접수하기 위한 접수단의 일원이었다.
15) 《소련 외교문서》 2, p. 23.

하지 않은 것으로 나타난다. 이 시기 동안 그는 3월 28일 내각소회의에서 "유색금속생산을 늘릴 데 대하여"라는 진술을 한 후 5월 23일 조선인민군 제603군부대 1대대 1중대 군인들과 한 담화에서 "자기의 무기와 전투기술기재에 정통하라"는 진술을 한 것이 전부다.[16] 그가 공개된 어떠한 국내 공식행사에도 참여하지 않았을 가능성도 있으나 국가수반이라는 그의 지위를 고려할 때 이는 불가능한 것이다. 이《저작집》은 김일성의 진술을 거의 빼놓지 않고 수록하고 있다는 점에서 거의 '전집'으로 불릴 수 있는 것이다. 그럼에도 불구하고 그가 이 시기 아무런 공식연설도 하지 않았다는 점은 어떤 암시를 하고 있는 것이다.

김일성은 3월 28일 이전에는 평소처럼 많은 공식행사에 참여하였으며 그에 따른 진술들을 남기고 있다. 《저작집》에만도 3월 28일 직전에 김은 2월 28일 최고인민회의 제5차 회의, 3월 14일 내무성 경비군관회의, 3월 24일 조선로동당 중앙위원회 조직위원회 등에 참석하여 연설하거나 논의를 결론지었다. 적어도 일주일에서 열흘 사이에는 공식행사를 한 번씩 참석했음을 알 수 있다. 5월 23일 이후에는 그는 6월 5일과 6월 22일, 6월 25일에 인민군과 각 도 내무부장, 내각비상회의에 참석하였다.[17] 《저작집》에는 날짜가 '5월'로만 기록된 "통일적 민주주의 독립국가건설을 위한 조선인민의 투쟁"이라는 그의 원고가, 연설한 곳이나 집회의 명칭 없이 실려 있다. 사실 그대로 이것은 원고였다.

오늘날 북한의 모든 공식문서와 기록들은 이 원고의 출전을 밝히고 있지 않으나, 초기 북한문헌은 그 비밀을 가르쳐주고 있다. 초기의

---

16) 《김일성저작집》 5권을 보라.
17) 《김일성저작집》 5권, pp. 494~504; 6권, p. 1.

《김일성선집》에 따르건대 이 원고는 김일성이 5월에 집필하여 한국전쟁이 발발한 뒤에 발간된 6월 30일자의 코민포름 기관지 《공고한 평화를 위하여 인민민주주의를 위하여》에 게재했던 글이었다. 5월이라면 김일성이 소련을 방문하여 스탈린을 만난 뒤였다. 따라서 이 원고는 전쟁이 발발한 뒤 공개하여 전쟁개시를 정당화하기 위하여 전쟁 이전에 미리 집필되었음에 틀림없다. 그것이 코민포름 기관지 《공고한 평화를 위하여 인민민주주의를 위하여》에 게재되었다는 점도 중요한 의미를 지닌다. [18]

북한의 내각이 내각 사무국을 통하여 공식적으로 정기 발행하는 《내각공보》 또한 김일성의 행적에 대한 하나의 암시를 던져준다. 김일성은 1950년에 갑자기 《내각공보》에서도 사라졌다. 내각의 여러 결정, 법령, 규칙, 지시를 공표하는 이 문서 중 우리는 현재 1948년 12월 10일의 제1호부터 1952년 9월까지의 약 4,000여 페이지를 이용할 수 있다. 《내각공보》에 따르면 1949년 김일성과 박헌영의 소련방문 시에 부수상 겸 산업상 김책이 수상대리를 맡았다. 《내각공보》에 수상 김일성의 소련방문 이전에는 김일성 자신이 문서 앞에 단독으로 비준하거나, 문서 끝에 공동 또는 단독으로 서명하던 자리에, 김일성과 박헌영의 방소 시에는 '내각수상 김일성 대리 부수상 김책'이 비준하거나 서명하였다.

1949년 2월 19일의, 일련번호 16으로 되어 있는 "조선민주주의 인민공화국 내각결정 19호"는 내각수상 김일성의 서명으로 되어 있다. [19] 그러나 49년 3월 1일에 공포된, 일련번호 19번 "내각 양정국 규

---

18) 《김일성선집》 2권(조선로동당출판사, 1953), pp. 543~573.
19) NA, RG 242, SA 2005 Item 2/114, 《내각공보》 제3호(1949), p. 92. 여

칙 제 3호"는 "조선민주주의인민공화국 내각수상 김일성 대리 부수상 김책 비준"으로 되어 있다.[20] 이미 알고 있듯 소련방문을 위해 김일성은 1949년 2월 22일에 평양을 떠났다. 그가 돌아올 때까지 《내각공보》의 문서들, 즉 3월 5일의 "내각결정 제 22호"(문서번호 20), "내각결정 제 23호"(문서번호 21), "내각결정 제 24호"(문서번호 22)를 비롯하여 4월 6일까지의 모든 문서들(일련번호 27-34)은 김책의 비준 또는 서명으로 되어 있다.[21] 이는 김일성의 소련방문 시기와 일치한다. 김일성 일행은 2월 22일 평양을 출발하여 4월 7일에 귀환한 바 있다. 5월 18일에 발행된 《내각공보》제 5호의 문서들은 다시 김일성의 비준 또는 서명으로 되어 있다.[22]

그렇다면 1950년도의 《내각공보》에서 김일성의 비준이나 서명이 없거나, 수상 대리의 비준이나 서명이 발견된다면 그것은 그가 그 시기에 "국내에 없었다"는 얘기와 일치한다. 그리고 《내각공보》에서 사라지는 시기와 《저작집》의 부재(不在) 시기가 일치한다면 그 또한 김일성의 평양부재를 증명하는 것이 된다. 그가 국내에 있으면서도 필요한 문서에 비준 또는 서명하지 않는 경우는 없기 때문이다. 1950년도 《내각공보》에서도 김일성이 장기간 사라지는 기간이 나타난다. 1950년의 《내각공보》는 4월 1일의 "교통성규칙 제 7호"까지는 단 하나도 수상대리의 비준이나 서명을 발견할 수 없다.[23] 그러나 4월 3일

기에서 말하는 p. 92는 내각공보 3호의 p. 92를 말하는 것이 아니라 1949년 내각공보 1호부터의 전체의 누적 쪽수를 말한다.

20) NA, RG 242, SA 2005 Item 2/114, 《내각공보》(1949), p. 107.
21) NA, RG 242, SA 2005 Item 2/114, 《내각공보》(1949), pp. 155~210.
22) NA, RG 242, SA 2005 Item 2/114, 《내각공보》(1949), pp. 214~215.
23) NA, RG 242, SA 2005 Item 2/114, 《내각공보》(1949), pp. 248~249.

에 공포된 "내각결정 82호"[24]에는 수상 김일성 대리 부수상 김책이라
는 서명이, 1949년도 김일성과 박헌영의 소련방문 때와 마찬가지로
다시 나오기 시작한다.

4월 1일부터 4월 28일까지는 모두가 다 수상 김일성 대리 부수상 김
책 또는 홍명희의 비준이나 서명으로 되어 있다.[25] 김일성의 비준이나
서명은 4월 28일의 "내각 림산국규칙 제 2호"(문서번호 105)부터 다시
나타난다.[26] 그렇다면 우리는 《내각공보》를 통해 볼 때 김일성은 적
어도 49년 2월 22일부터 4월 7일까지와 50년 4월 3일부터 4월 28일까지
는 평양을 비웠다고 추론할 수 있다. 그는 1950년 4월 3일 이전에 평양
을 떠났거나 또는 4월 28일 이전에 평양으로 돌아왔다고 볼 수 있다.

김일성의 공개된 활동내용을 가장 상세하게 알려주고 있는 오늘날
의 한 북한 역사책에 따르더라도 이 시기 그는 아무 공개활동을 하고
있지 않았다.[27] 1950년 3월에는 3월 14일에서 3월 24일 사이가 비어
있으며, 4월에는 국내활동 중지기간이 더욱 길어 3월 28일부터 4월
25일까지 한달 가까이가 완전하게 비어 있다. 5월에도 그는 5일부터
23일까지 아무런 행사에도 참석하지 않았다. 현재의 두 개의 공개문
건과 당시의 한 개의 내부문건 모두에서 김일성이 장기간 사라진다는
사실을 확인할 수 있는 것이다. 초기 북한의 역사에서 어느 시기에도
김일성이 이렇게 장기간 공식행사에서 사라지는 기간은 이때를 제외
하고는 없었다. 이러한 김일성의 잠적은 1950년대에 나온 북한의 일
지에서도 확인된다.[28]

---

24) NA, RG 242, SA 2005 Item 2/114, 《내각공보》(1949), pp. 249~250.
25) NA, RG 242, SA 2005 Item 2/114, 《내각공보》(1949), pp. 264~316.
26) NA, RG 242, SA 2005 Item 2/114, 《내각공보》(1949), pp. 316~328.
27) 《조선전사년표》 II, pp. 174~175.

이제 비밀을 알려줄 몇 가지의 증언을 들어보자. 먼저 한재덕(韓載德)의 증언이다. 그는 《민주조선》의 주필을 맡았었으며 45년 가을 귀국 직후의 김일성의 활동에 대해서 가장 권위있는 기록인 《김일성장군개선기》[29]를 남긴 사람이다. 그는 또한 해방직후 초기에 김일성을 가까이서 오래 취재했으며 그와 장시간의 면담을 한 사람이었다. 한재덕은 전후 초기인 50년대에 북한에서 남한으로 전향하였는데 초기 전향자 중에는 김일성과 북한정권의 초기시기에 대해 가장 깊숙이 알고 있는 사람 중의 하나였다. 전쟁이 발발할 당시 그는 북한의 유일한 통신사인 조선중앙통신의 최고위 간부였다. 1965년에 출판된 그의 저서 《김일성을 고발한다》는 박정희 시기의 남한-북한 두 정권 간의 무한대결적 경향을 반영하여 북한에 대한 강한 비판적 논조로 씌어졌지만 상당 부분 진실을 담고 있으며, 오늘날에도 중요한 기록으로 평가받고 있다.[30]

한재덕에 따르면, 그는 50년 3월에 중요한 보고사항이 있어서 수상 김일성을 직접 만나려 했으나 김일성이 소련을 가고 없어서 만나지 못했었다.[31] 그에 따르면 김일성은 이때 말고도 수차례 모스크바를 방문했었다. 그는, 그의 방소는 김일성이 직접 방문해야 할 만큼 중요한 문제들이 있었다는 얘기라고 말한다. 그러나 한은 그 여러 번이 언제였는지는 얘기하지 않았다. 김일성의 소련 비밀방문을 처음으로 확실

---

28) 《해방 후 10년 일지, 1945~1955》(조선중앙통신사, 1955).

29) NA, RG 242, SA 2005 Item 3/84, 한재덕, 《김일성장군 개선기》(평양: 민주조선사, 1947 초판, 1948 증보판).

30) 한재덕, 《김일성을 고발한다》(서울: 내외문화사, 1965).

31) 한재덕, 《증언록》, 한국 국방부 전사편찬위원회 "면담사료" 7011호(1966년 7월 22일), pp. 22~23.

하게 증언한 흐루시초프(Nikita Khrushchev)의 회고록이 70년대의 자료임을 고려할 때 60년대의 이 증언은 중요한 것이 아닐 수 없다.

그러나 이는 세계학계에 전혀 알려지지 않았다. 아마도 알려졌다손 치더라도 이 증언은 전향자의 증언이라는 이유로 가벼이 다루어졌거나, 또는 이 부분을 연구하는 세계학계의 오랜 편견, 즉 그것이 남한의 자료라는 이유로 배척되었을 것이다. 그러나 한재덕의 증언은 흐루시초프에 앞서 진실을 말하고 있는 것이며, 따라서 충분히 인용될 가치가 있다. 필자는 왜 '한국'전쟁을 연구하면서 아직도 한국과 해외의 많은 연구들이 '한국'자료들을 그토록 불신하는지 이해하지 못한다.

김일성의 가장 가까운 개인비서를 맡고 있던 문일의 증언 역시 1950년에 김일성이 소련을 방문했었음을 보여주고 있다. 필자는 이 문제와 관련하여 인민군 총참모부 작전국장이라는 북한군의 최고위직에 있던 유성철(俞成哲)을 면담하였는데 문일과 친분이 있는 그가 문의 증언을 직접 듣고 전하는 바에 따르면, 1950년 4월 김일성은 문일을 대동하고 박헌영과 함께 스탈린을 방문하였다.[32] 문일은 88여단 시절부터 김일성과 함께 행동한 김일성의 비서이자 통역인 측근인물이었기 때문에 김일성의 각종 회담은 물론 그와 스탈린의 대담내용까지도 듣고, 또 내용을 알 수 있는 위치에 있었다. 그는 또한 88여단 시절부터 김일성과 유성철의 동료이기도 했다. 문일에 따르면 스탈린을 방문한 김은 '해방전쟁'에 대한 '승인'을 요구했다.

문일의 증언에 따르면 스탈린은 처음에는 거부하였으나 독자적인 결정이 곤란하니 정치위원회에 회부하겠다고 일단 확답을 미루었다.

---

32) 유성철 면담, 서울, 1990년 11월 1일; KBS 다큐멘터리 〈내가 겪은 공화국 제2편: 김일성 참모들이 밝힌 6·25 비사〉, 1992년 6월 23일.

그러나 그는 결국 승인하였다. 33) 이 증언은 사실에 부합한다. 조선인
민군 병기국장을 지낸 리황룡의 증언 역시 유성철의 증언과 일치한
다. 김-박 일행의 1950년 소련방문후 그는 문일과의 통화에서 자신이
"어떻게 됐냐"고 물으니까 문일이 "우리 마음대로 되었다"고 말했다고
증언한다. 34) 리황룡 역시, 문일에 따르면 스탈린은 처음에는 동의하
지 않다가 스탈린이 모택동과 연락하고 나서야 동의를 해주었다고 증
언한다. 이때 김일성은 스탈린이 동의를 하지 않자 마지막 3일째 가
서야 김이 "(인민군이 공격하면) 남조선 유격대원들이 같이 공격하고
인민봉기가 일어나서 리승만 괴뢰정부를 전복할 것"이라고 말하자 그
때서야 동의해주었다고 리는 문의 전언을 증언한다.

한국문제에 대한 소련의 전문가로 알려진 신송길과 신삼순(가명)
은, 1950년 4월 김일성과 박헌영은 스탈린별장에서 스탈린을 만났다
고 주장한다. 35) 그들에 따르면 이 회동에 관한 많은 서류들이 남아 있
으며 아마도 그것은 한국전쟁에 관한 것일 것으로 추정한다. 이때 박
헌영은 "남한에는 20만에 달하는 공산저항세력이 있는데 북으로부터
의 첫 신호(the first signal)만 있으면 폭동을 일으킬 준비가 되어 있고,
또한 남한의 인민들은 이미 북쪽에서 실시된 바와 같은 토지개혁과 민
주적 변혁을 기다리고 있다"고 말했다. 이에 대해 스탈린은 서방에서
의 상황이 매우 어렵게 진전되어가고 있기 때문에 많은 시간을 서방

---

33) 유성철에 따르면 스탈린과의 협의 이전에 전쟁개시 문제는 조선로동당 정
    치위원회에서도 논의되었다.

34) KBS 다큐멘터리, 〈내가 겪은 공화국 제 2편: 김일성 참모들이 밝힌 6·25
    비사〉, 1992년 6월 23일.

35) Syn Song-Kil & Sin Sam-Soon, "Who Started the Korean War," *Korea
    and World Affairs*, Vol. XIV, No. 2(Summer 1990), p. 250.

쪽에 쏟고 있다고 말했다. 그러면서 그는, 조선의 동지들은 동아시아 문제를 잘 이해하고 있는 모택동과 상의해야 한다고 말했다는 것이다.

소련 외무성의 극동과장을 역임한 트카첸코(V. P. Tkachenko)의 증언에 따르면 김일성은 1950년 3월 30일부터 4월 25일까지 모스크바를 방문하였다. 36) 한 기록은 스탈린의 동의는 최종적으로는 1950년 3월 소련공산당 정치국회의에서 있었다고 말한다. 정치국회의에서 논의한 후 스탈린은 김일성에게 드디어 청신호(зелёный свет)를 주었다. 37) 1949년부터의 끈질긴 김일성의 요구에도 불구하고 동의하지 않음은 물론 남한에 대한 미국의 정책처럼 오히려 두 한국의 충돌을 제지하려던 입장을 고려한다면 스탈린의 이러한 동의는 정책의 정반대로의 전환이었다.

전쟁 직전에 김일성이 비밀리에 스탈린을 만났다는 사실은 한국전쟁의 결정과정을 추적하는 데 오랜 비밀의 하나를 풀어주는 열쇠가 될 수 있다. 그것은 바로 전쟁을 논의한 것이라고 볼 수 있기 때문이다. 당시에 이 주제 이외에 이들이 비밀스럽게 만나 시급히 논의할 다른 어떤 의제는 존재하지 않았기 때문이다. 증언 이외에 우리는 소련과 중국의 내부문서를 통하여 이를 확인할 필요가 있다.

웨더스비(Katheryn Weathersby)가 발견한 소련공산당의 내부 비밀문서에 따르면 1950년 3~4월에 김일성과 박헌영은 소련에서 스탈린을 만나 개전문제를 협의하였다. 38) 전술한 대로 김일성은 3월 20일

---

36) Sergei N. Goncharov, John W. Lewis, Xue Litai, *Uncertain Partners: Stalin, Mao, and the Korean War* (Stanford: Stanford Univ. Press, 1993), p. 143.

37) Сергей ВОЛОВЕЦ, "ЗАМРЄЩЄННАЯ ВОЙНА," *РОДЙНА*, 1990년 5월, p. 13.

38) mb-04339/gs. "On the Korean War, 1950~53, and the Armistice Negotiations," in Translation and Commentary by Katheryn Weathersby, "New

에 슈티코프를 만나 자신과 박헌영이 스탈린을 만나고자 한다는 것을 스탈린에게 전해줄 것을 요청하여 3월 23일 스탈린이 이를 동의, 4월에 스탈린을 만났다. 39) 그리고는 한국전쟁의 개전에 대한 최종적 동의를 얻었다. 그러나 현재까지 이용가능한 문서에는 만난 날짜에 대한 기록은 나와 있지 않다.

먼저 소련공산당 문서는, 1966년에 소련외무성 기록보존소에 의해 편찬되어 브레주네프(Brezhnev), 코시긴(Kosygin), 그로미코(Gromyko), 쿠즈네초프(Kuznetsov), 코발레프(Kovalev), 코르니엔코(Kornienko), 수다리코프(Sudarikov) 등 핵심간부들과 몇몇 중요기관에게만 전달된 내부문서(문서번호 mb-04339/gs)로서 제목은 "한국전쟁, 1950~53과 정전회담에 관하여"("On the Korean War, 1950~53, and the Armistice Negotiations")이다. 문서작성일은 1966년 8월 9일로 되어 있다. 이 문서는 한국전쟁에 대한 소련과 중국의 개입의 정도를 밝히는 문서로서 미국과의 전쟁을 치르고 있는 북베트남에 대한 지원을 논의하기 위해 만들어진 것이었다. 이에 따르면,

미국은 참전하지 않을 것이라는 계산하에 김일성은 스탈린과 모택동에게 군사적 수단에 의하여 나라를 통일하는 것에 대한 동의를 끈질기게 요구했다. "전문 #4-51, 233, 1950" 스탈린은 김일성의 끈질긴 호소를 처음에는 "남조선과 관련한 그러한 대규모 사태는 … 많은 준비

Findings on the Korean War," *Cold War International History Project* (이하 CWIHP) Bulletin Issue No. 3 (Fall 1993). pp. 15~18 and in Katheryn Weathersby, "The Soviet Role in the Early Phase of the Korean War: New Documentary Evidence," *The Journal of American-East Asian Relations* (이하JAEAR), Vol. 2, No. 4 (Winter, 1993), p. 441.

39) 《소련 외교문서》 2, pp. 23~24.

를 필요로 한다"면서 동의를 주저하였다. 그러나 이를 원칙적으로 반대한 것은 아니었다. 조선지도자들의 계획을 지지하는 스탈린의 최종적인 동의(*final agreement*)는 1950년 3월에서 4월에 걸쳐 있은 김일성의 소련방문 기간 중에 있었다. [40]

《소련 외교문서》에 따를 경우 김일성과 박헌영은 스탈린과의 회담에서 최종적 동의를 얻고 1950년 4월 25일 평양으로 귀환하였다. [41] 외무상 비신스키(Andrei Vyshinsky)가 1950년 5월 29일 스탈린에게 보낸, '극비'로 된 한 문건에 따르면 김일성과 박헌영은 슈티코프 대사와 함께 모스크바를 향해 3월 30일 평양을 떠나 4월 8일 모스크바에 도착했다. [42] 다른 문건에 따르더라도 이때 슈티코프가 이들과 함께 모스크바를 방문하여 이그나체프 참사관이 대리대사를 맡고 있었다. 결국 우리는 이 문제와 관련하여 김일성·박헌영은 슈티코프와 함께 3월 30일에서 4월 25일까지 평양을 비우고 모스크바를 방문하였다고 결론 내릴 수 있다. 이때 김일성과 박헌영은 소련이 제공한 특별기를 타고 모스크바를 방문하였다. [43]

필자는 앞에서 북한의 비밀 내부문건과 현재의 문건들이 담고 있는 비밀을 추적하면서 김일성이 최소한 4월 7일부터 28일 사이에 평양을 비웠다고 추론한 바 있다. 그리고 필자가 면담하거나 추적한 몇몇 증

---

40) mb-04339/gs, "On the Korean War, 1950~53, and the Armistice Negotiations"(이하 On the Korean War). *CWIHP Bulletin*(Fall 1993), pp. 15~16; *JAEAR*, Vol. 2, No. 4 (Winter, 1993), p. 441.

41) 《소련 외교문서》 2, p. 24.

42) AVP RF, Fond 07, Opis 23a, Delo 257, Papka 20. *JAEAR*, Vol. 2, No. 4 (Winter, 1993), p. 441, 주 52.

43) 《소련 외교문서》 3.

언들을 인용하면서 평양을 떠난 것이 모스크바를 방문하기 위한 것이었다고 추론하였다. 최근 공개된 소련의 비밀문건들에 의하더라도 이 추론은 거의 정확하다는 것이 판명되었다. 김일성과 박헌영의 모스크바 비밀 방문기간중 그들은 스탈린을 세 번 만났다. 소련공산당 중앙위원회 국제국이 작성한 3자 간의 회담기록을 보자.

스탈린 동지는 김일성에게 국제환경과 국내환경이 모두 조선통일에 더욱 적극적인 행동을 취할 수 있도록 바뀌었다고 강조했다. 국제적 여건으로는 중국공산당이 국민당에 대해 승리를 거둔 덕분에 조선에서의 행동개시에 유리한 환경을 만들었다. 중국은 이제 국내문제로 인한 시름을 덜었기 때문에 관심과 에너지를 조선지원에 쏟을 수 있게 됐다. 중국은 이제 필요하다면 자기군대를 무리없이 조선에다 투입할 수 있다. 중국의 승리는 심리적으로도 중요하다. 이는 아시아 해방의 기운을 증명했고 대신 아시아 반동세력과 그 주인인 미국, 서방의 취약성을 드러냈다. 미국은 중국에서 물러나 이제 더 이상 군사적으로 새 중국에 도전하지 못한다. 44)

요컨대 스탈린의 동의에는 중국혁명이 결정적이었던 것이다. 49년 3월에는 거부하였다가 50년 4월에는 동의한 것은 스탈린이 중국혁명의 성공을 기다렸다가 자신들은 빠지고 중국을 대신 개입시킬 수 있었기 때문이었다. 계속해서 스탈린은 이렇게 말한다.

이제 중국이 소련과 동맹조약을 체결했기 때문에 미국은 아시아의 공산세력들에 대한 도전을 더 망설일 것이다. 미국에서 오는 정보들에

44) 《소련 외교문서》 3.

의하면 미국 내에서도 타국에 개입하지 말자는 분위기가 주조를 이루고 있다. 소련이 원자탄을 보유하고 유럽에서의 위상이 강화됨으로써 이런 불개입 분위기는 더 심화되고 있다. 하지만 우리는 이 해방의 찬반을 다시 한번 따져봐야 한다. 첫째 미국이 개입할지 여부를 검토하고, 둘째 중국지도부가 이를 사전에 승인하는 경우에 한해 해방작전을 시작될 수 있다는 점을 명심해야 한다. 45)

스탈린의 마지막 두 가지 질문에 대해 김일성은 "미국은 개입하지 않을 것"이라는 점과 "모택동이 자신의 해방전쟁을 지지했다"는 점을 밝혔다. 그는 미국의 불개입을 북한의 뒤에 소련과 중국이 있기 때문만이 아니라 미국 스스로 대규모 전쟁을 벌이려 하지 않을 것이기 때문이라고 했다. 이 시점에서 김일성의 미국 불개입에 대한 판단은 확고했던 것이다. 김일성은 또한 스탈린에게 "모택동 동지는 항상 조선 전체를 해방하는 우리의 희망을 지지했다"면서 "중국혁명만 완성되면 우리를 돕고 필요할 경우 병력도 지원하겠다는 말을 여러 차례 했다"고 언급했다. 이어서 김일성은 "하지만 우리는 자신의 힘으로 조선통일을 이루겠다"면서 "우리는 해낼 수 있다고 믿는다"고 말했다. 김일성의 발언은 넘치는 자신감 그것이었다.

이에 대해 스탈린은 "완벽한 전쟁준비가 필수적"이라면서 "무엇보다도 군사적 준비를 잘 갖추어야 한다. 정예 공격사단을 창설하고 부대 추가창설을 서두르라. 사단의 무기보유를 늘리고 이동, 전투수단을 기계화해야 한다. 이와 관련된 당신의 요구를 들어주겠다. 그런 연후에 공격계획이 수립돼야 한다"고 했다. 스탈린의 적극적인 지지와 지원의사를 읽을 수 있다. 49년 4월 및 9월의 의사와 50년 4월의

---

45) 《소련 외교문서》 3.

그것은 정반대의 전환인 것이다. 그러나 스탈린은 김일성에게 소련이 직접 개입하는 것은 기대하지 말아야 하는 점도 추가하는 것을 잊지 않았다. 46)

　스탈린과 김일성은 비밀회담에서 공격은 기본적으로 3단계로 이루어져야 한다고 합의하였다. 즉 38도선 부근으로의 병력집결, 북한의 평화통일제안과 이에 대한 남한의 거부, 평화통일제안 거부 뒤의 공격개시가 그것이었다. 47) 스탈린은 또한 옹진반도를 점령하겠다는 김일성의 계획에도 동의한다고 하였다. 그러면서 그는 전쟁은 기습적이고 신속해야 하며 남한과 미국이 정신을 차릴 틈을 주어서는 안 된다고 강조하였다. 이에 김일성은 스탈린에게 미국이 개입하지 않을 이유에 대해 상세한 분석을 해보이며 전쟁은 3일 만이면 승리할 수 있다고 말했다. 그는 또한 남한내 빨치산운동이 강화돼 대규모 폭동이 일어날 것이라며 미국은 개입할 시간을 갖지 못할 것이고 정신을 차릴 때쯤이면 전체 조선인민은 새 정부를 열렬히 지지하고 있을 것이라고 강조했다. 이때 박헌영은 20만 당원이 남한에서 대규모 폭동을 주도할 것이라고 덧붙였다. 48) 회담에서 스탈린과 김일성은 1950년 여름

---

46) 《소련 외교문서》 2, p. 24; 《소련 외교문서》 3. 《소련 외교문서》 3에 따르면 스탈린은 미국이 한국에 군대를 보낼지 모르기 때문에 직접 전쟁에 개입하지는 않을 것이라는 점을 특별히 강조했다고 되어 있다. 이는 앞으로 스탈린 및 김일성의 전쟁개시 의도와 관련하여 더 분명하게 추적되어야 할 점이다.

47) 《소련 외교문서》 2, p. 26; mb-04339/gs, "On The Korean War," *CWIHP Bulletin* (Fall, 1993), p. 16; *JAEAR*, Vol. 2, No. 4 (Winter, 1993), p. 442; 《소련 외교문서》 3. 앞의 두 문서에는 이 3단계 방안의 제안자가 김일성으로 나와 있으나 맨 뒤의 문서에는 스탈린으로 나와 있다. 이 중 어느 것이 사실인지 확인하기 위해서는 원문의 공개를 기다려야 할 것이다.

48) 《소련 외교문서》 3.

까지 북한군이 완전한 동원태세를 갖추고 북한군 총참모부가 소련고 문단의 지원을 받아서 구체적인 공격계획을 수립하기로 합의하였다.

소련 비밀문서에 대한 다른 정리에 따르면 이때 소련 정보기구는 맥아더 장군이 워싱턴에 보낸 비밀보고에서 남북한이 무장충돌할 경우 미국은 간섭하지 않을 것이라고 보고했으며, 따라서 스탈린도 이때가 가장 좋은 통일기회라며 동의하였다고 되어 있다. 49) 이 부분은 그것이 사실일 경우 앞으로 더욱 추적되고 분석되어야 할 새로운 내용이다. 이 정리에 따르면 스탈린은 이 자리에서 "북한의 공격은 남한의 공격에 반격하는 형식으로 나타나야 한다"고 강조하였으며 이 계획을 모택동에게 알리라고 했다.

여기에서 우리는 스탈린이 분명한 동의를 표시하였음을 알 수 있다. 또한 그는 모택동에게 아시아에서의 공산혁명문제에 관한 상당한 이니셔티브를 주고 있었다. 회담에서 그는 김일성에게 모택동이 아시아문제에 정통하다며 모택동과 의논할 것을 거듭 강조하였다. 모택동에게의 이니셔티브의 양도는 흐루시초프의 회고에 따르더라도 사실이었다. 50) 이러한 권한이양은 스탈린의 세계공산주의운동 지도 사상 유례가 없는 것이었다. 스탈린은 유럽까지 고려하여 세계전략을 짜야 하기 때문에 아시아와 유럽에서의 대결에 대한 세력배치를 동시에 고려해야 하지만, 미국의 후원을 받는 거함 장개석 국부를 단기간에 침몰시킨 아시아대륙의 새로운 맹주는 아시아에 관한 한 아마도 자신감에 넘쳤을 것이다. 스탈린의 입장에서 이 양도는, 예상치 못할 만큼 빠르게 중국혁명을 성공한 데 따른, 아시아의 새로운 공산

---

49) 青石, "金日成沮止了,"《月刊 明報》1994년 7월호, p. 88.
50) *Khrushchev Remembers*(1970), p. 368.

강자에 대한 스탈린식 예우의 표현이었다. 그리고 미국과의 직접충돌을 우려한, 신중하기 이를 데 없는 스탈린의 양보적 책임회피의 측면도 있었다.

2. 최종합의: 한 파국적 결정

스탈린을 방문하여 한국전쟁에 대한 동의를 얻은 김일성은 모택동도 방문하기로 하였다. 그는 모택동으로부터도 역시 동의를 얻었다.[51] 동의를 얻었을 뿐만 아니라 그는 적극적인 지원 약속까지 받아내었다. 섭영진(攝榮秦)의 회고에 따르면 모택동을 방문하기에 앞서 50년 1월 김일성은 김광협을 중국에 보내 1949년에 이어 다시 조선족 병사 14,000명의 귀환을 요청하였다.[52] 중국은 이에 곧바로 동의하였고 이것은 스탈린에게도 알려졌다. 1월 9일 김일성을 면담하여 그의 진술을 보고한 슈티코프의 보고에 따르면 북한지도부는 조선인 병사들의 북한귀환문제를 타결짓기 위해 대표 3인을 중국에 파견하였으며, 이들 병사들로 구성된 1개 보병사단과 2개 보병연대를 창설코자 하였다. 그러나 북한지도부는 이들을 1월 현재 배치하기가 어렵기 때문에 50년 4월까지는 중국에 잔류시킬 생각이라고 언급하였다.[53] 실제로 이들은 50년 4월에 북한으로 귀환하였다.

---

51) 《소련 외교문서》 2, pp. 25~27; 15-16 mb-04339/gs, "On the Korean War," *CWIHP Bulletin* (Fall, 1993), p. 16; *JAEAR*, Vol. 2, No. 4 (Winter, 1993), p. 441.

52) Nie Rongzhen, *Inside the Red Star-The Memoirs of Marshal Nie Rongzhen* (Beijing: New World Press, 1988), pp. 642~643.

53) 《소련 외교문서》 2, pp. 19~20.

중국공산당 중앙의 명령에 의해 구체적인 인도교섭은 김광협과 섭영진 사이에 진행되었다. 모택동은 전국에 흩어져 있는 조선족 병사들을 호남성 정주에 모이도록 명령을 내렸고, 이에 조선병사 12,000명은 정주에 집합한 뒤 열차편으로 귀국, 1950년 4월 18일에 원산에 도착하였다. [54] 이러한 일련의 논의와 움직임, 즉 1950년 초에 슈티코프를 만나 스탈린을 방문하여 개전문제를 협의하고 싶다고 하고 같은 시기에 동시적으로 모택동에게는 특사를 파견하여 병력이관 문제를 논의하였음을 비추어 볼 때 북한리더십 내부적으로는 1949년 말~1950년 초에는 전쟁에 대한 합의나 결정이 이루어졌음을 추정할 수 있다. 북한군대의 양적 변화를 전쟁의 준비와 관련하여 치밀하게 재구성한 한 연구는 북한리더십의 최종 전쟁결정을 1949년 말로 추정한다. [55] 여러 가지 움직임과 증거로 보아 이는 정확한 추론으로 보인다.

김일성과 박헌영, 슈티코프가 모스크바를 방문중인 4월 10일 이그나체프대리 대사는, 이주연 주중 북한대사가 3월 말에 있었던 자신과 모택동과의 면담결과를 김일성에게 보고해 왔음을 모스크바에 보고하였다. 이 면담에서는 김일성의 지시에 의해 모택동과 김일성 간의 회담문제가 협의되었다. 김일성은 스탈린을 만나러 가면서 이주연에게 모택동과의 회담을 준비하라고 지시하였던 것이다. 모택동은 회담에 긍정적인 반응을 보였으며, 4월 말이나 5월 초순으로 면담시기를 제의하였다. 모택동은 이주연에게 김일성이 한국통일에 관한 구

---

54) Hq. FEC, HNKA, p. 70; 여정, 《붉게 물든 대동강》(서울: 동아일보사, 1991), p. 14. 여정은 가명으로서 이 부대소속의 인민군 고위장교였다.

55) Kim Kook Hun, "The North Korean People's Army," A Thesis Submitted for the Degree of Doctor of Philosophy at the University of London, King's College, London (Aug. 1989), p. 89.

체적인 계획을 가지고 오면 면담을 비공개로 할 것이며, 그렇지 않으면 공개적이 될 것이라고 언급하였다. 또한 모택동은 제3차대전이 발발한다면 북한의 참전도 불가피할 것이며 따라서 북한도 북한군을 이에 대비시켜야 한다고 언급하였다.

모스크바에서 귀환한 뒤인 5월 12일 슈티코프는 김일성·박헌영과 면담하였는데 이때 김일성은 모택동과 이주연과의 대담을 보고 받았다며 통보하였다. 김일성에 따르면 모택동은 "한국통일은 무력에 의해서만 가능하며 미국이 남한 같은 작은 나라 때문에 3차 대전을 시작하지는 않을 것이므로 미국의 개입을 두려워할 필요가 없다"고 하였다. 이때 김일성은 모택동과 면담하기 위하여 5월 13일 북경으로 출발할 것이라 하였다. 김일성은 북경회담시 "모택동에게 무력으로 통일을 이룩할 의향임을 전달하고 모스크바에서 있었던 스탈린과의 회담결과를 설명할 것, 우호조약은 통일 후에 체결할 예정이나 가까운 장래에 중국과 북한 사이에 통상조약을 서명하는 문제를 토의할 것"이라고 하였다.[56] 슈티코프와의 대담에서 김일성은 또한 1950년 6월경으로 예정하고 있는 남침계획을 구체적으로 수립하라는 지시를 북한군 총참모장에게 시달했다고 언급하고, 작전은 6월에 개시될 것이나 그때까지 준비가 완료될지 자신이 없다고 언급하였다.

김일성의 이 대담에서 중요한 것은, 모택동이 이주연에게 한국의 통일은 무력에 의해서만 가능하며, 미국은 개입하지 않을 것이라고 하였다는 진술이다.[57] 이는 이주연-김일성을 거쳐 모스크바에 보고

---

56) 《소련 외교문서》 2, pp. 23~24.
57) 靑石, "金日成沮止了,"《月刊 明報》 1994년 7월호, p. 88에도 같은 내용이 나와 있다.

된 이 이중(二重) 전언(傳言)이다. 이 문제에 관한 한, 비록 모택동이 미군의 참전가능성에 대해 낮게 평가하였다 할지라도, 전쟁을 의욕하는 김일성으로서는 이를 자신에게 유리한 쪽으로 해석하여 전달하였을 가능성도 있다. 전후사태의 추이에 비추어 모택동은 이 시점부터는 북한의 공격구상과 계획에 대해 찬동을 표시하기는 하되 미군의 참전가능성에 대해 김일성보다는 더 경계하는 태도를 취하였다. 잘 알려진 바와 같이 1년 전 1949년 4월의 양자강 도하작전에서도 모택동과 주은래를 비롯한 중국지도부가 가장 걱정한 것은 바로 미군의 참전문제였다. 또 아직 모택동은 대만을 완전히 포기했거나 북한의 공격계획을 완전히 수립한 것도 아니었다.

　1950년 5월 13일 김일성과 박헌영은 북경에 도착하였다. [58] 그리고는 저녁 늦게 모택동과 회담을 시작하였다. [59] 이번 방문 중의 첫 번째 회담이었다. 북한지도자들은 이 회담에서 "필리포프(Philipov; 스탈린의 가명)[60] 동무가 모스크바회담 시 현 국제환경은 과거와는 다르

---

58) 중국의 자료와 면담을 기초로 한 중국학자의 한 연구는 "1950년 4월 김일성은 모스크바에서 귀국하는 길에 비밀리에 북경을 방문했다"고 주장한다. 이 연구는 "하지만 그는 그때 모택동에게 군사적인 수단으로 조국을 통일하기로 결정했다는 사실만을 알리고 군사행동의 자료는 물론 자신의 군사계획을 포함한 상세한 내용까지는 알려주지 않았다"고 덧붙이고 있다. 翟志海, "중국의 한국전쟁 참전결정," 김철범 편, 《한국과 냉전》, pp. 242~243. 그러나 1950년 4월 귀국 중에 김일성이 중국을 방문했다는 기록은 오늘날 어디에도 나와 있지 않으며, 이는 사실이 아닌 것으로 보인다.

59) 이하의 대담내용은 《소련 외교문서》 2, pp. 25~27. 青石, "金日成沮止了," 《月刊 明報》 1994년 7월호, p. 88에 따르면 북경방문자의 명단에 박헌영은 보이지 않고 대신 박정애(朴正愛)가 나와 있다. 이는 오류일 것이다.

60) 필리포프(Philipov)는 스탈린이 전문에서 종종 사용한 여러 개 가명 중의 하나이다. 그는 이밖에도 핀시(Fynsi 또는 Finsi), 그로미코(Gromyko), 찬후

므로 북한이 행동을 개시할 수 있다고 동의하였으나 최종결정은 모택동과의 협의를 통해 이루어져야 한다"고 했음을 설명하였다. 이와 관련하여 모택동은 소련정부에 대해 동문제와 관련, 스탈린 자신으로부터 설명을 듣고 싶다고 요청하였다. 4월에 김일성이 모스크바를 방문하고 돌아갈 때 스탈린은 자신과 김일성과의 회담내용을 5월 3일 모택동에게 통보하기는 하였다. 그러나 그는 회담내용에 대해서는 언급하지 않고 다만 "조선동지들이 최근 우리를 방문했음. 회담결과에 대해서는 조만간 알려주겠음"이라고만 통보하였다.[61]

모택동과 주은래를 비롯한 중국지도부는 김일성과의 회의를 중단하고 주중 소련대사 로신을 찾아 즉각 스탈린에게 전보를 쳐서 김일성의 발언을 확인해 달라고 요구했다.[62] 로신(N. V. Roshchin)은 5월 13일 즉각 스탈린에게 다음과 같은 내용의 전문을 보냈다.

김일성과 박헌영이 중국에 도착했다. 조선지도자들은 모택동과의 회담에서 상황이 바뀌어 북조선이 전쟁을 시작할 수 있다는 필리포프 동지의 지시를 설명했다. 이 문제는 중국, 특히 모택동과 의논해야 한다는 필리포프 동지의 지시도 전달됐다. 모택동 동지는 이 문제에 대해 필리포프 동지가 직접 설명해주기를 원하고 있다, 중국동지들은 신속한 답을 원한다.[63]

모택동의 이러한 행동은 결정에 앞서 스탈린의 의사를 먼저 확인해

(Chanfu) 등의 가명을 사용하였다. 물론 이것은 개입의 증거를 남기지 않으려는 스탈린식 조심성 때문이었다.

61) 《소련 외교문서》 3.
62) 靑石, "金日成沮止了,"《月刊 明報》 1994년 7월호, p. 88; 《소련 외교문서》 3.
63) 《소련 외교문서》 3.

봐야겠다는 의도를 읽게 하는 것이다. 말을 바꾸면 스탈린의 의사를
확인하기 이전에는 중국지도부는 김일성에게 어떤 확정적인 의사를
말하지 않으려 하였던 것이다. 이것은 또한 49년 12월에서 50년 2월
사이의 모택동의 모스크바 방문기간 중에 둘 사이에 이 문제에 대한
논의가 없었음을 반증한다. 다음 날인 5월 14일 스탈린은 모택동에게
필리포프라는 가명으로 다음과 같은 특별전문을 보냈다. 로신은 14일
이 전문을 가지고 그날로 모택동을 방문했다.

> 모택동 동지! 조선동지들과의 회담에서 필리포프와 그의 동료들은 변
> 화된 국제정세로 인해 통일사업에 착수해야 한다는 그들의 제안에 동
> 의한다는 의견을 개진했다. 이 회담에서는 그 문제가 궁극적으로 북
> 한동지들과 중국동지들이 공동으로 결정해야 할 성질의 것이며 만일
> 중국동지들이 동의하지 않는다면 새로운 논의가 있기까지 그 문제의
> 결정은 유보되어야 한다는 것을 명백히 하였다. 상세한 회담내용은
> 북한동지들이 당신에게 전해줄 것이다. 필리포프[64]

이 전문은 스탈린이 모택동에게 김일성과의 회담내용을 확인해준
것을 의미한다. 동시에 모택동에게 이니셔티브를 넘겨주고 있음을 볼
수 있다. 전문을 받은 모택동은 북한의 계획에 동의하였다. 로신이 같
은 날 모스크바에 타전한 전문에 따르면 모택동은 신속한 군사적 방법
으로 한국문제를 해결하는 것을 지지하며 승리를 확신한다고 강조했
다. 모택동은 또한 남북한의 정세에 관한 평가 및 남한과 북한의 군사

---

[64] 《소련 외교문서》 2, p. 25; KA 45/1/334/55. 볼코고노프, 《스탈린》, p. 372;
《朝日新聞》 1993년 6월 26일; *Ogonyek*, No. 25~26 (Jun. 1993), p. 29; 《소
련 외교문서》 3.

력 비교평가에 관해 북한지도부와 의견을 같이 한다고 언급하였다.

그러나 모택동은 주은래를 비롯한 북경의 주요 지도자들을 소집하여 상황변화를 토론하였다. 이때 모택동은 김일성과 스탈린이 사전에 이 문제에 대해 자신과 논의하지 않은 것에 불만을 표시하였으나 기존의 일들을 인정하였다.[65] 모택동이 스탈린에게 김일성과의 회담 내용을 확인해줄 것을 요청하고, 그 이전에는 어떤 확답을 하지 않았으며, 또 주은래를 비롯한 주요 지도자들과의 긴급회담을 급거 소집한 것으로 봐서 그에게는 한국전쟁의 결정이 사전에 예정되지는 않았거나 어떤 전환이 필요한 결정으로 다가왔음이 분명했다.

모스크바의 메시지를 받은 다음 날인 5월 15일 모택동은 김일성·박헌영과 구체적으로 의견을 교환하였다. 2차 회담이었다. 모택동은 스탈린과 김일성이 합의한 3단계 전쟁계획에 찬성하고 몇 가지 권고사항을 언급하였다. 그는 계획되어 있는 작전을 위해 치밀한 준비가 필수불가결하며 각개병사와 사령관들에게 구체적인 행동지침을 시달하는 것이 중요하다고 언급하였다. 그는 "북한군은 신속히 행동해야 하며 주요 도시를 포위하되 이를 점령하기 위해 지체해서는 안되며 적군을 섬멸하기 위해 군사력을 집중해야 한다"고 언급하였다.[66] 그는 작전의 최우선 목표는 적의 군사력을 파괴하는 데 두어야 한다고 강조하였다.

대담 도중 모택동은 미군과 일본군이 분쟁에 개입할 가능성에 대해 문의하였다. 이에 대해 김일성은 일본군이 참전할 가능성은 별로 없

---

65) 青石, "金日成沮止了,"《月刊 明報》1994년 7월호, p. 88.

66) 실제의 사태전개에 비추어 모택동의 권고는 정확한 것이었다. 중국군의 참전을 협의하고자 유성철이 박헌영과 함께 1950년 10월 18일 북경을 방문하여 그를 만났을 때도 그는 동일한 얘기를 하였다. 유성철면담, 서울, 1990년 11월 1일.

는 것으로 보았으나 미국이 2~3만의 일본군을 파견할 가능성을 전혀 배제할 수는 없다고 답변하였다. 그러나 그는 일본군의 참전은 상황을 결정적으로 변화시키지는 못할 것이며, 이 경우 북한군은 더욱 맹렬히 전투에 임할 것이라고 언급하였다. 모택동 역시 현단계에서 일본군이 참전할 가능성은 별로 없다고 언급하였다. 그러나 모택동은 미군이 참전할 가능성이 있음을 언급하며 "만일 미군이 참전한다면 중국은 병력을 파견하여 북한을 돕겠다"고 하였다. 모택동은 또한 "소련은 미국측과 38선분할에 관한 합의가 있기 때문에 전투행위에 참가하기가 불편하지만 중국은 그러한 의무가 없으므로 북한을 도와줄 수가 있다"고 하였다.

청석(靑石)에 따르면 김일성은 미국의 불개입의견을 제기했으나 모택동은 "우리는 그들의 참모장이 아니다. 어떻게 그들의 마음을 알 수 있는가?"라며 이에 대한 준비의 필요성을 강조했다.[67] 그러면서도 모택동은 "미국은 제대로 싸우지도 않고 중국에서 물러났으며 한국에서도 이같이 신중한 입장을 지킬 것"이라고 말했다.[68] 중국혁명에서의 불개입이 중요한 영향을 끼쳤던 것이다. 주은래의 사후(事後) 진술에 따르면 전쟁이 발발하고 미군이 참전한 뒤인 50년 7월 주은래는 로신 주중 소련대사를 만나, 모택동은 5월에 김일성과 만났을 때 한국전쟁에 대한 미군의 직접 참전가능성을 경계해야 한다고 했으나 김일성은 그럴 가능성은 거의 없다고 답했다고 말했다.[69]

회담에서 모택동은 중국이 대만을 점령한 후에 대남작전을 시작하

---

67) 靑石, "金日成沮止了," 《月刊 明報》 1994년 7월호, p. 89.
68) 《소련 외교문서》 3.
69) 《소련 외교문서》 2, p. 27.

면 북한을 충분히 도울 수 있을 것으로 생각한다고 언급하였다. 여전히 모택동은 대만해방의 의지와 가능성을 버리지 않고 있었던 것이다. 그러나 그는 "북한이 현시점에서 작전을 개시하기로 결정함으로써 동 작전이 양국간 공동의 과제가 되었으므로 이에 동의하고 필요한 협력을 제공하겠다"고 하였다. 모택동이 조중(朝中) 국경에 중국군의 추가배치나 무기 및 탄약의 공급이 필요한지 여부를 문의하자 김일성은 이에 감사를 표시하였으나 제의는 사양하였다. 소련이 필요한 모든 지원을 하기로 되어있다는 이유 때문이었다. 우리는 이 시점부터는 스탈린보다는 모택동이 한국전쟁의 개전에 더 적극적이었음을 알 수 있다. 스탈린이 4월에 전환하였음에 비해 모택동은 5월에 전환함으로써, 먼저 전환한 것은 스탈린이었으나 일단 전환하자 모택동은 스탈린보다는 더 적극적으로 임했다.

김일성과 박헌영은 5월 16일 북경에서 평양으로 귀환하였다. 귀환에 앞서 5월 15일에는 소련대사관의 로신과 페도렌코는 북한대표단을 위해 모택동이 주최하는 만찬에 초대되었다. 김일성은 모택동이 있는 자리에서 회담기간중 모든 문제에 대해 완전한 합의에 도달하였다고 로신에게 말했다. 이것으로 김일성-스탈린-모택동 사이에 최종합의가 이루어진 것이었다. 그리고 모택동이 준비한 대만해방 구상은 여기에서 일단 중단된 것이었다.

소련으로부터 김일성과 박헌영이 귀환한 이후 스탈린의 명령에 따라 새로운 부대들을 창설하는 데 필요한 무기와 장비에 대한 북한의 요구들은 신속하게 집행되었다. 또한 중국의 지도부는 중국군에서 복무중이던 조선인들로 편성된 부대들을 추가로 조선으로 파견했고, 남조선측으로 일본이 참전할 경우 식량원조와 조선에 인접한 한 부대의 파견을 약속했다.[70] 5월 29일 김일성은 슈티코프에게 4월에 모스크바에서 스탈린과의 회담 시 합의된 무기와 장비가 이미 대부분 북한에 도착하였음을 통보하였다. 71) 이렇게 하여 김일성은 스탈린 및 모택동과의 연쇄회담을 통해 그들의 동의와 지원을 확보함으로써 전쟁을 최종적으로 결정한 것이었다. 전쟁을 결정하면서 스탈린과 모택동-김일성 사이에는 항상 상호 의견교환이 있었다. 1950년 4월의 스탈린과 김일성의 회담은, 비록 모택동의 요구에 따른 것이기는 하였으나, 모택동에게 자세히 전달되었고 또 모택동과 김일성의 5월의 회담도 마찬가지로 스탈린에게 전달되었다. 결국 한국전쟁은 이들 사이의 완전한 합의의 산물이었다.

김일성의 주장으로 군사행동의 시작은 1950년 6월 25일로 계획되었다. 72) 처음에 소련 군사고문단의 바실리예프, 포스트니코프 장군은 작전준비가 제대로 갖추어지려면 7월이라야 가능하다며 6월 말 공격을 반대하였으나 이 두 사람도 결국은 장마 때문에 6월 말 이외에 다른 대안이 없다는 데 동의하였다. 73) 슈티코프의 1950년 5월 29일 전문에 따르면 김일성은 새로운 사단 창설식에 참석하고 돌아온 후 동 사단들이 6월말까지 준비완료될 것이라고 언급하였다. 이 시점에 창설된 사단들은 초기전투에 직접 투입되지는 않은 예비사단들이었다. 김일성은 6월말에 전투행위를 개시하는 것을 선호한다고 말하였다. 74) 북한군 총참모부의 건의도 6월말이었다. 75)

---

70) "telegram 362, 1950," 15-16mb-04339/gs, "On the Korean War," *CWIHP Bulletin* (Fall, 1993), p. 16; *JAEAR*, Vol. 2, No. 4 (Winter, 1993), p. 442.

71) 《소련 외교문서》 2, p. 27.

72) "telegram 408, 1950" 15-16mb-04339/gs, "On the Korean War," *CWIHP Bulletin* (Fall, 1993), p. 16; *JAEAR*, Vol. 2, No. 4 (Winter, 1993), p. 442.

73) 《소련 외교문서》 3.

6월 10일 북한이 스탈린 및 모택동과 합의된 대로 평화통일제의를 하고 예상한 대로 남한이 이를 거부하자 다음날 슈티코프는 스탈린에게 직접 다음과 같은 보고를 하였다.

남조선이 이 제의를 거부했음. 공격계획을 예정대로 진행시켜 나가야겠음. 병력을 38도선 부근으로 이동시키고 추가 평화통일 제의를 하겠음.

6월 12일 슈티코프는 13일부터 38도선 10~15㎞ 지역으로 인민군의 병력이동이 시작된다고 보고하였다. [76] 슈티코프의 보고들은 전쟁에 동의한 이후의 사태는 스탈린이 아주 구체적인 제안과 스케줄에까지 직접 개입하고 있음을 보여준다. 치밀한 그는 결코 한국에서의 사태를 다른 사람에게 맡겨 놓지만은 않았던 것이다. 이는 역으로 그의 4월의 전환과 동의가 얼마나 깊이 심사숙고한 결과인가를 반증하고 있는 것이다.

곧이어 슈티코프는 북한군 총참모부가 작성한 침공계획을 모스크바에 알렸다. 이에 따르면 전쟁은 총 1개월 기간에 3단계로 구성되어 있었다.

작전은 6월 25일 이른 새벽에 시작됨. 제1단계 작전은 옹진반도에서 국지전 형태로 시작한 뒤 주공격선은 서해안을 따라 남쪽으로 이동해 감. 2단계 작전은 서울과 한강을 장악함. 동시에 동부전선에서 춘천

74) 《소련 외교문서》 2, pp. 27~28; 《소련 외교문서》 3.
75) KA 45/1/346/94 볼코고노프, 《스탈린》, pp. 372~373; *Ogonyek*, No. 25~ 26 (Jun. 1993), p. 29.
76) 《소련 외교문서》 3.

과 강릉을 해방. 이에 따라 남조선군 주력은 서울일원에서 포위당해 궤멸됨. 마지막 3단계 작전에서는 여타 지역해방. 적의 잔여세력을 소탕하고 주요 인구밀집지역과 항구를 점령함"77)

앞의 1966년 소련공산당의 문건에 따르면 북한은 하루에 15~20㎞ 진격하여 대체로 총 22일에서 27일 사이에 군사행동을 완료하도록 계획하였다.78) 미군에 노획된 6월 20일에 인민군 총참모부가 러시아어로 내린 명령서 역시 3단계 작전이었다.79) 물론 대상은 한반도 남단까지였다. 최근에 공개된 비밀외교문서에 나타난 슈티코프와 보고와 당시의 인민군 명령서의 내용이 동일하다는 점은 이 3단계 작전이 북소간에 합의된 최종작전이었음을 보여준다.

옹진반도에서 국지전으로 시작하려던 최초의 구상은 6월 25일의 실제공격에서는 전면공격으로 변경되었다. 6월 21일 김일성은 슈티코프를 통해 "남한이 방송 청위 및 정보보고에 의거하여 인민군의 작전내용을 입수한 것 같다. 이에 따라 남한이 전투력을 강화시키고 강화와 옹진반도에 병력을 추가 배치하고 있다"면서 "이같은 상황변화로 인해 원래의 작전계획의 변경이 불가피하다. 전면공세전 옹진반도를 기점으로 한 국지전 방식의 시작대신 6월 25일 전전선에서 전면공격을 감행하자"고 스탈린에게 제의했다.80) 아직 스탈린이 이 작전변경을 승인했

---

77) 《소련 외교문서》2, p. 28.
78) "telegram 468, 1950" 15-16mb-04339/gs, "On the Korean War," *CWIHP Bulletin* (Fall, 1993), p. 16; *JAEAR*, Vol. 2, No. 4 (Winter, 1993), p. 442.
79) NA, ATIS 1, RG 242, Box 1, Issue No. 1, Item 3; MA, RG 6, Box 78, Issue No. 6, Item 3.
80) 《소련 외교문서》3.

다는 증거문건은 공개되지 않았으나 실제 전쟁이 그대로 시작된 것으로 미루어 그가 이 제의에 대해 이의 없이 승인하였음에 분명하다.

총참모장 강건은 예하 부대장들에게 내린 명령에서 2주일간이면 전쟁이 끝날 것으로 추정하였다. 81) 거대한 전쟁을 시작하면서도 북한의 지도부는 매우 낙관적으로 생각하여 전쟁을 빨리 끝낼 수 있다고 여겼던 것이다. 오늘날의 북한의 공식기록 역시 김일성이 전쟁을 한 달 내지 한 달 반에 끝내려 작전을 세웠다고 말한다. 82) 이것은 김일성의 탁월한 전쟁지휘능력을 자랑하려 과장하는 것이지만 사실을 말하고 있는 것이었다.

스탈린은 김일성에게 최종적인 동의를 보내고도 섬뜩할 정도로 면밀하게 더 검토를 하였다. 스탈린을 오래 지켜 본 그로미코의 언명처럼 스탈린은 주도면밀하였으며 어느 하나도 주의력을 놓치지 않고 "착오를 일으키는 일이 없도록 컴퓨터처럼 정확하였다". 83) 컴퓨터처럼 정확하였다는 그로미코의 표현은 컴퓨터처럼 치밀하였다는 것을 의미할 것이다. 모택동과 김일성이 최종적 합의에 도달하자 5월 말에 주동경 소련대표부의 대표인 드리비얀코(Kuzma Derevyanko)가 그의 수석보좌관인 키스렌코(Kislenko) 소장을 포함한 그의 참모와 직원 50여 명을 데리고 갑자기 일본을 떠나 본국으로 돌아갔다. 84) 드리비얀코는 45년이후 소련의 대일문제에 대한 최고지위에 있던 자이다.

---

81) 유성철 면담, 서울, 1990년 11월 1일.
82) 《혁명의 위대한 수령 김일성 동지께서 령도하신 조선인민의 정의의 조국해방전쟁사》1권 (평양: 사회과학출판사, 1972), p. 118, 이하 《조국해방전쟁사》.
83) Andrei Gromyko, 박형규 역, 《그로미코 회고록》(문학사상사, 1990), p. 103.
84) Max Beloff, *Soviet Policy in the Far East, 1941~1951* (London: Oxford Univ. Press, 1953), p. 133.

또 그는 당시에 소련에서는 아시아문제의 최고권위자 중의 한 명이었다. 그가 동경을 떠난 날짜는 1950년 5월 27일이었다. 주미 소련대사 파뉴시킨(Alxender Panyushkin)도 5월에 워싱턴을 떠나 모스크바로 향했다. [85] 극동문제 전문가인 드리비얀코와 파뉴시킨이 소환되었음을 볼 때 평양의 슈티코프 역시 소환되었을 가능성이 높았다. 또한 이 시점에는 알려진 바와 같이 여러 곳의 국제기구에서 소련대표들이 대부분 퇴장하거나 귀국하였다. [86]

최종 결정과정을 스탈린-모택동-김일성·박헌영을 중심으로 간단하게 정리해 보자. 무엇을 간취할 수 있는가? 중국혁명의 성공 직후인 1949년 말 내부적으로 전쟁에 대해 결정을 본 김일성과 박헌영은 1950년 초에 스탈린과 모택동에게 직·간접적으로 이 문제를 논의하고 싶다는 의사를 피력하였다. 중간의 연락은 주북한 소련대사 슈티코프와 주중 북한대사 이주연이 맡았다. 이에 스탈린은, 북한지도부의 요청에 대해 1950년 3월에 소련공산당 중앙위원회에서 동의할 수 있음을 결정하고 이를 알린 뒤 김일성과 박헌영을 만나기를 허락했고 4월에 그와 김일성·박헌영 사이에 회담이 열렸다. 스탈린은 여기에서 전쟁에 동의하면서도 최종적인 이니셔티브를 모택동과의 결정에 넘겼다. 김일성과 박헌영은 5월에 모택동을 방문, 모택동과 회담을 하였다. 김일성의 방문을 받은 모택동은 그때까지도 여전히 대만해방을 추진하고 있었으므로 스탈린의 직접적인 확인을 요청하였고 이

---

85) "Intelligence Estimate Prepared by the Estimates Group, Office of Intelligence Research, Department of State," *FRUS*, Vol. VII (Jun. 25, 1950), p. 149.

86) 소진철, "한국전쟁-국제공산주의자들의 음모," 김철범 편, 《한국전쟁: 강대국정치와 남북한 갈등》(서울: 평민사, 1989), pp. 261~265.

에 스탈린은 모택동에게 모스크바에서의 협의내용을 담은 전문을 보내 그와 김일성·박헌영 사이의 결정내용을 확인해 주었다. 이에 모택동도 동의를 표시하고 전쟁을 하기로 최종적 합의를 끝냈다. 그러나 그는 스탈린과 김일성보다는 미국의 개입가능성에 대해 더 우려하고 준비해야 된다는 입장을 보였다. 모든 것에 합의한 후 김일성과 박헌영이 5월 16일 본국으로 귀환하자 곧바로 5월 27일에 스탈린은 드리비얀코와 파뉴시킨을 비롯한 소련의 아시아전문가들을 모스크바로 불러들였다. 결정을 끝내고는 아시아문제 전문가들을 불러들여 최종점검을 하였던 것이다.

전쟁이 발발하자마자 미국 국무성 정보조사실 평가단은 6월 25일 "소련이 6월초 이래 극동지역의 모든 최고위 소련대표들을 모스크바로 불러 특별회의를 갖고 그들의 극동정책을 재검토했다는 징표들이 있어 왔다. 따라서 한국에서의 움직임은 극동의 상황에 관련된 모든 요인들을 가장 면밀하게 검토한 후에서야 내려진 결정으로 추정된다"[87]고 진단하였다. 정보평가서는 "파뉴시킨 대사와 드리비얀코 장군의 이 결정에서의 특별한 역할은 아마도 침략에 대한 미국의 있을 법한 반응을 평가하는 것이었을 것"으로 추정하였다. 이 정보평가들은 전쟁 하루만의 분석이지만 매우 정확한 것이었다.

소련주재 미국대사 커크(Alan G. Kirk)는 아예 국무장관에게 다음과 같은 내용을 타전하였다.

국무성에 보내는 서울의 전문이 정확하다면 대한민국에 대한 북한의 침략적인 군사행동은 명백한 소련의 도전입니다. 이는 소련 공산제국

---

87) *FRUS*, Vol. Ⅶ(1950), pp. 149~150.

주의에 대항하는 자유세계에서의 미국의 지도력에 대한 직접적인 위협이기 때문에 미국은 확고하고도 신속하게 대응해야합니다. 대한민국은 미국정책과 미국이 지도하는 유엔행동의 산물입니다. 대한민국의 붕괴는 미국에 대해 일본, 동남아 및 다른 지역에서 있을 수 있는 심각한 악영향을 끼칠 것입니다. … 본 대사관의 견해로는 한국이 희망하는 지원을 제공하겠다는 미국의 의사발표는 한국의 공식발의를 기다릴 필요도 없고 기다려서도 안 됩니다. [88]

은폐기도의 성공여부에 상관없이 미국은 북한의 행동을 소련의 행동으로 일치시켰던 것이다.

다른 한 논쟁적인 사실이 또 있다. 스탈린의 비서국의 멤버로부터 입수되었다는 한 정보에 따르면 이들이 귀국한 뒤인 6월 10일에 크레믈린에서 다음과 같은 회합이 있었다. [89] 참석자는 스탈린, 몰로토프(V. M. Molotov), 말렌코프(G. M. Malenkov), 불가닌(N. A. Bulganin), 그리고 소비에트 태평양위원회 의장 보이틴스키(Voitinsky), 드리비얀코, 주평양소련대사 슈티코프, 고강 정권의 이립삼, 김일성, 그리고 몇몇 속기사들이었다. 이들은 스탈린 개인별장의 작은 방에서 만났다. 몰로토프는 북한인들이 "조선인민의 통일을 위한 그들의 행동제안"에 대한 소련의 승락을 위하여 청원해 왔다고 말하면서 회의를 개시하였다. 슈티코프는 모든 한국인들이 통일을 바라고 있으며, 이승만정권은 "북한에 대한 무장침략을 위하여 열심히 준비하고 있다"고 말하였

---

88) *FRUS*, Vol. VII(1950), p. 139.

89) Donovan Papers, box 9A, Item 4050, "Digest of Conference Transcript," (Jun. 10, 1950), received April 22, 1954. Bruce Cumings, *Origins*, Vol. 2, pp. 560~567에서 인용.

다. 이립삼은 대북침략은 "중국에서의 반동정권의 재구축을 위한 첫 걸음이 될 것"이라면서, 더욱이 중국은 이승만정권이 압록강 수력발전소를 차지하는 것을 용인할 수가 없다고 말했다. 드리비얀코는 남한에 탱크나 포가 없어서 북한을 저지하지 못할 것이라고 주장했다. 이 자료를 발굴하여 소개한 커밍스는, "참여자들의 면면을 보면 이 회합은 그럴 듯하지만, 이것은 중국 국부관계자들에 의해 조작되었을 것"이라고 주장한다.

　6월 10일에 이 회의가 있었는지, 김일성이 또 이 시점에 소련에 갔었는지는 아직 확인되지 않는다. 커밍스의 말대로 참여자의 면면을 보면 회합은 일단 그럴 듯한 것이 사실이다. 드리비얀코가 이 시점에 크레믈린에 소환되어 갔었던 것도 사실이며 이립삼 또한 곽말약이 이끄는, 한국전쟁이 발발한 후 해방 5주년을 맞이하는 북한을 축하하기 위해 중국에서 북한에 파견된 최초의 대표단의 부단장이었다.[90] 더욱이 그는 북한정권의 안위에 의해 직접 영향을 받는 고강정권의 고위인사였다. 그 역시 북한문제에 대해 충분히 관심을 가질 만한 인물이다. 보이틴스키는 소련의 태평양문제의 담당자였다. 슈티코프는 주평양 소련대사였다. 모두 한국문제에의 관심을 가질 만한 인물들이었다. 김일성과 스탈린은 말할 필요도 없지만 몰로토프, 말렌코프, 불가닌은 모두 소련 외교-국방정책의 최고결정자들에 속하는 사람들이다.

　우리는 다시 김일성의 행적을 추적해야 한다. 《내각공보》에 따르면 1950년 6월 3일에 박헌영이 몇 개의 문건에 수상대리로 잠깐 나타난다.[91] 그렇다면 6월 10일의 김일성의 탈(脫)평양은 일단은 의심해 볼 만

---

90) 《로동신문》 1950년 9월 8일; 柴成文·趙勇田, 《板門店談判》(北京: 解放軍出版社, 1989), p. 62.

한 것은 사실이다. 다른 시기와는 현저히 다르게 특별히 띄엄띄엄 나타
나는 50년 2월 이후의 《저작집》에는 이 시기에도 역시 그는 6월 5일과
22일에만 나타난다. 이 사이 기간은 비어 있다. 그리고는 25일의 전쟁
개시일에야 나타난다. [92] 《조선전사》의 연표에서도 김일성은 6월 5일
이후 6월 20일까지 활동기록이 없다. [93] 소련의 기록을 볼 때 이 시기 김
일성의 방소를 추론할 내용은 없다. [94]

　어떻게 된 것일까? 이것은 마지막 비밀이자 난관이다. 교활한 스탈
린은 이 기록은 암호조차도 남기지 않은 것일까? 김일성은 6월에도
소련을 방문한 것일까? 당시의 내부 자료는 물론이려니와 김일성 우
상화에 주력하여 그의 활동에 대한 것이면 남김없이 기록하는 현재의
기록 모두에서 그의 공식활동기록이 남아 있지 않다는 것은 무엇을
의미하는가? 그는 6월에도 또다시 스탈린을 만나러간 것일까? 가지
않았을 가능성과 갔을 가능성 모두 존재한다. 이 중 어느 것이 사실인
지 증거해줄 만한 자료나 증언은 아직 발견되지 않고 있다.

　이제 이 문제에 관한 가장 최초의, 그리고 가장 고전적인 증언의 하
나인 흐루시초프의 논의를 검토해 보아야 한다. 존 메릴(John Merrill)
이 치밀하게 추적하여 밝혀낸 바와 같이 많은 의심에도 불구하고 이
증언이 흐루시초프의 실제 증언이라는 점은 이제 의심할 여지가 없
다. [95] 출간된 흐루시초프회고록은 세 개가 존재한다. 각각 1970,

---

91) NA, RG 242, SA 2005 Item 2/114, 《내각공보》(1950), pp. 395~406.
92) 《김일성저작집》 5권, pp. 494~504; 《김일성저작집》 6권, pp. 1~8.
93) 《조선전사년표》 권 Ⅱ, pp. 175~176.
94) 《소련 외교문서》 2, pp. 27~28; 《소련 외교문서》 3.
95) John Merrill, *Korea-The Peninsular Origins of the War*(Newark: Univ.
　　 of Delaware Press, 1989), pp. 21~29. 과거에 가능한 한 친공산적/친북

1974, 1992년에 출간된 것들이다. 그러나 1974년 것은 한국전쟁 문제에 대해 어떠한 언급도 포함하고 있지 않다. 1970년의 것과 페레스트로이카 이후 소련의 정보공개에 힘입어 최근에 출판된 세 번째 것은 이 문제에 대해 언급하고 있다. 탈보트(Strobe Talbott)가 편집, 번역한 1970년판을 보자. 그 동안 숱한 논란을 불러일으켰던 한국전쟁관련 핵심부분을 정확한 논의를 위해 길게 인용한다.

1949년 말 내가 우크라이나에서 모스크바로 전임될 무렵 김일성은 스탈린과의 협의를 위해 대표단을 이끌고 모스크바에 왔다. 그들 북조선인들은 남한을 무력으로 공격하고자 했다. 김일성은 (남한에 대한) 제일격은 남한 내에서 내적 폭발을 야기할 것이고 인민의 힘, 곧 북조선을 지배하던 인민의 힘이 압도하게 될 것이라고 말했다. 당연히 스탈린은 이 아이디어를 반대하지 않았다. 그것은 무엇보다도 그 투쟁이 조선인들 자신끼리 겨루는 내부문제로 될 것이기 때문에 공산주의자로서의 그를 확신시켰다. 북조선인들은 이승만의 학대 속에 사는 그들의 동포들에게 구원의 손길을 주기를 원하였다. 스탈린은 김일성을 설득하여, 좀더 심사숙고하고 여러 가지를 따져 본 뒤에 구체적인 계획을 갖고 다시 오도록 했다. 김일성은 일단 돌아가서 모든 것이 완성된 뒤 다시 모스크바에 돌아왔다. 그는 스탈린에게 자신은 성공을 절대적으로 확신한다고 말했다. 내가 기억하기에 스탈린은 이에 대해 의심을 갖고 있었다. 그는 미국이 개입하지 않을까 우려했다. 그러나 우리는 전쟁을 신속하게 해치운다면 — 김일성은 전쟁을 신속

한적으로 사태를 해석하려는 사람들은 이 회고록이 공개되었을 때 그것이 한국전쟁과 관련하여 스탈린과 김일성의 주도에 의한 발발사실을 담고 있다하여 이를 미국 중앙정보국의 조작으로 의심하거나 공격하였다. 그러나 오늘날 이러한 사람은 이제 더 이상 존재하지 않는다.

하게 승리할 수 있다고 확신하였다 ─ 그땐 미국의 개입을 피할 수 있을 것이라고 생각하였다.

그럼에도 불구하고 스탈린은 김일성의 제안에 대해 모택동의 견해를 들어보기로 작정했다. 내가 강조하고 싶은 것은 한국전쟁은 스탈린의 아이디어가 아니라 김일성의 아이디어였다는 점이다. 물론 스탈린은 그를 저지하려 하지 않았다. 나는 진정한 공산주의자라면 누구라도 이승만과 반동적인 미국의 영향으로부터 남한을 해방하려는 그의 감동적인 열망을 버리라고 김일성에게 권고하지는 않았을 것이라고 생각한다. 만약 그렇게 했다면 그것은 공산주의의 세계관에 모순되는 것이었을 것이다. 나는 김일성을 격려한 스탈린을 비난하지 않는다. 오히려 내가 스탈린의 지위에 있었을지라도 나 자신도 동일한 결정을 내렸을 것이다.

모택동도 역시 긍정적으로 대답했다. 그는 김일성의 제안에 찬의를 표하면서 전쟁이 한국문제를 한국인 자신들 스스로 결정하려는 내부문제이기 때문에 미국은 개입하지 않을 것이라는 의견을 내놓았다.

나는 스탈린의 별장에서 있었던 자신에 찬 만찬을 기억하고 있다. 김일성은 우리에게 한국에서의 생활형편을 말하고 남한에 관한 많은 매력적인 것들, 이를테면 쌀농사에 좋은 기름진 땅과 좋은 날씨, 어업의 번창 등에 대해서 이야기 하였다. 그는 남조선과 북조선의 통일 뒤에는 조선전체가 이롭게 된다고 말하였다. 96)

이 인용 속에는 많은 중요한 사실들이 들어 있다. 한국전쟁이 김일성의 제안에 의해 추진되었다는 점, 이에 대해 스탈린은 처음에는 주저하다가 결국 동의하였다는 점, 이 과정에서 모택동과 상의하라고 하였고 그도 동의하였다는 점, 미국의 개입가능성에 대해 진지하게

---

96) *Khrushchev Remembers* (1970), pp. 367~368. 괄호는 인용자 추가.

고민하였으며 결국 미국은 개입하지 않을 것으로 상정하고 전쟁개시 결정을 내렸다는 점, 전쟁을 내부문제로 상정하고 시작하였다는 점, 남한인민들은 북한공산주의자들의 군사적 공격에 대해 적극적으로 호응하여 줄 것이라고 예상하였다는 점, 김일성은 최소한 스탈린을 두 번은 방문하였다는 점, 첫 번째 회담에서도 — 그것이 언제였든지 간에 — 스탈린과 김일성 사이에는 한국에서의 전쟁개시 문제가 상의되었다는 점 등을 드러내준다. 많은 점에서 이 주장은 사실에 부합한다.

메릴이 밝혀내었듯 영어로 출간된 흐루시초프의 회고록은 부분적으로 러시아어로 된 필사본과는 다르다. 그러나 결정적인 해석의 상이를 가져올 차이로는 보이지 않는다. 몇몇 중요한 점을 메릴의 지적을 중심으로 추적해 보면, 먼저 추정적 표현들이 단정적인 표현으로 바뀌었다. 필사본에는 "말하자면", "내가 생각하기에는", "정확히 기억은 나지 않지만", "인 듯하다" 등으로 기록되어 있는 부분이 영역본에서는 빠졌다.[97] 김일성의 모스크바 방문시각도 애매하게 되어 있다. 러시아어 필사본에는 "이것 (김일성의 방문) 이 몇 년도에 있었는지는 기억이 나지 않지만, 그러나 내 생각으로는, 아마도 내가 모스크바에서 일하기 시작한 1950년이었던 것같다"고 되어 있다.[98]

영역출간된 회고록에서 단정적으로 말하고 있는 김일성의 모스크바 재방문에 대해서도 러시아어 필사본에서의 논조는 훨씬 더 약했다. "나의 기억으로는 그의 재방문 일자가 정해졌거나 또는 그가 자신의 구상의 모든 준비를 갖춘 후에 곧바로 우리에게 연락하기로 되어 있었

---

97) John Merrill, *Korea*, p. 23.

98) Susan Matura translation, *Khrushchev Remembers*, p. 367, John Merrill, *Korea*, p. 23에서 인용.

다. 그래서 나는 김일성이 몇 년 몇 월에 와서 스탈린에게 그의 계획을 말했는지 기억하지 못한다."[99] 흐루시초프는 모르고 있었던 것이다. 두 번째의 방문은 비밀방문이었는 데다가 참여자 역시 제한되어 있어서 흐루시초프가 기억해 내지 못했을 가능성이 높았다.[100] 이러한 몇몇 상이에도 불구하고 필자는 흐루시초프의 회고록 — 그것이 영역본이었건 러시아어 필사본이었건 — 의 전체적인 기조와 내용은 사실에서 크게 벗어나고 있지 않다고 판단한다. 즉 그것은 신뢰할 만하다는 것이다. 최근 공개된 자료에 따르면 추측성으로 회고된 러시아어 필사본보다는 좀더 단정적으로 말하고 있는 영역본이 진실에 더 가깝다.

이 문제와 관련하여 추가로 검토할 문제가 하나 더 남아 있다. 김일성의 소련방문의 회수(回數)와 시기문제는 그 동안 가장 많은 논란이 있어왔기 때문에 좀더 상세하게 논의될 필요가 있다. 메릴의 언급처럼, "북한사람들은 이 회합들에서 침략계획을 언급하였을 것이기 때문에 김일성과 스탈린의 만남의 정확한 일자는 중요한 의미를 지닌다.[101] 지금까지 정부수립 후 김일성의 소련방문에 대해서는 다음과 같은 다섯 가지의 견해가 있어 왔다. 이것은 김일성의 소련방문이 한국전쟁의 발발과 불가분의 관계에 있다는 점 때문에 중요하게 규명되어야 할 문제이고, 따라서 격렬한 논란이 되어 왔다.

---

99) Susan Matura translation, *Khrushchev Remembers*, p. 368, John Merrill, *Korea*, p. 25에서 인용.

100) 이 문제에 대해 메릴은 "김일성이 전쟁 전에 소련 수도를 다시 방문했다는 흐루시초프의 주장에는 확실한 근거가 없는 것"이라고 진술하고 있다. John Merrill, *Korea*, p. 25. 냉전의 해체로 소련의 비밀자료가 공개되기 이전이었기 때문에 가능한 진술이었을 것이다.

101) John Merrill, *Korea*, p. 24.

첫째는 49년 3월의 방문이다. 이는 공개방문으로서 의심의 여지가 없다. 두 번째는 49년 말이다. 흐루시초프 회고록에 나오는 주장이다. 이 문제와 관련하여 김일성의 모스크바 방문시기가 흐루시초프의 회고록 1970년판에는 '49년 말'(come to Moscow at the end of 1949)로 되어 있으나 90년판에는 단순히 '49년'(come to Moscow in 1949)으로만 나온다.[102] 49년 말의 방문을 기록해 놓은 것은 다른 자료에서 아직 없다.

흐루시초프의 회고록의 행간을 날카롭게 읽는다면 한 가지 중요한 사실이 나온다. '49년 말'이었건 그냥 '49년'이었건 김일성이 스탈린을 방문할 때 자세한 공격구상과 계획을 갖고 왔었다는 점이다. 그러나 49년 말 방문주장도 역시 확인을 위해서는 좀더 기다려야 할 것 같다. 이 문제와 관련한 자료와 증언에 비추어볼 때 현재까지의 필자의 연구로는 이때의 방문은 없었다는 것이 잠정적 결론이다. 한국전쟁의 결정과정을 추적한 다른 한 연구의 결론도 필자와 동일하다.[103] 소련 외교문서에 따르더라도 이 당시의 방문은 그러한 기미조차 찾을 수 없는 것이 사실이다. 북한 내부의 공개 또는 비밀 문건들을 통하여서도 이는 확인되지 않는다.

세 번째는 50년 2월의 방문설이다. 이는 러시아의 학자 코로트코프 (Gavril Korotkov)에 의해서 최근에 소련 내부문서에 근거하였다고 아주 확실한 듯이 주장되고 있다.[104] 그는 1950년 2월 27일 김일성이 '선

---

102) *Khrushchev Remembers* (1970), p. 367; *Khrushchev Remembers-The Glasnost Tapes* (1990), p. 145.

103) Sergei N. Goncharov, John W. Lewis, Xue Litai, *Uncertain Partners: Stalin, Mao, and the Korean War*, p. 138.

104) 코로트코프, "6·25때 미소 모두 핵사용 검토했다," 《월간 중앙》 1992년 6월

제타격계획'이라는 남침계획서를 휴대하고 모스크바를 방문하여 스탈린의 동의를 받았다고 주장한다. 일단 '선제타격계획'이라는 용어 자체는 유성철의 증언과 일치한다. 그는 문제의 선제타격계획 원본이 현재 모스크바와 평양에 1부씩 보관되어 있다고 주장한다. 코로트코프에 따르면 당시 7명의 군사대표단을 이끈 김일성이 3일간 모스크바에 체류하면서 스탈린의 동의와 전폭적인 지원약속을 받고 3월 1일 평양으로 돌아갔다고 주장한다. 그는 스탈린과 슈티멘코 총참모장 등 소련군 막료들과 남침계획을 놓고 구체적으로 협의하였으며 5월 말까지 전쟁준비를 완료하기로 하고 평양으로 돌아갔다고 주장한다.

전소련장군 로모프(Nikolai Lomov)의 증언도 인용하는 그에 따르면, 전쟁은 이때 스탈린의 지시로 인해 결정되었으며, 김일성은 준비가 덜 되었다며 망설이는 입장이었으나 스탈린에게 호통을 당하고서는 우울하게 수락했다고 주장한다. 김일성은 불가닌, 바실리예프스키, 안토노프 앞에서 전쟁준비상황까지 설명하였다는 것이다. 코로트코프는 1991년 6월 24일 한국의 연합통신과의 회견에서는 자신의 친구라고 밝힌 목격자의 증언을 토대로 다음과 같이 진술하였다.

김일성은 1950년 1월 모스크바를 비밀리에 방문한 지 한 달 후인 2월 23일 저녁 항공기편으로 다시 모스크바로 돌아왔다. 김일성은 다음날 새벽 2시까지 스탈린과 그의 집무실에서 비밀회담을 가졌는데 회담

호, p. 600; *US News and World Report* (Aug. 9, 1993), p. 46; 《동아일보》 1992년 8월 29일; 《한국일보》 1992년 8월 30일; 《세계일보》 1992년 8월 30일; *The Korea Times* (August 30, 1992). 코로트코프 자신에 따르면 그는 한국전쟁 당시 초급 장교로 참전한 바 있었다(모스크바＝연합통신 김흥식 특파원 인터뷰 전송문: 《조선일보》 1991년 6월 25일).

도중 상상도 할 수 없는 장면이 수차 일어났다. 회담시작 한 시간 만에 김일성은 얼굴이 벌겋게 상기된 채 신경질적인 표정으로 대기실로 나왔다. 대기실 의자에 앉아 있던 김일성은 스탈린이 들어오라는 신호를 보내자 30분 만에 집무실로 들어갔다. 그러나 1시간쯤 후 김일성은 다시 씩씩대며 대기실로 나와 20분 정도 있다가 들어오라는 전갈을 받고 스탈린 집무실로 또다시 들어갔다. 회담은 새벽 두시까지 계속되었는데 이윽고 김일성은 얼굴이 상기된 채 집무실 밖으로 나와 한마디도 건네지 않고 나가버렸다. 김은 이날 아침 바로 항공기 편으로 귀국했다. 당시 스탈린 집무실 근무자들은 이같은 상황에 경악했다. 그러나 이것은 양인 간에 개전시기를 놓고 심각한 견해차가 있었기 때문이었다.

스탈린은 자신의 방침대로 전쟁을 벌이도록 강요한 반면 김일성은 남침에는 이견의 여지가 없지만 전쟁 준비가 덜 돼 있다며 개전시기를 늦춰달라고 주장했음이 분명하다. 특히 스탈린은 대독-대일전쟁의 승리, 중국해방, 월맹정권수립 등 제반 국제정세가 한반도의 공산화에 절호의 기회를 제공하고 있으며 소련 극동에 있는 소련군이 무적의 군사력을 보유하고 있음을 들어 김에게 남침을 독려한 것으로 판단된다. 잠시나마 완강하게 버티던 김이 결국 스탈린을 거역 할 수 없었던 데는 고분고분하지 않을 경우 후원자인 스탈린이 제 3의 인물로 자신을 대체할 수도 있음을 시사했을 가능성도 있다. 105)

이 진술은 로모프의 증언에 기초한 그의 다른 진술과도 일치한다. 106) 이 진술에 따르면 전쟁에 훨씬 더 적극적이었던 인물은 김일성이 아니라 스탈린이 되며 또한 김일성은 스탈린이 자신을 교체해 버릴

105) "모스크바 = 연합" 김홍식특파원 전송문:《조선일보》1991년 6월 25일;《경향신문》1991년 6월 25일.
106) *US News and World Report* (Aug. 9, 1993), p. 46.

까봐 저항하다가 마지못해 전쟁압력을 수용한 것이 된다. 그러나 이러한 내용의 진위여부는 접어두고라도, 이 진술은 사실 자체부터 지탱되지 않는다. 따라서 진술내용은 진실로 인정받기가 더욱 어렵다. 이 진술이 맞는다면 김일성은 2월 23일 모스크바에 왔다가 2월 24일에 평양으로 돌아온 것이 된다. 그러나 바로 앞의 진술에서 그는, 동일한 증언에 기초하여 김일성은 2월 27일에 모스크바에 왔다가 3월 1일에 평양으로 돌아갔다고 진술하였다. 그는 가장 기초적인 사실에서조차 자기불일치를 노정하고 있는 것이다. 따라서 그의 진술은 진지한 학문적 검토의 대상이 되기 어렵다.

실제로 코로트코프의 진술은 진술내용은 제쳐두고라도 이때의 방문 자체조차 확인되지 않는다. 코로트코프는 김일성이 모스크바를 1월에도 방문하였고 2월에도 방문하였다고 주장한다. 그러나 이 주장은 신뢰하기 어렵다. 북한자료에 따르면 이때의 방문주장은 지탱되기 어렵다.

《저작집》에는 김일성이 2월 28일 최고인민회의 5차회의에서 연설한 것으로 나오며 《조선전사》 연표에도 역시 김일성이 이 회의에서 연설한 것으로 나와 있다.[107] 따라서 3월 1일 평양귀환 주장은 우선 성립할 수 없다. 《내각공보》는 이 시기 아무런 결정사항이 없어서 확인할 수 없다.[108]

군사대표를 7명이나 대동하고 방문하였다는 것도 상식의 수준에서는 언뜻 동의하기 어려운 부분이다. 우리의 여러 추적에 의하면 스탈린이 김일성의 전쟁계획에 최종동의하는 것은 빨라야 1950년 3월이

---

107) 《김일성저작집》 5권, pp. 408~416; 《조선전사년표》, p. 173.
108) NA, RG 242, SA 2005 Item 2/114, 《내각공보》 제5호, 1950년 3월 15일, pp. 138~139.

며 그것도 소련공산당 중앙위원회에서 논의하고 난 뒤인데 2월에 이미 지시하고 전폭지원을 약속하였다는 것은 신뢰하기 어렵다. 따라서 그가 주장하는 1월 방문설과 2월 방문설은 신뢰하기 어렵다. 이 부분의 확인은 러시아의 자료가 더 공개되기를 기다려야 할 것이다. [109]

네 번째는 50년 4월의 방문이다. 이때의 방문은 확실하다. 필자는 앞에서 그것을 상세히 논의하였다. 이때의 방소와 관련하여 한 가지 의문은 김일성과 박헌영이 스탈린을 만나고 돌아오다가 귀로에 비밀리에 북경을 방문하여 모택동을 만났다는 주장이다. [110] 이는 중국학자들에 의해 반복적으로 제기돼온 새로운 주장이다. 증언자를 밝히지 않은 익명의 증언에 기초한 이 주장은 이때 김일성은 모택동에게 군사적으로 조국을 통일하겠다는 사실만을 알리고 군사행위의 자료는 물론 자신의 군사계획을 포함한 상세한 내용까지는 알려주지 않았

---

109) 김학준 역시 "그때(김일성의 1950년 소련 방문시기)는 분명히 당시 중국 공산당 주석 모택동이 모스크바에서 스탈린과의 길었던 회담을 마무리 지은 2월 중순 이전의 어느 날들이었을 것이다"라고 주장하고 있다. 그도 역시 2월 중순 이전의 50년 초 어느 날 김일성이 모스크바를 방문하였을 가능성을 매우 높게 보고 있는 것이다. 김학준, "한국전쟁에 관한 제학설,"《북한》, 1990년 6월, p. 46. 이는 소련의 비밀자료가 공개되기 이전이었기 때문에 가능하였던 추론일 것이다.

110) 焦志海, "중국의 한국전쟁 참전," 김철범·제임스 매트레이 편, 《한국과 냉전》, pp. 242~243; Hao Yufan and Zhai Zhihai, "China's Decision to Enter the Korean War: History Revisited," *China Quarterly*, 121(March, 1990), p. 100; Chen Jian, "The Sino-Soviet Alliance and China's Entry into the Korean War," Cold War International History Project, Working Paper No. 1. (The Woodrow Wilson Center, 1992), pp. 20~21. 이 주장은 모택동이 1949년 말 모스크바를 방문했을 때도 스탈린은 한국의 군사적 통일문제를 제기하고 김일성의 계획에 대해 원칙적인 차원에서 그와 함께 논의했다고 진술한다.

다고 진술한다. 그러나 이 방문은 사실이 아닐 것이다. 5월의 방문 및 논의내용에 비추어 볼 때 김일성과 박헌영은 4월에 모스크바로부터 의 귀로에 모택동을 방문하였을 리가 없었다.

다섯 번째는 50년 6월의 방문설이다. 이것은 아직 확인가능하지 않다. 아마도 규명하기가 가장 어려우며 논란의 여지가 많은 부분일 것이다.

필자는 지금까지의 논의로 한국전쟁의 결정과정에 대해, 어느 정도 역사적 사실을 복원해 내었다고 판단하지만 아직 완벽한 것은 아니다. 소련과 중국, 북한[111]의 더 많은 비밀자료들이 공개되었을 때 동아시아공산주의 삼각동맹이라고 부르는 국가의 지도자들 간의 한국전쟁의 결정을 둘러싼 비밀이 다 밝혀질 수 있을 것이다.

---

111) 1994년 7월 북한을 탈출하여 남한으로 온, 북한정무원 총리인 강성산(姜成山)의 사위로 알려진 강명도(康明道)에 따르면 북한 '국가문서고'에 스탈린과 김일성의 대화록이 보관되어 있다고 한다. 즉, 그에 따르면 "북한의 유명한 시나리오 작가 이진우가 한국전쟁 관련 작품을 만들기 위해 '국가문서고'에 드나들면서 스탈린-김일성 대화록을 보고는 알게 된 북한군의 남침사실을 유포했다가 국가보위부 수용소에 잡혀가 처형되었다"는 것이다. 강명도의 이 증언은 북한이 한국전쟁 관련 중요 비밀문서를 '국가문서고'라는 데 보관하고 있다는 사실에 대한 최초의 증언이다. 《동아일보》 1995년 4월 7일.

제 II 부

전쟁의 결정: 분석

일반적으로 결정에의 참여자가 적으면 적을수록 그 결정은 비밀스럽고 전격적일 경우가 많다. 소수성과 비밀성은 자주결정의 정당성 및 전격성과 직결된다. 정당성과 소수성은 정의 관계와 부의 관계에 모두 놓일 수 있지만, 전격성과 소수성은 항상 정의 관계에만 놓인다. 동시에 소수결정자의 의도가 특정 사태의 시작에서 차지하는 비중이 클수록 그에 비례하여 구조일원적 설명은 지탱되기 어렵다.

한국전쟁의 시작결정은 소수지도자들의 합의로 가능하였다. 내부적으로는 김일성과 박헌영의 합의가 결정적이었고, 외부적으로는 스탈린과 모택동, 특히 스탈린의 동의가 결정적이었다. 그러나 스탈린, 모택동, 김일성, 즉 소련, 중국, 북한의 한국전쟁 시작에 대한 설명은 모두가 각자의 입장에서 책임을 면하여 다른 쪽에게 전가하려는 데에만 초점이 놓여 있다.

스탈린은 김일성과 모택동에게, 모택동은 스탈린과 김일성에게, 김일성은 스탈린과 모택동에게 책임을 넘기려 한다. 마찬가지로 러시아는 중국과 북한에게, 중국은 또 러시아와 북한에게, 북한은 약간 달라서 러시아와 중국보다는 아직도 미국과 남한에게 전쟁시작의 책임을 귀착시키고 있다.* 이 점

---

* 이 문제에 대해 김일성이 직접 하였다는 말은, 비록 완전히 신뢰하기는 어렵다 하더라도, 상당히 흥미 있는 내용을 알려주고 있다. 1978년 일본에서 발행된 한 일본공산당 자료에 따르면 1966년 김일성은 일본공산당 대표들이 평양을 방문했을 때 한국전쟁에 관한 발언을 직접 하였다. 1966년 3월 11일부터 3월 21일까지 야마모토 겐지(宮本顯治) 서기장을 단장으로 하는 일본공산당 대표단이 평양을 방문하고 돌아와 당에 방문결과를 보고하였다. 여기에는 김일성이 하였다는 중요한 말이 포함되어 있다.

5월 4일의 오카 마사요시(岡正芳) 상임간부위원의 특별보고에 따르면 김일성은 북한측이 먼저 도전한 점이 있다는 점을 시인하였다. 또 김일성은 중국, 소련과 한국전쟁에 관하여 협의했다고 하였다. 김일성에 따르면 마오는 북한에게 남한에서의 미군 축출을 강조했다. 김일성은 1949년 마오가 자신을 만나고 싶다고 했으나 자기는 가지를 못하고 노동당 부위원장을 대리로 보냈다고 했다. 이때 마오는 북한의 대표에게 "가능한 한 빠른 시일 내에 미국을 축출하는 것이 좋겠다. 오랫동안 미군의 주둔을 허용하면 대중들은 습관화되어 싸울 용기를 상실하게 될 것"이라고 말했다고 한다. 김일성은 이 무렵 소련도 동일한 내용의 말을 종종 해왔다고 했다. 김일성은 있을지도 모를 미국과의 우발사태에 대해서 중국과 소련이 북한을 지원하는 방법도 논의했다고 말했다.

은 오늘날 세 나라의 한국전쟁의 설명에서 하나같이 발견되는 공통점이다. 세 나라 각각에서 나오는 자료와 연구성과들은 이 점에서 예외가 없다. 전쟁을 결정하고 시작한 누구도 실제의 사태를 말하려 하지 않는다. 왜냐하면 러시아-중국-북한은 모두 범죄적이라고 인식되고 있는 이 전쟁의 결정과 시작에 자신들이 주도적인 역할을 하였다고 받아들여지는 점을 회피하려 하고 있기 때문이다.

실제의 모습은 어떤 것일까? 내부적으로 김일성과 박헌영은 어떤 인식하에 전쟁을 시작하였을까? 김일성과 박헌영의 전쟁결정은 공동결정일까, 아니면 어느 한편의 반대를 다른 한편이 제압하고 전쟁을 강행한 것일까? 또는 오랜 추론처럼 둘의 갈등적 관계가 전쟁을 초래한 근본이유일까? 북한 리더십 내부에서는 전쟁의 시작에 반대하는 사람들은 없었을까, 있었다면 누구일까?

또 스탈린과 모택동의 동의는 어떤 인식하에 어떻게 하여 이루어지게 되

오카의 보고에 따르면, 1950년 5월 심양에서 소련-중국-북한 3국의 당고위관계자 회담이 열렸다. 이때 3국공산당 대표들은 미군이 도발해 오면 인민군은 즉시 반격하여 남진한다는 방침을 결정했다. 중국은 직접 군대를 보내 원조하고 소련은 무기원조를 한다는 방침이었다. 북한의 당과 정부는 유상의 많은 무기를 받아서 조선전쟁에 돌입하게 되었는데, 여기에는 북조선노동당 내부에 소련 일변도의 이른바 소련파와, 중국일변도의 연안파 간부들이 많이 있어 이들의 압력도 크게 작용한 것이다. 이때 김일성은 한국전쟁 중 소련의 역할을 비판하는 가운데 조선전쟁으로 이득을 본 것은 소련뿐이고, 조선과 중국의 희생으로 극동에 만연된 미국의 세력을 한때 저지할 수 있었다고 술회하였다.

김일성의 이 발언들은 많은 점에서 새로운 논쟁점을 던져주고 있다. 김일성 자신보다는 중국과 소련이 더 적극적으로 전쟁을 교사하였다는 점, 북한 내부에서도 소련파와 연안파가 전쟁을 더 주도하였다는 점을 시사하고 있기 때문이다. 앞으로 많은 논의가 필요한 주장이 아닐 수 없다. 또한 만약에 5월 언젠가 위와 같은 3국 당 고위관계자 간의 비밀회담이 열렸다면 그것은 스탈린-모택동-김일성 간에 연속적인 회담을 통하여 전쟁에 합의한 직후였을 것이다. 5월 13～15일에 마오와의 최종합의가 있었으므로 그 직후가 아닐까 보인다. 그러나 아직 이를 확인할 만한 다른 1차 자료는 공개되지 않고 있다. 사상운동연구소 편,《일본공산당사전》(東京: 全貌社, 1978); 소진철, "김일성이 말한 한국전쟁의 기원,"《북한》1989년 6월호, pp.122～125.

었는가? 한국전쟁의 시작과 이들은 어떠한 관계에 있을까? 우리는 앞서 이 물음들에 대한 사실들을 개괄적으로 서술한 바 있다. 이제 이를 분석하려 한다. 먼저 스탈린과 모택동의 전쟁동의의 요인을 살펴보고 그들의 인식과 행태의 차이점을 규명해 보자. 한국전쟁 결정의 어떤 면을 설명할 수 있을 것인가?

제 4 장

스탈린: 지원과 은폐의 이중주

1. 일국 사회주의와 일지역 사회주의

스탈린의 동의가 없었다면 한국전쟁은 어떻게 되었을까? 스탈린은 한국전쟁을 동의하기 5년 전인 1945년 2월의 얄타회담에서 이렇게 말한 적이 있다.

역사는 정전(停戰)에 따르는 수많은 정치가들의 회합을 기록해 왔습니다. 총성이 멎었을 때 전쟁은 이러한 지도자들을 현명하게 만들어 그들은 서로 평화롭게 지내고 싶다고들 얘기합니다. 하지만 얼마 후에는 그토록 서로 맹세했음에도 불구하고 또 다른 전쟁이 일어납니다. 왜 그럴까요? 평화를 달성한 후에 태도를 바꾸는 지도자가 그 중에는 있기 때문이지요. 이러한 일이 앞으로 우리들에게 일어나지 않도록 해야합니다. 1)

얄타회담은 전후 세계질서를 정초한 회담이었다. 우리가 1945년 이후 냉전이 해체될 때까지의 세계정치를 냉전체제라고도 부르는 한편 얄타체제라고 부르는 이유는 여기에 있다. 위의 진술에 비추어 스탈린은 이 시점까지는 자본주의 진영과 전쟁을 구상하고 있지 않았다. 실제로 그는 1945년 종전 이후 1953년 사망할 때까지 한국전쟁을 제외하고는 전쟁을 결정하지도 동의하지도 않았다. 심지어 그는 중국에서의 장개석의 완전한 축출과 공산혁명의 성공까지도 좋아하지 않았다.

전통주의 시각에서는 오랫동안 스탈린이 팽창과 침략적 본성을 갖고 한국에서 전쟁을 시도하였다고 주장해 왔다. 그러나 1945년 종전 이후 1953년 그가 죽을 때까지의 사실에 비추어 이는 사실에 부합하지 않는다. 이러한 주장은 사실 오래된 것이며, 오늘날까지도 변함없이 계속되고 있다. 전통주의 시각의 주장의 핵심은 공산진영은 1948년 12월에 이미 남침에 합의하였다는 것이다. 이를 49년 말과 50년 초 사이의 스탈린-모택동 회담에서 확인하지 않았겠느냐는 것이다.

북한에 파견되었던 소련 포병장교 키릴 칼리노프(Kyril Kalinov)의 증언은 이러한 주장의 고전적 시원으로 불리며, 이는 남한의 공식역사에서뿐만 아니라 전통적 해석의 한 움직일 수 없는 전범처럼 인용된다. 그에 따르면 1948년 12월 중순 모스크바에서 불가닌 국방상의 주재로 고위군사회의가 있었다. 여기에는 말리노프스키(Malinovsky), 바실레프스키(Vasilevsky), 코네프(Konev) 원수, 해병사령관 골로프코(Golovko) 제독, 그리고 말렌코프(Malenkov)가 참석했고 북한과 중국의 대표들도 참석하였다. 이 회의에서는 철수한 점령군을 대체할 특별사절단을 만들 것이 결정되었다. 그리하여 특별 임무를 띤 군사사절

---

1) Andrei Gromyko, 《그로미코회고록》, pp. 104~105.

단이 조직되었으며, 주북한 대사에 새로이 임명된 슈티코프를 포함하여 1948년 12월 말 카투코프(Katukov), 쿠바노프(Kubanov), 코로테예프(Koroteyev), 자카로프(Zakharov)를 포함한 5명의 장성과 12명의 대령 등 수십 명으로 이루어진 고문단이 시베리아철도를 타고 소련을 출발, 1950년 1월 평양에 도착하여 활동을 시작하였다. 이들은 "18개월 내에 북한군을 형성하고 훈련시키라"(form and train a new North Korean Army in not more than eighteen months)는 크레믈린의 명령을 특수임무로 하고 있었다. 칼리노프는 이 사절단의 일원이었다.[2]

이 증언은 특히 그 안에 있는 '18개월'이라는 내용이 기묘하게도 전쟁이 발발하는 시점인 1950년 6월과 정확하게 일치한다고 하여 이 회의에서 이미 남침이 결정되었을 것이라는 해석의 강력한 근거가 되어왔다. 칼리노프는 48년 12월의 회의에 김일성은 병으로 불참하고 대신 부수상 겸 전쟁상 곤명기(Khon Men Khi. 아마도 홍명희를 말하려는 것인지 모르겠다. 그러나 홍명희는 부수상이었으나 전쟁상은 아니었다)가 대규모의 공군창설계획을 밝혀 이를 저지하려는 소련과 충돌하였다고까지 쓰고 있다. 그러나 오늘날 이 회고는 미국의 중앙정보국에서 조작되었다는 견해가 유력하다.[3] 1948년 12월 시점에 전쟁이 결정되었을 것이라는 추론은 이제 더 이상 받아들여지지 않는다. 그것은 하나의 조작이거나 허구적 구축인 것이다.

그럼에도 불구하고 스탈린은 1950년 4월 한국전쟁의 시작에 동의

---

2) Kyril Kalinov, "How Russia Built the North Korean Army," *The Reporter* (September 26, 1950), pp. 4~8; *The Reporter* (October 10, 1950), pp. 17~20. 이 증언은 남한의 한국전쟁 전문가들에 의해 자주 인용되어 온 것인데 그들이 인용하는 제목은 실제의 제목과 다르다.
3) 김학준, 《한국정치론사전》(서울: 한길사, 1990), p. 370.

함으로써 5년 전의 자신의 말을 지키지 못하고 변경한 것은 사실이었다. 그는 스스로가 말한 바 있는 "평화를 달성한 후에 태도를 바꾸는 지도자"가 된 것이었다. 따라서 스탈린이 비록 처음부터 공격하려고는 않았다 할지라도 그를 제외해 놓고는 한국전쟁의 결정은 결코 설명될 수 없다. 볼렌(Charles E. Bohlen)의 말은 문제의 핵심을 찌른 것으로 보인다.

> 지금도 전쟁이 소련에 의해서가 아니라 북한의 독자적 행동에 의해서 시작되었다고 말하는 사람들이 있다. 이것은 어린아이 같은 난센스이다. 모든 면에서 소련에 의해 훈련되고, 모든 수준에서 소련고문관들이 있고, 모든 공급을 순전히 모스크바에 의존하는 군대가 어떻게 소련의 허가 없이 움직일 수 있을까? 스탈린은 결코, 어쩌면 소련을 미국과의 대결에 몰아넣을지도 모를 전쟁을 북한인들이 시작하는 것을 그냥 부주의하게 허용하였을 리가 없었다.[4]

볼렌의 말처럼 스탈린은 결코 그냥 생각 없이 김일성의 무력통일의 의지를 동의하였을 리가 없었다. 그것은 결코 있을 수 없는 일이었다. 그는 치밀하게 득실을 측량하였다. 한국에서 스탈린이 전쟁을 개시할 모티프가 없었다는, 따라서 전쟁의 결정에 개입하였을 리 없다는 주장도 그래서 역시 진실이 아니다. 이를테면 커밍스는 다음과 같은 네 가지 이유에서 소련이 1950년 6월의 공격에 대해 찬성하였을 가능성을 주의 깊게 배제하고 있다.

---

4) Charles E. Bohlen, *Witness to History, 1929~1969* (New York: W. W. Norton & Company, Inc., 1973), p. 294.

첫째, 어느 쪽에서이든 오늘날(1990년 현재)까지조차 그럴 듯한 증거가 없을 뿐만 아니라 그럴 가능성조차 없다. 둘째, 소련은 북한인들 스스로가 원치 않는 공격을 명령할 능력을 갖고 있지 못했다. 셋째, 한국인들(북한인들)은 중국으로부터 조선족 병사들이 귀환하면서 독자적으로 공격을 개시할 능력을 갖고 있었다. 넷째, 전쟁의 결과는 NSC 68의 실현을 가능케 하여 미국의 방위비 지출을 세 배로 늘리며, 일본과 서독의 재무장을 촉진시킬 뿐만 아니라, 전쟁 후 수년 동안 세계적 수준에서의 긴장을 크게 고조시키는 등, 북한의 승리로부터 얻어질 어떤 잠재적 이득들과 비교했을 때도 모두가 소련에게 불리한 점들일 것이었다. 5)

스탈린이 처음부터 침략적이었다고 볼 수는 없지만 그렇다고 해서 스탈린이 한국에서 전쟁을 개시할 모티프가 전혀 없었으며, 이를 뒷받침할 자료가 있을 가능성조차 없다는 주장 역시 진실이 아니다. 무엇이 스탈린을 하나의 지점인 평화로부터 다른 하나의 지점인 전쟁으로 이동하게 하였을까? 앞장에서 본 대로 1950년 3월까지 그는 전쟁에 대해 동의하지 않았다. 그러나 1950년 3~4월 그는 동의하였고, 청신호를 보냈으며, 이것은 한국에서의 전쟁으로 연결되었다. 그를 오랫동안 보좌해온 그로미코에 따르면 스탈린은 "일단 어떤 생각에 사로잡히면 어디까지나 그것에 얽매였던" 사람이었고, 모든 회담에서 다른 소련 수행부하들이 다음에 무슨 말을 할지 알 정도로 사전준비와 점검이 치밀하였던 사람이었다. 6) 이러한 스탈린이 바뀌었다는 것은 결코 우연한 동의나 실수가 아니라 치밀한 검토와 계산의 결과였다.

---

5) Bruce Cumings, *The Origins*, Vol. II, pp. 453~454.
6) Andrei Gromyko, 《그로미코회고록》, pp. 73, 103.

이 문제를 살피기 위해 먼저 스탈린에 대한 아이작 도이처(Isaac Deutscher)의 고전적 전기로 돌아가야 할 것 같다. 지금까지 한국전쟁을 둘러싼 스탈린의 정책과 관련지어 많은 연구들이 그의 정책이 하나의 어떤 불변의 정책을 갖고 있었던 것으로 설명하려 시도해 왔다. 전통주의와 수정주의라는 두 대표적인 설명방법이야말로 스탈린의 정책이 하나라는 인식하에 그것을 공격적이라고 볼 것이냐, 아니면 수세적 유화적이라고 볼 것이냐는 문제에 대한 인식과 직결되어 있다. 이러한 노력들은 대부분 실패하였다. 그 근본 이유는, 학자들은 일반적으로 복합적인 측면을 안고 있는 특정의 설명대상을 하나로 단순화시켜 설명하려 하기 때문이다. 그것은 종종 오류로 연결된다.

스탈린의 정책은 하나가 아니었으며, 특히 한국전쟁을 놓고는 특정 시점에 완전히 변화하였다. 이 문제에 관한 한 도이처의 설명은 가장 명쾌해 보인다. 도이처에 의하면 스탈린은 제2차 세계대전 직후 사회주의를 확장하기보다는 확보된 지역에서의 사회주의 군히기 전략을 선호했다. 즉 '확보된 한 지역에서의 사회주의 구축'(socialism in one zone) 전략이라는 것이다. 그에 따르면 스탈린은 자본주의와 사회주의 간에 그어진 경계선을 성실하게 지켰다.

의심할 여지없이 1945~6년의 스탈린은 더 이상 우리가 1925년과 35년에 알았던 스탈린이 아니었다. 일련의 사태는 그가 주장했고 그가 위치했던 지점으로부터 그를 이동시켰다. 그러나 그것이 그를 출발점, 곧 그가 한때 레닌 및 트로츠키와 공유했던 세계혁명(world revolution)의 개념으로 돌아가게 한 것은 아니다. **그는 이제 그의 일국사회주의(socialism in one country)를 일지역사회주의(socialism in one zone)라고 부를 수 있는 것으로 대체했다.** 레닌과 트로츠키의 개념에서 사회주의혁명은 적대적인 자본주의와 사회주의 사이에 지속적인 휴전을 허용하지 않는 본질적으로 연속적이며 세계적인 과정이었다. 그 개념에는 두 진영 사이에 영향력 영역의 뚜렷한 분할이 있을 여지가 없다.

그러나 스탈린에게 두 진영 사이의 투쟁은 단지 가장 넓은 역사적 철학적 의미에서만 계속된다. 실제의 현실정치에서 혁명과정의 불연속성은, 더 많지 않다면, 그것의 연속성만큼이나 중요하다. 반대되는 진영간의 전쟁과 같은 충돌 (*war-like collision*)은, 두 진영의 적대관계가 평화적 경쟁관계의 성격을 띠는 과정 속에서의 지속적인 휴전 — 아마도 수십 년 동안 계속될 — 뒤에 오거나 오게 될 것이다. 이 과정의 성격은 사회주의와 자본주의국가들 사이의 계약과 교류를 허용할 뿐만 아니라 적극적으로 필요로 할 것이다. 그것은 영향력의 분할과 같은 국제적 현실조치들에 사회주의국가가 (더) 집착하게조차 할 것이다. **왜냐하면 사회주의국가가 세계의 한 쪽에서의 자본주의의 위치를 강화시켜 줌으로써 그 보상으로 사회주의국가 자신의 위치를 강화하고 다른 쪽에서 확장하는 것을 가능케 하기 때문이다.**[7]

필자가 판단하기에 이 진술은 냉전시기 동안의 공산주의 진영의 일반적 외교정책 전체에 적용될 수 있을 만큼 통찰력 넘치는 것으로 보인다. 특히 인용된 부분의 마지막의 문장은 더욱 그러하다. 사르트르 (Jean-Paul Sartre)는 일찍이 스탈린의 '일국사회주의'론을 그 근본까지 철저하게 검토하면서, 그것이 살아있는 한 일국사회주의론은 자신을 보충하고 교정하는 다른 표현형태, 다른 표출양식을 만들어낼 수 있음을 지적한 바 있다. [8] 이는 아마도 일국사회주의론 자체가 원래부터 미결정성 (*indeterminancy*)을 포함하고 있었기 때문일 것이다. [9] 일지역

---

7) Isaac Deutscher, *Stalin-A Political Biography*, 2nd ed. (New York : Oxford Univ. Press, 1967), pp. 552~553.

8) Jean-Paul Sartre, "'Socialism in One Country'," *New Left Review*, No. 100 (Nov. 1976~Jan. 1977), pp. 143, 158~161.

사회주의론은 그것의 다른 표현이었다. 따라서 도이처가 세계의 변화
와 스탈린의 대응을 보고 제시한 '일지역사회주의'론은 동유럽의 공산
혁명과 중국혁명으로 인해 있게 된 소련의 '사회주의적 고립'(socialist
isolation)[10] 으로부터의 탈출에 대한 스탈린식의 대응이었던 것이다.

스탈린의 이러한 정책이 가장 잘 적용된 사례는 한국이었다. 1945년
8월 그는 미국의 일반명령 1호 제안에 의한, 38선에 따른 한국의 분할
을 이의없이 받아들였다. 트루만(Harry S. Truman)에 따르면 스탈린
은 8월 16일 트루만에게 서신을 보내어 "일반명령 제 1호를 동봉한 당
신의 메시지를 받았다. 원칙적으로 나는 그 명령의 내용들에 대하여 반
대하지 않는다"고 말했다. 그는 그 명령의 내용들 가운데 몇 가지 수정
을 요구하였으나 한국에 대한 언급은 없었다.[11] 이는 "스탈린은 몇몇
수정을 요구하면서도 38도선에 관해서는 언급이 없었다"는 국무성 웹
(James E. Webb) 차관의 증언에 의해서도 이미 확인된 바 있다. 웹은
"일반명령 1호가 아직 논의중일 때인 1945년 8월 12일에 소련군은 이미
북부한국에 진주하였다는 점에 주목할 필요가 있다"고 진술하였다.[12]
이때 38선을 결정하면서 미국의 관리들이 소련군이 한국에 이미 진

---

9) Jean-Paul Sartre, "'Socialism in One Country'," p. 158.

10) Jean-Paul Sartre, "'Socialism in One Country'," p. 160.

11) Harry S. Truman, *Memoirs by Harry S. Truman*, Vol I - *Year of Decisions*
(N. Y. : Doubleday & Company, Inc., 1955), p. 440.

12) "Establishment of Boundary at the 38th Parallel," U. S. Congress. Senate.
Committee on Foreign Relations, *The United States and the Korean
Problem, Documents 1943~1953* (Washington: U. S. G. P. O, 1953), pp.
2~3; Committee on International Relations, *Selected Executive Session
Hearings of the Committee, 1943~1950*, Vol. Ⅷ, *United States Policy in
the far East*, Part 2 (Washington: U. S. G. P. O, 1976), p. 30.

주하였다고 인식하였느냐 아니냐는 논란의 여지가 있으나 그들이 소련을 의식하여 분할선을 결정하였다는 점은 의심의 여지가 없었다. 따라서 스탈린의 이의 없는 동의는 제안한 미국관리들에게조차 놀라운 일이었다. 8월 10~11일 사이에 삼성조정위원회에서 분할선을 결정하는 데 직접 참여했던 러스크(Dean Rusk)는 "우리는 소련의 거부에 대비하여 38선이 현실적으로 미군이 도달할 수 있는 것보다 더 북쪽에 위치하였음에도 불구하고 그 선을 제안하였다. … (그러나) 나는 그들이 그 지역에서의 우리들(미국과 소련을 말함— 인용자) 각각의 군사적 위치에 비추어보아 더 남쪽의 선이 되어야 한다고 주장할 것으로 생각하였기 때문에 소련이 38선을 받아들여 약간 놀랐다"고 진술하였다. 13)

당시는 물론 오늘날까지 미국의 38선 결정에 관한 논란이 있는 것은 사실이나 소련의 이의 없는 수용과 이에 대한 미국의 놀람은 사실이었다. 14) 당시 소련군은 이미 한반도에 진주하고 있는 중이었고, 미군은 한반도에서 600마일이나 떨어진 오키나와에 있었기 때문이었다. 15) 따라서 소련은 전한반도를 장악할 수 있는 유리한 입장에 있었다. 그

---

13) "Draft Memorandum to the Joint Chiefs of Staff," undated, *FRUS*, Vol. Ⅵ(1945), p. 1039.

14) 미국의 38선 설정에 대한 최근의 심층연구로는 다음을 참조하라. 김기조, 《38선 분할의 역사: 미·소·일 간의 전략결정과 전시외교 비사(秘史), 1941~1945》(서울: 동산출판사, 1994); 신복룡, "한반도 분할결정에 관한 고찰," 건국대학교 사회과학연구소, 《사회과학》 제 15집(1991), pp. 21~53; 이완범, "미국의 38선 설정과 그 정치적 의도,"《한국정치학회보》 29집 1호(1995), pp. 147~193. 미국의 당시 논란은 Committee on International Relations, *United States Policy in the far East Part 2*(Washington: U. S. G. P. O, 1976), pp. 27~38.

15) James F. Schnabel, *Policy and Direction: The First Year*(Washington: Office of the Chief of Military History, United States Army, 1972), p. 11.

것도 "군사력의 진주가 그 지역의 정치를 결정한다"16) 는 입장에 있는 스탈린의 군대가 진주하던 시점이었다. 케난(George Kennan) 역시, 스탈린처럼, "그들이 군사적 수단에 의해 점령한 나라에서 정치적 통제를 포기한 적은 결코 없었다"고 똑같은 말을 하고 있다. 17) 미군이 서울에 진주할 수 있는 시간은 아무리 빨라도 8월 31일이었으나 그때는 이미 소련군이 들어와 주둔해 있을 때였다. 18)

이 문제에 대해 이호재(李昊宰)는 "한국에 관한 한 소련은 자기들의 요구를 상당히 자제하였고, 얄타회담 이후 이루어진 미국과의 합의사항을 충실히 지켰다. … 38도선도 미국이 책정하여 준 것을 소련이 받아들인 것에 불과하였다"19)고 주장한다. 이는 문제의 핵심을 지적한 것이다. 조순승(趙淳昇)은, 소련군이 그 당시에 전지역을 점령할 수 있었음에도 불구하고 스탈린이 한국의 분할을 기꺼이 받아들인 이유는, "소련군이 홋카이도에서 일본군의 항복접수를 담당할 것을 즉각 요구했던 것으로 보아, 아마도 스탈린은 한국분할을 받아들임으로써 일본의 군사점령에 소련이 참여할 기회를 증대시키기를 희망했던 것 같다. 또한 그는 만주와 북부일본에서 보다 많은 양보를 미국으로부터 얻어내고자 했었을지도 모른다"고 해석한다. 20) 또는, 가장 최근의 38선 분할에 관한 연구의 지적처럼 한반도에서 "38도선 분할로

---

16) Milovan Djilas, *Conversations with Stalin* (N. Y. : Harvest Book, 1962), p. 114.

17) Committee on International Relations, *United States Policy in the far East* Part 2 (Washington: U. S. G. P. O, 1976), p. 36.

18) Michael C. Sandusky, *America's Parallel* (Alexandria, Virginia: Old Dominion Press, 1983), p. 242.

19) 이호재, 《한국외교정책의 이상과 현실》(서울: 법문사, 1986), p. 145.

20) 조순승, 《한국분단사》(서울: 형성사, 1982), p. 55.

소련측은 그들이 전시회담에서 기대하였던 것 이상으로 취득하였기 때문인지도 모른다". 21) 스탈린은 트루만의 제안을 받기 약 한 달 전인 1945년 7월 3일까지만 해도 한국에 대한 4개국 신탁통치에 관한 합의를 확인한 바 있었다. 22)

분할선의 탄생문제는 한국전쟁의 기원을 이해하는 데 매우 중요하다. 왜냐하면 1950년 6월의 전쟁의 시작은 바로 그 선을 없애려는 한국공산주의자들의 노력과 스탈린의 동의의 산물이었기 때문이다. 즉 둘 모두 (남한에 대한) 양보에서 장악으로, (38선에 대한) 수용에서 부인으로의 전환이었던 것이다. 달리 말해 1950년의 스탈린의 전환과, 특히 북한의 시도는 바로 5년전 분할선 등장의 반명제였던 것이다. 중요한 것은 38선을 받아들인 1945년 8월 이후에도 스탈린은 전쟁의 동의 이전에는 한국에서 특별히 확장정책을 추진하지 않았다는 점이다.

분할선 북쪽에 독립적 분단국가를 수립하기 위한 방향으로의 45년 8월부터 12월까지의 분명한 움직임, 일정한 신탁통치 기간을 거친 뒤 임시정부단계를 통하여 한국을 독립시키자는 미국의 제안에 대한 45년 12월의 이의없는 동의, 전한국의 사회주의화를 위한 공세적 정책이라기보다는 확보된 지역의 사회주의화를 더 추구한 46년부터 47년까지의 굳히기 정책, 또한 1947년 미국의 한국문제의 유엔으로의 이관에 대한 완강한 반대의 포기와 소극적인 동의에 의한 분할의 공식적인 수용, 48년 유엔한위의 입국거부를 통한 북한체제의 유지 등에서 볼 수 있듯이 소련의 "확보된 지역에서의 사회주의 굳히기" 정책은 사태에 대한 편견 없는 해

---

21) 김기조, 《38선 분할의 역사》, p. 325.

22) Department of State, *Foreign Relations of the United States*, *1945*, Vol. VI: British Commonwealth, Far East (Washington: U. S. G. P. O., 1969), p. 914, 김기조, 《38선 분할의 역사》, p. 325에서 인용.

석이라고 할 수 있다.

한국문제와 관련하여 종전 초기인 1945년에서 47년까지의 소련의 대북한 정책을 치밀하게 연구한 연구의 제목이 도이처의 테제를 따라 혁명의 수출이 아니라 "확보한 한 지역에서의 사회주의 구축"(socialism in one zone)인 것은 아주 적절한 것이다.[23] 1947년까지의 소련의 대한정책을 담고 있는 이 연구의 주장은 이 기간에 소련의 대한정책의 핵심을 가장 잘 지적한 것이다.

2. 중국혁명과 스탈린의 전환

1950년의 전쟁결정은 일지역 사회주의정책으로부터의 완전한 일탈이었다. 바꾸어 말하면 스탈린이 1945년부터 1950년까지 일관된 정책을 견지하였다면 전쟁은 오지 않을 수도 있었다. 이를테면 45년에 일반명령 1호를 받아들이지 않았거나, 반대로 50년에 전쟁을 동의하지 않고 분단정책을 지속하였다면 전쟁은 일어나지 않았을 수도 있었던 것이다. 그러나 그는 변화하였고 그것은 전쟁으로 연결되었다. 그 변화의 중심에는 중국혁명이라는 요인이 있었다.

스탈린은 오랫동안 모택동을 신뢰하지 않았다. 1950년 6월까지도 스탈린의 모택동에 대한 신뢰는 튼튼하지 않았다. 국가를 건설한 지 두 달밖에 안된 나라의 최고지도자가 외국을 방문하여 두 달 간이나 머문다는 것은 이해하기 힘든 것이었다. 그것은 스탈린의 냉대로 인

---

23) Erik van Ree, *Socialism in One Zone-Stalin's Policy in Korea, 1945~ 1947* (Oxford: BERG, 1989).

한, 모택동의 입장에서는 투쟁을 통해 협상을 성공시키기 위해 필요했던 것이다. 스탈린은 특히 모택동이 모스크바에서 훈련받은 중국 공산주의자들을 적대시한다는 보고와, 제2차 세계대전중 모스크바 및 스탈린그라드 전투 시에 소련이 위기에 처했을 때 모택동이 아무것도 하지 않았다는 사실 때문에 오랫동안 그를 불신해 왔다.[24]

그러나 "중국혁명의 성공은 '일지역사회주의(론)'에 기초한 이러한 단기적 평화공존에 종언을 고했고, 모택동과 아시아 공산주의에 대한 그의 오랜 불신을 씻어버렸다". 그리고 "중국혁명은 소련의 고립에 종언을 고하고 '일국사회주의'에 종언을 고하며 승리에 도달하였다. 그것은 세계의 힘의 균형을 단숨에 변화시켰다. 그리고 그것은 스탈린주의를 시대착오적인 공세주의로 변전시켰다".[25] 중국혁명의 성공으로 인하여 소련은 사회주의적 고립에 종언을 고하였을 뿐만 아니라 사회주의를 아시아 대륙에까지 확대할 수 있었다.

중국혁명의 성공 이전까지만 해도 평화공존 또는 타협과 상호확보된 영향력 범위의 준수가 스탈린의 기본정책이었다. 둘의 회담을 분석한 한 연구에 따르면, 스탈린은 모택동과의 1949년 12월 회담에서 자신이 아시아 공산주의 혁명세력을 과소평가했다는 점을 인정하였다.[26] 결코 자신의 오류를 인정하지 않는 스탈린으로서 과소평가했음을 인정하는 태도는 그가 아시아 공산주의를 진정으로 새롭게 인식

---

24) Dmitri Volkogonov, *Stalin-Triumph and Tragedy*, Harold Shukman(ed. and trans.)(Rocklin, CA: Prima, 1992), p. 540.

25) Isaac Deutscher, *Stalin*, p. 571.

26) Nikolai Banin, "How The War in Korea Was Started,"(1991, unpublished paper), p. 1. Banin은 현직 러시아 외무성의 고위관료의 가명이다. 이것은 그의 요청으로 필자가 가명으로 붙인 것이다.

하게 되었음을 의미했다. 최근의 스탈린 연구 역시 도이처의 견해를 받아들인다. "두 진영 간의 위험한 대립에서 스탈린은 중국혁명으로부터 거대한 지지를 받게 되었는데 그것은 세력관계를 근본적으로 바꿔버렸던 것이다."[27]

중국혁명을 계기로 하여 스탈린은 단기적 평화공존과 영향력의 범위의 상호인정, 곧 '일지역사회주의'에서 일탈하였던 것이다. 결국 스탈린의 입장이 하나의 지점에서 다른 하나의 지점으로 바뀌게 된 것은 중국혁명 때문이었다. 와다 하루키 역시 한국전쟁의 도래에 중국혁명의 성공, 중국적 요인이 매우 결정적이었음을 주장한다. 그는 "중국혁명, 국공내전과 한국전쟁의 연속성을 강조"한다.[28] 그는 소련의 비밀문서들이 공개되기 이전부터 이러한 주장을 해왔는데 그의 주장은 실제의 사실에 부합한다.

따라서 45년 해방 이후부터 또는 48년부터 스탈린이 남한을 공격하려 했다는 전통주의 시각의 오랜 해석은 옳지 않은 것이다. 오히려 스탈린의 전환은 예외적인 것이었다. 그 예외성 때문에 한국전쟁의 발발을 스탈린과 모택동의 하나의 일관된 정책의 산물로 보려는 이전의 두 시각들은 모두 성공하기 어려웠던 것이다. 둘 모두가 변화하기 이전과 이후의 스탈린정책 하나만을 보고는 자신들 나름의 도식을 만들어 냈던 것이다. 전통주의는 공산주의 지도자라는 하나의 범주 안에서 스탈린을 레닌 및 트로츠키와 동일시하였던 것이고, 수정주의는 중국혁명으로 변화하기 이전의 스탈린만을 보았던 것이다.

---

27) Dmitri Volkogonov, *Stalin*, p. 538.
28) 和田春樹, 《朝鮮戰爭》(東京: 岩波書店, 1995), pp. 23~30, 78; 와다 하루키 인터뷰, "6월 25일 정오, 이승만은 희망에 차 있었다,"《말》1995년 4월호, p. 211.

다니엘스(Robert V. Daniels)의 정확한 지적처럼 한국전쟁은, 쿠바 미사일 위기와 함께 냉전시기 동안 지켜져 온 공산진영의 '공산주의적 조심성의 법칙에 대한 결정적인 예외'(critical exception to the rule of Communist caution)였다.[29] 한국전쟁과 쿠바 미사일위기를 제외할 때 소련은 자기진영을 벗어나 특별히 공격적인 행동을 취하지 않았다. 이 예외를 주도한 배후의 주연은 스탈린이었고 두 조연은 모택동과 김일성이었다. 표면적인 주연은 김일성과 박헌영으로 보였지만 사실상의 주연은 스탈린이었다. 도이처는 이렇게 진술한다.

스탈린은 서방과의 무장갈등을 피하려 고심했다. 그리고 한국에서 그의 전략적 이익은 적었다. 그는 아마도 모택동에 대한 그의 잠재적 경쟁관계의 관점에서 행동했을 것이다. 그렇게도 최근에, 그리고 그렇게도 창피하게 중국혁명의 가능성을 오판했기 때문에 그는 그가 주었던 정치적 소심성의 인상을 불식하고 그 자신이 모택동처럼 혁명에 대해 담대한 전략가임을 증명하기 위해 노심초사했을지도 모른다. 위험은 무시할 만해 보였다. 소련점령군이 북부한국을 떠난 것은 2년 전이었고 48년 말까지는 미군이 남한에서 떠났다. 더욱이 미국인들은 그들은 한국에서 지켜야 할 사활적 이익을 갖고 있지 않다고 선언하여, 그들이 한국을 '소비해도 좋을' 나라로 취급하고 있다는 것을 암시하였다. 따라서 스탈린은 김일성이, 주요한 국제적 갈등으로 변전되지는 않을 내전(local war)을 시작하고 있다고 추론할 몇 가지 이유를 갖고 있었다.[30]

---

29) Robert V. Daniels, *The End of the Communist Revolution* (London: Routledge, 1993), p. 156.
30) Isaac Deutscher, *Stalin*, p. 600.

냉전의 시기 공산주의진영은 자신들이 확보한 지역을 넘어서는 확장 정책을 시도하지 않았다. 이러한 공산주의적 조심성이 가디스(Lewis Gaddis)가 말하는 '긴 평화'(long peace)를 불러왔다고 볼 수 있을지도 모른다.[31] 그러나 한국전쟁은 그 예외였다. 한국전쟁에서의 일탈이 실패하자 공산주의는 다시 조심성의 원칙으로 재빠르게 돌아갔다.

스탈린은 한국에서의 전쟁개시를 결정할 때 많은 고심을 하였다. 그로미코에 따르면 그는 신중하기 이를 데 없는 지도자였다. 그런 그가 동아시아 변방의, 자신이 스스로 선택한 한 젊고 미숙한 공산주의자의 혁명의지를 그대로 받아들여 동의했을 리는 만무했다. 이런 의견의 취합에는 서방 정보기관에 침투해 있는 첩자들의 정보도 참고가 되었을 것이다. 이에 대한 많은 간첩들의 역할이 오랫동안 운위되어 왔는데 실제로 그들의 역할은 적지 않게 영향을 끼쳤을 것이다.

특히 영국의 어떤 외교요원들은 알려진 바와 같이 크레믈린의 정보원이거나 미소의 이중첩자였다. 이를테면 킴 필비(Kim Philby), 가이 버제스(Guy Burgess), 도날드 맥린(Donald MacLean), 조지 블레이크(George Blake) 등이 그들이었다.[32] 블레이크는 전쟁이 발발할 때 서울의 주한 영국대사관 정보책임자였다. 미합동참모본부의 고위 정보간부는 "버제스와 맥린이 도주한 1951년 5월 25일 이전의 미국과 영국의 거의 모든 고위 전략정보는 누설되었음이 틀림없는 것으로 나타났다"고 했다.[33] 또한 맥린은 자신이 "한국전쟁중 맥아더에게 내린

---

31) John Lewis Gaddis, *The Long Peace*.

32) 이에 대해서는 다음을 참조하라. Bruce Cumings, *Origins*, Vol. II, pp. 137~141; 킴 필비, "나는 소련 스파이였다,"《신동아》1968년 8월호, pp. 336~347; 박홍원, "이중간첩 블레이크의 탈옥,"《신동아》1967년 1월호, pp. 310~317.

33) David C. Martin, *Wilderness of Mirrors* (New York: Ballantine Books,

트루만의 명령을 스탈린에게 알린 것이 자신의 '최대의 배신'이었다"고 생각했다. 34) 이들은 모두 전후 서방을 떠들썩하게 했던 유명한 첩자들이었고 한국전쟁과 관련이 있었다. 그러나 이들의 활동에 대한 상세한 규명은 이 연구의 범위를 넘어선다.

한국전쟁 기간 중 스탈린이 보여준 조심성에 비추어 결정시에도 그는 숙고에 숙고를 거듭했을 것이다. 전쟁의 수행에 관한 한 스탈린의 조심성은 한국전쟁의 여러 가지 측면에서 나타났다. 그것은 역으로 스탈린이 한국전쟁의 발발을 얼마나 고심하여 결정하였는가를 반증한다. 우선 그는 김일성의 요청을 받고서 전쟁을 결정할 때 공산당 중앙위원회에서 논의하였다. 그리고 최종결정의 이니셔티브를 모택동에게 넘겼다. 그는 미국과의 직접적 대결에 끝까지 두려움을 느끼고 있었다. 모택동에게 이니셔티브를 양도한 것 역시 이중적 의도에서였다. 그는 결정권의 양도와 개입의 축소를 동시에 기도하였다.

1950년 6월 20일 마지막으로 슈티코프가 "함정에서 근무할 소련 고문관 10명"을 요청하자 모스크바는 다음날 곧바로 "그것은 (미국에게) 개입할 수 있는 빌미를 준다"면서 거절하였다. 35) 그는 또한 전술한 대로 적지 않은 문건에 그로미코(Gromyko), 필리포프(Pilipov), 핀시(Finsi/ Fynsi), I(이오시프의 약자), 찬후(Chanfu)와 같은 가명이나 암호를 사용하여 자신의 서명조차 자주 위장하였다. 36) 필자가 입수한

1980), p. 63, Requoted in Bruce Cumings, *Origins*, Vol. II, p. 138.

34) *The Observer*(March 27, 1983, London), Quoted in Bruce Cumings, *Origins*, Vol. II, p. 38.

35) 《소련 외교문서》 2, pp. 28~29; 볼코고노프, 《스탈린》, p. 374; *Ogonyek*, No. 25~26(1993. 6), p. 29; 《朝日新聞》 1993년 6월 23일.

36) 스탈린의 서명이 들어 있는 각종 전문들을 참조할 수 있다. 앞의 《소련 외

러시아어 원문으로 된 한국전쟁에 관한 스탈린의 몇 개의 전문들에는 스탈린의 이름이나 사인은 한 자도 없고 거기에는 '핀시', '필리포프' 라고만 되어 있다. 그것들은 겉으로는 누가 봐도 스탈린의 전문인지 아닌지를 알 수 없게 되어 있었다. 앞장에서 본 1950년 5월 14일에 모택동에게 보내는 편지의 서명 역시 필리포프였다.

전쟁이 났을 때도 그는 현지에 파견된 고문단들을 대부분 철수시켰다. 국방상 불가닌에게 고문단을 불러들이라는 명령을 내리는 자리에 있었던 흐루시초프는 "이러한 조치는 우리의 장교가 한 명이라도 생포되어 그것을 빌미로 미국이 우리의 전쟁개입을 비난하게 될까 두려워했기 때문에 내려진 것"이라고 진단했다.[37] 현지에서 소련군 고문단의 참관하에 공격을 개시하였던 한 인민군장교는 "군단지휘부가 (38) 선을 넘어 지촌리에 들어오자 소련군 고급 옵저버들은 감쪽같이 사라져버렸다. 그들은 공격작전이 계획대로 개시되고 예정대로 진행되는 것을 확인하면서 더 이상 남하하지 않고 후방으로 돌아갔다"고 전한다.[38]

물론 실제로 현지의 군사고문단들이 완전히 철수한 것은 아니었다. 일부는 38선을 넘어 따라오기도 하였다. 여러 미군정보들에 따르면 전쟁직전 소련군고문은 각 사단본부에 배치되어 있었다. 규모는 대략 15명에서 17명 정도였다. 그들은 군사부분만이 아니라 선전부문까지 배당되어 있었다. 특수부대, 이를테면 탱크부대나 포병부대 등에는 소련에서 제공한 장비를 제대로 사용하기 위하여 중대급까지 소련고문이 배치되어 있었다. 전쟁 중에 포병은 소련사람들이 지휘하

교문서》 1, 2. 그리고 볼코고노프, 《스탈린》, pp. 371~382 및 *JAEAR*, Vol. 2, No. 4(Winter, 1993), pp. 446~458.

37) Nikita Khrushchev, *Khrushchev Remembers-The Glasnost Tapes*(1990), p. 146.
38) 주영복, 《내가 겪은 조선전쟁》, p. 268.

는 부대도 있었다. 미군정보는, 38선 이남까지 따라온 소련군은 북한군 각 사단본부당 장교 10명, 사병 5명 정도일 것으로 추정하였다. [39)]

1950년 10월 17일에 생포된 북한군 전선사령부 통신국 중좌 궁민주(弓敏周)에 따르면 전선사령부 통신국에는 소련고문관 2명이 배치되어있었다. 또한 소련고문관 1명이 8월 10일경 황간에서 제2사단 사령부에 배치되었으며 9월 1일에 2명이 다시 배치되었다는 정보도 잡혔다. 566부대의 소대장 우제옥(禹濟玉)에 따르면 566부대에는 소련고문관이 각 연대당 1명씩 배치되어 있었다. [40)] 이를 통해 볼 때 어쨌든 고문관 형식을 빈 소련지상군의 참전 역시, 치밀한 은폐기도가 있기는 했지만, 분명하였다는 사실을 알 수 있다.

그럼에도 불구하고 스탈린은 개입사실을 가능한 정도까지 최대한 비밀로 하려고 했다. 자신이 만든 체제이고 스스로 '출발신호'(go sign)를 내려보냈음에도 불구하고, '내부적 개입-표면적 불개입'과 같은 이러한 이중적 개입방식은 일지역사회주의 정책으로부터 일탈하더라도 겉으로는 일탈하지 않는 것처럼 보이려는 교활하고 이중적인 의도였다. 레닌의 표현을 빌면, "동양의 작은 지도자에 동의하여 일보 전진을 시도하고 스스로는 이보 후퇴하여 배면으로 숨었던 것"이다.

한국전쟁 발발후의 소련의 최초의 성명도 주목할 만하다. 미국의 즉각적인 참전으로 커다란 충격을 받았지만 한국전쟁이 발발하자 소련은 재빠르게 이 문제를 국내문제로 치환시켰다. 그것은, 전쟁은 이승만의 북침이며, 유엔에서의 결정은 무효로서 미국의 개입은 철회

39) Daniel S. Stelmach, *The Influence of Russian Armored Tactics*, pp. 123~125.
40) *Prisoner of War Preliminary Interrogation Report*. 이 자료는 현재 한국 국방부 국방군사연구소가 입수, 보관하고 있는 분류가 되어 있지 않은 방대한 양의 전쟁중의 포로조사 예비보고서이다. 문서번호는 기록되어 있지 않다.

되어야 하며, 특히 경찰행동은 정당화될 수 없다는 것이었다. 그러면서 "소련정부는 다른 나라의 내정에 간섭하지 않는다는 기본원칙을 준수하는 정책에는 변함이 없다"고 주장하였다. 41)

또한 전쟁 발발직후의 소련의 유엔 안전보장이사회에의 참여거부는 지금까지도 논란이 되고 있는 문제이다. 이 문제는 마치 중국의 유엔가입 무산에 대한 항의의 표시가 통설인 것처럼 받아들여져 왔다. 그러나 이는 옳은 해석이 아니다. 최근에 이 문제에 대해 그로미코는 하나의 새로운 사실을 알려준 바 있는데, 그에 따르면 스탈린이 "참여치 말라"고 하여 자신이 재차 "우리 대표가 결석하면 안보리는 뜻대로 일을 진행시킬 수 있게 됩니다. 이 가운데는 다른 나라로부터 한국에 유엔군이라는 가면을 씌운 군대를 파견하는 것도 포함됩니다"고 충고하였으나 그래도 그는 이를 받아들이지 않았다고 증언한다. 42) 달리 표현한다면, 유엔군의 이름으로 군대가 참전하더라도 유엔의 결정에 반대하지는 않겠다는 얘기이다. 유엔군은 곧 미군을 의미하였기 때문에 이는 미군이 참전하더라도 반대하지 않겠다는 소리였다. 스탈린은 이 문제에 대해 시작부터 강경한 불참원칙을 가지고 있었던 것이다.

그로미코와 도이처를 합치면 스탈린의 '유엔불참' 결정에 대해 하나의 설득력 있는 해답을 얻을 수 있다. 비록 미군이 유엔의 이름으로 참전하기로 결정함으로서 미국이 개입하지 않으리라는 자신의 예상은 빗나갔다 할지라도, 소련이 안보리에 참여하여 북한을 편든다면

---

41) "남조선 군대의 북조선 지역에 대한 공격과 관련하여 미국정부에 보내는 소련정부의 성명,"(1950년 6월 29일) ; "미국의 조선에 대한 무력간섭에 관한 소련 외무성 부상 그로미코의 성명"(1950년 7월 4일), 소련과학아카데미 동양학연구소, 국토통일원 역, 《소련과 북한과의 관계, 1945~1980》, pp. 110~119.
42) A. Gromyko, 《그로미코회고록》, pp. 125~126.

그것이야말로 소련 자신의 개입을 반증하는 행동일 수밖에 없으며, 그에 따른 비난과 개입의혹에서 벗어날 수 없을 것이다. 스탈린은 그 점을 두려워했음에 틀림없다. 중국의 유엔가입과 같은 문제는 표면적인 명분이었다. 그는 한국전쟁을 결정할 때까지의 과정처럼 참여 거부로써 불개입을 보여주려 하였던 것이다.

많은 연구가 스탈린이 유엔에서 거부권을 행사하지 않은 것은 그의 실수라고 주장한다. 즉 스탈린은 왜 한국전쟁을 허가하고 유엔에 참여하지 않는 실수를 저질렀냐는 것이다. 그러나 그에게 이것은 실수가 아니라 일관된 정책이었다. 이미 결정을 할 때 개입의 양식에서부터 유엔에의 불참여는 구상되어 있었던 것이다. 통설과는 반대로 1950년 5월 모스크바를 방문했던 리(Trygvie Lie) 유엔 사무총장은 주소 중국대사 왕치아샹(王稼祥)에게 "소련의 보이코트와 퇴장은 북경정부가 다양한 유엔기관에 가입하기를 보다 어렵게 만들었다"고 오히려 소련의 의도가 중국을 곤경에 몰아넣고 국제사회에 등장하지 못하게 만들 의도였음을 지적한 바 있다. 43)

양면적인 이 인물에게 한국전쟁에 대한 동의의 결정은 미국이 참전하면 참전하는 대로 소련은 이미 개입하지 않았기 때문에, 또는 개입하지 않았다고 보일 수 있었기 때문에 두려운 상대 미국과의 직접대결을 피할 수 있고, 미군이 참전하지 않으면 않는 대로 그것은 더욱 좋은 결과를 가져올 결정이었음에 틀림없었던 것이다. 동양의 작은 공산지도자가 결행할 모험으로 인한 자신들의 예상되는 손해가 영(零)이고 예상되는 이익이 백(百)이라면 주도면밀한 사람에게 이것

---

43) Trygvie Lie, *In the Cause of Peace* (New York: Macmillan Press, 1954), 황병무, "중공의 역할,"《한국전쟁사 제 2권-전쟁의 기원》, p. 394에서 인용.

은 모험이 아닌 것이다. 스탈린은 참여거부라는 선택을 통하여 개입
의혹을 갖지 않게 하려고 하였던 것이다. 왜냐하면 결국은 북한의 편
을 들어야 하는 참여를 선택하느니 차라리 참여거부를 하여 의사표시
를 철회하였던 것이다.

전쟁결정의 최종적 이니셔티브를 중국에게 양도했던 것 역시 이러
한 고려의 한 측면이었다. 즉 철저한 은폐를 위해 의도적으로 중국을
끌어들인 것이었다. 한 연구의 지적처럼 스탈린은 미국과의 전쟁으
로 이어질지도 모를 공격에 소련 자신을 연루시키지 않기 위하여 북
한을 지원하는 데 모택동을 끌어들이려 노력하였는지도 모른다.[44]
그의 철저한 은폐기도와 중국 끌어들이기에는 책임회피를 위한 고려
도 작용했다.

결론적으로 이 문제와 관련하여 스탈린의 정책은 이렇게 요약할 수
있는 것이다. 실질적으로는 최고의 결정권을 갖고 있었고, 동의를 통
해 전체적인 방향을 잡아주었으면서도 양도를 통해 이선(二線)으로
물러섬으로써, 그리고 참여를 거부함으로써 최초의 의도를 은폐함과
동시에 최초의 행태를 지속했던 것이다. 한 소련 탈주자가 정확하게
말했던 대로 스탈린은 한마디로 뒤에서 조종하고 결정하는 '숨은 보
스'(hidden boss) 였던 것이다.[45]

---

44) *Uncertain Partners*, p. 143.
45) Pawel Monat, "Russians in Korea: The Hidden Bosses," *Life* (Jun. 27,
1960), pp. 76~77.

3. 조종과 은폐의 정치: 전쟁 중의 스탈린

이제 전쟁의 과정 중에 스탈린이 어떻게 숨은 보스로서 역할했는지를 추적해 보자. 전쟁수행 과정에서의 행태를 규명함으로써 역으로 결정과정에서의 그의 인식과 행태의 많은 부분이 규명될 수 있다. 1950년 가을 북한군이 패배에 직면하였을 때에 새로운 지원을 해야 되지 않느냐는 건의에 대해 스탈린은 "김일성이 패배한다고 해도 우리 군대를 참전시키지는 않을 것이오. (망하더라도) 내버려두시오. 이제 미국이 극동에서 우리의 이웃이 되게 합시다"[46] (괄호는 추가) 라고 말했다. 여기에는 전쟁을 동의할 때의 주저와는 현저히 다른 단호함이 서려 있다. 즉 전쟁을 허가하였으면서도 김일성과 북한을 버림으로써 미국에게 끝까지 개입하지 않았음을 인지시키려 하였음을 분명하게 보여준다.

다른 몇몇 증언 역시 흐루시초프의 진술이 사실임을 보여주고 있다. 진의(陳毅)에 따르면 미군의 인천상륙작전으로 조선에서의 정세가 위급해지자 스탈린은 "김일성 동지는 장래 중국 국경내에 망명정부를 수립할 것"이라고 중국측에 통보해 왔다.[47] 모택동과 주은래의 통역원으로 평생 종사해온 쉬체(師哲) 역시 최근에 스탈린이 1950년 가을 북한을 포기하기로 결정했다고 증언한 바 있다. 그에 따르면 주은래가 모택동의 화급한 지시로 임표를 대동하고 스탈린을 만나러

---

46) Nikita Khrushchev, *Khrushchev Remembers-The Glasnost Tapes* (1990), p. 147.

47) 姚旭, "抗美援朝的 英明決策," 이홍영 역, "미국에 대항하고 조선을 지원한 현명한 정책,"《중소연구》8권 4호(1984년 겨울), p. 227. 역자 이홍영에 따르면 이 논문은 중국 공산당 내부에서만 배부되는 잡지인《黨史研究》에 실린 것을 발굴, 번역하여 일반에 소개한 것이다.

흑해지방으로 갔을 때 스탈린은 그 자리에서 "북한동지들에게 지원을 해줄 수 없다면 그들은 일주일밖에 견디지 못할 것이다. 그러한 상황에서 쓸데없는 희생을 할 필요가 있는가? 당장 그들을 후퇴시켜 중국 동북지역으로 철수시켜야할 것"이라고 말했다. 쉬체에 따르면 스탈린은 이어 노약자와 부상자들을 소련이 받아들이겠다면서 "내 생각으로는 시간을 끌지 말고 김일성에게 이 같은 내용을 통보해야할 것"이라고 말했다. 48) 그는 북한을 이미 버릴 구상을 굳혔을 뿐만 아니라 사후처리방침까지 준비하고 있었던 것이다. 그러나 이는 중국의 참전거부에 따른 것이었다.

스탈린은 모택동의 최종결정이 아니었으면 결국은 북한을 버렸을 것이 분명했다. 긴박한 결단과 긴장된 교섭의 산물이었던 1950년 10월의 중국군 참전시에도 스탈린은 어떻게 해서든 중국을 참전시키는 데 모든 노력을 기울였지 직접 참전하여 북한을 구해줄 의사는 조금도 없었다. 모택동은 비록 최초에는 주저하고 망설였음에도 불구하고 최종적으로는 참전을 하고자 했으나 스탈린은 미국과의 대결을 꺼려 끝까지 주저하였다. 그는 공군지원을 약속하였다가 이를 번복하기도 하였다. 그는 모택동이 최종적인 참전결정을 내리고 나서야 중국에 대한 공군지원을 동의하게 되었다. 49)

---

48) 〈모스크바=연합통신〉, 김홍식 특파원 전송문(1994년 7월 5일).

49) 중국군 참전을 둘러싼 스탈린-모택동의 관계에 대해서는 Hao Yufan and Zhai Zhihai, " China's Decision to Enter the Korean War: History Revisited," *China Quarterly* 121 (Mar. 1990), pp. 94~115; 曄雨蒙, 《黑雪》(北京: 作家出版社, 1989), pp. 91~116; Chen Jian, " The Sino-Soviet Alliance and China's Entry into the Korean War,"(1992), The Woodrow Wilson Center, Cold Waw International History Project, Woking Paper No. 1; 朴斗福, 《中共參加韓戰原因之硏究》(臺北: 黎明文化事業服分有限公司, 中華民國 64年), pp. 99~169.

사실 1950년 10월의 중국군의 참전 역시 중국공산당과 모택동의 적극적이고 선제적인 참전은 아니었다. 이 문제에 대해 최근에 러시아가 선별하여 넘겨준 구소련자료는 모택동이 매우 적극적이었다고 되어 있다. 물론 중국의 정통적 견해들 역시 안보위협에 직면한 조국을 구하기 위해 모택동과 당지도부가 영명한 정책으로서 적극적으로 참전을 결정했다는 식으로 쓰고 있다. 이 두 가지는 그 동안의 오랜 통설이자 세계 학계의 정설이다시피 했다. 그러나 소련의 의도는 모택동과 중국의 책임을 키우기 위한 것이다. 그러는 동안 소련과 스탈린의 책임은 면제되기 때문이다. 반면 중국의 의도는 그들이 존경해 마지않는 모택동과 당중앙의 현명함을 칭송하기 위한 뜻에서이다. 둘은 비록 반대의 뜻에서이지만 모두 모택동과 중국의 자발적 적극성을 강조하는 데서는 동일하다. 이는 역사해석에서 자기분열증의 전형적인 실례가 아닐 수 없다.

　　중국의 참전은 마지막 순간까지도 반전에 반전을 거듭한 한편의 드라마였다. 중국은 만약에 남한군만이 38선을 넘어 진격하였다면 참전하지 않았을 가능성이 높았다. 10월 1일 남한군이 38선을 돌파하고 맥아더가 북한에게 무조건항복을 촉구하는 최후통첩을 보낸 직후 10월 2일 주은래는 주중 인도대사 파니카(Sadar K. M. Panikar)를 외교부로 소환하였다. 그리고는 그는 남한군의 진격은 '하찮은 것'으로 무시해 버리면서도 만일 미군부대가 북한영토를 침범한다면 중국은 전쟁에 개입할 것이라고 선언하였다.[50] 미군과 남한군을 분명하게 구별하고 있었던 것이다.

---

50) Panikar, *In Two Chinas*, p. 110, Quoted in Allen S. Whiting, *China Crosses the Yalu*, p. 108.

마침내 10월 7일 유엔에서 유엔군 ― 사실상의 미군 ― 의 38선 월경을 허용하는 결의안이 총회에서 통과되었고, 51) 월경을 미리 준비하고 있던 미국은 곧바로 미군의 38선 돌파명령을 내렸다. 미 제1기병사단이 38선을 돌파하였으며, 다른 미군부대들도 뒤를 따랐다. 미군의 북진이 결정되자 중국의 대응은 급변하였다. 10월 10일 중국은 외교부 대변인 성명을 통해, 이 결의안을 미국이 조종하는 유엔에서 유엔의 이름을 도용(盜用)하여 미국이 조선침략전쟁을 확대하는 불법적 결의라고 비난하며, 미국의 조선침략전쟁은 그 시초부터 중국의 안보에 심각한 위협이었다고 공격하였다. 전쟁확대의 모든 책임은 미국이 져야 할 것이라는 경고도 빼놓지 않았다. 52)

그러나 이 성명은 참전을 결정치 않은 상태에서 하나의 성명일 뿐이었다. 참전을 둘러싼 토론의 과정에 참여하였던 주경문(周鯨文)에 따르면 참전성명 이후 중국은 격한 논쟁에 빠져들었다. 그에 따르면 "북경정부는 조선전쟁을 좌시할 수 없다는 성명을 발표한 다음에 북경의 고급 간부는 나까지 포함하여 참전할 것인가 안할 것인가 하는 문제에 관하여 수일 동안 열렬한 토론을 하였다". 53) 격렬한 논쟁이 전개되었던 것이다. 찬성자의 이유는 그것은 반침략전쟁이며, 조선과 중국은 순망치한(脣亡齒寒)의 관계에 있기 때문이라는 것이었다. 반대자의 이유는 혁명정권이 수립된 지 아직도 일천한즉 국내건설에 몰두해야

51) *Year Book of the UN* (1950), pp. 263~265.
52) "外交部 發言人 關於 聯合國大會 非法通過 八國提案事的 聲明"(一九五零年 十月十日), 中國人民抗美援朝總會 宣傳部 編, 《偉大的 抗美援朝運動》(北京: 人民出版社, 1954), pp. 28~29.
53) Chow Ching-wen, *Ten Years of Storm-The True Story of the Communist Regime in China*, 김준엽 역, 《공산정권하의 중국》(서울: 문명사, 1985), p. 157.

만 될 것이고, 또 적은 강대한 미국이니만치 대외전쟁은 할 수 없다는 것이었다. 이러한 논쟁이 있었다는 사실은 모택동을 비롯한 최고지도부가 사전에 이에 대한 명확히 정해진 입장을 갖고 있지 않았음을 의미한다. 즉 참전결정은 미리 결정된 방침은 아니었던 것으로서 사태의 변화에 따라 대응방식을 결정한 것이었다. 모택동은 이 참전에 대해 "3일 낮밤에 걸쳐 방안을 오락가락하면서 사색했다". [54] 이는 그가 얼마나 고민을 거듭하였는가를 보여준다.

주경문은 간단하게 말해 "최후는 역시 모스크바의 결정을 실행하기로 했다"고 기록하고 있다. [55] 그에게는 모택동의 결정이 스탈린의 결정을 따른 것으로 보였던 것이다. 오랜 시간이 지난 뒤 훗날 미국의 주요 지도자로는 최초로 중국을 방문한 키신저(Henry A. Kissinger) 역시 중국이 "한국에서 우리와 맞서 소련의 부담을 떠맡았다"고 말한 바 있다. [56] 그의 눈에는 중국의 참전이 소련을 대신한 것으로 비추어졌던 것이다.

최근 공개된 소련의 비밀외교문서 역시 중국군의 참전이 스탈린의 의사에 따른 것이었음을 밝히고 있다. [57] 1950년 10월 1일 스탈린은 모택동에게 다음과 같은 전문(러시아 국가문서 보관소 전문번호 N4581)을 보냈다.

만약 이 시점에 중국동지들이 북조선에 대한 지원확대를 고려 중이라

---

54) Chow Ching-wen, 《공산정권하의 중국》, p. 158.
55) Chow Ching-wen, 《공산정권하의 중국》, p. 158.
56) Henry A. Kissinger, *White House Years* (Boston: Little, Brown and Co., 1979), p. 744.
57) 《소련 외교문서》 3; 《서울신문》 1995년 6월 21일.

면 지체하지 말고, 최소한 5~6개 사단을 38도선으로 이동시켜 중국군의 엄호하에 북조선군 병력이 38도선 이북으로 빠질 수 있도록 도와주기 바람. 중국군은 물론 중국사령관이 지휘하되 의용군으로 위장하기 바람.

흥미 있는 것은 중국군 참전을 강권하다시피 하면서, 의용군으로 위장하라고 은폐전술까지 충고하고 있는 점이다. 그러나 스탈린의 이 전문에 대해 모택동은 곧바로 수용불가 입장을 통보하였다. 10월 3일 로신 대사가 보낸 다음 전문의 모택동의 말에 그의 입장이 분명하게 드러나 있다.

처음에 우리는 적이 38도선을 넘어 북으로 진격하는 즉시 수개 의용군 사단을 북조선에 투입할 계획이었음. 그러나 상황을 면밀히 검토한 결과 그럴 경우 매우 심각한 부작용이 따를 것으로 생각함. 첫째 수개 사단으로는 한국문제를 풀 수 없음(우리 병력의 장비는 매우 취약해 미군과 싸워 승리할 수 있을지 의문임). 둘째 미국과 중국 간 공개 충돌이 야기될 것임. 그러면 소련 역시 전쟁에 개입하게 돼 문제가 매우 커짐. 중국공산당의 많은 동지가 매우 신중한 고려가 필요하다는 의견임. … 지금은 병력파견보다 전력을 키우며 보다 적합한 시기를 기다리는 편이 더 좋음. 조선으로서는 일단 패배를 하고 있으니 전술을 바꾸어 게릴라전을 펴는 게 바람직함.

모택동은 참전을 반대함은 물론 북한으로 하여금 게릴라전을 권고하고 있기까지 하다. 로신은 모택동의 답신내용이 중국 지도부가 초기 입장을 바꾼 것이라고 말했다.

그러나 스탈린은 다음과 같은 네 가지의 이유를 들어 중국의 참전을 재차 권고하였다.

234

(1) 미국은 한반도에서 대규모 전쟁을 치를 준비가 안 돼 있다.

(2) 일본은 아직 군사력의 복구가 안돼 미국에 군사원조를 할 여력이 없다.

(3) 이런 점 때문에 미국은 한반도 문제에 관한 한 소련의 지원을 받는 중국에게 양보할 수밖에 없다.

(4) 같은 이유로 미국은 대만을 포기해야 될 뿐만 아니라 일본제국주의를 부활시켜 이를 자신의 극동 군사기지화하겠다는 계획을 버려야 한다.

스탈린은 그러면서 다음과 같이 지시하다시피 하였다.

중국은 수동적으로 기다려서는 이와 같은 양보를 다 얻어낼 수 없음. 심각한 투쟁과 자신들의 힘을 강렬하게 과시할 필요가 있음. 그리고 미국은 비록 대규모 전쟁을 수행할 준비가 안돼 있다고 하나 자신들의 체면유지를 위해서 전쟁에 임할지 모름. 물론 이를 두려워할 필요는 없음. 중국은 소련과 상호원조조약으로 연결돼 있고 미·영보다 우리가 더 강함. 만약에 전쟁이 불가피하다면 수년 뒤가 아니라 지금 하는 게 유리함.

결국 모택동을 비롯한 중국지도부는 스탈린의 끈질긴 권고를 받아들여 참전을 결정하였다. 이에 10월 12일 김일성에게 전문을 보내 북한영토에서의 철수를 지시했던 스탈린은 다음 날 다시 전문을 보내 모택동의 참전 결정사실을 통보하고 '철수보류'를 지시하였다.[58] 새로이 공개된 흐루시초프의 회고록, 《소련외교문서》, 그리고 중국군 참전과정에서의 직접 참전회피 기도에 비추어 볼 때 스탈린은 모택동

---

58) 《소련 외교문서》 3; 《서울신문》 1995년 6월 21일.

의 최종적인 참전결정이 아니었으면 1950년 가을 김일성을 버렸을 것이다. 스탈린은 미군이 한만국경으로 진주하고 있던 1950년 10월에도 중국의 참전이 아니면 북한을 버리면서까지 직접 참전하는 길은 결코 택하지 않을 만큼 미국과의 직접대결은 극력 회피했던 것이다. 이 점에서 스탈린의 혁명정책에 대한 질라스의 지적은 완전히 정곡을 찌르고 있다.

> 모스크바는 중국혁명, 스페인혁명, 그리고 유고슬라비아의 혁명에서조차 여러 가지 방법으로 결정적인 순간에는 항상 지지를 중단하였기 때문에 당연히 스탈린은 일반적으로 혁명을 반대한다는 견해가 지배적이었다. 이것은 그러나 반드시 옳은 것은 아니다. 그는 혁명이 소련의 이익을 넘어서는 정도에 맞추어 단지 조건부로만 반대하였다(즉 소련의 반대는 조건부이며 소련의 이익에 해가될 때만 반대하였다 — 역주). 그는 본능적으로 모스크바 이외의 곳에 혁명의 중심부가 만들어지는 것을 세계공산주의에 대한 그의 최고지도성(supremacy)을 위협하는 것으로 여겼다. 그것이, 그가 왜 혁명들을 단지 그가 그것을 통제할 수 있는 지점까지만 지원하였는가 하는 이유였고, 혁명들이 그의 손아귀를 벗어날 때는 그는 언제나 혁명들을 곤경 속에 버려둘 준비가 되어 있었다. 나는 오늘날에조차 이 점에 대한 소련정부의 정책에는 근본적 변동은 없다고 주장한다. 59)

스탈린은 50년 6월에도 이미 동의를 해놓고도 김일성에게 모택동과의 협의에서 최종적으로 결정할 것을 요구한 사람이었다. 10월의 결정방식도 한국전쟁의 개시에 대한 결정방식 그대로의 반복이었다. 그는 오직 미국과의 관계만이 주관심사였다.

---

59) Milovan Djilas, *Conversations with Stalin*, p. 132.

1950년 가을 이후 소련공군은 한국전쟁에 상당한 병력과 전투기를 투입하였으나 그것 역시 완전한 비밀 속에서 이루어졌다. 이러한 사실은 당시는 물론 1980년대 후반까지 베일에 가려 있었으며, 페레스트로이카 이후 80년대 후반~90년대 초반에 이르러 조금씩 세상에 알려지기 시작하였다. 1989년 소련의 《적성》(赤星)지는 도쿠차예프 공군중령의 기고 "한국전에 이런 일이 — 이젠 이야기할 때다"를 실어 소련공군이 만주에 기지를 두고 발진하여 한국전쟁에 참전하였음을 처음으로 보도하였다.[60] 이 기고는 에브게니 G. 페펠야예프, 그리고 리 로보프, 세르게이 M. 크라마렌코 등 참전 공군조종사들의 증언에 기초한 것이었다.

　　한국전쟁에 소련 공군지휘관들로 참전했던 예비역 대장 로보프(Georgi Lobov)와 예비역 대령 플로트니코프(Georgi Plotnikov)의 증언을 기초로 한 할러데이(Jon Halliday)의 연구[61]에 따르면, 항공기는 중국공군기의 색칠을 하였으며, 조종사는 중국군 복장을 하였고, 중국어를 쓰도록 교육받았다. 로보프는 당시 참전한 소련 공군의 주요 지휘관이었다. 로보프에 따르면 스탈린은 소련공군을 참전시키면서도 이를 은폐하기 위해 소련 공군기들을 소련영토 밖에서 출격시켰다. 소련 공군은 압록강변의 단동에 기지를 두고 있었지만 중국의 지휘를 받지 않았으며, 소련의 직접지시를 받았다.

　　소련 공군들은 모든 서류를 반납하고 신분증도 없애버렸다. 카키

---

60) 이 기고문은 《동아일보》 1989년 7월 11일, 12일자에 실려 있다.
61) Jon Halliday, "Secret War of the Top Guns," *The Observer 5* (July, 1992), pp. 53; "Air Operations in Korea: The Soviet Side of the Story," in William J. Williams (ed.), *A Revolutionary War: Korea and the Transformation of the Postwar World* (Chicago: Imprint Publications, 1993), pp. 149~170.

재킷, 오렌지색 구두 등 중국군 복장으로 갈아입었다. 상의에는 단지 스탈린과 모택동의 얼굴이 새겨진 배지만 달았다. 은폐를 위해서는 어떤 조종사도 체포되거나 신분이 드러나서는 안 된다는 점이 결정적으로 중요했다. 로보프에 따르면, 소련공군은 벌써 11월 1일이면 북한상공에 모습을 드러내었고, 11월 8일에는 미군 전투기와의 전투에 돌입하였다. 중국군의 참전시점을 고려하면 소련 공군의 참전 역시 그리 늦지 않았음을 알 수 있다. 할러데이에 따르면 소련군은 한국전쟁에 모두 7만 명이 참전하였다.

참전 조종사로서 한 소부대의 지휘관이었던 스몰체코프(Alexander Pablovich Smolchekov)는 한국을 방문하였을 때 필자와 직접 면담하였는데, 그는 소련공군의 참전문제에 대해 친절하고도 구체적으로 증언해 주었다. 그의 증언은 이들의 증언과 같다.

소련은 공군을 참전시키면서도 비행기에 소련 마크를 달지 못하게 하였다. 최초로 부대가 이동했을 때 나를 비롯한 조종사들은 아무도 한국전쟁에 참여하는 줄 몰랐다. 아무도 모르는 상태에서 만주로 이동하였다가 한국전쟁에 참전한 것이다. 전투 중에도 관제탑과 교신할 때 한국어나 중국어를 사용하여야 했으며 군복도 소련 군복을 입지 못하게 했다. 러시아어의 사용은 금지되었다. 때문에 우리는 탑승 시 한국어로 번역된 구령 쪽지를 가지고 타야했다. 그것을 보고 한국어로 교신하기 위해서 였다. 그러나 조종사들이 익힌 한국어 실력은 아주 초보적인 것에 불과해서 급박하게 전투가 수행될 때에는 무용지물이 되었다. 우리는 결국 곧바로 러시아어를 사용할 수밖에 없었다. [62]

---

62) 한국전 참전 소련 공군조종사 스몰체코프(Alexander Pablovich Smolchekov) 면담. 1992년 6월 23일, 경기도 광릉(통역 한 맑스).

로보프 밑에서 지휘관을 역임한 조종사 드미트리 파블로비치 오시긴 역시 같은 증언을 남기고 있다. 그는 한국전쟁에서 혁혁한 무공으로 인민영웅 칭호를 수여받았다.

우리는 중공군 모자(帽子)와 중공군 군복을 입고 활동했다. 또한 비행중일 때에는 소련어를 못쓰게 했다. 반드시 한국어로만 교신도록 지침을 받고 있었다. 각 비행기에는 한국어 사전이 비치되기도 하였다. 참전의 공훈으로 훈장을 받았지만 훈장 수여식에는 군복을 입고 갈 수도 없었다. 민간인 복장으로 훈장을 받았고, 왜 그러한 훈장을 수여하는지 다른 사람에게 설명되지도 않았다. 지금도 내 인민영웅 훈장증에는 어디서 무슨 활동을 했으며, 그러한 활동이 소련인민들에게 어떠한 점에서 위대한 기여를 했다고 인정되므로 인민영웅 칭호를 수여한다는 설명이 빠져 있다. 이해할 수 없는 일이다. 왜 그래야만 했는지 지금까지도 알 수 없지만, 한국전쟁은 아직까지도 우리에겐 비밀스런 전쟁으로 남아 있다. 63)

필자가 이 증언들을 상세하게 인용하는 데는 두 가지 이유가 있다. 하나는 소련의 직접적인 개입의 규모가 결코 작지 않았다는 점, 다른 하나는 그러한 대규모의 참전에도 불구하고, 즉 스탈린이 대규모의 공군을 참전시키면서도 얼마나 집요하게 개입사실을 숨기려고 노력하였는가 하는 점을 보여주기 위해서이다. 일찍이 서방으로 탈출했던 전 북한주재 폴란드 대사관 무관 모나트(Pawel Monat)의 오래된 증언은 최근의 신뢰할 만한 증언들과 너무도 같다. 64) 그의 증언은,

63) 《중앙일보》 1990년 6월 25일.
64) Pawel Monat with John Dille, *Spy in the U.S.* (New York and Evanston: Harper & Row Publishers, n.d.), pp. 159~160.

냉전이 절정에 있을 때의 증언이자 그가 탈주자란 이유로 거의 무시
돼 왔었다.

(묵덴에서 압록강으로 가는) 기차 안에서의 한 사건은 내게 소련사람
들이 얼마나 이 전쟁(한국전쟁-인용자주)에 깊이 개입하고 있었는지
에 대해 새로운 사실을 깨닫게 해주었다.

나와 함께 기차를 타고 갈 사람들 중에는 떠날 시간이 다 되어 기차
에 탄 200여 명이 포함되어 있었는데, 그들은 중국 의용군의 녹색 여
름군복을 입고 있었다. 그러나 그들은 중국인들이 아니었다. 그들은
소련사람들이었다. 그리고 그들은 이미 한국(원문 그대로임 '북한'—
인용자주)에 다수 진주하고 있는 소련군사고문관들도 아니었다. 그들
은 전투요원들로서 — 방공포병, 전투공병, 그리고 조종사들 — 전투를
위해 한국으로 가고 있는 중이었다. 조종사들이 한국에 투입되었을
때 미군 조종사들이 알아볼 수 없도록 묵덴에서 명령을 내려 조종사들
의 군복을 위장하였음에도 불구하고 소련인들은 전쟁에서의 역할에
대해서는 개의치 않았다. 기차 안에서 그들이 좋아한 농담 중의 하나
는 다음과 같은 것이었다.
　소련인 1: 우리는 세계 최고의 조종사들을 갖고 있단 말야.
　소련인 2: 어째서 그렇지?
　소련인 1: 그들은 손을 안대고 조종할 수 있기 때문이지.
　소련인 2: 왜 그렇게 하는데?
　소련인 1: 그들은 손으로는 자신들의 눈을 치켜올려야만 하기 때문
　　　　　이지. 그래야만 미국인들은 그들을 북한사람들로 볼 것
　　　　　이 아닌가.

스탈린은 이 전쟁에 매우 깊이 개입하고 있으면서도 끝까지 이 전
쟁의 개입사실을 숨기려고 노력하였다. 소련은 스탈린의 사후에까

지도 이를 철저하게 은폐하려 하였다. 그들은 스스로의 역사를 부정하기 시작한 80년대 후반~90년대 초에 들어와서야 이러한 사실들을 고백하기 시작하였다.

그동안 우리는 1950년 6월의 중·소의 결정과 1950년 10월의 중·소의 결정에 대해서 하나의 의문을 갖고 있었다. 1950년 6월에는 모택동이 소극적이었다가 1950년 10월에는 어떻게 적극적으로 바뀌었는가, 반대로 스탈린은 6월에는 깊숙이 개입하였다가 왜 10월에는 뒤로 물러섰는가라는 물음이 그것이었다. 상호모순되고 비일관적인 듯 보이는 이러한 선택은 한국전쟁을 둘러싼 비밀 중에서 매우 안 풀리는 문제였다. 그러나 사실전환은 일어나지 않았고 이들 둘 중 바뀐 사람은 아무도 없었다. 전환은 전쟁의 결정 이전에 일어났던 것이고, 일단 전환한 후에는 스탈린과 모택동의 대응에 차이가 보이기 시작했다. 그리고 두 번 모두 그 차이는 일관되게 지속되었다.

전환 후에도 스탈린은 여전히 교활했고 이중적이었으나, 일단 전환을 하자 모택동은 보다 더 적극적이었고 솔직했다. 처음 결정에서의 양자의 태도는 10월의 대응에서도 관철되었다. 6월과 10월에 스탈린과 모택동을 가로지르는 전환은 일어나지 않았던 것이다. 특정체제의 형성과정이 형성 후의 성격의 많은 부분을 결정하듯 결정의 과정은 결정 후의 대응에도 많은 영향을 끼친다. 때때로 그것은 똑같이 반복되기도 한다. 스탈린은 한마디로 주도면밀했으며 교활하였다. 모택동 역시 주도면밀했고, 자신이 대만(臺灣)을 해방시키지 못하게 된 것에 대해 불만이 있었다. 그러나 일단 결정이 나자 그는 적극적이었고, 동양식 표현으로 말해 '의리'가 있었다.

간단하게 말해 스탈린의 전환이 모택동의 전환까지 초래하였던 것이다. 스탈린에게 중요한 것은 한국의 통일이 아니라 미국과의 관계였다. 한국에서의 전쟁개시를 허락하면서도 그의 가장 주된 관심은 그것의 성공여부보다도 미국의 개입여부와 그에 따른 미소의 관계악화 여부였다. 울람(Adam B. Ulam)이 지적하듯 "두 대륙(유럽과 아시아―인용자주) 모두에서 소련의 전술을 좌우하는 결정적인 요소는 미국의 의도와 능력에 대한 평가였다".[65] 그리고 스탈린은, 질라스가 말했듯, 기본적으로 국제연대나 이념보다는 국익을 중심으로 사고하고 움직이는 인물이었다. 질라스가 인용한 그리스와 중국을 비교하는 스탈린의 다음 언명은 그의 인식과 정책을 가감 없이 파악케 해주는 훌륭한 사례가 된다.

그래요, 중국 동지들은 성공하였소. 그러나 그리스는 전혀 다른 상황입니다. 그곳에는 바로 세계최강의 국가, 미국이 직접 개입하였습니다. 중국은 다른 경우로서 극동의 관계들은 다릅니다. 사실 우리는 또 실수를 할 수 있습니다! 이곳에서 일본과의 전쟁이 종식되었을 때, 어떻게 장개석과 잠정타협(modus vivendi)을 이룰 수 있을 것인가 하는 문제에 대해 합의를 이루기 위해 우리는 중국 동지들을 초청하였습니다. 그들은 말로는 우리들과 합의하였습니다. 그러나 실제로는 그들은 돌아가서는 자신들의 방법을 고수했습니다. 그들은 병력을 모았고 (장개석을) 쳤습니다. 그들은 옳았고 우리는 그렇지 않았다는 것이 입증되었습니다. 그러나 그리스는 다른 경우입니다. 우리는 주저하지 말고 그리스 봉기를 중지해야 합니다.[66]

그는 그리스 사태에 대해 이렇게까지 단호하게 말하고 있다.

---

65) Adam B. Ulam, *Expansion and Coexistence*: *Soviet Foreign Policy*, *1917~73*, 2nd ed. (New York: Praeger Publishers, 1974), p. 514.
66) Milovan Djilas, *Conversations with Stalin*, p. 182.

아녜요. 그들은 전혀 성공의 전망을 갖고 있지 못합니다. 대영제국과 미국 — 세계 최강의 국가인 바로 그 미국 — 이 지중해에서 자신들의 커뮤니케이션 라인이 절단되는 것을 허용하리라고 생각합니까? 난센스입니다. 그리고 우리는 해군이 없습니다. 그리스에서의 봉기는 가능한 한 빨리 중지되어야만 합니다. [67]

그는 중국혁명의 경우에 대해서는 자신의 잘못을 인정하고 있으면서도 그리스는 전혀 다른 경우라고 말하고 있다. 그 이유는 물론 미국이라는 요인 때문이었다. 대륙에서의 중국혁명은 해공군 없이도 성공할 수 있었다. 그러나 대만은 전혀 달랐다. 소련 해공군의 지원 없이는 성공할 수 없는 것은 물론 시도조차 어려울 것이 분명했다. 공군과 해군의 지원은 곧 소련의 개입(이 알려지는 것)을 의미했다. 북한은 스탈린이 보기에 아마도 대만보다는 훨씬 쉬웠을 것이다. 즉, 1950년 스탈린이 모택동에게는 끝까지 동의를 하지 않고, 김일성에게는 동의를 한 이유는, 둘 다 미국 때문에 위험성이 높았지만, 대만보다는 한국이 성공가능성이 높았고, 또 무엇보다도 대만공격에는 해군과 공군의 절대적인 필요성 때문에 소련의 명백한 개입을 피할 수 없는 반면 북한에서는 그러한 무기가 절대적으로 필요한 것은 아니라서 소련의 명백한 개입을 숨기고도 전쟁을 개시할 수 있었기 때문이었다. [68]

스탈린은 북한의 통일전쟁이 소련과 미국의 관계에 어떠한 영향을 끼칠 것인가를 걱정하였고, 반면에 김일성과 박헌영은 조국통일이 주 초점이었다. 결국 과도하게 급진적인 전쟁의지를 가진 두 현지 공산지도자(김일성·박헌영)들이 이 침착하고 교활하며 계산적인 세계

---

67) Milovan Djilas, *Conversations with Stalin*, p. 182.
68) 青石, "金日成沮止了,"《月刊 明報》1994년 7월호, p. 86.

전략가의 손바닥을 벗어날 수는 없었던 것이다. 한국전쟁을 둘러싼 스탈린-모택동-김일성의 관계를 집중탐구한 한 연구는 "간단하게 말해 김일성은 단지 스탈린의 웅대한 장기게임(*grand chess game*)에서 하나의 졸(卒)에 불과하였다"고 진술한다. 69) 이 진술은 오직 스탈린(의 전략)을 중심으로 사태를 해석하는 한계를 가지고 있기는 하나 스탈린-김일성 관계의 일면을 잘 드러내고 있다. 스탈린은 고도의 전략적 숙고 끝에 전쟁을 동의, 지원하고는 배면으로 아주 깊숙이 빠져버렸던 것이다. 따라서 겉만 보았을 때 스탈린은 전혀 보이지 않을 수밖에 없었다.

---

69) Sergei N. Goncharov et al, *Uncertain Partners*, p. 142.

제 5 장

모택동: 내키지 않는 적극적 동의

1. 모택동과 한국전쟁: 설명의 방식

한국전쟁의 결정과정에서 모택동의 인식과 역할은 무엇이었을까? 모택동은 스탈린과 어떻게 같고 어떻게 달랐을까? 그는 왜 최초에는 주저하다가 일단 결정이 나자 대만해방을 포기하면서까지 북한을 지원하겠다고 하였을까? 이 문제를 규명하는 것은 한국전쟁의 결정의 내막을 밝히는 것은 물론 다음과 같은 다른 세 가지의 문제를 동시에 해명하는 것이 된다.

먼저 전쟁의 결정과정에서의 스탈린과 모택동, 김일성의 각각의 적절한 역할을 해명하는 작업이 된다. 모택동은 결정과정에서 중간 고리였을 뿐 아니라 스탈린과 김일성 둘 다 모택동의 의사를 무겁게 인식하고 있었기 때문이었다. 다른 한편 이 작업은 중국과 북한의 역사적 관계와 전후의 관계를 해명하는 기초 작업이 되기도 한다. 오늘

245

에 이르기까지의 조중(朝中) 관계의 전개는 전쟁에의 참전을 제외하고는 설명될 수 없기 때문이다. 세 번째로 한국전쟁의 결정에서의 양국의 관계해명은 중소관계의 거시적 전개를 해명하는 한 토대를 제공해 줄 것이다. 이 전쟁을 계기로 의견의 일치를 보았다가 둘은 다시 갈라져서 길고 긴 중소갈등에 돌입하기 때문이다.

그 동안 중국 및 모택동과 관련하여 한국전쟁의 결정문제에 대해서는 다음과 같은 대립되는 세 가지 견해가 있어 왔다. 각각의 견해는 모두 뚜렷한 대비점을 갖고 있다. 첫 번째는 모택동의 불개입을 주장하는 설명이다. 중국과 한국전쟁의 관계문제로부터 시작하여 한국전쟁을 오래 연구해 온 김학준은 다음과 같이 언급하고 있다.

공산중국은 일반적으로 이해된 것과는 달리 '남조선을 해방시키겠다'는 북한의 주장에 대해 구체적으로 지원하겠다는 어떠한 공식적인 언약도 주지 않았다. 북한은 중화인민공화국에게 군사적 지원을 요청하지 않은 것 같다. 중화인민공화국이 남한에 대한 북한의 침략계획에 참여하였다고 믿기는 어렵다. 중화인민공화국은 한국전쟁의 준비에 주요한 역할을 하지 않은 것 같다. 결론적으로 전통주의학자들은 조중(朝中) 음모를 주장하는 오류를 범하고 있다. [1]

한국전쟁의 준비과정에서 중국은 사실상 거의 아무런 역할도 수행하지 않았다. 한마디로, 중국 공모설은 근거가 없다. [2]

---

1) Kim Hakjoon, *The Sino-North Korean Relations*, *1945~84* (Seoul: The Korean Research Center, 1985), p. 67; Kim Hakjoon, "China's Non-Intervention in the Origins of the Korean War," in James Cotton and Ian Neary (ed.), *The Korean War in History* (Atlantic Highlands, NJ; Humanities Press International, Inc., 1989), pp. 28~29.

김학준의 견해는 한국전쟁의 결정에 중국은 전혀 개입하지 않았으며 북한 역시 중국의 개입을 요청하지 않았다는 주장으로 요약된다. 아마도 최근의 비밀자료 공개나 다른 학자에 의한 연구의 진척이 없었을 시점이었기 때문에 가능한 주장이었을 것이다. 최근에 그는 중국의 사전인지와 미약하나마 중국의 역할을 인정하고 있다.

중공은 한국전쟁의 계획에 대해서는 알고 있었고 북한의 승리를 희망하고 있었으나 한국전쟁의 준비과정에 적극적으로 개입하지는 않았다는 것이 학계의 정설이라고 할 수 있다. [3]

두 번째 시각은 위의 설명과는 정반대의 견해를 개진한다. 울람(Adam Ulam)과 힌튼(Harold C. Hinton)은 김학준과는 정반대로 중국의 적극적이고도 선제적인 역할을 강조한다. 소련 외교정책의 전문가인 울람은 당시 중소관계에서 중국이 소련에게 전투적인 태도를 취하도록 부추겼다면서 다음과 같이 진술하고 있다.

당시에 중국공산주의자들이 소련에게 그들의 외교정책을 크게 변경하도록 강요한다는 것은 거의 불가능했다. 그러나 자료가 보여주듯 중국은 소련이 좀더 전투적 태도를 취하도록 부추길 수 있었고 또 그렇게 했다. 스탈린은 (남의 말을) 잘 듣는 사람이었다. [4]

---

2) 김학준, "6·25 연구의 국제적 동향: 6·25 연구에 관한 문헌사적 고찰," 김철범·제임스 매트레이 편, 《한국과 냉전》, p. 54.
3) 김학준, 《한국전쟁》, pp. 86~87.
4) Adam B. Ulam, *Expansion and Coexistence*, p. 516.

힌튼은 좀더 상세하게 이런 입장을 개진한다.

스탈린에게의 첫 번째 접근이 실패한 뒤 북한사람들은 그들의 문제를 중국에게 가지고 간 것 같다. 이것은 아마 1949년 11월 북경에서 열린 국제노동조합연맹 회의에서였을 것이다. 그 후의 사태발전으로 보아 중국공산당은 북한문제를 스탈린에게 제안하는 데 동의하고, 겨울에 총 4만에 달하는 만주의 조선병사들을 중국의 통제로부터 북한의 통제로 넘겨주기 시작한 것으로 보인다.
　아마도 모스크바에서 모택동은 남한에 대한 공식적인 침공에 필요한 허가와 병참지원을 북한사람들에게 주도록 스탈린에게 요청하였을 것이다. 모택동은 공산주의가 지배하는 남한은 부활하는 일본에 맞서 미래에 요긴한 완충지대 역할을 할 수 있을 것이라고 주장하였을지 모른다. 5)

　우리는 울람과 힌튼의 견해를 두 번째의 해석이라고 볼 수 있을 것이다. 그러나 이러한 해석은 당시의 중소관계는 물론 동아시아 세 공산주의국가들 간의 관계를 모르는 진술로 보인다. 중국이 과연 소련으로 하여금 한국에서의 전투적 자세를 취하게 할 어떤 이유가 있었으며, 또 과연 그럴 능력이 있었을까? 이것은 아마도 불가능하였을 것이다.
　세 번째는 아이작 도이처의 주장으로서 도이처는 한국전쟁과 관련된 모택동의 인식과 관련하여 이렇게 설명한다. 그에 따르면, 모택동에게서 한국전쟁이란 중국혁명의 연속이었다.

---

5) Harold C. Hinton, *Communist China in World Politics* (Boston : Houghton Mifflin Company, 1966), pp. 206~207.

모택동이 좋아했음에 틀림없을 그 모험은 놀라운 것이 아니었다. 그에게는 전체 한국을 통치하려는 공산주의의 시도가 중국혁명의 한 당연한 속편(*a natural sequel*)으로 보였음에 틀림없었다. 그 공격의 성공은 장래에 어떠한 적대세력이 과거에 그랬던 것처럼 한국을 중국에 대한 침략기지로 사용하는 것을 불가능하게 할 것이었다.[6]

도이처는, 울람과 같은 정도의 적극적 해석은 아닐지라도, 중국혁명과 한국전쟁의 연속성을 강조하고 있는 것이다.

첫 번째 견해와, 두 번째 및 세 번째의 견해는 정반대의 해석을 하고 있음을 알 수 있다. 첫 번째의 견해는 반박된 지 오래다. 이에 대한 반론은 앞장의 논의로 충분히 이루어진 셈이다. 모택동이 한국전쟁의 결정과 발발에 개입되지 않았을 것이라는 주장들은 아주 오래된 것이다. 어떤 학자들은 모택동이 한국에서의 전쟁의 발발 사실조차 사전에는 몰랐을 것이라고 추론해 왔다. 중국지도부의 복잡한 국내문제에 대한 관심집중, 수풍댐 및 전력배분을 둘러싼 중국과 북한과의 갈등, 영토문제, 대사급 외교관의 지연된 교환(북한은 1950년 1월 28일, 중국은 1950년 8월 13일에 각각 상대방 국가에 대사를 파견하였다), 북한에 대한 소련 영향력의 압도적 행사 등을 이유로 많은 학자들은 중국의 불개입과 무연루(無連累)를 주장해 왔었다. 특히 중국의 많은 학자들은 모택동과 중국의 불개입을 주장해 왔다.

중국의 자료와 면담에 기초한 한 연구는 모택동의 인지와 개입의 정도에 대해 매우 조심스런, 그러나 낮은 평가를 하고 있다.

---

6) Isaac Deutscher, *Stalin*, pp. 599~600.

스탈린만이 이러한 김일성의 세부적인 계획과 행동을 위해 가능한 자료에 관해 보고를 받았다. 그것은 김일성이 생각하기에 소련이 그의 조국통일을 수행하는 데 도움을 줄 수 있는 유일한 후견자라고 판단했기 때문이었다. 따라서 중국의 지도자들은 전쟁 직전에 북한의 전반적인 견해만을 알았을 뿐이었다. 중국의 지도자들은 북한의 작전이 언제 그리고 어떠한 방식으로 수행될 것인가에 관해서 전혀 알지 못했다. 중국의 지도자들은 처음부터 전쟁에 개입할 의도는 전혀 없었으며 그들은 김일성에게 도덕적인 지원만을 했을 뿐이었다. … 모택동은 김일성과 스탈린보다 더 신중했다. 그는 모스크바에서 스탈린과 회담할 때나 김일성이 북경을 방문했을 때 미국의 군사적인 개입가능성을 이야기했으나 김일성은 그것을 심각하게 받아들이지 않았다.[7]

그러나 중국내의 이러한 주장들은 10월의 중국참전을 설명할 때는 정반대의 입장이 된다. 즉, 10월의 참전결정시에는 모택동의 적극적이고 영명한 역할을 강조한다. 이것은 논리적 사실적 모순이 아닐 수 없다.

어떤 자료와 연구들은, 아이러니컬하게도, 소련의 음모와 영향력을 지나치게 강조하려다 중국의 영향을 축소하거나 무시하는 오류를 범하기도 한다. 한 권위 있는 자료는 "1949년 10월 중국공산주의자들이 중화인민공화국을 선포함으로써 본토중국을 정복하는 것이 드디어 분명해졌을 때 그들과 북한의 관계는 명백히 비공식적인 채널로 동결되었다. 따라서 전전 두 나라는 대사의 교환, 공식적이고 공개적인 조약의 협정, 그리고 외교관계를 위한 통상적 대표기관의 설치에 실패하였다"고 주장한다.[8] 이 정밀한 초기연구의 최종적인 결론은

---

7) 자이지하이(翟志海), "중국의 한국전쟁 참전결정,"《한국과 냉전》, p. 243.
8) U. S. Department of State, *North Korea: A Case Study in the Techniques of Takeover* (1961), pp. 114~115.

북한은 소련의 '위성정권'(satellite regime)이라는 것이었다. 9) 북한군
의 침공에 대해 소련의 절대적인 군사적 지원과 역할의 관점에서 매
우 상세하게 규명한 한 연구 역시 비슷한 결론에 도달한다. 이 연구는
"한국(북한)에 대한 중국의 전통적인 영향력은 지속적으로 감소되어
왔으며, 1950년 중국의 참전 이전까지는 소련이 북한의 '유일하게 중
요한 공산주의동맹국'으로서의 독특한 위치를 누려왔다", "북한인민
군은 모든 면에서 소련적군의 복제판이었다"고 진술한다. 10)

이러한 추론들은 이제 더 이상 받아들이기 어렵다. 중국공산주의에
대한 날카로운 관찰자 에드가 스노우(Edgar Snow)는 일찍이 "북한정
부가 중국 몰래 전쟁을 시작했다고 생각하는 것은 너무 순진한(naive)
것"이라고 말한 바 있다. 11) 만약에 중국무연루 주장이 지금까지도 남
아 있다면 그것은 모택동에 대한 존경과 신화를 간직하고 싶은 중국내
에서 일 뿐일 것이다. 왜냐하면 러시아-중국-북한 누구도 이 전쟁의
결정과 시작에 자신들이 결정적인 역할을 하였다고 받아들이지 않으
려고 했기 때문이다. 반면에 두 번째와 세 번째의 견해들은 실제보다
중국과 모택동의 역할을 너무 과장하거나 과대평가하고 있다.

이 문제에 대해 자료의 공개 이전에 비교적 일찍이 사실에 가까운
추론을 한 사람은, 몇몇 사소한 오류를 보이기는 했지만, 앨런 화이
팅(Allen Whiting)이었다. 그는 당시 북한에 대한 소련과 중국의 영향
력이 갈등과 경쟁의 관계에 놓여 있었다는 점을 최초로 지적하였

---

9) *North Korea: A Case Study*, p. 120.
10) Daniel S. Stelmach, "The Influence of Russian Armored Tactics on the North
   Korean Invasion of 1950," Saint Louis University Ph. D. (1973), pp. 110, 274.
11) Edgar Snow, *The Other Side of the River: Red China Today* (New York:
   Random House, 1961), p. 714.

다. 12) 소련과 중국이 북한에 대한 영향력을 놓고 갈등과 경쟁관계에 놓여 있었다는 화이팅의 주장은 이 3국 관계를 면밀하게 추적한 커밍스에 의하여 1990년대에 다시 제기되었다. 13) 화이팅의 주장을 요약하면 다음과 같다.

역사적으로 북한은 소련보다는 중국의 영향을 많이 받아왔으나 2차 세계대전 이후 몇 년 동안 이는 지속적으로 감소, 제거되어 왔다. 북한은 결국 소련의 위성국가였다. 북한과 중국의 공식관계는 복잡한 편이었으며 확실히 밀접한 조화를 이루지는 못하였다. 또한 북한에서의 중국의 책임이 소련의 그것과 필적한다는 증거는 없다. 특히 중국이 한국전쟁의 계획과 준비에 참여하였다는 증거는 아무것도 없다. 그러나 북경은 북한의 침공계획을 사전에 잘 알고 있었다. 중국은 1950년 6월의 공격에 강한 관심을 가졌지만 전쟁의 개시나 결과에 대한 직접적인 책임은 없었다. 14)

그러나 화이팅 역시 중요한 자료가 공개되기 훨씬 이전의 해석이기 때문에 오늘날에 와서는 많은 한계와 오류를 드러내고 있다. 우리는 지금부터 이 문제에 대한 좀더 설득력 있는 추론을 시도해야 할 것이다. 먼저, 결론부터 말해 한국전쟁의 시작에 모택동은 초기에는 내키기 않았으나 김일성의 방문과 스탈린의 전문을 계기로 극적으로 전환하였다. 전환한 후 그는 북한 공산주의자들의 전쟁시도에 대해 적극적인 동의로 바뀌었다. 그의 극적인 전환과 전환후의 적극성은 다음

---

12) Allen S. Whiting, *China Crosses the Yalu*, pp. 34, 42.

13) Bruce Cumings, *Origins*, Vol. II, Chaps. 10~11.

14) Allen S. Whiting, *China Crosses the Yalu*, pp. 42~46.

과 같은 세 가지의 이유 때문이었다.

첫째 스탈린의 선제결정의 존중 및 국가건설을 위한 그 동안의 불편했던 중소관계의 개선, 둘째 대만점령과 중국 완전통일의 필요성, 셋째 조중관계의 역사적 유대 등이 그것들이었다. 이 세 가지의 요소는 1950년 6월과 10월에 같은 정도로 작용하였다. 그리고 두 번의 결정 모두 같은 방식으로 이루어졌다. 스탈린과 모택동의 관계와 역할까지 두 시기 모두 같았다. 즉 스탈린과 모택동, 소련과 중국 모두에게 이 시기에 전환은 일어나지 않았던 것이다. 오히려 전환은 이 두 번의 결정이 있은 뒤에 일어났다.

2. 스탈린-모택동의 관계, 대만해방과 한국전쟁결정

모택동이 북한의 전쟁시도에 대해 주저하다가 적극 동의하게 되는 가장 큰 이유는 스탈린의 결정에 대한 존중과 스탈린과의 불화를 원치 않는 현실주의적 고려에서였다. 당시의 공산주의진영 내에서의 힘의 위계관계에 비추어볼 때 누구도 스탈린의 뜻을 거스른다는 것은 불가능했다. 그가 일단 결정한 사항을 다른 사람이 뒤집는다는 것은 가능한 일이 아니었다. 따라서 모택동의 동의와 북한에 대한 지원은, 반대하였을 경우 초래될 불이익을 예상하였기 때문이었다.

스탈린이 북한의 전쟁시작을 동의하였음에도 불구하고 이를 반대한다는 사실은 스탈린의 정책을 반대하는 데서 오는 엄청난 부담과 함께, 이후의 사태에 대한 책임, 그리고 통일을 이루지 못한 북한공산주의자들로부터의 비난을 감수해야 할 행동이었다. 따라서 그의 동의는 인접국의 혁명전쟁을 적극적으로 지원함으로써 중국의 공산주의가 결코 민족주의적, 티토주의적이지 않다는 것을 스탈린에게 행동으로써 보여주기 위한 측면을 많이 안고 있었다. 특히 1950년 6월까지도 스탈린과 모택동의 관계는 좋지 않았다.

북경의 새로운 지도자들과 스탈린과의 초기 관계설정은 결코 간단한 문제가 아니었다. 스탈린은 1945년 종전 후까지도 국민당 정부를 계속 인정하였다. 더욱이 1945년 국부와 스탈린의 중소우호동맹조약의 체결은 중공측에게는 중국혁명을 저지시키려 하는 것이 아닌가 의심받기에 충분한 것이었다. 그러나 혁명의 성공 이후 등장한 새로운 공산중국은 그때까지 등장했던 동서의 다른 공산국가와는 비교가 되지 않게 큰 나라였다. 모택동 역시 그때까지 등장했던 공산주의 지도자들과는 비교할 수 없을 만큼 큰 지도자였다. 중국은 소련에 버금갈 정도의 인구와 영토를 가진 나라였을 뿐만 아니라 무엇보다도 모택동은 스탈린의 충고를 무시하고 독자적인 혁명노선을 고집스럽게 밀고 나가 혁명을 성공시킨 사람이었다.

당시까지의 세계 공산혁명 역사상 모택동은 스탈린의 도움을 가장 적게 받고, 오히려 그의 의사에 반하여 혁명을 성공시킨 유일한 지도자였다. 또한 당의 최고지도자이며 혁명 1세대들인 모택동, 주은래, 유소기 등은 강한 민족주의적 성향을 가진 맑스주의 지식인들이었다.[15] 당시 중국외교부의 소련동구국 국장을 맡고 있었던 오수권(伍修權)에 따르면 "소련은 새로이 수립된 중국의 방침과 정책에 대해서 의심을 품고 있었다. 스탈린은 중국이 유고슬라비아의 노선을 걷고 있지 않은가 의심했다. 우리나라의 민주당파 및 무소속 인사들이 정부에 참여한 것을 두고 소련에서는 또다시 친영·미로선(親英·美路

---

15) 자이지하이, "중국의 한국전쟁 참전결정,"《한국과 냉전》, p. 236.

線)을 따르지 않을까 의심했다". 16) 스탈린은 또한 모택동을 '마가린 공산주의자'라고 간주하면서 종종 트로츠키주의자라고 혹평했다. 17)

모택동은 스탈린이 반대했던 전략을 완강하게 밀고 나갔을 뿐더러 그는 중국공산당내의 친소파들을 숙청하였다. 그는 양자강 도하작전을 미루고, 즉 최후의 승리를 미루고 유격투쟁을 좀더 전개하라는 스탈린의 권고도 무시한 채 국부를 밀어붙여 대륙을 장악하였다. 스탈린은 무력에 의한 중국공산당의 통일정책을 수락하지 않고 두 개의 중국안을 권고하고 있었다. 양자강을 중심으로 공산당이 지배하는 북중국과 국민당이 통제하는 남중국이 바로 그것이었다. 중국공산당의 공식 당사 잡지는 이에 대해 이렇게 설명하고 있다. "도강작전 이전에 스탈린은 우리측에게 강을 건너지 말 것을 권유하였다. 그는 우리가 강 건너까지 전쟁을 확대시키면 미국이 군대를 보내 개입할 것이며 따라서 중국혁명은 실패로 끝날 것이라 믿었다."18) 모택동 스스로가 말한 바에 따르더라도 스탈린은 "미국이 중국에 직접 개입할지도 모른다는 두려움에서 장개석의 군대를 패배시키기 위해 양자강을 압박하는 것과 같은 대규모의 군사작전을 벌이지 말라고 주의를 주었다".19) 스탈린은 1949년에는 김일성의 공격은 물론 모택동의 공격까

---

16) 伍修權, "在外交部 八年的 經歷," 陳維利 역, "伍修權의 外交回顧錄," 《중소연구》 제8권 1호(1984년 봄), p. 255.

17) Nakajima Mineo, "The Sino-Soviet Confrontation: Its Roots in the International Background of the Korean War," *Australian Journal of Chinese Affairs 1*(Jan. 1979), p. 38; 조나단 폴락, "중국, 중·소동맹, 한국전쟁," 김철범·제임스 매트레이 편, 《냉전과 한국》, p. 214.

18) 姚旭, "抗美援朝的 英明決策," 이홍영 역, "미국에 대항하고 조선을 지원한 현명한 정책," 《중소연구》 8권 4호(1984년 겨울), p. 218. 이홍영에 따르면 중국공산당측에서 나온 자료로서는 이 문장이 처음으로 스탈린의 반대를 시사한 것이다.

지도 반대하고 있었던 것이다. 그러나 모택동은 스탈린의 의사에 동의하지 않고 밀어붙여 혁명을 성공시켰다.

1949년 4월 중국공산군이 양자강을 넘어 국부의 수도였던 남경을 점령했을 때 소련대사 로신(Roschin)은 중국공산당과 사전협의도 없이 장개석군대를 따라 광주(廣州)로 내려갔다. 5월에는 소련은 장개석 정부와 신강지방의 자원채굴을 위한 권리를 확보하기 위한 협정을 5년간 연장할 것에 합의하였다. 중국공산당 지도자들은 소련의 이러한 정책들을, 소련이 중국공산당이 권력을 장악하는 것을 저지할 뿐만 아니라 중국에 대한 소련의 영향력을 증대시키고 그 자연자원을 착취하려는 것으로 받아들였다. 나중에 모택동은 앙드레 말로(Andre Malraux)에게 "로신의 의사는 국부를 위해 사태를 역전시키는 것이었다"고 회고하였다. 20) 로신의 의사는 곧 스탈린과 소련공산당의 의사였다. 결국 모택동은 62년에 "소련인들은 중국이 혁명을 성공시키는 것을 용인하지 않으려 했다"고 지적하고 있다. 21) 그는 중국혁명 과정에서의 스탈린의 반대를 깊이 인지하고 있었던 것이다.

그러나 양자강 도하에서 중국혁명이 성공하기까지는 채 4개월이

---

19) Chairman Mao's address on 11 April 1957, *Study of Party History Materials*, Vol. 22, No. 13 (Beijing, 1982), 자이 지하이, "중국의 한국전쟁 참전결정,"《한국과 냉전》, p. 238에서 인용.

20) Melvin Gurtov and Byoung-Moo Hwang, *China Under Threat: The Politics of Strategy and Diplomacy* (Baltimore and London: Johns Hopkins University Press, 1980), pp. 44~45.

21) Mao Tse-tung, "Speech at the Tenth Plenum of the Eighth Central Committee," Stuart R. Schram (ed.), John Chinnery and Tieyun (trans.), *Chairman Mao Talks to the People: Talks and Letters*, 1956~1971 (New York: Pantheon Books, 1974), p. 191.

걸리지 않았다. 물론 미군은 개입하지 않았다. 스탈린은 틀렸던 것이다. 그는 1949년 6월 유소기가 모스크바를 방문하여 건국문제를 협의할 때 "그 당시 중국혁명에 간섭한 것은 잘못된 것이었다"면서 "당신들을 간섭하고 방해했던 것을 나는 매우 유감스럽게 생각한다"고 밝혔다. 이 진술 속에는 과거에 분명히 중국혁명을 방해했다는 점과 그에 대한 사과한다는 두 가지 점이 동시에 지적되어 있다. 이는, 결코 사과한 적이 없는 스탈린의 예외적인 사과였던 것이다. 스탈린은 모택동의 모스크바 방문 기간 중에는 "여러분은 이미 위대한 승리를 획득하였으며 승자는 질책을 받지 않는다"고까지 말하였다. [22]

1949년 10월 1일 정부수립 직후 중국은 경제복구, 사회통합, 토지개혁, 대만해방, 잔존 반공세력진압, 티벳점령 등 우선적으로 해결해야 할 중요한 문제가 한둘이 아니었다. [23] 물론 이 가운데서도 가장 시급한 과제는 경제복구였다. 19세기 중반 아편전쟁 이후 처음으로 통일된 중앙정부를 가질 정도로 지난 1세기 동안 참으로 오래고 고통스런 전란을 지나온 중국의 경제는 완전히 파괴되어 있었다. 공산혁명의 성공에도 불구하고 경제상황이 나아지지 않는다면 그것은 대만과 내륙의 저항세력들에게 좋은 반격의 명분을 제공해 줄 것이었다. 당시 중국 중남부와 남서지방에서는 아직도 수십만에 달하는 반공게릴라들이 활동을 하고 있었다. 경제복구를 위해 당시 중국이 지원을 기대할 수 있는 유일한 나라는 소련이었다.

건국초기 중국의 외교기조는 사회주의국가로서의 이념의 중요성을

---

22) 伍修權, "在外交部 八年的 經歷," 陳維利 역, p. 254.
23) 이에 대해서는 Melvin Gurtov and Byoung-Moo Hwang, *China Under Threat: The Politics of Strategy and Diplomacy*, pp. 25~34를 참조하라.

인정하고는 있었지만 더욱 중요한 것은 실리추구의 면에서 국가관계의 설정을 도모하였다는 것이다. 이 무렵 중소관계는 상호불신과 암투 및 긴장이 내재되었던 시기였다.[24] 소련과의 긴장과 암투 때문에 1948년 말 국공(國共) 내전이 유리하게 전개되자 중국공산당 지도부 내에서는 건국후의 외교노선을 둘러싸고 논쟁이 전개되었다. 주은래를 중심으로 한 온건파와 유소기를 중심으로 한 급진파 간의 대결이 그것이었다. 온건파들은 대미관계 개선을 시도하였고 급진파들은 대미접근을 반대, 대소일변도의 노선을 주장하였다. 그러나 당시 미국은 "누가 중국을 잃었는가"라는 대논쟁에 빠져 있을 때였기 때문에 새로이 등장한 공산중국의 접근을 받아들일 계제가 전혀 아니었다. 대만 로비세력들의 맹렬한 활약 역시 중국의 대미접근을 막는 주요 요인이었다. 또한 이미 당시는 냉전이 격화되고 있던 시점이어서 공산진영과 어떤 온건한 관계를 형성한다는 것이 기본적으로 불가능한 시점이었다.[25]

1949년 6월 30일 모택동이 중국 외교정책의 소련 일변도로의 경사를 선언하면서 이 논쟁은 끝났다. 이른바 유명한 '일변도'(一邊倒, 'lean-to-one-side') 정책이었다. 이때의 '일변'은 소련을 의미했다. 이때 모택동은 "우리는 일방으로 경사해야 한다"면서 영국과 미국의 원조를 주장하는 견해를 '순진한 생각'이라고 비판하였다.[26] 이는 영국과

---

24) 황병무, "중공의 역할," 전쟁기념사업회 편, 《한국전쟁사, 2권-기원》, p. 395.
25) 당시 중국 내의 외교논쟁에 대해서는 Melvin Gurtov and Byoung-Moo Hwang, *China Under Threat*, pp. 35~39. 나카지마는 거토프·황병무와는 달리 유소기와 그의 추종자들이 모택동에 맞서 대미유화책으로 경도되어 있었다고 보고 있다. Nakajima Mineo, "The Sino-Soviet Confrontation in Historical Perspective," p. 210.

258

미국의 원조를 기대하는 견해가 실제로 당시의 중국 지도부내에 존재했었다는 점을 암시하는 것이었다. 이미 1949년 초에 모택동은 미국과 소련의 영향력 사이에서 균형을 유지하려는 희망을 포기하고 소련 측으로 기울어지기로 결정한 다음 모스크바로부터 경제·군사원조를 구하기로 했다. [27] 그러나 한 연구는 모택동이 1949년 3월까지도 은연중 미국과 화해하는 중도노선을 지향하고 있었다고 주장한다. [28] 그러나 어쨌든 그는 향소일변도 정책을 선언함으로써 "티토주의적 대안을 단호하게 포기하였던 것이다". [29] 그 포기는 모스크바에 보내는 신호였다.

　초기 중국의 외교정책에서 지극히 중요한 이 선언은 이념적 요인으로만은 설명할 수 없는 복합적인 요인이 개재된 선언이었다. 모택동은 항상 오래 숙고하고 신중하게 결정하되, 일단 내린 결정에 대해서는 단호하고 일관되게 밀어붙이는 특성을 보여왔다. 모택동은 그렇게도 오랫동안 갈등이 있었고 긴장관계에 있었음에도 불구하고 왜 이 시점에서 '일변도' 정책을 선언해야만 했을까? 문제는 비교적 간단해 보인다. 국가수립 이전에 이미 모택동은 소련의 원조와 자문이 국가

---

26) Mao Tse-tung, "On the People's Democratic Dictatorship: In Commem-oration of the Twenty-eighth Anniversary of the Communist Party of China," *Selected Works of Mao Tse-tung*, Vol. 4 (Beijing: Foreign Languages Press, 1961), pp. 415~417.

27) 자이지하이, "중국의 한국전쟁 참전결정,"《냉전과 한국》, p. 238.

28) Nakajima Mineo, "The Sino-Soviet Confrontation in Historical Perspective," Yonosuke Nagai and Akira Iriye (eds.), *The Origins of the Cold War in Asia* (Tokyo: University of Tokyo Press, 1977), p. 209.

29) Nakajima Mineo, "The Sino-Soviet Confrontation in Historical Perspective," p. 209.

건설에 필수적이라는 사실을 알고 있었다. 따라서 모택동은 소련과의 불편한 관계의 지속을 결코 원하지 않았다. 그것은 신생의 국가건설을 매우 곤란하게 할 것이기 때문이었다. 오수권은 "모택동이 건국전야에 소련일변도의 국책을 제출했던 것은 바로 (우리가 티토처럼 독자노선을 가지 않겠냐는) 스탈린의 의심에 대응하기 위한 것이었다"고 지적한다. 30) 향소일변도 노선의 가장 큰 이유는 스탈린의 우려에 대한 의사표시였던 것이다.

이러한 명백한 요인 외에도 모택동이 이 결정을 선언하지 않으면 안 될 몇 가지 이유가 있었다. 31) 하나는 소련과 중국 사이에 존재하는 힘의 차이 때문에 대미유화책을 선택했을 때 초래될 수 있는 위험이었다. 그러한 정책을 택한다는 것은, 과거의 그의 행동에 비추어 볼 때 스탈린이 무슨 행동을 취할지 모를 우려를 자아낼 것이었다. 또 다른 요인은 보다 전술적인 고려로서 소련에 맞서 강한 하나의 중국민족주의를 고양하려는 의도였다. 만주와 신강, 고강 문제 등에 대해 모택동은 장개석을 대신하여 전중국을 책임지고 있다는 대표성과 통일성을 내외적으로 주장하고 싶었다. 또한 1949년 6월의 시점에 모택동이 향소일변도 정책을 주창한 것은 고강과 스탈린과의 유착에 의한 고강의 대소관계 독점을 견제하기 위한 의도도 있었을 것이다.

1940년대 말까지 중국공산당의 지도자들은 전후 세계질서는 소련이 이끄는 한 진영과 미국이 이끄는 다른 한 진영으로 이루어진 두 진영으로 분할될 것이라는 굳은 확신을 갖게 되었다. 그들은 자신들의

---

30) 伍修權, "在外交部 八年的 經歷," 陳維利 역, pp. 259~260.
31) Nakajima Mineo, "The Sino-Soviet Confrontation in Historical Perspective," p. 210.

혁명을 소련이 이끄는 국제 프롤레타리아 운동의 분리할 수 없는 일부분으로 여겼고, 두 진영 사이에서의 중간지대의 존재가능성을 배제하였다. [32] 모택동의 향소일변도 선언은 전후 세계구조에 대한 이러한 이해에 일치하는 것이었다. 모택동의 결정이 지니는 정치적 의미는 분명했다. 소련이 이끄는 진보진영과 미국이 이끄는 반동진영 사이의 국제적 대결에서 중국공산당은 미국에 맞서 소련과 동맹하는 것 이외에는 다른 선택이 없었다는 점이다. 어쩌면 모택동의 향소일변도 선언은 공산중국의 국가안보문제에 대한 미국의 위협이 지니는 심각성에 대한 중국공산당의 평가의 산물일지도 모른다. [33]

  1949년 10월 1일 정부를 수립하고 두 달 뒤인 12월 16일 모택동은 모스크바를 방문하였다. 공식적 명분은 스탈린의 70회 생일을 축하하기 위해서였다. 이 방문은 모택동으로서는 최초의 해외방문이었다. 그러나 일변도 정책까지 선언했음에도 불구하고 스탈린과 모택동의 회담은 결코 순탄하지 않았다. 모택동은 1월 2일 타스통신의 기자에게 "나는 소련에 몇 주 더 머물러야 될 것으로 생각하고 있다. 나의 체류기간은 중국의 이해가 걸린 문제들이 해결되는 데 얼마나 걸리느냐에 달려 있다"고 말했다. 이것은 중국의 이해가 걸린 문제를 해결하는 데 어려움이 있음을 암시하는 발언이었다. 모택동은 "그 중에는 무엇보다 기존의 중소우호동맹조약(국민당정부와 소련 사이에 체결된 조약을 말함 — 인용자주)을 비롯하여 중화인민공화국에 대한 소련의 차관문제, 양국 간의 무역 및 무역협정의 문제, 기타 문제 등이 있

---

32) Chen Jian, "The Sino-Soviet Alliance and China's Entry into the Korean War"(1992), p. 2.
33) Chen Jian, "The Sino-Soviet Alliance"(1992).

다"고 말하였다. 34)

교섭의 기간은 무려 10주나 걸렸다. 모택동은 12월 16일 도착하여 2월 4일에서야 조약에 서명하였고 3월 4일이 되어서야 북경으로 출발하였다. 교섭이 진행되고 있던 1월 20일에는 외상인 주은래가 대규모의 수행원들을 대동하고 모스크바를 방문, 모택동과 합류하였다. 추가 방문단에는 주은래뿐만 아니라 동북인민정부 부주석 이부춘(李富春), 중앙무역부 부장 엽계장(葉季壯), 외교부 사무처 부주임 뇌아력(賴亞力)을 비롯하여 모택동의 원래의 방문단보다도 더 많은 주요 인사들이 참가하였다. 주은래는 모스크바로 가는 도중에도 모택동과 통화하여 중소조약의 체결에 대한 의견을 교환하기도 하였다. 주은래의 방문은 협상이 얼마나 어려운 것인가를 반증하는 것이었다.

주은래를 따라 방소하여 조약체결을 위한 회담에 직접 참여하였던 오수권에 따르면 "몇 개의 글을 수정하기 위해서 긴 시간의 논쟁과 토론이 치러졌다". 이는 중소협상의 과정이 상당히 어려웠음을 의미한다. 2월 14일의 중소우호동맹 상호원조조약을 체결한 것을 비롯하여 장춘철도·여순항 및 대련에 관한 협정, 중화인민공화국에 대한 차관제공에 대한 협정 등이 체결되었다. 동시에 1945년 8월 소련과 국민당 정부가 체결한 각종 조약 및 협정은 완전히 폐기되었다. 협정체결을 마치고 2월 17일 모택동과 주은래는 귀국길에 올랐다. 동북을 참관한 뒤 모택동은 3월 상순에서야 귀국하였다.

모택동과 주은래가 귀국한 뒤에도 실무진들은 모스크바에 남아 협

---

34) Allen Whiting, *China Crosses*, p. 27; Nakajima Mineo, "Sino-Soviet Confron-tation," p. 211; Melvin Gurtov and Byong-Moo Hwang, *China Under Threat*, p. 45.

상을 계속했다. 그러나 중국측의 입장에서 볼 때 소련사람들은 자국이익의 주장에 관한 한 완고했다. 오수권은 이렇게 말한다.

그들은 자기 입장만 고집하여 회담에 참가한 우리들은 저마다 매우 불쾌감을 느꼈다. 그러나 당시의 상황을 고려할 때 사태가 심각할수록 우리에게 이익될 것이 별로 없었다. 최후에 국내의 지시에 따라 상당한 양보와 타협 아래 동의했다. 이번 논쟁에서 소련은 대국 쇼비니즘과 민족이기주의를 뚜렷이 드러냈으며 그들은 자국의 이익을 위해서라면 자기의지를 상대방에 강요하고 심지어는 그들의 우방인 형제국가들의 이익조차 고려하지 않았다.

이 표현들은 소련과 여러 문제를 놓고 회담했던 질라스의 표현과 여러 면에서 일치한다. 즉 소련의 일반적 행태였던 것이다.

오수권의 표현에서 볼 수 있듯 중소갈등은 이미 그때 배태되어 있었던 것이다. 오수권은 당시의 중소관계를 "단결된 가운데서도 투쟁이 있었다", "곳곳에서 의견충돌을 면치 못했다"고 회고한다. [35] 이는 가장 정확한 표현일 것이다. 그러나 당시에 이러한 의도를 나타낼 수는 없었다. 오수권의 표현처럼 사태가 심각할수록 손해였기 때문에 중국은 양보할 수밖에 없었던 것이다. 1950년 노동절 연설에서 유소기는 중소조약이 평화로운 국제환경을 조성할 수 있는 기틀을 마련한 덕택으로 중국은 국내건설에 전념할 수 있음을 강조하였다. [36]

이로써 일단 중국과 소련은 표면적으로는 단결된 모습을 보일 수 있

---

35) 伍修權, "在外交部 八年的 經歷," 陳維利 역, pp. 263~264.
36) John Gittings, *The World and China, 1922~1972* (New York: Harper and Row, 1074), p. 155, 황병무, "중공의 역할," p. 391에서 인용.

었다. 국민혁명, 항일전쟁, 내전을 거치는 오랫동안의 참혹한 파괴와 폐허는 새로이 태어나는 신생국의 지도자인 모택동에게 많은 것을 참고도 스탈린을 방문하여 정치적 이데올로기적 군사적 경제적 후원을 얻고자 하는 결심을 갖게 만들지 않을 수 없었던 것이다. 중소동맹을 실현하기 위해서는 많은 노력과 투쟁이 필요하였고, 또 타협할 수 없는 점도 많았다. 건국 초기의 가장 어려운 시기에 국가주석이 2개월 이상이나 국내를 떠나 있어야 되는 것 자체가 그런 곤란성을 단번에 보여주는 것이라 하겠다. 37)

둘의 통역을 담당했던 쉬체(師哲)의 증언에 따르면 모스크바 방문시 스탈린과 모택동의 사이는 아주 냉랭했다. 쉬체는 둘 사이에는 녹일 수 없는 '얼음장'이 있었다고 증언한다. 38) 일찍이 흐루시초프는 1949~50년 사이의 둘 사이를 회고하면서 "분열직전에 있었다"고 말함으로써 쉬체의 증언이 사실이었음을 입증하였다. 39) 모택동은 이 문제와 관련하여 1962년 9월 24일 중공 '8기 10중 전회'에서 스스로 이렇게 직접적으로 토로한 바 있다. 중소갈등 이후에서야 모택동은 뼛속에 사무친 깊은 한을 털어놓은 것이다.

스탈린은 중국혁명의 성공을 저지시키길 원했다. 그는 우리로 하여금 내전을 치러서는 안 되며 장개석과 협조하라고 했다. 그렇지 않다면 중국민족은 사라질 것이라는 것이었다. 그러나 우리는 그가 말한 대

37) 上原一慶, "중국공산당과 신중국구상," 姫田光義 外, 편집부 옮김, 《중국현대사》(서울: 일월서각, 1984), p. 408.

38) 〈모스크바 = 연합통신〉, 김홍식 특파원 전송문(1994년 7월 5일).

39) Harrison E. Salisbury, *The Coming War between Russia and China* (New York: W. W. Norton, 1969), pp. 106~107, 황병무, "중공의 역할," p. 393에서 인용.

로 하지 않았다. 혁명은 승리하였다.

혁명승리 이후 스탈린은 이번에는 또 중국은 유고로 될 것이고, 나는 제2의 티토로 변할 것이라고 의심하였다. 그 후 중·소 동맹 상호 원조조약을 체결하기 위해 내가 모스크바를 방문하였을 때 우리는 또 한 번의 투쟁을 겪지 않으면 안 되었다. 그는 조약에 서명하려 하지 않았다. 두 달간의 협상 끝에 그는 비로소 서명했다.

스탈린은 언제부터 우리에 대한 신뢰를 갖기 시작하였는가? 그것은 항미원조(抗美援朝) 때인 1950년 겨울부터였다. 그때서야 그는 우리가 티토가 아니고 유고가 아님을 믿게 되었다.[40)

이 진술은 다음의 세 가지 점을 뚜렷하게 제시해 준다. 첫째 스탈린의 중국혁명에 대한 명백한 저지의사, 둘째 혁명성공 후에는 제2의 유고화와 티토화의 우려, 셋째 항미원조 때부터 비로소 중국에 대한 신뢰시작이 그것이다. 앞의 둘은 이미 설명하였으므로 생략하자. 마지막 세 번째 진술을 해석해 볼 때 스탈린은 향소일변도 선언, 모스크바방문, 중소조약 체결에도 불구하고 결코 모택동과 중국을 신뢰하지 않았던 것이다. 그는 1950년 6월 전쟁의 결정에서까지도 그가 제2의 유고이자 티토로 바뀔 것에 대한 의심을 버리지 않았다. 1950년 10월 직접 대규모 병력을 참전시키자 그때서야 스탈린은 모택동에 대한 의심을 비로소 거두었던 것이다. 이 진술은 모택동 스스로가 스탈린의 이러한 태도를 읽고 있었음을 보여준다. 모택동의 진술은 스탈린의

---

40) 毛澤東, "在八屆十中全會上的 講話"(1962년 9월 24일), 中共 內部文件, 《毛澤東思想萬歲》, p. 432; 박두복, "중공의 한국전쟁 개입의 원인에 관한 연구," 한국정치외교사학회 편, 《한국전쟁의 정치외교사적 고찰》(서울: 평민사, 1989), p. 138; Stuart R. Schram(ed.), *Chairman Mao Talks to the People: Talks and Letters, 1956~1971*, p. 191.

의뭉한 행태에 비추어 사실임에 틀림없을 것이다.

한국전쟁을 결정하는 1950년 4~5월에도 모택동은 대만해방 문제가 남아 있는 상태에서 스탈린과 불화하기를 원치 않았다. 대만해방을 위해서는 군사적 물질적으로 상당한 준비가 필요하였다. 그것은 중국 독자적으로는 결코 실현할 수 있는 문제가 아니었다. 1950년 4월과 5월 사이에 중국은 해남도(海南島)를 점령하였지만, 대만침공을 담당하고 있던 제3야전군 부사령관 속유(粟裕)의 다음 말처럼 중국지도부는 이 문제가 쉬이 이루어지리라고는 결코 생각하지 않고 있었다.

나는 무엇보다 동남해안의 도서들, 특히 대만을 해방한다는 것이 지극히 큰 문제이며 중국의 현대 전쟁역사에선 가장 큰 전투가 될 것이라는 점을 지적하지 않을 수 없다. … (대만은) 충분한 수송수단, 적합한 장비, 그리고 적절한 보급 없이는 점령할 수가 없다. 더구나 엄청난 숫자에 달하는 장개석 휘하의 지상군, 해군, 공군이 본토에서 도망한 일단의 가장 비타협적인 반동분자들과 함께 그곳에 집결해 있다. 그들은 방어를 위해 해변을 따라 강력한 방어시설을 구축하였다. 미제국주의자들의 선동에 따라 그들은 일본 군국주의자들까지 끌어들였다. … 이런 점들이 우리의 전쟁수행 과정에 나타난 새로운 어려움이라는 것을 모두 깨닫지 않으면 안된다. 이러한 난관들을 극복할 수 있는 물질적 기술적 조건을 충분히 갖추었을 때만이 우리는 이 거대한 군사적 임무를 순조롭게 완수하여 국민당의 잔재를 완전히 뿌리뽑을 수 있을 것이다. 41) (괄호는 최초 인용자 추가)

속유의 말은 모택동을 비롯한 최고지도부와 군사지도부가 모두 대

---

41) Su Yu, "Liberation of Taiwan in Sight," *People's China*, Vol. I, No. 4 (Feb. 16, 1950). p. 89, Quoted in Allen Whiting, *China Crosses the Yalu*, p. 21.

만해방이 상당한 물질적 기술적 원조와 준비를 필요로 하고 있다는 점을 잘 인식하고 있었음을 보여준다. 더욱이 중국은 1950년 4월 중국 남부지역과 해남도 점령을 완료한 제4야전군 소속부대들을 중국 동부지역으로 이동, 재배치하였다. 해남도 점령과 동북으로의 병력 이동이라는 상반되는 두 행동에 비추어 볼 때 이 시점에서 모택동을 비롯한 중국지도부는 아마도 대만의 조기해방에 대한 시도를 포기하였을지도 모른다. 그러나 이러한 결정이 자체적인 것인지 아니면 스탈린의 의사에 따른 것인지는 아직 확인하기 어렵다.

중국은 5월중순 이후로는 다시 6만명의 병력을 동북지역으로 이동시켰다. 어쩌면 소련의 지원이 없는 상태에서 대만해방의 과업을 약간 미루었던 것인지도 모른다. 북한의 전쟁개시 의도와 모스크바에서의 합의에 대한 스탈린의 의사는 김일성과 박헌영이 북경을 방문할 때인 5월 13일에서 15일 사이에 상세히 전달되었다. 그렇다면 이러한 이동의 일부가 중국군이 북한의 침공으로 일어날 전쟁에 사전 대비하려는 움직임이라는 해석이 존재해 온 것은 전혀 무근거한 설명은 아닌 것도 사실이다.[42] 특히 두 번째의 이동은 그럴 개연성을 배제할 수 없었다. 이런 상태에서 스탈린의 동의와 지원 없이 대만을 조기에 공격하여 점령한다는 것은 완전히 불가능했다.

모스크바 방문시의 스탈린-모택동 회담에서 대만해방 문제에 대해 모택동이 지원을 요청하였으나 스탈린은 이에 동의하지 않았다. 소련의 외무성 자료를 정리한 바에 따르면 스탈린은 모택동에게 중국의 대만해방은 시급한 것이 아니기 때문에 지하당조직을 통한 무장봉기와 같은 방식으로 대만문제를 해결하도록 요구했다. 즉 일단 대만내

---

42) Allen Whiting, *China Crosses the Yalu*, p. 23.

부에서 전쟁이 일어나고 이후에 공격하는 것이 쉽고 또한 이치에도 맞다는 것이었다. 43) 양자강 도하 때 중국혁명을 반대한 스탈린은 이제 대만해방 문제에 대해서까지 반대하고 나선 것이었다.

문제는 대륙해방과 대만해방의 두 전쟁이 갖고 있는 결정적인 차이였다. 전자의 추구에서는 소련의 지원이 필요하지 않았으나 후자는 전혀 달랐다. 공군과 함대의 지원이 없다면 그는 결코 대만해방의 과업을 성공할 수 없었다. 대만해방을 꿈꾸고 있는 모택동은 스탈린의 지원없이는 이 과업의 성취가 가능하지 않다는 사실을 잘 알고 있었다. 때문에 그의 동의는 통일을 위한 원려에서 스탈린이 이미 동의한 한국전쟁을 지원하여 대만해방에 대한 지원을 예약해 놓고자 한 측면도 있었다.

3. 항일공동투쟁, 국가건설과 조·중 공산주의연대: 역사적 배경

중국의 전환과 전환후의 적극적인 대북지원 의사표시의 또 다른 요인은 중국공산주의자들과 한국공산주의자들 사이의 인적 이념적 역사적 공통성이었다. 모택동은 한국에서의 전쟁개시에 의한 작전이 '양국간의 공동과제'라고까지 진술한 바 있었다. 44) 오랫동안 북한과 중국은 서로 혈맹관계로 불러왔으며, 북한의 조선로동당과 중국공산당 역시 서로를 형제당이라고 불러왔다. 1958년《로동신문》의 사설은 중국의 국가창설일을 맞아 중국인민을 향해 '형제적 중국인민'이라

---

43) 青石, "金日成沮止了,"《月刊 明報》1994년 7월호, p. 86.
44)《소련 외교문서》2, pp. 6~8, 13~14, 19~20, 23~27.

며 '중국인민의 원쑤는 곧 조선인민의 원쑤'라고 표현하고 있다. [45] 국제정세와 양국관계의 변화에 따라 상당한 굴곡이 있기는 했으나 이 표현과 그것이 내포하는 양국관계의 본질은 지난 수십 년 동안 크게 변화하지 않았다.

이는 두 나라 관계의 역사적 긴밀성을 이해하지 않고는 납득할 수 없는 주장이다. 북한공산주의자들의 전쟁개시 문제에서 나타난 모택동과 스탈린의 차이는 두 지도자 간의 개인적 성향과 기질의 차이 및 소련 볼셰비키와 중국공산당의 혁명전술과 경험의 차이에서도 연유하지만 항일 공동투쟁경험의 유무여부에서 오는 북한 공산주의자들과의 연대의 정도의 차이에서도 연유하였다. 또한 세계적 수준의 전략을 고려하는 스탈린과 아시아 혁명문제에 집중할 수 있는 모택동의 입장이 갖고 있는 차이, 또는 스탈린이 아시아 문제에 대해 모택동의 역량을 인정하고 이니셔티브를 양도했던 점 등이 복합적으로 작용하였다. 이러한 차이들이 둘의 대응방식의 차이를 만들어 내었던 것이다.

1) 항일공동투쟁과 역사적 유대

항일(抗日) 공동투쟁이 조·중(朝中) 공산주의자들의 연대를 강력하게 했다는 점은 매우 중요하다. 왜냐하면 항일공동투쟁이야말로 두 나라에게 불가피하게 주어졌던 자연적 요인인 지리적 근접성과 함께, 조중 공산주의자들의 연대를 강력하게 한 기본적인 자원이었기 때문이다. 이것은 단순히 지도자들 간의 연대와 공동투쟁만을 두고 하는 말은 아니다. 그것은 일반민중들 수준에서도 그러하였다. 식민시대 중

---

45) 《로동신문》 1958년 10월 1일.

국의 해방과 혁명은 만주의 한국공산주의자들의 혁명이기도 하였다. 그들은 중국의 혁명 없이는 조선의 혁명은 없다고 인식할 정도였다.

중국에서 나온 한 통계에 의하면 1930년대의 항일전쟁에서 연변지역에서 전사한 조선족은 연길시 512명, 도문시 185명, 용정현 809명, 왕청현 531명, 훈춘현 353명 등 2,769명에 달했다.[46] 이를 보면 1930년대의 한국인들의 항일전쟁의 무대는 조선반도만이 아니라 만주도 포함되어 있었음을 알 수 있다. 만주는 사실상 조·중 인민들의 공동의 투쟁 장소였던 것이다. 이러한 현상은 1945년 종전 이후에도 바뀌지 않았으며, 1950년 말에도 반복되었다. 1950년 말 북한은 만주를 기반으로 하여 병력을 재편성하여 반격의 기회를 가질 수 있었다.

1930년 현재의 간도지방의 인구구성은 이곳에서의 조선인의 비율이 어느 정도였는지를 잘 보여주고 있다. 연길현, 화룡현, 왕청현, 훈춘현 등의 네 현의 1930년의 총인구는 50만 8천 613명이었는데 이 중 조선인은 무려 38만 8천 366명으로써 76.4%에 달했다. 반면에 중국인은 11만 7천 903명에 불과하였다.[47] 이 지역의 중국공산당의 항일유격대원 역시 조선인이 절대다수를 차지하고 있었다. 1931년 현재 간도지방의 중국공산당 직접 행동대원의 민족별 현황을 보면 총 570명 중 중국인은 50명이었고 조선인은 520명에 달했다.[48] 실제의 인구구성, 항일투쟁의 중심세력 모두가 조선인이었던 것이다.

---

46) 중공 연변주위 당사 사업위원회 편저, 《연변인민의 항일투쟁-자료집》(연변: 연변인민출판사, 1989), pp. 87~209. 이 통계는 이 자료집에 나와 있는 조선족과 한족의 통계 중에 조선족만을 가려 뽑은 것이다.

47) 《滿洲共産匪の硏究》(東京: 極東問題硏究會, 1939), p. 545, 한국정치연구회, 《북한정치론》(서울: 백산서당, 1990), p. 101 재인용.

48) 姜德相 編, 《現代史資料》30(東京: みすず書房, 1976), p. 8, 한국정치연구회, 《북한정치론》, p. 102 재인용.

<표 5-1> 한국으로부터 만주로의 이민, 1910~1926

도별	경기	충북	충남	전북	전남	경북	경남
이주민	6,942	2,041	310	525	1,082	31,889	14,310
도별	황해	평남	평북	강원	함남	함북	계
이주민	10,128	17,944	52,805	16,484	24,783	29,697	208,940

*자료: 秦田 忍, 《在滿朝鮮人と敎育問題》(1929), p. 7; 고승제, "만주농업이민의 사회사적 분석," 《한국근대사론》 1, p. 340에서 인용.

간도와 만주지역에 대한 조선인들의 이주가 본격적으로 시작된 것은 해방 한 세대 전인 1910년 한일합방 이후부터였다. 만주이주에 관한 가장 탁월한 연구라 할 수 있는 고승제(高承濟)의 분석에 따르면 1922년 3월말 현재 간도 및 만주의 이주한국인 호수는 103,568호이며 인구수는 651,096명이었다. 약 10년 만에 상당한 숫자의 이주가 이루어졌음을 알 수 있다. 이는 1936년 말 888,181명으로 증가하였으며 1942년에는 156만 2천명으로 급증하였다.[49] 만주는 1920년대부터 조선인들의 또 하나의 삶의 터전이 되었던 것이다.

이 이주는 전국에 걸친 것이었는데 지리적으로 인접한 북한지역에서 특히 더 많았다. 1910년부터 26년까지의 총 이주자 208,940명 중 135,357명이 북선(北鮮) 5개도로부터 왔으며(65%), 북선 각 도당 평균은 27,071명으로서 남선(南鮮) 각 도의 평균 9,198명보다 약 세배 정도의 숫자를 기록하고 있다. <표 5-1>은 1910년부터 1926년 사이에 이루어진 이민의 도별분포를 나타낸 것이다.

조선인들이 많아지면서 만주는 자연스레 조선인 항일투쟁의 주요

---

49) 고승제, "만주농업이민의 사회사적 분석," 윤병석·신용하·안병직 편, 《한국근대사론 I》(서울: 지식산업사, 1977), pp. 335~352.

무대가 되지 않을 수 없었다. 특히 광대한 지리적 조건으로 인하여 일본제국주의의 탄압의 강도가 반도보다는 떨어질 수밖에 없었다. 그리하여 많은 민족주의자와 공산주의자들은 투쟁의 무대를 만주로 옮길 수밖에 없었던 것이다.

만주지역의 무장투쟁을 지도한 사람들 중 일부는 최용건(崔庸健), 무정(武亭), 김일성(金日成), 김책(金策), 방호산(方虎山), 최현(崔賢), 김창덕(金昌德), 김웅(金雄), 박일우(朴一禹), 김광협(金光俠), 강건(姜健), 김일(金一), 안길(安吉) 등과 같은, 북한의 정치와 군사의 핵심 지도부를 형성한 인물들이었다. 북한의 지도자였던 김일성은 오랫동안 중국공산당 산하에서 만주를 무대로 무장투쟁을 전개한 가장 대표적인 인물 가운데 한 명이었다.[50] 그와 함께 북한국가를 건설하는 데 핵심역할을 맡았던 최용건과 김책 역시 마찬가지였다. 무정역시 중국공산당의 2만 5천리 장정(長征)에 참여하여 살아남은 유일한 조선인이었다. 전설적 인물 리홍광은 항일전쟁 중에 전사하였다.

최고지도부의 인물들 외에 초기 북한의 중견지도자들도 많은 수가 만주에서의 투쟁의 경험을 갖고 있는 사람들이었다. 이들은 대부분 짧게는 수년에서 길게는 20년에 가까운 시기를 중국에서 중국의 혁명가들과 공동투쟁조직을 결성하여 항일투쟁을 전개하였다. 이들은 거의 전부가 중국공산당원이었고 같은 당·군 조직에서 때로는 동지로, 때로는 부하와 상관으로 공동투쟁을 전개하였다. 이들은 항일투쟁시

---

50) 이에 대해서는 和田春樹, 이종석 역, 《김일성과 만주항일전쟁》(서울: 창작과 비평사, 1992) ; 이종석, "북한지도집단과 항일무장투쟁," 김남식 외, 《해방전후사의 인식》 5 (한길사, 1989), pp. 35~154; 신주백, "김일성의 만주항일유격운동에 관한 연구,"《역사와 현실》제 12호(1994), pp. 144~190을 참조하라.

기 사실상 완전한 동지적 관계를 형성하였다. 조선인 지도자들은 2차 세계대전의 종전을 계기로 하여 또는 국공내전 중간이나 국공내전이 끝나고 대부분 북한으로 귀국하였다. 초기 인민군 중 최소한 절반 이상은 중국에서 항일운동을 하다 넘어온 부대였다.

1949년 현재의 인민군 장교집단의 한 통계는 북한군이 얼마나 깊숙이 중국적 기원을 갖고 있는지를 잘 보여준다. '극비'로 분류된 인민군 문화장교 전체통계표에 따르면, 1949년 12월 현재 인민군 문화간부 442명 중 항일연군 5명(1.1%), 팔로군 422명(95.5%), 지하운동자 9명(2%), 기타 6(1.4%) 명으로 거의 전원이 중국에서의 항일운동을 하던 사람들이었다. 중국에서 투쟁한 경력을 갖고 있는 장교는 무려 97%에 육박하고 있는 것이다. 특히 팔로군은 모택동이 지도하는 중국공산당의 직접 지도를 받던 군대였다.

이는 '전부'라고 표현해도 틀리지 않을 수치이다. 문화장교는 특히 군내의 정치 및 사상교육과 정훈을 담당하고 있었던 장교들이었기 때문에 군내의 중국적 영향은 더욱 컸다. 이들 중 90% 이상이 최소한 2년 이상, 그리고 8% 정도는 5년 이상의 항일전쟁과 국공내전 참전 경험자들이었다. [51) 중국과 북한 두 나라가, 중국공산당과 북한노동당 두 당이 '형제국'이요 '형제당'이라고 부르는 데는 이러한 연유가 있었다.

〈표 5-3〉은 이 항일군인들의 저항의 연륜을 표시한 것이다. 이를 보면 얼마만큼의 기간 이들이 중국에서 활동하였는지를 추론할 수 있다.

군사용어 역시 적지 않은 수가 중국에서 사용하던 것들이었다. 인민군의 교범과 명령서에 자주 나오는 용어의 하나인 '상학'(上學)은 학습

---

51) NA, RG 242, SA 2009 Item 9/120, "극비-문화간부성원 통계표"(1949년 12월 15일).

<표 5-2> 조선인민군 문화간부 성원통계표 I : 군별 통계

군별	항일연군	팔로군	지하운동자	기타	합계
숫자	5명	422명	9명	6명	442명
비율	1.1%	95.5%	2%	1.4%	100%

*자료: NA, RG 242, SA 2009 Item 9/120, "극비-문화간부성원 통계표"(1949년 12월 15일).

<표 5-3> 조선인민군 문화간부 성원통계표 II : 경력별 통계

연별	2년 이하	2~5년	5~10년	10년 이상	계
숫자	34명	374명	19명	15명	442명
비율	7.7%	84.6%	4.3%	3.4%	100%

*자료: NA, RG 242, SA 2009 Item 9/120, "극비-문화간부성원 통계표"(1949년 12월 15일)

이라는 뜻의 중국어이다. 노획된 인민군 문서에 자주 사용된 '수책'(手冊), '지남'(指南) 등도 중국어였다. 중국군의 간부들과 조선인민군의 간부들과의 개인적 긴밀성도 적지 않았다. 예컨대 무정은 팽덕회의 부관을 오랫동안 지냈으며 무정을 결혼시킨 이는 바로 팽덕회였다. 무정은 팔로군 총사령부 작전과장으로 재임할 때 주덕과 팽덕회로부터 깊은 신임을 얻었다.[52] 결국 초기 북한의 군대는 김일성의 군대이자 소련의 군대일 뿐만 아니라 상당부분 모택동의 군대였던 것이다.

조선인민군은 당시 북한의 전체 사회와 체제의 성격을 압축적으로 보여주는 하나의 소우주(microcosm)였다. 즉 당시에는 인민군을 들여다보면 북한사회의 모든 것을 알 수 있었다. 결국 해방에서 전쟁에 이

---

52) 김순기, "무정장군에 대한 이야기,"《중국의 광활한 대지우에서》, pp. 1~13; "조선의용군 사령원 무정장군,"《결전》, pp. 337~345.

국'적 기원과 전통, '북한'의 정신과 지도가 혼융되어 어우러진 세 요소로 형성된 하나의 잘 짜여진 혼합조직체계였다. 물론 그것은 초기 북한체제의 특성을 그대로 함축한다. 53)

인민군의 중심부대의 하나였던 제6사단은 원래 만주의 리홍광 지대(支隊)였다. 리홍광 지대는 1945년 11월 부대 창설 시에는 최초에 조선 의용군 제1 지대였다. 그러다가 항일전쟁 시기의 조선인 지도자 리홍광의 이름을 따서 46년 2월부터 동북 민주연군 리홍광 지대로 명칭을 변경하였다. 47년 4월에는 동북 민주연군 요동군구 독립 제4사가 되었으며 48년 11월에 중국 동북 인민해방군 제4 야전군 독립 제166사가 되었다. 그리고 49년 7월에 입북하여서는 조선인민군 제6사단이 되었다. 이 부대는 한국전쟁 시 호남일대를 예상보다 훨씬 더 빠르게 파죽으로 제압해 나갔던 바로 그 부대였다. 54) 이 부대의 기본적 구성원은 중국 내 조선족이었지만 적지 않은 숫자는 46~47년에 북한에서 입대하여 중국으로 건너간 사람들이었다.

입북 후 사단장은 방호산이었는데 그는 리홍광 지대시절부터 이 부대의 정치위원으로서 오랫동안 핵심간부를 맡아오던 인물 리천부였다. 리홍광 지대의 교범은 북한에서 그대로 사용되기도 하였다. 55) 리홍광은 1910년 경기도 용인출신으로서 1930년에 중국공산당에 가입

---

53) 조선인민군의 특성과 성격, 이것과 초기 북한체제의 상관성에 대해서는 제 2권의 12장을 참조하라.

54) 리홍광지대에 대해서는 연변 민족출판사 편, 《리홍황지대》(심양: 료녕 민족출판사, 1986) ; 김운룡, "리홍광지대," 《조선족백년사화》 4권, pp. 82~104.

55) 이를테면 NA, RG 242, SA 2009 Item 6/73. 리홍광지대 정치부 선전과 번인, 《思想指南》. 발행일미상. 指南은 指導의 중국어이다. 리홍광지대는 공식적 편제상은 없어졌으나 그 명칭은 상당기간 그대로 사용되었다.

한 이래 1935년에 전사할 때까지 전설적인 투쟁경력으로 명성을 떨친 유격부대장이었다. 그의 명성은 서구에까지 알려져 1937년 7월 10일 프랑스 파리에서 출간된 한문판 《救國時報》에 그에 관한 기사가 실릴 정도였다. 56) 그는 1935년 25세의 젊은 나이로 전사하였으나 그의 이름은 종전 후인 1940년대까지도 쓰였고 그의 부대가 요동군구 독립 제 4사, 중국 동북 인민해방군 제4야전군 제166사가 되어서도 병사들은 여전히 자신들의 부대를 리홍광 지대로 부를 정도였다. 10여년이 흘렀어도 그의 이름은 이들의 뇌리 속에서 지워지지 않았던 것이다.

그러나 조선의용군의 집단입북은 어떤 무장부대의 집단입국도 불가하다는 미소합의를 내세워 1945년 가을, 북한을 점령한 소련군이 무장부대의 집단입국을 거부함으로써 실현되지 않았다. 무정은 8월 11일 일군의 항복소식을 들은 주덕 총사령관으로부터 즉시 동북으로 진주하여 조선을 해방시키라는 명령을 받았다. 57) 이에 중국 각지에 있던 조선의용군들은 동북으로 집합하기 시작하였으나 소련의 입국거부로 11월 10일 심양에서 소수의 노혁명가들만 조선으로 돌아가고 그외는 잠시 동북에 남아서 변화하는 정세에 대처할 준비를 해야 한다면서 화북 조선의용군을 3개지대로 이루어진 동북 조선의용군으로 재편하였다. 58) 역설적이게도 조선의용군에 대한 소련의 입국거부는

---

56) 김운룡, "항일장령 리홍광," 《조선족 백년사화》 2권, p. 195.

57) 총사령 주덕 "연안총부 명령 제6호," 1945년 8월 12일부, 《중국의 광활한 대지우에서》, p. 681.

58) 이의일·서명훈 주편, 《조선의용군 3지대》(흑룡강 민족출판사, 1987), p. 102; 현룡순·리정문·허룡구 편, 《조선족백년사화》 4 (거름, 1989), p. 108. 뒤의 자료에는 날짜가 11월 7일이었다고 기록되어 있다. 필자는 앞의 책의 기록을 따랐다. 어느 쪽을 따르든지 간에 이 시점은 중국적 요소의 유입이 소련에 의해 일단 차단된 뒤라는 점에서는 동일했다.

만주에서의 중국혁명을 지원하고 조중연대(朝中連帶)를 촉진시켰다. 즉, 소련의 입북거부로 인한 중국혁명과정에의 조선족의 대거참여는 장기적으로 조중 간의 유대의 진전에 크게 기여하였던 것이다.

따라서 초기 북한에서 중국의 영향과 역할은 실제의 헤게모니의 행사의 측면보다는 역사적 기원과 전통, 정신, 노선 등에서 더 많이 관철되었다. 초기 북한문건에 나타나는 "모택동주의와의 공명(共鳴)" 및 "모택동의 말이 김일성의 입을 통해서 나온다"는 주장59)이나, 해방 직후 김일성의 첫 대중연설이 중국공산당의 노선으로부터 연유하였다는 주장60)은 옳은 지적인 것이다. 실제로 해방 직후 김일성이 진술한 것을 받아쓴 그의 한 연설의 내용은, 특이하게도 소련의 공식노선이 아니라, 모택동의 신민주주의론에 근거하여 중국혁명의 경험을 실례로 들어가며 통일전선에 기초한 조선혁명의 과제와 단계를 제시하고 있었다.61) 중국적 요소는 동양에서 중시하는 정신과 내면에 흐르고 있었던 것이다. 소련은 단지 하드웨어만을 장악하였다가 주체사상과 체제의 등장과 함께 물러난 것인지도 모른다.

2) 중국혁명과 북한의 지원

종전 후 중국혁명의 과정에서 북한이 제공했던 지원도 조중연대를 촉진한 요인이었다. 1945년 2차 세계대전 종전 이후 1949년 종료 시까지 중국혁명과정에서 조선인들의 역할은 적지 않게 컸다. 조선인

---

59) Bruce Cumings, *The Origins*, Vol. Ⅱ, p. 353.
60) 이종석, 《현대북한의 이해》(역사비평사, 1995), p. 89.
61) NA, RG 242, SA 2005 Item 5/62, 김일성 장군 술(述), 《민족대동단결에 대하야》(청진: 조선공산당 청진시위원회, 1946).

들은 두 수준에서 중국의 혁명에 도움을 주었다. 하나는 식민시기에 만주로 이주하여 그곳에 거주하던 사람들의 혁명참여였고, 다른 하나는 북한으로부터의 직접적인 지원이었다.

1945년 종전 후 국공내전 시기 동북 삼성에서 국부에 맞서 중공측으로 참전한 조선족들은 6만 2천 942명에 달했다. 연변에서는 총 3만 4천 855명이 참전하였는데 이 숫자는 연변 총참군 숫자의 85%에 달하는 숫자였다. [62] 말을 바꾸면 적어도 연변의 경우 조선인 85%, 중국인을 포함한 기타족 15% 정도가 국부에 맞서 투쟁하였다는 것을 의미한다. 국공내전에서 전사한 조선족 역시 엄청났는데 그 숫자는 모두 3,550여 명에 달했다. 길림성에서만도 2,262명이었다. [63] 이를 보면 전전(戰前) 항일전쟁과 마찬가지로 전후 중국혁명에서도 조선족들의 참가와 희생이 대규모였다는 점을 알 수 있다. 따라서 만주의 한국인들에게 항일투쟁과 중국혁명은 하나의 연속된 투쟁이었다.

중국과 북한 공산주의자들의 긴밀한 연대를 보여주는 더 중요한 사실은 중국혁명과정에서, 만주에 거주하는 조선족의 참여 외에, 북한이 직접적인 도움을 제공했다는 점이다. 1946년 이후 1949년 중국혁명이 성공할 때까지 중공에 대한 북한으로부터 지원으로는 다음의 두 가지가 있었다. 첫 번째는 직접 병력을 파견하여 국부에 맞서 중공을 도와주는 것이었다. 두 번째는 북한지역이 중공군의 후방기지가 되어 막사를 제공하여 주고 훈련기지, 병원 등을 제공하여 주는 것이었다.

먼저 중국혁명의 과정에서 북한지역은 중공측의 충실한 배후기지

---

62) "동북 조선족에 대한 각종 통계표"(1950), 연변조선족 략사편찬조, 《조선족략사》(연길: 연변인민출판사, 1986), p. 270.

63) "동북조선족에 대한 각종통계표,"《조선족략사》, p. 275.

역할을 수행하였다. 1946년 8월 초 G-2에는 북한의 정보원으로부터 최초로 중국군 부대의 북한으로의 이동과 주둔이 보고되었다. [64] 46년 10월 안동이 국부에게 함락되자 중국군은 대거 북한으로 몰려들었다. 안동시가 소개(疏開)될 때 철수병력들은 조선으로 들어왔다. [65] G-2는 이들이 약 1~2만은 될 것으로 추정하였다. 이에 대한 여러 보고들이 동시 다발적으로 들어왔다. 이는 이 정보들이 믿을 만하다는 얘기였다. 이들은 만포진, 청진, 정주 등 여러 곳에 주둔하기 시작하였다. 압록강과 두만강의 여러 곳에서는 중국군이 북한으로 이동하느라 철도와 도로가 대부분 메워질 정도였다.

특히 만포진, 혜산진, 무산, 회령, 남양 등 국경 결집지역에서 북한 내부로 들어오는 철도들은 중국군을 실은 기차로 자주 초만원이었다. [66] 이동은 평양과 사리원 등 내부 깊숙한 곳까지 이루어졌다. 물론 이러한 이동은 소련군-북한-중국군 사이의 완전한 합의에 의한 것이었다. 북한과 소련군은 이들에게 주둔지와 막사를 제공함은 물론 기계, 의복, 무기를 대어주고 이들로부터는 식량을 받았다. 북한에 주둔했던 이들의 실제숫자는 47년 현재 5만~7만 5천으로 추정되었다. [67] 어떤 인민위원회 위원장은 소련장교로부터 이들 중국군에게 식량을 제공하라는 명령을 받자 이에 저항하여 줄 식량이 없다고 버티기도 하였다. 여기에서 휴식을 취하거나 훈련과 재정비를 마친 부대들은 다시 만주로 투입되었다.

---

64) ISNK, No. 17(Aug. 6, 1946).
65) ISNK, No. 23(Nov. 6, 1946) ; ISNK, No. 24(Nov. 22, 1946) ; ISNK, No. 25 (Dec. 6, 1946).
66) ISNK, No. 30(Feb. 16, 1947).
67) ISNK, No. 30(Feb. 16, 1947).

이렇게 북한내부로의 이동과 주둔뿐만 아니라 대련에서 해상을 통하여 탈출하는 부대를 진남포에서 받아 북한을 거쳐 다시 만주로 보내주거나, 신의주방면에서 들어와서 압록강과 두만강을 거쳐가게 하는, 또는 그 반대의 방법으로 중국군의 철수-이동과 재배치를 신속하게 해준 것도 커다란 도움이었다. 이는 중국 쪽의 자료에 의해서도 확인가능하다. 68) 북한의 배후기지 역할은 모택동과 중공에게는 크게 고마운 것이었을 것이다. 그렇지 않았다면 중공은 국부에 포위되어 막대한 손실을 입었을 것이고, 만주에서의 초반 열세는 중국혁명을 훨씬 더디게 하였을 것이다. G-2는 "북한지역을 군사작전의 기지로 사용한 것이 만주에서의 중국공산군의 안정화를 가져왔다"고 정확하게 분석하고 있었다.

1950년 가을 한국전쟁 시 패망의 위기에 처한 북한군과 정부가 만주로 이동하여 그곳을 근거지로 하여 소생의 기회를 잡은 것은 중국혁명 시 사태의 뒤바뀐 재연이었다. 당시 생존한 북한군은 중국군이 전쟁을 치르는 동안 소수이지만 전부 만주로 이동하여 편제를 재편하고 보급품을 지원받아 51년 초부터 다시 북한지역으로 월경하여 참전하였다. 69) 그러니까 만주는 모두 세 번에 걸쳐서 조중(朝中) 두 나라 공산주의자들의 공동 투쟁의 장소였던 것이다. 첫 번째는 항일투쟁 시기, 두 번째는 중국혁명의 시기, 세 번째는 한국전쟁의 시기였다.

중국혁명 시 중국에 대한 북한의 다른 한 지원은 직접적인 병력의 파견이었다. 1946년 중반 모택동은 국부와의 내전이 시작된 어려운 시기였음에도 김일성의 요청으로 건국사업을 위해 중공군 내의 조선

---

68) 趙素芬, 《周保中將軍傳》(북경 : 해방군출판사, 1988), p. 521.
69) 이에 대한 자세한 내용은 Hq. FEC, *HNKA*를 참조하라.

족 지휘관들을 대거 북한으로 넘겨주었다. 인민군 총참모장을 맡는 강건 등은 이때 북한으로 들어왔다. 이상조(李相朝)를 비롯한 조선의 용군 계열의 중간지도자의 일부도 이때 북한으로 들어왔다.[70] 이는 특히 보안간부훈련소를 만들기 위한 작업 때문이었다. 그런데 이번에는 거꾸로 김일성과 북한리더십이 병력을 보내 모택동을 도와주었다. 간과해서는 안될 사실은 이때는 소련이 점령하고 있던 시기였다는 점이다. 즉, 이것은 소련의 동의 없이는 불가능한 협력이었다.

G-2에는 이에 관한 협의내용이 종종 잡혔다. 중국군에는 46년부터 북한에서 병사들이 들어오기 시작하였다. 북한에서 모병을 위한 중국군 지부들이 곳곳에 설치되기도 하였다.[71] 북한병사들은 만주의 집합소에 도착하여서는 한국인임을 나타내는 어떠한 표시도 떼고 중국군 부대에 배치되었다. 조·중 두 나라가 긴밀히 협력하고 있었다는 점은 군사합작위원회(軍事合作委員會)라는 기구가 만들어진 데서도 알 수 있었다. 이 기구는 소련장교 2명, 중국장교 5명, 북한군장교 5명으로 구성되었는데 북한측 단장은 무정이었다. 이 위원회는 북한지역에 있는 중국군 후방기지의 공장 및 휴양지의 관리, 중국군의 이동과 휴식 관리, 북한과 중국군 부대의 교대통제 등의 업무를 맡았다.[72]

---

70) 《조선족 백년사화》 4, p. 115.
71) ISNK, No. 36 (May 16, 1947).
72) 군사합작위원회에 대해서는 ISNK, No. 37 (May 31, 1947); No. 38 (Jun. 15, 1947); No. 39 (Jun. 30, 1947) 등을 참조하라. 군사합작위원회에 대해서 오래 전에 일찍이 주목한 학자는 스텔마크이다. 그의 Daniel S. Stelmach, "The Influence of Russian Armored Tactics on the North Korean Invasion of 1950"(Ph. D. Thesis, Department of History, Saint Louis University, 1973), pp. 127~128을 보라. 또한 커밍스와 백학순의 최근 연구도 이에 주목한 바 있다. Bruce Cumings, *The Origins*, Vol. II, p. 359; 백학순, "중국

47년 봄에는 보안간부훈련소에서 훈련한 병사들을 파견하기도 하였으며 특히 47년 3~5월에는 집중적인 파견이 이루어졌다. [73] G-2는 이 시기 이들 병력이 3만명에 달하며, 그들을 북한정권의 핵심 트로이카의 한 사람인 김책이 이끌고 만주로 참전하였다고 기록하고 있다. 그러나 47년 봄의 '김책-3만 명'설은 아직 다른 자료를 통하여는 확인되지 않고 있다. [74] 과연 김책이 이렇게 대규모의 병력을 이끌고 중국으로 지원을 나갈 수 있는 상황이었는지, 그리고 북한이 당시에 이 정도의 대규모 병력을 일시에 파견할 만큼의 군사력을 보유하고 있었는지 북한과 중국의 자료에 의해 좀더 보완되어야 할 부분이 아닐 수 없다.

G-2 정보의 사실적 구체성과 보고 횟수의 반복성, 그리고 보고지역의 광범위성에 비추어 병사의 파견 자체는 사실일 것이다. 보고지역이 광범위하다는 것은 여러 정보원이 여러 장소에서 동시 다발적으로 같은 정보를 보내고 있다는 점을 의미하기 때문에 결코 조작된 정보일 리가 없었다. 중국으로의 이동에 따라 각 지방마다의 보안간부훈련소들은 비었는데 만주에 인접한 함경도는 더욱 텅 비다시피 했

내전 시 북한의 중국공산당을 위한 군사원조," 《한국과 국제정치》 제 10권 제 1호(1994년 봄·여름), pp. 263~281.

73) ISNK, No. 39(Jun. 30, 1947).

74) 스텔마크와 커밍스, 백학순은 미군 정보자료에 근거하여 이 정보를 사실로 기술하고 있다. Daniel S. Stelmach, "The Influence of Russian Armored Tactics," p. 128; Bruce Cumings, *The Origins*, Vol. II, pp. 36, 359. 커밍스는 북한으로부터 중국으로 지원나간 총 숫자가 "아마도 10만에서 15만 사이일 것"이라고 추론하고 있다(p. 363). 이는 엄청나게 많은 숫자가 아닐 수 없다. 백학순, "중국내 전시 북한의 중국공산당을 위한 군사원조," p. 273. 백학순은 "1947년 6월부터 1948년 6월까지의 1년 사이에 만주에서 중국군을 도와 싸운 조선의용군과 북한에서 파병된 병사들의 총계는 대강 10만 명가량으로 보면 크게 틀리지 않을 것"이라고 주장한다(p. 274).

다. 실제로 1949년에 귀환한 인민군 장병들의 개인 비밀경력에 관한 기록들을 보면 북한에서 입대해서 중국에서 싸우다가 다시 돌아온 병사들이 발견된다. [75) 리홍광 부대에도 북한에서 입대하여 중국으로 가서 전투하다가 돌아온 자가 발견된다.

이때의 도움 때문에 군사합작위원회의 북한대표인 무정은 1947년 5월 10일의 중국군 장교들과의 토론에서 "만주전투에서 조선인들이 피를 흘린 대가로 중국은 조선에게 간도를 양도해야 한다" [76) 고 주장할 정도였다. 이 말은 아마도 실현을 염두에 두고 한 말은 아니었을 것이다. 그러나 이는 국공내전에서 조선인들이 얼마나 많이 중국을 지원하였는가는 분명하게 보여주는 것이다. 47년 4월에 김일성은 소비에트 민정사령관 로마넨코 소장, 소비에트 민정사령관 참모 이그나토프 대좌와 회담한 후 명령을 내려 많은 양의 무기와 기름을 만주로 보내주기도 하였다. [77)

중국혁명에 참여하였던 조선족들은 49년에서 50년에 걸쳐 거의 전부 북한으로 넘어왔다. 북한에 공식적으로 정부가 수립되고 중국혁명의 성공이 확실해지자 1949년 여름 이후에는 중국에 남아있던 병력의 대부분이 북한으로 이동하였다. 이는 특히 1949년 7~8월에 집중되었다. 전쟁이 임박한 1950년 초부터 봄 동안에는 남아 있는 조선인 병사들을 거의 넘겨주어 북한으로 하여금 군사력강화에 박차를 가할 수 있도록 배려하였다. 46~7년에는 북한이 중국을 도와주던 상황에서 중국혁명을 계기로 중국이 북한을 도와주는 상황으로 바뀐 것이었

75) NA, RG 242, SA 2010 Item 4/92, 인민군 병사들의 개인경력에 관한 기록. 문서제목은 없음.
76) ISNK, No. 38 (Jun. 15, 1947).
77) ISNK, No. 37 (May 31, 1947).

다. 이들의 대거 입북으로 초기에 비해 북한에서의 중국의 영향력은 더 커질 수 있었다. 간부들만의 개별적 입국에서 일반병사들까지 대규모로 입국한 뒤 영향력의 확대는 자연스런 현상이었다.

요컨대 한국전쟁 이전까지의 초기의 조중관계는 이렇게 표현할 수 있는 것이었다. 1945년 8월 종전 직후에는 소련의 결정으로 인해 중국에서 활동하던 세력 중 일부만의 참여가 허용되었다. 조선해방과 국가건설에서 중국의 역할은 소련의 압도적 영향력으로 인해 거의 없을 수밖에 없었다. 그 이후 46~7년 동안에는 중국에서 활동하던 대부분의 조선항일세력들은 중국공산당을 도와 국공내전에서 장개석 국부에 맞서 싸웠다. 이 기간 북한으로부터 물자와 병력의 지원이 이루어졌다. 또한 중국공산세력은 북한지역으로의 이동이 가능하여 북한지역을 재기의 무대로 활용할 수 있었다.

그러는 동안에도 만주에서 활동하던 적지 않은 지도급 인사들은 이 기간 북한으로 넘어와 국가건설에 참여하였다. 또한 중국적 요소는 실제의 힘의 측면보다는 역사적 공동경험과 유대, 정신과 내면의 측면에서 북한에 강하게 영향을 주고 있었다. 북한에 공식적인 정부가 수립되고 중국혁명의 성공이 임박해지면서 모택동은 조선혁명세력들을 북한으로 넘겨주었다. 이는 소련군이 철군한 뒤 독자적으로 남한과 대립하고 있던 북한의 군사력을 강화시켜주는 데 기여하였고, 북한의 자신감을 크게 키워주는 역할을 하였다.

3) 모택동과 한국전쟁: 결론

지금까지의 논의를 토대로 모택동을 비롯한 중국지도부의 한국전쟁에 대한 입장과 정책을 요약하면 이렇게 정리할 수 있는 것이다. 모택동은 처음에는 대만해방을 먼저 이루기 위해 한국에서의 전쟁개시에 대해 찬성하지 않았다. 그러나 스탈린이 전환하여 김일성·박헌영과 합의한 뒤에는 스탈린보다 더 직접적이고 솔직하게 전쟁을 지원할 의사를 밝혔다. 1950년 5월에 전환한 뒤 김일성·박헌영과의 대담에서 모택동이 보인 태도도 스탈린의 교활하고 이중적인 태도와는 다른 것이었다. 물론 그 이전에도 그는 한국에서의 통일을 위한 무력시도를 반대하지 않았으며 지속적인 관심과 지원을 표하였다. 1949년 5월의 김일과의 대담의 내용, 49년 여름 조선인 2개 사단의 귀국조치, 1950년 1월 나머지 조선인 사단의 귀국조치 등은 일관된 지원의사를 읽게 해주는 것들이다. 그러나 지원은 어디까지나 중국혁명의 승리에 지장이 없는 범위 내에서의 지원이었다.

49년 5월 모택동은 북한지도부가 언제든지 전쟁을 수행할 수 있는 준비를 갖추어야 한다고 강조하였고, 조선인 2개 사단의 이양에 이의 없이 동의하였다. 이 사단들은 그해 여름 모두 북한으로 넘어왔다. 그러나 이때 모택동은 김일성에게 중국공산당이 국민당을 완전히 패배시켜 중국을 완전히 지배할 때까지는 결정적인 행동을 유보할 것을 권고하였다. 그는 이때 1950년 초 국제정세가 유리하게 바뀌면 전쟁을 개시할 수 있을 것이라고 생각하고 있음을 밝혔다. 이 진술에 따르면 모택동은 아마도 50년 초까지는 대만을 해방할 수 있을 것으로 생각하였다고 추론할 수 있다. 그는 지속적으로 대만해방을 실현하려 노력하였으나 1950년 봄까지도 그러한 과업은 달성되지 못하였다.

김일성은 1949년 9월 12일 소련공사 툰킨과의 대담에서 "조선에서의 개전은 중국내전이 완전종식된 후에야 가능할 것"이라는 49년 5월의 모택동의 진술을 언급하며 이에 동의한다고 밝힌 바 있다. 따라서 중국혁명이 성공하자마자 김일성·박헌영이 49년 말부터 통일문제에 대해 적극적으로 나오고, 온 북한사회가 국토완정의지에 불타오르며, 1950년 초에는 "중국혁명이 성공한 이상 다음은 우리 차례"라고 인식하게 된 것은 아시아혁명의 연장선상에서 이해할 때 그들로서는 근거없는 전환은 아니었다. 한국의 공산주의자들은 이제 더 시급한 것은 조선의 통일이라는 의식을 갖게 된 것이었다.

모택동은 1950년 초 나머지 조선인 사단의 이양조치를 마무리 지어주었고 3월에는 이주연 주중 북한대사와의 대담에서 조선의 통일문제를 논의하기 위한 김일성의 비밀방문에 동의를 하였다. 그럼에도 불구하고 1950년 5월 13~15일 북경에서의 모택동의 대처방식 및 결정의 과정과 대담내용을 볼 때 그가 이때까지도 여전히 더 심각하게 고려한 것은 대만해방 문제였다. 모택동의 그때까지의 대북지원은 도덕적 지원과 원래의 조선적 요소의 상환수준을 넘지 않았다. 그가 돌려준 병력은 전부 조선인들이었다. 그는 무기나 병력을 지원하지 않았을 뿐만 아니라 그럴 능력도 없었다.

요욱(姚旭)에 따르면 한국전쟁 발발 전 모택동과 당중앙은 미국과 한번 힘으로 대결하는 것은 피할 수 없다고 예견하고 있었다. 단지 문제는 어느 곳에서 힘을 겨루어 볼 것인가 하는 문제만이 남아 있었으며 다음과 같은 3개의 지역이 대결위험이 높은 지역으로 보고 있었다. 베트남, 대만해협, 한국이 그 지역들이었다. 중국의 지도자들은 미국이 이승만 정권을 지지하고 한국을 둘로 분할하여 놓았는데, 그것은 조선인민의 통일염원을 위배하는 것이라고 인식하고 있었다.

더욱이 미국은 1950년 1월 27일 한미(韓美) 상호원조조약을 체결하여 조선에서 개전할 가능성을 보여주고 있었다고 판단하고 있었다.[78] 그러나 중국이 미국과의 대결을 피할 수 없다고 인식하였다고 해서 그것이 곧바로 한국전쟁의 결정을 주도하였다거나 처음부터 적극적이었다는 의미는 될 수 없을 것이다.

모택동이 한국에서의 전쟁의 시작에 동의하는 것은 스탈린이 먼저 전환한 뒤의 일이었다. 이 점이 중요했다. 모택동은 처음부터 전폭적이지는 않았다. 모택동과 중국지도부는 한국전쟁의 시작 대신에 대만해방을 더 원했고, 이 점에 비추어 모택동이 나중에 한국전쟁으로 인해 대만해방을 이루지 못한 것에 대해 못내 아쉬워했다는 주장들은 아마도 사실일 것이다. 그러나 일단 결정이 나자 한국에서의 전쟁에 대해 모택동은 스탈린보다 더 적극적이었다. 그는 김일성·박헌영과의 논의에서도 결정이 난 후에는 적극적으로 지원할 의사를 표하였다. 이는 이상한 일이 아니었다. 전술했듯 세 가지 요인, 즉 스탈린에 대한 협조표시와 거부의 어려움, 대만해방과 국가부흥을 위한 소련의 지원의 필요성, 그리고 북한과의 우의와 연대 등의 요인 때문에 전쟁의 결정에 동의하고 적극적으로 찬성하였던 것이다. 결국 모택동의 동의는 스탈린의 전환과 동의로 인해 따라갔던 선택이었다.

따라서 모택동의 동의는 '내키지 않는 적극적 동의'라고 부를 수 있을 것이다. 이 어울리지 않는 신조어는 말의 어색함이 아니라 당시 모택동의 입장을 함축하는 어색함이다. 그는 스탈린의 전환으로 인해 사후적으로 따라갔으면서도 일단 결정이 나자 적극적으로 임했던 것이다. 결

78) 요욱, "미국에 대항하고 조선을 지원한 현명한 정책,"《중소연구》8권 4호 (1984년 겨울), p. 221.

국, 한국전쟁은 김일성과 박헌영의 혁명의지에 대해 이들 두 지도자가 역할분담을 통해 지원함으로써 가능하였던 것이지만 모택동의 내키지 않는 동의와 스탈린의 은폐전술로 인해 소련-중국-북한의 삼각동맹은 시몬스(Robert Simmons)가 말하듯 '긴장된 동맹'(strained alliance)[79]이거나, 그 동맹의 참여자들은 곤차로프(Sergei N. Goncharov) 등이 말하듯 '불확실한 동맹자들'(uncertain partners)[80]이었던 것이다. 보편적 명분, 이를테면 사회주의연대나 피압박민족의 해방, 반제국주의투쟁 등 상투적인 어떠한 공통의 구호도 이 전쟁의 결정에서는 결정적이지 않았다. 그것은 단지 말뿐이었다. 내면은 각자의 위치에서 측량된 국가이익에 대한 날카로운 타산이 있을 뿐이었다.

1950년 10월의 참전 시에도 중국은 스탈린의 공군지원 약속이 취소되자 참전을 심각히 재고하기도 하였다. 이때 소련에 대한 그들의 불만과 서운함은 적지 않았다. 중국은 과연 북한과의 강한 역사적 유대로 인해 "참전하지 않았으면 역사가들이 그 이유를 설명하기가 곤란했을 정도"[81]였을까? 역사적 유대만을 보자면 이렇게 해석할 수도 있을 것이다. 그러나 사실에 비추어 실제의 내용은 그렇지 않았다. 1950년 6월과 마찬가지로 1950년 10월의 결정 역시 중국으로서는 주도적이고 선제적인 참전결정은 아니었다. 이때도 중국은 자국의 안보위협에 대처하는 측면과 함께 이에 못지않게 스탈린의 강력한 종용에 따라 참전한 측면이 많았다. 즉 1950년 10월 모택동의 참전결정 역

79) Robert Simmons, *The Strained Alliance-Peking, Pyongyang, Moscow and the Korean Civil War*(New York: The Free Press, 1975).

80) Sergei N. Goncharov, John W. Lewis, Xue Litai, *Uncertain Partners: Stalin, Mao, and the Korean War*(Stanford: Stanford Univ. Press, 1993).

81) Bruce Cumings, *The Origins*, Vol. II, p. 350.

시 국가안보위협에 대한 대처와 소련과의 관계개선 때문이었다. 미국의 위협, 스탈린의 강력한 권고, 북한의 지원호소의 여러 요인이 복합적으로 작용하여 중국의 참전이 이루어졌던 것이다. 그러나 분명한 것은 어느 요인도 중국으로 하여금 선제적이고 적극적으로 참전케 할 요인은 되지 못했다는 점이다. 중국의 입장에서 북한구출보다 훨씬 더 중요한 것은 중국의 생존문제였다.

표면적으로는 스탈린은 이때도 철저하게 뒤로 숨었다. 모택동은 1950년 10월 24일 민주당파 지도자들과의 회의에서 일본이 조선강점 후 조선을 중국침공의 교두보로 이용하였다는 사실을 언급하고 "조선을 중국의 문턱으로 간주한다"면서, "중국정부는 중국안보에 심각한 위협을 야기할 미국의 조선장악을 용인할 수 없다"고 진술하였다.[82] 이는 미군의 북진에 대한 모택동과 중국지도부의 인식을 압축적으로 보여주는 진술이다. 그러나 이 말을 한 시점은 이미 참전을 결정한 뒤였다는 점이 중요했다. 중국군 참전 결정시에도 스탈린과 모택동의 둘 중 내막적으로 더 적극적이었던 것은 전자였다. 이는 마치 최종동의는 모택동이 하였으나 실제로 먼저 동의한 것은 스탈린이었던 6월 결정의 반복처럼 보였다.

그러나 참전 결정 후에는 모택동은 최선을 다해서 도와주었고, 중국은 많은 면에서 전쟁을 주도하였다. 오랫동안 모택동의 경호실장을 하며 직접들은 이은교(李銀橋)에 따르면 자신의 아들 모안영의 참전을 결정한 것도 모택동이었다. 강청을 비롯한 주변인물들은 안영이 현재 맞고 있는 임무도 참전 못지않게 중요하니 보내지 말자고 모택동에게 건의하였다. 그러나 모택동은 단호하게 다음과 같이 말했

---

82) 《소련 외교문서》 2, p. 58.

다. "안영은 모택동의 아들이다. 그가 죽음이 무서워 가지 않는다면 어느 누군들 가겠는가?"[83] 모안영은 1922년생으로서 모택동과 양개혜(楊開慧) 사이에 태어난 장남이었다. 그는 참전후 중국인민지원군의 총사령관의 기요 비서, 러시아 번역, 사령부작전처 참모를 지냈다. 그러나 모안영은 1950년 11월 25일 미군기의 지원군 사령부 폭격으로 사망하고 말았다.[84]

　　모안영의 참전사례는 모택동의 의지와 단호한 결의를 읽게 해주는 부분이다. 또한 참전 후 모택동은 팽덕회와의 긴밀한 협의를 통해 12월 4일 중국인민지원군과 조선인민군의 연합사령부를 만들었다. 물론 조중(朝中) 연합사의 창설은 대외적으로는 비밀이었다. 이로써 모택동은 북경에 앉아 있었으되 직접 모든 주요 작전을 지도하였다. 조중연합사령부를 만듦으로써 북한의 전병력까지 모택동과 중국지휘부의 지휘를 받지 않을 수 없었다. 인민군에게도 연합사 명의로 명령이 하달되었다. 사령관과 정치위원은 팽덕회가 맡았고 북한은 다만 부사령관(김웅)과 부정치위원(박일우)을 맡았을 뿐이었다. 또 한 명의 부사령관은 중국의 등화가 맡았다. 조중연합사령부를 만들기 위해 11월 23일 모택동은 전선으

---

83) 權延赤, 《衛士長談毛澤東》, 이성욱 역, 《인간 모택동》(서울: 녹두, 1993), pp. 154~155.

84) 譚錚, 《中國人民志願軍人物史》(북경: 중공당사출판사, 1992), pp. 66~67. 모안영의 사망 후 보고를 받은 주은래는 안영의 사망 사실을 모택동에게 차마 알리지 못했다. 한참 시간이 지난 뒤 이 사실을 알렸을 때 모택동은 믿기지 않는다는 표정이었다. 그는 담배 두 대를 피우고는 가슴이 터지도록 크게 한숨을 내쉬더니 혼잣말로 중얼거렸다. "그 놈은 모택동의 아들이니까 …" 그러나 모택동은 결코 울지 않았다. 모택동의 지시로 안영의 시체는 중국으로 돌아오지 못하고 북한 땅에 묻혔다(《인간 모택동》, pp. 155~156; 洪學智, 《抗美援朝回憶》, pp. 79~80).

로 심양에 있던 고강을 직접 파견하여 협의하도록 하기도 하였다. 85)

동양식으로 표현해 그의 행동은 의리가 있고 동지애적인 것이었다. 참전을 결정하자 망설일 때와는 다른 단호함이 서려 있었고, 일단 참전하는 이상 최선을 다해 도와주는 방식, 이것이 중국식 행동양태였던 것이다. 그것이 조중관계의 핵심이었다. 중국은 '주저'와 '단호'를 반복하였음에도 불구하고 실제 전쟁에서는 가장 커다란 역할을 하였던 것이다. 어쩌면 이것은 중국의 지도부로서는 '의도하지 않은 결과'였는지도 모르나 그 의도하지 않은 결과로 인해 전후 조중관계는 역사적 유대를 유지할 수 있었다. 전쟁에 동의해 놓고는 끝까지 자신은 연루되지 않았음을 증명하려 교활하게 빠지고, 남을 싸우게 만들어 놓고는 배후에서 조종하고 계산하는 스탈린식의 방식은 중국에는 맞지 않았던 것이다.

한국전쟁의 결정과 10월의 중국참전에서의 소-중-북한 관계를 검토한 결과 우리는 이 결정의 과정이 국제 프롤레타리아연대, 사회주의연대, 민족해방의 지원이라는 구호 뒤에 자신들의 국익을 추구하기 위한 불꽃 튀는 계산과 갈등이 내재된 게임이었음을 알 수 있게 된다. 그것은 마치 "과학적, 맑스주의적 등의 용어 속에 (국익을 위해) 스탈린에 대한 극단적인 아첨을 당시의 공산지도자들이 은폐하고 있었던 것"과 같은 상황이었다. 86) 무엇을 위한 연대이고 사회주의였을까? 그것은 다만 각자의 국가이익을 위한 것일 뿐이었다. 한국전쟁이 끝나고 오래지 않아 이들 셋이 모두 갈라져서 서로 갈등하고 대립하였다는 점은 그들이 내세운 보편적 공통적 기치가 얼마나 공허했는가를 반증

---

85) 《板門店 談判》, p. 116; 《抗美援朝回憶》, pp. 76, 101~102.
86) Milovan Djilas, *Conversations with Stalin*, p. 30.

해 주는 증거였다. 격렬했던 중소갈등은 논외로 하더라도 북한 역시 주체노선을 기치로 하여 이들과의 분립을 분명히 했다. 국제 프롤레타리아주의나 사회주의연대처럼 "각 민족의 이익을 보다 높은 공통의 목적보다 밑에 두는 한 그것들은 민족주의 체제가 아닌 것"[87] 이라고 홉스봄이 정확히 지적하였듯이, 철저히 각자의 국가이익을 추구하는 가운데 내세워지는 어떠한 공통의 구호도 진실이 아닐 것일 것이다.

끝으로 동아시아 공산주의 삼각동맹의 변화와 한국전쟁의 결정 및 발발과의 관계를 간단한 일지로 나타내어 전체적인 흐름을 잡아보면 다음 페이지의 〈표 5-4〉와 같다.

---

87) Eric Hobsbawm, *Nations and Nationalism since 1780* (Cambridge : Cambridge University Press, 1990), p. 172.

〈표 5-4〉 동아시아 공산주의 삼각동맹과 한국전쟁: 일지

일자	사항
1948년 9월	• 북한정부 수립
1948년 12월	• 북한주둔 소련군 철수
1949년 1월	• 북한의 수상 김일성 "국토완정론" 전면적 제기
1949년 3월	• 김일성·박헌영 모스크바 공개방문 스탈린-김일성·박헌영 회담 시 한국통일문제 대화 조소경제문화협정체결
1949년 4월	• 모택동-김일 대담. 한국통일문제 대화
1949년 5월	• 중국 공산당, 스탈린의 반대에도 불구 양자강 도하 강행
1949년 6월	• 모택동, "향소일변도" (向蘇一邊倒. 'lean-to-one-side') 선언
1949년 6월	• 북한, 조선로동당 비밀창당 및 조국전선 공개 결성, 대남통일제안 폭증
1949년 6월	• 주한미군철수 및 남한 평화통일 주창자 김구피살
1949년 7~8월	• 중국, 만주지역 조선인 2개사단 북한에 이양
1949년 9월	• 북한, 옹진 및 강원도 지역 부분점령 구상 남한게릴라투쟁 급증
1949년 10월	• 중국혁명 성공과 중공 수립
1949년 12월~1950년 2월	• 모택동 모스크바 방문, 스탈린과 회담
1950년 1월	• 김일성, 중국 혁명에 이어 "다음은 우리 차례"라고 언명
1950년 1월	• 중국, 중국내 조선인 잔여 부대 북한에 이양
1950년 2월	• 중소 우호 동맹 상호원조 조약 체결
1950년 3~4월	• 김일성·박헌영 모스크바 비밀방문. 전쟁 합의
1950년 5월	• 김일성·박헌영 북경 비밀방문. 전쟁 합의
1950년 6월 25일	• 한국전쟁발발

비밀의 늪: 북한 내부의 결정 I

한국전쟁의 연구에서 북한 지도부 내부의 결정과정을 완벽하게 추적한다는 것이 가능할까? 내부의 결정과정을 완전하게 재구성한다는 것은 사실상 불가능하다. 이 부분은 한국전쟁 연구에서 가장 어려운 점이라고 말할 수 있다. 이에 관한 공식기록이 남아 있기를 기대할 수는 없다. 결정에 참여했던 자들 역시 어떠한 증언이나 기록도 남기지 않았다. 따라서 그것을 발굴한다는 것 역시 불가능하다.

전쟁의 결정과정에서 지도적 위치에 있던 모든 인물들은 죽었거나 김일성에 의해 죽임을 당했다. 우리는 다만 한 가지 김일성의 회고록《세기와 더불어》가 이 부분을 어떻게 다룰 것인가를 기대할 수밖에 없었는데 그는 한국전쟁 부분을 쓰기 전인 1994년 7월에 사망하고 말았다. [1] 사실, 그가 썼다고 해도 이 부분에 관한 한 김일성의

---

1) 김일성은 1994년 7월 8일 사망하였다.

회고는 기대할 것이 없었다. 그는 지금까지의 북한의 공식 역사서술의 내용을 그대로 반복하였을 것이기 때문이다.

이러한 어려움으로 인해 기존의 연구들은 북한리더십 내부의 전쟁결정문제를 설득력 있게 다루지 못해 왔다. 이것은 미국과 일본에서 진행된 가장 최근의 수준 높은 연구들도 마찬가지이다.[2] 그러나 이 부분을 생략하는 것은 있을 수 없다. 그것은 지금까지의 한국전쟁연구가 사실과 해석 사이에서 보여왔던 논리적 비약을 반복할 뿐이다. 또는 근거 없는 추론을 하나 더 덧붙일 뿐이다. 그것은 가장 정치적인 행동인 전쟁을 선택하는 집단적 결정에 대해 정치학적 분석을 포기하는 것이기도 하다.

우리는 앞서 혁명을 추구하는 공산주의 지도자로서 김일성의 혁명구상이 크게 변화하였다는 점을 분석하였다. 그리고 1948년 9월의 두 분단국가의 수립 이후 그가 지속적으로 통일정부수립을 위해 노력해왔다는 점도 살펴보았다. 그것은 곧 북한지도부의 집단적 정책을 의미한다. 이 과정에서 1950년의 전쟁결정에 이르기까지 최고지도부에서의 내부토론은 적지 않았다. 북한지도부는 스탈린과 모택동의 동의

---

2) 이를테면 Bruce Cumings, Origins, Vol. 2; John Merrill, *Korea: The Peninsular Origins*; Sergei N. Goncharov, John W. Lewis, Xue Litai, Uncertain Partners; 和田春樹, 《朝鮮戰爭》(東京: 岩波書店, 1995); 萩原遼, 《朝鮮戰爭-金日成と マアデの 陰謀》(東京: 文藝春秋, 1993); Katheryn Weathersby, "The Soviet Role in the Early Phase of the Korean War: New Documentary Evidence," *The Journal of American-East Asian Relations*, Vol. 2, No. 4 (Winter, 1993), pp. 425~458; Katheryn Weathersby, "Soviet Aims in Korea and the Origins of the Korean War, 1945~1950: New Evidence from Russian Archives," Cold War International History Project, Working Paper No. 8 (Woodrow Wilson International Center for Scholars, Nov. 1993). 이들 연구 모두가 전쟁의 기원과 결정문제를 다루고는 있으나 북한리더십 내부의 결정에 대해서는 말하고 있지 않다.

와 지원을 얻는 데 많은 노력을 기울였지만 내부의 결정과 합의를 위해서도 그에 못지않은 노력을 기울였다. 내부의 토론과 동의 없이 전쟁을 치를 수는 없다. 그것은 준비 자체를 불가능하게 한다. 1950년 현재 38세의 청년지도자 김일성은 아직 스탈린이 아니었다. 그의 결정은 내부토론에 부쳐졌으며, 때로는 반대도 있었다.

1. '박헌영 유도' 대 '박헌영 반대': 두 개의 신화

사람들은 비슷한 크기를 가진 두 지도자의 대립에 항상 흥미를 갖고 지켜본다. 그들이 갈라서거나 다시 합칠 경우 그들은 더욱 흥미를 갖는다. 초기 남한 정부수립에서 김구와 이승만이 그랬고 이후의 반대세력진영에서는 김영삼과 김대중이 그랬다. 예외적인 인물이 있었는데 그는 박정희였다. 그는 상대 없는 독주정치를 폈고, 만약 그에게도 그러한 상대가 있었다면 그는 김일성이었다.[3] 한국의 공산주의 운동에서 이러한 두 지도자는 단연 김일성과 박헌영이었다.

한국전쟁과 관련하여 그 동안 가장 많은 논란이 있었던 쟁점 중의 하나는 역시 박헌영과 김일성, 남조선로동당(남로당)과 북조선로동당(북로당)의 관계이다. 누가 한국전쟁을 주도하였을까? 김일성인가, 박헌영인가? 이 부분은 사람들에게 가장 흥미를 유발하는 쟁점이며, 그런 만큼 이 부분을 다룬 내용이 포함된 논문이나 책들도 매우 많다. 오늘날에도 사람들은 둘의 관계에 여전히 흥미를 갖고 있다.

---

3) 월간조선 엮음, 《主席宮 秘史》(서울: 조선일보사, 1994), pp. 176~177. 김정렴(金正濂) 전 박정희 대통령 비서실장의 말.

사람들은 이에 대해 저마다의 견해를 갖고 있다. 먼저 이 문제에 관해서는 둘의 대립과 갈등이 전쟁을 초래하였다는 기본가설이 존재하고 그것은 다시 두 가지의 상반되는 견해로 나뉜다.

하나는 박헌영의 교사에 의해 김일성이 전쟁을 하게 되었다는 것이며, 다른 하나는 박헌영의 반대에도 불구하고 김일성이 전쟁을 개시하였다는 주장이다. 서로 반대의 주장을 하는 이들 두 입장은 둘 다 그럴듯한 추론과 상황설정을 하고 있다. 그러나 이 두 가지 모두는 어떤 부분은 설명하나 어떤 부분은 설명하지 못하는, 결국 전체를 설명하지는 못하는 주장들로 보인다. 이제 우리는 이 비밀스런 관계를 추적하는 데 또다른 추론을 보탤 것이 아니라 내부자료의 추적을 통해 좀더 사실적인 결론에 도달하여야 한다.

주지하는 바와 같이 김일성과 박헌영은 1940년대 후반의 한국공산주의운동의 리더십을, 북한과 남한의 두 지역으로 뚜렷이 분할하여 행사하였다. 그에 따라 그들의 지지기반과 정책도 약간 상이했다. 그러나 1948년 8월의 두 노동당의 연합중앙위원회의 설치와 9월의 북한정부수립에의 공동참여, 그리고 49년 6월의 두 노동당의 합당으로 이들의 차이는 표면적으로는 현저하게 줄어들었다. 이 과정에서 김일성으로 대표되는 북로당계열과 박헌영으로 대표되는 남로당계열은 군부를 제외한 대부분의 영역에서 권력을 분점했다. 군부는 철저하게 만주 게릴라파와 연안출신들의 몫이었다. 그것의 최고지도부는 만주 게릴라파의 몫이었고 바로 밑의 지도부와 중견장교 그룹들은 대부분이 연안출신들이었다. 4)

---

4) 북한 인민군의 내부 구성과 기원, 성격에 대해서는 제 2 권 12장과 13장 1절에서 상술한다.

당, 내각, 의회, 통일전선에서, 많은 경우 실권은 북로계열이 장악했으나 남로계열 역시 최소한 1/3에서 1/2까지는 차지하였다. 연안계열과 소련한인계열을 포함하여 이들을 전체 북로계열에 합쳐도 최소한 1/3은 남로계열이었다.[5] 남로계열은 비중 없이 그냥 버려진 더부살이 집단은 아니었다. 더욱이 전국혁명을 추진하는 북한지도부에서 남한에 기반을 갖고 있는 이들을 버린다는 것은 혁명을 포기하는 것이기 때문에 있을 수 없는 선택이었다.

물론 북로계열과 남로계열 사이의 표면적인 권력배분의 비율 자체는 큰 의미가 없었다. 이 두 그룹 사이의 권력관계는 그들의 집단적 힘의 배분관계에 의해서 결정되기보다는 사실상 김일성과 박헌영 두 지도자의 권력관계에 의해 좌우되었다. 김일성은 당시 북한에서 의심의 여지없는 최고권력자였다. 그는 북한의 정치와 사회의 중심이었다. 박헌영은 김일성에 이어 제 2인자의 위치에 있었다.

그러나 박헌영은 젊은 김일성보다 훨씬 더 많은 정치경험을 갖고 있었으며 소련군정의 절대적인 후원하에 성장한 김일성과는 달리 미국군정과 맞서 투쟁 속에서 존재를 과시해 온 인물이었다. 또한 그는 여운형, 김구, 이승만, 김성수, 송진우와 같은 '지도자의 숲'에서 강력한 헤게모니를 행사하고 남한정치를 좌우했던 인물이었다. 그는 1945~46년 남한정치의 중심인물이었다. 1945년 8월에서 1946년 7월까지의 남한정치의 심부를 편견 없이 관찰한 사람들이, 폭풍 같은 격류가 몰아치는 그 시기 정치의 중심에 박헌영이라는 인물이 존재하고 있었음을 발견하게 되는 것은 당연하였다.

박헌영은 북한정치에 합류하자마자 만주 게릴라파의 핵심인 최용

---

5) 의회와 내각의 구성은 《조선중앙년감》(1949), p. 13을 보라.

건과 김책은 물론 연안출신들과 국내계열의 다른 많은 북로당 지도자들을 제치고 김일성에 이어 제 2인자로 자리잡았다. 남한에서만 활동하던 그가 단숨에 2인자의 자리에 오를 수 있었던 것은 식민시기 국내의 공산주의운동에서 그가 지니고 있던 최고지도자의 위치를 반영하는 것이었다. 그것은 동시에 그가 거의 독점적으로 대표해온 남한 내의 국내 공산주의운동의 집단적 힘의 반영이었다. 해방 직후 그는 김일성보다도 먼저 '조선로동계급의 수령'으로 불렸던 인물이었는데[6] 이는 단순한 역설만은 아니었다. 48년 9월에 북한정권이 출범할 때 그는 당 부위원장이었고 내각 부수상 겸 외무상이었다. 이것은 연립정권적 성격을 띤 북한정권 초기의 성격의 반영이기도 하였지만 그러나 더욱 중요한 점은 그러한 연립성 자체가 이미 북로계열의 양보를 의미했으며, 무엇보다도 양보해야 하는 현실적 힘의 배분의 반영이었다.

김일성과 박헌영의 권력투쟁이 전쟁을 일어나게 했으리라는 많은 추론과 주장들이 있어 왔다. 이를테면 시몬즈(Robert Simmons)는 두 가지 가설, 즉 김일성이 조기남침을 요구하고 있던 박헌영을 제압하기 위해 공격을 개시하였다는 하나의 가설과, 김일성의 내키지 않는 동의 속에 박헌영이 남침을 촉발시켰다는 다른 하나의 가설을 소개한 뒤, "김일성과 박헌영은 (이승만과 마찬가지로) 통일에 대한 도덕적 절박성을 공통적으로 인식했다. 그러나 전쟁의 선택, 특히 전쟁의 시기는 부분적으로 김일성-박헌영의 경쟁관계에 의해서 결정되었다"고 진술하고 있다. 요컨대 그는 한국전쟁을 이해하기 위해서는 이에 관련된 모든 세력의 한반도의 중요성에 대한 '인식'과, '전쟁을 초래했던 내부의 파벌투쟁'(the domestic factional infighting which led to the war)

---

6) 《해방일보》 1945년 11월 20일.

모두를 고려해야 한다고 결론내리고 있다. 7) 말을 바꾸면 전쟁은, 특히 그 시기는 북한내부의 권력투쟁에 의해서 초래되었다는 것이다. 김학준 역시 시몬즈와 같이 한국전쟁의 기원에는 북한내부의 권력투쟁이 깊이 개재되어 있다고 보고 있다. 8)

그러나 오랫동안 주장돼 온 이러한 추론은, 북한내부의 권력구성과 메커니즘을 추적한다면 동의되기 어려운 것으로 보인다. 김일성과 박헌영은 물론 대립하였다. 당시 북한의 권력의 배분은, 만주게릴라파, 연안계열, 국내계열 사이의 분할이었는데 어느 쪽도 헤게모니를 독점하지 못하였다. 정부와 군대, 의회의 중요직위는 치밀한 계산과 힘의 길항(拮抗) 관계를 반영하여 결정되었다. 그 배분은 힘의 관계를 정확히 반영하는 것이었다. 비밀문서들이 보여주는 바와 같이 간부 한 명을 임명하기 위해서는 여러 단계의 동의가 필요하였다. 분할의 두 중심축은 북로계열과 남로계열이었고 최종결정은 김일성과 박헌영에게 있었다. 사안의 대립이 발생하였을 경우 대부분 최종결정권은 두 지도자들의 몫이었다. 따라서 김일성과 박헌영, 북로와 남로의 갈등과 균열이 없었다고 보는 것은 사실과는 거리가 먼 시각이다.

그러나 균열 자체보다 더 중요한 것은 그 균열이 어떠한 균열이었느냐는 점이다. 우리는 남한의 초기 정치균열을 볼 때, 45년 해방에서 48년 정부수립시기까지는 한국민주당(한민당)과 이승만의 강한 반공연대를 강조하다가, 정부수립 이후에는 그들의 결별과 대립을 강조하는 상반되는 주장이 하나의 설명체계 속에 들어있음을 자주 목도

---

7) Robert Simmons, *The Strained Alliance*: *Peking, Pyongyang, Moscow and the Politics of the Korean Civil Wa* (New York: The Free Press, 1975), p. 110.
8) 김학준, 《한국전쟁》(서울: 박영사, 1989), p. 138.

한다. 이러한 현상은 보수적 시각과 비판적 시각 모두에서 동일하게 발견된다. 1960년 4월 사태의 혁명성과 민주당 정권의 민주성을 강조하려는 사람들은 한민당이 48년 이후 이승만에 대해 매우 저항적이었음을 강조하려 한다.

그러나 이들 둘 사이의 균열은 단정(單政)정치연합이라는 국가형성의 두 지주 사이의 헤게모니 블록 내에서의 균열을 결코 넘지 않았다. 즉, '반공연합' 내에서의 균열이거나 또는 '반김구', '반소장파' 진영 내에서의 균열이었다. 그들 사이의 균열은 결코 이 계선을 넘지 않았다. 이슈가 반공이냐 아니냐로 되었을 때면 이들의 균열은 봉합되어 언제라도 지배연합을 복원하였다. 1949년의 김구와 56년의 조봉암의 살해사태에서의 이들의 강한 연대는 이들 사이의 균열이 갖는 기본성격을 보여주는 표징적인 예에 불과할 것이다. 그러면서도 또한 헤게모니 블럭내에서 이들은 힘의 배분을 놓고 날카롭게 대립하였다. 이것은 권력의 본질적 속성과 관계된 것이었다. 한민당처럼 이승만 정권의 지주적 역할을 한 정당도 없었지만 한민당처럼 격렬하게 그에 저항한 세력도 없었다.

북한정치의 내부를 탐색하면, 전후 김일성의 집단숙청 이전까지 남로와 북로의 균열은 이승만과 한민당 균열과 매우 유사한 것이었다. 따라서 그것은 과장되어서도 안 되지만 축소되어서도 안 될 것이다. 정치세력의 연대와 분열을 결정하는 기본적 두 요소는 이념-정책과 현실권력으로 이루어져 있다. 그들은 공산주의라는 이념으로는 뭉쳤지만 권력의 배분을 놓고는 갈등하였다. 반대로 권력의 배분을 놓고는 날카롭게 신경전을 벌였지만 전국적인 공산혁명의 대의에서는 일치하였다. 따라서 한국전쟁과 관련한 남로와 북로의 균열은 논리적 추론의 범위에서 구성 가능하다.

현대 한국정치에서 발견되는 하나의 일관된 특성은 균열의 정도와 그 균열이 외표화되는 정책의 본질은 일치한다는 점이다. 이 점에 관한 한 예외는 거의 발견할 수 없다. 이 문제는 권력의 본질과 관련된 구조적 현상이지 대외적 언표와는 관계가 없다. 대외적 언표는 자주 정당화의 수단으로서 선택된다. 결국 우리는 이 문제와 관련하여 체제 자체를 거는 전쟁과 같은 승부수가 최고지도부 두 핵심그룹의 파열의 결과로 선택되었다는 주장은 성립될 수 없다고 결론내리지 않을 수 없다. 파열상태에서 전쟁의 결정이 가능하다는 것도 상상이 불가능한데 파열의 결과로서 전쟁이 선택되었다는 주장은 더욱 있을 수 없는 추론일 것이다.

　　갈등이 전쟁을 초래하였을 것이라는 전제 위에 전술한 대로 그 동안 김일성-박헌영의 관계 및 한국전쟁의 결정문제와 관련해서는 두 개의 상반되는 견해가 존재해 왔다. 한 주장은 전쟁이 박헌영의 적극적 유도에 의해서 전쟁이 초래되었다는 것이고, 다른 한 주장은 반대로 박헌영의 반대에도 불구하고 김일성이 이를 무시하고 전쟁을 개시하였다는 것이었다. 결론부터 말하면 이 둘은 모두 진실이 아닌 것으로 보인다. 이 상반되는 두 주장 모두 역사적 사실의 반밖에 설명하지 못하고 있는 것이다.

　　남로당 출신의 전(前) 공산주의자들과 일부학자들은 박헌영이 전쟁을 반대하였다는 주장을 종종 해왔다. 전 남로당원들은 자신들의 과거 영도자의 오류를 결코 인정하지 않으려 했다. 물론 이러한 집착조차 사실은 김일성주의자들과 주체주의자들의 김일성의 전능성과 무오류성에 대한 편집적 집착에는 현저히 미치지 못한다. 주체주의자들과의 대담과 면담은 항상 역사적 사실에 대한 확인이나 논의 이전에 수령의 교시를 전제하고 들어가야 한다. 그 교시는 사실의 발견에 의해서조차 결코 교정될 수 없는 벽으로 존재하는 종교적인 현상이다.

자료를 통해 볼 때 박헌영이 전쟁을 반대했다는 주장은 참으로 성립되기 어렵다. 박헌영의 견해에 가깝다고 할 수 있는 그의 최측근들이야말로 전쟁을 가장 선동하고 남한에서의 사태를 혁명적이라고 과장한 사람들이었다. 김일성과 박헌영이 내부적으로 전쟁을 결정하고 스탈린을 방문하기로 한 직후, 그리고 그를 방문하여 전쟁의 최종결심을 얻어내기 직전인 1949년 말~1950년 초에 방송과 신문, 잡지, 정부간행물을 비롯한 북한의 모든 언론매체들에는 남한에서의 투쟁을 선동하고 격려하는 자극적 선동문들이 일제히 실렸는데 집필자들은 이승엽과 김삼룡을 비롯하여 대부분이 박헌영과 그의 부하들이었다. 그리고 박헌영 자신이, 김일성과 함께, 이러한 선동을 가장 앞장서서 주도하였다. 9)

남한에서의 투쟁에 대한 소개도 갑자기 폭발적으로 많이 실리기 시작하였는데 그것들은 사태를 엄청나게 과장하고 있었다. 이승엽은 가장 흥분되게 선동하고 비현실적으로 남한의 투쟁을 과장하고 있었다. 그것은 한편으로는 남한인민들의 투쟁성을 보여주기 위한 스탈린에 대한 메시지였고 다른 하나는 인민들을 사상적으로 동원하기 위한 것이었다. 스탈린은, 전쟁의 동의를 요구하는 김일성과 박헌영에게 이 문제에 대해 49년부터 깊은 관심을 보여오고 있었다. 스탈린은 이 문제에 대해 직접 깊은 관심을 기울였을 뿐만 아니라 슈티코프와 툰킨을 통해서도 지속적으로 확인하도록 지시하였다.

또한 그 과시는 부분적으로는 남로계열의 김일성계열에 대한 과시의도도 포함되어 있었다. 북한의 많은 농민, 노동자, 목사, 교수, 사

---

9) 이에 대한 상세한 논의는 제 2권의 제 14 장을 참조하라.

회단체들도 집회를 열고 남한에 각종 형식의 편지와 선동문을 보내 이에 호응하였다. 박헌영과 남로계열이 반대하였다면 전쟁을 결정하는 1949년 말을 전후로 모든 남로계열이 총동원되어 남한인민들의 투쟁성과 남한유격대의 날로 장성하는 성과, 남로당의 건재와 성장을 과장하고 때론 날조하는 이러한 현상은 있을 수 없는 것이었다. 남한의 지하에서 활동하는 김삼룡까지 비밀리에 기고를 할 정도였다.[10] 박헌영을 비롯하여 남로계열이 반대하였다면 전쟁결정 자체가 어려웠다. 남로당원들이 북한으로 보내는 정세보고들이 사태를 엄청나게 과장하고 있음은, 전쟁이 일어나면 자신들의 투쟁은 보장되어 있다는 메시지였던 것이다. 따라서 박헌영과 남로계열이 전쟁을 반대하였다는 것은 있을 수 없다.

그렇다면 박헌영은 과연 김일성을 제치고 전쟁의 결정을 주도하였을까? 그 동안 이러한 주장 역시 적지 않게 있어 왔다. 박헌영의 오도된 남한 정세보고에 이끌려 김일성이 전쟁을 개시하였다는 주장들도 자주 제기된다. 이러한 해석에서는 특히 이 오류 때문에 박헌영이 나중에 간첩으로 몰려 처형된다고 주장하기도 한다. 박헌영의 전쟁개시 주장은 아마도 김일성에게는 실패한 전쟁의 원인을 전부 귀착시켜 자신은 그 실패의 수렁에서 빠져나오며, 비등한 정적을 제거하는 한 명분은 될 수 있었을 것이다. 그러나 박헌영이 오판을 하였고 이 오판 때문에 그가 처형되었다는 해석은 잘못된 것으로 보인다. 이와 같은 해석은 박헌영의 오판을 강조하는 동안 김일성의 오류는 면해지는 해석으로 연결된다. 즉, 그는 정당화되는 것이다.

---

10) 김삼룡, "남반부의 현정세와 남반부 제정당 사회단체들의 과업," NA, RG 242, SA 2005 Item 1/34, 《근로자》 4호(1950), pp. 19~33.

이는 특정국가의 정책결정구조에서 존재하기 어려운 아이러니를 야기한다. 즉 국가의 최고권력자가 제 2인자의 오도된 정보와 결정에 근거하여 오류의 전쟁결정을 내리고는 실패하자 결국 그 오인을 빌미로 처형한다는 상상키 어려운 설명인 것이다. 이승만과 한민당의 균열로 인해 점점 몰락해 가는 한민당이 위기를 돌파하고자 그들을 추종하는 장군들을 교사해서 38선에서의 충돌을 격화시켜 전쟁을 유도하였다는 주장이 비합리적인 것만큼이나 박헌영과 남로계열이 김일성을 오판케 해서 전쟁을 일으켰다는 주장 역시 지탱되기 어려운 주장인 것이다. 그러한 해석의 사실적 근거는 어디에도 없다.

무엇보다도 소련과 중국의 방대한 정보망이 국가원수인 김일성에게 직접 제공되고 있었다. 남한에 대한 정보채널 역시 김일성은 박헌영계열에게만 의존하지 않았다. 그는 박헌영의 대남 이니셔티브를 인정하였으면서도 박헌영이 모르게 다른 조직을 운용하여 정보를 취합하였다. 1950년 5월에 정치 군사 법조 관계는 물론 주미대사관에까지 최소한 112명에 이르는 광범한 친북한 간첩망을 구축하였다가 체포된 성시백 간첩조직은 남로당과는 관련이 없는 북로계열이 직접 남한에 침투시켜 운용하던 간첩망이었다.[11] 그리고 김일성은 스탈린 모택동과 만나 앞장서서 전쟁의 필요성을 주장하고 누구보다도 그 성공가능성을 낙관한 사람이었다. 즉 박헌영과 김일성의 저돌성은 거의 차이가 없었다.

11) 한국 중앙정보부, 《북한대남공작사》 1권, pp. 328~332; "The Ambassador in Korea (Muccio) to the Secretary of State," (May 27, 1950), FRUS (1950), pp. 89~92; 《서울신문》 1950년 5월 26일.

2. 김일성과 박헌영: 공동의 혁명·공동의 결정

1) 김일성과 박헌영의 합의와 공동 결정: 사실적 구성

김일성과 박헌영은 1948년 정부수립에서 50년 전쟁결정까지 균열과 연대를 반복하였지만 이 시기의 관계를 결정지은 1945년에서 48년까지도 역시 이 두 측면을 진자운동처럼 반복하였다. 연대 속의 균열, 균열속의 연대가 그것이었다. 박헌영은 해방 후 남한에서 두 번에 걸쳐 다른 공산주의자들과의 헤게모니 경쟁을 벌였다. 1945년 해방 직후 이른바 장안파와의 대결 및 46년 가을 반박헌영파·대회파와의 대결이 그것들이었다. 두 번 모두 김일성은 강력하게 박헌영을 지지했다. 그는 박헌영을 반대하는 세력들에게는 박헌영을 중심으로 단결할 것을 종용하였다. 김일성은 반박헌영파를 종파로 규정하여 박헌영의 독점적 정통성을 인정하여 주었다. 그러면서도 김일성은 조선공산당 북조선분국을 수립하는 데서 볼 수 있듯이 전국적 지도성을 놓고서는 박헌영과 치열하게 갈등하였다.

1950년의 김일성은 아직 조선의 스탈린이 아니었고 1980년대의 김일성은 더욱 아니었다. 그는 최고지도자였지만 아직 훗날 같은 태양신적 존재는 아니었다. 그에 대한 충성과 배타적 지도력이 강조되고 넘쳐 흘렀지만 이러한 현상은 자발적이면서 또한 상당 부분은 작위적인 것이었다. 달리 말하면 그를 영명한 지도자로 밀어올리기 위한 노력들은 초기 공산주의사회에서 지도자가 출현하고 헤게모니를 장악해 가는, 다른 나라에서도 자주 보이는 일반적 방식이었다.

박헌영은 남로계열에 대한 지도와 남한혁명 문제에서 김일성에 앞선 발언권을 갖고 있었다. 전쟁, 곧 남한혁명을 논의하기 위해 스탈린과 모택동을 만나러 갈 때도 그것이 비밀방문이었건 공개방문이었건 둘은 함께 다녔다. 스탈린과의 대화에서 '첩자의 대남침투문제'와 남한에서 활동중인 게릴라의 규모 등 남한정세에 대해 답변한 것은 김일성이 아니라 박헌영이었다. 12) 해방 이후 한번도 38선 이남으로 내려와 본 적이 없는, 따라서 남한에 대해서 박헌영보다 부족한 지식을 갖고 있던 김일성이 해방전쟁의 실제 대상지역인 남한에 대해 그의 의견을 참고한다 것은 불가피한 것이었다. 이러한 참고와 역할분담은 주어진 각자의 역할에 대해 그 영역을 지키며 행동했던 김일성의 초기 정치방식에도 일치하는 것이었다.

1945년 귀국 직후 김일성은 소련군정과 자신이 새로운 당중앙을 북한에 건설하려 할 때 이 노선에 대해 일국일당 원칙을 내세우며 강력히 저항하는 함경도의 국내 공산주의자들을 김책에게 맡겨 처리하였다. 46년 초 탁치(信託統治) 문제로 인해 북한정치가 극단적으로 양분되었을 때도 반탁진영의 기수인 조만식과 민주당 문제는 최용건에게 맡겨 놓았다. 그는 문제가 해결되지 않을 때 최종적인 순간에 직접 개입하는 방식을 취하였다. 그의 사업방식에 비추어 볼 때 대남 정세인식과 전략에서 당연히 박헌영의 이니셔티브를 인정해 왔었기 때문에 박헌영의 도움에 의한 둘의 결합이 아니고는 남한해방 사업의 추진은 불가능했다. 남한에서의 좌파투쟁의 조직·지도관계를 밝혀 놓은 한 비밀자료는 최고지도부를 조선노동당 중앙위원회로 기록하지 않고 해주의 남로당지도부로 기록하고 있었다. 13)

---

12) Syn Song-Kil & Sin Sam-Soon, "Who Started the Korean War," *Korea and World Affairs*, Vol. XIV, No. 2(Summer 1990), p. 250; 볼코고노프, 《스탈린》, p. 368; 《朝日新聞》 1993년 6월 26일.
13) NA, RG 242, SA 2009 Item 5/131, "남조선로동당과 대중단체의 관계."

중요하게 지적되어야 할 점이 하나 더 있다. 남로당과 북로당은 1948년 8월의 연합중앙위원회 설치와 49년 6월의 합당으로써 조선로동당이라는 하나의 정당이 되었다. 한국의 공산주의자들은 비로소 하나의 공산당을 결성하여 전술한 대로 최대공산주의연합을 형성하였던 것이다. 그러나 이 합당사실은 대외적으로는 말할 것도 없고 일반당원들에게조차 숨겨졌다. 즉, 그것은 비밀합당이었던 것이다. 이 점은 중요하였다. 왜 비밀합당을 하였을까? 1949년 6월 합당 후에도 남한에서 활동 중인 남로당원들과 게릴라들을 선동하고 격려하기 위해 내려간 많은 비밀문건들에는 여전히 남로당이라는 명칭이 사용되었다.

남로당 창립 3주년을 맞아 남한경찰과 미군정보기관의 감시의 눈을 속이기 위해 《고등고시문제집》으로 위장하여 내려간 비밀투쟁선동자료집에는 "남조선노동당 창립 삼주년만세!"라는 구호와 함께 "남조선노동당 결성 삼주년을 맞으면서"와 "조국의 통일과 자유를 위한 투쟁에 있어 남조선로동당의 역할"이라는 글이 실려 있었다.[14] 그 글들의 필자는 박헌영과 김삼룡이었다. 조선로동당이라는 표현은 찾아볼 수 없다. 그러나 이와 같은 비밀문건에만 남로당이라는 명칭이 계속 사용된 것이 아니었다. 더욱 중요한 것은 공개적으로도 그렇게 했다는 점이었다. 남로당 창립 3주년을 맞이하여 《로동신문》에는 '남조선로동당 창립 3주년'이라는 커다란 구호와 함께 "조국의 통일과 자유를 위한 투쟁에 있어 남조선로동당의 역할"(원문그대로)이라는 기사가 커다랗게 실렸다.[15] 집필자는 남로당 중앙위원회 정치위원으로

---

14) NA, RG 242, SA 2008 Item 10/112, 《高等考試問題集》(三和書館). 발행연도표기는 없음.

15) 김삼룡, "조국의 통일과 자유를 위한 투쟁에 잇어서 남조선 로동당의 역할,"《로동신문》 1949년 11월 23일(원문 그대로).

표기된 김삼룡이었다.

49년 11월 25일에는 이승엽의 글이 실렸는데 그의 직위는, 당시 그는 분명히 조선로동당 중앙위원회 정치위원이었으나 남조선 로동당 중앙위원회 정치위원으로 소개되었다. 《로동신문》 1950년 1월 17일자에는 "남조선로동당 전체 당원들에게 보내는 남조선로동당 중앙위원회의 편지"가 실렸다. 16) 남조선로동당 중앙위원회의 이름은, 실질적으로는 소멸되었음에도 불구하고, 계속하여 사용되고 있었던 것이다. 이 편지는 49년 12월 27일에 비밀리에 열려 대남정책을 전환한 '남조선로동당 중앙위원회에서' 결정된 편지임에 틀림 없었다. 17) 이 편지는 북한의 리더십이 전쟁을 결정한 뒤 남한의 지하활동가들에게 투쟁을 선동하기 위하여 내려보낸 편지였다. 즉 북한의 리더십은 전쟁을 결정하자 내부적으로는 남한좌파의 투쟁을 선동하고, 외부적으로는 스탈린과 모택동에게 방문 및 협의의사를 전달하였던 것이다. 이러한 일련의 조치들은 49년 말에서 50년 초 사이에 집중적으로 결정되고 추진되었다.

1949년 12월 24일의 《로동신문》에는 박헌영의 한 연설이 "로동당 중앙위원회에서 진술한 박헌영동지의 보고"로 소개되어 있었다. 로동당 중앙위원회라는 새로운 명칭이 실려 있음을 알 수 있다. 이러한 현상은 박헌영을 비롯한 남로당 관계자들만이 아니라 북로당의 두 지주인 김일성과 허가이도 역시 마찬가지로서 그들의 연설도 '로동당 중앙위원회'에서 진술한 것으로만 소개되었다. 18) 이는 이 연설들이

---

16) 《로동신문》 1950년 1월 17일.
17) 이기석, "남반부 인민유격대의 영용한 구국투쟁," NA, RG 242, SA 2005 Item 1/113. 《근로자》 1950년 7월호, p. 56.
18) 《로동신문》 12월 20일; 23일; 24일.

1950년 3월에 책자로 묶여 나왔을 때에도 마찬가지였다. 그들이 연설한 회의는 역시 '로동당 중앙위원회'로만 소개되어 있었다. [19] 조선로동당 선전선동부장인 박창옥의 경우 '로동당 중앙본부 선전선동부장'으로 소개되었다. [20] 조선로동당·조선로동당 중앙위원회라는 명칭은 찾아보기 어렵다. 출판사조차 그냥 로동당출판사로만 소개되었다. 이전의 모든 북한 출판물은 그것이 필요할 경우 북조선로동당이라는 명칭으로 쓰고 있었다.

공식적으로 소멸한 당명(남로당)을 표면적으로 계속하여 사용하는 데는 두 가지 이유가 있었다. 가장 중요한 이유는 남로당이 소멸하지 않았음을 알려주어 남한의 투쟁가들과 인민들에게 자신들이 과거에 지지했던 '우리당'과 '우리의 지도자 박헌영 선생'이 건재하고 있음을 보여주려는 배려에서였다. 다른 하나의 이유는 남한에서의 게릴라의 투쟁을 이승만정부에 대한 남조선인민 스스로의 저항으로 위장하여 이 투쟁에 북한이 개입되었다는 비난을 피하고 또한 남한인민의 혁명성을 대내 대외적으로 강조하기 위한 것이었다. 전자와 같은 배려는 남로와 북로 사이의 합의 위에서만 가능한 것이었다. 즉 김일성과 북로당의 동의가 있을 때만 있을 수 있는 현상이었다.

필자는 이 시기에 공개적으로 조선로동당이라는 명칭이 사용된 문헌을 발견하지 못하였다. 가장 중요한 《로동신문》조차 합당후에도 계속하여 '조선로동당 중앙위원회 기관지'가 아니라 하루도 빼놓지 않고 '북조선로동당 중앙위원회 기관지'로 1면에 표기된 채 발행되었다.

---

19) NA, RG 242, SA 2009 Item 1/191, 《로동당 중앙위원회 정기회의 문헌집》(평양: 로동당출판사, 1950).
20) 《로동신문》 1950년 2월 18일.

이미 소멸된 북조선로동당 중앙위원회가 계속 존재하는 듯한 이 이상한 표기는 언뜻 이해되지 않을 것이다. 공산주의 국가에서 당의 잘못된 명칭을 반복하여 실수로 사용한다는 것은 결코 상상할 수 없는 상식의 범주에 속한다. 이는 정치적 효과를 고려한 정밀한 계산과 내부합의를 거쳐 선택된다. 실수로 계속하여 이렇게 실릴 수는 없는 것이다. 즉, 그것은 고의였던 것이다.

이 고의의 선택의 목표는 남한문제에 대한 이니셔티브가 남로계열-박헌영에게 있음을 과시하기 위한 것이었다. 이 선택은 김일성·박헌영, 남로·북로의 합의의 산물이었으며, 김일성-북로의 전적인 동의가 있었기에 가능한 것이었다. 그렇지 않다면 이렇게 오랫동안 소멸된 당명을 공개적으로 사용하여 남로당의 존속을 과시하며 그들의 독자성을 인정하는 듯한 제스처는 불가능한 것이었다. 즉 이 선택은 상호간의 독자성을 유지하고 하급당원들에게 남로당의 계속적인 존재를 인지시키기 위한 방법이었던 것이다. 그 목적은 명백히 대남전략 때문이었다.

전쟁이 나자 그들은 어렵게 유지해 오던 비밀의 족쇄를 스스로 풀었다. 1950년 6월 25일 전쟁의 시작과 동시에 박헌영은 남로당원들과 남한인민들에게 방송연설을 하였다. 이는 "남반부의 로동당 전체당원들과 전체인민들에게 호소한 박헌영선생의 연설"로 소개되었다.[21] 조심스럽게 남반부의 로동당이라고 쓰고 있음을 볼 수 있다. 박헌영은 이 연설에서 "로동당 중앙위원회의 위임에 의하여 나는 남반부 우리당 전체당원들에게, 남반부 인민들에게 호소합니다"라고 하였다. 우리는 금방 커다란 변화를 읽게 된다. "남조선로동당원 여러분"은 "남반부의

---

21) 《보위신문》 1950년 6월 29일. 보위신문은 내무성 문화국의 기관지이다.

로동당원 여러분"으로 바뀌어 있고 연설의 말미에 박헌영은 "조선로동당 만세!"라고 하면서 처음으로 조선로동당이라는 호칭을 공개적으로 사용하였다. 이것은 책자에도 실려서 곧바로 남한에 대량으로 뿌려졌다.[22] 이 연설은 전체 조선인민과 로동당원들을 향해 김일성이 연설을 하였음에도 불구하고 따로 한 것이었다. 남한혁명과 남한인민들에 대한 박헌영의 이니셔티브와 역할의 인정을 읽을 수 있는 부분이다.

조선로동당 중앙위원회 명의의 편지도 곧바로 내려갔다. 1950년 6월 27일 조선로동당중앙위원회는 '절대비밀'로 된 "전체 당단체들과 당원들에게 보내는 조선로동당 중앙위원회의 편지"를 조선로동당 중앙위원회의 명으로 내려보냈다.[23] 당원들에게 편지를 보내면서 드디어 '조선로동당'이라는 명칭을 쓰고 있음을 볼 수 있다. 이 두 편지는 모두 커다랗게 인쇄되어 남한으로 내려갔고 전국적으로 뿌려졌다. 벽보로도 제작되어 각 도시와 농촌에도 살포되었다. 공식적으로 두 당이 합쳐졌음을 대중에게 공표하는 순간이었다. 그리고 이후로는 이 이름은 더 이상 비공개로 사용되지 않았다. 《로동신문》 7월 1일에는 조선로동당 중앙위원회라는 명칭이 공개적으로 크게 나오고 있으며, 《민주조선》 7월 15일자에도 역시 마찬가지였다.[24] 모든 대외활동의 주체도 이제 '로동당'에서 '조선로동당'으로 바뀌었다.

왜 1949년 6월에 만들어진 당명을 1950년 6월에 가서야 공식적으로

---

22) NA, RG 242, SA 2010 Item 5/85, 민족보위성 문화훈련국, 《선전원수첩》 16권 (1950년 7월 1일).

23) MA, RG 6, ATIS box 78 Issue No. 1, Item 53; NA, RG 242, ATIS1 box 1 Issue No. 1, Item 53, 대한민국 교육부 국사편찬위원회, 《북한관계사료집》 1권, pp. 561~565.

24) 《로동신문》 1950년 7월 1일; 《민주조선》 1950년 7월 15일.

사용하기 시작하였을까? 우선 이것은 1949년의 합당이 비밀합당이었기 때문이다. 그것은 남로당원들에게 남로당의 소멸을 알리지 않게 하기 위한 노력이었다. 이 요구는 아마도 박헌영과 남로가 하였을 것이다. 내부적으로 합당은 하지만 남로당이라는 명칭이 완전히 없어져서는 남한에서 공산당 사업을 할 수 없다는 것이 가장 큰 이유였을 것이고, 이것은 남한해방사업을 위한 필요성 때문에 김일성의 동의를 받았을 것이다. 전쟁의 개시와 동시에 조선로동당이라는 이름이 사용되기 시작하였다는 점은 합당사실의 비밀유지가 바로 전쟁문제와 직결되어 있었음을 보여주는 것이었다. 따라서 이 명칭이 언제부터 공개적으로 사용되기 시작하였느냐는 점은 비밀유지의 이유를 알려주는 매우 중요한 점이 아닐 수 없는 것이었다.

대남전술의 공동결정을 보여주는 한 가지 구체적인 하부수준의 자료를 보면, 화천에서 1950년 1월에 남한에 첩자로 파견하려 하급기관에서 상부에 승인을 요청한 김원달(金元達)의 소속정당은 남로당이 아니라 북로당이었다. 그는 1946년 9월에 이미 북로당에 입당한 자였다.[25] 즉 그는 초기부터 북로당에서 활동하던 인물이었던 것이다. 북한의 대남파견 계획서들을 보면 한 명의 공작원을 파견하기 위하여 해당 지방의 당, 인위(人委), 내무서, 보안서 등이 전부 동의하게 되어 있었다. 이것은 대남전략이 남로계열의 배타적 독점에 의해 추진된 것이 아니라는 점을 보여준다.

김일성은 남한과 미국에 대한 중요정보는 직접 접수하였다. 이를테면 1950년 1월 애치슨 연설이 발표되었을 때 그는 바짝 관심을 기울였다. 당시 북한의 유일한 통신사로서 모든 해외통신을 거의 독점적

25) NA, RG 242, 번호망실, "김원달파견계획서," p. 1.

으로 다루고 있던 '조선중앙통신'의 주필보 겸 외신부장 한재덕(韓載德)에 따르면 애치슨 연설이 발표되자 김일성은 그에게 "이것과 관련된 통신은 모두 나에게 직접 전화로 연락하라"고 명령하였다. 26) 전쟁을 준비 중인 그에게 이 연설은 각별히 관심을 기울일 만한 것이었다.

그러나 흥미 있게도 이 연설에 대한 《로동신문》의 인식과 대응은 김일성과는 반대였다. 우선 《로동신문》은 남한이 애치슨의 방위선 내에 들어간 것으로 보았다. 《로동신문》은 "애치슨의 의견에 의하면 '미국의 방위선이란 곧 예속국인 일본 비률빈 남조선인바' 미국은 이러한 나라들에 대하여 '직접적인 책임'을 지고 있다"27) 고 보도하고 있었다. 즉, 북한의 일반적인 인식과 공표는 이 연설로 인하여 미국의 정책이 바뀐 것으로 보지 않았다. 이 연설과 관련된 《로동신문》의 다른 모든 논설의 논조 역시 그것의 대아시아 침략성에 초점을 맞춰 비난하는 내용이었다.

애치슨 연설에 대한 표면적 반응과 내면적 관심의 차이는 다만 한 가지의 예에 지나지 않을 것이다. 표면적인 반응은 어쩌면 내면의 관심과 대응을 은폐하려는 시도였는지도 모른다. 아니면 상대방의 의사를 다른 나라에게도 그렇다고 굳혀 버리거나, 또는 상대방의 의도대로 이해하고 있는 것처럼 공표하여 상대방을 안심시키려는 의도였는지도 모른다. 이중 어떤 쪽이었건 김일성의 내부반응은 반드시 표면적 대응과 일치하는 것은 아니라는 점은 분명했다. 즉 최고지도자로서 김일성은 주요 문제에 대해 독자적인 관심과 정보수집, 그리고

---

26) 大森 實, 《朝鮮の 戰火》(동경: 講談社, 1981), pp. 306~307. 1969년 12월의 면담.
27) 《로동신문》 1950년 1월 26일 "애치슨은 아무것도 연구하지 않았다."

대응을 모색하고 있었다는 점이다. 따라서 김일성이 박헌영의 오도된 정보에 근거해서 전쟁을 일으켰다는 주장은 사실상 소설적인 얘기이다. 더욱이 김일성의 정보망은 박헌영보다 결코 좁지 않았다.

무엇보다도 김일성이야말로 1948년 9월 이래 전국혁명을 꿈꾸고 실현하려 했던 지도부의 중심이었다. 그는 이미 48년의 건국《정강》에서 국토완정을 주장하였고, 49년 신년사에서는 국토완정론을 공식적으로 국가의 제일의적 기치로 내세우고 추진하였다. 49년 내내 그는 이승만과 마찬가지로 작은 또는 큰 전쟁을 꿈꾸었다. 북한의 집단적 의사결정과정에서 박헌영의 견해는 중요했으나 결코 전부는 아니었다. 남로의 남한투쟁전술은 1949년 6월의 합당 이후에는 조선로동당의 전체 혁명노선의 지역전술 이상의 의미를 지니지 않았다. 따라서 남로의 대남전략은 자율성과 이니셔티브를 인정하되 어디까지나 조선로동당의 전체노선과 전략전술의 하위수준을 넘을 수 없었던 것이다. 합당 자체가 이미 남한혁명을 한국공산주의진영 전체의 사업으로 삼겠다는 의사의 표시인 것이며, 따라서 남로계열과 박헌영의 배타적 독점성은 상실되었던 것이다. 김남식(金南植)의 지적처럼 남로의 자율성은 전술적 수준으로 떨어졌던 것이며 그만큼 북로의 영향력이 깊이 들어올 수밖에 없었다. 28)

한국전쟁을 초래한 기본적 혁명이론이었던 국토완정론은 이미 1949년 초에 완전한 모습으로 자리 잡았다. 그것은 박헌영 그룹이 남한정세에 대한 보고를 낙관적으로 올리기 시작하는 1949년 가을 훨씬 이전이었다. 남로계열의 인물들이 광적으로 선동과 선전에 흥분하던 1949년 말~1950년 초는 아예 그 뒤였다. 따라서 북한이 1949년 말

---

28) 김남식, 《남로당연구》, p. 404.

〈표 6-1〉 1949년 6월 현재 조선로동당 중앙위원회 정치위원회의 구성

직위	구성
위원장	김일성
부위원장	박헌영, 허가이
비서	제 1비서-허가이, 제 2비서-이승엽, 제 3비서-김상룡
중앙위원회 정치위원회	의장-김일성, 부의장-박헌영 위원-김책, 박일우, 허가이, 이승엽, 김상룡, 김두봉, 허헌

*자료: Dae-Sook Suh, *Korean Communism*, 1945~1980: *A Reference Guide to the Political System*, pp. 321~322.

내부적으로 전쟁을 결정하는 것은 1948년 가을 이후 1949년 초를 거치면서 구체화된 국토완정론과 통일의지의 발전과 변화의 산물이지 박헌영 계열이 남한정세를 오판하도록 유인하였기 때문이 아니었다. 남한에 대한 낙관적 정세보고는 다만 하나의 촉진요인이었을 뿐 그것은 결코 결정요인은 아니었던 것이다.

《소련 외교문서》를 통하여 이미 본 대로 김일성은 1949년부터 전쟁을 구상하고 시도하고 추진하였다. 물론 그는 아직 49년 9월까지는 대규모 전쟁을 적극적으로 시도하려고 하지는 않았다. 그는 9월에는 작은 전쟁 정도를 구상하였다. 그러나 더욱 중요한 것은 소련문서가 보여주는 대로 국가가 수립된 후 이들은 온건주의를 초기부터 차단하였다는 점이다. 그럼에도 불구하고 박헌영이 반대하였음에도 불구하고 이를 제압하고, 또는 그가 더 주도적이어서 이에 이끌려서 김일성이 전쟁을 결행하였다는 두 상반되는 주장은 둘 다 바른 해석이 아닌 것이다. 이는 국토완정론의 내용과 변화과정을 이해하지 못하기 때문에 나타나는 오류인 것이다.

그 오류는 또한 〈표 6-1〉과 같은 북한 내부의 권력구조를 모르기

때문이다. 김일성과 박헌영 둘 중의 하나만 강력하게 반대하였어도 한국전쟁은 일어날 수 없는 상황이었다. 먼저 서대숙(徐大肅)이 일찍이 규명해낸 가장 중요한 당시 최고의 의사결정기관인 조선로동당의 지도부를 보자.

위원장은 당연히 김일성이었고 부위원장은 박헌영과 허가이였다. 그 밑에 세 명의 비서가 있었는데 제1비서는 허가이, 제2비서 이승엽, 제3비서 김삼룡이었다. 두 명이 남로계열임을 알 수 있다. 중앙위원회 정치위원회의 경우 의장 김일성, 부의장 박헌영에 위원은 김책, 박일우, 허가이, 이승엽, 김삼룡, 김두봉, 허헌이었다. 즉 당의 최고결정기구에 만주 게릴라파는 김일성과 김책밖에 없는 것이다. 오히려 남로출신이 4명으로 더 많다. 연안계열은 2인이고, 소련한인은 1인 허가이 이다. 이 구성을 보면 당시의 당내 핵심 3인이 김일성, 박헌영, 허가이임을 금방 알 수 있다. 김일성·박헌영은 말할 것도 없이 권력의 두 분점자였고 허가이만이 부위원장, 제1비서, 정치위원을 겸임하고 있는 유일한 인물이었다.

남로계열의 경우 핵심 3인이 모두 들어 있었다. 그들은 당시 대남정책의 핵심 3인이었다. 그러나 김삼룡은 당시 남한에서 지하활동을 하고 있었기 때문에 북한에 실재로 존재하는 인물이 아니었다. 따라서 김삼룡의 임명은 특별한 배려의 결과였다. 그는 당시에 남한의 좌파 투쟁을 지하에서 총괄지도하고 있었다.[29] 일반적으로 특정 인물이 현장에 없는데도 불구하고 어떤 조직의 중요지위에 선임될 때는 두 가지 이유, 즉 하나는 그의 정치적 비중 때문이고 다른 하나는 그가 지닌 특정의 임무 때문에 그러하다. 이는 일반적인 조직구성의 원리이다.

---

29) 김삼룡은 1950년 3월 27일에 체포된다. 《서울신문》 1950년 4월 1일.

1945년 9월 7일 한국의 독립운동가들은 새로운 독립국가를 건설하기 위해 조선인민공화국을 만들 때 현장에 없는 이승만, 김구, 조만식, 김원봉을 각각 주석, 내무부장, 재무부장, 군사부장이라는 주요 지위에 임명하였다. 30) 이때의 임명은 추대라고 표현하는 것이 더 정확할 것이다. 이러한 추대는 식민시대 민족독립운동에서 나타난 이들의 역할과 명망성 때문이었다. 김삼룡은 1949년 현재 한국공산주의운동에서 그 정도의 명망성은 지니고 있지 못했다. 즉 김삼룡은 정치적 비중으로 선택될 수 있는 인물은 아니었다. 그렇지만 그는 남한사업을 현지에서 책임지고 있는 특정의 임무를 가진 인물이었다. 때문에 그의 선임은 대남사업의 중시와 남로계열의 비중을 읽을 수 있게 해주는 부분인 것이다. 이러한 권력배분의 상태에서 박헌영과 그를 추종하는 남로계열이 반대하는 전쟁을 강행할 수는 없다. 그리고 뒤에서 보듯 민족보위상 최용건이 전쟁을 반대하고 있는 상태에서 당부위원장이자 내각 부수상 겸 외무상인 박헌영마저 반대한다면 그 전쟁은 기본적으로 합의될 수 없었다.

현실적으로도 남로계열의 적극적 도움 없이는 김일성은 단독으로 전쟁을 결행하기가 어려웠다. 남로계열이 반대하였다면 스탈린과의 최종합의를 전후로 남로계열 출신 좌파들이 50년 봄부터 대거 남파되기 시작한 것 역시 설명되지 않는다. 이들 사전 남파요원들은 대부분 남로당 출신들이었다. 게릴라들도 마찬가지였다. 남로출신들은 또한 전쟁이 성공하면 자신들의 고향과 과거의 근거지로 돌아갈 수 있을 것이라는 기대도 높았다. 활동근거지로의 귀환과 고향으로의 귀소본능은 혁명에 대한 의지와 열정보다도 결코 덜 중요한 것이 아니었다.

---

30) 송남헌, 《解放三年史 Ⅰ》(서울: 까치, 1985), p. 51.

남한출신의 많은 혁명가들은 집단적으로 활동근거지를 떠나 월북한지 이미 몇 년이 흘렀으며, 그들 중 북한 헤게모니 블럭에 가담한 소수를 제외하고는 권력블럭의 외곽에서 겉돌았다. 공산주의체제를 선호하여 월북하였지만 그들은 가족도 생활근거도 아무런 소득원도 없었다.31) 그들 대부분은 북한에서 무료하게 소일하거나 또는 군사학교에 들어가 훈련을 받고는 게릴라 부대에 가담하여 남한으로 다시 침투하였다.

끝으로 박헌영은 전쟁의 결정을 이루는 스탈린·모택동과의 회담에도 김일성과 함께 다녔다. 이것은 중요한 점이다. 제 2인자가 국가수반들의 최고위 정책결정에 항상 따라다닐 필요가 있을까? 이것은 특별한 이유가 없다면 뭔가 어색한 것임에 분명하다. 우선 박헌영이 전쟁을 반대하였으면 김일성과 동행한다는 것은 불가능하였다. 반대하는 인물을 스탈린·모택동과의 비밀결정에 끌어들여 논의할 수는 없는 것이다. 또한 무언가 동행의 이유가 있었기 때문에 항상 동행하였을 것이다. 그것은 협의주제가 대남혁명이었기 때문이었다. 전술한 대로 스탈린과의 대담에서도 남한문제에 대해 답변한 것은 박헌영이었다. 지금까지의 논의를 통해 볼 때 이 전쟁의 결정은 결국 공동의 결정이었으며 공동의 혁명이었던 것이다. 김일성은 전체한국의 혁명을 위한 국토완정 의지에 불탔고, 박헌영은 자신이 과거 지도하였던

---

31) 현재 한국에서 중산층 이상의 지위에 있기 때문에 익명을 요구한 전향한 한 전남로당원은 1948년 월북하여 북한정부수립 시에 고위직에까지 올랐던 인물이었다. 그리고 그는 필자와 면담하던 군사정부시절의 남한에 대해 아주 비판적인 인물이었다. 그럼에도 불구하고 그는 1948년 북한정부 수립시의 해주선거가 끝나고 나니 "특별히 할 일이 없었다"고 증언했다. 그의 이름은 북한의 당시 1차자료에서 확인 가능하다. 그의 요구로 면담 일자와 성명을 공개하지 않는다.

남한에 대한 혁명의지를 불태웠다.

훗날 김일성은 박헌영의 남한정세인식에 문제를 들어 그를 처단한 바 있다. 이 처단은 역으로 박헌영과의 합작으로 전쟁을 일으켰음을 보여주는 것이다. 훗날의 분열과 책임추궁, 그에 뒤이은 박헌영의 죽음도 사실은 이때의 박헌영의 역할이 비등(比等) 했었으며, 그것이 공동의 결정이었던 데 따른 역설적 결과였던 것이다. 기대와 그에 따른 역할부여의 크기는, 실패에 따른 반목과 이어지는 책임추궁의 크기와 비례하였던 것이다.

2) 전쟁 중의 김일성-박헌영 관계: 전전(戰前)관계 해명의 한 근거

전쟁에 대한 공동결정을 내리는 전전의 둘의 관계에 대한 해명은 전쟁의 과정을 보지 않고는 완전히 해명되지 않는다. 많은 경우 과정은 역으로 기원을 풀어준다. 앞서 스탈린의 의도를 전쟁의 과정에서의 그의 행태와 선택을 보면서 추적한 것처럼 김일성과 박헌영의 관계에도 이 방법은 적용가능하다.

전쟁이 발발한 직후 최초의 목표가 달성가능한 것처럼 보인 승세기(勝勢期) 동안 둘의 관계는 원만하였다. 공동의 목표가 성공의 목전에 있었던 것이다. 그러나 승세기를 지나 전쟁이 불리하게 돌아가자 둘은 격렬하게 대립하였다. 이제는 잘 안 되는 데 대한 책임규명의 문제가 제기되지 않을 수 없었던 것이다. 이 갈등은 계획을 수립할 당시와 전세가 유리할 때는 갈등이 별로 없었음을 반증한다.

50년 10월 8일 김일성과 박헌영은 김일성의 지하집무실에서 격렬하게 다투었다. [32] 이 날은 다른 어떤 날이 아니라 미군의 38선 진주가 결정된 바로 다음 날이다. 10월 1일부터 남한군은 38선을 넘어 맹

럴한 기세로 북진을 하고 있었다. 맥아더는 미국의 고전적인 정책을 따라 무조건 항복(unconditional surrender)을 권고하였고,[33] 미국군마저 월경을 결정하자 전쟁은 이제 자신들의 체제의 멸망으로 치닫는 국면이 된 것이었다. 공동의 결정이 혁명의 선택이 아니라 패망의 선택이 될지도 모를 결정을 그들은 한 것이었다. 김일성은 미군의 폭격 때문에 당시에 위장망으로 가린 채 모래주머니로 방탄벽을 쌓은 모란봉 밑의 지하실 집무실에서 집무를 보고 있었다.

김일성과 박헌영은 10월 8일 중국대사 예지량과 시성문이 중국이 참전하기로 결정했음을 알리려고 집무실에 들어섰을 때까지도 계속 다투었다. 이들은 이때 중국이 참전을 결정했음을 알리는 모택동의 전문을 갖고 왔던 것이다. 그러나 외국대사가 왔음에도 중단하지 않을 만큼 멸망의 화급한 위기에서 둘은 다투고 있었던 것이다. 논쟁점은 산으로 올라가 유격전을 하느냐 마느냐는 문제였다. 김일성은 이를 주장하였고 박헌영은 반대하였다. 그러나 박헌영이 어떤 다른 대안을 제시하였는지는 알려지지 않았다. 새로이 공개된 흐루시초프의 회고록에 따르더라도 김일성이 게릴라 투쟁을 하려 결심한 것은 사실이었다. 그는 슈티코프에게 "산으로 들어가 일본이 조선을 점령했을 때 그들에게 대항하여 수행했던 게릴라전과 같은 방식의 전투를 다시 펴나가겠다"고 했다.[34]

10월의 싸움 한 달 후에도 둘은 다시 싸웠다. 이때는 훨씬 더 격렬

---

32) 柴成文, 《板門店談判》, p. 84; 柴成文 면담, 1994년 11월 8일(통역 段超).

33) 맥아더는 10월 1일 동경에서 방송을 통하여 김일성에게 무조건 항복을 요구하였다. 《韓國戰亂一年誌》, pp. C120~121; "The Commander in Chief, Far East (MacArthur) to the Joint Chiefs of Staff," FRUS (1950), Vol. VII, pp. 796~797.

34) N. Khrushchev, Khrushchev Remembers-The Glasnost Tapes (1990), p. 147.

했다. 전북한 외무성부상이었던 박길룡에 따르면 50년 11월 7일 10월 혁명 기념일에 북한지도부가 피신하여 있던 만포진의 소련대사관에서 연회가 있었다. 당시에 북한의 정부와 군, 주요기관은 전부 한만 국경부근 또는 아예 만주로 피신해 있었다. 10월 혁명기념일 집회는 주요 간부들이 전부 모이는 집회였는데 박길룡은 이때 김책과 함께 그의 차를 타고 갔다. 이때 김일성은 술이 들어가자 박헌영에게 "여보, 박헌영이. 당신이 말한 그 빨치산이 다 어디에 갔는가? 백성들이 다 일어난다고 그랬는데 어디로 갔는가?"하고 힐난하며 "당신이 스탈린한테 어떻게 보고했는가? 우리가 넘어가면 막 일어난다고 당신 그런 얘기 왜 했는가?" 하고 책임을 추궁하였다.

그러자 박헌영이 불쑥 "아니, 김일성 동지, 어찌해서 낙동강으로 군대를 다 보냈는가? 서울이나 후방에 병력을 하나도 못 두었는가? 후방은 어떻게 하고 군대를 내보냈는가? 그러니까 후퇴할 때 다 독안에 든 쥐가 되지 않았는가?" 하고 반문하면서 "그러니 다 내 책임은 아니다" 하고 반박하였다. 그러나 김일성은 더욱 심하게 면박을 주었다. "야, 이 자식아. 이 자식아. 무슨 말인가? 만약에 전쟁이 잘못되면 나뿐 아니라 너도 책임이 있다. 너 무슨 정세판단을 그렇게 했는가? 난 남조선정세는 모른다. 남로당이 거기 있고 거기에서 공작하고 보내는 것에 대해 어째서 보고를 그렇게 했는가?" 그러면서 김일성은 대리석으로 된 잉크병을 벽에 던져 병을 박살냈다. 박길룡은 둘의 관계는 "이때 이미 영 틀어졌다"고 진술한다. [35] (전부 증언 원문 그대로임).

---

[35] "KBS 다큐멘터리-김일성 참모들이 밝힌 6·25비사," 1992년 6월 23일. 박길룡은 소련한인으로 1945년에 소련 25군 정치장교로서 입북하여 북한의 주동독대사, 주체코대사를 지내고 외무성 부상에까지 올랐다가 1959년의 대숙청 때 소련으로 망명하였다.

여기에서 박헌영과 김일성의 다음 진술, 즉 "다 내 책임은 아니다"와 "나뿐 아니라 너도 책임이 있다. 너 무슨 정세판단을 그렇게 했는가?"라는 말은 특히 중요하다. 이 두 진술은 하나의 내용을 다르게 말하고 있을 뿐이다. 그것은 하나의 문장으로 합쳐질 수 있는 말이다. 즉, 이 말을 합치면, 둘의 합의과정에서 김일성이 결정을 주도하였고 박헌영에 대해 남한에 대한 정세를 문의하였으며 박헌영은 그에 대해 긍정/좋다는 사인을 적극적으로 하였던 것으로 된다. 달리 말하여 김일성이 전쟁의 의사를 갖고 박헌영에게 남한정세를 물었을 때 최소한 김일성이 예상했던 것 이상 낙관적으로 대답했음을 보여주는 문구이다. "나뿐 아니라 너도 책임이 있다"는 말은 자기가 좀더 많은 책임이 있다는, 자신이 주도하였다는 의미를 함축한다. 둘의 연속되는 격렬한 다툼은 결정의 과정에서 의견의 합치과정이 있었고 최종적인 합의를 보았음을 반증한다. 남들의 눈에 보인 이러한 갈등은 보이지 않은 갈등의 극히 일부일 것이다.

그러나 아이러니컬하게도 권력의 배분상 이 갈등시점의 박헌영은 표면적으로는 김일성의 지위 바로 밑에까지 상승해 있었다. 즉, 위기를 맞아 권력의 최대연합 – 최근배분(最近配分)을 이루고 있었던 것이다. 그는 이때 당 부위원장, 내각 부수상 겸 외무상에다가 군내에서 최고사령관 다음의 인민군 총정치국장까지 맡았다. 인민군내의 당사업을 총책임지는 자리에까지 그를 임명하여 박헌영의 지위를 상승시키고 있음은 김일성이 그에게 상당한 권력을 이양하고 있었음을 의미한다. 대부분의 연구는 박헌영이 군사지도자의 지위를 갖고 있지 않았던 것으로 단정한다. 그러나 인민군 내부의 비밀명령서에 따르면 이는 사실이 아니다. 36)

1950년 10월 김일성과 박헌영은 인민군이 패주하면서 대부분의 부대에서 나타난 지리멸렬과 명령거부, 군관들의 도피와 투항, 장병들의 잠적 및 장교에 대한 공공연한 반란, 반당 반공산주의적 행태에 매우 놀랐다. 이 시기 김일성의 명령들은 좋게 말하여 추상(秋霜) 같았고 나쁘게 말하여 이성을 잃은 광적인 명령이었다. 결국 김일성과 박헌영은 인민군내의 당사업에 심각한 문제가 있음을 절감하였고 인민군내의 당-정치-사상사업을 총책임지는 총정치국을 창설하였다. 그리고 인민군 총정치국장 자리는 다른 누가 아닌 박헌영이 맡았다. 곧바로 최고사령관 김일성과 총정치국장 박헌영의 공동명령이 내려갔다.[37] 10월 15일에는 박헌영이 단독으로 명령을 내렸다. 이것은 이제 북한은 당-정-의회뿐만 아니라 군대까지도 김일성과 박헌영이 분점하여 지도하고 있음을 의미했다.

이 시점에 박헌영은 또한 당시의 최대의 현안이었던 중국군 참전문제를 해결하기 위해 중국으로 건너가서 중국군의 참전교섭을 담당했다. 그는 김일성과 심하게 다툰 뒤인 10월 15～18일에, 10월 8～9일 내무상 박일우를 보내서 참전결정을 얻어냈음에도 불구하고 중국군의 참전이 늦어져 더욱 수세에 몰려 화급을 다투게 되자, 직접 유성철

---

36) Kim Kook-Hun, "The North Korean People's Army, Its Rise and Fall, 1945～1950," Ph. D. Thesis, King's College, the University of London(Aug. 1989). p. 179.

37) NA, RG 242, SA 2012 Item 6/18. 조선인민군 최고사령관, "명령" 절대비밀. 제 0070호. 1950년 10월 14일 조선인민군 최고사령관 김일성, 조선인민군 총정치국장 박헌영. 이 비밀명령을 통해 볼 때 10월 14일에 '총정치국장 박헌영'이라는 표기가 있는 것으로 보아 북한의 공식 설명대로 10월 21일의 조선로동당 중앙위원회 정치위원회에서 민족보위성 문화훈련국을 총정치국으로 개편하는 결정을 하기에 앞서 이미 총정치국이 실제로는 먼저 창설되어 활동하고 있었음을 알 수 있다. 이 문제에 대한 북한의 공식설명은 《김일성저작집》 6권, pp. 145～152; 《위대한 수령 김일성동지의 전기》 2권, p. 286을 참조하라.

을 대동하고 중국으로 건너가서 모택동, 주은래, 고강을 만나 참전을 호소, 중국군참전문제를 해결하였다. 38) 물론 이때는 이미 중국이 참전을 결정한 뒤였지만 당시 북한으로서는 생존이 걸린 중요한 문제였다. 그것을 박헌영이 맡고 나선 것이었다. 이에 앞서 모택동에게 보낸 지원요청 편지 역시 김일성과 박헌영의 공동명의였다. 스탈린에게 보내는 편지 역시 마찬가지였다. 이를테면 서울피탈 직후 남한군과 미군의 38선 북진이 임박한 시점에 9월 29일 김일성과 박헌영은 '공동의 명의로' 스탈린에게 다음과 같은 전문을 보내 화급히 구원을 요청하였다.

적들이 지금 우리가 처하고 있는 지극히 곤란한 사정을 이용하여 이들 조치(장기전에 대한 준비조치를 말함 — 인용자)를 실현할 시간을 주지 않고 북조선에 대한 공세를 가속화할 때에는 우리는 우리 자신의 힘을 갖고는 적들을 저지시킬 수 없습니다. 그러므로 경애하는 이오시프 위사리오노비치 동지, 우리는 당신의 특별한 원조를 요청하지 않을 수 없습니다. 즉 적군이 38도선 이북을 침공할 때에는 우리에게는 소련으로부터의 직접적인 군사적 지원이 절대적으로 필요하게 됩니다. 만일 그것이 어떤 이유로써 불가능하게 될 때에는 우리의 투쟁을 지원하기 위하여 중국과 기타 민주주의국가들의 국제의용군을 조직하여 출동할 수 있도록 원조하여 주시기 바랍니다. 39)

---

38) 洪學智, 《抗美援朝戰爭回憶》(北京解放軍文藝出版社, 1990), p. 14; 유성철 면담, 1990년 11월 1일; 張希 "彭德懷受命率師 抗美援朝的 前前後後," 《黨史資料》 36호, pp. 152~153. 유성철은 이때 박헌영을 수행하여 중국을 함께 방문하였다. 그의 증언은 중국측 자료들과 거의 일치한다. 홍학지는 박헌영이 중국을 10월 1일에 방문하였다고 기록하고 있는데 이는 다른 자료나 유성철의 증언과는 다르다.

39) "Letter to Stalin from Kim Il-sung and Pak Hon-yong, 29 Sep. 1950,"

전쟁발발 이전은 물론 1950년 6월 이후 스탈린과 모택동이 이들에게 보내는 전문도 대부분이 공동수령자로 되어 있었다. 슈티코프를 통해서 모스크바에서 평양으로 내려 보내는 많은 전문지시 역시 "김일성에게 전달하라"는 것보다는 대부분이 "김일성과 박헌영에게 전달하라"는 것이었다. 이는 모스크바와 북경도 이 전쟁이 김일성의 전쟁이면서 동시에 박헌영의 전쟁이었다는 사실을 알고 있었음을 보여준다. 그들 역시 이 문제에 대한 김일성과 박헌영의 역할에 대해 거의 비등하게 대하고 있음을 알 수 있는 것이다. 수상의 편지에 부수상 겸 외무상이 대부분 공동명의로 서명하는 것도 이해하기 어려운 것이지만 외국의 원수들이 다른 나라의 정부수반에게 공식문서를 보낼 때 계속하여 2인자와의 공동 수신명의로 보낸다는 것도 정상적인 것은 아니다. 이는 김일성과 박헌영의 공동역할과 비중의 대등을 분명하게 읽을 수 있는 증좌이다.

심각한 위기의 순간에 격렬히 다투면서도 동시에 최고의 임무와 직위를 양분하는 이 이율배반적인 현상은 언뜻 이해되지 않는 한 세트의 기묘한 조합이다. 즉 10월부터 11월 내내 둘은 겉으로는 권력과 역할의 근접분점을, 내막적으로는 격렬한 대립과 갈등관계에 놓여 있었던 것이다. 이 시기는 나중에 오게 되는 박헌영 처형의 중대 분수령이었던 것이고, 그 단초는 전쟁의 실패가 예견되는 데서부터 주어졌던 것이다. 10월 8일과 11월 7일의 격렬한 논쟁을 기억할 때 우리는 이 시점이 북한 권력재편의 한 정점기였음을 보게 된다. 이후 2년간의 몰락기를 거쳐 박헌영은 간첩으로 조작되어 최고의 공산주의자에

JAEAR, Vol. 2, No. 4 (Winter, 1993), pp. 452~454; 《소련 외교문서》 2, pp. 53~54. 《소련 외교문서》 2에는 이 서한이 9월 28자로 되어 있다.

제 6 장 비밀의 늪: 북한 내부의 결정 ┃ 327

서 일순간 최대의 반혁명분자라는 비판과 함께 처형되었다.

여기에 김일성과 박헌영이라는 두 공산지도자의 관계와 그 관계가 끼친 전쟁결정에의 영향의 비밀이 숨어 있었다. 둘의 관계는, 특히 전쟁의 결정에 이르는 관계는 1950년 10월~11월의 절정기의 관계를 모르면 풀리지 않는다. 한국공산주의운동사상 가장 커다란 사건의 하나였던 박헌영 처단과 남로 몰락의 문제도 전쟁의 초기과정의 둘의 관계를 모르고는 풀리지 않는다. 즉 위기(목표)의 정도와 필요(역할)의 정도는 일치하였다는 점이다. 위기가 크면 필요성도 크고 목표가 클수록 역할도 커지는 것이다. 그러나 위기의 정점을 지나자 힘의 추이가 기울기 시작하였고, 그것이 결정적으로 기울어 버리자 한 쪽은 최초의 결정에서의 나머지 반의 역할에 부수되는 책임까지 전부 지게 되었던 것이다.

결국 지금까지의 논의를 통해 볼 때 김일성과 박헌영이 갈등하여 전쟁이 일어났다는 오랜 주장은 허구이다. 특히 박헌영이 반대하였다는 주장은 잘못된 것이다. 전쟁발발 당시 그는 당 부위원장이자 내각 부수상 겸 외무상이었고, 전쟁 중 가장 큰 위기의 시기에는 인민군 총정치국장에까지 올랐다. 그리고 군을 제외하고는, 파벌적 길항과 합의의 산물인 내각과 당에는 최소한 1/3에서 1/2 정도가 그의 사람들이었다. 김일성의 1948년 9월의 정부구성에서의 양보는 이승만의 한민당에 대한 양보보다 더 컸다. 이러한 거대한 지분을 가지고 있는 박헌영이 반대하였을 때 그 전쟁은 기본적으로 있을 수 없었다.

그럼에도 불구하고 더 중요한 것은 뒤에서 보듯 최용건은 전쟁을 반대하였다는 점이다. 그렇다면 최용건의 뜻을 거슬러 전쟁의지를 관철시킬 수 있는 인물은 북한에서는, 박헌영이 아니라, 김일성밖에는 없었다. 박헌영조차도 최용건을 어떻게 할 수는 없었다. 따라서

328

이 전쟁은 박헌영의 전쟁이 아니라 김일성의 전쟁이었으며, 무엇보다도 김일성과 박헌영의 공동의 전쟁이었다. 전쟁의 결정에 이르는 긴 과정은 김일성의 국토완정 이론의 연장이었다. 그가 주도적이었으며 박헌영이 바로 밑의 결정권한을 갖고 있었다. 박헌영과 김일성, 남로와 북로, 또한 한국의 공산주의자들에게 이 전쟁은 공동의 결정이자 공동의 혁명이었다.

제7장

비밀의 늪: 북한 내부의 결정 Ⅱ

1. 내부핵심의 저항:
조선인민군 총사령관 민족보위상 최용건의 전쟁반대

사실(事實)은 상식을 파괴한다. 거기에 사실의 힘이 있다. 전쟁을
반대하는 온건한 흐름은 예상치 못한 곳에 있었다. 전쟁을 반대한 사
람은 김일성의 가장 가까운 전우로서 조선인민군 총사령관이자 민족
보위상인 최용건이었다. 군 최고책임자가 전쟁을 반대하였던 것이
다. 상식적 수준에서 볼 때 이 진술은 수용되기 어렵다. 최용건은 김
책-김일성과 함께 만주 게릴라파 및 북한정권의 핵심 트로이카이자
만주항일투쟁 시절에는 소련으로 넘어와서까지도 김일성보다도 직위
가 높았던 인물이었다. 만주 항일게릴라투쟁에 관한 권위인 와다 하
루키(和田春樹)에 따르면 최용건은 그 시절 김일성을 포함하여도 '단
연 최고의 실력자'였다. [1] 따라서 최용건이 전쟁을 반대하였다는 사

실은 상식의 수준에서는 믿기 어려운 주장으로 보인다.

만주 게릴라파의 핵심 트로이카 중에도 1900년생의 최용건은 1905년 생의 김책, 1912년생의 김일성보다도 연장자였다. 그에 따라 그는 만 주게릴라 그룹의 맏형이었다. 또 그런 맏형의 역할을 그는 해방후 5년 간 충실히 수행해 왔다. 그는 투쟁경력 면에서 조만식, 박헌영, 무정, 김일성, 김책, 김두봉, 박일우 등과 겨룰 수 있는 인물이었다. 최용건 은 1945년에서 1946년까지 초기의 가장 어려운 시기에, 소련이 아직 김 일성을 국가의 지도자로 내세우려 결정하지 않았을 때부터 그를 북한의 지도자로 밀어올린 일등공신이었다.

김일성보다 좀 늦게 만주를 거쳐 45년 10월 귀국하자마자 그는 행 정10국의 보안국장에 취임하여 김일성 그룹의 권력장악에 가장 결정 적인 기여를 하였다.[2] 그때까지 북한에는 어떤 중앙집중적인 경찰기 구도 없었다. 소련군만이 존재하고, 많은 한국인 자생물리력들이 남 한과 마찬가지로 경쟁하고 있을 때 그는 보안대를 만들어 이를 중앙 집중화시켰다. 그리고는 그것을 만주 게릴라파 수중으로 밀어넣었 다. 초기 국가물리력의 장악과 이의 중앙집중화 및 지방침투의 과정 에서 최용건은 누구와도 비교될 수 없다.

또한 46년의 보안간부훈련소 시절부터 그는 지난 4년간, 잠시 무정 에게 이양되었던 극히 짧은 기간을 제외하면,[3] 항상 인민군의 최고 지도자였다. 인민군내에서의 그의 영향력은 김일성 다음으로 절대적

1) 和田春樹, 李鍾奭 역, 《김일성과 만주항일전쟁》(서울: 창작과비평사, 1992), pp. 277~278.
2) Hq. FEC, *HNKA*, p. 8; NA, RG 242, SA 2005 Item 6/2, "제 2회 각도 보안부장 회의록."
3) ISNK, No. 39(Jun. 30, 1947).

이었다. 48년 인민군이 등장하면서 그는 공식적으로 총사령관으로 등장하였고 정부수립시에는 민족보위상을 맡았다. 최고지도자 김일성에게 바치는 공산사회 특유의 선전적 충성을 제외하고는 그는 북한군의 최고실력자이자 충성의 대상이었다. 그는 많은 인민군 장병과 장교들로부터 그에 상응하는 지지를 받고 있었다. 그는 김일성을 국가수반으로 만드는 데 김책과 함께 명실공히 일등공신이고 없어서는 안 될 인물이었다.

무엇보다도 1950년 현재 그는 군의 최고책임자이자 국방장관인 민족보위상이었다. 그리고 1951년 1월 김책이 죽은 이후,[4] 특히 박헌영의 몰락 이후 그는 1976년 9월 사망할 때까지 김일성 정권의 2인자에서 물러난 적이 없는 인물이었다.[5] 그런 그가 전쟁에 반대하였다는 것은 언뜻 수용되기 어려운 주장인 것이 사실이다. 그러나 상식을 초월하는 데 사실의 힘은 있다. 우선 몇 가지 상황적 증거를 보도록 한다.

먼저 1950년 봄 스탈린과 모택동 사이에 전쟁이 결정된 뒤 그는 5월 이후 전체 사단급에 내려가는 민족보위성의 명령서에서 빠져 있었다.[6] 그가 명령권자가 아닌 것이다. 중앙의 중요한 명령서들을 그 내용뿐만 아니라 명령문의 맨 아래와 위쪽 한 귀퉁이에 찍히는, 언뜻 보면은 그냥 지나치게 되는 명령권자와 발송대상까지 면밀히 검토할 때

---

4) 김책은 1951년 1월 31일 8시 30분에 심장마비로 사망하였다. 김책이 사망하자 로동당 중앙위, 내각, 최고인민회의 상임위, 조국전선, 총사령부 모두 커다란 성명을 내었으며, 이는 그때까지의 어떤 누구의 사망과도 비교될 수 없이 큰 사건으로 취급되었다. 그것은 신문의 전면을 장악할 정도였다. 《민주청년》, 1951년 2월 2일.

5) 최용건은 1976년 9월 19일에 사망한다. 星湖, "朝鮮大成山 革命烈士陵園 及 烈士名單,"《朝鮮研究論叢》(延吉: 延邊大學出版社, 1987), p. 302.

6) NA, RG 242, SA 2013 Item 1/116.

대부분의 중요명령은 원래의 명령권자인 민족보위상이자 인민군 총사령관인 최용건이 아니라 민족보위성 부상(副相)이자 인민군 포병사령관인 무정이 내리고 있었다. 민족보위상이 내려야 할 명령조차 그 주체는 무정이었다. 이를테면 포병사령관인 무정이 보병사단장들에게 내리는 보병운용과 무기배분에 관한 명령은 군사명령체계상 설득력이 없는 것이었다. 또 인민군내의 최고수준의 명령서에는 엄격한 비밀유지를 위해 반드시 발송대상이 포함되는데, 중요한 명령들의 발송대상에 소련인 고문이나 총고문은 포함되어 있으나 민족보위상은 빠져 있는 경우가 많았다. 이러한 현상은 지극히 예외적인 경우로서 다른 나라 전쟁의 경우를 상상해 볼 때 전쟁을 앞두고 국방장관에게는 보고가 되지 않고 외국의 고문단에게는 보고되는 군사명령체계란 있을 수 없다.

그의 중요명령은 1950년 4월 28일 5·1절을 기념하는 명령[7] 이후에는 전쟁의 발발시까지 거의 없다. 5월의 한 명령은[8] 전투에 관한 명령이 아니었다. 최용건은 전쟁 직전인 6월 23일에 사단장들을 통하여 전선의 인민군장교들에게 훈화를 내려보내는데 이 훈화의 내용은 한 군대의 최고지도자가 적군과의 전투를 바로 앞둔 병사들에게 내리는 훈화라고 하기에는 너무 온건하여, 증오심을 갖고 적극적으로 전쟁을 하라는 건지 말라는 건지 모를 정도였다.[9] 물론 최용건의 명령이 전혀 없는 것은 아니었다. 그러나 대부분이 훈련과 배치, 징병에 관한 것이지 직접적인 전투명령은 없었다. 미군정보에 따르면 그는 "전

---

7) 최용건, "조선민주주의 인민공화국 민족보위상 명령 제 0285호"(문서번호 망실).

8) NA, RG 242, SA 2010 Item 5/124, "민족보위성 총참모부 명령 제 0366호."

9) NA, RG 242, SA 2010 Item 1/87. 이에 대해서는 이 책의 제 7 장을 참조하라.

쟁을 준비하기 위해 새로 온 소련인 고문들과도 대립하여 그들과 쌀쌀하게 대면했다."[10]

　당시 민족보위성 청사에서 1950년 6월 10일까지 근무하던 주영복에 따르면 그는 최용건이 6월초의 비밀회의에서 "미국의 개입을 걱정했다가 김일성에게서 비겁분자라는 힐난을 받았다"는 소문을 들었다.[11] 이 문제와 관련하여 전남로당원 박갑동(朴甲東)은, 박헌영이 조두원(趙斗元)에게 했다는 이야기를 한국전쟁중 서울에서 들었다며 다음과 같이 전한다.[12] "1950년 2월에 비밀리에 모스크바를 다녀온 김일성이 50년 4월 초에 갑자기 로동당 정치위원회를 열어 전쟁개시 문제를 논의하였는데 참석자는 김일성, 박헌영, 김두봉, 이승엽, 허가이, 그리고 민족보위상 최용건이었다. 이때 모두가 찬성하였는데, 특히 박헌영은 마지못해 찬성하였는데, 최용건이 미국이 개입하면 어떻게 되냐고 반문하였고 그는 이내 정권처분을 당하여 감금되었다"는 것이다.

　그러나 박갑동은 곧바로 또 "전쟁준비는 김일성-김책-최용건-강건 등이 극비리에 했고, 박헌영-김두봉-이승엽 등은 전혀 통보를 받지 못한 것 같다"고 얘기한다. 최용건과 관련하여 같은 면에서 정반대의 두 가지 말을 하고 있는 것이다. 또 정치위원회에, 전쟁을 찬성하였다면 핵심인 김책이 참여하지 않았다는 것도 믿을 수 없는 주장이다. 박일우와 허헌도 정치위원이지만 참석하지 않은 것으로 되어 있다. 그는 또 "박헌영은 원래 전쟁을 반대하였다"고 진술한다. 박헌영은

---

10) Hq. FEC, *HNKA*, p. 92.
11) 주영복, 《내가 겪은 조선전쟁》, p. 224.
12) 박갑동, 《통곡의 언덕에서》(서당, 1991), pp. 357~359; 《김일성과 한국전쟁》(바람과 물결, 1988), pp. 69~73.

"비겁자가 되기 싫어서 찬성하였다"는 것이다. 그의 말은 신뢰하기 어렵다. 앞장에서 우리가 자세히 살펴보았듯이 박헌영이 몰랐다, 반대하였다는 주장은 사실이 아니다.

최근에 사망한, 전쟁당시에 민족보위성 간부로 있었던 서휘(徐輝)의 증언은 지금 검토하고 있는 문제와 관련하여 하나의 흥미로운 사실을 전해 준다. 서휘에 따르면 전세가 역전되었을 때 최용건은 그와 단 둘이 있는 자리에서, 승리를 낙관하며 전쟁을 결정한 데 대해 빈정대는 말을 하였다. 또 어느 날 최용건 부재중에 최용건을 찾는 김일성의 전화가 걸려와 서휘 자신이 받았더니 김일성은 서휘에게 격렬한 어조로 최용건을 비난하며 심한 욕설까지 퍼부었다. "욕설까지 퍼부었다"는 서휘의 증언은 과장인지 모르지만 둘의 사이에서 비난과 험담이 나올 수 있었다는 것 자체가 극도의 반감이 아니고는 있을 수 없는 것이었다. 13)

최용건이 전쟁을 반대하였다는 것은 움직일 수 없는 사실로 보인다. 1963년에 행해진 한 미국자료는 "1950년 초에 전쟁에 관한 논의가 개최되었다고 하는데 거기에서 최용건은 미국이 전쟁에 개입할 것이라 생각하여 이러한 의도에 반대했다"고 분석하였다. 결국 "최용건은 공식석상에서 잠시 자취를 감추었고 전쟁계획은 무르익었다"는 것이다. 14) 이 자료의 인용자인 커밍스는 이를 인정하지 않는다. 물론 최

---

13) "서휘면담, 녹취(錄取)."《중앙일보》안성규. 1991년 10월 17일, 중국. 여기서 말하는 서휘는 윤공흠, 박창옥 등과 함께 1956년 8월 사태 때 주동인물로 몰려 중국으로 망명한 그 서휘를 말한다. 그는 최근까지 중국에서 은둔하며 지내다가 얼마 전 사망하였다.

14) U. S. State Department, McCune, "Leadership in North Korea," B. Cumings, *Origins* II, p. 456. 원문의 면수는 최초 인용에 표기없음.

용건이 자취를 감추었다는 것은 사실이 아니다. 그러나 우리가 지금 인용하고 있는 자료는 인민군내의 명령들이며, 그가 전쟁을 반대하였다는 다음의 미군의 자료 역시 1963년의 미국정보가 아니라 1952년 전쟁 중의 기록이다. 1952년의 이 정보분석은 미군 자신의 정보뿐만 아니라 북한군 내의 명령들과 그 안의 첩자들의 보고, 그리고 포로들의 진술을 종합하여 작성된 것이다.

다시 인민군 명령으로 돌아가면 전쟁이 시작된 후 7월 5일 최용건은 "1950년도 단기전투정치훈련에 관하여"라는 명령을 하달하였다. 15) 명령권자는 최용건과 총참모장 강건이었다. 그 내용은, "우리 조국을 통일시킬 시기는 왔으며 승리는 반듯이 우리 인민들 편에 있는 것"이라면서 7월 7일부터 7월 21일까지의 훈련에 관한 명령을 내리고 있는 것이었다. 내용상 새로운 부대의 징집과 훈련에 관한 것으로서 역시 전투명령이 아니었다. 그렇다면 전쟁이 발발하면서 최용건은 어떠한 직위에 있게 되었는가?

먼저 그는 민족보위상 직책은 그대로 유지하였다. 그러나 전쟁을 총지휘할 전선사령관은 김책이, 총참모장은 강건이 맡았다. 16) 전선사령관을 김책이 맡는 것은, 만주게릴라파의 위계상 무리는 없었다. 그러나 민족보위상 최용건이 맡는 것보다는 부자연스러웠다. 그리고 당-정치-이념-이론과 같은 부문에서는 김책이 더 뛰어났는지 모르지만 군사-보안-경찰-부하통솔문제에 관해서는 최용건이 더 나았다. 그럼에도 불구하고 그는 전쟁 중 아무런 중요 직위를 맡지 못했다. 그

---

15) NA, RG 242, SA 2009 Item 10/152, 명령, "1950년 단기 전투정치훈련에 관하여," 민보상 최용건 총참모장 강건. 1950년 7월 5일 평양에서.
16) 《조국해방전쟁사》 1권, p. 192.

는 50년 6월 26일에 조직된, 북한의 모든 권력을 장악하는 7인 군사위원회 군사위원이 되기는 하였다. [17] 군사위원회는 "국내외 일체의 주권을 장악"한 전시 최고주권기관이었다. 이 위원회의 구성은 김일성, 박헌영을 비롯해 부수상 홍명희, 김책, 그리고 최용건, 내무상 박일우, 국가계획위원회 위원장 정준택이었다. [18]

그러나 미군의 정보는 최용건이 여기에서도 거의 역할을 하지 않았다고 평가한다. [19] 그의 군사위원 임명은 민족보위상으로서의 당연직이었던 것이다. 사실상 전쟁이 나면서 민족보위성은 기능의 마비상태가 되었다. 7월 4일 김일성이 최고사령관으로 임명되고 비슷한 시기에 전선사령부가 생기자 최용건이 데리고 있던 총참모부의 참모나 민족보위성 간부들은 전부 전선사령부의 참모나 간부로 이동하였다. 그는 지휘할 부하가 없는 단신 장관으로 남았으며, 명령서들을 분석하여 보면 핵심지휘체계는 최고사령관 김일성-전선사령관 김책- 총참모장 강건 라인으로 되어 있었다.

1950년 7월 4일 김일성이 인민군 최고사령관으로 임명되는 과정도 추적되어야 한다. 김일성은 이러한 절차를 밟지 않아도 당연히 국가수반으로서 최고사령관이었다. 그러나 특별한 정령을 선포하여 최고사령부를 만들고 또 국가수반을 최고사령관으로 임명하였던 것이다. [20] 그렇다면 이전에 김일성은 최고사령관이 아니었다는 의미가

---

17) 《로동신문》 6월 26일; 《투사신문》 6월 27일; 《조선중앙년감》(1951～1952), p. 82.
18) 조선민주주의 인민공화국 상임위원회 정령, "군사위원회 조직에 관하여," 《조선중앙년감》(1951～1952), p. 82.
19) Hq, FEC, *HNKA*, p. 92.
20) 조선민주주의 인민공화국 최고인민회의 상임위원회 정령, "김일성 수상을 조선민주주의 인민공화국 인민군 최고사령관으로 임명함에 관하여,"《로

된다. 즉 총사령관 최용건이 군내의 최고지도자였다는 것이다. 그러면서도 북한 정부는 총사령부가 어떻게 되었는지, 총사령관은 또 어떻게 되었는지에 대해 한 마디도 발표하지 않았다. 미군의 개입에 맞서 김일성이 최고사령관을 겸임하였다는 사실은 슈티코프를 통하여 핀시(스탈린)에게도 암호전문으로 보고되었다. [21]

　지난 반세기 동안 존재하였던 사회주의국가들의 정치변동에서 확인된 분명한 사실 중의 하나는 그들이 특정사항을 보도하지 않거나 발표문에서 제외시켰을 때는 반드시 어떤 문제가 있음을 의미하는 것이라는 점이었다. 아니면 지도체제의 새로운 변화가 있었는 데도 불구하고 배경설명이 없을 때는 시간이 흐른 뒤 이전체제는 문제가 있었거나 누가 제거되었거나 신분에 변동이 있거나, 또는 특정기구가 기능이 상실되었거나 하는 변화를 겪었다는 점이었다. 이 점에 관한 한 사회주의국가들이 보여준 예외는 거의 없다.

　최용건이 인민군의 중요 명령체계와 명령문서들에 다시 나타나고 군내의 중요직위를 맡는 것은 1950년 9월 들어서이다. 입수가능한 범위 내에서 1950년 4월부터 10월까지의 인민군 명령서와 보고서들을 검토할 때 5월에서 9월까지 기간에 민족보위상의 중요명령은 찾기 어렵다. 그리고 민족보위상에게 올리는 보고서들도 다른 명령계통에 비해 많지 않았다. 그는 전쟁의 중심인물이어야 했으나 그렇지 않았던 것이다.

　1950년 가을, 북한은 전세의 역전에 직면하여 '방어총사령부'를 만들었는데 최용건은 이때에 비로소 등장한다. 미군의 인천상륙작전을

동신문》 1950년 7월 6일; 《조선중앙년감》(1951~1952), p. 84.
21) 《소련 외교문서》 2, p. 32.

사전에 정확하게 예견한 김일성과 북한지도부는 상륙작전에 대비하여 8월부터 이미 전선지구경비사령부(사령관·내무성 부상 박훈일), 인천 방어지구 경비사령부(사령관·박훈일), 서울방어사령부(사령관·전제1사단장 최광)를 차례로 만들어 대응하다가 결국 최용건을 투입하여 '방어총사령부'를 만들고 그를 '방어총사령관'(원문 그대로)에 임명하여 총력대응하기에 이른다.[22] 그러나 사실 '방어총사령관'이라는 직책은 민족보위상 겸 총사령관인 최용건에게는 참으로 어울리지 않는 이상한 직책이었다. 이것은 총사령관의 직위에서 그가 이미 사실상 물러났음을 보여주는 증거이다. 총사령관이 방어총사령관으로 내려온다는 것은 상상불가능한 것이며, 따라서 김일성의 최고사령관 등극은 최용건의 사실상의 직위해임을 의미하였던 것이다.[23]

---

22) NA, RG 242, SA 2009 Item 9/66. 2, "5656부대 참모부 상급명령서철"; NA, RG 242, SA 2009 Item 9/66. 3, "5656부대 참모부 상급보고서철"; NA, RG 242, SA 2009 Item 10/60, "64해보련-인천지구반 상륙방어진지 설비통계"; NA, RG 242, SA 2009 Item 7/80, "107보병연대 참모부 상급명령서철." 여기서 말하는 5656부대는 인천방어를 위해 8월 14일에 새로이 만들어지는 107독립연대의 암호이다. 이 극비명령서들에 따르면 김일성과 북한지도부는 8월에 이미 인천상륙작전을 완전히 파악하여 대비하고 있었다.

23) 다른 자료를 통하여 아직 교차 확인되지는 않고 있으나 최근 공개된 《소련 외교문서》에 포함된, 소련군사고문단 책임자인 마트비예프(A. I. Matveev)가 1950년 9월 27일 핀시(스탈린)에게 보낸 암호전문에 따르면 김일성이 민족보위상을 겸임하도록 결정하였다는 보고가 나오는데, 이것이 사실일 경우 최용건은 전쟁 중에는 완전히 거세되었다는 얘기가 된다. 《소련 외교문서》 2, p. 53. 이 부분의 확인은 자료의 공개를 좀더 기다려야 할 것 같다. 마트비예프는 소련군 정치장교로서 제2차 세계대전 중에는 비밀경찰, 군사정보지휘관을 지냈다. 북한에는 1950년에 스탈린의 개인적 군사대표로 파견되었다. Katheryn Weathersby, "The Soviet Role in the Early Phase of the Korean War: New Documentary Evidence," *JAEAR*, Vol. 2, No. 4 (Winter, 1993), p. 452. "Ciphered Telegram from Mateev to Fynsi, 27 Sep. 1950," f. n. 65.

한편 방어총사령관을 맡기 전 최용건은 주로 부대를 신설하고 훈련하는 후방조정과 지원역할을 하고 있었다. 전술한 7월 5일의 명령도 부대 편성과 훈련에 관한 것이었다. 방어총사령관을 맡은 이후 결국은 평양을 내어주고 전면 후퇴하게 되자 그는 다시 후방을 담당하는 업무를 맡았다. 이 시기 이상조는 이 후방사업에 참여하고 있었는데 그는 민족보위상 최용건이 이러한 일을 하고 있어서 이상히 여겼다고 증언한다.[24] 이는 미군의 정보기록과 정확하게 일치하며 여기에는 이상조가 최용건의 참모를 맡았던 것으로 기록되어 있다.[25] 따라서 이상조의 증언은 신뢰할 수 있다. 이때는 북한정부와 군의 지휘부가 만주와 북한을 넘나들던 때였다. 이 시점에도 그는 후방사업을 책임지고 있었다. 민족보위상이 후방사업을 책임지고 있는 것 역시 어울리지 않는 직무이다. 그러나 최용건은 "여기에서 패배한 부대에게 새로운 생명과 정신을 불어넣어 주는 데 훌륭한 역할을 수행했다".[26]

전쟁 중 최용건은 그의 생일을 맞아 1950년 7월 9일 훈장을 받았다. 이 훈장수여는 최용건이 전쟁을 반대했다는 주장에 대한 반박의 한 근거가 될 수 있다. 그러나 훈장수여의 내용을 보면 그렇지 않다는 것을 금방 알 수 있다. 훈장수여를 위해 내린 최고인민회의 상임위원회의 '정령'에 기록된 공적은 대단히 흥미롭다. '정령'은 이렇게 말한다.

조선민주주의인민공화국 최용건 민족보위상의 탄생 50주년에 제하여 그가 과거의 반일투쟁에 있어서와 조선민주주의인민공화국을 건립하는 사업에 있어서 또는 인민공화국의 무력을 튼튼히 함에 있어서 공

---

24) 장준익, 《북한인민군대사》(서울: 서문당, 1991), p. 156.
24) 장준익, 《북한인민군대사》(서울: 서문당, 1991), p. 156.
25) Hq. FEC, *HNKA*, p. 92.
26) Hq. FEC, *HNKA*, p. 92.

헌한 특출한 업적을 참작하여 그에게 국가훈장 제일급을 수여한다. 27)

여기에는 세 가지의 분명한 업적이 제시되어 있다. 반일투쟁, 국가수립, 무력건설에서의 업적이 그것들이다. 그러나 전쟁준비와 과정에서의 업적에 대해서는 한마디의 언급도 없다. 북한의 입장에서 보았을 때 이 '결정적인 승리적 진군의 시점'에 군사지휘의 총책임자이자 명령권자인 민족보위상에게 이 부분에서 끼친 공적에 대해서는 단한마디의 언급도 없다는 것은 이상한 것이 아닐 수 없다. 이것은 그가 성공적으로 전진하는 이 전쟁을 반대했기 때문이었다. 훈장수여공적에 "최용건동지는 조선인민군 총사령관으로서 승리적으로 전진하고 있는 조국해방전쟁의 행정에서의 탁월한 위훈과 공적을 기려 국기훈장 1급을 수여한다"는 구절이 들어가야 함은, 사회주의국가의 많은 훈장과 공적수여의 상례에 비추어 너무도 당연한 것이다. 그러나 단 한마디도 언급이 없는 것이다. 그가 이 전쟁을 반대하였기 때문이었다.

이에 관한 미군의 정보기록을 보자. 북한이 이러한 데 대한 내부기록을 남겼을 리는 만무하다. 그는 전쟁 후 계속 북한정권의 2인자였다. 그런 사람의 전쟁반대기록을 남겨놓았을 리는 만무하다. 미군의 정보분석은 유보 없이 최용건이 전쟁을 반대하였다고 기술한다.

　최용건은 인민군 총사령관으로서의 권한의 범위 내에서 대남침략을 반대했다. 또한 그는 남침을 준비하기 위해 온 소련의 새로운 군사고문단에 대해서도 반대했다. 그는 앞의 고문관들과의 관계는 좋았다. 그러나 바실리예프 고문단장을 비롯한 새로운 고문단들과의 관계는

27) 《민주조선》 1950년 7월 10일.

냉랭했다. 최용건은 전쟁을 위한 전투훈련과 장비확충을 꾸물거리고, 이에 바실리예프는 그를 배제하고 직접 전쟁을 준비했다. 최용건은 이 준비에 거의 역할을 하지 않았다. 그는 군사위원회위원이 되었으나 작전지시에서는 아무런 능동적인 역할을 하지 않았고 스스로 군대의 배치문제를 다루는 데만 만족해했다. 28)

최용건의 전쟁반대 주장에 대해 두 가지 반론이 있을 수 있다. 하나는 상식의 수준에서 민족보위상이 반대하는 전쟁이 있을 수 있느냐는 주장과, 다른 하나는 그의 과거경력에 비추어 반대할 수 없었다는 주장 및 그 후의 경력을 볼 때 그가 전쟁에 반대했다면 어떻게 살아남아 2인자의 자리를 오랫동안 유지할 수 있었겠느냐는 주장의 두 가지가 제기될 수 있다. 첫 번째 반론은 판단의 문제이지 논구의 문제는 아니다.

두 번째는 후일의 최용건의 지위 때문에 가능한 반론이다. 그러나 미군자료도 정확하게 지적하고 있듯 최용건은 인민군 하급장교들로부터 거의 절대적인 충성을 받던 인물이었다. 따라서 전쟁에 임박해서 민족보위상인 그를 제거하고 전쟁을 시작할 수는 없었다. 전쟁을 시작하면서 그를 제거한다는 것은 그를 현직에 두면서 결정과정에서 제외시키고 강행하는 것보다 훨씬 더 위험한 선택이었다. 그리고 북한체제의 초기 권력구조상 그를 제거한다는 것은 불가능했다. 그는 전쟁을 반대하다가 안 되니까 전쟁자체를 못할 만큼 적극적으로 반대하지는 않으면서 최소한의 협력에 그쳤던 것이고, 북한지도부는 그를 완전히 제거할 수는 없었기 때문에 중요결정과 명령체계에서 배제하는 선에서 전쟁을 개시하였던 것이다. 마지막 순간에 적당한 선에

---

28) Hq. FEC, *HNKA*, p. 92.

서 타협이 이루어진 가운데 전쟁을 시작하였던 것이다.

　그리고 김일성 자신이 최용건을 제거할 수는 없었다. 그를 제거하는 것은 자신의 핵심권력지주를 제거하는 것을 의미함은 물론 군대에 대한 통제를 더욱 어렵게 하는 것이다. 이 문제와 관련하여 미군정보는 정확하게 핵심을 찌르고 있다.

　최용건은 강하고 바위같이 굳은 심성을 가졌으며 필요할 때 무자비하다. 그러나 그는 친절하고 신중하며 항상 그리고 매우 깊숙하게 모든 계급의 그의 부하들의 복지에 관심을 기울였다. 그는 무조건적이고 즉각적인 복종을 요구했다. 그는 항상 과묵하고 기품이 있었다. 그는 인민군내에서 가장 존경받는 인물이며 어떤 사람들은 김일성보다 그를 자신들의 진정한 지도자(*true leader*)로 받아들이고 있다. 능력 있고 지적인 그는 최고의(*top*) 전략가이자 지휘관이자 관리자로 평가된다. 비록 최용건과 김일성은 전쟁 전까지는 사이가 좋았으나 50년 중반까지는 서로 냉랭해졌다. 현재의 북한의 정책에 대한 그의 반대에도 불구하고 그는 아직도 북한 최고지도부에서 강력한 영향력을 행사하고 있다. 위기의 시기를 맞아 그는 서울방어와 인민군 재건을 지휘하였다. 그의 신망과 능력 때문에 그를 제거한다는 것은 불가능하다. 그는 농민, 그리고 심지어 체제에 폭력적으로 반대하는 인물들에게서조차 신망을 얻고 있다. 29)

　전쟁 후의 최용건의 무사(無事)와 성공을 놓고 그가 반대하지 않았다는 주장은 아마도 가장 그럴 듯한 반론일 것이다. 그러나 이 반론도 설득력이 높은 것은 아니다. 전쟁 중 김일성은 만주게릴라파 트로이카의 한 명인 김책을 잃었다. 당시의 기록들은 김일성이 김책을 잃었

---

29) Hq. FEC, *HNKA*, p. 92.

을 때 무척이나 슬퍼하였다고 알려준다. 오늘의 북한 공식기록은 김일성과 김책의 관계를, "김일성동지의 가장 충직한 전사이며 자기 생명의 마지막 순간까지 일편단심 수령을 위하여 모든 것을 다 바쳐 싸운 견결한 공산주의혁명투사"라고 표현하고 있다.[30] 이 공식기록은 김책에 대한 김일성의 의사를 나타낸 것이다.

김책이 죽었을 때 북한은 그의 공적을 기려 내각의 결정으로 그가 탄생한 함북 학성군은 김책군으로, 성진시는 김책시로, 유자녀 군사학원은 유자녀 김책군사학원으로, 인민군 제2정치군관학교는 김책군관학교로, 서울근위 제4사단은 김책 서울근위 제4사단으로, 평양공업대학은 김책공업대학으로 기념하여 바꾸었다.[31] 북한에서 김일성의 가계에 속하지 않는 인물에게 이러한 조치가 내려졌다는 사실은 지극히 예외적인 것이었다. 1949년 9월 22일 김일성의 처 김정숙이 사망하였을 때조차 이러한 조치 중의 단 하나도 취해지지 않았다.

김정숙이 사망하였을 때 《로동신문》에 발표된 장례위원회의 부고는 "조선민주주의인민공화국 내각수상 김일성장군의 부인 김정숙녀사가 병환으로 인하여 별세하였기에 이에 부고하나이다"라며 간단하게 부고사실만을 보도하였다. 애도문 역시 그녀를 "조선인민이 낳은 우수한 딸 중의 한 사람이며 일제의 탄압이 가혹하던 시기에 항일무장운동에 시종일관하에 용감스럽게 참가한 영예스러운 애국적 조선

---

30) 조선민주주의 인민공화국 사회과학원 력사연구소, 《력사사전》 I (평양: 사회과학출판사, 1971), p. 261.
31) 조선민주주의 인민공화국 내각결정 제201호, "고 김책동지의 빛나는 공적을 영원히 기념할 데 관하여," 《민주청년》 1951년 1월 31일; "고 김책동지의 빛나는 공적을 영원히 기념할 데 관한 결정서," NA, RG 242, SA 2005 Item 2/114. 《내각공보》(1951), pp. 9~10.

녀성 중의 한 사람"으로만 기술하고 있었다.[32] 이에 비추어 김책은 실로 파격적인 대우를 받고 있었던 것이다. 최용건은 바로 그런 김책에 비견되는 — 그것도 결코 낮은 수준에서가 아니라 최소한 동등한 수준에서 비견되는 — 인물이었다. 이런 그를 제거할 수는 없었다.

김일성은 전쟁 중 만주게릴라파의 중간 중심인물인 강건마저 잃었다. 강건은 1950년 9월 8일 전사하였다. 강건은 김책에 앞서 전사하였는데 그가 전사하였을 때도 북한 정부의 조의는 전정부적인 것이었다.[33] 만주 게릴라파는 특별대우를 받고 있었던 것이다. 강건에 앞서 총참모장을 맡았던 또 한 명의 중요인물 안길은 전쟁 전에 이미 죽었다(그는 1947년 12월 13일에 죽었다). 그리고 최춘국, 조정철, 한창봉, 김만익, 김병수, 박장춘 등 만주 게릴라파의 많은 중견층도 전쟁 중에 죽었다.[34] 연립정권적인 초기 북한체제에서 이처럼 많은 수의 만주 게릴라파의 핵심들이 사망한 상황에서 전후 시기에 최용건을 제거한다는 것은 김일성 체제 자체의 권력기반을 붕괴시키는 것을 의미했다.

전쟁이 끝났을 때 만주 게릴라파 중에 남아있는 자들 중 최용건을 제외하고 비교적 영향력 있는 인물은 최현, 김일 정도였다. 1956년까지, 김일성의 헤게모니는 그의 개인적 권력과 만주게릴라파의 구심적(求心的)인 집단권력이 상승적으로 만들어내 합쳐진 것이었다. 이러한 방식이 다른 파의 도전을 막아내는 방식이었다. 그것은 1945년

---

32) 《로동신문》 1949년 9월 23일.
33) 조선민주주의 인민공화국 내각결정 제165호, "고 강건동지의 공훈을 영원히 기념함에 관한 결정서," NA, RG 242, SA 2005 2/114, 《내각공보》(1950), p. 584.
34) 星湖, "朝鮮大成山 革命烈士陵園 及 烈士名單," 《朝鮮研究論叢》(延吉: 延邊大學出版社, 1987), pp. 300~302.

에서 1946년까지 권력의 장악과정에서도 동일하였다. 만주 게릴라파가 똘똘 뭉쳐 김일성을 옹립하고, 최용건과 김책이 양날개가 되며 그곁에 다른 중견인물들이 포진하는 식이었다. 왜 다른 파가 완전히 제거된 시점에서 곧바로 북한이 절대군주적인 유일체제로 넘어갔는지는 이를 잘 보여준다. 그들 내부에서는 이러한 힘의 결집방식이 조금도 이상하지 않은 것이었다. 즉 그들은 기본적으로 절대적 충성심으로 뭉쳐진 군사적 상하관계의 집단이었던 것이다.

그러나 1956년의 8월사태에서 보듯 김일성의 권력은 전후에도 상당 기간 완전하지 않았다. 남아있는 최현, 김일 등이 인재의 보고(寶庫)인 연안계열을 비롯하여 국내계열의 인물들에게 맞설 수는 없었다. 만주 게릴라파 중 다른 인물들은 아직 너무 미숙하였거나 무식했다. 그들은 지식의 수준과 경력, 능력에서 다른 계열에 비교되지 않았다. 그들에 비하면 국내계열이나 연안계열, 소련한인계열들은 교육수준이 월등히 높았고 많은 경우 당사업과 정치적 경험이 풍부한 인물들이었다. 만주 게릴라파에서 정치적 경력이 이들에 맞설 수 있는 인물은 최용건과 김책이었는데 후자는 앞서 말했듯이 1951년 심장마비로 사망하였다.

그렇다면 최용건을 제거한다는 것은 김일성에게는 자신의 체제 자체가 위기에 봉착하는 것이며 스스로의 권력을 침식하는 것을 의미했다. 더욱이 과격하고 급진적인 김일성에 비해 신중하고 포용력 있는 최용건은 다른 사람들의 김일성에 대한 불만까지 완화시켜주곤 하였다. 그는 김일성정권의 정치적 외곽을 형성해 주는 방패막이였던 것이다. 또 최용건은 김일성에게 반말을 할 수 있는 극히 예외적인 인물이었다. 공식적인 집회나 의식이 아니라면 존칭을 쓸 경우에도 그는 그저 간단하게 '일성 동지' 또는 '김 장군'이라고 부르곤 하였다. 그럼에도 불구하고 그를 제거하고 김일성과 만주 게릴라파가 살아남을 수 있다는 것은 극히 어려운 일이었다.

　최용건을 제외하고도 전쟁에 소극적인 인물들이 있었다. 그 중에는 우선 최고인민회의 상임위원장을 맡고 있었던 김두봉이 있었다. 그가 스스로 《민주조선》 주필 유문화(柳文華)에게 한 말을 정명조가 전하는 바에 따르면, 전쟁개시 문제를 논의하기 위한 1949년 11월의 '13인 회의'로 알려진 비밀논의에서 그는 전쟁을 반대하였던 것으로 알려졌다. 35) 전쟁 시작직전인 6월 23일의 전선에서의 그의 훈화 역시 최용건처럼 아주 온건하였다. 36) 상업상 장시우 역시 전쟁에 회의적이었다.

　유문화의 짧은 전언은 세 가지 사실을 동시에 알려주고 있는데 하나는 1949년 11월에 전쟁개시 문제를 논의하기 위한 핵심비밀회의가 열렸었다는 점이며, 다른 하나는 이 핵심비밀회의에서 반대가 존재하였었고, 세 번째는 김두봉이 그 반대자 중의 한 사람이었다는 점이다. 유문화가 전하는 김두봉의 반대는 6월 23일의 김두봉의 전선연설에 대한 최태환의 증언과, 미군개입후의 그의 반응을 기록한 《소련외교문서》에 따를 때 사실로 보인다. 필자는 앞서 여러 가지 정황을 들어 북한 리더십이 49년 말에 전쟁을 결정하였을 것이라고 추론하였는데 아마도 이 13인회의는 이 결정을 위한 회의 중의 하나였을 것이다. 49년말에 전쟁이 결정되었다는 사실은 50년초의 북한리더십의 각종 조치와 스탈린-모택동에게의 동의요청, 그리고 군사적 상황과 사회적 동원조치에 비추어 보아 거의 확실하다고 보인다.

---

35) 정명조, "나는 증언한다," 《한국일보》 1959년 7월 11~12일.
36) 전인민군 6사단 장교 최태환 면담. 1990년 2월 1일 이후 서울에서 수차례. 그리고 그의 회고록, 《젊은 혁명가의 초상》, pp. 110~112.

김두봉은 전쟁을 서울까지만 점령하면 끝나는 것으로 생각하였다. 김두봉의 반대는, 그의 성품과 경력상 전쟁을 적극적으로 찬성하지도 못하지만 또한 적극적으로 반대하지도 못하는 그런 어정쩡한 방식이었을 것이다. 공개적으로는 찬성하면서도 내심적으로는 안했으면 좋겠다거나 성공가능성을 의심하면서 찜찜해 하는, 그런 심정이었을 것이다. 그는 전쟁이 난 직후 결국, 북한리더십이 가장 심각하게 우려한 문제인 미군의 개입이 실현되자 "북한의 힘만으로서는 미국을 상대로 전쟁을 하는 것이 어렵다"고 생각하고 있었다. 7월 1일 슈티코프는 김일성의 말을 빌어 스탈린에게 미군개입에 대한 북한정치지도자들의 심경을 암호전문으로 보고하였는데 이에 따르면 김두봉·홍명희 등 일부 지도자들은 북한 독자적으로는 미국을 상대로 전쟁을 하기 어렵다고 생각하고 있었다. 이들은 또한 이 문제에 대한 소련의 태도를 김일성으로부터 알려고 했다. [37]

7월 1일의 보고라면 상당히 빠른 시점으로서 미군의 개입이 있자마자 행한 보고이다. 이 암호보고는 북한리더십이 미군의 개입이 있자마자 급격히 이에 대한 대책을 논의하였으며 이 논의에서 온건의견이 한 흐름으로 존재하였다는 사실을 보여준다. 미군의 개입 직후 북한의 대응이 급격하게 변화하였다는 점을 고려할 때 이러한 논의와 의견의 균열은 사실로 보인다. 북한의 일부 리더십은 이때 소련의 반응을 알고 싶어했다. 슈티코프는 스탈린에게 "인민군은 적극공세를 계속할 수 있는 상황"이라고 보고하고 있었다. 전쟁을 일으키기로 일단 전환한 스탈린은 이미 배면으로 깊숙이 후퇴하여 있었기 때문에 전쟁을 중단시키지 않았고 그러한 중단의사는 김일성도 모택동도 가지고 있지 않았다.

---

37) 《소련 외교문서》 2, p. 30.

그렇다면 북한리더십 내에서는 누가 한국전쟁을 주도하였는가? 말할 필요도 없이 김일성과 박헌영이었다. 둘만이 이러한 결정을 주도할 수 있었다. 이 체제는 민주적 합의의 과정이나 정치적 결정과정이 결여된 체제였다. 김일성과 박헌영 외에 허가이, 김책, 무정 역시 전쟁의 강력한 지지자였다. 허가이는 남한의 인민들에 대해 김일성보다도 더 신뢰하였다.[38] 무정도 강력한 지지자였다. 그는 아마도 해방초기에 국가의 지도자로 운위되었던 데서 급전직하로 영락(零落)한 자신의 위치 때문에라도 자신이 중국혁명에서 보여주었던 전설적인 무공을 다시 보여주어 권력에 재도전해 보려는 의욕에서도 전쟁을 강력하게 희망하였을 것이다. 무엇보다도 그는 최용건을 대신하여 명령을 내렸다. 그러나 더욱 중요한 점은 1950년의 무정은 그가 어떤 선택을 한다고 하여 이미 결정된 대세를 바꿀 발언권을 상실한 뒤였다는 점이다.

김책 역시 강력한 찬성자였다. 그는 전쟁이 나고 미군이 개입하자 전면적으로 개편된 북한의 대응에서 최고사령관 김일성에 이어 야전군 총사령관격인 전선사령관을 맡았다. 이것은 그가 전쟁을 적극적으로 찬성하지 않았다면 불가능한 조치였다. 그리고 만주 게릴라파의 3대 지도자 중 김책까지 반대하여 2/3가 전쟁을 반대한다면 그것은 북한정권 수준은 고사하고 핵심 트로이카에서도 두 명이나 반대하는 것이었기 때문에 전쟁은 성립되기 어려웠다. 김일성-김책 연대는 최용건의 반대를 넘을 수 있었지만 김일성 개인은 김책-최용건이 연대하여 반대한다면 이를 넘기 어려웠다.

다른 인물들, 이를테면 허헌과 같은 원로그룹이나 박일우와 같은

---

38) 《소련 외교문서》 2, p. 14.

인물들은 영향력이 있는 인물들이기는 했으나 찬성이나 반대를 한다고 하여 대세를 좌우할 영향력을 지니고 있지 못하였다. 이승엽을 비롯한 남로계열의 인물들은 박헌영을 충실히 따랐다. 강건, 김웅, 김광협, 방호산, 이권무, 김창덕, 유경수 등과 같은 군사지도자들은 남한과의 일전을 고대하였고 승리를 확신하였다. 더욱이 그들은 오랜 항일독립운동과 국공내전을 통하여 오직 군사적 삶만을 외길로 살아온 사람들이었고 명령에 충실한 지휘관이었지 정치적 선택이나 발언에 영향을 끼칠 수 있는 위치에 있지 않았다.

결국 우리는 이 주제를 논의하면서 전쟁의 결정은 북한 최고지도부 수준에서도 합의되지 않았음을 확인하였다. 가장 강력하게 반대한 사람은 최용건이었고 김두봉, 홍명희, 장시우 등도 반대 내지는 적극적 찬성파가 아니었다. 전쟁의 결정은 이러한 온건파의 흐름을 제압하고 강경파의 주도하에 강행되었던 것이었다. 그것은 급진군사주의가 안고 있는 본질적 한계였다. 우리는 북한의 급진군사주의에 대해서 이 책의 제2권에서 상세하게 살펴볼 것인 바 사회주의정치에서 급진주의는 가공된 만장일치나 최고지도자의 수직적 지시의 경우에 자주 등장하는데 그것은 이견을 허용하거나 밑으로부터의 의사수렴과정을 거쳐 결론에 도달하는 정치적 결정과정을 생략한다는 특성을 갖는다.

한국전쟁의 결정과정은 이를 극명하게 보여준 사례였다. 김일성·박헌영은 리더십 내부에서조차 강력한 이견이 존재하는 가운데 전쟁을 개시한 것이었으며 그들은 군의 최고책임자가 반대하는 전쟁을 강행한 것이었다. 김일성 자신은 자신의 가장 가까운 동지로부터도 합의를 얻는 데 실패한 채 전쟁을 강행하였다. 그러한 전쟁이 일반 인민의 동의를 얻을 수 있었을까 하는 점은 진지한 고려의 대상이 되지 않으면 안 될 것이다.

2. 주체의 인식: 김일성 · 박헌영의 대남 · 대미인식의 문제

끝으로 내부의 반대를 무릅쓰고 전쟁을 강행한 김일성과 박헌영의 인식을 검토하는 문제가 남아 있다. 낙관적 전망이나 과도한 자신감이 없었다면 그 강행은 이해되지 않기 때문이다. 그것은 두 가지로 요약된다. 하나는 미군의 참전문제였고, 다른 하나는 전쟁 시작 후의 남한인민들의 호응지지에 대한 것이었다. 이 두 가지는 앞의 논의에서도 볼 수 있었듯 스탈린과 모택동도 이 문제에 대해 계속하여 김일성과 박헌영에게 확인을 할 정도로 전쟁의 승패를 가르는 데 중요한 문제였다. 이 두 가지에 대한 인식은 김일성-박헌영이 전쟁을 결행하게 하는 출발의 근거이자 이유였다. 또한 그것은 이들의 결정이 급진 모험주의인지 아닌지를 규명하는 중요한 기준이 될 것이다. 이들은 사태를 매우 낙관하였는데 어떠한 이유에서 그렇게 낙관하게 되었을까?

1) 미군의 참전문제

김일성과 박헌영은 미군의 주둔 시에는 그것이 조국통일의 최대의 장애라는 점을 깊이 인식하고 있었다. 그러한 말을 너무 많이 한 김일성이 아니라 외무상의 위치에서 북한의 외교관계를 설명하면서 이를 말한 박헌영의 연설 하나만을 인용해 보자. 그는 이렇게 말하고 있었다.

금일 남북통일로 국토가 완정되지 못하고 완전 자주독립이 달성되지 못하는 가장 중요한 원인은 미군이 남조선에 계속 주둔하고 있는 데 있는 것은 누구에게나 명백한 것,

남조선으로부터 미군 즉시 철퇴를 요구하는 투쟁은 우리의 가장 중요한 과업의 하나,

남조선에서 미군의 계속주둔은 우리 조국의 통일과 독립의 완성을 파탄시키는 가장 중요한 원인,

만일 미국군대가 공화국 남반부로부터 철퇴한다면 38선은 곧 철폐될 것이요 국토의 완정은 바로 실현될 것은 의심할 바가 아닙니다. [39]

그러나 나중에 미군이 철수하자, 그들의 많은 연설과 스탈린 및 모택동과의 비밀회담에서 드러나듯이, 이번에는 물러간 그 '최대의 장애'가 다시 돌아오는 것에 대해 가장 크고 예리하게 관심과 주의를 기울였다.

북한리더십은 미국의 개입을 예상하고 있었을까? 한국전쟁에 관한 한 실제 전쟁을 계획한 주체의 의도와 그것의 해석에 미군의 개입문제만큼 비밀에 싸인 것은 없다. 그것은 오늘날까지도 그러하다. 이 문제는 한국전쟁의 기원과 그것을 일으킨 주체 — 그것이 누구냐의 문제를 논외로 하더라도 — 의 의도를 탐색하려는 연구자들에게는 풀기 어려운 난제가 아닐 수 없다. 커밍스조차 "미국이 개입을 결정한 후 이에 대한 북한의 반응이 놀랐다는 것을 보여주는 증거는 없다"[40]며 북한이 미군의 개입을 예상했던 것처럼 기술하고 있다.

어쨌든 이는 1950년 6월 25일의 북한의 전면적인 군사행동을 정당하게 평가하려 하거나, 또 그에 대응하여 개입한 행동을 부당하게 평

39) 박헌영, "조선민주주의 인민공화국의 대외정책에 관하여," NA, RG 242, SA 2005, Item 2/113, 《인민》 1949년 2월호, pp. 28~29, 33.

40) B. Cumings, *Origins*, Vol Ⅱ, p. 633.

가하려는 의도가 강하면 강할수록 더욱 더 깊은 미로 속으로 빠져들게 하는 주제가 아닐 수 없다. 그 반대의 경우도 물론 마찬가지이다. 그러나 이 문제는 매우 단순한 논리구조를 갖고 있다. 왜냐하면 사후의 도덕적 판단과 정당화에 관계없이 최초의 행동주체조차 현실적으로 가장 심각하게 고민한 문제가 바로 이것이었기 때문이다.

이 점은 한국전쟁의 급진주의 여부 또는 모험주의 여부를 규명하는 데 가장 중요한 문제 중의 하나이다. 미리 결론을 말하면 북한은 미국은 개입하지 않을 것이라는 판단하에, 개입하더라도 그 이전에 전쟁을 끝낼 수 있다고 생각하고 전쟁을 개시하였다. 우선 앞서 본대로 소련공산당문서, [41] 《흐루시초프 회고록》[42] 등에 따르더라도 김일성은 미국은 개입하지 않을 것이라는 판단하에, 또 개입하더라도 개입 이전에 재빨리 승리할 수 있다고 인식하고 있었다. 《소련 외교문서》에서도 김일성의 이러한 인식은 곳곳에서 확인가능하다. 이것은 신뢰할 만한 모든 자료의 공통된 지적들이다. 김일성은 전쟁이 끝났을 때도 이러한 생각을 인민군들 앞에서 숨기지 않고 피력하였다. "지난 전쟁시기에 만약 미제와 그 추종국가군대가 아니라 리승만 괴뢰군만을 상대하여 싸웠다면 우리는 벌써 그를 소멸하고 조국의 통일을 이룩하였을 것입니다." [43]

전쟁 중인 50년 7월 27일의 한 기자회견에서 김일성은 "만일 외국의 무장간섭이 없었다면 조선에서의 전쟁은 벌써 종식되었을 것"이라

---

41) "15-16mb-04339/gs," "On the Korean War," *CWIHP Bulletin* (Fall 1993), p. 15; "telegrams 4-51, 233, 1950," *JAEAR*, p. 441.

42) *Khrushchev Remembers* (1970), p. 368.

43) "조국해방전쟁의 력사적 승리와 인민군대의 과업에 대하여-조선인민군 제256군부대 관하 장병들 앞에서 한 연설," 1953년 10월 23일, 《김일성 저작집》8권, p. 133.

고 대답하였다. 44) 이것은 전쟁이 발발한 지 한 달 만이었다. 김일성은 실제로도 전쟁을 한 달 만에 끝내려고 하였다. 한국전쟁에 관한 북한의 공식해석에 따르면 김일성은 미군의 개입 이전에 전쟁을 끝내려고 하였다. 김일성은 이때 본토의 미군이 한반도에 개입하는 데 드는 시간까지 고려하여 전쟁개시 결정을 내렸다.

미제 침략자들이 제놈들의 본토에서 대병력을 끌어오자면 배에 태워 바다로 수송하며 조선에 도착하여 인원과 무기를 부리고 부대들을 전투에 투입시키기까지 약 한달 내지 한 달 반의 시일이 요구되었다. 김일성원수께서 내놓으신 전략적 방침은 미제침략자들이 제놈의 본토에서 대병력을 끌어오기 전에 일본에 있는 4개 사단을 끌어들인다 하여도 높은 기동력과 연속적인 타격을 가한다면 능히 적들을 격멸 소탕할 수 있다는 것을 과학적으로 타산하신 데 기초하여 세워진 것으로서 미제침략군의 탱크, 포 및 기타 최신무기로 증강된 보병사단들을 미국본토로부터 끌어들이기 전에 높은 기동력과 연속적인 타격으로써 적의 기본집단을 격멸소탕하고 남반부를 해방한 다음 삼면이 바다로 둘러싸인 우리나라의 해안에 병력을 기동성 있게 배치함으로써 미제침략군이 상륙을 모조리 쳐물리치고 전쟁의 종국적 승리를 이룩할 수 있게 하는 유일하게 정당한 전략적 방침이었다.
… 김일성 원수께서는 미제 침략군의 병력이 대대적으로 증원되기 전에 적의 기본집단을 격멸하기 위해서는 높은 기동성을 보장하며 적들에게 숨 돌릴 사이를 주지 말고 연속타격으로써 계속 공격하여 적을 완전히 피동에 빠뜨려 허덕이게 만들어야 한다고 가르치시었다. 45)

---

44) "유마니테 신문기자 마니앙 씨의 질문과 조선민주주의 인민공화국 내각수상 김일성 장군의 대담," 1950년 7월 27일, 《조선중앙연감》(1951~1952), p. 20.
45) 《조국해방전쟁사》 1권, pp. 118~119.

이 진술에 따르면 북한지도부는 적어도 한 달 반 이전에 전쟁을 끝낼 자신을 갖고 있었다. 전쟁 반대자들은 주로 미군개입을 이유로 반대한 것으로 알려졌다. 최용건도 물론 미군개입을 들어 반대하였다. 1950년 6월 25일 새벽 로동당 중앙위원회와 내각의 합동비상회의에서 상업상 장시우는 미군의 개입가능성을 들어 전쟁결행에 대해 의문을 제기하였다. 인민군 병기국장 리황룡의 증언에 따르면 내각회의에서 상업상 장시우가 "미국군대가 가만히 있겠는가? 우리 총알이 어떻게 미군만 비켜가겠는가. (결국) 미국군대와 전쟁할 텐데 여기에 대해 조심성있는 대책이 있는가?"하고 묻자 김일성이, "시우, 자넨 머리가 아둔해서 그런 말을 한다. 생각해 보라. 소련군이 참전을 않는데 미군이 어떻게 참전한다는 말인가? 멍텅구리같으니"라고 말했다. 46)

미군의 개입여부는 실제의 전쟁의 전개과정에서 보이다시피 전쟁의 방향을 좌우할 가장 결정적인 요인이었다. 이 문제에 관한 한, 그것이 가장 결정적이었음에도, 김일성을 비롯한 북한지도부는 매우 낙관하였다. 그러다가 미군이 실제로 개입하자, 커밍스의 추론과는 달리, 모든 대응은 급격하게 바뀌었다. 무엇이 바뀌었는가? 최초의 변화는 공식발표에서의 침략주체 — 북한이 말하는 북침주체 — 의 변화였다. 북한은 애초에는 '전쟁발발의 주체', 그들의 입장에서 '침략의 주체'를 분명하게 이승만과 그의 군대로 규정했다. 전쟁 개시 하루만인 6월 26일의 방송연설에서 김일성은 침략의 주체를 분명하게 이승만과 그의 군대로 규정했다.

김일성은 "매국역적 리승만 괴뢰정부의 군대는 6월 25일 38선 전역에 걸쳐 공화국 북반부지역에 대한 전면적인 침공을 개시(하였다)", "리

---

46) 〈KBS 다큐멘터리-김일성 참모들이 밝힌 6·25비사〉, 1992년 6월 23일.

승만 매국역도는 인민을 반대하여 동족상쟁의 내란을 도발(하였다)",
"리승만 역도는 … 우리의 정당하고 성의있는 제의에 대하여 내란을 도
발하는 것으로서 대답(하였다)"는 등, 명백하게 전쟁을 이승만이 일
으킨 것으로 규정하였다. [47] 또한 그는 이 전쟁의 성격을 "리승만도당
을 반대하는 전쟁", "리승만 매국역도가 일으킨 내란을 반대하여 우리
가 진행하는 전쟁", "리승만 매국정권과 그 군대를 타도분쇄하기 위한
투쟁"으로 규정하였다.

이러한 인식은 수도 서울의 해방을 축하하는 6월 28일의 연설에서까
지도 동일했다. [48] 6월 28일의 박헌영의 방송연설까지도 동일했다. 그
역시 김일성과 동일하게 그때까지도 "조선인민의 원쑤인 리승만 매국
역도들은 마침내 동족상쟁의 내란을 폭발시키고야 말았다"고 공격하
였다. [49] 침략의 주체는 이승만과 남한이었다. 이것은 6월 26일의 최고
인민회의의 '정령'에서까지도 일관되게 동일한 것이었다. '정령'은 "남
조선리승만괴뢰정부의 소위 국방군들이 38선 이북 전 지역에 대한 불
의의 진공(을 개시하였다)"고 주장하고 있었다. [50] 북한의 이러한 주장
은 전쟁발발 사실을 알린 최초의 내무성의 '보도'들에서도 동일하였다.

최초의 보도들은 명백하게 이승만정부의 독자적인 북침이었다. 거
기에는 훗날에 추가된, '미제의 조종', '사주', '직접 침략'과 같은 미군
에 대한 언급은 단 한마디도 없었다. 6월 25일 북한의 내무성은 성명
을 통하여 "금 6월 25일 이른 새벽에 남조선 괴뢰정부의 소위 국방군
들은 38선전역을 걸쳐 38이북지역으로 불의의 진공을 개시하였다.

---

47) 《조선중앙연감》(1951~1952), p. 13.
48) 《조선중앙연감》(1951~1952), p. 16; 《로동신문》 1950년 6월 28일.
49) 《보위신문》 1950년 6월 29일.
50) 《투사신문》 1950년 6월 27일.

불의의 진공을 개시한 적들은 해주방향 서쪽에서와 금천방향에서와 철원방향에서 38이북 지역에로 1킬로메터 내지 2킬로메터까지 침입하였다"[51] 고 보도하였다. 이어서 '보도'는 "조선민주주의인민공화국 내무성은 38이북지역으로 침입한 적들을 격퇴하라고 공화국경비대에 명령을 내렸"으며 "지금 공화국경비대는 진공하는 적들을 항거하여 가혹한 방어전을 전개하고 있다"고 전하였다.[52] 이러한 '이승만 북침' 주장은, 미군의 개입가능성에 대해 모스크바-북경-평양이 모두 날카롭게 신경을 곧추 세우고 있었음을 고려할 때, "이승만이 북침하였기 때문에 우리의 반격은 정당한 것이니 미국은 개입하지 말라"는 소리로 이해될 수 있는 것이었다.

그러나 미군이 개입하자 북한이 주장하는 침략의 주체가 갑작스레 바뀌었다. 잘 알려진 바와 같이 전쟁이 발발하자마자 긴박하게 대응하기 시작한 미국과 유엔은 6월 30일에 이르기까지 닷새 만에 남한에 대한 원조의 제공과 참전의사를 공개적으로 발표하였다. 6월 29일 해질 무렵에는 B-26 경폭격기 18대가 평양비행장을 폭격하여 지상과 공중에서 26대의 전투기를 파괴하였다.[53] 북한 내부자료에 따르면 6월 29일 17시 30분 미군 폭격기 27대가 평양을 습격하였다.[54]

51) 《조선인민군》《투사신문》 1950년 6월 25일;《로동신문》 1950년 6월 26일; 《조선중앙년감》(1951~1952), pp. 90~91.

52) 《조선인민군》《투사신문》 1950년 6월 25일;《로동신문》 1950년 6월 26일; 《조선중앙년감》(1951~1952) p. 91.

53) Robert F. Furtrell, *The United States Air Force in Korea, 1950~1953*, Revised Edition (Washington: Office of Air Force History, United States Air Forces, 1983), p. 98.

54) 〈선동원 수첩 5호〉(문화선전성, 1951), 《사료집》 11권, p. 194; NA, RG 242, SA 2062, Item 8/60, 경기도 내무성 선전국, 《피에 굶주린 미 제국주의

이제 미국의 전면개입은 피할 수 없는 사태가 된 것이었다. 사태가 이에 이르자 날카롭게 미국의 대응을 추적하던 북한의 대응은 곧바로 모든 것이 바뀌었다.

먼저 미국이 참전한 바로 그날인 7월 1일 미국의 참전을 격렬하게 비난하는 외무상 박헌영의 성명이 발표되었다. 이 성명에서 침략의 주체는 갑자기 이승만이 미국지시에 의해 침략한 것으로 바뀌었다. 즉 만들어졌다. 한국과 워싱턴의 시차는 14시간이다. 따라서 7월 1일의 성명은 6월 30일까지의 변화에 대한 즉각적인 대응이었던 것이다. 박헌영은 7월 1일의 성명에서 6월 28일의 연설과는 달리 이승만의 침략을 명백하게 '미제의 지시에 의한 것'으로 규정, 지난 5일간의 북한의 모든 주장과는 전혀 다른 주장을 하기 시작하였다.

> 미제국주의자들의 지시에 의하여 우리나라에서 동족상쟁을 폭발시킨 남조선괴뢰도당 … 리승만정부는 자기의 미국상전의 지시에 의하여 6월 25일 조선에서 동족상쟁의 내란을 도발하였다. 미제국주의자들은 이 전쟁을 도발하면서 무력간섭의 방법으로 조선민주주의인민공화국을 궤멸시키고 전조선을 자기 수중에 틀어쥐려고 계획한 것이다. 조선에서의 동족상쟁의 내란은 또한 … 동방인민들의 민족해방운동을 질식시키기 위하여 미제국주의자들에게 필요한 것이었다. [55]

강조표시는 지난 5일간 없던 것이 전부 추가된 것이었다. 이승만의 북침은 미국의 지시에 의한 것, 또는 한걸음 더 나가 아예 미제국주자들의 도발로 바뀌어있음을 알 수 있다. 이 중 '미제국주의자들의 도발'이

자들의 새 전쟁방화정책과 조선에 대한 야수적 침략정책》(1950. 7. 15), p. 1.
55) 《조선중앙연감》(1951~1952), pp. 91~92.

라는 표현은 그 후 지난 40년간 오늘날까지의 북한의 공식적인 표현이자 입장이다. 같은 날의 최고인민회의 상임위원회의 정령 역시 바뀌어 "만고역적 리승만도당이 우리조국을 식민지화하려는 **미제국주의자들의 조종하에서 도발한 모험적 전쟁**"으로 규정하였다. 56) 계속하여 북한의 성명들은 박헌영의 변화된 대응과 마찬가지로 "이승만 괴뢰정부는 **미국상전의 지시에 의하여** 6월 25일 조선에서 동족상잔의 내란을 도발하였다", "**미제국주의자들은 이 전쟁을 도발하면서** 무력간섭의 방법으로 조선민주주의 인민공화국을 궤멸시키고 전조선을 자기 수중에 틀어쥐려고 계획했다"고 공격하였다.

두 번째의, 그리고 더욱 커다란 변화는 군사적인 변화였다. 미군의 참전을 우려하기는 했으되 그 이전에 신속하게 전쟁을 끝낼 수 있다고 판단하였던 김일성과 박헌영은 가장 우려하였던 사태가 발생하자 급격하게 대응을 바꾸었다. 먼저 전쟁의 속결을 예상하여 투입하지 않았던 부대들을 전부 투입하기 시작하였다. 당시 북한은 완편부대가 총 10개 사단에 1개 전차여단, 5개 보안여단으로 구성되어 있었다. 후방에는 예비사단들도 적지 않게 준비 중이었다. 그러나 1950년 6월 25일 전선에 실제로 투입된 사단은 7개 보병사단, 1개 전차여단, 1개 보안여단에 불과했다. 실제의 동원병력 역시 최대 9만 명을 넘지 않았다. 57) 어떤 사단은 전쟁이 조기에 승리로 종결되면 '점령부대로 사용할 명백한 의도하에' 아예 공격에 투입하지 않고 있었다. 58)

또한 북한은, 비록 엄청난 준비를 하기는 하였으나, 동원령을 선포

---

56) 《조선중앙연감》(1951~1952), p. 83.
57) Roy E. Appleman, *South to the Naktong, North to the Yalu* (Washington: Office of the Chief of Military History, Dept. of the Army, 1961), p. 19.
58) Hq. FEC, *HNKA*, p. 23.

한 것은 미군의 개입이 명확해진 7월 1일에 가서였다. 외무상 박헌영의 '미제지시에 의한 북침' 성명이 나온 그날이었다. 북한의 지도부와 인민들은 가장 우려한 사태가 발생하자 날카롭게 긴장하였던 것이다. 전술한 대로 김두봉과 홍명희 같은 경우는 미국에 맞서 싸워 승리할 가능성에 대해 심각히 회의하기도 하였다. 7월 1일에 북한 최고인민회의 상임위원회는 "조선인민의 철천지 원쑤인 만고역적 리승만도당이 우리 조국을 식민지화하려는 **미제국주의자들의 조종하에서 도발한 모험적 전쟁**과 미제국주의자의 침략적 무장간섭으로 인하여 조성된 조국의 위급한 정세에 처하여 … 조선민주주의인민공화국 전 지역에 걸쳐 동원을 선포한다"[59] 고 전면적인 동원을 선포하였다. 미군의 개입과 동시에 전국적인 동원을 선포한 것이었다. 이에 따라 1914년에서 1932년 사이에 출생한 인민들은 전부 동원의 대상이 되었다.

미군이 개입하면서 변화한 또 한 가지는 지휘체계의 변화였다. 7월 4일에는 인민군 총사령관을 맡아오던 최용건에 대해서는 아무런 언급도 없이, 김일성이 '조선인민군 최고사령관'으로 등장하였다.[60] 국가의 수반은 당연히 자국군대의 최고사령관이 되게 되어 있다. 때문에 이러한 예외적인 조치는 군사적 지휘를 통일하겠다는 의사이자 미군의 개입이라는 급변한 사태에 직면하여 최용건의 반대로 인한 지휘 공백을 더 이상 그냥 둘 수 없었기 때문에 나온 조치였다.

7월 8일에 김일성은 미국의 개입을 비난하는 특별방송을 실시하였다. 이 방송은 7월 1일의 외무상 박헌영의 성명보다 훨씬 더 격렬하였

59) 《조선중앙년감》(1951~1952), p. 83.
60) "민주주의 인민공화국 최고인민회의 상임위원회 정령-김일성수상을 조선민주주의 인민공화국 인민군 최고사령관으로 임명함에 관하여," 1950년 7월 4일, 《조선중앙연감》(1951~1952), p. 84.

고 적의에 가득 차 있었다. 연설에서 김일성은 "만일 제국주의자들의 직접적인 무력간섭이 없었더라면 그의 주구들이 일으킨 동족상쟁의 내란은 끝나고 우리 조국은 벌써 통일되었을 것이며 남반부 인민들은 미제와 리승만도당의 경찰테러통치에서 완전히 해방되었을 것"이라고 언급하였다.[61] 김일성은 또한 연설에서 미제의 개입으로 인해 전쟁의 성격이 이승만의 침략전쟁에서 미제의 침략전쟁으로 바뀌었다고 강조했다.

7월 27일에는 프랑스의 좌파신문인 《뤼마니테》(L'Humanite)와의 대담에서 김일성은 다시 "조선에서의 전쟁이 장기적 전쟁이 되리라고 생각하는가 아니면 단기적 전쟁이 되리라고 생각하는가"라는 질문에 답하면서 "만일 외국의 무장간섭이 없었다면 조선에서의 전쟁은 벌써 종식되었을 것"이라면서 "미국의 침략이 전쟁을 지연시키고 있다"고 주장하였다.[62] 북한은 왜 그렇다면 처음부터 미제의 지시에 의한 내란도발이라고 주장하지 않았을까? 그것은 전쟁을 남한의 북침에 의한 남한·이승만과의 싸움으로 제한하여 미국의 개입을 막아보려는 의도에서였다.

미군의 개입문제와 관련하여 검토해 볼 또 하나의 중요한 문제는 공군의 준비문제였다. 당시 공군의 준비상황은, 스탈린조차 지원을 꺼렸을 만큼 소련의 전쟁개입을 명백히 해줄 수 있는 요인이었음과 동시에, 또한 북한이 남한군만 상대하려는 의도였는지 미군까지도

61) NA, RG 242, SA 2010 Item 1/83, 《조선민주주의 인민공화국 군사위원회 위원장이시며 조선인민군 최고사령관이신 김일성 장군의 방송연설》(평양: 국립출판사, 1950년 7월 13일). 이것은 7월 8일의 방송연설이 단지 5일 만에 책자로 만들어져 뿌려졌음을 보여준다. 《조선중앙년감》(1951~1952), p. 18.
62) 《조선중앙년감》(1951~1952), pp. 19~20.

고려하였는지를 판별할 수 있는 판별요인의 하나였다. 전쟁을 시작할 때 북한공군은 62대의 일류신전투기 (Il-10) 와 70대의 야크전투기 (Yak-3 및 Yak-7B) 등 전투기 132대, 수송기 30대를 포함, 총 162대의 항공기를 보유하고 있었다. 병력은 약 2천 명이었다. 63)

북한의 이러한 공군력은 기종, 전투력과 훈련 수준에서 일본에 주둔 중인 미 제5공군의 적수가 되기에는 턱없이 부족하여 개전직후부터 곧바로 전투력을 상실하였다. 북한공군은 명백히 남한공군만을 상정한 공군력이었다. 당시 미 극동공군은 1,172대의 항공기를 보유하고 있었다. 이 중 전투기는 553대였다. 64) 일류신과 야크기는 미 극동공군이 소유한 제트기에는 비교될 수 없었다. 한국전쟁이 발발할 때 전투기는 이미 제트시대에 도달해 있었다. 그러나 북한이 보유한 기종들은 제트시대 이전의 전투기들이었다. 북한공군기들은 항속거리가 짧아 200마일 (약 322km) 의 전투행동반경을 가지고 있었으며, IL-10기만이 남한의 남단까지 도달할 수 있었다.

따라서 미국공군사 (空軍史) 는 "북한의 전쟁계획자들은 공격을 준비하면서 자신들의 공격을 남한에 대한 상정이었고, 유엔이 한국전에 개입하지 않을 것으로 판단했음이 틀림없다. 그러한 상정 밑에서 북한은 공군의 목표를 대남우위를 확보하는 데 두었으리라고 추리할 수 있다"며 개전 직후인 6월 29일 안양에서 체포된 북한군 조종사의 진술에서 이를 확인한다. 이 북한군 조종사는 "소련고문관들은 우리에게 남한폭격을 명령했다. 왜냐하면 그들은 남한이 소형 항공기 몇 대만을 가지고 있다는 것을 분명히 알고 있었기 때문이었다"고 말했다. 65)

---

63) Robert F. Furtrell, *The United States Air Force in Korea, 1950~1953*, pp. 19, 98.
64) Robert F. Furtrell, *The United States Air Force in Korea, 1950~1953*, p. 58.

따라서 북한공군의 무력화(無力化)는 예상 외로 빠른 것이었다. 아직 미 극동공군은 전면 동원되지 않고 있었음에도 불구하고 7월 4일까지 개전 열흘도 못되어 북한군이 보유하고 있는 항공기의 약 1/3에 달하는 47대가 파괴되었다. 미공군의 항공폭격으로 피해를 입은 북한군은 7월 첫 주에 이미 남한에 출격해 오지 못했다. 이것은 이들이 받은 물리적 피해와 함께 무엇보다도 미공군의 개입과 평양폭격에 따른 심리적 충격을 반영한다. 북한은 이와 같은 공중폭격이 있을 것을 예상하지 못한 것이 분명했다.

결국 이 미군공식기록은 다음과 같이 진술한다.

북한군은 항공공격에 대한 대비가 전혀 되어 있지 않았다. 북한육군은 항공공격에 대처하기 위한 훈련이 전혀 되어 있지 않은 것이 분명했다. 전투초반에 제49 전폭기대 지휘관 스미스(Stanton T. Smith) 대령은 "적군은 공군의 위력이 무엇인지 전혀 교육받지 못했거나 아니면 대단한 용기를 가졌거나 둘 중의 하나이다. 왜냐하면 우리가 교량을 파괴해도 파괴된 교량 앞에 줄지어 서 있는 적의 차량대열을 공격할 기회를 다시 포착, 기총소사를 가해도 트럭 위의 적병들은 피할 생각조차 하지 않고 그 자리에서 소총사격을 시작했다"고 말하면서, 북한군의 무지에 의한 것이 아니고는 우리가 그렇게 강타할 수 있으리라고는 생각하지 않는다고 말했다. 66)

많은 북한군 포로들의 진술과 권위 있는 군사(軍史)들에 따르면, 북한군의 수송체계는 7월 중순에 이미 미공군의 폭격으로 궤멸상태

65) Msg. A-017, ADCOM to CINCFE 30 June 1950, quoted in Robert F. Furtrell, *The United States Air Force in Korea*, 1950~1953, p. 98.
66) Robert F. Furtrell, *The United States Air Force in Korea*, 1950~1953, p. 85.

에 있었다. 전쟁 중의 북한군의 내부 비밀명령들은 이러한 상태를 더욱 구체적으로 보여주고 있다. 북한군은 주간전투, 주간이동, 특히 탱크와 차량의 주간이동을 꺼리게 되었으며, 전방에 집적된 보급품도 분산시키고 모든 전투원들은 위장을 철저히 하지 않을 수 없었다. 이와 같은 북한군의 전술변경으로 항공공격에 따른 취약성은 감소된 반면 전진속도는 훨씬 둔화되었다.

미극동 공군 사령관 스트레트메이어(George E. Stratemeyer)는 "공중전투는 짧고도 간단했다. 한국에서의 제공권은 단숨에 확보되었다. 만약 북한이 현대적인 공군을 보유했더라면 한국에서의 전체 전세 — 육해공의 모든 면에서 — 는 전혀 달라졌을 것"이라고 말했다.[67] 적기에 의한 위협이 없었으므로 항공모함은 물론 소형 호위항모(護衛航母)도 해안 가까이에서 마음 놓고 함재기를 투입할 수 있었다. 수적으로 열세에 있는 미 8군 지상군부대도 일방적인 대규모 항공근접지원 덕택으로 공산군이 묶여 있는 낮에는 이동과 기동이 자유로웠으며 북한군은 밤에만 이동과 공격을 할 수밖에 없었다.

맥아더는 한국에서의 작전의 제 1 단계를 정리하는 7월 19일의 전황성명에서 이제 북한의 승리기회는 사라졌다고 말했다. 이 시점에 북한은 아직 거침없이 진격하여 승승장구하고 있을 때였다.

한국에서 미8군 주력의 전개완료와 함께 전쟁의 제 1 단계는 종료되었고 북한군이 승리할 기회도 사라졌다. 적의 계획과 승리의 기회는 진격속도에 달려 있었다. (빠른) 진격속도와 함께 적은 남한군을 압도하며 일시 한강선을 돌파하였다. 또한 압도적으로 우세한 병력과 우

---

67) Robert F. Furtrell, *The United States Air Force in Korea*, 1950~1953, pp. 102~103.

수한 무기를 갖고 적은 남한의 저항을 분쇄하였다. 그러나 제 8군이 적의 진격을 저지하기 위하여 놀랍게 빠른 속도로 일본에서 출격하자 적은 이제 승리의 기회를 상실하였다. 68) (괄호는 추가).

지금까지 공개된 자료를 통해 볼 때 스탈린과 모택동, 김일성의 논의과정에서 일본주둔 미군과 일군(日軍)의 참전문제는, 고려의 대상이 아니었거나 참전하더라도 승리할 수 있다고 상정되었었다. 그러나 역사적 실상은 그렇지 않았다. 주일미군은 끝까지 독자적으로 전쟁을 승리로 이끌 능력은 없었지만 본토의 미군이 진주할 때까지의 시간은 충분히 벌어줄 수 있는, 한국군과 본토 미군의 교량역할 정도는 할 수 있었다.

역사가 토인비(Arnold J. Toynbee)는 그의 방대한 《역사의 연구》에서 한국전쟁에 대해 단 한 줄 언급하고 있는 바 그것은 "현대 서구의 수송기술의 진보가 북한군의 패배, 유엔군의 승리를 가져왔다" 69)는 지적이다. 어느 편에서 전쟁을 보느냐에 상관없이 객관적으로 이 진술은 사실을 말하고 있는 것이다. 일찍이 《일리아드》에서 호메로스는 바다의 여신 테티스(Thetis)의 입을 통해 완벽하지만 단 하나의 약점, 이른바 '아킬레스건(腱)'을 지닌 영웅 아킬레스(Achilles)가 한창 젊은 나이에 죽을 것이라고 예언한 바 있다. 북한에게 미국의 개입은 아킬레스건에 해당하는 것이었다. 결국 김일성은 나중에 이 문제와

---

68) "General MacArthur's Estimate of the Military Situation, July 19, 1950," *Military Situation in the Far East-Hearings before the Committee on Armed Services and the Committee on Foreign Relations United States Senate* (Washington: United States Government Printing Office, 1951), pp. 3381～3382.
69) A. Toynbee, 《역사의 연구》 11권(대구: 고려서관, 1989), p. 315.

관련하여 당내토론에서 스스로 다음과 같이 진술하지 않을 수 없었다. "우리는 미제국주의자와 같은 강대한 제국주의 약탈자와 투쟁하는 조건하에서 자기의 예비부대를 더 많이 준비하지 못하였으며 많은 곤란이 있을 것을 완전히 타산하지 못하였다."[70] 김일성의 이 말은 부하들을 공격하고 비난하기 위한 것이었지만 자신 스스로에게도 사실을 말한 것이었다.

김일성은 최근의 자신의 회고록에서 자기에게 민족주의적 요소가 있음을 밝히며 자기는 '공산주의자이자 민족주의자'라고 말한 바 있다. "단일민족국가인 우리나라에서 진정한 민족주의가 곧 애국주의로 된다는 것은 움직일 수 없는 하나의 원리이다. 이런 원리로 보면 나는 공산주의자인 동시에 민족주의자라고 말할 수 있다."[71] 이 말은 김일성의 공산주의의 한 특징을 정확히 지적한 맞는 말이다. 그러나 그것은 실제의 객관적 현실을 고려한 민족주의가 아니라 비현실적 인식에 기반을 둔 '저돌적 민족주의'[72]였던 것이다.

2) 남한혁명세력에의 기대: 현실주의 인식의 결여

남한인민이 자신들의 지지세력이자 전쟁의 개시에 호응하여 봉기할 혁명의 수원세력이 될 것이라는 기대는 전쟁을 개시하는 데 미국의 불개입과 함께 북한 리더십의 두 확신요소였다. 우리는 이 문제에 대해 스탈린 및 모택동과 김일성·박헌영의 대담이나 《흐루시초프

---

70) 김일성, "현정세와 당면과업"(1950년 12월 21일), 《조선중앙년감》(1951~1952), p. 28.
71) 김일성, 《세기와 더불어》 1권 (1992), p. 219.
72) 최장집, "국민국가의 형성과 근대화의 문제," 《한국사》 17권 (한길사, 1994), p. 98.

회고록》, 그리고 박길룡의 증언을 통해 그들의 인식의 일단을 확인할 수 있었다. 소련외교관들과의 대담에서도 남한인민의 혁명성에 대한 그들의 확신은 확고하였다. 즉 박헌영과 김일성은 전쟁이 발발하면 남한인민들이 적극적으로 봉기하여 자신들을 지지할 것으로 믿었다.

호루시초프는 일찍이 "드디어 예정된 시각이 다가옴에 따라 전쟁은 시작되었다. 인민군은 재빨리 남으로 휩쓸고 내려갔다. 그러나 처음 몇 발의 총성만 울리면 남한 내에서 민중이 궐기해서 이승만을 타도할 것이라고 입버릇처럼 장담한 김일성의 예언은 실현되지 않았다"고 진술하고 있다.[73] 여기에서 "처음 몇 발의 총성만 울리면 남한 내에서 민중이 궐기해서 이승만을 타도할 것"을 "(김일성이) 입버릇처럼 장담하였다"는 것은 우리가 최근에 입수한 《소련 외교문서》의 전문 내용들과 거의 일치한다. 이를 보면 김일성·박헌영의 확신은 우리가 상상하는 것 이상이었음을 알 수 있다.

호루시초프의 말은 김일성과 박헌영이 스탈린과의 협의에서 남한 인민들의 즉각적인 호응봉기를 기대하였음을 드러내줄 뿐만 아니라 기대대로 봉기하지 않았다는 두 가지 사실을 동시에 드러내준다. 이것은 둘 다 진실인 것이다. 최근 공개된 소련외교문서와 호루시초프의 회고는 이들이 스탈린 앞에서 남한인민의 혁명의지를 얼마나 과장하여 강조하였는지를 잘 보여준다. 1950년 4월에 스탈린의 최종적인 동의를 받기 직전인 1949년 12월에서 1950년 1~2월까지의 북한의 신문과 잡지, 방송들은 남한에서의 빨치산투쟁에 대해 극도의 흥분상태 속에 지속적으로 과장하고 선동하였다. 그것은 거의 이성을 잃은 상태였다. 이것은 일차적으로는 스탈린과 모택동을 향한 것이었으며

---

73) *Khrushchev Remembers* (1970), p. 369.

또한 북한군인들과 인민들을 향한 선동이기도 하였다.

이 문제와 관련하여 다시 북한 내부의 반응을 볼 필요가 있다. 먼저, 전쟁의 개시에 반대하였던 최용건은 후에 미군의 참전으로 인민군이 후퇴하였을 때 서휘에게 이렇게 불만을 토로한 적이 있다. "서울만 점령하면 폭동이 일어난다고 하더니 몇 일 기다려도 폭동은 무슨 폭동이야."[74] 이 증언은 두 가지를 말해 준다. 즉 한편으로, 전쟁결정자들은 서울만 점령하면 폭동이 일어난다고, 지극히 낭만적으로 인식하고 있었다는 점이다. 다른 한편 서울에서의 체류가 단순히 군사적인 이유 때문만은 아니었던, 즉 서울 이남에서의 봉기를 기다렸던 미리 계산된 측면이 있었음을 보여준다. 물론 이것은 군사상의 전반적인 작전은 아니었다. 인민군 최고지휘부에서 상급부대들에게 내려간 주요 명령서들은 작전범위와 공격대상이 명백하게 한반도의 남단까지로 되어 있었다. 정찰명령의 경우도 동일하였다.[75] 그럼에도 불구하고 서울에서 폭동을 기다렸다는 최용건의 진술은 북한의 리더십이 상황을 얼마나 낙관하였는지 그 비현실적 낭만성만을 정확하게 보여준다.

김두봉 역시 전쟁 전에 서울까지만 내려가면 전쟁은 끝날 것이라고 인식하고 있었다. 그도 역시 인민군 장교들 앞에서 6월 23일 "전쟁은 서울까지만 가면 끝난다"고 연설하였다.[76] 최고핵심부에 있는 최용건과 김두봉의 이러한 진술은 이러한 인식이 북한지도부의 일반적 인식이었음을 보여준다. 물론 이러한 인식이, 전쟁을 서울까지만 하려 했다는 주장으로 연결될 수 있는 것은 아니다. 즉 그것이 사태를 낙관

---

74) "서휘증언,"《중앙일보》, 안성규(安城奎) 녹취. 1991년 10월 17일, 중국.

75) NA, ATIS 1, RG 242 Box1, Issue No. 1, Item 3; MA, RG 6, Box 78 Issue No. 6, Item 3.

76) 전인민군 6사단 정보장교 최태환 면담. 1990년 2월 1일 서울 외 수차례.

하였음을 보여주는 징표는 되나 전쟁목표의 제한과 같은 수준으로 해석될 수 있는 것은 아니다. 북한군 최고지도부의 주요 명령서들은 대부분 작전범위가 한반도 남단까지로 되어 있었다. 전면적인 공격구상이었던 것이다. 그럼에도 불구하고 '서울 중시(重視)'는 분명해서 공격작전의 내용도 춘천을 담당하는 제2군단의 경우 직선으로 남하하지 말고 '서울후방을 차단할 것'을 지령하고 있었다. 그것은 이승만을 비롯한 주요 각료와 군대를 서울에서 궤멸시켜 전쟁을 조기에 종결시키려는 의사였다. 그러나 이러한 구상은 이승만과 그의 정부의 신속한 서울탈출로 성공하지 못하였다.

실제 전쟁에서 인민군의 서울에서의 주춤거림은 커다란 영향을 끼쳤다. 인민군은 6월 28일 서울에 진주한 뒤 부분적으로는 6월 29일부터 도하를 시도하였으나 전면적인 도하는 6월 30일부터 시도하였고, 이는 7월 1일에서야 가능해졌다. 북한군 주력이 서울 중심부에 돌입한 것은 6월 28일 11시 30분 경이었다. 물론 선발부대는 이보다 더 먼저 들어왔다. 그렇다면 최소한 2일은 지체하고 있었음에 분명하다. 최용건의 말처럼 며칠을 의도적으로 기다린 것인지는 확인할 수 없다. 그러나 현상적으로 그렇게 나타난 것만은 움직일 수 없었다. 북한은 물론 도하장비가 부족하였기 때문에 주요 교량이 폭파된 한강을 대군이 일시에 도하할 수는 없었다. 그러나 모든 다리가 완전히 다 파괴된 것은 아니었다. 당시에 한강에는 경인선 상행선과 경부 복선 철교는 남아 있어서 7월 1일의 전면적인 도하시도처럼 하려고만 했다면 충분히 도하가 가능한 상태였다. 77)

더욱이 6월 28일 밤부터 6월 30일까지 한강남단의 남한군의 방어선

---

77) 《한국전쟁사》 1권 개정판, p. 705.

은 실제 도하를 하였을 때보다 훨씬 더 허술하였다. 이 문제와 관련하여 필자는 한국전쟁 당시 한국군 3군 총사령관과 육군총참모장을 지낸 정일권과 면담하였는데 그는 김일성의 최대의 패착을 '서울에서의 3일 체류'라고 단정한다.[78] 그는 "서울에서 머뭇거리지 않고 그대로 밀고 내려왔으면 남한군은 완전히 궤멸되었을 것이고 미군의 참전기회는 없었을 것"이라고 주장한다. 그가, 한강남단에서 비밀첩보원들을 강북으로 침투시켜 알아보니 인민군은 몇몇 소부대에서는 도하를 시도하였지만 전체적으로는 서울해방으로 인한 승리감에 도취되어 도하할 준비를 안하고 있었다. 정일권은 그 이유를 "모든 정황과 당시의 북한에 관한 정보들, 그리고 후에 조사한 북한군 포로들에 대한 조사기록을 종합해 볼 때 그 이유는 서울이남에서의 봉기를 기다렸기 때문일 것"이라고 주장한다. 그는, 그것은 당시에도 이미 돌았던 소문이며, 그러한 소문에 남한군 수뇌부에서는 '이상하다'고 생각했다고 증언한다. 남한의 한 공간사(公刊史)는 이 문제를 다음과 같이 진술하고 있다. "북괴군은 개전 3일 만에 서울을 점령함으로써 최초작전은 일단 성공을 거두었으나 그 후 3~6일간을 서울에서 지체하며 전과확대와 추격을 위한 결정적 시기를 상실하였으며 그 사이 아군은 부대를 재편하고 완강한 방어선을 구축하여 적의 작전주도권을 둔화시키게 되었다."[79]

정일권은 군사적으로는 북한군이 충분히 공격을 할 수 있었다고 증언한다. 그는 면담 시 이것이야말로 김일성과 박헌영의 최대의 실책

---

78) 정일권 면담, 1990년 2월 15일. 서울. 그의 회고록도 유사한 내용을 담고 있다. 《6·25비록-전쟁과 휴전》(서울: 동아일보사, 1986), pp. 28~29.
79) 《한국전쟁사》, p. 249.

이었다고 판단한다며 "전쟁의 전 기간을 통틀어 군사적으로 김일성은 탁월한 지도자였음에 틀림없으나 지금까지도 이것은 이해할 수 없다"고 증언했다. 정일권과 함께 또 다른 한 명의 중요한 남한군 지도자였던 백선엽은 그의 회고록에서 "한강방어선이 조기에 무너졌다면 미국은 지상군과 전투장비를 투입할 시기를 놓쳐 전세를 만회하기 어려웠을 것"이라고 기록하고 있다.[80] 결국 이때의 서울 체류로 인해 이승만과 그의 군대는 도피와 재정비의 시간을 벌었고, 이것은 한국전쟁의 전체의 방향과 직결되는 영향을 끼쳤다.

초기전투에서 신속한 전세장악은 매우 중요하였다. 미군의 개입 이전에 전쟁을 끝내려 하였다면 이는 더욱 그러하였다. 그러나 초기의 주춤거림은 미군에게 개입할 시간을 주었고, 이른바 '공간을 주는 대신 시간을 벌게' 하였던 것이다. 7월에 들어서자 맥아더는 이미 "적 사령관은 성공할 수 있는 좋은 기회를 가지고 있었지만 그 기회를 이용하는 데 실패했다"고 말하였다.[81] 자신의 회고록에서 맥아더는 한국전쟁에서의 북한군과의 최초 조우를 떠올리며 북한의 초기전술이 자신을 도와주었음을 고백한 바 있다. "내가 예상하였던 대로 그(적의 사령관 — 인용자 주)는 모험을 하지 않았다. 그는 자신의 탱크부대를 계속 전진시키는 대신 모든 병력을 통상적인 전선을 따라 곤란한 지형에 배치하였다. 이것은 그의 치명적인 실수였다. 그의 전술은 (수의 열세로 인해) 불평등한 전투를 행하고 있는 우리 부대원들에게 고통스런 희생을 강요하였지만, 대신 귀중한 시간을 제공해 주었다. 시

---

80) 백선엽, 《군과 나》(대륙출판사, 1989), p. 46.
81) U. S. Dept. of State, "Action in Korea under Unified Command, 25 July 1950," p. 7, quoted in Robert F. Furtrell, *The United States Air Force in Korea, 1950~1953*, p. 98, 726.

간이야말로 유리한 상황에서조차 어떤 전술을 성공시키기에는 무엇보다도 필수적인 요소였다."[82]

남한인민의 봉기를 기다려 그들이 아무것도 하지 않은 것은 아니지만 어쨌든 주춤거렸던 것은 사실이고, 결과적으로 이것은 전세에 결정적인 영향을 끼쳤다. 맥아더와 남한의 지휘부는 물론 북한군 간부들조차 비슷하게 인식하고 있었다. 최용건의 비아냥은 이러한 인식이 얼마나 보편적이었는가를 단적으로 보여준다. 이상조는 당시에 김일성과 박헌영은 '미국은 개입하지 않을 것'이라면서 "서울만 점령하면 남한인민들의 봉기로 전쟁을 속히 끝낼 수 있다"는 판단하에 전쟁을 개시하였다고 증언한다.[83] 직접 작전수립에 참여하였던 유성철 역시 반복하여 같은 증언을 하였다.[84] 이를 통해 보면 당시 북한의 정치-군부핵심에서는 대략 서울까지 점령하면 이승만 정부는 붕괴하고, 그러면 인민들의 봉기가 일어나서 전쟁은 조기에 종식될 수 있는 것으로 판단하였던 것으로 보인다.

그러나 남한인민의 반응은 그들의 기대에 현저히 미치지 못하는 것이었다. 마이클 왈쩌(Michael Walzer)는 "한국전쟁은 북부인들이 38선을 넘어 진격하지 않고 대신에 남부의 반란과 은밀히 접촉했다면 실제와는 상당히 달리 보였을 것"이라면서 한국전쟁과 베트남전쟁의 차이를 다음과 같이 지적한다. "베트남과는 대조적으로 남한에서는 반란은 없었고 정부에 대한 상당한 지지가 있었다."[85] 전쟁의 개시와 남한인

---

82) Douglas MacArthur, *Reminiscences: General of the Army Douglas MacArthur* (Seoul: Moonhak Publishung Co., 1964), p. 336.

83) 《한국일보》 1989년 6월 18일; 필자와의 면담, 1990년 5월 25일, 경기도 광릉.

84) 유성철 면담, 1990년 11월 1일 서울.

85) Michael Walzer, *Just and Unjust Wars* (New York: Basic Books, Inc.,

민의 호응문제와 관련하여 맑스의 말은 매우 시사적이다.

해방적 지위를 쟁취하기 위해서는 그리고 이것에 의해 자신의 영역들의 이익을 위해 사회의 다른 모든 영역들을 정치적으로 이용하기 위해서는 혁명적 에너지와 정신적 자부심만으로는 부족하다. '한 민족의 혁명'과 '시민사회의 특정계급의 해방'이 일치하기 위해서는, 따라서 한 신분이 그 사회전체의 신분으로 행세하기 위해서는 거꾸로 그 사회의 모든 결점들이 다른 한 신분에 집중되어 있어야만 하고, 나아가 이 다른 특정신분이 보편적인 장애의 신분, 즉 보편적인 제약들의 화신이어야 하고, 더 나아가 사회의 이 특정영역이 사회성 전체에 대한 '악명높은 침해'로서 여겨져야만 하고 따라서 이 영역들로부터의 해방이 사회의 보편적인 자기해방으로서 나타나야만 한다. '한' 신분이 '특히'(*par excellence*) 해방의 신분이기 위해서는 거꾸로 다른 한 신분이 압제를 공개적으로 대표하는 신분이어야 한다. 프랑스의 귀족과 성직자들의 부정적 보편적 의미는 이들이 바로 옆에 있으면서 대립하고 있었던 '부르주아지'라는 계급의 긍정적 보편적 의미를 규정하였다. 86) (강조는 맑스)

민중들에게 이승만 정권은 맑스가 말하는 이러한 모든 악의 근원이었고 김일성 정권은 모든 정당성을 독점하여 공산주의자의 정권장악이 민족전체, 또는 민중전체의 정권장악으로 보였을까? 김일성과 박헌영은 그렇게 인식했음에 틀림없었다. 그러나 대중들에게 그렇게 받아들여지지만은 않았던 것은 분명했다.

남한인민들에 대해 그들이 얼마나 비현실적으로 기대하고 있었는지

Publishers), p. 100.
86) K. Marx, 홍영두 역, 《헤겔법철학 비판》(서울: 아침, 1988), p. 200.

가장 정확한 언급은 바로 김일성 자신의 연설에서 찾아볼 수 있다. 전쟁이 끝났을 때인 1954년에 김일성은 박헌영에 대한 배신감을 이렇게 토로했다. 그것은 1950년 6월에 전쟁을 개시하면서 이러한 변혁방법을 택한 주체는 남한에 대한 인식을 어떻게 했을까를 역으로 보여준다.

우리는 남반부인민들이 우리를 지지하고 미국놈과 리승만을 반대하여 일어난다면 미국놈들이 제아무리 발악하여도 물러가지 않을 수 없다는 것을 알아야 합니다. 1차 반공격시 박헌영은 우리를 속였습니다. 박헌영은 남조선에 20만 당원이 지하에 있다고 거짓말하였습니다. 남조선에 당원이 **20만은 고사하고 1,000명만이라도 있어서 부산쯤에서 파업을 하였더라면** 미국놈이 발을 붙이지 못하였을 수 있었습니다. 미국놈이 상륙하고 진공할 때 전체 남반부인민이 미국놈을 반대하는 투쟁을 전개하였더라면 정세는 달라졌을 것입니다. 만일 그때에 남반부의 군중적 기초가 튼튼하고 혁명세력이 강하였더라면 미국놈은 우리들에게 달려들지 못하였을 것입니다. … 만약 박헌영, 리승엽 도당이 남반부에서 당을 말아먹지 않았더라면 우리는 벌써 조국통일위업을 이룩하였을 것입니다. [87]

그는 아예 박헌영이 자신을 속였다고 저주하였다. 이것은 전쟁 중의 김일성-박헌영의 논쟁 내용과 일치한다. 이 문제에 대한 김일성의 아쉬움은 뼛속 깊숙이 사무치게 아픈 것이었다. 그는 전쟁이 끝난 지 10년이 되는 1963년에도 인민군 창설 15주년 기념연설에서 다시 똑같은 말을 반복하였다.

---

[87] "인민군대의 간부화와 군종 병종의 발전전망에 대하여-조선인민군 군정간부 회의에서 한 연설," 1954년 12월 23일, 《김일성저작집》 9, pp. 182~183.

남반부혁명은 역시 남반부인민들의 투쟁 없이는 안됩니다. 우리는 제 1차 남진 때에 이것을 절실히 체험하였습니다.

미국놈의 고용간첩인 박헌영은 남조선에 당원이 20만 명이나 되고 서울에만도 6만 명이나 있다고 떠벌였는데 사실은 그놈이 미국놈과 함께 남조선에서 우리당을 다 파괴해 버렸습니다. 우리가 낙동강 계선까지 나갔으나 남조선에서는 폭동하나 일어나지 않았습니다. 대구에서 부산까지는 지척인데 만일 부산에서 노동자들이 몇천명 일어나서 시위만 하였더라도 문제는 달라졌을 것입니다. 남반부인민들이 좀 들고 일어났더라면 우리는 반드시 부산까지 다 해방하였을 것이고 미국놈들은 상륙하지 못했을 것입니다. [88]

박헌영은 스탈린 앞에서도 20만 명이라고 말한 것으로 알려졌다. [89] 김일성이 위에서 말한 '20만' 주장과 동일하다. 그러나 남한인민의 혁명성에의 과장인식과 기대는, 구체적인 수치의 차이와 인식의 세부사항에서의 차이는 있었을지 몰라도 박헌영의 인식이자 동시에 김일성의 인식이었다. 남한인민들의 혁명성을 강조하고 그들이 북한의 자기정권을 지지하고 있다고 확신한 것은 다른 누가 아닌 김일성 자신이었다. 20만이라는 구체적인 숫자는 박헌영이 들어가며 설명하였는지 모르지만 남한인민이 북한을 지지하고 자기의 정부 주위에 견결히 결집해 있으며, 김일성장군을 지지하기 때문에 이승만 정권은 인민으로부터 절연, 고립되어 있다고, 한 줌도 안되는 반동파는 인민의 힘으로 언제든지 날려버릴 수 있다고 강조해 온 사람은 바로 김일

---

88) "우리의 인민군대는 로동계급의 군대, 혁명의 군대이다. 계급적 정치교양사업을 계속 강화하여야 한다," 1963년 2월 8일, 《김일성 저작집》, pp. 17, 130.

89) Syn Song-Kil & Sin Sam-Soon, "Who Started the Korean War," *Korea and World Affairs*, Vol. XIV, No. 2(Summer 1990), p. 250.

성이었다. 그는 48년 정부수립이후 2년 내내 이러한 진술을 하였다.

결국 북한이 서울까지만 점령하면 상당 정도의 호응이 일어나서 전쟁을 종결지을 수 있다고 생각한 것은 미국의 개입에 대한 비현실적인 인식과 함께 또 하나의 비현실적인 인식이었던 것이다. 그것은 곧 자기기만이었다. 그 자기기만이 오류, 곧 패배의 원천이었다. 그람시는 일찍이 "저급하고 조급한 욕구와 정열은 오류의 원천이다. 그것은 객관적이고 공정한 분석을 대체한다는 점에서, 또 그러한 대체가 행동을 촉진시키기 위한 의식적인 '수단'으로서가 아니라 자기기만으로서 발생한다는 점에서 그러하다"며 "이 경우에도 역시 뱀이 뱀을 부리는 사람을 물게 된다. 다시 말하여 선동가는 자기자신의 선동의 최초 희생자이다"고 날카롭게 지적한 바 있다. [90] 그람시의 진술이야말로 한국전쟁을 결행한 주체에게 돌려질 수 있다. 북한의 김일성과 박헌영의 선동과 자기기만의 최초의 희생자는 바로 자신들이었던 것이다.

---

90) Antonio Gramsci, *Selections*, p. 179.

제 III 부

전쟁의 발발

전쟁을 결정한 체제는 어떤 과정을 거쳐 전쟁으로 이행하였을까? 전쟁은 어떻게 시작되었을까? 누가 전쟁을 시작하였는가? 전쟁이 발발할 때의 구체적 상황은 어떠하였을까? 이러한 기본적 물음들이 사태시작후 반세기 동안 지속되었고, 아직 계속되고 있다면 그것은 한국전쟁이 유일할 것이다. 그것은 이 전쟁의 모든 측면에 대한 이해가 이 물음에 대한 해답으로부터 연유한다는 특수성에서 비롯된다.

제 3부에서는 그 동안 가장 논쟁적이었던 주제를 다루게 된다. 전쟁의 결정, 이행, 시작은 사태의 각기 다른 부면을 구성한다. 결정에서 발발까지는 하나의 연결된 사태이지만 분리접근은 사태의 미시적 단면을 상세하고도 정확하게 드러내준다. 특히 짧은 미시발생적 동학(動學)을 낱낱이 드러내어 제시해 준다. 우리는 이를 다시 하나로 종합함으로써 전체를 구성할 수 있을 것이다.

남한과 북한은 전쟁의 시작과 함께 각각 상대방이 전쟁을 시작하였다고 주장하였다. 그렇게 함으로써 상대방을 비난할 수 있는 역사적 근거를 확보할 수 있었고, 그 비난이 성공하여 사실에 의해 뒷받침될 수 있다면 그것은 공격과 방어의 정당성과 함께 무엇보다도 체제의 정당성의 원천 역할을 해 줄 것이었다. 둘의 주장은 날카롭게 반대되었다.*

상대방의 정통성 하락이 자신의 정통성 상승으로 이어지는 대척관계, 이것이 두 분단국가가 사활적으로 역사의 독점적 해석에 매달리는 이유였다. 조지 오웰은 "과거를 지배하는 자가 역사를 지배한다"고 말한 바 있는데 남한과 북한의 행동은 이 말에 잘 부합한다. 분단은 두 한국간에 정통성의 영원한 경쟁상태를 초래하였고, 남한과 북한 사람들 모두가 범죄시하는 이 전쟁의 시작책임을 상대방에게 전가하는 데 성공할 수만 있다면 그것은 정통성 경쟁에서 결정적 우위에 설 수 있는 자원을 확보하는 것이었다.

---

* Gye-Dong Kim, "Who Initiated the Korean War?," James Cotton and Ian Neary(eds.), *The Korean War in History*(Atlantic Highlands, NJ: Humanities International, Inc., 1989), pp.33~50; Gye-Dong Kim, *Foreign Intervention in Korea*(Aldershot: Darthmouth, 1993), pp.119~139.

지난 50년간 지속된 한국의 분단은 세계냉전의 한국적 변용이었다. 따라서 한국전쟁의 시작논쟁은 냉전을 해석하는 문제로 상승하지 않을 수 없었고 서구의 학자들에게서 종종 볼 수 있듯이, 한국전쟁의 시작과 세계냉전을 해석하는 관점은 일치할 수밖에 없었다. 이는 큰 아이러니이다. 이 전쟁의 시작 주체를 북한으로 규정하는 시각은 냉전을 바라보는 시각에서 전통주의적 입장에 섰고, 반대의 경우는 수정주의적 시각에서 냉전을 접근하였다. 그러나 냉전과 전쟁의 시작에 대한 해석은 분리불가능한 것이 아닌 것으로 보인다.

사실을 말하자면 전쟁은 북한이 먼저 시작하였다. 이제 이 가공되지 않은 사실에 대한 진실은 다툴 수 없다. 사실의 해석문제와 사실 자체는 분리되어야 한다. 물론 사실의 해석문제는 사실 자체와 혼재되어 있다. 그러나 정치적 실천의 문제를 벗어날 수 있다면 두 가지는 일단 분리되어야 한다. 사실이 처음부터 정치에 의해 접근될 때 왜곡은 피할 수 없다. 모든 해석은, 사태의 발생이라는 1차적 현상에 뒤이은 인간의 지적 작용이라는 2차적 현상이다.

북한의 김일성은 전쟁의 시작과 동시에 이 전쟁을 남한이 시작하였다고 주장하였다. 그리고 그는 죽을 때까지 이 주장을 바꾸지 않았다. 적지 않은 학자들이 진실을 다투는 사태의 양측의 주장을 검증하고자 노력하였으나 그것은 실제 전쟁의 또 다른 반복일 경우가 많았다. 그것은 '학문적 한국전쟁'이라고 부를 수 있을지 모른다. 해석의 자유가 사실 재구성의 자유를 의미하는 것이라면 그것은 역사와 사회에 대한 접근의 기본출발점이 잘못된 것이다. 자신의 입장에서 역사를 자유로이 재구성할 수 있다고 주장한다는 것은 반대의 입장에서도 얼마든지 실제 사실을 재구성할 수 있다는 주장의 여지를 제공하는 것이기 때문이다. 그렇게 된다면 진실을 다툴 수 없는 사실에 대해서조차 우리는 접근의 상이에 따른 수많은 진실을 가질 수밖에 없을 것이다.

제 8 장

전쟁으로의 이행

전쟁을 결정한 체제는 어떻게 전쟁을 준비해 나갔는가? 이 물음에 대한 해답은 간단치는 않으나 어려운 것도 아니다. 그것은 결정의 과정이나 이유에 비해 그 추적과 재구성이 용이하다. 왜냐하면 전쟁의 결정과 같은 지도자들 간의 비밀스러운 상층정치가 결정에 참여한 소수를 제외하고는 인지하기 어려운 은밀한 과정으로 구성되어 있다면, 전쟁의 준비와 같은 대규모적이고 외부적으로 노출될 수밖에 없는 행동은 많은 사람들의 눈에 관찰가능하기 때문이다. 관찰가능하다는 것은 다중에의 노출을 의미하며, 노출은 그만큼 기록이 많이 있다는 점을 의미하기 때문이다.

역사에서 재구성이 가장 어려운 것은 결정에 참여한 사람들의 수가 적고 비밀스러울 때이다. 결정의 비밀성은 그 결정이 중요한 것일수록 높아진다. 투쟁대상과의 한판 승부를 기도하는 결정은 비밀스럽고 참여자가 소수일 수밖에 없다. 그러한 결정이 다수의 토론을 거쳐야 되고 공개된 것이라면 투쟁의 효과는 떨어지고 모든 비밀은 다 열려져 상대방은 이미 대응을 끝내놓고 있을 것이다. 따라서 단기간의 승부를 기도하는 건곤일척(乾坤一擲)의 중요한 결정은 비밀스러울 수밖에 없다.

그러나 일단 결정이 일어나 투쟁대상과의 싸움에 돌입하려면 많은 사람들을 동원하고 결집시켜야 하며 투쟁의 수단과 방법을 준비해야 한다. 그 과정에서 이러한 준비를 있게 한 상층정치에서의 결정과정과 요인에 대한 역추적이 가능해진다. 전쟁은 더 말할 필요가 없다. 준비 없는 행동은 있을 수 없고, 준비 없는 전쟁은 더욱 불가능하다. 상층정치의 결정은 어떤 형태로든 사회에 반영되어 나타나기 마련이다. 전쟁을 위한 사회적 움직임에 대한 상세한 재구성이 이 장의 내용을 이루지는 않는다. 그것은 다음 제2권에서 보다 상세하게 다룰 것이다. 이 장의 논의는 1950년의 군사적 정치적 준비에 한정된다.

전쟁을 결정한 뒤 북한지도부는 최후로 네 가지 준비를 동시에 취했다. 첫 번째는 군사적 조치였다. 도로와 교량의 신설 및 38연선 부근의 주민소개(疏開), 인민군의 편제변경, 부대이동, 전투훈련과 장비의 분배 등이 이에 해당한다. 두 번째는 정치적 선전적 조치로서 남한에 대한 위장된 평화통일 제의였다. 그리고 세 번째는 지하공작조직과 게릴라의 전쟁 전 사전남파였다. 네 번째는 아직도 장막에 가려 있고 논란의 여지가 많은 것으로서, 남한군 지휘부와 38연선 부대 내에 침투해 있던 오열(五列)의 은밀한 호응, 곧 공격을 위한 개문(開門)이었다. 1)

---

1) 마지막의 문제는 여기에서 다루지 않고 제2권에서 남한과 미국의 전쟁의 유도(誘導) 문제를 규명하면서 함께 다룰 것이다. 제2권의 제10장을 참조하라.

1. 전쟁의 사전준비조치들 : 1950

1) 도로와 교량의 신설·수리

초기의 조치들은 보다 장기적인, 그러나 겉으로는 잘 드러나지 않는 것들이 먼저 취해졌다. 사태가 지나고 나서야 이 조치들이 갖는 의미들이 분명하게 드러났다. 하나는 38선 부근의 주민들에 대한 내지(內地)로의 소개(疏開)였고, 다른 하나는 전선에 가까운 지역의 도로와 교량의 신설 및 수리였다. 이에 대한 기록은 오늘날 다른 자료에서는 찾아보기 어렵다. 미국이 1949년 6월에 주한미군 철수에 맞추어 창설한 첩보부대인 KLO(Korea Liason Office) 첩자들이 북한 현지에 침투하여 보내온 정보보고들이 존재한다.

한국전쟁의 KLO 관련자료를 발굴, 학계에 그 존재와 의미를 알린 것은 미국에 존재하는 북한과 미국의 한국전쟁관련 비밀자료를 오랫동안 추적해온 방선주(方善柱)이다. 그는 "북한의 병력, 장비, 이동, 구성 등 자세한 수를 제공하는 KLO의 몇몇 첩자는 의심의 여지없이 인민군 총참모부에 자리를 갖고 있었고, 남파 유격대에 관한 자세한 정보를 발신한 첩자는 남파 공작원에 관련되는 남로당 출신의 혐의가 있다"고 진술한다.[2]

먼저 도로 교량의 수리 및 신설을 보자. 도로와 교량이 가장 집중적으로 신설되고 수리되기 시작한 기간은 49년 8월 말부터 10월 말까지

---

[2] 방선주, "노획(鹵獲) 북한필사문서 해제 (1)," 《아시아문화》 1986, Vol. 1, pp. 83~84. 이 자료를 이용한 연구는 다음을 참조하라. Bruce Cumings, *Origins*, Vol. II; 和田春樹, 《朝鮮戰爭》; 萩原 遼, 《朝鮮戰爭》. KLO 관련자료를 입수하는 데 도움을 준 萩原 遼 씨에게 감사드린다. KLO에 대해서는 제2권에서 다시 언급한다.

였다. 3) 38선 부근의 도로와 교량들의 신설 및 수리 작업은 50년 봄까지는 끝내게 되어 있었다. 이들 도로 및 교량의 수리와 신설은 한탄강, 임진강, 그리고 개성, 철원, 연천, 옹진 부근 등의 38연선 지역에 집중되었다. 최소한의 군사적 상식만으로 보더라도 이러한 작업이 남한군이 침략하기 좋으라고 할 리는 없다고 판단하게 된다.

철원군 갈말면의 한탄강 유역에는 다리가 없었으나 49년 9월부터 폭7m, 길이 70m의 칠점교라는 다리가 건설되었다. 이곳은 남한으로 이어지는 핵심적인 지점이다. 전에는 차량과 보행자들은 강을 건너기 위해 목선을 이용했었으나 이 다리가 놓아지면 군사수송과 민간수송은 상당히 빨라질 것이었다. 주무기관은 강원도 인위(人委) 내무국 건설과였다. 이를 위해 매일 300명의 노동자와 20명의 기술자들과 목수, 그리고 20필의 말과 우마차가 동원되었다. 모든 노동자들은 10일간의 노동을 강요받았다. 모든 기술자들과 목수들은 15일, 말과 우마차는 5일간을 의무적으로 참여하여야 했다. 물론 모든 노동에는 임금은 없었다. 자갈이 부족하기 때문에 노동자들은 바위를 깨서 자갈을 만들기도 했다. 4) 또 다른 한탄강 유역인 연천에는 한탄교가 신설되었다. 공사는 49년 3월에 시작되었고 50년 6월 1일이 완성목표였다. 5)

임진강 유역에는 일찌감치 49년 5월부터 시작하여 49년 9월에 이미 폭 5m, 길이 70의 유진교라는 교량건설을 마쳤다. 6) 역시 건설은 강원도 인위 건설국 책임이었다. 49년 10월 말부터는 강원도 철원에는 무남교를 임진강 상류에 건설하기 시작하였다. 7) 임진강으로 인해 분

---

3) MA, RG 23, KLO Report, #485-A (Apr. 13, 1950).

4) MA, RG 23, KLO Report, #384-A (Mar. 10, 1950).

5) MA, RG 23, KLO Report, #522-C (May 26, 1950).

6) MA, RG 23, KLO Report, #395-A (Mar. 15, 1950).

리된 지점을 연결하기 위한 것이었다. 강원도 인위 책임이었다. 연천군 관인면의 신천에는 신천교가 건설되었다. 이러한 교량의 신설과 도로의 수리 및 확장은 군사수송을 원활하게 하기 위한 것이 가장 커다란 목적이었다. 도로와 교량이 수리되고 신설되는 이 지점들은 군대가 이동하는 길목들이었고, 실제로도 50년 6월에 인민군이 집중적으로 이동하고 배치되는 지점들이었다.

교량은 38선 부근에만 신설된 것은 아니었다. 평양과 원산 사이의 1급 국도의 교통은 대동강 상류의 나룻배로나 가능했다. 이에 북한은 50년 5월 말을 목표로 49년 3월부터 순천교를 건설하였다. 50년 5월에는 이미 이동하는 인민군과 그들 장비의 폭증으로 인해 이 도로의 나룻배는 사용할 수가 없었다. 이에 그 시점에도 새로운 교량이 건설되고 있었다. 미군첩자의 보고에 따르면 5월 말을 예정목표로 5월에 한창 신설 공사가 진행되고 있었다.[8] 이를 위해 매일 군에서 500명씩 동원되었다. 또한 38선 부근 주둔부대들 간의 이동이 도로가 없거나 좁아서 불편하자, 부대와 부대의 이동을 편리하게 하기 위해서 도로를 신설하기도 하였다. 만세교-포천으로 이어지는 운천지역에 주둔하는 한 부대의 공사는 49년 12월 중순에 시작하여 50년 5월 중순에 완성하였다.[9] 트럭이 다닐 수 있도록 하기 위한 것이었다. 황해도 서흥군 신막면의 서흥강을 가로지르는 신막교는 좁고 약하여 여름 홍수철에는 자주 범람하여 통행에 지장을 주었다. 이에 1950년 4월 초부터 수리 및 확장공사를 실시하였다.[10]

---

7) MA, RG 23, KLO Report, #396-B(Mar. 16, 1950).

8) MA, RG 23, KLO Report, #493-B(May 11, 1950) ; # 507-B(May 19, 1950).

9) MA, RG 23, KLO Report, #512-A(May 23, 1950).

10) MA, RG 23, KLO Report, #529-C(Jun. 6, 1950).

북한정부는 1950년 3월 말경 "**5월 31일까지 각 군 인위의 감독하에 도로 및 교량을 수리하고 필요한 곳에 신교량을 건설하라**"고 모든 지방정부에게 지령하였다.[11) 중앙정부의 지시가 중간에 KLO의 첩자에게 포착되었음이 틀림없다. 동굴과 참호건설 및 수리도 지시되었다. 이 도로들은 대부분이 38선 부근에 집중된 지점이었다. 이렇게 많은 교량들이 집중적으로 건설되고 도로가 확장, 수리되자 그 지역의 많은 주민들은 머지 않아 전쟁이 일어날 것으로 믿었다. 노동자들의 동원도 많았다. 그 중에는 병사들이 대거 한꺼번에 집중하는 것에 대비하여 이들이 주둔할 막사를 짓기 위한 동원도 있었다. 입대, 도로수리, 남한으로의 탈출, 노력동원으로 1950년 북한에서는 곳곳에서 노동력 부족상태가 야기되었다. 이러한 노동력 부족에는 젊은층의 남한으로의 탈출과 대거투옥도 한 요인이었다. 따라서 이러한 수리 및 건설작업은 심화된 노동력 동원의 어려움으로 예정된 기일 안에 끝내지 못한 것도 많았다.

2) 38연선 주민소개

KLO의 첩자들로부터는 38선 부근의 주민소개(疏開)에 대한 비밀보고가 1950년 2월과 3월에 집중되었다. 이 소개는 북한정부가 오랫동안 준비한 것이었다. 소개를 위한 사전조사는 이미 1949년 7월부터 실시되었다. 그러나 조사 이후 곧바로 소개조치가 취해지지는 않았다. 북한 내부에 침투해 있는 KLO 첩자에 따르면 소개에 대한 내무성, 민족보위성, 노동성 간의 완전한 합의가 이루어진 것은 49년 12월

---

11) MA, RG 23, KLO Report, #457-B(Apr. 21, 1950).

이었다. 필자가 북한이 내부적으로 전쟁을 결정하였다고 추론한 바로 그 시점이다. 38선 지역에 대한 광범한 조사에 의해 작성된 내무성 보안국 특별위원회의 현지 조사보고에 기초하여, 내무상 박일우에 의해 초안되고 수상 김일성에 의해 비준된 특별명령이 내무성 부상 박훈일의 명령으로 50년 2월 12일 38경비대 보안여단을 통하여 관련지역의 공공기관들에 내려졌다.[12] 소개문제 역시 김일성이 직접 관장하고 있음을 알 수 있다.

실제의 소개는 내무성에 의해 실시되었는데 주로 50년 2월 말에 시작되었다. 소개는 내무성 보안국 소속의 38경비대 1, 3, 7여단에 의해 실시, 감독되었다. 처음에 예정된 소개일은 2월 15~18일이었다. 소개명령의 적용을 받는 대상은 38선 부근의 약 18,000가구, 65,000여 명이었다.[13] 이 숫자는 단순히 몇 개 마을의 주민들을 소개시키는 것이 아니라 38연선 일정한 범위이내 지역의 전주민들을 내지로 소개시키고 있음을 뜻한다. 소개의 목적은 무엇보다도 38선으로의 병력이동과 그곳에서의 주둔 및 대남전쟁준비 등에 대한 비밀유지를 위한 것이었다. 그러나 동경의 지시에 의한 것이 분명한 전쟁 전인 50년 4월에 미국의 현지 첩자는 이 소개의 목적을 "남한군의 춘계공세에 대해 대비하고 보안유지와 남으로의 탈출방지, 그리고 경비대와 인민군의 민간인으로부터의 격리, 남한군에 대한 제일방어선을 위한 '빈 공간 (empty zone)의 설정' 등으로 분석하였다.[14] 그러나 이러한 분석은 핵심이 결여된 분석이었다. 그것은 38연선 전 지역에 걸쳐 이루어진 소

---

12) MA, RG 23, KLO Report, #490-A(May 10, 1950).
13) MA, RG 23, KLO Report, #490-A.
14) MA, RG 23, KLO Report, # 490-A(May 10, 1950).

개였는바, 남한군의 공세가 치열했던 49년 여름에도 이처럼 집단적이고 강제적이며 대규모적인 소개는 없었다.

이를테면, 정보에 따르면 49년 8월 12일에는 밤 11시에 남한군 6사단의 한 부대가 북한에 박격포로 포격을 가하여 일거에 북한군 35명을 사살하기도 하였으나 어떠한 소개도 이루어지지 않았다. 15) 8월 18일에는 더 큰 충돌이 있어 북한군이 75명이나 사망하였으나 이 지역의 소개에 대한 보고는 없었다. 16) 이 사망자 숫자는 아마도 과장되었을 것이다. 예외적으로 49년 9월초 해주지역의 주민들에게 사리원으로의 이주할 것이 명령되었는데 이 지역에는 대신 군대가 몰려들기 시작하였다. 17) 흥미 있는 것은 이 시점은 앞서 본 대로 북한군이 해주침공을 기도하던 바로 그 시점이었다. 이러한 현상은 다른 곳에서는 보이지 않았다. 49년 10월 25일에는 남한군이 해주의 시멘트공장에 포격을 가하여 군인 400명과 민간인 300명이 사망한 것으로 보고되었다. 이 사망자 수 역시 믿기는 어렵다. 남한군의 포격으로 공장은 서해주로 이동하였고 사망자들은 25대의 트럭에 나뉘어 운반되었으나 집단적인 소개는 일어나지 않았다. 18) 격렬한 충돌이 빈발하였던 옹진-개성 지역에서도 49년에는 이러한 일률적이며 강제적인 집단적 이주와 소개는 발생하지 않았다.

50년 내무성 소개명령의 핵심은 "38선 북방 3km 이내 지역의 모든 주민들은 로동성의 기관에서 지정한 장소로 모두 소개하여야 한다"는 것이었다. 그러나 실제로는 지역에 따라 4km 이내 지역에 거주하는 주민들이

---

15) KMAG, G-2, P/R, No. 165 (Aug. 16, 1949).
16) KMAG, G-2, P/R. No. 166 (Aug. 18, 1950).
17) KMAG, G-2, P/R. No. 181 (Sep. 15, 1950).
18) KMAG, G-2, P/R. No. 203 (Oct. 25, 1950).

소개되기도 하였고 심한 경우에는 훨씬 광범위하게도 12㎞ 이내 지역주민들이 소개되기도 하였다. 19) 이 계획을 비밀리에 성공적으로 완수하기 위하여 미리 정치보위부, 군인민위원회, 내무서, 노동당 군당의 장들로 구성되는 '38선 주민소개추진위원회'(promotion committees for the evacuation of parallel residents)를 각 지방에 구성하였다.

추진위원회는 비밀리에 계획을 세우고 결과는 2월 20일까지 중앙정부에 보고하라는 명령을 받았다. 38경비대 경비여단들은 인민군 및 치안기관과 협조하여 소개민 및 그들의 소지물품을 트럭, 우마차 등으로 지정된 역까지 수송하는 책임을 졌다. 또 기차역에서는 각군 인위의 노동국이 소개민들을 인계받아 지정된 광산과 공장으로 수송하는 책임을 졌다. 소개명령의 결과 38경비대의 사령관들의 보고에 따르면 소개는 표면적으로는 50년 2월 20일까지 완료되었다. 그러나 소개는 수송력의 부족, 대상주민의 불만과 저항, 비밀유지 때문에 지연되어 실제 소개는 대부분 3월에 실시되었다. 공포에 질린 소개민(疏開民)들에게는 어떠한 보조나 구체적인 향후대책도 없었다. 모든 소개민들의 땅과 주택은 버려졌다.

1950년 2월 10일 38선으로부터 북쪽으로 12㎞ 떨어진 동촌지역의 주민들에게 내무성으로부터 소개(疏開) 명령이 떨어졌고 3월 25일까지 주민의 약 30%만이 원산과 철원으로 철수했다. 비록 소개가 3월 31일까지 완료되어야 하지만 갑작스런 이사준비 때문에 소개는 연기되었다. 이 지역의 모든 주민들을 소개시키기 위하여 "4월 1일부터는 모든 치안관계요원들이 물리력을 사용할 것"이라고 보고되었다. 소개는 강제소개였던 것이다. 또 2월 10일에 청단지역의 38선 이북 12㎞

---

19) MA, RG 23, KLO Report, #423(Apr. 4, 1950).

이내에 거주하는 주민들에게도 내무성으로부터 소개명령이 떨어졌다. 3월 20일까지 이 지역의 약 40% 주민들이 소개하였다. 4월 15일까지는 모든 주민들이 소개하지 않으면 안 되었다. 모든 주민들은 이사를 강요받았다. 남한과의 전쟁을 준비하기 위해서 소개명령이 내려졌다는 것이 이들 지역에 사는 주민들의 여론이었다.[20]

3월 15일에는 38선 이북지역 2km 이내에 사는 해주지역의 모든 주민들을 소개하라는 명령이 내려졌다.[21] 주민들 사이에서 소개의 목적은, 전쟁준비와 남한으로의 정보루트 차단이라고 이야기되고 있었다. 3월 17일 백학면과 군남면의 주민 약 200명을 강제로 트럭에 태워 연천으로 보냈고, 그 뒤 3월 18일 오후에는 원산으로 보냈다.[22] 또한 어떤 일반인도 분계선 4km 이내에는 출입할 수 없게 하기 위해 38선 부근의 북한무장력은 거의 세 배로 증강되기도 하였다. 소개에 관한 KLO의 한 비밀 보고서를 보자.

북한괴뢰정부는 50년 3월과 4월초 기간 38선 부근 지역주민들을 강제적으로 소개해 왔다. 소개 때문에 남으로의 탈출숫자가 증가하기도 하였다. 이러한 이유 때문에 더욱 더 많은 사람들이 남으로 도망하거나 북한의 다른 지역으로 이사하고 있다. 연천군 전곡면의 여러 마을들은 4월 17~18일에 그들의 집을 떠나라고 강요받고 있다. 주민들을 강제로 트럭 등에 태워 연천을 거쳐 원산으로 보내고 있다. 노동당원들과 그의 가족들은 이러한 소개로부터 면제되고 있다.[23]

---

20) MA, RG 23, KLO Report. #423 (Apr. 4, 1950).

21) MA, RG 23, KLO Report. #424 (Apr. 4, 1950).

22) MA, RG 23, KLO Report. #435-E (Apr. 10, 1950).

23) MA, RG 23, KLO Report. #475-C (May 2, 1950).

노동당원들을 면제해 준 이유는 그들은 비밀을 지킬 수 있거나 혹은 남쪽으로 도망치지 않을 것이라고 여겼기 때문일 것이다. 어떤 지역에서는 소개명령을 받자 남으로 도망치기도 했고 어떤 마을에서는 저항하기도 하였다. 어느 마을의 주민 70여명은 소개명령을 받자 재산을 버리고 집단적으로 남한으로 도망갔다. 소개 주민들은 트럭이나 기차에 태워 멀리 함경도 단천, 원산 등지로 보냈다. 그러나 이에 저항하여 가까운 철원 등지에 정착하기도 하였다. 또 일부는 노동력의 부족을 메우기 위해 작업장에 투입되기도 하였다.

농민들은 이동을 예상하여 아예 농사를 짓지 않았다. 포천군 영중면 용성리의 31가구(150여명)는 3월 15일 소개당했다. 함경남도 단천으로 보내려 했으나 그들은 함경남도에 살기를 원치 않았으므로 철원에 정착했다. 3월 30일 장풍군 용암면의 38이북 2㎞ 지점의 약 20가구가 소개당한 뒤 다시는 아무도 그 지역을 지나갈 수 없었다. 이후 민간인들의 38선 부근으로의 접근은 불가능했다.

이러한 소개는 여러 지역에 침투해 있는 많은 KLO 정보요원들이 동시에 보내오고 있는 것으로 보아 38선 북선(北鮮) 전지역에 걸쳐서 광범하게 이루어지고 있는 것이 분명했다. 물론 자연적인 이주도 적지 않았다. 하나는 남한으로의 탈출 때문이었고 다른 하나는 전쟁발발 소문으로 인한 위협과 공포 때문이었다. 이로 인해 본격적인 소개 이전에도 38선 지역에서는 이미 적지 않은 숫자의 주민들이 거주지를 떠나고 있었다.[24] 때로는 마을전체가 비밀리에 집단적으로 월남하기도 하였다. 탈출은 북한당국의 강경한 통제에도 불구하고 1950년 6월까지도 계속 이어졌다.[25] 이 소개는 말할 필요도 없이 군사적 이유에

---

24) "판결등본집,"《사료집》9권, pp. 447~647.

의한 조치였다. 가장 커다란 이유는 38선으로의 병력이동을 앞두고 비밀유지를 위한 것이었다. 그리고 그곳에 군사적 시설들을 설치하고 공격 시 장애물이 없이 이를 용이하게 하기 위한 것이었다.

3) 군대의 증강과 훈련, 장비 배분 26)

1950년 3월경부터 인민군의 전력증강은 그때까지보다 훨씬 더 급속한 속도로 전개되었다. 1948년 12월 현재 2개 보병사단, 1개 독립 혼성여단, 1개 탱크 연대이던 인민군전력은 1950년 2월까지는 약 그의 2배의 규모로 증강되었다. 그러나 이 증강의 속도와 기간은 아직도 완만한 것이었다. 중국에서 넘어온 부대들도 인민군으로 편입은 되었으되 정식으로 인민군 편제의 일련번호를 부여받지는 않았다. 이들은 50년 3월에 들어서야 전부 인민군 5사단과 6사단으로 정식 일련번호를 부여받았다.

49년에 귀국하여 신의주에 주둔하던 6사단은 3월에 사리원으로 이동하여 주둔하였다. 1950년 4월 중순에는 중국군내 한인병사들의 추가 귀환이 이루어졌다. 1949년 7월과 8월에 중국인민해방군 166사단과 164사단이 입북할 때 이들은 만주에 주둔하던 부대들로서 당시 만주일대는 이미 국부에서 중공측으로 넘어간 뒤였다. 따라서 이들은 전투를 수행하고 있는 것이 아니라 다만 잔적(殘敵) 소탕과 치안유지 정도만을 맡고 있었다. 이들은 사단급 편제를 유지하고 있어서 북한

---

25) "심사관계서류,"《사료집》, 9권, pp. 796~799; MA, RG 23, KLO Report. #367-A(Feb. 28, 1950) ; #475-C(May 2, 1950).

26) 여기에서는 사회의 동원화나 인민군내의 정신적 사상적 무장, 훈련에 대한 분석은 생략한다. 이에 대해서는 제 2권에서 다룬다.

으로의 귀환이 매우 쉬운 상태였다.

그러나 1950년 4월의 귀환은 달랐다. 이때에 귀환된 한인장교와 사병들은 당시 호남성 일대에서 국부와 마지막 결전을 벌이고 있는 전투부대에 소속되어 있었다. 더욱이 이들은 중국인민해방군 139, 140, 141 및 156사단 등에 흩어져 소속되어 있었다.[27] 국부와 전투에 임하고 있던 부대들을, 그들이 여러 부대들에 나뉘어 소속되어 있었음에도 불구하고 이들을 별도로 모아 따로 독립부대 — 독립 제 15사단 — 를 편성하여 북한으로 귀환케 하였다는 것은 북한의 필요의 절박성을 말해 준다. 물론 이 귀환은 김일성의 요청에 대해 모택동이 동의해 줌으로써 가능해진 것이었다.[28]

조선인민군 12사단 제 31연대 후방지원 부대장으로 있다가 한국전쟁 중 체포된 인민군 중좌 김정웅의 진술은 이러한 이동 중의 한 사례를 투명하게 보여준다. 1945년 12월 25일 만주 길림성 돈화현에서 입대한 그는 자기의 부대와 함께 46년 6월 동북민주연군에 통합되었다가 중국인민해방군 제 6사단 17연대 제 3대대로 소속이 변경되었다. 이때 6사단의 조선인은 약 5,000명이었다. 6사단은 48년 11월 24일 제 467연대로 개편되었고, 467연대가 남창에 주둔하고 있던 50년 2월

---

27) Hq. FEC, *HNKA*, p. 70; 呂政, 《붉게 물든 대동강》, pp. 14~15. 여정은 중국에서 넘어온 인민군 제 12사단 정치장교로서 그의 본명은 姜秀鳳이다. 안성규, "1956년 소련은 김일성을 제거하려 했다-중국망명한 연안파 거물들의 한과 충격증언,"《월간중앙》1994년 5월, p. 568.

　그는 1959년 연안파의 대거 숙청때 숙청되어 1969년까지 투옥되었다가 중국으로 탈출하였다. Nie Rongzhen, *Inside the Red Star-The Memoirs of Marshal Nie Rongzhen*(Beijing: New World Press, 1988), pp. 642~643.

28) Nie Rongzhen, *Inside the Red Star-The Memoirs of Marshal Nie Rongzhen*, p. 642.

15일에 모든 조선인 병사들은 만주로 가게 된다고 통보받았다. 그는 50년 2월 20일 조선인병사 5,000명과 함께 남창을 출발하여 2월 25일 호남성 정주에 도착하였다. 그곳에서 조선인병사들은 독립 제 15사단을 편성한 뒤 3월 18일 열차편으로 정주를 출발하여 동월 23일 안동에 도착하였다.

독립 15사단은 3월 23일 안동을 출발하여 당일로 신의주에 도착하였으며 24일 원산에 도착하였다. 독립 15사단은 50년 4월 20일 인민군 제 7사단으로 재편되었는데 명령서에는 제 7사단의 창설일자는 3월 24일로 소급한다고 적혀 있었다. 7사단은 6월 17일 열차편으로 원산을 출발하여 19일 간성에 도착하였다. 6월 19일에는 간성을 출발하여 도보로 20일 양구에 도착하였다. 제 7사단은 6월 25일 제 12사단으로 개칭되었으며 사단예하의 제 1, 제 2, 제 3연대 역시 제 30, 제 31, 제 32연대로 개칭되었다. 기존의 7사단이 12사단으로 개칭되자 새로이 7사단이 창설되었다. 29) 김정웅의 이 일지는 50년초 중국에서 북한으로 넘어온 부대의 이동경로와 일자를 정확하게 보여주고 있다. 이 사단은 넘어와서 곧바로 인민군 제 12사단으로 재편되었다. 그러나 이 부대의 귀국사실은 당시에는 철저하게 극비에 부쳐졌다. 30)

조선인민군 제 4사단은 50년 봄에 신의주에서 창설되었다. 제 4독립 혼성여단이 이때서야 정식으로 조선인민군 제 4사단이 된 것이었다. 31) 창설시 사단의 한 개 연대는 전(前) 중국인민해방군 166사단

---

29) 국방군사연구소, *Prisoner of War Preliminary Interrogation Report.*
30) 여정, 《붉게 물든 대동강》, p. 15. 오늘날 노획문서 중에는 '元山駐둔部隊'(원문 그대로. RG 242, SA 2005, Item 3/7) 라는 필사문건이 남아 있어 전우, 지병학, 김종온, 최혁, 리원영 등 부대 간부들의 상세한 경력을 알 수 있다.
31) KMAG, G-2, Weekly Summary. No. 1 (Apr. 6, 1950) (Mar. 31~Apr. 6).

소속의 부대였다. 5, 6, 12사단 역시 중국에서 새로이 들어온 부대였다. 그렇다면 최소한 인민군 주력 7개 사단의 절반이 중국에서 넘어온 부대들임을 알 수 있다. 이들 7개 주력 사단은 50년 6월에 공격에 임하는 부대와 동일하였다. 중국에서 귀국한 166사단은 3월 1일에 6사단으로 전환하였다. [32] 5사단도 이 시기에 전환하였다. 이전에 입북하여 그대로 중국군부대명칭을 갖고 있던 부대들은 50년 봄에 새로이 기존의 인민군에서 부대를 배속받아 혼합, 정식으로 5사단과 6사단으로 편성된 것이었다.

결국 50년 봄에 들어서만 북한군은 4개 사단이 증편된 것이었다. 이때 증편된 사단은 5사단, 6사단, 그리고 4사단, 12사단(7사단)이었다. 사실상 이 시점에서 인민군은 총 13개 사단이었다. 정식으로 인민군 사단편제에는 들지 않았으나 3개의 38경비여단과 3개의 민청훈련소 역시 인민군 정규사단과 거의 같은 편제를 갖추고 있었으며, 인민군내의 명령서들을 볼 때 무기와 장비의 배분, 훈련 역시 항상 거의 동일하였다. 실제로 이들은 사단 일련번호를 이미 부여받고 있었다. [33] 6월 중순까지의 장비와 연료, 무기의 배분명령에서는 이들은 항상 인민군 정규사단과 같이 대우받았다. 그러나 실제 공격에는 경비여단만이 가담하였을 뿐 민청훈련소 3개는 마지막 순간에 예비대로서 공격에 투입되지는 않았다. 이들의 일부는 "전쟁이 약 한 달 반

---

32) MA, RG 23, KLO Report #519(May 25, 1950).

33) 외부로의 노출과 비난의 염려 때문에 공개하지는 않았지만 내부의 비밀문서들을 보면 인민군은 이미 1947∼48년부터 사단급 규모의 모든 부대에게 사단번호를 부여하고 있었다. 이를테면 RG 242, SA 2009, Item 5/3.3, 보안간부학교, 《조사학》(1947)과, '비밀'로 분류된 1948년 4월의 '人員申請書'(RG 242, SA 2009, Item 4/73)를 보라. 이 밖에도 이러한 비밀문서는 너무도 많다.

이면 종결되리라고 판단하고" 성공 후를 대비하여 점령부대로 사용하려고 남겨둔 것이었다. 34)

　이에 앞서 1950년 2월 4일 김일성은 슈티코프에게 전체 인민군을 10사단으로 증강하기 위해 3개 보병사단을 추가로 창설할 수 있는지 문의하고, 1951년에 제공키로 되어 있는 소련의 차관을 3개 사단창설을 위해 1950년중에 사용할 수 있는지 여부에 관해 문의한 바 있었다. 3개 사단의 증편과 원조의 조기집행에 대해 모스크바는 동의하였고 슈티코프는 이를 김일성에게 전달하였다. 3월중에는 무기구입에 관한 김일성의 요청에 대해 스탈린이 동의한 바 있었다. 또 2월에는 바실리예프 중장이 평양에 도착하여 북한인민군 총사령관의 새로운 고문직을 수행하기 시작하였다.

　일반적으로는 바실리예프가 1950년 4월에 북한에 와서 새로운 고문단장을 맡은 것으로 알려져 왔으나 새로이 공개된 소련비밀문서의 2월 24일 슈티코프의 전문에 따르면 2월이었다. 이전에는 슈티코프가 북한군 고문단장을 맡고 있었다. 즉 1949년 4월 22일 슈티코프는 북한군 고문단장인 스미르노프 소장을 교체할 것을 요청하였고, 이에 국방장관 바실리예프스키는 스탈린지령에 의해 스미르노프 소장 대신에 슈티코프 대사가 북한군 고문단장으로 임명되었음을 평양에 통보하였다. 35) 그러니까 소련의 비밀문서에 따를 때 소련의 군사고문단장은 스미로노프, 슈티코프, 바실리예프의 순서였던 것이다.

　바실리예프는 중장으로서 2차 세계대전 당시의 무공으로 소련영웅 칭호를 받은 인물이었다. 그는 10여 명의 고급장교들을 대동하고 기

---

34) Hq. FEC, *HNKA*, p. 24.
35) 《소련 외교문서》 2, pp. 5, 22.

존의 소련군 고문단과 교체되었다. 바실리예프는 고문단장(수석고문)이었고 총참모장 고문은 포스트니코프 소장, 정치고문은 말쩬꼬 소장이었다. 공병의 경우 스따니코프 중좌에서 돌긴 대좌로 바뀌었다.[36) 이는 훈련고문단에서 작전고문단, 전투고문단으로의 교체를 의미했다. 그때까지 인민군의 증강을 감독하고 지원하던 고문단의 역할은 본격적인 군사작전 지도로 바뀌었던 것이다. 이들 새로운 작전지도그룹의 입북은 스탈린의 동의, 무기 및 장비의 지원과 함께 한국전쟁의 발발에 소련의 개입정도를 보여주는 세 가지의 핵심요소 중의 하나이다.

한편으로는 새로운 고문단의 도착과 함께 다른 한편으로는 소련으로부터의 무기의 수입이 눈에 띄게 두드러졌다.[37) 1950년 3~4월부터 소련으로부터의 무기반입이 급증하였다. 주영복(朱榮福)에 따르면 여기에는 100대의 T-34전차, 60대의 자주포, 60대의 IL-10항공기를 비롯하여 막대한 수량의 각종포, 공병자재, 통신자재, 군사부품, 의약품 및 유류가 포함되었는데 이는 품목과 수량, 제공시기 면에서 특별한 것이었다. 무기는 전부 소련으로부터의 수입이었다. 전술했듯이 북한 민족보위성에서는 이 무기를 수령하기 위하여 최인 부총참모장을 단장으로 하는 무기접수위원단을 구성하였다.[38)

전쟁을 시작하기 위한 다른 한 준비는 군사훈련이었다. 그것은 동기(冬期) 훈련-강평과 검열-하기(夏期) 훈련의 순서로 이어졌다.[39) 훈

---

36) 주영복, 《내가 겪은 조선전쟁》, p. 189.

37) Hq. FEC, *HNKA*, p. 24.

38) 주영복, 《내가 겪은 조선전쟁》, p. 193.

39) NA, RG 242, SA 2005, Item 7/92, 조선인민군 제95군부대 2대대 '극비-동기 전투훈련 4월분 2계단 전투정치훈련 계획표'(1950년 3월 31일) ; 2012-5/95,

런의 중앙구상과 하부일정은 치밀하고 조직적인 것이었다. 인민군내의 비밀명령서들에 따르면 1949년 겨울부터 1950년 봄에 걸친 기간에 인민군의 모든 부대는 동기전투훈련을 실시하였다. 오늘날 이에 대한 중앙의 전체적인 명령과 집행계획을 입수할 수는 없으나 하부 단위부대들의 비밀명령에 나타나 있는 훈련계획에 비추어 볼 때 훈련계획은 대략 3단계였다. 훈련의 강도는 점점 더 강화되었으며, 이는 자연스레 검열이라는 총검토를 거쳐 미비사항을 보완한 뒤 하기 전투훈련으로 연결되었다. 훈련은 민족보위성 주관하에 전군적으로 실시되었다.

동기훈련에 뒤이어 곧바로 4월에는 전군적인 검열이 있었다.[40] 검열은 국가검열단에 의하여 실시되었다. 검열은 민족보위성과 총참모부의 간부들, 각사단의 사단장들, 관계장교들이 참여한 가운데 실시되었다. 검열은 훈련의 모든 부분, 이를테면 군사예절, 전투훈련, 정치훈련, 체력단련, 보초, 기타 등에 대해서 완전하고도 철저하게 실시되었다. 검열에는 지난 동기 전투훈련기간중의 결점과 보완점에 대한 강평이 곁들여졌다. 강평단은 민족보위성에서 직접 내려갔으며 사단별로 교차검열을 하기도 하였다. 검열의 결과 50년 4월 현재 인민군은 다음과 같은 등위를 받았다. 1위부터 8위까지 '2사단, 1, 해군, 3, 6, 4, 7, 5사단'의 순서였다.[41] 2사단이 1950년 4월 현재는 가

제 371군부대 참모부, '1950년도 하기전투정치훈련 제1계단 훈련계획표'(1950년 5월 23일) ; '1950년 하기 전투정치훈련 대대훈련계획표'(1950년 6월 10일) ; 2009-6/58 · 6, 第一民靑訓練所 第三支所, '1950년도 제일기 제일계단 전투정치훈련계획표'(1950년 3월) ; 2009-6/58 · 2, 第一民靑訓練所 第三支所, '1950년도 하기 제일계단전투정치훈련계획표'(1950년 5월 27일).

40) MA, RG 23, KLO Report, #518(May 25, 1950).

41) MA, RG 23, KLO Report, #518(May 25, 1950). 여기서 말하는 7사단은 12사단을 말한다. 이 두 개의 명칭은 혼용되다가 전쟁 직전 7사단이 만들

장 좋은 성적이었고 5사단이 가장 낮은 성적이었다. 그러나 실제 전
쟁에서는 2사단이 가장 나쁜 전과를 나타내었고 가장 잘 싸운 사단들
은 중간 등위를 받은 3, 4, 6사단이었다.

다른 한편 인민군을 통일된 하나의 군대로 만들기 위한 조치들이
이어졌다. 동질화된 단일의 군조직을 만들기 위한 조치였다. 하나는
부대의 혼합편성이었다. 중국에서 들어온 부대와 기존의 부대들은
서로 간에 이질적인 요소들을 포함하고 있었다. 이에 인민군 지도부
에서는 이들을 혼합하여 부대들을 전부 섞어버렸다. 이 혼합은 50년
2월 20일부터 3월 20일 한 달 사이에 집중적으로 이루어졌다. 42) 이를
테면 1950년 3월에 6사단이 만들어질 때 인민군 1사단 1연대는 6사단
으로 배치되었다. 43) 대신 6사단 소속의 14연대는 1사단으로 배속이
변경되었다. 44) 또한 1사단의 포병부대들도 50년 3월 6사단으로 이동
하였고, 1사단 포병부대는 5월에 새로이 부대를 창설한 뒤 배속하였
다. 45) 일반적으로라면 6사단에 신설 포병부대를 배속할 텐데 1사단
에 있는 기존의 부대를 6사단으로 돌리고 신설부대를 1사단에 배속시
키고 있음을 알 수 있다. 이러한 혼합과 이동은 다른 부대들에서도 이
루어져서 중국군 출신들과 기존 인민군을 하나의 군대로 만들고자 노
력하였다. 장교들의 이동도 있었고 예하부대 전체가 이동하는 경우
도 있었다. 50년 3월 5사단이 정식으로 만들어질 때는 2사단 5연대가
이동하여 하나의 연대를 이루었다. 46)

어지면서 원래의 7사단은 12사단이 되었다.

42) MA, RG 23, KLO Report, #519(May 25, 1950).

43) MA, RG 23, KLO Report, #519(May 25, 1950).

44) Hq. FEC, *HNKA*, p. 52; KMAG, G-2 W/S No. 1(Apr. 6, 1950).

45) MA, RG 23, KLO Report, #538(Jun. 11, 1950).

이러한 노력은 군내 당 수준에서도 이루어졌다. 즉 북한은 중국에서 귀국하여 아직 중국공산당 소속인 병사들을 전부 조선로동당 소속으로 전당(轉黨)시키는 작업에 착수하였다. 김일성은 49년 7월 중국에서 부대가 건너오자마자 직접 이들을 맞아들이는 행사에 참석하여 "우리 당의 로선과 정책으로 튼튼히 무장하며 그 정당성을 똑똑히 인식(하라)"고 주문하였다. 47) 50년의 전당사업은 최용건과 강건의 직접명령에 의하여 귀환부대 전체에서 실시되었다. 기간은 1950년 5월 17일부터 6월 5일까지였으며 이 사업에 투입된 인원들은 다른 모든 사업을 중단하고 오직 이 사업의 기한 내 완수만을 위하여 몰두하라고 지시하였다. 이것은 인민군의 통일을 위해 매우 깊은 주의를 기울이고 있음을 알게 해준다. 48) 이 시점은 김일성이 스탈린과 모택동을 만나 전쟁을 결정한 직후이며 공격시기를 6월 말로 결정하던 시점이었다. 따라서 전당사업은 전쟁을 시작하기 전에 군내의 중국공산당 소속군인들을 남기지 않고 조선로동당 소속으로 바꾸려는 작업이었던 것이다.

전당사업과 함께 각 부대에서는 연대와 대대에 당서기를 선정하도록 명령하였다. 49) 당서기를 통하여 당 중앙의 노선과 명령이 중국에서 들어온 부대에게도 효과적으로 침투할 수 있게 하기 위한 것이었

46) 김석중, 《삭풍(朔風)》(서울: 극동문제연구소, 1991), pp. 88~89; MA, RG 23, KLO Report, #478(May 3, 1950).
47) 김일성, "인민군대는 현대적 정규무력으로 강화발전되어야 한다," 조선인민군 제655군부대 군관회의에서 한 연설, 1949년 7월 29일《김일성 저작집》5권, p. 204.
48) 민족보위성 총참모부 명령 제0366호, '중공당원 전당을 위한 당문건 작성 등기원 동원보장에 대하여' 1950년 5월 17일.
49) NA, RG 242, SA 2010 Item 5/124 조선인민군 825군부대 지령. '련대 및 독립대대 당서기 선정에 대하여' 1950년 5월 27일.

다. 인민군대에는 이미 1949년 5월의 내각결정으로 중대단위에는 문화부 중대장이 배치되어 군에 대한 당의 통제를 확실하게 해오고 있었다.[50] 이후 상급부대에도 문화간부를 배치하였다. 그러나 중국에서 넘어온 부대들은 그렇지 않았기 때문에 이와 같은 조치를 취하고 있는 것이었다.

5월 27일 825군부대 문화부 부대장 김강(金剛)[51] 은 "금번 중국공산당으로터 로동당에 전당하는 사업을 통하여 부대내 정확한 당원통계를 장악하고 당원들과 당사업을 보장하기 위하여 각 련대 및 독립대대에 당서기를 선정할 것"을 지령하였다. 선정은 3일 만인 5월 30일까지 완료하여야 했다. "당서기는 한 부대에 한 명으로 당성이 강하고 당사업에 책임감이 높으며 성분, 출신, 경력 등을 심각히 심사하여 선정할 것"과 "선정되는 서기는 리력서 자서전 각 2통, 사진 2매, 성명, 생년월일, 직위, 출신, 성분, 지식, 입당연월일, 당사업경험"을 상세하게 보고하여야 했다. 이는 군대내에 당의 노선과 사상이 잘 침투할 수 있게 하여 재빠르게 중국의 군대에서 조선의 군대로, 그리고 모택동의 군대에서 김일성의 군대로 변환시키기 위한 노력이었다. 중국에서 들어온 부대들은 그대로 중국군 복장을 하고 들어왔기 때문에 이들의 군복도 즉시로 전부 조선인민군복으로 갈아주었다.[52]

---

50) NA, RG 242, SA 2009, Item 10/99, '조선인민군대내에 중대문화부중대장 설치에 관한 결정서'(1949년 5월 27일 내각결정 제60호), pp. 1~8.

51) 여기에 나오는 김강은 1945년 11월 조선의용군을 이끌고 귀국하려다가 신의주에서 소련군에 의하여 저지당했던 그 김강이다. 이 사건에 대해서는 제2권을 참조하라.

52) NA, RG 242, SA 2010 Item 5/124 제825군부대 부부대장 지병학, '지령' 1950년 5월 14일 원산에서.

1950년 4월까지의 훈련과 검열이 끝난 뒤 5월 들어서는 본격적으로 하계훈련이 준비되었다. 이것은 4월에 김일성과 박헌영이 스탈린을 만나 전쟁의 개시에 합의한 뒤 이어 나온 조치였다. 하계훈련은 최종적인 전쟁준비 점검이었던 것이다. 국가검열이 끝나자 곧바로 하기 전투 정치훈련에 대한 명령이 내려갔다. 5·1절을 맞이하여 민족보위상 최용건은 지난 시기의 동계훈련을 치하한 뒤 4월 28일 다음과 같은 명령을 내렸다. 53) 최용건은 "멸망에 직면한 미제국주의를 두목으로 하는 반동진영은 전쟁도발에 광분하고 있다. … 조선인민은 새 전쟁도발을 꾀하는 자가 누구인지를 알고 있다"며 "륙해공군 전체 군무자들은 동기훈련의 승리적 성과위에 닥쳐오는 하기 전투정치 훈련기간에서 반드시 새로운 성과를 달성하기 위하여 총동원하라!", "전체 군무자들은 조국과 인민이 부를 시에는 언제나 반동세력을 격파할 수 있도록 준비를 갖추라"고 명령하였다.

4월의 하기훈련명령은 예정된 것이었다. 5월의 인민군 중앙의 명령서들은 하기전투훈련을 위한 일정표와 장비의 배분에 집중되어 있다. 이로 미루어 볼 때 전쟁을 상정한 하기전투훈련이 시작된 것임을 알 수 있다. 물론 '훈련'이라는 용어는 전쟁준비의 위장이었다. 5월 18일 발송된 무정의 명령은 전투훈련용 목재분배에 관한 것으로서 대상부대는 전 사단급 부대의 포병이다. 1번부터 12번까지 각각 115군부대, 235, 395, 485, 615, 655, 825군 부대, 제 1 민청훈련소, 제 2 민청, 제 3 민청, 586, 582군 부대에 전체 95입방미(터)를 배분하고 있다. 54)

---

53) 최용건, '조선민주주의 인민공화국 민족보위상 명령 제 0285호'(1950년 4월 28일) 문서번호 망실.

54) NA, RG 242, SA 2013 Item 1/116. 이하 5월에 내려진 중앙의 명령에 대해 표기가 없는 것은 동일한 문서군번호이다.

여기에서 보면 전쟁에 실제로 동원되는 부대와 그렇지 않은 부대 사이에 규모의 차이는 없다. 115군 부대부터 825군 부대는 각각 1, 2, 3, 4, 5, 6, 12 사단을 말한다. [55] 즉, 이것은 각 부대의 암호였던 것이다.

5월 20일에 발송된 무정의 명령은 조정된 포병 하기전투훈련 일정표이다. 각 사단 지휘참모 훈련일자는 제 1회가 6월 11일부터 6월 13일까지, 제 2회가 7월 20일부터 7월 22일까지이다. 5월 26일의 531군 부대 무정의 명령은 포병대대 군관수첩의 분배이다. 전체 13개 사단급 부대에 동일하게 분배하고 있다. 이것은 실제의 전쟁 시작에만 참가하지 않았지 7개사단이 아니라 13개사단 규모가 전쟁을 준비하고 있었음을 의미한다. 5월 26일의 명령에는 지금까지 보이지 않던 신규부대(105부대)가 포함되기도 하였으나 부대 한두 개의 추가와 배제는 6월까지도 계속되었다. 6월 1일 발송된 무정의 명령은 포병전투훈련교범 분배명령인데 역시 13개 부대에게 분배하고 있다. 전투훈련강령은 531군부대 기밀실에서, 포병중대장 수첩은 보위성 규정부에서 1950년 6월 8일까지 접수할 것을 지령하고 있다.

하기훈련의 시기들은 부대의 명령서들마다 약간씩 달랐다. 인민군 부대들은 부대에 따라 5월과 6월의 어느 시점을 택하여 하기전투훈련에 들어갔다. 그러나 그 기간은 대략 한달 정도로 계획하고 있는 것이 대부분이었다. [56] 371군부대는 5월 23일 "하기전투훈련 제 1 계단 과

---

55) 萩原 遼, 최태순 역, 《한국전쟁-김일성과 스탈린의 음모》(서울: 한국논단, 1995), p. 181. 저자의 호의로 필자는 이 책을 교정지 상태에서부터 상세하게 읽을 수 있었다. 최종교정지와 원래의 일본어 책의 부제는 김일성과 맥아더의 음모였으나 한국어판의 부제는 김일성과 스탈린의 음모로 바뀌어서 출간되었다.

56) 문서번호 NA, RG 242, SA 2010 Item 5/124; SA 2012 Item 5/95와 SA 2013 Item 1/113에 포함되어 있는 부대훈련 계획표를 보라.

업을 1950년 6월 1일부터 시작하여 1950년 7월 15일에 종결짓는다"고 명령하였다. 4월 28일 최용건의 명령부터 이상의 5월의 명령까지에서는 아직 어떤 긴급성을 읽을 수는 없다. 이것은 이미 예정된 일상적인 하기전투훈련에 대한 명령일 수도 있다. 명령의 대부분도 장비의 분배에 관한 것이다. 그러나 이러한 명령은 6월에 들어서는 급격하게 바뀌었다. 6월의 명령에는 어떤 내용들이 들어있는가?

2. 공격작전, 군사편제의 변경, 전면이동

1) 편제의 변경과 공격작전의 확정

인민군 최고지도부 수준에서의 내부적 군사조치는 대부분 6월 10일을 전후로 하여 있었다. 앞서 보았듯 5월 13~16일 사이에 김일성과 박헌영이 모택동을 방문하여 스탈린-모택동-김일성·박헌영 간에 한국전쟁에 대한 마지막 합의와 결정이 있었다. 뒤이어 6월초에는 북한 정치-군사부문의 최고지도부내의 최종적 토론과 결정이 있었던 것으로 추론할 때, 군사작전에 대한 결정이 6월 10일 전후였다는 주장은 타당한 것으로 보인다. 이후 곧바로 부대이동과 같은 실질적인 준비가 시작되는 것으로 미루어 이는 틀림이 없을 것이다.

그런데 5월 중순에 스탈린-모택동과의 마지막 합의를 하고도 곧바로 군사작전 준비에 들어가지 못했던 것은 몇 가지 이유가 있었기 때문으로 보인다. 첫째로 원래 공격일을 6월말로 상정했기 때문에 이에 맞추어 준비를 했을 수 있다. 5월 29일자 《소련 외교문서》에 따르면 김일성은 슈티코프에게 북한군은 6월까지 완전한 전투태세를 갖추게 된다면서 자신은 6월말에 전투행위를 개시하는 것을 선호한다고 말하였다. 그 후는 시기적으로 적절하지 못하다는 것이었다. 그는 또한 총참모장과 바실리예프 장군이 공격계획을 수립하였으며 북한지도부는 이를 승인하였다고 언급하였다. 이에 따르면 공격시작 약 한달 전쯤에 공격개시일이 6월말로 결정되었음을 알 수 있다. 57)

《소련 외교문서》에는 김일성이 6월말을 선호한 두 가지 이유가 나와 있다. 첫째 군의 전투준비에 관한 정보가 남한측에 입수될 수 있으며, 둘째 7월중에는 장마가 시작되기 때문이었다. 이와 관련 김일성은 6월 8∼10일경 집결지역으로의 병력이동을 시작할 것이라고 통보하였다. 김일성과 면담한 후 슈티코프는 바실리예프 및 포스트니코프 장군과 의견을 교환하였는데 이들은 "7월에 공격을 시작하는 것이 가장 시의적절하나 일기관계로 6월로 변경할 수밖에 없다"고 하였다. 58) 즉 애초에 소련고문단은 7월에 전쟁을 시작하는 것이 적절하다고 상정하고 있었음을 알 수 있다. 또한 김일성은 공격징후가 남한에 알려지는 것에 대해 우려하고 있었으며, 그것이 알려지지 않고서 공격을 시작하는 것, 즉 전격전(Blitzkrieg)에 의한 승리에 상당한 노력을 기울이고 있었음을 보여준다.

직접 작전계획의 수립에 참여하였던 유성철의 증언은 오랫동안 비밀에 싸여있던 《소련 외교문서》와 놀랄 정도로 동일하다. 그에 따르면 공격개시일을 6월로 설정한 이유는 장마철이 있기 전에 공격한다는 것이 기본이었고, 그것은 북한이 입수한 남한측 정보에 따르면 "장마철이 끝나면 이승만의 군대가 북침한다는 것은 확실하다"고 판단했

---

57) 《소련 외교문서》 2, pp. 27∼28.
58) 《소련 외교문서》 2, p. 28.

기 때문이었다. 따라서 6월말로 결정되었으며, 일단 6월말로 결정이 나자 "경계가 소홀하고 장병의 외출이 많아 전투역량이 최저 수준인 날은 일요일밖에 없었다". 총참모부의 작전회의에서도 김일성과 동일하게 미국이 개입하기 전에 속전속결한다는 구상이었고 그것은 남한 좌파의 적극적인 호응을 전제로 하였다. 민족보위성 작전회의에서도 작전기간은 약 1개월을 구상하고 있었다.[59] 이 증언은 필자가 《소련 외교문서》를 보기 훨씬 이전에 유성철로부터 청취한 것이다. 유성철 역시 마찬가지였으며, 따라서 그의 증언은 신뢰할 만하다.

준비가 늦추어진 둘째 이유는 작전에 관한 내용을 소련군사고문단이 주도하고 있어서 이들과 북한군 최고지도부와의 의견조정이나 러시아어의 번역에 걸리는 실무적인 문제가 있을 수 있었다. 유성철에 따르면 소련군사고문단이 작성한 '선제타격계획'을 5월초에 넘겨받아 6월까지 계속 번역작업을 하여야 했다. 또한 앞서 본 북한지도부내의 의견대립이나 소련군사고문단과 북한군 지도부의 이견이 영향을 끼쳤을 수도 있었다. 최용건은 마지막까지 반대했으며, 그는 인민군 총사령관이었음에도 불구하고 바실리예프 고문단장과도 불화하였다. 마지막으로 다른 한 이유는, 미군의 비밀정보보고처럼 스탈린이 마지막까지 망설여 전문가와 김일성을 불러놓고 또 다시 토론을 하였기 때문인지도 모른다. 그러나 마지막의 것은 가능성이 높지 않다.

유성철에 따르면, 인민군 지도부는 5월 초에 소련군사고문단으로부터 전쟁에 대한 작전계획을 넘겨받아 한국어로 재작성하기 시작했다.[60] 그는 5월 초에 부총고문 포스토니코프 소장[61]이 호출하여 가

---

59) 유성철 면담, 서울, 1990년 11월 1일.
60) 유성철 면담, 1990년 11월 1일;《한국일보》1990년 11월 9일; 장준익,

408

니 "당신 이전에 작전계획한 적이 있는가"하고 물었다. 이에 유성철은 "우리가 강건 총참모장 지도하에 작성한 괴뢰군 북침 시에 대비한 방어계획이 있다"고 대답하자 포스토니코프 소장은 "그래서는 안된다, 우리가 작전을 짤 테니 번역하라"고 지시하였다. 며칠 후 유성철은 전화로 호출 받아 강건으로부터 고문단이 작성한 '선제타격계획'이라는 공격작전계획을 "번역하라"고 해서 넘겨받았다. 유성철에 따르면 최초에 이 작전을 넘겨받을 때 명령제목은 '반타격전투명령'이었다.[62] 그에 따르면 그것은 남침을 북침으로 위장하기 위한 것이었다. 결국 한국전쟁에 관한 기본계획은 소련 군사고문단의 주도로 강건을 비롯한 북한군 지도부와 협의하에 북한군지도부 참모들의 도움을 받아 완성된 것이었다. 5월 초부터 작업을 시작하였다는 유의 증언은 5월 29일 슈티코프와의 면담에서 공격계획 수립이 완료되었다는 김일성의 진술을 뒷받침해 준다.

1990년에 세 번째로 다시 출간된 회고록에서 흐루시초프는 "김일성의 성공과 실패를 평가해 볼 때 나는 우리 고문관들이 작전계획을 수립할 때 모든 것을 고려하지는 못했(다)"[63]고 진술하여 작전계획을

《북한인민군대사》, p. 158.

61) 유성철은 필자와의 면담에서 부총고문 보실리니코프 소장으로부터 명령서를 넘겨받았다고 증언하였다(1990년 11월 1일, 서울). 그런데 보실리니코프의 이름에 관한 유성철의 증언은 《소련 외교문서》 2에 나와 있는 포스트니코프 (p. 28), 주영복이 증언하는 총참모장 고문 포스트니코프(서울, 1993년 10월 19일. 주영복은 러시아어 발음으로 뽀스또니코프소장으로 발음하였다. 그는 그의 회고록에서도 뽀스또니코프로 기록하고 있다. 《내가 겪은 조선전쟁》, p. 193) 소장이 아닌가 보인다.

62) 〈KBS 다큐멘터리-김일성 참모들이 밝힌 6·25비사〉, 1992년 6월 23일.

63) N. Khrushchev, *Khrushchev Remembers-The Glasnost Tapes*, p. 146.

소련 고문관들이 직접 수립하였음을 진술하고 있다. 위의《소련 외교
문서》역시 소련군 고문단들이 총참모부의 작전계획 수립에 직접참
여하였음을 지적하고 있다.[64] 스탈린은 3월에 소련공산당에서 최종
결정한 뒤, 김일성을 불러들여 동의하고, 군사고문단을 파견하여 작
전계획을 수립해 주며, 공격에 필요한 막대한 양의 무기와 장비를 대
주는 세 가지 조치를 동시에 취하였던 것이다.

유성철에 따르면 이 작전계획 작성작업에는 러시아어를 해독할 수
있는 소련계 한인장교들만이 참여하였다. 이 작업에 이들만이 참여
한 이유는 그들이 러시아어를 해독할 수 있다는 이유 때문만이 아니
라 연안출신들이 참여하였을 때의 비밀누설 위협 때문이기도 하였다.
소련 고문단은 연안출신들을 신뢰하지 않았을 뿐만 아니라 중요한 결
정이나 직위에서는 배제하여 왔었다. 비밀작업의 장소는 평양의 민
족보위성 청사 별실이었고 참여자는 총참모장 강건을 비롯하여 김봉
률 포병부사령관, 유성철 작전국장, 박길남 공병국장, 이종인 통신
국장, 윤상열 작전부국장, 정학준 포병사령관 참모장 등이 모여 공격
계획을 작성하였다.[65] 전부가 소련한인들이다.

최근에 공개되었다고 보도된 한국전쟁에 관한 러시아어 명령서 역
시 동일하게 '선제타격계획'(Preemptive Strike Plan)이다.[66] 이것이
유성철 등이 넘겨받아 번역하여 재작성한 작전계획서와 동일한 것인
지는 아직 확인하지 못하였으나, 그 내용은 매우 유사하다. 이 '선제
타격계획'은 인민군 지휘부내에서 한 달여의 작업을 거쳐 재작성된

---

64) 《소련 외교문서》 2, p. 28.

65) 유성철 면담. 서울, 1990년 11월 1일.

66) 《동아일보》 1992년 8월 29일; 《한국일보》《세계일보》 1992년 8월 30일;
   The Korea Times (Aug. 30, 1992).

뒤, 작전국장인 유성철이 종합하여 바실리예프 총고문에게 다시 보고되었고, 김일성에게도 보고되어 승인을 받았다. 총고문과 김일성에게 제출되어 승인을 받은 것은 6월 10~11일 사이였다. 김일성은 '동의함'이라는 사인을 한 뒤 다시 내려보냈다.

한 가지 더 지적되어야 할 중요한 점이 남아 있다. 유성철에 따르면 은폐를 위한 계획도 작전계획 수립단계에서 수립되었다. 전투명령서의 서문은 "괴뢰군이 옹진과 송악산에서 1㎞ 이상 북침하고 있으므로 이에 대한 반타격전이 필요하니 조선인민군은 38선 전전선에서 반타격전을 실시하라"는 내용으로 되어 있었다. 이것은 김일성의 1950년 6월 25일 새벽 연설은 물론 북한의 모든 문서들의 북침주장과 동일하다. 유성철의 기억은 정확한 것이다. 또 대규모의 부대이동을 남한측에서 알게 될 것이었으므로 이를 위장하기 위해 부대이동은 전쟁을 위한 이동이 아니라 '하기 야영전투훈련', '하계 전투훈련', '하기 대기동훈련' 등 훈련을 위한 이동으로 명령이 내려갔다. 그의 이 증언들은 필자가 입수한 많은 인민군 명령서들의 내용과 일치한다. 필자가 검토한 인민군 내부의 명령들은, 그것이 내부의 비밀명령들일지라도, 모두 '훈련' 명목으로 되어 있다.

이동과 기동훈련명령서는 남한과 미군의 정보망이 포착할 수 있도록 ─ 포착하여 이를 훈련으로 인지하도록 ─ 의도적으로 평문, 유선으로 하달하였다. 평문(平文)이란 곧 의도적으로 암호로 내려 보내지 않았다는 소리다. 이는 당시 인민군 하급장교였던 임은의 증언과도 일치한다. 그에 따르면 남한측이 통신보도를 도청할 것을 예견하고 하기전투훈련을 총괄하면서는 이를 실제의 훈련으로 인지하도록 유선방송을 통해 고의로 공병국장 박길남, 교통상 대리 박의완에게 위장경고조치와 위장 주의조치를 내렸다. 교량복구와 군수물자수송을 충분히 보장하지 못하였다는 이유였다.[67) 또한 훈련평가 역시 유선으로 통보했다. 이것은 적을 혼란시키기 위한 것이었다. 물론 그것은 내부를 기만하는 이중전술이었다. 각 사단급 부대에게 내려갈 전투명령서와 각 부대의 이동계획도 여기에서 마련되었다. 오늘날 이 명령서들은 입수불가능하지만, 필자가 입수한 예하부대들의 많은 명령서들을 통해 추론해 볼 때 이동명령이 이때에 내려갔다는 것은 사실이다.

유성철의 증언과, 박길남의 전언을 주영복이 기록한 바에 따르면 작전구상이 마무리되자 6월 10일에 인민군 총참모장 강건이 총참모장 집무실에서 비밀군사작전회의를 개최하였다.[68) 두 증언의 날짜는 완전히 일치한다는 점에서 믿을 수 있다. 이 회의참석자는 강건, 무정, 김웅, 김광협, 김일 등의 최고지휘부와 유성철, 박길남, 박영순 등의 국장급, 그리고 교통상 대리 박의완 등이었다. 인민군대 최고지도부 거의 전부와 인민군 이동을 책임질 철도수송을 담당하는 부(部)의 대표가 참여하였던 것이다. 그러나 최고지도자 최용건은 참석하지 않았다. 이러한 회의는 정상적이라면 당연히 민족보위상이 소집하고 주재해야 할 회의였다. 그러나 총참모장이 주재하고 있는 것이다.

작전계획의 작성과 함께 중요한 것은 인민군 편제의 변경이었다. 앞의 회의에서는 전방지휘소와 두 개의 보조지휘소를 조직하였다.[69)

---

67) 임은, 《북조선왕조성립비사》, p. 188. 임은은 전인민군 하급 장교의 가명이다.

68) 유성철 면담. 1990년 11월 1일. 서울; 장준익, 《北韓人民軍隊史》, p. 171~175; 주영복, 《내가 겪은 조선전쟁》, p. 226.

69) 유성철 면담. 1990년 11월 1일. 서울; Hq. FEC, *HNKA*, pp. 41~42; 주영복, 《내가 겪은 조선전쟁》, pp. 226~229. HNKA에는 1군단과 2군단이 6월 10일~12일 경에 편성된 것으로 나와 있다. 거의 정확한 정보이다. 제1보조지휘소와 제2보조지휘소가 오늘날 제1군단과 제2군단으로 통설화되어 있는 것은 오류이다. 초기의 인민군 명령서와 보고서들은 전부 제1 보조지

물론 이것은 비밀이었다. 제 1 보조지휘소는 서울방면을 공격할 사단들을 지휘하도록 하였고, 제 2 보조지휘소는 춘천방면을 공격할 사단들을 지휘하도록 하였다. 각각 전자는 인민군 1, 3, 4, 6 사단과 105탱크여단, 제 3경비여단을, 후자는 인민군 2, 12, 5 사단과 766부대, 603모터싸이클부대를 담당하였다. 두 개의 보조지휘소를 설치한 이 편제변경은 평시체제에서 전시체제로 이행하는 편제변경이었다. 평시라면 이러한 편제의 변경은 필요가 없는 조치였다. 지금까지 인민군은 민족보위상 인민군 총사령관 최용건과 총참모장 강건이 직접 전체사단을 지휘하였다. 그러나 이러한 정상적인 지휘체계는 두 개의 보조지휘소가 설치됨으로써 기능하지 않았다. 두 보조지휘소의 최초의 사령관은 각각 김웅과 김광협이었다. 70)

회의에서는 또한 하기 대기동훈련에 참가하는 전부대의 이동에 관한 지시가 있었다. 유성철은 강건이 이동기간을 6월 12일에서 6월 23일까지로 명령하였다고 증언한다. 그의 증언에서의 최초 이동날자는 《소련 외교문서》의 내용과 정확하게 동일하다. 그 문서에 따르면 6월 12일 "북한군이 38선 이북 10~15㎞ 지역으로 재배치되기 시작했다"고 되어 있다. 71) 그러나 다음 장의 인민군의 내부명령서들에서 볼 수 있듯 이동기간은 일률적이지 않았으며 거리와 위치에 따라 달랐다. 어떤 부대는

휘소와 제 2 보조지휘소이다. NA, RG 242, SA 2010 Item 3/43. 이것은 인민군 작전국장 유성철의 증언과 북한의 公刊史와도 일치한다 (《조국해방전쟁사》, p. 192). 유에 따르면 초기에 '군단'이라는 지휘기구는 없었다. 그러나 필자는 서술의 편의와 그것이 또한 일반적인 군사적인 용어이기 때문에 '군단'이라는 용어를 그대로 사용하고자 한다.

70) Hq, FEC, *HNKA*, pp. 41, 43; 주영복, 《내가 겪은 조선전쟁》, pp. 228~229.
71) 《소련 외교문서》 2, p. 28.

이미 6월 12일 이전에 집결지에 들어와서 대기하고 있는 부대도 있었다. 강건은 훈시에서 하기 대기동훈련의 기간을 "2주일 정도면 종료될 것"이라면서 가족에게도 발설하지 말라고 하였다. 이 젊은 총참모장이 전쟁을 얼마나 단기전으로 예상하였는지 알 수 있는 부분이다.

6월 10일의 최고지도부회의와 군단지휘부 편성과 이동계획발표 이후 2개 군단지휘부의 요원들을 모아놓고 이것의 편성사실을 발표하며 임무를 준 것은 6월 11∼12일이었다.[72] 《소련 외교문서》에 따르면 6월 12일 제1제대(제1 보조지휘소) 사단장, 참모부 참모, 포병지휘관 회의가 개최되어 합동작전의 임무가 부여되었다. 제2군단의 경우 사령관 김광협, 문화부 사령관 임해, 참모장 최인, 공병부장 이기원 등으로 편성되었다. 나중에 13사단 참모장을 맡고 있다가 1950년 9월 21일 다부동에서 자수하는 유명한 이학구(李學求)는 이 당시에는 제2군단의 작전부장이었다.[73] 당시의 인민군 내부에 대한 사실을 적지 않게 알고 있는 중견 공병장교 주영복은 제2군단 공병부 부부장이었다. 그는 물론 회의에 참여했었고, 2군단 간부 중 1996년 현재 남아 있는 유일한 증언자이다.

이제 인민군 최고지도부에서 예하 사단급지휘부에 내려간 실제의 명령들을 살펴보자.[74] 6월 들어서면서부터 인민군내의 실제명령은

72) 주영복, 《내가 겪은 조선전쟁》, pp. 226∼229; 《소련 외교문서》 2, p. 28.
73) 이학구는 투항시 도로가에서 자고 있던 미군병사 2명에게 접근하여 그들을 깨우고 투항하였다. 포로예비조사에서 그는 공산주의 사상에 환멸을 느껴 투항하였다고 진술하였다(국방군사연구소, *Preliminary Interrogation Report*). 그러나 그는 투항하였음에도 불구하고 포로취급을 받아 포로수용소에 갇히게 되자 격분, 다시 전향하여 '선생'이라는 호칭을 받으며 공산포로의 총지도자가 되었다. 韓茂俊, "도드준장과 이학구," 《세대》 1972년 5월, pp. 173∼185.
74) NA, RG 242, SA 2013 Item 1/116.

어떠한 내용들을 띠고 있는가? 먼저 6월 1일 발송된 무정의 한 명령은 각 사단 및 여단의 포병사령관에게 명령한 것인데 12부를 발송하였다. 다른 명령도 거의 동일하여 민족보위성의 명령은 12부에서 15부 사이였다. 이것은 전부가 이 숫자에 해당하는 사단급 부대에 내려가는 명령서들임을 알게 해준다. 최고수준의 명령서에는 발송대상들이 명확하게 명기된다. 발송대상에는 자주 총고문 내지는 고문도 포함되어 있는 것을 확인할 수 있다. 즉 구체적인 명령하달에 소련인 고문이 직접 개입되어 있음을 보여준다.

6월 1일의 명령은 먼저 '각 사단 및 여단내의 포병사령관은 보병사단이 적진지방어돌파 시 포병보장에 관계되는 하기(下記) 문제를 해결케 할 것'으로서 사단진공 시 포병보장이라는 전투훈련을 하기 위한 임무, 보병사단장의 결심내용 작성, 포병의 능력계산, 포병의 분배와 계산, 포병의 화력임무설정, 증명보고와 전투명령작성, 상학계획 진행의 작성을 명령하고 있었다. 두 번째로 각 사단 및 여단 내의 포병참모장에게는 사단진공 시 포병보장이라는 전투훈련을 하기 위한 임무, 전투명령, 포병공격계획, 화력지휘약도, 정찰계획, 증명보고, 정찰지령, 축지작업계획의 작성, 상학진행계획의 작성을 명령하고 있다. 명령은 특별히 "포병사령관 및 그들의 참모장이 해결할 전술제강 및 문건들을 작성할 시에 **적의 무력은 남조선 국방군이 현재 무장하고 있는 데 의거하야 작성할 것**"(강조는 인용자)을 지령하였다. 5월의 명령과는 크게 달라지는 것을 알 수 있다. 최종결정 이후에는 남한군을 상정한 공격작전을 명령하고 있음이 확인되고 있는 것이다.

6월 3일 발송된 무정의 명령은 '포병전투훈련용 휘발유 소비계획에 관하야'이다. 이 명령서는 7월부터 9월까지의 훈련, 곧 전투에 사용될 휘발유와 모빌유의 각 부대에의 배당량이 배정되어 있다. 전투가 임박했음을 알 수 있다. 부대에 따라 7, 8, 9월의 사용량은 동일하다. 단위는 나와 있지 않고 115, 235, 395, 485, 615, 655, 825, 1민청, 2민청, 3민청, 105, 582, 586 부대에게 휘발유는 각각 10,800, 8,400, 10 800, 8,400, 8,400 10,800, 7,800, 7,800, 7,800, 7,800, 6,000, 5,500, 5,500, 모빌유는 108, 84, 108, 84, 84, 108, 78, 78, 78, 78, 60, 55, 55씩 분배되었다. 분배량은 8월과 9월에도 동일하게 계상되어 있었다.

6월 3일 작성되어 8일에 발송된 무정의 명령 '전투훈련용 물자수입에 관하야'는 "각 사단 및 여단 참모부에서(는) 1950년도내의 전투훈련진행에서 극히 필요한 물자, 즉 현금없이는 해결하지 못할 전투훈련용 물자들에 한하여 세세한 예산서와 설명서를 1950년 6월 15일까지 나에게 제출할 것"을 지령하였다. 어떤 임박성을 암시한다. 명령의 내용상 민족보위상이 내려야 할 성질의 명령이다. 6월 7일에 작성되어 8일에 발송된 무정의 명령 '포병산악지대 사사표(師射表) 분배에 관하야'는 "사단 및 여단급 각 부대에 6월 15일까지 보위성 규정부에서 접수할 것을 지령"하였다.

6월 13일 작성, 발송된 무정의 명령 '보병전투 훈련용 교재배분에 관하야'는 전 사단 및 여단에게 보병전투 훈련강령을 분배하고 있는 내용이다. 1950년 6월 20일까지 제531군부대 기밀실에서 접수할 것을 지령하고 있다. 총 48개를 582부대만 뺀 12개 부대에 각각 4개씩 분배하고 있다. 보병전투 훈련강령까지 포병부사령관 무정이 배부하고 있음을 알 수 있다. 6월 12일 작성 13일 발송된 무정의 명령은 "하기와 여히 전투훈련용물자 ○○○(판독불능) 스윗치를 분배하오니 해당부대들에서는 1950년 6월 20일까지 제531부대에서 접수할 것"을 지령하였다. 총 97개를 11개 부대에 분배하고 있다. 실지의 포사격에 반드시 필요한 어떤 스위치를 분배하고 있는 것이다. 582, 586부대는 제외되었다. 이는 이 부대들이 마지막 순간에 전투부대에서 제외되었음을 시사한다. 6월 중순까지의 명령들로 인민군 최고지휘부 수준에서 사단급에 내려가는 장비배분은 끝났다.

2) 전면 이동: 전선으로의 집결

공격작전을 완성하고 편제를 완비한 인민군은 6월 중순부터 대규모로 이동하기 시작했다. 이 이동이 어느 한 쪽으로 집중되었다면 그것은 방어든지 공격이든지 군사행동을 준비하는 것임을 나타낸다. 그것들은 모두 북부나 내지로부터 38선 방향으로의 이동이었다. 많은 내부명령서들을 검토할 때 모든 부대의 이동은 '하기 전투훈련' 또는 '하기 대연습' '하기 대기동훈련'의 이름으로 집행되었다. 이것은 물론 위장이었다. 그것은 병사들을 동원하기 위한 것이기도 했고, 남한과 미군의 첩보기관을 혼돈시키기 위한 것이기도 했다. 지난 겨울에 전부대의 대규모 동기전투훈련이 있었고 또 그것이 끝난 직후 그를 총화하면서 곧바로 하기훈련이 예정되어 있었기 때문에 하기전투훈련은 특별히 전쟁연습이나 전쟁준비로 보이지 않았다. 다만 연속된 훈련으로 인식되었다.

실제로 인민군 장교와 사병들의 많은 기록과 일기, 포로심문서를 추적하여 볼 때, 이들은 곧바로 이어지는 훈련이었기 때문에 이를 연속되는 훈련으로 알았다. 4월의 전국적인 검열이 끝나고 5월부터 있었던 부대단위의 훈련, 교육, 인원 및 장비의 보충 등이 완료되면서 인민군내에는 6월 들어 곧 대규모 합동훈련이 있게 될 것이라는 소문이 돌고 있었다.[75] 인민군의 지휘관과 병사들은 최고급 지휘관 극소수를 제외해 놓고는 최후의 순간까지도 훈련으로 알고 있었다. 그 권위를 인정받고 있는 미국의 한 공식기록은 포로들의 진술에 근거하여 이렇게 기록하고 있다. "2명의 사단참모장을 포함하여 북한군의 몇몇 최고위 장교들은 취조면담에서 자신들은 단지 충돌의 도래에 대한 막연한 예감만 갖고 있었을 뿐 침공개시 약 일주일 전까지도 이와 관련된 어떠한 구체적 지시도 받은 적이 없다고 진술하였다."[76]

따라서 6월의 훈련이동은 일반 장교와 병사들에게는 그것이 임박한 공격을 위한 것이라고는 받아들여지지 않았다. 더욱이 이승만이 북한의 평화통일 제의를 계속 거부하고 침략하려 한다고 선동하였기 때문에 이러한 선전선동은 대부분의 병사들에게 의심을 남기지 않고 침투하였다. 때문에 전쟁을 결정한 극소수의 최고위 핵심지도부를 제외하고는 전쟁이 발발한 뒤에도 전쟁을 북한이 일으켰다는 사실을 알지 못하는 경우가 많았다. 이를 알게 된 장교들조차 38선을 넘어 온 뒤에서야 인지한 경우가 많았다.

6월 15일 조선인민군 466부대에서는 다음과 같은 명령이 내려졌다. [77] 이 부대는 공병부대이다.

현하(現下) 조국의 조성된 정치정세하에서 우리 부대는 금번 보위성에 실시하는 하기 대연습에 참가하기 위하야 철도수송을 별지계획과

75) 김석중, 《삭풍》, p. 92. 김석중은 전인민군 대좌 김학천(金學天)의 가명이다.
76) U. S. Department of State, *North Korea: A Case Study in the Techniques of Takeover*(Washington: U. S. G. P. O., 1961), p. 113. 이 자료는 원래 1950년 10월 28일 한국에 파견된 국무성 조사단의 조사에 근거하여 1951년 5월에 출판된 것이다.
77) NA, RG 242, SA 2005 Item 7/51, '수송계획서', 조선인민군 제466부대 부대장 조윤순 제1부부대장 김종학.

같이 실시함과 동시에 이를 원만히 보장하기 위하여 다음과 같이 명령한다. 1. 수송계획에 의거하여 적재시 수송시 책임자들을 자기임무를 원만히 수행하기 위하여 미연히 만단의 준비를 갖을 것. … 4. 승차 후에는 상급의 허가없이 하차 또는 왔따갔따하는 것을 금한다. … 10. 국가비밀과 군대비밀을 엄수할 것. 11. 폭팔물을 취급하는 구분대는 특히 경각성을 제고하여 사업을 진행할 것.

명령은 계속하여 '제 X호열차 적재계획'에 따라 '제차편성약도'와 '적재계획'을 편성하였다. '제차편성약도'는 전체 26개로 이루어진 열차를 1번부터 26번까지 순번을 매겨 각 열차마다 승선하거나 적재(積載)할 부대의 물품을 배치하였다. 앞부터 각각 1번 열차는 마차, 2번 열차는 자동차, 3번 전기차 … 6번 열차는 마필, 7번 열차는 폭약, … 11번 열차는 2중대 53명, 12번 열차는 2중대 38명, … 21번 열차는 약품, … 26번 열차는 자동차 등으로 배열하였다.

각 열차별로는 또 순번을 매기고 각 열차에는 적재구분대(適材區分隊)와 하물품(荷物品), 차내장(車內長), 적재내용(積載內容), 인원, 중량이 정확하게 분배되어 표기되었다. 이를테면 1번 열차는, 적재구분대는 각 중대 공급분대, 하물품은 마차, 차내장은 리택수, 적재내용은 마차 4대, 인원은 군관 1, 하사 1, 전사 1명으로 총 3명, 중량은 2둔(屯)으로 계획되었다. 이는 모든 열차에 해당되었다. 그리고 이 수송계획서는 인원과 자동차, 마차, 마필, 식량, 마량(말식량), 폭약, 기재에 대한 상세한 통계표가 첨부되었다.

다른 부대에서도 동일했다. 6월 17일 한 부대의 참모장 박송죽은 '부대행동계획'을 지령하였는데 이에는 (1) 부대기상 3.30, 아침식사 4.00, (2) 문천서 부대출발 5.00, 문천역착 6.00, (3) 승차개시 7.36, 적재시간 10.36, 발차시간 11.06, (4) 승차질서 및 대공사격은 별지와 여함 ⑸ 간성역 도착시간 17. 24, 하차시간 18. 44였다. 이 시간계획은 분 단위에 이르기까지 아주 정확한 이동계획이 마련되어 있다는 점을 보여준다. 계속해서 이 부대는 앞의 부대와 마찬가지로 열차배치도를 작성하여 열차의 맨 앞과 뒤에 대공포를 배치하고 각 열차에는 지휘부, 각중대원, 탄약, 마필이 배당되었다. [78]

부대이동에는 병원도 포함되었다. 군대병원들은 야전병원으로 재편되어 배치된 전방으로 이동하였다. 이전 주둔지가 명기되어 있지 않은 949군부대(제 17호 야전병원의 암호)는 6월 24일 오전 1시경에 금천으로 이동, "금천 동방 약 4㎞ 지점되는 곳에 야전병원을 설치하고 의료성원을 각 부문별로 배치하고 25일 오전 12시까지 치료사업준비를 완료하고 전투준비상태로 대기"하였다. [79] 의료부대라 다른 부대와는 달리 준비의 완료가 25일까지이다. 군대의 병원이 미리 야전병원으로 재편되어 전방으로 이동하였다는 점은 어떤 대규모의 충돌을 준비하는 행동으로 보이기에 충분하다고 할 수 있다.

출발에 앞서 각 부대 문화부에는 전시문화공작에 대한 지침이 하달되었다. 다음의 문건은 북한의 선제공격에 대한 핵심증거 문서로 의심의 여지가 없는 자료이다. 그만큼 결정적인 문건이다. 조선인민군 655군부대 문화부가 1950년 '6월 13일' 발행한 **전시** 정치문화사업'이다. [80] (강조는 인용자). 이것의 발행일자가 6월 13일이라는 것은 이후에 제시된 북한의 평화통일 제의가 허구였음을 반증한다. 물론 이전의 조국전선의 제안도 허구였다. 655군부대는 인민군의 정예사단으

---

78) NA, RG 242, SA 2010 Item 5/123.
79) NA, RG 242, SA 2009 Item 8/95, '949군부대 야전병원철'.
80) NA, RG 242, SA 2009 Item 10/58, 655군부대 문화부, '전시정치문화사업'.

로서 대부분이 중국혁명에 참여했던 자들로 이루어진 최강력부대이다. 655군부대라는 명칭은 전쟁 중 이중 영웅 방호산의 지도하에 놀라운 속도로 휩쓴 조선인민군 제 6사단의 암호였다.

'전시정치문화사업'은 다른 많은 문건과 마찬가지로 '절대비밀'이며 인쇄물이 아니다. 이는 6사단이 전쟁의 시작부터 종결까지의 문화사업을 관하 부대들에게 내려보낸 것인데 다른 사단들에서도 내려갔음을 의심할 수 없다. 이 문건은 사단문화부의 명령서로서 하급부대의 명령서들과는 근본적으로 다른 의미를 내포한다. 전시의 정치문화사업은 5개 중심계단으로 나뉘어 제시되었다. 각각 "집결구역 도착이전 행군시 정치문화사업, 전투명령접수전 집결구역에서의 정치문화사업, 전투명령접수후 공격개시전까지의 정치문화사업, 공격전투 개시후 결속까지의 정치문화사업, 전투결속후 정치문화사업"이었다. 여기서 사용한 전투명령접수, 공격전투개시 등의 용어는 원문 그대로이다.

제 1계단 집결구역 도착 이전 행군시 정치문화사업을 보자. "제 1 계단의 행군의 기본임무는 완전한 준비로 사고없이 규정된 시간내에 목적지까지 도착하는 데 있다"고 규정한 뒤, 문건은 집결구역 이전의 정치문화사업을 행군준비시와 행군중 문화사업으로 나누어 명령했다. 먼저 행군준비시에는 "행군 2~3일 전부터 연대와 대대에서는 특별한 배려로 문화간부를 파견하여 군무자들에게 식사와 휴식을 규정된 정량대로 반듯이 보장되도록 강력 투쟁할 것"이며, "행군 1~2일전 당세포회의를 소집하고 행군임무와 행군을 보장할 데 대한 당원들의 역활과 과업을 제시 토론하는 동시에 특히 당원을 구체적으로 배치 분공하여 락후 혹은 위험분자를 분담협조케하며 사고를 방지할 것"을 지시하였다. 출발 전에 당세포회의를 하고 떠나라는 지시이다. 또한 행군전의 준비물의 준비에 대한 검열을 엄격하게 지시하였다. 이에 따라 각 부대에서는 출발에 앞서 상급부대들은 하급부대들을 전면적으로 총검열하여 인원, 장비, 수송에 대하여 특별점검을 실시하였다. [81]

이동과 행군중에는 특히 군사비밀의 유지에 가장 세심한 주의를 기울였다. 이동중에 병사들은 열차에서 내릴 수 없었으며 이동지점도 일반 병사들은 알지 못했다. 이동중의 기차와 병사들은 도시지역을 가능한 한 야간에 통과하도록 하였고 주간에 통과하더라도 기차의 표면을 각종 위장물로 위장하였다. 북방에서 남방으로 오는 부대들은 목재를 나르거나 석탄차처럼 위장하였다. 포신이나 전차와 같은 무기는 밖에서는 일체 볼 수 없도록 포장하였다. 달리는 기차는 밤에 불빛도 통제되었다. "비밀보수(秘密保守)를 엄격히 하기 위하여 주간에는 인원, 마필, 각종 중무기 및 기타 일체장비에 대하여 위장을 철저히 할 것이며 특히 야간행군시에는 군사적 비밀에 속하는 방음 방광(防光)을 철저히 할 것. 행군중 적기 래습 등 일단 유사시에는 지휘에 절대 복종할 것"을 명령했다. [82] 이는 북한이 부대를 38선 부근으로 이동하면서 남한군이 이를 알까 매우 우려했음을 말해주며, 가장 세심하게 신경을 쓴 것이 비밀리에 38연선까지 부대를 이동하는 것이었음을 보여준다. 또한 "행군중 비밀성을 띤 군사담화의 엄금, 래왕하는 군중들과의 담화 엄금"을 지시하였다. 5사단의 경우 나남에서 원산까지 이동하는중 병사들은 행선지도 알려고 해서는 안되며, 이동중 "누구도 절대로 바깥을 내다보지 못하게 할 것, 대소변도 찻칸 속에서 비치된 통만을 이용할 것"을 명령했다. [83]

---

81) 김석중, 《삭풍》, pp. 92~93.

82) NA, RG 242, SA 2009 Item 10/58 '전시정치문화사업'.

83) 김석중, 《삭풍》, p. 96.

흥미로운 것은 전쟁이 진행 중인 제4계단 '공격전투 개시 후 결속까지의 정치문화사업'으로서 그 내용은 다음과 같다. 아주 치밀하고도 구체적이며 상세하다.

적의 맹화력 밑에서 아부대가 전진을 저지당하거나 적의 불의의 습격에 조우하였을 시에는 중대 대대 연대 문화일꾼을 파견 또는 책임자가 직접 나아가서 각종 방법과 수단으로써 이 국면을 타개할 것. 적이 왕강하게(완강하게) 저항하고 있는 유력한 거점을 아군이 반드시 점령하여야 할 때는 문화간부 본신(본인)이 선두에 서거나 혹은 돌격조를 조직하여 이를 감해 점령케 할 것. 적은 부대 혹은 고립된 부대가 적에게 포위당하였을 시에는 부대의 침착성을 유지시키고 탄약 식량을 절약하고 아군의 전투적 역량을 집중시키고 장기적으로 보존케 하며 급한 경우에 따라서는 문화일꾼이 선두에 서서 집중돌파로서 포위선을 뚫을 것이다.

지휘원이 희생되었을 시에는 상급에서 곧 대충하되 각각 대리인원들은 자발적으로 자기 위치에서서 부대를 장악하여 계속 지휘하여야 할 것이다. 변절 전투기피 명령불복자 등에 대한 처리는 당시 정황과 경중에 따라 직접 처단 혹은 군사재판에 회부하거나 군중적으로 처리할 것. 적을 부료(포로)로 하였을 때에는 후송 혹은 지방에 안치시킬 것이며 부료들의 생명과 인격에 대하여 모욕하지 말며 소지품에 대하여서는 추호도 다치지 말 것이다. 전진 중 군무자들로 하여금 적이 던지는 만년필 시계형 폭탄에 탐을 내어 불의의 손실을 당함을 미연에 방지할 것. 점령지구의 지방정당 정권 및 보위간부와의 연계하에서 인민을 발동하여 잠입한 암해분자들을 적발처리할 것.

이 지시는 전쟁 중 최초에는 지켜졌으나 전투가 격렬해지면서 준수되지 않았다.

이동 중인 병사들의 사기는 매우 높았다. 제353부대 문화부 부대장 오의삼이 영북면 야미리에서 제395군부대(3사단의 암호이다) 문화부 부대장에 보낸 비밀보고를 보자.[84] 제목은 '야영에서의 군무자들의 사상동향과 특별사고에 관한 보고- 군무자들의 사상동향에 대하여'이다. 이에 따르면 평화적 조국통일에 대한 조국전선 제의가 거절되자 상당수의 인민군 병사들은 전쟁을 예견하였다. 전선으로 이동하면서 '보고'는 이렇게 기록하고 있다.

평화적 조국통일에 대한 조국전선 제의가 성공하지 못하고 더욱이 조국전선(의) 선언서(를) 전달키 위하여 파견되었던 열락원(연락원)들까지 체포되었다는 뉴스를 들은 우리부대 군무자들은 어느 때에 행동의(어느 때에든 행동이― 원문 그대로) 있을 것을 예측하였다. 언제든지 이동할 수 있는 준비는 하고 있었으나 상학을 계속함으로 그러케 급히 행동이 있으리라고는 생각치 못했다. 그러나 드디여 6월 17일 점심때부터 자동차에 적재하고 탱크준비을 식혀스나 당황하는 동무는 업섯다. 침착하게 그러나 분주하게 일절 소지품과 전투준비를 갖으고 본래 야영에 있든 부대로서의 비밀을 보수키 위해서 일절 '휴지', '락서'들을 소각식히는 것을 더욱 철저히 집행했다. 행군준비를 4~5시간 내에 완수하고 저녁식사까지 다 식히고 6월 17일 19.30분에 부대가 출발했다.

우리 부대전원은 포탄까지 정량을 싯고 완전한 전투준비로 명령받은 목적지로 떠났다. 행군 시에는 용감하며 군비와 경각성 및 행군질서가 보장되여야 한다는 (각오가) 군무자들의 얼골에서는 빛나게 표현되었다. 군사기밀을 보수하기 위하여 우리 부대는 복게리로 도라간다고 했

---

84) NA, RG 242, SA 2010 Item 5/125. 영북면 야미리는 포천의 만세교 북방의 38선 북선지점으로서 38선 이남으로 내려오는 도로선상에 위치한 지점이다.

음으로 엇지된 일인가 하고 다소 의아함과 실망적인 듯한 기분을 가저스나 철원으로부터 남으로 방향을 돌리여슬 때는 '그러면 그러치'하고 방향을 바뀌여 전방으로 나오다는 것을 매 동무들은 기뻐햇다. [85]

이를 볼 때, 평화통일 제의 이후에 공격을 개시한다는 김일성의 전략은 북한군인들로부터 공격이 정당성을 부여받는 데 커다란 성공을 거둔 것이었다. 특히 하급부대들의 보고는, 북한의 평화통일 제안 이후의 병사들의 이에 대한 반응이 빠짐없이 파악되어 보고되고 있었다. 많은 교육과 선동을 하였으나 전선에 이동하는 마지막 순간까지 전체병사들의 혁명과 통일에 대한 열정과 대남증오를 확인하고 있는 것이다. 이것은 집결지에 도착한 뒤에도 마찬가지였다.

이동의 날짜는 부대의 주둔지점과 예정된 집결지점 간의 거리의 차이로 인해 일률적이지 않았다. 어느 부대는 매우 빨라서 이미 6월 8일 경에 집결지에 도착해 있기도 하였다. [86] 가까운 곳으로 이동하는 어떤 부대는 하루 만에 집결지에 도착하기도 하였고, 어느 부대는 약 4~5일이 걸려서 도착하였다. 6월 중순 북한의 철도들은 북에서 남으로 이동하는 인민군을 실은 기차로 가득 찼다. 여러 부대가 이동하는 교통의 요충지인 원산과 같은 도시는 기차와 병사들로 초만원이었다.

이제 인민군의 전체적인 이동양상이 어떠했는지를 총괄해 보자. [87]

---

85) NA, RG 242, SA 2010 Item 5/125.
86) NA, RG 242, SA 2012 Item 5/95. 371군부대, '1950년 하기전투정치훈련 대대훈련계획표'.
87) Hq, *HNKA*, pp. 52, 54, 56, 57, 60, 70; NA, RG 242, SA 2010 Item 3/43; NA, RG 242 SA 2005 Item 7/51; 그리고 미군 제8군사령부 정보참모실의 포로들에 대한 방대한 포로 예비심문 조사보고(*Prisoners of War Preliminary Interrogation Report*)를 참조했다. 이것은 미국의 NA에서 입

1사단은 6월 15일까지 남천점으로 집결한 뒤 6월 15일에 38선 이남의 개성과 바로 연결되는 38선 북방의 송현리로 이동하였다. 북방의 함흥에 주둔하고 있던 제 2사단은 6월 17일 38연선의 화천에 도착하여 전투명령을 기다렸다. 화천은 춘천 북방지점이다. 3사단은 49년 6월 이후 원산에 주둔하였으나 50년 6월 14일 역시 38연선의 철원으로 이동하였다. 철원은 만세교를 거쳐 의정부로 직통하는 요충지점이다. 4사단은 6월 16일 평양을 출발하여 18일 연천-옥계에 도착하였다. 연천-옥계는 동두천 북방으로 의정부를 거쳐 서울로 이어지는 직로이다. 위장 여부로 많은 논란이 되어온 4사단의 비밀전투명령의 명령지점으로 되어 있는 바로 그 옥계리이다.

5사단은 함북, 청진부근의 나남에 주둔하여 왔으나 최장거리를 이동하여 38연선의 양양-속초로 이동하였다. 이 부대는 동해안을 담당한 부대였다. 6사단은 옹진반도에 한 개 연대를 배치하고 사단 주력은 사리원을 출발하여 개성북방으로 이동하였다. 1950년에 중국에 막 귀국한 7사단은 귀국이후 원산에 주둔하였으나 6월 17일 열차로 원산을 출발하여 6월 19일 간성에 도착, 도보로 20일에 양구지역으로 이동하였다. 7사단은 6월 25일 12사단으로 개칭되었다. 12모터사이클 연대와 상륙 특수부대인 제 766부대는 동해안으로 전개하였다. 제 105탱크여단은 평양에서 연천북방으로 이동하여 서울을 공격하게 될 제 3, 4단과 합동하도록 배치되었다.

최종적으로 전체 인민군이 이동하여 배치된 곳은 다음과 같았다. 주둔지에서 집결지로의 출발 날짜와 도착 날짜는 부대에 따라 약간의 차

수된 것인데 문서번호가 분류되어 있지 않은 채 한국 국방부 국방군사연구소에 보관되어 있다.

이가 있었다. 이것을 차례대로 보면 왼쪽에서 오른쪽으로 6사단, 1사단, 4사단, 105기갑여단, 3사단, 2사단, 7사단(12사단), 5사단, 766부대 순이었다. 물론 이것은 완전히 일렬횡대는 아니었다. 일선과 바로 뒤의 2선이 약간의 거리를 두고 사이사이 비운 공간을 메우는 '들고나는' 방식이었으며 부대들은 공격과 위장을 위해 분산되어 주둔하였다.

3. 공격직전 대남 사전조치: 제안과 침투

북한의 리더십은 전쟁을 결정한 뒤 세 가지의 대남조치를 동시적으로 취하였다. 그 중 두 개는 비밀스런 것이었고 하나는 공개적인 것이었다. 세 가지가 모두 다 전쟁을 상정하고 추진된 것들이었는데 은밀한 두 개의 조치는 전쟁의 발발과 동시에 효력을 나타내게 조정되어 있었다. 그 두 개는, 하나는 게릴라와 좌파정치조직을 비밀리에 남한에 침투시키는 것이었고, 다른 하나는 남한의 곳곳에 침투한 오열(五列)들로 하여금 은밀하게 전쟁을 위해 문을 열도록 하는 것이었다. 그 중 가장 비밀스러운 것은 마지막의 조치였다. 그것은, 남한군 지도부의 최고지휘부에서도 있었고 하급의 실전 전투부대에서도 있었다. 이것은 그만큼 비밀스럽고 의심만 난무할 뿐 아직 상세하게 연구되지 않은 부분이다. 마지막의 것은 제 2권에서 다루어질 것이다.

1) 좌파 지하조직과 게릴라의 사전 침투

전쟁을 결정하자 북한은 그 동안 있어 왔던 38선에서의 작은 전쟁과 남한 게릴라투쟁을 중단하였다. 더 이상 38선을 시끄럽게 할 필요가 없었던 것이다. 그것은 오히려 남한과 미군의 신경만을 건드릴 뿐이었다. 대신 그들은 6월초 진짜 전쟁에 대비한 사전전쟁을 개시하였다. 이 사전전쟁은 비밀스럽고 은밀한 것이었다. 그것을 준비하고 시킨 자들은 그것이 전쟁을 위한 사전조치라는 사실을 알고 있었으나 실행한 자들은 자신들이 곧 있을 전쟁을 위하여 먼저 움직이고 있는 그룹이라는 점을 전혀 모르고 있었다. 이것은 전쟁이 있을 경우 이에 호응하여 남한의 좌파들을 조직하고 후방을 교란하기 위한 전술적 조치였다.

먼저 전국적으로 배당된 해당지역 좌파활동가들의 사전침투가 있었다. 4월부터 중앙당의 지시로 남한출신 공산주의자들로 북한에 머물고 있던 자들은 대거 남한으로 파견되었다.[88] 북한의 지도부는 과거에 남한에서 활동하던 좌파들을 지역적으로 배당하여 파견하였다. 임박한 시점의 사전침투를 위해 좌파비밀활동가와 지하첩자들은 1950년 5월 경에 북한의 비밀스런 지시를 받고 상당수가 월북하기도 하였다. 이들 역시 자신들에 대한 북한의 호출이 전쟁을 위한 것이라는 사실을 모르고 있었다. 이들은 월북후 지도부의 지시를 받고 6월 초 다시 남한 각지로 침투하였다. 이것은 인민군이 남하하기 전에 미리 지하조직을 구축함으로써 공격을 개시할 경우 이에 호응하여 인민봉기를 조직하려는 전술이었다.

이중간첩으로 활동하던 안영달, 조용복, 백형복 등도 이때에 전부

---

88) 정명조, "나는 증언한다," 《한국일보》 1959년 7월 13~14일.

월북하였다. [89] 그들은 5월 7일에 비밀리에 월북하였다. 그리고는 한 달만에 다시 남파되었다. 남한의 탄압을 피하고 북한에서의 교육을 위해 일찍이 월북한 좌파활동가들 역시 5월 말~6월 초에 집중적으로 다시 남파되었다. 이들은 대부분이 과거 자신이 활동하던 지역으로 비밀리에 침투하였다. 남한을 떠들석하게 하며 '킴볼스미스' 호를 탈취하여 49년 가을 월북한 뒤 회령군관학교에서 훈련을 받던 선원들 역시 6월초 다시 남파되었다. 그들은 중앙당에 소환되어 침투조에 합류, 대남침투를 위해 진남포항을 출발하였다. [90]

고향이나 이전의 활동근거지 등 과거의 연고지로 공산주의자들을 파견하는 것은 종전 후 1960년대까지도 북한이 오랫동안 사용한 침투전술이었다. 북한의 침투전술은 전전부터 철저하게 연고주의를 따랐다. 때문에 종전 후까지도, 특히 박정희 정부의 등장 이후까지도 남한의 국민들은 반공캠페인을 통하여 수상한 사람이 나타나거나 오랫동안 고향을 비웠던 사람이 갑자기 나타나면 반드시 신고하도록 교육받았다. 이러한 교육의 집중적인 대상은 학생들이었는데 이는 남한 공안당국의 손길이 미치지 못하는 해안과 산악지대에 근거지를 구축하려는 북한의 노력을 효과적으로 파괴하는 데 크게 기여하였다. 그

---

89) 북한의 사후 한 기록은 이들이 미국의 지시를 받고 월북하였다고 기술하고 있다. 조선민주주의 인민공화국 최고재판소, 《미제국주의 고용간첩 박헌영 이승엽 도당의 조선민주주의 인민공화국 정권전복 음모와 간첩사건 공판문헌》(평양: 국립출판사, 1956).

90) 김태규 면담. 1990년 4월 9일 서울. 김태규는 당시에 월북했다가 다시 침투했던 킴볼스미스호의 선원이었다. 회령군관학교에 들어가 군사훈련을 받은 다른 선원들 중 일부는 게릴라로 파견되었다. KMAG, G-2 Weekly Summary, No. 3(Apr. 20, 1950). 필자에게 한 김태규의 증언은 KMAG의 정보와 정확히 일치하며 그의 이름 역시 미군정보에 나타나 있다.

러나 전전의 침투는 특별한 침투였다. 그것은 전쟁 시작 후를 대비한 정치적 군사적 조직의 사전남파였다. 김태규는 다른 남파자들과 마찬가지로 이것이 전쟁을 위한 사전조치라는 사실을 모르고 남파되었다가 나중에서야 전쟁이 발발하였다는 사실을 알았다. 91)

전남의 경우 6월 초순에 전(前) 남로당 전남도당위원장을 지내다 탄압을 피해 월북해 있던 김백동(金百東)이 남파되었다. 92) 김백동은 수 명의 동료들을 대동하고 비밀리에 전남 영암의 법성포 해안으로 상륙, 침투하였다. 전남에 파견된 인물들은 김백동을 비롯하여 조형표(趙亨杓), 이강진, 이담래, 김상하, 송금애 등이었다. 93) 모두가 전남을 근거지로 활동하던 자들이었다. 김백동과 조형표는 전남지역에서 남로당 및 유격대의 지도자로 활동하다가 월북한 자들이었다. 이들 중 김백동과 송금애는 북한 최고인민회의 대의원에 피선되어 활동하다가 다시 침투한 것이었다. 94) 이렇게 해서 전남에는 16명이 사전에 남파되었다.

이들은 비밀침투 후 곧바로 좌파의 재조직화에 착수, 광주의 금남로 1가에 잠복하면서 은밀히 활동하였다. 또한 "인민군이 곧 내려온다"는 내용의 삐라를 살포하기도 하였다. 이것은 이들이 전쟁의 발발 사실을 사전에 알았기 때문이라기보다는 인민군의 남하를 선전하여 좌파와 대중을 조직해 내려는 선전방식의 일환이었다. 남한의 좌파

91) 김태규 면담, 서울, 1990년 4월 9일.
92) 김석학·임종명, 《전남의 중요사건-광복 30년》 3권 (광주: 전남일보사, 1973), p. 146.
93) 김세원, 《비트》(광주: 일과놀이, 1993), p. 72; 김석학·임종명, 《전남의 중요사건-광복 30년》, p. 140~152; 김남식, 《남로당 연구》, p. 441.
94) 《조선중앙년감》(1949), pp. 14~17.

는 49년 9월에도 똑같은 선전전술을 사용한 바 있었다. 50년 6월 전쟁이 발발하자 김백동은 곧바로 전라남도 인민위원장으로 임명되었으며, 조형표는 도인위(道人委) 내무부장이 되었다. 이들 사전침투 좌파들은 대부분이 전쟁발발후 그 지방의 정치조직의 간부로 등용되었다.95) 이는 다른 지역들도 마찬가지였다. 전북에는 17명이 남파되었고 다른 지역들도 비슷한 규모의 좌파들이 남파되었다.

서울에는 6월 10일 박헌영을 대리로 대남지하사업을 책임지고 있던 이승엽의 지령에 의해 이중업과 안영달이 비밀리에 파견되었다.96) 안영달이 5월 7일 월북하였음을 고려할 때 한 달 만의 재빠른 귀환이었다. 또한 충남지구는 6월 초순에 전 남로당 중앙간부였던 이주상, 전 충남도당위원장 여운철, 전 논산군당위원장 곽해봉을 비롯하여 충남지역을 책임진 간부들이 서해안으로 상륙하여 대전지구에 잠복하였다. 이주상은 도당위원장, 여운철은 도인위장으로 남파된 것이었다. 전북에는 박승원이 50년 3월부터 남한에서 유격공작에 참가하고 있다가 5월에 월북하여 6월 초 전북도당 조직책임을 지고 충남 서해안을 통하여 상륙, 전주에 침입하였다.97)

좌파활동가들은 임박한 전쟁을 위해 재빠르게 움직이고 있었던 것이다. 이러한 사전침투는 남한의 지방좌파조직을 미리 구축해 놓고 전쟁을 개시하려 했음을 뜻한다. 그러나 사전침투는 성공적이지 못했다. 일부는 해상에서 선박고장으로 표류하여 중국해안으로 상륙하였다가 전쟁이 발발한 후에 남한으로 들어온 경우도 있었다. 또한 대

---

95) 김세원, 《비트》, p. 72; 김석학·임종명, 《전남의 중요사건-광복 30년》, pp. 146~152.

96) 《박헌영 이승엽 재판기록》, p. 261.

97) 김남식, 《남로당 연구》, p. 441.

부분의 침투조는 남한당국의 물샐틈없는 감시의 눈길과 방어조직으로 인하여 전쟁이 실제로 발발할 때까지 지하에 은둔하며 거의 아무런 활동을 하지 못한 채 잠복해 있어야 했다.

다른 하나는 게릴라의 사전침투였다. 1950년 봄부터 갑자기 남한 내부에서의 게릴라투쟁이 급격하게 줄어들었다.[98] 이것은 남한 군경(軍警)이 강력하게 실시한 동계토벌의 효과이기도 하였지만 게릴라들의 자발적인 투쟁중단 역시 큰 이유였다. 메릴은 '인위적으로 고요해진 군사적 상황'이라고 표현한다. 게릴라들은 왜 갑자기 투쟁을 거의 중단하다시피 하였을까? 투쟁을 소강시킨 많은 게릴라부대들은 북한으로 월북하기 시작하였다. 미군정보에 따르면 1950년 3월 주한미군이 '남한제일의 게릴라지도자'라고 평가하는 김달삼(金達三)이 이끄는 게릴라부대들은 부대강화와 재교육을 위해 북으로 향하고 있었다.[99] 이 부대의 부지휘자는 남도부(南道富)였다. 이 부대는 49년 7월부터 남한에서 활동하면서 가장 강력하게 게릴라투쟁을 하던 부대였다.

김달삼은 제주도의 저항을 지휘하다가 48년 8월 북한의 최고인민회의 참석을 위하여 제주도의 다른 대표들과 함께 월북한 바 있었다. 그 뒤 그는 군사적 지도력을 인정받아 남한에서의 게릴라투쟁을 지도하기 위하여 다시 남하하였다. 투쟁기간에 그는 제주도에서와 마찬가지로 가장 뛰어난 게릴라 지도자임을 입증하였다. 그럼에도 불구하고 그는 다시 월북을 시도하고 있는 것이었다. 이들은 남한 군경을 만나도 과거와는 달리 적극적으로 전투를 하지 않았으며, 격전을 피

---

98) John Merrill, "Internal Warfare in Korea," Bruce Cumings (ed.), *Child of Conflict: The Korean-American Relationship*, 1943~1953 (Seattle: University of Washington Press, 1983), pp. 138, 156~157.

99) KMAG, G-2 P/R. No. 284 (Mar. 23, 1950).

하면서 산악을 이용하여 북으로의 행군에 몰두하였다. 이 부대에서 체포된 포로의 진술에 따르더라도 자신들은 '북한으로 북상 중'이라고 밝혔다.[100] 결국 김달삼 부대는 그들의 월북을 필사적으로 저지하려는 남한 군경을 조롱하며 태백산맥을 타고 4월 3일 월북에 성공하였다. 《소련 외교문서》에 따르면 4월 10일자에 "남한에서 전사한 것으로 발표되었던 빨치산 지도자 김달삼이 남한에서의 활동을 보고하기 위해 평양에 도착하였다".[101]

당시와 오늘의 모든 남한 군경기록에는 그를 사살했다는 주장이 사진과 함께 남아 있다. 이것은 당시에 신문에도 반복적으로 보도되어 남한 군경의 전투력을 과시하고 게릴라전의 종식을 알리는 데 선전자료로서 이용되었다. 그러나 이것은 서로 전공(戰功)을 주장하고 가로채기 위한 데서 나온, 당시에 나타난 많은 날조 중의 하나였다. 남한 군경은 김달삼을 저지하는 데 실패하여 그는 무사히 월북에 성공하였던 것이다. 김달삼을 저지하는 데는 실패하였으나 군경은 식민시대 보성전문학교를 나온 인텔리 게릴라지도자 이호제(李昊劑)의 북상을 저지하고 사살하는 데는 성공하였다.[102] 그는 이현상(李鉉相), 김달삼과 함께 49년 가을 남한 전체를 삼분하여 게릴라투쟁을 지도하던 인물이었다.

이 세 사람의 게릴라 지도자들은 뚜렷한 특징에 의해 구별되었는데 이현상이 식민시대부터의 오랜 고참 공산주의자로서 화려한 정치적 경력을 소유한 자였고 박헌영의 오랜 동지였다면, 김달삼은 육지와

---

100) KMAG G-2 P/R. No. 289 (Mar. 31, 1950).
101) 《소련 외교문서》2, p. 23.
102) KMAG G-2. W/S. No. 1 (Apr. 6, 1950).

떨어진 악조건 속에서도 제주도에서의 전설적인 투쟁으로 젊은 나이에 가장 유명한 게릴라지도자로 급부상한 인물이었다. 북한에서 김달삼은 영웅으로 받아들여지고 있었다. 그는 48년 8월 북한의 최고인민회의 대회에서는 제주도사태에 대해 직접 보고를 하기도 하였다. [103] 반면에 이호제는 남한의 지식인 공산주의자들이 전부 이론적 지도자였던 것과는 달리 게릴라 지도자로 변신하여 성공한 드문 사례였다. 김달삼과 이호제는 모두 북한의 최고인민회의의 대의원이었다. [104]

김달삼 부대의 월북에 앞서 1950년 3월 말에는 강동정치학원 졸업생들로 구성된 강력한 두 개의 게릴라 부대들이 게릴라들의 침투루트인 양양지방으로 침투하였는데 이들은 과거와는 달리 전투를 치르기 위한 목적보다는 남한 군경의 능력을 시험하고 동시에 김달삼부대를 귀환케 하려는 목적에서 남파된 것이었다. 김무현(金武顯)과 김상호(金尙昊)가 이끄는 각각 360명으로 구성된 강력한 부대인 이들은 실제로 초기전투에서 남한 군경보다 우세한 전투능력을 보이기도 하였다. 이들 대규모의 게릴라 부대는 남한의 치안을 파괴하는 데 목적이 있는 것이 아니라 게릴라 부대들의 월북을 도와주고자 하는 목적에서 파견된 것이었다.

이들의 월북은 북한의 지시에 따른 것이었다. 북한 지도부는 당시에 남한에서 이미 파견되어 남한에서 활동하던 주요 부대들을 전부 들어오라고 지시하여 1950년 4월경에 김달삼 부대를 비롯하여 이들은 거의 전부 월북하였던 것이다. 4월 3일경 월북한 김달삼, 남도부 등의 남한 유격대 지도자들은 월북 뒤 게릴라의 근거지인 양양에 부

---

103) 《사료집》 6권, pp. 201~207.
104) 《조선중앙년감》(1949), pp. 14~17.

대를 둔 채 4월 5일 평양으로 가서 이승엽, 이중업, 조두원 등의 남한 좌파지도자들과 인민군 문화부사령관 김일, 해군사령관 한일무 등과 회합하여 남한의 군사, 정치정세 등을 토의하고는 재침투를 지시받 았다. 김달삼은 이에 따라 부대를 재편성하여 강원도 산악지방을 통 하여 6월초에 재침투하였다. [105] 나머지 다른 게릴라들은 766부대에 합류하여 해상을 통하여 6월 24일 양양의 영포구를 출발하였다.

6월 11일에는 60명의 게릴라가 38선을 넘어 8사단 지역으로 침투, 이들은 곧바로 소부대로 재편하였다. 체포된 게릴라들의 진술에 의 하면 이들은 "국군과 경찰을 만나도 전투하지 말고 또 오대산 지역도 우회 하여 곧바로 원주, 홍천, 청주, 안동, 영주지방으로 가라"고 명령받았 다. [106] 이 진술에서 우리는 이들이 과거의 게릴라들과는 달리 깊숙한 내륙에의 침투를 기도하고 있음을 알 수 있다. 이밖에도 이 시점에는 강원도지방으로 침투하는 많은 소규모의 게릴라 부대들이 목격되었 다. 6월 13일에는 약 40명이 6사단 지역으로 침투하였다. 이들은 모 두 양양에 있는 부대의 일부였다. 나머지도 곧 38선을 넘을 것이라는 정보였다. 이들은 모두 새로운 무장을 하였는데 기관총을 소지한 것 이 특징이었다. 남한의 군경자료 역시 이들의 새로운 침투를 기록하 고 있다. 춘천지구로는 500명이 침투하였다. [107] 8사단지역에는 6월 중순부터 5명이 일개조(組)로 하여 침투, 침투와 동시에 소부대로 재 편하여 분산하였다. 이들은 안동-청송-영주와 같은 내륙 깊숙한 곳

---

105) '남도부사건기록'. 이 기록은 이 부대의 지휘관인 남도부가 1954년 체포 되었을 때의 재판기록이다. 필자는 원문은 입수하지 못하였고 여기에서 참고한 것은 그 판결문의 요약문이다.

106) KMAG, G-2, Weekly Summary No. 11 (Jun. 15, 1950).

107) 《한국전쟁사》 1권, 개정판, p. 245.

을 지향한 부대였다. 108)

이들은 기관총을 소유했다 하여 '기관총부대'로도 불렸다. 남한군은 게릴라의 진압이 끝났다고 생각하고 있었으므로 중무장한 기관총부대의 새로운 침투에 긴장하였다. 게릴라의 침투재개는 전면적인 전쟁을 시작하기에 앞서 게릴라들을 사전에 침투시켜 인민군이 공격을 하였을 때, 이에 호응하여 산악과 지방에서 남한의 치안조직을 파괴하기 위한 것이었다. 이와 같은 사전침투는 전쟁 중에도 기도되었다. 김남식에 따르면, 50년 6월초에 각 도별로 월북자를 파견하여 남파했지만 실패하자 게릴라 200명을 조직하여 인민군이 한강을 넘기 전에 미리 대전에 잠입하여 민중봉기를 조직화하려고 시도하기도 하였다. 그러나 이들의 진격이 늦어 정규군과 거의 같은 속도로 대전에 들어감으로써 이때도 이 전술은 실패하고 말았다. 109)

2) 공격명분의 축적: 받을 수 없는 '평화통일' 방책의 제안

1950년 6월 들어 북한은 두드러지게 많은 통일방책을 제의하였다. 북한은, 외부의 관찰자가 보더라도 갑자기 많은 평화통일제안을 하고 있었다. 이것은 1949년 6월의 평화통일공세 이후 1년 만이었다. 전술한 대로 1949년에 북한은 평화통일공세를 취한 뒤 이를 남한이 받아들이지 않으면 공격을 하려고 구상한 바 있었다. 110) 1950년의 6월 역시 동일했다. 갑자기 증가된 이러한 평화통일제안조차 사실은 스탈린-

---

108) 《한국전쟁사》 1권 개정판, pp. 193~194.
109) 《민족의 증언》 1권, p. 212. 김남식은 당시 세 개의 중대로 이루어진 이 침투부대의 중대장이었다.
110) KMAG, G-2 P/R. No. 154 (Jul. 29, 1949).

모택동과의 전쟁결정 당시에 이미 단계적으로 계획, 배치되었던 사항이었다. [111] 북한은 평화통일공세를 취한 뒤, 남한이 이를 받아들이지 않으면 공격을 하려고 구상했고 또 남한이 이를 받아들이지 않을 것이라는 점도 알고 있었다. 보다 정확히 말하여 아예 북한은 남한이 받아들일 수 없는 제안을 하였다.

북한의 조국전선 중앙위원회는 6월 7일에 확대 중앙위원회를 열어 남한과 북한의 전체인민과 민주주의 정당 사회단체에게 보내는 호소문을 "라디오 출판물을 통하여 대대적으로 광포"하기로 결정하였다. [112] 이에 따라 같은 날 조국전선은 호소문을 발표하고 방송을 통하여 이를 남한과 북한의 정당 사회단체 전체인민들에게 공개적으로 제의하였다. 조국전선은 로동당지도부가 결정한 정책을 대외적으로 전달하는 외곽단체이자 주요한 채널이었다. 조국전선의 제의는 따라서 북한 지도부의 핵심에서 결정된 정책을 외표화(外表化) 하는 것일 뿐이었다.

호소문은 남한에 대한 공격으로 가득 차 있었다. 양심분자와 우국지사는 물론 "심지어 반동진영의 일부에서도 리승만괴뢰의 멸망을 념원" 하고 있다고 공격한다. 호소문은, "해방 5주년이 지났으나 조국은 이승만 반동도배들이 조선인민을 배반하고 38선을 영구화하여 국경으로 만들려고 하기 때문에 아직도 분단되어 있다"고 공격한 뒤 "닥쳐오는 8·15해방 5주년 기념을 우리 조국 남북반부의 인민들은 조국의 통일로써 기념하여야 할 것이며, 통일된 민주주의독립국가의 인민으로써 함께 기념하여야 할 것"이라고 주장하였다. 이어서 호소문은 "8월 5일~8일

---

111) 《소련 외교문서》 2, p. 24; 《소련 외교문서》 3.
112) 《조선중앙년감》(1951~1952), p. 140.

에 남북반부 전지역을 통하여 총선거를 실시하고 통일적 최고입법기관을 창설할 것, 6월 15~17일에 조국의 평화적 통일을 원하는 남북반부의 전체 민주주의정당 사회단체 대표자협의회를 38연선 해주시, 혹은 개성시 어느 한 도시에서 소집할 것"을 제의하였다. 이 회의에서는 조국의 평화적 통일을 위한 제조건, 최고입법기관 총선거실시의 절차, 총선거를 지도할 중앙지도위원회의 창설 등을 제안했다. [113]

이 제안은 시기의 촉박성 때문에라도 진실성을 의심받았으나 협의회의 참가조건을 다음과 같이 제한함으로써 남한이 받아들일 수 없는 제의라는 점을 보여주었다. 제안은 이승만, 이범석(李範奭), 김성수(金性洙), 신성모(申性模), 조병옥(趙炳玉), 채병덕(蔡秉德), 백성욱(白性郁), 윤치영(尹致映), 신흥우(申興雨) 등 남한체제의 핵심인물 9명을 '민족반역자들'이라며 남북대표자협의회에 참가할 수 없다고 하였다. 이것은 고의로 남한이 수용할 수 없는 제안을 한 것이었다. 남한이 통일회담을 제안하면서 김일성, 박헌영, 최용건, 김책, 김두봉, 홍명희, 허가이, 무정, 박일우와 같은 북한정권의 핵심인사 9명을 '공산도배'라고 협상대상에서 제외한다면, 이것 역시 북한이 받아들일 수 없는 것이었다. 따라서 이 제안은 받아들일 수 없는 것을 제안하여 거부했을 경우 공격의 명분을 쌓으려는 '정당화의 전술'이었던 것이다.

제안은 "이승만 김성수계열의 친일반동정당인 대한국민당, 민주국민당, 독립촉성국민회의를 제외한 나머지 모든 정당과 사회단체들 및 유엔총회와 유엔조선위원단에게만 전달한다"고 주장하였다. 이승만정권을 배제하겠다는 의도였다. 이 이후로 북한의 방송과 언론들

---

113) 《조선중앙년감》(1951~1952), p. 140.

은 이 호소문에 대해서 대대적으로 홍보하고 선전하였다. 남한의 정부대변인은 공식성명을 통하여 이를 '가소로운 광상극'(狂想劇)이라며 '미친 자들의 미친 소리는 일소에 부칠 것'이라고 일축하였다. [114] 그는 국민들을 향하여 북한의 제의는 '어린애 장난이며 민중을 기만하는 거짓 선전'이니 이에 속지 말라고 성명하였다.

조국전선은 이틀 뒤인 6월 9일에 서기국의 코뮤니케를 통하여 남한이 호응해 올 것에 대비, 남북 제정당 사회단체 대표자협의회 소집을 준비하기 위하여 준비위원회를 구성하였다고 발표하였다. 6월 10일에는 역시 조국전선 중앙위 서기국의 코뮤니케로 이 호소문을 전달하기 위해 2인의 대표 이인규, 김태홍과 조국전선의 기관지 《조국전선》의 기자 김재창을 38선의 여현역을 통과하여 서울로 파견한다고 발표하고 그날로 출발시켰다. [115] 이들은 정해진 정당과 사회단체에 호소문을 전달하기 위해 여현역을 지나 6월 11일 38선을 넘어 남행을 강행하다가 남한 군경에 의하여 체포되었다. [116] 38선 강행통과는 1980년대 말과 90년대 초의 여러 사례에서 볼 수 있듯 분단의 장벽을 넘는다는 강한 통일의지를 대내외에 보여주려는 시도였다.

체포된 뒤 처음에 이들은 6월 11일 그날로 남한 군당국에 의해 '군법회의에 회부될 것'이라고 발표되었다. [117] 국방부 정훈국장 이선근(李瑄根)은 방송을 통해 이들이 '슈티코프가 지령한 남한파괴공작을 수행하려 하는 조직의 하나'라고 비난하였다. 소련대사인 슈티코프의

---

114) 《서울신문》 1950년 6월 10일.
115) 《조선중앙년감》(1951~1952), pp. 143~144. 이인규와 김태홍은 최고인민회의 대의원이었다. 《조선중앙년감》(1949), pp. 14~17.
116) 《조선일보》;《서울신문》 1950년 6월 13일.
117) 《경향신문》;《조선일보》 1950년 6월 13일.

지령이라고 공개적으로 언명한 것은 북한 대남공작의 배후에는 소련이 있음을 나타내려는 의도였다. 이 의도의 성공여부를 떠나 슈티코프를 걸어서 공격한 것은 북한의 정책결정에서 그가 차지하는 위치를 매우 정확히 알고 있는 공격이었다. 북한의 모든 문건과 성명들이 남한의 정책을 미국의 제국주의적 속성과 연결시켜서 공격하였듯이, 남한 역시 북한의 배후에는 소련이 있음을 항상 공격하였다.

이선근은 남한국민과 군인에게 북한의 공작에 동요하지 말 것을 호소함과 동시에 이에 호응하는 자는 반역분자로 취급하겠다는 경고도 덧붙였다. [118] 이 3인은 체포된 뒤 곧바로 '전향하였다'고 발표되었다. 이러한 기사는 정확히 4일 후에 나타났다. 전향 후 이들은 기자회견에서 '북한괴뢰의 호소문은 기만'이라고 북한을 비난하고 남한을 지지하는 성명서를 발표하였다고 보도되었다. [119] 남한의 육군본부 정보국장 장도영(張道暎)은 이들이 "남한의 민주발전을 보고 대오각성하여 대한민국을 지지하게 되었다"고 발표하였다. 이들은 여러 곳을 시찰하며 "북한의 선전과는 달리 남한의 발전상은 놀랍다"고 진술하였다. 이것은 북한의 줄기찬 공세에 대한 남한의 좋은 반박선전자료로써 이용되고 선전되었다. [120]

그러나 유엔한위(韓委)에 따르면 장도영의 말은 사실이 아니었다. 유엔한위의 보고에 따르면 구속 후 "이들로 하여금 대한민국을 지지하는 견해를 받아들이게 하려는 노력들이 진행되었다". 보고는 남한에 의한 전향공작과, 기자회견의 내용이 이들의 의사에 반하는 것이

---

118) 《경향신문》 1950년 6월 13일.

119) 《경향신문》 ; 《조선일보》 1950년 6월 17일.

120) 《서울신문》 1950년 6월 24일.

었음을 알려준다.

사실 세 대표 모두 자신들이 대한민국을 지지하기로 전향하였다는 취지의 방송을 하였다. 이와 같은 사태발전을 위원단은 엄밀히 추적하며 세 대표의 의견을 청취할 계획을 세웠다. 의견청취에서 세 명 중두 명은 자신들의 방송초고는 이미 방송 전에 편집되어 있었다고 말하였다. 나머지 한 명도 이미 준비된 초고를 읽은 것뿐이라고 말하였다. 2명은 북한에서 사는 것이 오히려 좋다고 위원단에게 말하였다. 그러나 그 둘 중 한 명은 대한민국의 실정을 보고는 인상받은 바에 의하여 북한의 어떤 주장들은 수정될 필요가 있음을 느꼈다고 말하였다. 셋은 모두 대한민국에서 좋은 대우를 받았다고 말했다.121)

남한의 이러한 무리수는, 남북의 체제우위경쟁에서는 전향자의 확보와 그들의 입을 통해서 직접 자기네 체제가 더 우월하다고 말하는 것을 보여주는 것이 가장 좋은 방법의 하나였기 때문이었다.

호소문 전달에 실패하자 북한의 조국전선은 6월 12일 기다렸다는 듯 곧바로 코뮤니케를 발표하여 "조국통일보다 분렬을 요구하며 동족상잔의 내란도발에 광분하고 있는 리승만 매국역도들은 … 조국통일민주주의 전선의 평화적 조국통일 추진제의 호소문이 전달되지 못하게 하기 위하여 각종 발악을 다하고 있 (다)"며 "전체 조선인민은 리승만 매국역도들의 이러한 만행에 대하여 증오와 격분을 일치 표현하고

---

121) "Report of the United Nations Commission on Korea-Covering the Period from 15 December 1949 to 4 September 1950," General Assembly Official Records: Fifth Session Supplement, No. 16 (A/1350) (Lake Success, New York, 1950), pp. 90~91, in Compiled by Ministry of Foreign Affairs, Report of the United Nations Commission on Korea, IR-IO No. 9-5 (Nov. 1961).

있으며 리승만 매국역도들의 미제의 조종하에서 동족상잔의 내란을 도발할 목적으로 평화적 조국통일 방책을 파탄시키(려한다)"며 이를 '허락하지 않을 것'이라고 경고하였다. [122] 6월 16일에는 조국전선 중앙위원회를 소집하여 더욱 격렬한 결정서를 채택하였다. 마치 말공격의 홍수 같았다. 결정서의 채택에 앞서 조국전선의장 허헌은 제안을 거부한 것을 두고 "리승만 매국역도들은 조국의 평화적 통일대신에 분렬을 원하여 동족상잔의 내란도발을 원하고 있다"고 비난하였다.

결정서 역시 "조국전선의 평화적 조국통일추진제의 호소문이 발표된 후 … 전체 애국적 정당사회단체들과 전체 조선인민들은 그 정견차이 신앙여하를 불문하고 이 제의를 열광적으로 지지찬동하여 그 실천을 위한 투쟁에 호응 궐기하고 있"으나 "리승만 매국역도들은 미제국주의자들의 리익과 자기들의 사리사복을 위하여 조국의 평화적 통일을 방해하고 동족상잔의 내란도발에 광분하고 있다"고 공격하였다. 계속하여 결정서는 "이것은 리승만 매국역도들이 조선인민과 절연고립되였으며 그를 두려워하며 평화적 조국통일에 대한 조선인민의 지망을 반대하여 행동한다는 것을 또 한 번 폭로하였다"고 비난하였다. 결정서는 "리승만 매국역도들을 반대하며 그들을 제거하기 위한 투쟁을 일층 강화할 것"을 선동하였다. 조국전선은 또한 "국가주권기관들측으로부터 평화적 조국통일에 대한 대책을 취할 수 있는 가능성에 대한 문제를 토의할 것을 조선민주주의인민공화국 상임위원회에 요청"하였다. [123]

조국전선의 요청을 받아들이는 형식으로 최고인민회의 상임위원회

---

122) 《조선중앙년감》(1951~1952), p. 144.
123) 《조선중앙년감》(1951~1952), pp. 148~149.

는 즉각 준비된 회의를 소집하고 6월 19일 '평화적 조국통일 추진에 관하여'라는 결정서를 채택하였다. 북한의 연속된 제의와 내부기관들 간의 일련의 협조는 정밀하게 배치된 수순을 보여준다. 그것은 또한 북한에서 조국전선과 의회기구는 실제적 정책결정능력을 보유하고 있지 못함을, 곧 공산당의 정책을 외표하고 추인하며 대변하는 기구에 지나지 않음을 보여준다. 결정서는 북한의 최고인민회의와 남한의 국회를 '단일한 전조선립법기관으로 연합하는 방법'으로 조국의 평화통일을 실현하자고 남한국회에 제안했다. 이 연합입법기관에서 헌법을 채택하며 정부를 구성하고 총선거를 실시하자는 것이었다. 또 결정서는 "해방 5주년이 되는 8월 15일까지 평화적 조국통일과 관련된 모든 대책들을 완전히 실천시킬 것"을 제안했다. 그러나 이 제안에도 역시 남한이 받아들일 수 없는 '조건'이 있었다. 그것은 '평화적 조국통일을 방해하는 원흉들이며 원쑤들인 리승만, 김성수, 리범석 … 등의 민족반역자들을 체포할 것'을 주장한 것이었다. [124]

새로운 제안에 대해서도 남한국회가 반응이 없자 6월 23일 북한 최고인민회의 상임위원회의 위원장 김두봉은 기자회견을 통하여 "남한국회는 전연 무권리하기 때문에 북한의 제의를 해결할 능력도 없고 그를 해결하려고도 한 것 같지 않다"며 "리승만 매국역도들이 북벌(北伐)을 시도하고 있으나 조선인민군과 북조선인민의 사수의지로 용이하지 않을 것"이라고 주장하였다. 오히려 북한인민과 남한인민들은 리승만 매국역도들을 반대하는 투쟁에 총궐기할 것이라고 경고하였다. [125]

김두봉은 낮에는 "리승만 매국역도가 북벌하려 한다"는 이러한 기

---

124) 《조선중앙년감》(1951~1952), pp. 80~81.
125) 《조선중앙년감》(1951~1952), pp. 81~82.

자회견을 하고는, 그날 밤으로 전선으로 달려가 병사들 앞에서는, 비록 온건하고 주저거리는 어조였으나, 6사단의 인민군 장교들을 집합시켜 놓고 "조국전선의 호소를 남조선이 거부하니 이제 전쟁이 불가피하다"고 훈화하고 있었다. [126] 온건노선의 김두봉조차 통일제안이 위장임을 알고 있었으며 또 스스로 드러내고 있었던 것이다. 김두봉의 낮과 밤의 차이는 크지 않았으나 북한리더십 전체의 평화통일제안과 전쟁준비의 차이는 매우 큰 것이었다. 북한의 갑작스런 연속제의는 임박한 공격을 위장하기 위한 전술이면서 동시에 공산주의의 고전적인 통일전선전술이었다. 아마도 이러한 일련의 공개적 제의는 1950년 6월 25일 전쟁이 일어난 후에도 "이승만 정권들의 핵심들을 제외하고는 제거하지 않겠다"는 사전 제스처일는지도 몰랐다.

그렇다면 북한의 통일제안과 관련지어, 이 제의가 전체적인 전쟁계획의 일정에 배치된 것이라는 점과 함께, 다른 하나 북한이 남한 국회의 정치적 성격을 어떻게 파악하고 있었느냐는 문제를 검토해 볼 필요가 있다. 즉 북한의 대남통일전선전술이 언표와 같이 실제로 민족주의 세력과 연합을 모색하고 있었는가의 문제이다. 그것은 이미 김두봉의 기자회견에서도 그 일단이 보인 바 있으나, 그러한 표면적인 기자회견보다는 인민군에게 내려간 비밀자료가 이를 더 정확히 보여줄 것이다. 거의 같은 시점에 군에 하달된 비밀자료는 다음과 같이 남한의 국회를 공격하고 있었다.

때는 남반부 전체 량심적 인사들에게 이 이상 더 우유부단하게 주저만하고 있을 시간을 허용하지 않고 있으며 다만 조국과 인민을 위하

---

126) 최태환 면담. 서울, 1990년 2월 1일; 그리고 그의 《젊은 혁명가의 초상》, pp. 111~113.

여 복무하느냐? 그렇지 않으면 역도들의 위혁(위협― 원문 그대로) 하에 굴복하여 조국과 인민을 배반하며 그의 원쑤로 되느냐?의 두 가지 길 이외에 다른 길을 제시하지 않고 있다. … 만일 소위 '국회' 내에 조금이라도 민족적 량심을 가진 자가 있다면 만일 그들이 조금이라도 자기 후손들의 장래를 생각한다면 조국전선의 공명하고 관대한 제의를 반대하여 발악하는 리승만 역도들의 만행에 대하여 함구무언을 취할 수 없다.127)

이 문건은 북한이 남한의 2대 국회에 대해서 기대하고 있지 않았음을 보여준다. 이 비밀문건은 5·30 총선으로 당선된 이른바 중간노선 국회의원들조차 인정하지 않는다는 점을 보여준다. 북한은 5·30 총선도 5·10 총선처럼 '5·30 망국단선'128)이라고 표현, 이를 인정치 않았다. 그러면서도 표면적으로는 남북한 국회의 연합을 통일의 방책으로 제안하고 있었다. 그것은 다름 아니라 대외적인 언표와는 달리 6월 19일의 제안이 허구임을 스스로 입증하는 것이다. 즉 남북한의 입법기관끼리의 연합을 통하여 통일정부를 수립하자는 것은, 공격을 위한 명분의 축적 노력일 뿐 실제로 남한국회를 민족대표기관으로 인정하여서 그랬던 것은 전혀 아니라는 점이다. 표출된 언사와 내부 비밀자료의 차이는, 무엇이 주된 정책이며 실제의 의도이고 무엇이 표면적인 언표인가를 판별하는 한 기준일 수 있다.

사태해석의 이 기본적인 원칙을, 좌파적·친북한적 해석들은 남한의 정책을 비판할 때에만 적용하고, 반공적·친남한적 해석들은 북한

---

127) NA, RG 242, SA 2009 Item 3/69. 민족보위성 문화훈련국, 《정치보도 및 담화자료》(1950년 6월), pp. 27~28.
128) NA, RG 242, SA 2009 Item 3/69. 《정치보도 및 담화자료》, p. 28.

을 비판할 때에만 적용하려 한다. 이를테면 전자는 북한의 평화통일 제안이 이미 수용불가능한 제안이었음에도 불구하고 이를 인정하지 않는다. 더욱이 그것이 스탈린과도 논의된 위장전술이었음에도 불구하고 북한의 공격을 정당한 것으로 보려고 6월 25일의 공격이, 남한이 평화통일제안을 받아들이지 않았기 때문에 북한으로서는 불가피하게 마지막 선택인 무력에 의존할 수밖에 없었던 결과라고 해석한다. 반대로 후자의 해석들은 진실을 담고 있는 남한의 많은 비밀자료들이 존재하고 있으나 이것과 표면적 정책이 불일치할 때 비밀자료들을 인정하지 않는다.

북한은 조국전선의 호소문을 발표하는 한편 1950년 3월 남한정부에 의해 체포된 남한의 지도적 공산주의자 김삼룡과 이주하를 북한에 억류되어 있는 유명한 민족주의자 조만식(曺晩植)과 교환하자고 방송을 통하여 제안하였다. 이 제안이 있자 조만식의 강한 반공반북 성향과 그에 대한 남한인민들의 신비스런 지지 때문에 남한의 정부와 언론은 다른 어떤 제안보다도 이에 대해 많은 관심을 기울였다. 조만식은 특히 1946년의 강력한 반탁-반소투쟁 때문에 월남한 인물들의 숭배의 대상이자 지난 4년 동안 반소-반공민족주의의 상징처럼 자리잡고 있던 인물이었다. 북한의 제안이 있자 그는 남한에서 '참된 민중의 벗'으로 묘사되었다. [129] 모든 신문에서는 그의 큰 사진을 게재하며 그가 "진정 도라오나!"(원문 그대로)라며 커다란 관심을 표시하였다.

이승만은 북한의 제안에 맞서 "조만식을 먼저 보내 그의 건강이 확인되면 김삼룡 이주하를 북한으로 추방하겠다"고 역으로 제안했다. 그 이유를 이승만은 북한이 조만식을 살려두지 않았으리라고 믿기 때

---

129) 《서울신문》 1950년 6월 19일.

문에 그의 건강을 확인하기 전에는 북한의 제의를 받아들일 수 없다고 했다. [130] 공산주의자들의 말을 결코 신뢰하지 않으며 그들이 행동으로서 보여주기 전에는 조금도 먼저 주지 않겠다는 것이었다. 이 점에서 이승만은 철저하게 현실주의자였다. 남한은 이 제안이 김삼룡, 이주하의 처단을 막아보려는 의도라고 공격하였다. 북한이 조만식에게 자신에 관한 이러한 제의를 알려주고 교환준비를 시켰는지는 확인되지 않았다. 추론컨대 아마도 조만식에게는 비밀로 하였을 것이다.

한편 북한은 기대한 대로 남한이 평화통일제안을 거부하자 이를 대외적인 정치선전뿐만 아니라 무엇보다도 대내적인 인민동원과 인민군선동의 계기로 활용하였다. 즉 평화통일제의는 대남제의이기도 하지만 자기의 주민에 대한 제의였던 것이다. 전쟁을 개시함에 있어 인민과 인민군으로 하여금 이를 정당한 반공격으로 인식하게 하기 위한 전술적 조치였던 것이다. 남한이 평화통일제안을 거부하자마자 인민군대에는 즉각 민족보위성으로부터 다음과 같은 비밀 담화자료가 내려갔다. 이 내부 비밀문건은 전쟁직전 북한의 평화통일제의의 성격을 해석하는 데 가장 객관적인 한 준거를 제공해줄 것이다.

공식명칭이 《정치보도 및 담화자료》(이하 《자료》)인 이 지령은 발행기관이 민족보위성 문화훈련국이고, 깨끗하게 인쇄된 총 44쪽의 문건이다. 조국전선의 호소문이 발표되고, 이의 전달을 위해 남한에 파견된 대표가 체포된 이후에 전체 인민군부대에 내려간 최후의 선전선동자료이다. [131] 《자료》는 한국전쟁과 관련된 몇몇 핵심문건에 포함될 수 있는 중요한 문건이다. 이것은 인민군 부대들에게 38선 부근

---

130) 《경향신문》; 《서울신문》 6월 17일; 6월 24일.
131) 《정치보도 및 담화자료》.

으로의 이동명령을 내린 뒤에 내려간 것이다. 이 문건이 내려간 시점을 통해 볼 때 세 가지의 조치가 동시적으로 취해졌음을 간취할 수 있다. 평화통일제안, 인민군의 이동, 그리고 제안이 거부될 때의 선동과 전쟁개시라는 복합적 구상이 그것이다.

《자료》는 "오늘 우리 조국이 해방된 지 근 5년이나 경과하였음에도 불구하고 조선 인민이 일일 천추로 갈망하는 조국의 통일 독립이 성취되지 못하고 있다. 이것은 무엇 때문인가. 이는 말할 것도 없이 미제국주의자들과 그의 주구 리승만 매국역도들 때문이다"로 시작한다. 이어서 《자료》는 "미제국주의자들은 우리 조국과 인민을 식민지노예로 만들려 하며 리승만 매국역도들은 자기의 리기적 탐욕을 충족시키기 위하여 우리 민족을 영원히 분렬하며 국토를 영원히 량단하려는 비렬한 발악을 다하고 있다"며 지금까지의 어떠한 비난보다도 격렬하게 공격하고 있다. "과거 식민지 노예생활의 쓰라린 경험을 다시금 되풀이하기를 원치 않는 전체인민들은 공화국 깃발 밑에서 공화국 내각 수상 김일성장군 주위에 철석같이 뭉치여 평화적 조국통일의 위업을 달성하기 위하여 장엄한 거족적 투쟁에 총궐기하고 있다"며 인민군에게는 "모든 정치군사학습, 전투훈련을 실지전투정황에서와 같이 실시하라" [132] 고 요구한다.

《자료》는 특히 모든 기자재가 100% 활용될 수 있도록 보장하라고 지시하였다. "전투기재를 자기의 눈동자와 같이 생각할 것"이며 일상적 전투기재는 물론 기재 중에서도 특히 통신기재와 정찰·방향탐지 기재의 완벽한 보관상태와 즉각적인 활용대비를 강조하였다. "전화기가 통화불량상태에 있어서는 안 되며 지남침과 방향판을 딱아서 렌

---

132) 《정치보도 및 담화자료》, pp. 1~2.

즈의 허물을 끼쳐서도 안 된다.” 통신수단과 지형 및 방향탐사기구에 주의를 기울이라는 것이다. 또한 “학습에서의 곤난은 전투를 용이하게 하며 학습에서 땀을 많이 흘리면 전투에서 피를 적게 흘린다”는 사실을 명심하라고 강조한다. 이 구호는 군대를 다녀온 남한의 모든 남성들에게는 군대생활 중 가장 많이 들은 고전적 구호이다.

이어서 《자료》는 “이것은 훈련이기 때문에 그리 긴장하지 않아도 좋다는 생각을 털끝만치라도 가져서는 안 될 것”이라고 경고한다. “매개 병사들은 실탄 사격훈련에서 총한방 쏘는 것이 직접 원쑤의 가슴을 꿰뚫는다”는 기분으로 훈련할 것을 강조한다. 이것 역시도 남한의 군대에서 훈련시 항상 사용하던 말이었다. 이어서 《자료》는 “국제반동진영이 로골적인 새 전쟁준비를 하고 있는 엄중한 시기임”을 주지시키며 스탈린의 유명한 말이라며 다음과 같이 진술한다. “죽어가는 계급이 자연적으로 무대에서 물러나간 그러한 경우는 아직도 력사에 있은 적은 없었다. 죽어가는 부르죠아지가 자체의 생존을 고수하기 위하여 자체의 모든 나머지 힘을 다써보지 않은 그러한 경우는 아직도 력사에 있은 적이 없다.” 《자료》는 “실로 반동적 반인민적 계급은 자기의 최후운명이 가까워오면 올수록 모든 힘과 모든 방법을 다하여 최후발악을 다하게 되는 것”이라면서 남한의 임박한 공격위협을 인지시키려 노력하였다.

김일성은 남한의 임박한 공격위협을 모스크바에도 인지시키려 노력하였다. 역시 정당화의 전술이었다. 6월 20일 슈티코프는 모스크바로 오후 10시에 전화를 걸어 모스크바로 오후 11시경 남한 정부가 북한에 대해 공격을 시작하라는 명령을 내렸다는 첩보가 북한측이 오후 8시경 입수되었다고 보고하였다. 보고에서 슈티코프는 첩보가 공개문서로 되어 있어 의심스럽다고 평가하였다. 다음 날 슈티코프는 스탈린에게 김일성의 메시지를 전달하였다. 동메시지는, 북한측이 입수한 각종 첩보에 의하면 북한군의 침공에 관한 정보가 남한측에 알려졌으며, 이와 관련하여 남한이 전투준비태세를 강화하는 조치를 취하고 있다며 이에 따라 김일성은 "전에 구상하였던 옹진반도에서의 전초전을 수행치 않고 6월 25일에 전 전선에 걸쳐 전투행위를 시작하는 것이 목적에 부합한다고 생각한다"고 언급하였다. [133] 6월 20일의 공격첩보가 사실대로 나타나지 않자, 표면적으로는 6월 25일 아침부터 오늘날까지도 '북침'을 주장하였지만, 스탈린에게 보내는 내부전문에서는 '사실'과 의도를 그대로 드러내었던 것이다.

북한은 증오의 격발과 선동을 위해 남한에 대해 마지막의 저주를 퍼부었다. 《자료》는 "미제국주의자들과 그의 주구 친일파민족반역자들은 오늘 우리조국 남반부를 기아와 파산, 테로와 공포가 가득찬 팟쇼경찰통치의 감옥으로 변화하고 … 각종 강제적 징모 박탈 등 방법으로써 인민들을 참혹한 도탄의 구렁이에 몰아넣고 있다. 리승만도당은 우리민족의 불구대천의 원쑤인 일제와 로골적으로 결탁하여 동족상쟁의 내란을 도발하고 있다"[134] 고 공격한다. 가혹한 식민통치를 기억하고 있는 인민과 병사들에게 남한과 일본이 결탁하고 있다는 공격이야말로 그들의 대남증오와 공격의욕을 북돋우는 가장 좋은 재료였다. 《로동신문》은 아예 이승만과 신익희를 "40년 전 조국을 일제에 팔아먹은 리완용 송병준"에 비유하였으며 그의 일본방문은 "일제와 더욱 친선을 강화하"려는 것이라고 공격하였다. [135]

---

133) 《소련 외교문서》2, pp. 28~29.
134) NA, RG 242, SA 2009 Item 3/69. 《정치보도 및 담화자료》, p. 5.
135) 《로동신문》 1950년 1월 19일; 2월 19일.

《자료》에 나타나 있는 남한에 대한 정보는 아주 정확하였다. 조국 전선의 호소문이 발표된 직후 있은 남한군의 '38선 특별경비'를 인용하고 있을 뿐만 아니라 — 그것을 내란도발을 위한 준비조치라고 공격하며 — 다른 남한정세에 대한 정보도 깊숙하게 알고 있음을 곳곳에서 발견할 수 있다. 136) 이를테면 이 문건은 그것이 내려가기 직전에 있었던 신성모의 기자회견을 인용한다. 신성모는 1950년 6월 8일 북한의 위협에 맞서 "국가총동원령을 고려중"이라는 기자회견을 하였는데 137) 《자료》는 이를 인용, '내란도발의 공공연한 선언'이라고 공격한다. 138) 사실인지는 아주 정확한 것이었다. 이 시점의 북한의 많은 내부문건들은 북한의 남침위협을 강조하는 남한의 경고들을, "내란도발음모를 은폐하고 뒤집어 씌우려는 작태"라고 공격하였다. 5월 12일 국방장관 신성모는 "북한의 괴뢰군이 38선으로 집결하고 있다는 정보가 있다"면서 그들이 "남침기도를 노골화하고 있다"고 하였다. 139) 이승만 또한 5월 11일의 기자회견에서 "북한괴뢰집단의 남침위협은 우리의 신경을 날카롭게 하고 있다"면서 '5, 6월이 위기' 140) 라고 하였는데 《자료》는 이를 '몰락해가는 반동들의 두려움에 대한 자기고백'이자 '최후발악의 기도'라고 공격하였다. 전쟁이 시작되기 전부터 전쟁발발 주체를 둘러싼 논쟁은 이미 시작되었던 것이다.

---

136) 《정치보도 및 담화자료》, p. 6.
137) 《경향신문》 1950년 6월 10일; 《서울신문》 1950년 6월 10일.
138) 《정치보도 및 담화자료》, p. 29.
139) 《조선일보》 1950년 5월 12일. 신성모는 10일의 외신기자 회견에서는 "북한 괴뢰군의 남침이 절박했다(임박했다)"면서 "중공군 한인 2만 2천 명이 귀환하여 인민군에 편입되었다"고 발표하였는데 이러한 정보는 숫자만 약간의 차이가 있을 뿐 아주 정확한 것이었다. 《조선일보》 1950년 5월 12일.
140) 《경향신문》 1950년 5월 14일.

《자료》는 조국전선의 대표들에 대한 남한의 총기사격과 체포를 두고 "이와 같은 사실은 일찌기 털끝까지 무장한 히틀러파시스트 도당과 일본제국주의 군벌들에게서도 찾아보기 드문 야수적 만행"이라면서 인민군에게 "조국통일독립을 달성하려면 이번 평화적 조국통일사업에서 제외된 리승만 리범석 김성수 신성모 등을 괴수로 한 망국괴뢰도당과 놈들의 살인적 도구인 괴뢰군경을 타도분쇄하여야만 될 수 있다. 조국의 통일독립을 위하여서는 리승만 역도들과 끝까지 싸워서 놈들에게 멸망을 주어야 한다"[141]고 호소하였다. 다음 부분을 보면 북한리더십이 인민군들에게 남한이 평화통일제안을 거부하고 북침한 것으로 인식하려 하고 있음을 알 수 있다.

놈들은 동족살륙의 내란을 도발하여 북반부 인민까지 대량적으로 학살하려고 (한다) … 놈들은 이와 같은 흉악한 목적으로 38연선에서 작년도만 해도 무장도발을 432차나 감행하였으며 **최근에는 소위 국방부 8개 사단 중 5개 사단을 38선 지역에 집중시키고 로골적으로 북반부를 침해하려 한다.** 그러나 조선인민은 놈들의 최후발악을 반드시 분쇄하고야 말 것이다. …
   지휘관의 명령에 절대복종하며 혁명적 경각성과 원쑤에 대한 적개심을 높이며 경상적으로 원쑤를 소탕할 준비를 하고 있으라. 조국과 인민이 부르는 때에는 원쑤들을 일격에 타도분쇄할 전투력 강화와 준비를 완수하자. 우리의 흉악한 불구대천의 원쑤인 리승만 역도들과 끝까지 싸우고 또 싸우자.[142]

사람의 인지구조는 진실을 다투는 사실을 반복해서 양쪽으로부터

---

141) 《정치보도 및 담화자료》, pp. 21~22.
142) 《정치보도 및 담화자료》, pp. 22~23.

들으면 혼동되게 마련이다. 최초에는 어느 하나가 진실이라고 믿었던 사실조차 혼란스럽게 된다. 교육과 세뇌에서 반복이 지니는 효과는 매우 크다. '그럴 것'이라는 추론은 이내 '그렇다'는 확신과 단정으로 연결된다. 남한의 임박한 공격을 강조하면서도 《자료》는 남한이 분단을 고착시키려 한다는 이율배반적인 주장을, 따라서 자신들의 통일전쟁의 정당성을 강조하다가 선제공격의 의지를 드러내는, 의도하지 않은 실수를 드러낸다. 조금 길게 인용하는 다음 진술은 남한이 내란을 도발하려 한다는 공격과는 반대되는 공격이다.

> 누가 우리 조국의 통일을 방해하는가? 누가 우리 조국을 분렬시키고 있으며 누구의 리익을 위하여 무엇 때문에 이 분렬이 계속되고 있는가? … 그것은 오늘 우리 조선인민치고는 이미 3척동자라도 너무나 잘 알고 있다. 리승만 매국역도들은 자기들의 상전 미제국주의자들의 지시에 따라 조선인민이 갈망하여 마지 않는 조국의 평화적 통일에 반대하여 온갖 수단과 흉책을 다하여 이를 방해하였다. 미제의 사수하에(사주하에 — 원문 그대로) 리승만 매국역도들은 조선인민의 리익을 배반하고 38선을 영구화하며 그를 국경선으로 만들려 하고 있다. … 놈들은 조국의 통일독립을 백방으로 방해하며 파탄시켜 국토와 민족의 분렬을 영구화하려 한다. 38선을 남북조선의 영구한 경계선으로 만들려한다. 조국을 통일하려는 열망은 전조선인민의 의사이다. 조국의 통일을 반대하는 역도와 민족의 분렬을 조작하는 역적들은 반드시 인민 앞에서 처단을 받아야 한다. 143)

《자료》는 이어 정반대로 "닥쳐오는 8·15 해방 5주년기념을 우리 조국 남반부의 인민들은 조국의 통일로써 기념하여야 할 것이며 통일

---

143) 《정치보도 및 담화자료》, pp. 21, 25.

된 민주주의 독립국가의 인민으로써 함께 기념하여야 할 것"이라면서 8월 15일 서울에서의 최고입법기관회의를 소집하기 위해 "남북조선 전 지역을 통하여 총선거를 진행하기 위하여서는 상당한 준비기간이 요구된다"[144]고 진술, 8월 15일의 선거실시를 위하여서는 일찍이 행동이 있지 않으면 안 된다고 암시하고 있다.

끝으로 《자료》는 "사경에서 헤메는 남반부 인민들의 고통을 더 이상 보고만 있을 수 없다"며 "오늘에 있어서 문제는 명백하다. 리승만 역도들을 타도분쇄함이 없이는 조국의 통일을 달성할 수 없는 것", "미제의 침략정책과 리승만 역도들을 분쇄소탕하는 것은 정당한 일이다. 승리는 언제든지 정의와 인민의 편에 있다"[145]고 선동한다. 임박한 군사작전을 염두에 두고 《자료》는 "필요한 경우에는 언제든지 리승만 매국역도들을 완전히 격멸소탕할 수 있는 반만(만반 ─ 원문 그대로)의 준비를 갖추어 놓아야할 것"이라며 "오늘 조국은 우리 군인들에게 어떠한 정세하에서든지 어떤 조건하에서든지 **일시에 동원되어** 지휘관의 명령과 지시를 정확하고도 신속하게 또한 창발력을 다하여 완수할 것을 엄격하게 요구한다". "조선인민군대에서 지휘관의 명령은 곧 조국과 인민의 명령으로 되는 것인 바, 전체 군무자들에게는 어길 수 없는 법"이요 "우리 경애하는 수령 김일성장군의 명령"이라면서 "이 명령을 실행함은 참으로 전체 군무자들의 영예롭고 신성한 임무로 된다"[146]고 최후의 선동을 하였다.

---

144) 《정치보도 및 담화자료》, p. 27.
145) 《정치보도 및 담화자료》, pp. 31, 38, 39.
146) 《정치보도 및 담화자료》, pp. 42~44.

4. 결론

마지막 단계에서 전쟁의 시작은 급작스런 것이었으나 전쟁으로의 이행준비는 급작스럽지 않았다. 북한은 1950년 초부터 적어도 6개월은 전쟁의 준비를 본격적으로 하였다. 전쟁의 준비에 북한은 대내적 대외적 준비를 동시에 하였는데, 전자가 스탈린과 모택동의 동의를 얻는 것이라면 후자는 내부적 차원에서 군사적 정치적 사상적 준비를 하는 것이었다. 북한은 이 둘을 동시에 갖추어갔다. 외부의 동의를 얻는 데 따라서 내부의 준비를 갖추어갔고, 또 내부의 준비상태를 들어 외부의 동의를 얻는 데 주력하였다.

평화통일에 대한 무위의 제안조차 북한의 오랜 정책이었으며 스탈린 - 모택동과 합의된 3단계 구상의 하나였다. 평화통일제안은 3단계 구상의 두 번째 단계로서 전쟁시작의 전제조치일 뿐이었다.[147] 6월 들어서 격증한 평화통일제안은 이러한 전략적 구도 속에 정밀하게 배치된, 공격을 위한 명분축적용 제안이었다. 그것은 49년의 통일제안도 마찬가지였다. 이것은 다른 여러 조치, 이를테면 북침주장과 함께 남한이 먼저 공격했다는, 따라서 정당한 반공격이라는 명분을 쌓기 위한 조치였다.

성공했을 경우 이것은 최상의 시나리오이자 최상의 구도였다. 즉 "평화통일을 제안했으나 거부하고 공격으로 응전해왔기 때문에 우리는 부득이 정의의 전쟁을 개시할 수밖에 없다"는 시나리오였다. 이것은 선제공격이 안을 수 있는 위험성과 비난 때문에 1949년부터 김

---

147) mb-04339/gs. "On the Korean War," *CWIHP Bulletin* (Fall 1993), p. 16; *JAEAR*, Vol. 2, No. 4, p. 442; 《소련 외교문서》 2, p. 26.

일성·박헌영-스탈린-모택동 사이에 논의된 핵심적인 내용 중의 하나였다. 이러한 정당화의 전술이 성공할 경우 그것은 미군의 개입을 저지하고 전쟁을 한국 내부문제로 국한시킬 수 있는 최선의 방식이었다. 이것이 정당한 전쟁이었고 인민의 전적인 동의를 받을 수 있는 명분을 갖는 전쟁이었다면 이러한 위장제안은 필요 없었을 것이다. 그러나 김일성과 박헌영은 1950년 6월 이러한 제안을 폭포처럼 쏟아놓았다.

제 9 장

공격명령: 6월 25일 직전의 38선 북선

인민군 내부의 비밀 명령, 훈화, 지령과 보고

지금부터 살펴볼 내용은 북한인민군의 최후의 공격준비상황에 대해서이다. 1950년 6월 25일 전쟁이 발발하기 직전 북한의 인민군은 어떠한 '상태'에 놓여 있었는가가 이 장의 핵심적인 물음이다. 여기서 말하는 '상태'라는 것은 단순히 방어적 형태냐 공격적 형태냐의 문제가 아니다. 숨가쁘고 비밀스런 전쟁직전의 마지막 일주일 동안 38연선으로 집중적으로 이동한 인민군은 어디에서 무엇을 하며 어떻게 시간을 보내고 있었을까? 그들은 남한군의 공격을 기다리며 대기하고 있었는가, 아니면 선제적인 공격을 준비하고 있었는가?

한국전쟁에 대한 많은 연구 중 이 비밀스런 시기에 대한 심층연구는 커밍스의 것이 유일하다고 할 수 있다. [1] 오랫동안 남침을 규명하

---

1) 커밍스는 《한국전쟁의 기원》 2권의 가장 중요한 장을 이 부분의 규명에 바치고 있다. 그의 이 장은 그가 가장 심혈을 기울인 부분인 것처럼 보인다. Bruce

려 노력한 전통주의적 시각에서 이 문제를 제대로 규명하지 않았다는 것은 아이러니이면서 또한 당연하다. 왜냐하면 이것은 표면적인 선전과 공표만을 추적해서는 진실에 접근할 수가 없는 부분이다. 은밀하게 전달된 내부명령서들을 이용할 수 있다면 그것은 진실에 접근하는 가장 훌륭한 방법이 될 것이다. 먼저 전체 인민군지휘부 수준에서 하달된 명령서들을 검토하고, 그 다음에 하급부대에 내려지거나 그들로부터 상부로 올라온 명령과 보고들을 검토해야 할 것이다.

1. 집결지에서의 인민군: 최종준비와 최종점검

약 10만이 넘는 병사들의 거대한 이동이 끝난 뒤 인민군들은 각각 배당된 집결지에 도착하였다. 물론 소련군 고문관들은 이곳 인민군의 야전지휘부대에까지 따라와서 인민군의 최후의 전쟁준비를 관찰하고 지도하였다. 제2군단 사령부에는 중좌 2명이 따라왔고, 제1군단 지휘부에는 5명이 배속되어 따라왔다.[2] 어떤 한 부대에서는 소련군장교가 직접 따라와서 인민군장교들을 모아놓고 전쟁의 시작에 대한 훈화를 하였다.[3] 1950년 3월에 중국에서 넘어와 4월 25일에 인민군으로 편입된 조선인민군 제12사단에는 참모고문 쿠쉰 소좌와 정치고문 포노마렌코 소좌가 따라왔다.[4] 그들은 전쟁이 시작된 뒤에도

Cumings, *The Origins of the Korean War*, Vol. Ⅱ, pp. 568~621, Chapter 18, "Who Started the Korean War? Three Mosaics."

2) 주영복, 《내가 겪은 조선전쟁》, pp. 258~259.

3) NA, RG 242, SA 2010, Item 1/87.

4) 여정, 《붉게 물든 대동강》, p. 37. 呂政은 당시 12사단 보병연대 당위원장

전선에 남아 보고를 받고 지시를 하였다.

1) 비밀엄수 · 군사기밀 유지와 군사기율

집결지에서 병사들에게 강조된 것은 무기와 장비의 관리, 그리고 비밀엄수, 사기 유지, 철저한 검열 등이었다. 이 중에도 가장 엄격하게 준수해야 할 것은 비밀의 엄수였다. 따라서 인민군은 끝까지 문화사업, 즉 사상-정치사업에 중점을 두었다. 사단급 부대에서 내려간 문화사업5)도 군사비밀유지가 핵심내용을 이루고 있었다.

문건에 따르면 "'군사비밀보수사업'(軍事秘密保守事業)은 인원 기재 등 일체 장비에 대한 위장을 철저하게 실시할 것, 분대 소대 중대 각 수준에서의 인원장악과 행정상 외출하는 인원을 장악할 것, 외부로부터 침입하는 암해분자, 간첩분자에 대한 엄격한 경계와 군사적 대호(代號)신호(信號)를 반드시 암기하여 준수할 것, 군중들과의 접촉은 무조건 엄금하며, 군중들의 물건을 빌리지 말고 사지 말며 곡식 밭을 밟지 말 것이며 조직적 수속을 거치지 않고 군중들과 접촉한 자에 대하여는 처벌한다. 문건 취급주의, 특히 야간불빛대책에 철저를 기할 것이며 및 야간 대호사용을 준수하라"고 모든 부대에게 지시하였다.

집결지에서도 역시 이동시와 마찬가지로 불빛차단에 세심한 주의를 기울였으며 군중들과의 접촉도 강력히 금지하였다. 집결지에서의 교양 사업은 전사, 하사, 군관으로 나누어 실시하였다. 군관과 하사관들에게는 "전사 군중의 자각성을 계발시킬 수 있는 동지적 관심과

이었다. 1957년 연안출신의 공산주의자들이 대거 숙청당할 때 함께 숙청당한 그는 10년간 감옥살이를 한 뒤 중국으로 탈출하여 그곳에서 살았다.
5) NA, RG-242, SA 2009 Item 10/58. '전시정치문화사업'.

계급적 우애, 정치적 인격을 존중하는 작풍으로 지도하며, 적아(敵我)를 정확히 인식시켜 좌우경화를 방지하며 사상적으로 적을 압도하는 정신을 수립하고, 명령복종과 시간엄수"를 강조하였다. 전사 및 하사들에게는 "지휘관의 명령에 절대복종하며 지휘를 떠난 일절 언어와 행동을 엄금할 것, 혁명적 전투영웅사상을 고취하며 맹타격 맹돌격 맹추격의 전투작풍으로 교양줄 것", "만난과 위험을 극복하고 우애를 발휘하여 호상협조케 할 것. 전체 군무자들은 적에 대하여 고도로 증오하고 조국과 인민, 그리고 경애하는 내각수상 김일성장군을 위하여 맡은 바 자기과업을 철저히 완수함으로써 헌신할 것"이 지시되었다. 김일성장군을 위한 과업완수 요구가 특이하다.

집결지에 도착하여서는 현지 야전(野戰)신문을 발행하여 우수한 군무자를 소개하고 표창, 승리 소식을 널리 선전할 것도 미리 지시되었다. 아예 전선신문의 이름을 《전투소보》로 지정하여 명령이 내려가기도 하였다. 실제로 이러한 목적으로 현지에서 발행된 《전투소보》들이 오늘날 남아 있다. 집결지에서 대대와 연대에 내려보낸 '생활보장조치' 중에는 음료수를 선택하여 검열한 후 보초를 파견하여 감독하는 것도 포함되어 있었다. 남한군이나 첩자들의 독극물 투입을 우려해서였다. 그런가 하면 인민군의 사기유지를 위해서 "피로감소, 곤란극복, 상호우애 정신을 고무추동하는 방향에서 중대 소대단위로 군중적 예술오락사업을 진행할 것"을 명령하였다.

현지 하급부대들이 내린 부대명령들도 비밀엄수에 특별히 많은 주의를 기울였다. 민간인과의 접촉 및 담화금지, 일반백성의 통행금지, 간첩에의 각별한 주의, 비밀엄수를 위한 신호 대호체계의 교육과 사용을 강력하게 지시하였다. 신호나 대호체계는 자기들끼리만 주고받을 수 있는 암호체계를 말한다. 657군부대가 집결지에서 6월 17일에 내린 '지령'을 보자. 상급의 명령과 유사하다.

집결지에서 전체 군무자들은 전투관념이 부족하며 특히 군관들의 전
사들에게 주는 임무가 구체적이 못됨으로서 전사들의 임무수행에 지
장을 주고 있다. … 각 경비선에서는 일절 백성에 대해서 통행을 금지
시킬 것이며 아군비밀행동을 탐지할야 하는 간첩행동에 주의를 돌릴
것이다. 동시에 각 보초는 군무자들의 질서를 유지할 것이며 위장을
하지 않은 자는 통행을 정지시킬 것이다. 각구분대에서는 비밀을 엄
수하기 위해서 대호를 교육하고 사용케할 것6)

다른 부대도 역시 "매개 전투원들로 하여금 어떠한 경우에서도 신
호를 듯고 대호를 듯고 능히 요해할 수 있게 교육할 것. 앞으로는 일
률적으로 대호를 사용한다"7) 고 지시하였다.

집결지에서 강조된 다른 하나는 '군중기율 준수'였는데 특히 인민의
재산을 해하는 자는 엄한 처벌을 받았다. "구분대에서는 아즉도 교육
이 침입되지 않은 관계로 아즉도 백성의 밭을 집밟는 현상이 있고 특
히 백성들이 싸아노은 건초를 허가없이 가져오는 등 사실이 있으나
이를 엄격히 교육할 것"8)이 강조되었다. 상급의 명령과 여러 부대의
하급현지명령들에서 이러한 군사기율의 준수는 매우 강조되었다. 이
것은 포로에 대한 관대한 처분을 계속 강조한 것과 함께 인민군이 초
기전투에 임할 때 내린 두 가지의 핵심군사기율이었다. 김두봉은 6월

---

6) NA, RG-242, SA 2010 Item 1/52. 이하의 탈취문서는, 번호는 같더라도
한 문건은 아니다. 이 문서번호는 인민군의 여러 명령서들의 묶음이다.
7) NA, RG-242, SA 2010 Item 1/52.
8) NA, RG-242, SA 2010 Item 1/52.

23일 657군부대(6사단 13연대)를 상대로 한 전선훈화에서 "이 전쟁은 해방전쟁이라서 포로가 없으니 포로를 잡으면 풀어주라"고 말하기도 하였다.[9] 군중들의 재산을 해하여서는 안 되며 포로를 잡더라도 절대로 인격적으로 대할 것과 그들의 생명을 해하지 말라는 지시가 반복적으로 강조되었다. 초기에 북한인민군은 명칭 그대로 인민의 군대이고자 노력하였다.

2) 장비 점검, 야전지휘부 구성, 경장, 위생철저

비밀보수에 못지않게 강조된 것은 장비의 점검과 준비였다. 모든 부대에게는 "만단의 전투준비를 가추기 위하야 적시적인 검열을 진행할 것"[10]이 계속적으로 하달되었다. 한 부대의 부부대장 장훈은 "부대의 전반적 현상을 보와 공병전투기재 관리에 각급 지휘관들은 매우 부중시(不重視)하는 엄격한 결함이 발생하고 있다"며 "이동시 병사들의 짐이 무겁다고 해서 각종 기재들을 휴대 또는 운반치 않고 출발지에 남겨 놓고 온 사실은 부대의 전투력을 감소하고 임무수행에 지연을 초래하며 나아가서 인력의 손실을 가할 수 있는 근거를 조성한 것으로 증명된다. 이와 같은 현상을 나는 전시에서의 엄격한 문제로 취급하니 각 구분대장들은 절실히 책임져야 할 것이고 또 앞으로 반듯이 공병기구 관리사안을 총포의 관리와 별(別)로 무차(無差)해야 한다. 전투결과 보고시도 공병기구에 대한 통계보고도 제출해야 한다"고 미흡점을 경고하고 있다.[11] 벌써부터 '전시에서의 문제', '전투결

---

9) 최태환 면담. 1990년 2월 1일, 서울; 그리고 그의 회고록《젊은 혁명가의 초상》, p. 112.
10) NA, RG-242, SA 2010 Item 1/52.

과 보고 시'라는 표현이 나오고 있음을 알 수 있다.

물품의 정리와 경장 역시 집결지에서의 필수적인 행동이었다. 위낙 대규모의 부대가 이동했기 때문에 장비와 인원, 차량, 마필 등이 뒤엉켜 혼란에 빠지자 부대장들은 빨리 이러한 문제들을 정리하여 혼란상태를 극복하라고 명령하였다. "마차, 말을 속히 정리하고 물품을 정리하여 혼란 상태를 극복할 것. 매개군관 전사들은 자기의 휴대품을 간편하기 위해서 물품을 정리할 것. 각 대대에서는 15명식(名式) 포병부에 파견하여 탄약정리를 보장할 것이며 오는 인원은 도구(삽, 곡괭이)를 전부 휴대할 것"12)이 지령되었다.

다른 한편 인민군은 집결지에 도착하여 부대원들의 위생문제에 대해서도 특별한 주의를 기울였다. 방역, 급수, 독충, 음료문제에 대해 주의할 것을 지령하였다. 825군부대의 지병학은 1950년 6월 23일 야영시의 다발 질병에 대해 주의할 것과 각종 예방대책을 마련할 것, 습기를 조심할 것을 지령하였다. 또한 독사에 주의할 것도 환기시켰다. 끓인 물을 마실 것과 산(야) 채와 개별적 외래음식을 엄금하였다. 검식(檢食), 즉 식사에 대한 검사를 강화할 것도 지령하였다. 수원(水源)에는 남한군의 독극물 투입에 대비하여 보초를 세우고 방독감시를 엄격히 집행하라고 명령했다. 13)

계절이 여름이었기 때문에 기승을 부리는 모기에 대비하여 모깃불을 피울 것도 권장되었다. 그러나 그것은 불빛이 나올 수밖에 없었기

---

11) NA, RG-242, SA 2010 Item 1/52.

12) NA, RG-242, SA 2010 Item 1/52.

13) NA, RG-242, SA 2010 Item 5/124. 825군부대 '지령-야영시의 위생방역 사업에 대하여' 1960년 6월 23일 인제에서. 인제는 38선 북선지역이다. 지병학은 만주게릴라 출신의 장교이다.

때문에 "반드시 부대장의 지시에 근거하여 피울 것"을 지시하였다. 각종 질병에 대한 예방대책의 수립도 지시되었다. 위생과 음식물에 대한 대비를 철저히 하게 한 데는 무엇보다도 그로부터 전염병의 파생되고 그로 인해 전력의 손실이 커질까 두려웠기 때문이었다. 명령서에 나타나 있는 병명(病名)은 어떤 때는 구체적인 이름을 기입하기도 하였지만 자주 15호병, 20호병 등으로 표기되어 있어 알 수 없는 경우도 있었다. 대소변을 한 곳에서 볼 수 있게끔 하기 위해 야영변소의 설립도 집결지에서의 일이었다. 이것은 대소변을 모두 방사했을 경우, 스스로 자신들도 냄새가 견디기 힘들어서이기도 했겠지만 그보다는 오히려, 그로부터 나오는 냄새가 지척의 남한군에게 포착될까 우려해서였을 것이다. 일단 집결지에 들어오자 만에 하나까지 점검하여 대비하는 철저성을 읽을 수 있다.

신분의 확인 역시 집결지에서의 중요한 작업이었다. 장교와 사병들에게는 군인신분증을 잘 보관하라는 지시가 내려갔다. 이는, 특정의 주둔지에서 정해진 부대원들과만 함께 생활하던 과거와는 달리 여러 부대가 함께 야전으로 대규모로 이동한 데에 따르는 지휘체계의 혼란을 방지하고, 혹시 있을지도 모를 민간인과의 혼동을 피하기 위한 조치였다. 특히 남한군과의 거리가 지척이기 때문에 남한군의 침투를 방지하기 위한 조치였다. 장교들에게는 특별히 군관신분증을 철저히 보관할 것이 엄격하게 요구되었다. 군관과 사병 간의 구별에도 신경을 썼던 것이다. 이러한 조치들은 모두 첩자의 침투와 그로 인한 지휘혼란에 대한 우려 때문이었다.

집결지에 도착해서까지도 야전지휘체계를 구성하지 못한 부대에서는 최종적으로 연락병을 선정하고 지휘부를 구성하여 대대, 중대 등의 해당한 부대본부에서 일반병사들과 달리 별도로 생활하도록 조치했다. 이것은 상급부대와의 원활한 지휘와 신속한 연락을 위한 조치였다. 14) 야전에서의 지휘체계의 유지는 전쟁에서 가장 중요한 문제이기 때문이었다. 이를 보면 야전지휘부조차 구성하지 못하고 떠난 부대가 적지 않았음을 알 수 있다.

집결지에서 한 부대 부대장이 내린 전투명령서를 보자. 371군부대 부대장 안왈성(安日星), 부부대장 조인석(趙麟錫)은 1950년 6월 8일 철원에서 '명령-대대전술훈련실시에 관하야'라는 명령을 통해 다음과 같이 명령하였다. "대대전술훈련은 6월 16일에서 7월 15일까지"라고 지령한 뒤 '명령'은 "어떠한 곤란이라도 능히 극복할 줄 알며 어떠한 전투적 환경에서라도 대대장의 독립적 지휘하에 자기의 전투적 임무를 완수할 수 있도록 훈련할 것", "전체 군무자들은 오늘 긴박한 조국의 정세를 정확하게 인식하고 조국과 인민의 부름에 따라서 언제든지 즉시 동원될 수 있도록 준비할 것이며 고장무기가 하나도 없어야할 것이며 특히 포와 자동차에 대한 정상적인 검열을 실시함으로서 **언제든지 동원될 수 있도록 경상적인 전투준비에 특별한 관심을 돌릴 것**"을 명령했다.

계속하여 '명령'은 "**특히 6월 25일 26일에 실시하는 중대실탄사격**을 원만히 하기 위하여 이미 하달한 나의 명령 0108호에 의하야 구체적이고 효과적인 훈련을 조직실시할 것"을 명령했다. 15) 이 명령서를 보면 6월 8일인데 이미 부대가 철원에 와 있으며, 전투에 관한 명령이 '전술훈련'이라는 이름으로 내려가고 있음을 분명하게 보여주고 있다. 또한 6월 8일에 이미 일선부대에서는 6월 25일의 실탄사격훈련, 사실상의 전쟁개시가 예정되어 있었음을 보여준다.

---

14) NA, RG-242, SA 2010 Item 1/52.
15) NA, RG-242, SA 2012 Item 5/95.

다음은 17연대 공병장이 2사단 공병장에게 보내는 17연대 공병부대
의 '보고-공병소대 집결구역도착에 관하여'이다. 이것은 1950년 6월
18일 16시 장거리(場巨里)에서 보낸 보고이다. "공병소대는 부대와
함께 1960년 6월 13일 11시 30분에 선덕을 출발하여 무사히 장거리 집
결구역에 도착하였음. 6월 17일 16시 도착. 17연대 공병장 박현(朴
泫)."16) 또한 동 부대는 '공병기술기재신청에 관하여'라는 보고에서
"우리 부대는 1950년 6월 17일 장거리에 무사히 도착하여 부대지휘소
를 비롯한 공병기술작업을 진행하고 있는 바 기술기재의 부족으로 인
하여 계획적인 작업을 진행하지 못하여 하기와 여히 공병기술기재를
신청"한다며 부족한 장비를 요청하였다. 이 신청서를 보면 전쟁직전
북한 각부대의 장비는, 적어도 공병의 경우, 수준이하였다.

대(大) 독끼(도끼— 원문 그대로)는 168개의 필요수량에 166개가 신
청수량(부족수량)으로 보고되고 있고, 철선절단가위는 76개에 74개,
가로켜는 톱은 30개에 13개, 하계위장복은 120개 전부, 개인위장망
은 1,500개 전부, 지뢰탐조기 5개 전부가 공급되지 않아 부족한 상태
였다. 부족하여도 너무 부족한 상태였던 것이다. 결국 이러한 장비와
무기부족 상태에서의 전쟁시작은 전쟁후 곧바로 문제를 야기하였다.
전쟁 시작후 인민군 하급부대가 상급부대에게 보내는 전투보고의 많
은 요구들은 무기부족상태를 해결해 주는 데 초점이 놓여 있었다. 어
떤 부대들은 전쟁을 시작한지 일주일도 채 되지 않아서 장비를 요구
하고 있었다.

---

16) NA, RG-242, SA 2010 Item 3/43. 여기에서 말하는 장거리는 춘천북방
화천남방의 38선 북선지점이다. 그리고 선덕은 함남 정평군에 있는 지점
이다. 이는 2사단의 이동경로를 말해준다. 이 부대는 9월까지의 각종통계
와 명령서, 보고서들을 계속 남겨 놓고 있다.

3) 사상동향의 검토, 정신무장 및 선전선동

전투준비, 장비점검, 비밀엄수, 군사기율 고취와 함께 집결지에서 인민군 지휘부가 신경을 곤추 세운 것은 전쟁을 앞둔 인민군 병사들의 사상동향이었다. 실제전투를 담당할 장병들의 정신상태야말로 가장 신경을 쓸 수밖에 없는 부분이었을 것이다. 하급장교와 장병들을 교육시키기 위한 북한의 군사상학 자료들에는 전쟁의 승리를 위해서는 적에 대한 증오와 정신무장이 얼마나 중요한지가 가득 차 있었다. 이는 인민군 창설 시부터의 기조였다.

전쟁이 다가오면서 이러한 기조는 부쩍 강화되었다. 전선에 집결하여서까지도 인민군 상급부대들은 하급부대들에게 계속하여 "일반 병사들의 전투적 경각심과 적에 대한 증오심을 높일 것이며 그들의 사상동향에 대해서 보고하라"는 지시를 내렸다. 지시 후 이는 군내의 당원과 문화간부들에 의해 비밀리에 다시 점검되었다. 한 비밀보고에 따르면 집결지에서의 인민군 병사들의 사기는 매우 높았다.

매개 전투원들의 기세가 고도로 앙양된 태세이다. 군관들이 솔선 육체적 작업을 하며 우리부대가 최전방에 배치되었다는 데서 기세는 더욱 좋다. … 취침하라고 했으나 자지안코 속은속은(소근소근 — 원문그대로) 하는 동무들이 많앗다. 이는 적 전방에 잇다고 하는 것의 아니고 무서워서도 안이고 우리의 소원이 달성된다는 기쁨에서 나오는 긴장된 때문이다.[17]

전선에 집결한 인민군 장병들은, 적어도 이 보고에 따를 때, 매우 사

---

17) NA, RG-242, SA 2010 Item 5/125.

기가 높았고 통일의 성취의욕에 들떠 있었던 것이다. 이 부대의 도착 시간은 6월 18일 2시였다. 은밀히 가장 깊은 밤시간에 도착하였던 것이다. 이는 출발과 이동의 시간이, 부대가 새벽 두 시에 집결지에 도착할 수 있도록 미리 조정되어 있었음을 보여준다. 도착하면서 부대들은 밤중에 야간을 이용하여 "도착과 즉시에 포전호의 일절 위장을 날이 밝기 전에 집결구역에서 완수했다".[18] 이는 야간에 이동하였다는 점과 함께 도착과 동시에 위장하여 집결을 숨기려하였음을 보여준다.

위장 후 부대는 곧바로 전투준비에 들어가 다음 날인 19일 야간까지 포와 자동차 은폐, 은폐호 설치, 위장 등에 "모두가 한 사람처럼 협력하여 기세조케 작업하였다". 보고는 "20일에는 종일 비가 왔으나 운전수와 포수동무들은 도하기재를 완수하고 저준 이복(젖은 의복)을 입은 동무들은 최고인민회의 상임위원회가 남조선국회에 보내는 결정서를 듯고 기세조케 괴로움을 늣기지 않고 완전히 야영전투준비을 가추었다"고 기록하고 있다. 이 부대는 21일에는 집체적인 토론과 회의를 하였고 6월 21일 12:30에는 갈말에 가서 공격에 사용될 지정된 탄환을 수령했다. 짧고 긴박한 시간들이지만 빈틈없이 준비를 갖추어가고 있음을 알 수 있다.

이 보고서는 6월 21일에 작성된 것이다. 따라서 이를 보면, 전쟁 개시직전까지 병사들의 사상동향을 예리하게 추적하고 있으며, 무엇보다도 모든 언로(言路)와 완전히 유리되어 전방에 배치된 전선의 일반 병사들도 6월 19일의 최고인위 상임위의 호소와 이에 대한 남한의 거부까지 정확하게 알고 있었음을 알 수 있다. 이 소식은 군인들의 투쟁

---

18) NA, RG-242, SA 2010 Item 5/125. 1950년 6월 22일 제 353부대 문화부 부대장 오의삼. '제 395군부대 문화부부대장앞'.

468

정신을 고양시키기 위해 의식적으로 집결지에 침투시켰던 것이다. 시간을 추적하여 볼 때 인민군을 38선 부근으로 이동시켜 놓은 뒤에 평화통일을 제안하였음을 말해준다. 외부와 아무런 통신, 연락, 의사전달 수단 없이 전선에 고립되어 있는 그들에게 마지막 통일제안과 이에 대한 남한의 거부를 일률적으로 알려줌으로써 전쟁에의 의욕과 대남증오를 격화시키려 하였던 것이다. 이를 위해 인민군은 집결지에서까지 집체적 토론과 집회까지 가졌다.

집결지에서는 최후 선전작업도 강화되었다. 현지에서 부대별로 《전투소보》를 발행하여 전쟁의 의의, 군무자들의 사상적 각오, 남한에 대한 적개심, 수상에 대한 충성심을 선전하도록 하였다. 50년 6월 16일에 전선야영지에서 발행된 한 인민군부대의 《전투소보》1호를 보자.[19] 전쟁발발 이전이었음에도 일련번호가 붙은 《전투소보》1호가 발행되고 있었다는 점은 《전투소보》가 계속해서 발행될 것이며, 이미 전쟁이 결정되었음을 말해준다. 《전투소보》의 발행과 선전작업도 상부의 지시에 의한 것이다. '군사비밀을 엄격히 지키자'는 제목을 달고 있는 이 소보는 비밀유지를 특히 강조하고 있다. 이 문서에 따를 때 전방에 진주한 인민군은 임박한 공격의 비밀이 새어나갈 것에 대해 끝까지 우려하였다. 그들은 거듭 불빛이 새어나가지 않도록 주의했다. 역시 이 문건도 조국전선의 호소문의 실현을 위해 야영훈련을 하고 있음을 말하고 있었다.

지금 진행하고 있는 야영훈련은 조국전선의 호소문을 하루 속히 실현하는 데 큰 의의를 가지고 있다. 이와 동시에 우리들의 훈련은 三八

---

19) NA, RG-242, SA 2009 Item 10/156. 《전투소보》1호

선을 눈앞에 두고 실시된다. 그렇기 때문에 무엇보다도 군사비밀을 엄격히 보수하는 문제가 제의된다. 어떠한 군대이든지 적의 정형을 모르고는 적과 싸워 승리할 수 없다. 그렇기 때문에 적들은 갖은 수단을 다하여 우리의 비밀을 탐지할려고 한다. 여기에서 우리들에 가장 중요한 임무로서 비밀보수문제가 나서게 된다. 우리들이 비밀을 엄수하기 위해서는 어떠케 해야 하겟는가.

첫째로 자기가 아는 것을 필요없는 사람에게 말하지 말고 자기가 모르는 자기에 필요없는 것을 알라고 하지 말어야 한다. 우리들은 말한 마디에 죽고 사는 문제가 달려 잇으며 말은 날아가면 붓잡지 못한다는 것을 아러야한다. 둘째로 인민들과 접근하지 말며 또한 인민을 야영지에 접근시키지 말어야한다. 특히 그들에 우리 부대의 정형 및 생활에 대하여 또한 우리 부대는 어데서 왔든가 어데로 간다는가 말해서는 않이 된다. 이 근방은 三八접경이기 때문에 간첩, 밀정이 활동한다는 것을 알어야 하며 그렇기 때문에 우리 부대에 관한 무엇이든지 이것은 소소한 것이니까, 또한 일반인민들이 우리들보다 더 잘 아는데 해서 말해서는 않이 된다. 셋째로 비밀서류와 문건을 류설해서는 않이 된다. 그러기 위해서는 공작후나 출발전에 일절 문건을 잘 정비하고 불필요한 것은 소각해야 한다. 넷째로 위병근무시에 조그마한 이상한 점이라도 다 주의를 들여야 하며 부대 야영구역내에 외부의 사람들의 출입을 금지시키고 적의 기도를 즉시에 적발해야 한다. 다섯째로 매개동무들이 위장에 주의하고 밤에 불빛을 내지 말 것이다. 여섯째로 군무자들에 외출을 금지해야 할 것이다. 이상은 반드시 우리가 지켜야 할 것이다. [20]

기밀 엄수, 인민과 접촉하지 말 것, 불빛 주의, 간첩과 밀정을 주의할 것, 적의 기도를 즉시 적발할 것을 지령하고 있다. 어떤 부대에서

---

20) NA, RG-242, SA 2009 Item 10/156. 《전투소보》1호.

는《전투소보》가 아니라《전투속보》가 발행되기도 하였다. 실제의 전투진행 과정에서는《전투속보》가 훨씬 더 많이 발행되었다. '극비'로 되어 있는 한 부대의 6월 18일《전투속보》는 "곧 대규모 군사훈련이 있게 된다. 비밀유지를 위해 모든 병사는 외부인과의 접촉을 금한다"고 지령했다. 21)

집결지의 또 하나의 초점은 전투준비와 명령의 하달이었다. 6월 17일에 화천에 도착한 2사단은 21일에 경계명령 1호를 하달한 데 이어 전투명령 1호가 하달되었다. 모든 준비를 6월 22일까지 완료한 사단은 24일 20:30에 출발선으로 이동하였다. 22) 공격직전 각 부대에서는 마지막으로 남한군의 무기를 탈취할 탈취장비수집조가 구성되었다. 이를테면 659 군부대는 탈취장비수집조를 각 소대 비전투원으로 5~6명씩 구성하라고 명령했다. 탈취장비의 허가없는 사용은 금지되었다. 23) 또한 집결지에서 각 부대에 하달된 작전명령에는 포로처리규정도 포함되었다. 포로를 잡을 경우 포로숫자, 임무, 계급, 성명, 연령, 출생지 등을 기록할 것을 명령했다. 24) 포로에 대한 규정까지 전부대에게 미리 내려간 것이 6월 25일의 남한의 공격을 예견한 방어적 조치였을까?

---

21) MA, RG-6, ATIS Enemy Documents, Box 78, Issue No. 3, Item 10.
22) Hq. FEC, *HNKA*, p. 54.
23) MA, RG-6, ATIS Enemy Documents, Box 78, Issue No. 2, Item 3.
24) MA, RG-6, ATIS Enemy Documents, Box 78, Issue No. 2, Item 2.

2. 공격명령 I : 중앙

1) 중앙의 명령들

이제는 인민군내의 최후의 비밀명령들을 검토할 때다. 먼저 중앙의 명령들을 보자. 6월 15일 작성되어 15일 당일에 발송된 531군부대 부대장 무정의 명령 '신관조제작업에 관하여'[25]는 다음과 같은 내용을 담고있었다. "각종 신관조제작업에 있어서는 각 연합부대 포병부 사단장 및 포병공급 과장은 책임지고 현재부대에 보유하고 있는 **포탄 100%를 전부 신관을 결합시키여 사격에 지장이 없게금(없게끔) 기술적으로 보장할 것**이며 특히 신관조제작업의 규정을 준수할 것이다. 각 연합부대 포병부 사단장은 이를 집행하고 기(其)의 결과를 1950년 6월 23일까지 나에게 보고할 것." 임박한 포격에 사용될 수 있도록 포탄을 100% 신관과 결합시켜 놓으라는 지령이다.

6월 17일에 작성, 19일에 발송된 명령은 같은 무정의 명령이다. 제목은 '군수품수송기록에 대하여'[26]이다. 막바지 탄약, 무기출고에 관계되는 지령이다. 진행중인 현재의 "각병 공창 및 탄약창고들에서 탄약, 무기 및 기타를 출고 수송함에 있어서 화차 및 자동차에 적재된 내용을 명확히 기록되지 않음으로 인하여 사고를 발생할 가능성을 주며 또 통계사업에도 많은 지장을 주고 있다"며 무정은 "병기처 관하 각 병공창 및 탄약창고와 각 연합부대 및 부대에서는 **1950년 6월 25일까지 군수품 수송일지를 비치하여 매개 화차, 또는 자동차에 적재된 내용에 대**

---

25) NA, RG-242, SA 2010 Item 5/124. 531군부대는 인민군 포병부대의 암호이다.

26) NA, RG-242, SA 2013 Item 1/116.

472

하여 명확히 기록할 것", "화차번호, 발착역, 착역, 접수부대명, 출발일시, 품명, 단위, 수량, 호송자, 비고와 같은 내용으로 표를 만들어 기록할 것"을 지령하였다.

포사격의 완비, 장비의 수령에 관한 명령 이외에 중앙의 '공격'에 관한 명령은 어떠한 내용을 담고 있을까? 이동도중이거나 집결지에 도착한 부대들에게 1950년 6월 18일 러시아어로 씌어져 인민군총참모장과 인민군총참모부 정보국장의 명으로 인민군내 각 부대에게 정찰에 관한 명령이 내려갔다. 27) 명령의 이름은 '정찰명령 1호'이고 비밀등급은 '소비에트비밀'(Soviet Secret)이었다. 이 문건은 공개된 뒤 그것이 특히 러시아어로 되어 있어서 그 동안 조작여부를 놓고 격렬한 논란이 있어 왔다.

남한 역시 오랫동안 공간사(公刊史)에서 정확한 원문내용을 인용하지 못하고 오역투성이의 번역문을 게재함으로써 조작의 의심을 더 받았다. 28) 그러나 이 문건의 조작여부를 둘러싼 논란은 의미가 없다. 왜냐하면 이미 다른 많은 문건들을 갖고 역사적으로 가장 논쟁점이 되어 왔으며, 이 장에서 논증하려고 하는 문제, 즉 한국전쟁의 발발을 둘러싼 문제에 대한 필요하고도 충분한 해답이 되기 때문이다. 이것이 러시아어로 되었기 때문에 조작되었다는 주장 역시 일리가 없다. 조선인민군의 많은 명령들은 러시아어를 번역한 것이었다. 29) 러

---

27) NA, RG-242, ATIS Enemy Documents, Box1, Issue No. 1 Item 2; MA, RG-6, ATIS Enemy Documents, Box 78 Issue No. 6, Item 2. 필자는 이 문건을 러시아어로 직접 보지는 못했고 여기에서의 인용은 그것의 영어번역본이다.

28) 이 명령의 영어원문과 남한공간사들에 대한 비교검토는 다음을 참조하라. 고재남, "북한군 정찰명령 1호에 대한 고찰," 국방군사연구소, 《군사(軍史)》 제27호(1993년 12월), pp. 204~219.

시아어 명령들이 존재하는 데는 두 가지의 이유가 있었다.

하나는 군사기술적 측면에서 압도적으로 우월한 소련군의 견해와 경험이 작용하였다는 것이다. 이 점에 관한 한 소련군과 북한군은 비교될 수 없었다. 전반적인 실제의 작전능력에서 볼 때, 현대전쟁의 경험이 없으며 조선의용군 출신들을 제외하고는 소부대 지휘경력자들뿐인 인민군 장교들과, 2차 세계대전을 치른 세계최고의 전쟁경험자들과의 차이는 말할 필요도 없었다. 무기체계 역시 거의 전부 소련무기 중심이었다. 두 번째 이는 초기에 군사작전을 수립할 때 소련고문관들과 북한장교들의 합동작업 때문에 생긴 결과였다. 북한군 고위장교들의 상당수는 러시아어를 해독할 수 있었지만 러시아고문들은 한글을 몰랐다.[30] 따라서 둘 사이의 의사소통을 위해서는 러시아어가 한글보다는 훨씬 나았다.

유성철에 따르면 총참모부의 '선제타격작전' 명령도 소련어 원문을 번역을 한 것이었다.[31] 필자가 검토한 많은 북한군 명령서들과 보고서에는 남한군이 영어를 사용하듯이 러시아어 어휘와 단어들이, 특히 중요한 군사어휘인 경우 종종 씌어 있었다. 이러한 문건들은 사실

---

29) 오랫동안 북한 노획문서와 미국의 한국전쟁관련 비밀문서를 발굴해 온 방선주는 이 문건과 관련하여 "이들 文件이 一括하여 하나의 번호로 처리되었고 원문이 露語인 점에서 이들 문건이 전장에서 노획됐다는 것보다 정보원이 입수했다든가 인민군 총참모부의 一成員에 의해서 유출된 혐의가 더 많지 않을가 생각해 본다"(원문 그대로)고 기록하고 있다. 방선주, 《북한 노획문서해제(1)》, p. 35.

30) 북한은 노어번역과 지도층의 노어강습을 위해 임시 인위의 결정으로 1947년 1월 5일 평양, 신의주, 함흥을 비롯한 전국의 주요 도시에 로어강습소를 조직하였다. 대한민국 교육부 국사편찬위원회, 《사료집》 5권, 자료 299번, '로어강습소 설치에 관한 건,' pp. 668~669.

31) 유성철 면담. 1990년 11월 1일. 서울.

상 너무도 많다. 공병의 명령 역시 러시아어의 번역이었다. 공병의 명령을 직접 번역한 주영복에 따르더라도 공병명령은, 러시아어로 된 것을 자기는 다만 소련고문 돌긴(Dolggin)으로부터 넘겨받아 "번역을 하였을 뿐이었다".[32] 주영복에 따르면 이 명령문은 나중에 발각을 우려하여 번역 후 소련고문관이 직접 전부 소각하였다.[33] 소련의 개입흔적을 남기지 않기 위한 것이었다. 전쟁에 개입한 흔적을 조금도 남기지 않으려는 스탈린의 은폐전술은 필사적이어서 최하급 명령의 집행단계에서까지 증거를 없애려 노력하였던 것이다.

6월 18일의 이 명령 '정찰명령 1호'는 사단 및 여단의 참모장에게 내려간 것이며 일부는 직접 사단장에도 내려갔다. 이 명령이 내려간 부대는 현재까지 확인가능한 것으로는 제 1, 2, 3, 4, 6, 12사단,[34] 그리고 제

---

32) 필자는 이 돌긴대좌가 미군정보에 자주 잡히는, 점령시기 소련군 장교 돌긴 (I. E. Dolgin) 소좌(1946년 현재)와 같은 인물인지는 확인하지 못했다. 돌긴 소좌의 병과 역시 기술-공병 계통이었다. ISNK, No. 14, 1946년 6월 22일. 그는 소비에트 민정의 교통국장을 담당하기도 하였다. ISNK, No. 20, 1946년 9월 21일.

33) 주영복, 《내가 겪은 조선전쟁》, pp. 238~240; 필자와의 면담. 1993년 10월 19일. 서울.

34) 북한의 조선인민군 7사단과 12사단의 실제 존재 여부 및 명칭은 한국전쟁 공식 기록과 연구에서 오랫동안 흥미 있는 논점 가운데 하나였다. 미군의 정보와 공식기록들도 종종 혼동된 흔적이 보인다. 여기에 나와 있는 12사단은 7사단의 혼용이다. 중국에서 새로이 들어온 부대는 어떤 명령서를 보면 7사단으로 나와 있고 어떤 명령서는 12사단이다. 나중에 7사단이 새로이 창설되면서는 이 부대는 12사단으로 굳어진다.

조선인민군 12사단 제31연대 후방지원부대장으로 있다가 체포된 중좌 김정웅의 진술은 이에 대한 해답을 제시해 준다. 중국 호남성 정주에서 편성된 독립 15사단은 1950년 3월 24일 원산에 도착하여 4월 20일 인민군 제 7사단으로 재편되었다. 7사단은 6월 17일 원산을 출발하여 19일 간성에 도착하였다. 당일 간성을 출발한 부대는 도보로 20일 양구에 도착하였다. 제

3경비여단과 제 12모터싸이클연대이다. 이것은 38선에 배치된 주요 부대 거의 전부를 말한다. 단 하나가 빠져있는데 그것은 5사단이었다. 명령의 내용은 적정(敵情), 정찰, 배치, 공격, 보고에 대한 것으로 각 부대에 따라 적정과 정찰, 공격문제 등은 전부 다르게 내려갔다. 다만 보고에 대한 명령은 동일하게 내려가서 "일일(24시간) 정보요약 보고는 매일 19시까지 정보국으로 전화나 전보로 보고하라. 서면보고, 탈취한 문서, 포로조사보고서 등은 매일 08:00과 20:00까지 정보국으로 보고하라"고 명령하였다. 병력배치 역시 거의 동일하여 "사단병력이나 정보요원병력의 1/3만을 공격선을 따라 배치하여 사용하고 2/3는 후방에 위치하여 적방어 종심에서의 임무수행을 위해 준비하라"고 명령하였다. 이것을 보면 인민군은 상당한 자신감을 가지고 있었음을 알 수 있다.

적정(敵情)에 대해서는 전부 맞은편에서 인민군을 마주보고 방어하고 있는 남한군에 대해 정확한 정보를 주고 있었다. 예컨대 옹진을 담당한 내무국 경비대 제 3경비여단, 인민군 1사단, 6사단에게는 "옹진의 17연대와 연안의 12연대 한 개 대대가 방어하고 있다"고 적정을 알려 주었다. 6사단에게는 "1사단 12연대가 예성강부터 154고지까지를 방어하고 있다. 동쪽으로는 1사단 13연대가 방어하고 있다. 공격의 시작과 함께 언제 어느 부대가 어느 선에서 준비하고 전투에 참가하는지를 주의깊게 살피라"고 명령하고 있다. 1사단에게는 "적 1사단 13연대는 154고지-임진강지역을 방어하고 있다. 서쪽으로는 12연대가 방어하고 있고 동쪽으로는 7사단 1연대가 방어하고 있다"고 알려

7사단은 6월 25일 제 12사단으로 개칭되었으며 사단 예하의 제1, 제2, 제3연대 역시 제30, 제31, 제32연대로 개칭되었다. 기존의 7사단이 12사단으로 개칭되자 새로이 7사단이 창설되었다. 국방군사연구소, *Prisoner of War Preliminary Interrogation Report*. 문서번호 없음.

주는 동시에 "모든 정찰수단과 방법을 동원하여 서울지역에 집중되어 있는 적의 병력과 기도에 관한 정보를 수집하라"고 명령하고 있다. 서울공격사단들은 남한의 서울방어에 대한 병력과 기도에 대해 집중적으로 정보를 수집하라는 명령이다. 3사단의 경우도 "부대가 서울로 진격하려고 할 때는 모든 수단을 사용하여 서울에 주둔하는 적병력의 규모와 기도에 관한 정보를 수집하라"고 명령하고 있다. 서울에 대한 집중을 읽을 수 있다.

춘천을 담당한 2사단에게는 "사단이 한강선을 따라 들어섰을 때 정찰을 통하여 서울-수원-이천선의 철도와 도로의 형태와 방향, 사용률에 관한 정보, 수원-이천 부근의 병력의 주둔과 그들의 행동의 특성에 관한 정보를 획득하라"고 지시하고 있다. 이것은 무슨 뜻일까. 왜 춘천에서 직선으로 남하하지 않고 서울-수원-이천선의 철도, 도로, 병력에 대한 정보를 수집하라고 했을까? 이것은 이 사단이 재빠르게 남진하여 서울 후방을 차단하는 임무를 부여받았기 때문이었다. 북한은, 춘천정면은 서울정면보다는 방어가 훨씬 약하다고 판단하여 우회의 방법을 사용했던 것이다. 그러나 이러한 예상은 빗나가 오히려 춘천방면에서 공격을 저지당하여 주저하게 됨으로써 이 방면을 담당했던 군단장과 사단장은 실패의 책임을 지고 전쟁 개시직후인 7월 초에 전부 해임되었다. 최초의 작전구상은 실패했던 것이다.

진격속도가 빠른 부대인 12모터싸이클 연대에게는 그 부대가 동해안을 담당한 부대였음에도 불구하고 한강으로 진격하라고 명령하였다. 즉, "12보사의 공격선을 따라 적 6사단 2연대가 방어태세를 취하고 있다. 6월 15일 적 2사단의 한 개 대대가 그의 위치로부터 이동하였다. 적 2, 3, 5사단 부대의 철도나 도로를 이용한 남으로부터 서울로의 이동이 가능하다. 한강으로 진격하면서 적의 강 좌안에서의 방어작전, 병력을 측정하라. 수원-이천선으로 진격하면서 그 부근의 적의 주둔, 규모, 활동을 측정하라"고 명령하였다. 빨리 진격하여 크게 우선회하여 서울남선을 포위차단, 서울 이남에서 북상하는 부대에 대한 대비책을 세우라는 명령이다. 남한군 2, 3, 5사단은 후방사단으로서 전쟁발발 당시 서울이남에 주둔하고 있었다. 위의 명령은 이들이 북상하여 지원부대로 합류할 데 대한 대책이었다.

  인민군의 사단들에게 내려간 이상의 최고지도부의 명령서는 보병의 공격에 앞서 지뢰해제를 통해 이를 보장하기 위해 각 사단 공병부대에게 내려간 러시아어로 된 명령서35)의 공격방향과도 일치한다. 이것은 주공격방향 — 북한측 용어는 '주타격방향'— 을 의정부-서울-수원선으로 지향하고 보조공격방향을 개성-서울, 춘천-수원방향으로 지향한 것이었다. 이러한 작전계획은 러시아에서 공개된 앞의 '선제타격계획' 사진자료36)와, 북한의 한국전쟁 공식역사인 《혁명의 위대한 수령 김일성동지께서 령도하신 조선인민정의의 조국해방전쟁사》와 가장 권위있는 김일성 전기라고 할 수 있는 백봉의 《민족의 태양 김일성장군》에 나타나 있는 김일성 및 북한지도부의 초기 작전구상과 일치한다. 37)

---

35) 주영복, 《내가 겪은 조선전쟁》, pp. 238~239.
36) *The Korea Times* (Aug. 30, 1992) ; 《동아일보》 1992년 8월 29일; 《한국일보》 1992년 8월 30일; 《세계일보》 1992년 8월 30일; Douglas Stanglin & Peter Cary, "Secrets of the Korean War," *U. S. News and World Report* (Aug. 9, 1993), p. 46. 이 '선제타격계획'은 코로토코프가 발굴하여 공개되었다고 보도되었다. '선제타격계획'의 사진은 *The Korea Times*, 《세계일보》, *U.S. News and World Report* 에 각각 실려 있다.
37) 사회과학원 력사연구소, 《혁명의 위대한 수령 김일성동지께서 령도하신 조선인민정의의 조국해방전쟁사》 제 1권 (평양: 사회과학출판사, 1972), pp.

다음으로는 명령일은 나와 있지 않고 6월 20일자의 서명이 들어 있는 조선인민군 총참모부 총참모장이 비준하고 총참모부 정보국장이 러시아어로 내린 명령을 보자. 이 명령은 목표가 '적방어체계의 정확한 측정과 적의 대응행동의 적시 인지'로 되어 있는, 공격을 위한 정보계획에 관한 명령이었다. 여기에는 전쟁이 3단계로 구상되어 있다. [38] 그것은 "제 1 단계: 방어선의 돌파와 적주력부대의 섬멸, 제 2 단계: 남조선내부 공격의 전개와 적 후방부대의 섬멸, 제 3 단계: 남조선내부 소탕작전과 반도 남단에의 도착"의 순서이다. 즉 반도 남단에의 도달이 이미 전쟁의 구상단계부터 상정되어 있음을 알 수 있다. 각 단계별로는 정보계획의 목표, 실행자, 실행기간, 적에 관한 정보제출의 계통과 시간, 계획의 보완 등의 내용으로 이루어져 있다.

예컨대 '방어선의 돌파와 적 주력부대의 섬멸' 단계인 1단계의 경우, 38선 방어체계에 관한 정보의 제공이 주된 목표이며, 실행자는 각 경비대의 정보체계, 그리고 6-1-3-2-4-12사단 및 3-4경비여단의 정보체계이고(원문의 순서대로. 여기에서도 5사단은 빠져 있다), 방법은 공격전 야간에 잠입부대의 야간잠입을 이용한 수집이었다. 공격 초기였음에도 불구하고 목표에는 이미 "적이 한강남안에 서울-양평-여주로 이어지는 방어선을 형성할지 주목하라. 수원, 여주, 원주, 충주에의 부대주둔 규모와 활동을 정찰하고, 남쪽으로부터의 철도나 도로를 이용한 군부대 이동을 위한 남부한국(부산, 목포, 군산, 인천) 등의 항구에서의 활동을 주의깊게 감시하라"는 내용이 들어 있었다. 정

137~138; 백봉, 《민족의 태양 김일성 장군》(평양: 인문과학사, 1969), pp. 203~204.

38) NA ATIS 1, RG-242, Box1, Issue No. 1 Item 3; MA, RG-6, Box 78 Issue No 6, Item 3.

보를 수집하기 위한 방법으로는 비밀첩자, 첩보파견부대, 라디오를 이용한 수집을 제시하고 있다. 2, 3단계도 비슷하다. 다만 지역만 남으로 내려오고 있다. 여기에서 특기할 것은 부산과 목포, 군산항을 이용하여 병력이 북상, 방어전에 참가하는 데 대한 대비를 미리 하고 있다는 점이다.

이 명령은 초기부터 북한이 한반도 남단에까지 다다를 계획이었음을 보여주고 있다. 그렇다면 북한은 이곳에 언제 다다를 것을 구상하였을까? 러시아 자료에 따르면 북한은 하루에 15km에서 20km씩 진격하여 총 22일에서 27일 사이에 전쟁을 끝내려 구상하고 있었다. 39) 50년 6월 16일 슈티코프가 모스크바에 보고한 북한군 총참모부의 침공계획에 따르더라도 그것은 1개월 기간에 3단계로 구성되어 있었다. 40) 즉 현재까지 검토가능한 세 가지의 주요 문서들인 소련공산당 내부보고, 소련 외교문서, 인민군 총사령부의 명령들에 따르면 북한은 전쟁을 3단계로 구상하고 있었으며 그 기간도 대략 1개월 정도로 구상하였음을 알 수 있다. 세 가지 문건이 동일한 것으로 보아 이는 사실일 것으로 보인다. 필자가 검토한 많은 인민군 내부의 비밀명령서들의 하기전투 훈련 기간은 거의 전부가 한 달 내외, 또는 한 달 반 정도였다. 공격작전 계획작성에 직접 참여하였던 유성철은 작전토론에서 최고간부들은 전쟁을 장마철 이전에 끝내려 했다고 증언한다. 따라서 입수가능한 자료들을 종합하여 교차검토해 볼 때 전쟁은 '3단계에 1개월'로 계획되었음이 분명하다. 미군정보는 "남한이 한달 내지 6주 만에 타도될 것이라는 분

---

39) "On the Korean War, 1950~53, and the Armistice Negotiations," *CWIHP Bulletin* (Fall 1993), p. 16; *JAEAR*, p. 442.
40) 《소련 외교문서》 2, p. 28.

명한 전제"41)하에 북한이 전쟁을 개시하였다고 분석한다. 속전속결 전략이었던 것이다.

조국전선의 제의를 남한이 거부한 뒤 6월 중순에 민족보위성에서 전체 인민군부대에게 내려간 자료는 남북총선거를 제의한 "조국통일민주주의전선의 호소문은 통일된 조선민주주의 자주독립국가 건설의 기본방향"이라면서 "남북조선 전 지역을 통하여 총선거를 진행하기 위하여서는 상당한 준비기간이 요구된다. … 영광스러운 8·15해방 5주년을 통일된 국가의 인민으로서 맞이하기 위하여 서울에서 최고립법기관회의를 개최할 것을 추진하기 위하여 … 전투준비를 완비하(자)" 42)고 호소하였다. 이 진술은 해방 5주년을 맞는 8월 15일까지는 통일정부를 수립하려는 목적이 공격일을 6월 25일로 선택한 이유의 하나였음을 말해주고 있다. 8월 15일의 해방 5주년과 조국전선의 제의에 맞추어 내려간 인민군 내부의 명령들과 담화, 선동자료들은 매우 많다. 결국 북한은 한 달여에 전쟁을 끝내고 8월 15일에는 서울에서 통일정부를 수립하려 했다고 결론 내릴 수 있다.

2) 전선의 최종 훈화: 지시와 격려

공격개시 만 하루를 앞둔 6월 23일 인민군장교들에게는 최종적으로 최고지도부의 전쟁개시에 관한 전체적인 훈화가 내려갔다. 이것은 전쟁 개시를 위한 최종적 격려라고 할 수 있다. 여기에는, 확인가능한

---

41) Hq. FEC, *HNKA*, p. 24.

42) 한용규, '조국통일민주주의 전선의 호소문은 통일된 조선민주주의 자주독립국가 건설의 기본방책이다,' NA, RG 242, SA 2009 Item 3/69. 민족보위성 문화훈련국, 《정치보도 및 담화자료》, pp. 24~32.

사람들만도 소련인 총고문과 고문 한 명, 민족보위상 최용건, 그리고 최고인민회의 상임위원장 김두봉이 참여하였다. 경계명령, 정찰명령, 전투명령 등의 각종명령이 하달되고 공격명령과 신호만이 남은 상태에서 최고지도부의 마지막 훈화였다. 이들은 전쟁에 나서는 병사들에게 어떠한 말을 하였을까? 이름을 알 수 없는, 소련인 총고문으로만 표기된 고문은 한 부대의 장교들을 모아 놓고 이렇게 강조했다.

우리(는) 전에 원측과 규정에 의하여 만이 배왔다. 그러나 이번 행동은 련합행동과 규정에 없는 행동이 많다. 우리지도자들이 행동은 낮에도 하고 밤에도 할 것이다. 전면이 넓고 종심이 긴인가(기니까) 이틀 3일을 자지몽(못) 할 것을 각오하고 적에 틈을 주지 않게 해야한다. 지도와 지남침을 잘 리용하여야 하겠다. 금차 행동은 특수한 것이다. 이 임무에 근거하여 신호탄을 잘 리용하여야 하겠다. 신호병은 언제나 신호탄을 가지고 있어야 한다. 진공시에 반듯이 행동에 대한 태세를 리용해야 하겠다. 신호탄을 잘 알어야 할 것이다. 진공에 대한 신호를 네리와(내려) 보내니 잘 교육하라. 각종 병종에 협동을 더 많이 구해야 한다. 대대 중대 소대 전투소렬(서열)은 지형에 따라 전진하여야 할 것이다.

전투개시 전에 중요한 문제는 출발과 돌격이 제일 중요하다. 배치한 지역에 참호를 파는 것이 좋다. 포병사격에 보잇어 보병에게 잘 알이워(알려) 주라. 우리 포가 적진지에 마즐 때에는 모다 진지에서 나와 각가운 거리까지 접근하여 돌격신호를 기다리라. 지래(지뢰)에 주의해야 한다. 지래원이 없으면 용감히 전진하라. 부상당해도 소리치지 말어야 한다. 적이 쏘(아)도 었지되였든 전진해야 한다. 적이 반돌격을 할 때에는 겁내지 말고 용감해야한다. 적에(의) 반돌격은 최후 발악인 것이다. **한강(지)역에 도착하면 몬저 도하하라. 도하자재 있으면 몬저 건네가라.**[43]

이 지시는 소련인 고문관이 최후의 집결지에까지 따라와서 전쟁지
시를 내리고 있다는 사실을 분명하게 보여주고 있다. 이것은 건조하
다 못해 비정하기까지 한 전쟁지시문이다. 전쟁의 성격과 기원, 의의
에 대해서는 아무런 설명이나 이해를 찾아볼 수 없다. 감정이 완전히
배제된 전투훈화였던 것이다. 비약건대 이것이 스탈린이나 소련의
한국전쟁에 대한 입장이다. 그들에게 민족의 통일이나 한국민의 관
점에서 전쟁을 바라보는 시각을 찾아볼 수는 없다. 그것은 오직 세계
전략의 관점, 그리고 인간이 배제된 군사작전 수준의 문제만이 고려
의 대상이었던 것이다.

같은 날 사단장들을 통하여 인민군장교들에게는 민족보위상 최용
건의 훈화가 전달되었다. 최용건의 훈화는 극명한 대조를 이루어 그
의 사람됨과 전쟁정책을 읽게 해준다. 김일성을 제외하면 인민군의
최고책임자이자 인민군 장교들과 병사들로부터 절대적인 지지를 받
고 있던 최용건은 사단장들을 통하여 인민군 군관들에게 6월 23일 다
음과 같은 훈화를 내려보냈다. 이것은 전쟁을 개시하는 국가의 최고
군사지도자가 내려보낸 것 치고는 매우 비증오적이고 비적의적이다.

전사를 정치적으로 계급적으로 사랑하라. (이 전쟁은) **민족내부에서 되
는 계급투쟁인 것이다.** 부대에 신입하여 겝적으로(계급적으로) 사랑하
고 단합하라. 규률을 항립(확립)식히라. 임무완성에 태만분자없이 다
잘 하도록 하여야 한다. 속전속결이다. 물자를 한아라도 벌어서는 안
이된다(하나라도 버려서는 안 된다).

부로는 인권은 무시하지 마라(포로의 인권을 무시하지 마라. '부로'는

---

43) NA, RG-242, SA 2010 Item 1/87. 훈화내용을 한 인민군 정보장교가 받
아쓴 것이기 때문에 철자의 오기 등이 있으나 원문 그대로 인용한다.

'포로'의 중국어이다). 적에 상병원은 백성게 막이라(부상당한 적은 백성에게 맡겨라). 적 주근 겄도 백성에 손을 걸치라(적 죽은 자도 백성의 손을 거쳐라). **집체적으로 손드는 적에게 대하여 쑥지(쏘지) 말어야할 것이다.** 성시를 파괴하지 말아야할 것이다. 회식보장문제는 촌락에 책임진 사람을 걸쳐서 **표를 써주고 먹으라.** 머근겄(것)은 전부 표를 써주라.

밥은 반드시 우리 손으로 해먹어라, 규률로 취급한다. 화폐(화폐)를 가지고 물품을 산 사람이 있다면 본신(본인)이 책임져야 한다. 지방군중의게(에게) 화평문제에 대한(대해) 선전해야 한다. 포어(표어)를 써 부칠 수도 있다. 함화를 많이 리용하여야 한다. 포어를 천에 써부치야 한다. 전체 인민의 시선은 모다 인민군대에게 시선을 돌이는 것이다(전체인민은 모두 인민군대에게 시선을 돌릴 것이다. 그러니 주의하여 행동하라).[44]

최용건의 훈화는 전부 인민군의 행동에 관한 것이다. 인민의 시선이 인민군에게 집중되어 있으므로, 너희들이 하기에 따라서 전쟁을 이길 수도, 질 수도 있음을 충고하고 있다. 전사를 사랑하고 인민의 물건을 강탈하지 말 것이며, 포로의 인권을 보장하라. 또 표어를 써붙여 대중에게 선전하라고 하고 있다. 평화적 해결에 대한 가능성을 버리지 않고 지방인민에게 이를 선전하라고 한 점도 주목할 만한 내용이다. 또한 살상에 대한 내용은 없고 인민군의 행동규율과 준칙만을 언급하고 있다. 전쟁을 민족내부의 계급투쟁으로 보고 있음도 주목할 만하다.

소련인 고문과 최용건의 훈화가 전달된 6월 23일 송악산에 주둔하던 6사단에 "대대장급 이상은 집결지의 임시천막으로 전부 집합하라"는 명령이 전달되었다. 인민군의 역사기록부장을 맡았었고 당시에는

---

44) NA, RG-242, SA 2010 Item 1/87.

6사단 정치보위부 장교를 맡고 있던 최태환의 증언에 따르면 이것은 비밀회합을 열어 김두봉의 연설을 듣기 위한 것이었다. 그는 최용건과 유사한 내용의 연설을 하였다.[45]

1948년 남북협상이 실패한 후 우리와 남조선인민들이 그토록 반대했던 단독정부가 수립되고 말았습니다. 우리는 할 수 없이 이에 대항하여 인민공화국을 수립하였습니다. 여러분들도 잘 알다시피 그 동안 공화국에서는 조국의 평화적인 통일을 위해 갖은 노력을 다해왔습니다. 그러나 이러한 노력은 미제와 남조선 친일파 반동분자들의 반대로 무산되었습니다. 그들은 조국전선의 호소도 거부함은 물론 조국전선의 호소문을 전달하려 한 인사들을 체포하였고 또한 최고인민회의 상임위원회의 통일제안마저 거절하였습니다. 이제 우리는 더 이상 앉아서 기다릴 수만은 없습니다. 우리는 동포들을 해방시켜야만 합니다. 이제 부득이 해방전쟁을 개시하게 되는데 우리는 일주일 동안만 서울을 해방시킬 것입니다. 서울은 남조선의 심장입니다. 그러므로 심장을 장악하게 되면 전체를 장악하는 것이나 다름없습니다.

김두봉은 이어서 다음과 같이 울먹거리며 훈화하였다.

이 전쟁은 국가와 국가가 맞붙는 전쟁이 아닙니다. 그러니 붙잡힌 국방군은 그 자리에서 풀어주어야 합니다. 해방전쟁의 목적은 한줌도 안 되는 민족반역자들을 제거하고 남조선인민들을 해방시키자는 데 있으니까 국방군도 우리의 동포로 여겨야 합니다. 이건 전쟁이 아니라 단지 해방전일 뿐입니다. 따라서 선전포고도 없습니다.

---

45) 최태환 면담. 1990년 2월 1일 이후 서울에서 수차례. 그리고 그의 회고록 《젊은 혁명가의 초상》, pp. 110~113.

전쟁의 개전을 알리는 국가원수가 울먹거리며 하는 훈화는 그가 이 전쟁의 개시를 적극적으로 찬성하고 원하지 않았음을 보여준다. 또는 이 전쟁이 가져올 참화를 미리 예견하였기 때문일지도 모른다. 당시에 최고인민회의 상임위원장으로서 형식적으로는 북한의 국가수반이었던 김두봉은 정통 맑스주의-레닌주의를 교의로써 신봉하는 좌파 혁명가라기보다는 차라리 한국어의 연구에 한 획을 그은 노언어학자로서 이념과, 정치노선 역시 공산주의보다는 진보적 민족주의자에 가까운 지도자였다. 그의 '서울점령'에 대한 강조는 많은 인민군 내부 명령서들과는 배치된다. 또 그는 남한의 국군도 우리의 동포이며 포로를 잡더라도 그냥 풀어주라고 하였다.

이 두 가지 사실은 그가 서울정도만 점령하면 전쟁을 끝낼 수 있다고 쉽게 여겼음을 보여주며, 통일을 위해 불가피하게 전쟁을 개시하되 민족의 피해를 최소화하려는 의지를 읽게 해준다. 김두봉 역시 최용건과 마찬가지로 전면적인 전쟁에 찬성하지 않았거나 적어도 적극적인 동의를 하지 않았던 것이다. 김두봉의 서울까지만 점령한다는 연설은 이것이 각종의 작전-전투-정찰명령을 검토하여 볼 때 소련과 북한의 전체 작전구상은 아니었으나 전면전쟁을 적극 찬동하지 않는 온건파의, 피해를 최소화하는 '작은 전쟁'으로 끝내려는 소망을 읽을 수 있게 한다.

대부분의 인민군 중견-하위장교들이 전쟁의 선제개시 사실을 최초로 알게 되는 것은 집결지에서 고위지도자들의 훈화를 들은 뒤였다. 또는 전쟁이 발발하고 난 뒤였다. 일반 병사들은 적지 않은 수가 사전에 전쟁개시 사실을 몰랐거나 아예 북침으로 알고 전쟁에 임했다. 이들은 전쟁발발 후에까지도 여전히 이렇게 알고 있는 경우가 많았다. 6사단 포병 연대 3대대장을 하던 전인민군 소좌 지기철(池基哲)에 따르면, 38선에 인접한 사리원에 주둔하던 6사단은 주둔지에서 훈련을 계속하다가 전쟁 시작직전인 6월 23일에 38선에 배치되었다. 그때까지 장교는 물론 사병들도 전쟁이 일어나는 줄은 전연 모르고 있었다. 배치 후 6월 24일 저녁 대대장급 이상의 장교들을 모아 놓고 소련고문이 나타나서 "이제부터 전쟁이다"라고 말하여 그때서야 전쟁이 일어나는 줄 알았다. 소련고문관은 다음과 같은 이유를 들며 전쟁은 승리할 것이라고 말하였다.

내일은 일요일이고 전방에 있는 장교와 사병들이 25% 휴가나갔다. 그리고 국군이 단련된 군대가 아니라서 공격을 당하게 되면 방어능력이 없다. 또 백성들이 지금 정부를 싫어하고 새 정부를 좋아하고 있다(기다리고 있다). 미군은 투입되지 않을 것이다. 전쟁이 일어나면 일주일이면 부산에 도달할 수 있을 것이다. 따라서 미군이 투입되지 않을 것이다. 46)

3. 공격명령 II: 6월 23~25일의 38선 북선

38선 부근으로 이동한 부대들은 6월 23일부터 25일 새벽까지는 무엇을 하였는가? 선제적인 공격을 했는가, 아니면 남한의 전면적인 공격을 받고 반격으로 넘어갔는가? 가장 비밀스럽고 알려지지 않았으며 각종의 추론만이 무성한 신비에 싸인 이 3일간을 살펴보자.

---

46) 지기철, 《증언록》, 한국 국방부 전사편찬위원회 '면담번호' 0-21. 면수 없음. 1969년 9월 2일.

1) 교육, 선전과 최종결의

모든 부대에게 전투명령이 하달되고 공격이 임박해지자 각 부대에서는 "군관 하사 군무자 총회별로 전투명령(훈련),[47] 상급호소문, 중심구호 등으로서 회의보고, 노천대회 등 각종 형식을 이용하여 병사들을 광범히 동원"하였고 "부대기 앞에서 전투(훈련) 승리를 결심하는 맹서"를 하게 하였다. 또한 전체병사 중 우수한 병사들을 선정, 소개하며 그의 영웅적 투쟁경력과 김일성수상에 대한 충성심, 통일의지를 한껏 선전하였다. 그리고는 "적개심을 높이고 전투적 사기를 고무시키"기 위해 광범한 집체적 토론과 담화가 진행되었다.

중국혁명에 참전했던 병사들에게는 새로 참여한 병사들에게 전투경험을 전달토록 하였고, 각 정당과 단체들로부터 인민군에게 오는 격려문으로 전투의 사기를 앙양시키려 노력하였다. 전쟁을 앞두고 북한은 사회의 각 정당 사회단체들로 하여금 군대의 사기를 높이는 격려문을 보내도록 하였던 것이다. 특히 군내의 노동당원들은 일반 병사 및 장교들과는 따로 "대대 혹은 중대단위로 당원총회를 소집하고 임무를 완수하기 위한 당원들의 핵심적 역할과 과업에 대한" 결의를 다졌다. 공격개시 한 시간 전에는 중대 소대 단위로 '한 시간전에 회의'(원문 그대로)를 열어 "중심구호를 제시하고 상급에서 하달된 격려문에 의하여 고도의 애국주의사상과 혁명적 영웅주의 및 삼ㅇ(판독불능) 전투작풍으로 고무 격발"토록 하였다.[48] 이 모든 조치들은 전투를 향한 의지의 고양과 최종결의를 위한 것이었다.

---

47) 이것은 괄호까지도 원문 그대로이다.
48) NA, RG-242, SA 2009 Item 10/58.

2) 장비요구와 분배

공격이 있기 직전에 각 부대에게는 부족한 장비가 조사되어 마지막으로 분배되었다. 특히 보병에 앞서 지뢰를 제거해야 하는 공병부대에게는 이에 필요한 장비가 추가적으로 긴급히 지급되었다. 657군부대 참모부가 전쟁 하루 전인 6월 24일 내린 지령 '전투시 공병기구관리 및 기재할당에 대하여'[49]를 보자. 이 657이라는 부대명도 역시 암호이다. 이것은 6사단의 13연대를 말한다.[50] "각 대대에서는 하기배당표에 의해서 폭파기재를 금일 12시 전으로 공병장에게 접수할 것", "습격 및 파괴시에 사용되니 전투서열내에 진송(進送)했다가 요구에 의해서 발급할 것"을 지령하였다.

〈표 9-1〉의 명령은 공병명령이다. 두꺼운 두 개의 문서철로 이루어진 235군부대 공병부대의 공병보고서철을 검토하자.[51] 235군부대는 인민군 제2사단이다. 이 보고서철 역시 다른 많은 문서와 같이 갈

〈표 9-1〉 657군부대 참모부, '전투시 공병기구관리 및 기재할당에 대하여'
6월 24일

구분대	미식 지뢰	일식 파괴통	ТмД-Б
1대대	6	6	4
2대대	6	6	4
3대대	6		4

*ТмД-Б는 러시아어로서 반전차 지뢰를 말한다.[52]

---

49) NA, RG-242, SA 2010 Item 1/52.
50) 萩原 遼, 《한국전쟁》, p. 182.
51) NA, RG-242, SA2010 Item 3/43. '보고접수철' 1950. 235군부대 5과.
52) 萩原 遼, 《한국전쟁》, p. 189.

갈겨쓴 날글씨보고와 명령서들이 대부분이며 해독불능한 문서가 많다. 6월 24일에 235군부대 예하 244군부대(제2사단 제6연대) 공병장 박히만은 사단공병장에게 '지뢰청구서'를 제출, 곧 사용할 반전차 지뢰가 부족하다며 반전차 지뢰 50개를 요청하였다. 13연대와 마찬가지로 보병의 공격을 보장하는 공병의 파괴장비가 공격에 임박하여 최종적으로 지급되고 있음을 알 수 있다.

3) 최후의 근접 정찰

파괴장비의 지급보다 더욱 더 임박한 공격을 읽을 수 있는 준비조치는 근접정찰이었다. 상급부대, 이를테면 총참모부나 사단급의 지형, 적정에 대한 정보가 이미 내려와 있었으나 일선 공격부대들은 최후로 직접 마지막 근접정찰을 실시하였다. 한 '공병정찰계획'은 공격 직전 공병의 사전정찰계획을 아주 상세하고 정확하게 보여준다. 중요한 이 표를 전재한다.[53] (원문 그대로)

이 표는 명령 자체가 말하는 내용도 의미 있지만, 주의 깊게 읽었을 때 나타나는 세부사실이 더 흥미롭다. 이 정찰계획에서 중요한 것은 정찰지점과 정찰시간이다. 지도를 갖고 면밀히 확인하면 3개의 지점이 모두 북에서 남으로의 방향이다. 남으로의 어떤 군사행동을 준비하는 사전조치임이 분명하다. 북한강의 수속(水速), 수심(水深)과 건너는 지역의 성분까지 파악하라고 명령하고 있다. 더욱 중요한 것은

---

53) NA, RG-242, SA 2010 Item 3/43 '보고접수철' 1950. 235군부대 5과. 이 문건은 방선주에 의해 최초로 공개되었다. 방선주, "노획 북한필사문서해제(1)," pp. 62~63.

정찰시간이었다. 곧 최근접정찰이 전쟁이 발발하는—그것이 어느 쪽에서 시작되었건 간에—거의 동시라고 할 수 있는 직전 시점인 6월 24일 21:00부터 25일 03:00까지 실시되고 있다는 점이다. 만약에 북한의 주장대로 50년 6월 25일 새벽 38선의 전전선에서 38선 1~2㎞ 이북지점까지 남한군의 진공이 있었다면 이러한 장시간의 최근접 정찰은 군사적으로 전혀 불가능한 것이다. 앞서 본 대로 각 사단의 공병부대 전체에게 내려진 명령서는 6월 23일까지 해당사단 전면의 지뢰를 제거하는 것이었다. 그렇다면 이 명령은 공병의 지뢰제거 이후 다음 단계의 하급부대의 계획인 것이다.

〈표 9-2〉 657군부대 제 5과 '공병정찰계획'
6월 24일 21:00~25일 03:00

제 6 보 연대장 김익현 비준

	정찰구역 및 임무	정찰성원	시간		기재 공급	보고제출시간 및 방법
			개시	완수		
1	마평리(07-79ㄷ)의 지뢰원의 지뢰 종류 위치 확정 및 소로를 따라 중심으로 들어가는 협곡에 지뢰원의 유무	공병 4-5 단입정찰 3 중기 2문 자동소총 3	6. 24 21:00	6. 25 2:00	탐지기1 슈부5 갈구리 1 기타일체	6. 25 3:30 약도 및 서면
2	송암리(08-85ㄷ) 소로 및 산기슭에 적 지뢰원 유무판정 및 지뢰원 종류 위치 면적 확정	공병 4-5 정찰 2명 중기 2문 자동총 3	6. 24 21:00	6. 25 2:00	탐지기 1 슈부 4 갈구리 1 기타일절	6. 25 3:30 약도 및 서면
3	북한강(07-81) 도섭치 정찰수속 수심 수제 성분 양안의 성격판정 수중 장해물 유무판정	공병 4 단입정찰 3 중기 2문 경기 2	6. 24 21:00	6. 25 3:00	슈부 4 권측 1 휴대기재	6. 25 4:00

제 6 보연 참모장 강용길
공병장 박히만

4) 검열과 경장

공격이 임박해서도 인민군은 끝까지 검열에 철저했다. 검열의 초점은 특히 무기와 장비의 상태, 그리고 경장(輕裝) 문제였다. 공격이 임박한 시점에서는 민간인을 전부 소개시킨 지역에 들어와 있었기 때문에 비밀엄수 문제는 더 이상 언급되지 않고 있다. 이는 이동 및 집결지 행동과의 커다란 차이점이었다. 657군부대는 전쟁을 하루 앞둔 6월 23일에도 다시 검열을 실시하여 "금일 검열결과 나타난 결함을 다음과 같이 지령한다"며 "(1) 각 구분대의 무기보관상태는 매우 불량하다. 2일씩이나 소제를 하지 않고 녹이 50%나 쓸어 있다. (2) 상급에서 강조하는 전투준비 완성과는 상반되는 현상이 많다"고 지적하여 사용할 무기가 완전한 상태에 있어야 함을 강조하였다. 일반 인민군의 준비상태는 상부의 요구수준에는 훨씬 미치지 못하였던 것이다.

공격직전에 가장 강조된 것은 무엇보다도 개인군장의 경량화, 곧 경장(輕裝)의 문제였다. 인민군은 6월 23일 "매전투원의 경장문제는 이미 수차에 걸쳐 지시했음에도 불구하고 관철되지 않고 있다. 이 지령을 접수한 후 계속 관철치 않을 시는 엄중히 취급할 것을 지령한다"며 "매전투원은 다음과 같이 휴대품을 갖우고 그외는 금일내로 완전히 후방부에 납부할 것"을 강경하게 지령하였다. 이때 휴대할 수 있는 물품은 **모포-1개분대 1매, 식기-3인 1개, 비상용식량, 로동화 1개, 세면도구, 예비 발싸개** 등으로 엄격하게 제한되었다. 이는 북한의 군인들이 전쟁을 시작할 때 어떤 군장을 갖추고 있었는가를 보여주는 흥미 있는 명령이다.

초기전투를 속전속결로 치르기 위해 식기조차 3인에게 단지 하나씩만을 소유하게 했다. 이 이외의 모든 물품은 전부 후방부에 전달하여야 했다. 만약에 이를 이행치 않고 행동 도중에서 무겁다고 하여 물품을 버리는 것은 용납되지 않았다. 이밖에 "마초(馬草)는 작두로 썰아서(썰어서— 원문 그대로) 2일분"을 휴대하라고 명령하였다. 그리고 마지막으로 "각 구분대에서는 군화의 파손(破損) 상태가 매우 심하니 이를 신속히 해결할 것"을 지령하였다.[54] 행군을 위하여 파손된 군화는 새 것으로 갈아주라는 것이었다. 인민군 전체를 보더라도 이들이 얼마나 단기간의 전쟁을 구상하였는가 하는 것은 동계작전에 대한 구상이 없었던 것은 물론 보급체계조차 매우 허술하고 비조직적이었다는 데서도 확인된다. 모포가 1개 분대에 1매에 불과하고 식기가 3인에 하나씩만 분배되는 실전투부대의 이러한 놀라운 준비를 보면 이것은 마치 무슨 하루 이틀의 고지쟁탈전을 벌이러 나가는 준비처럼 꾸리고 전쟁에 임했음을 알 수 있다.

5) 지뢰 제거

정찰과 함께 공병은 마지막으로 보병의 공격에 앞서 6월 24일 지뢰를 제거하여 보병의 진공을 보장하였다. 지뢰제거는 무엇을 말하는가? 정치적으로 아무리 남한의 전쟁의지와 통일의지를 강조하더라도, 그리고 그들이 실제로 그렇게 해왔더라도 군사적 차원에서 지뢰의 제거는 남한의 선제공격 주장에 대한 움직일 수 없는 반대증거가 된다. 남한군의 북한으로의 진공을 용이하게 하기 위해 지뢰를 제거하였다고 볼 수 없다는 점은 군사적으로는 상식에 속하는 일일 것이다.

235군부대의 예하대대인 251군부대의 전투경과 보고서에 따르면,

---

54) NA, RG-242, SA 2010 Item 1/52. 657군부대 한 대대 지령.

"제 1중대는 4연대에 배속되어 **연대를 통과 식히기**(시키기 — 원문 그대로) 위하여 **6월 24일 19시부터 25일 4시까지 지뢰통과로**(地雷通過路) **6개 ㅇ**(판독불능)**로 4명조**(名組) **4개가 보병연대통과를 무사히 보장하였음.** 제 2일에 두러서도(들어서도—원문 그대로) 공병은 보병연대의 선두에서 지뢰해제 및 토목화점(土木火點) 등을 폭발식혀 보병을 완전 통과식 혔음. … ", "2중대는 6연대에 배속되어 처음 **24일 22시부터 4시까지 연 대장의 전투명령을 받고 연대통과로 보장으로** 전방에 나와 지뢰를 해제 하여 연대를 무사히 통과식혔음"을 보고하고 있다(강조는 인용자). 55) 공병은 성격상 6월 25일의 보병의 공격에 앞서 사전에 먼저 지뢰를 제 거하여 보병의 공격을 가능케 하였던 것이다.

6) 폭풍: 공격명령과 공격개시

마지막 사전정찰이 끝나고 지뢰가 제거되었을 때 공격이 개시되었 다. 이제 현지 부대들의 실제의 최종 공격명령을 본다. 먼저 조작여 부를 놓고 다른 어떤 문건보다도 논란이 많았던 문건을 보자. 인민군 제 4사단이 내린 전투명령 1호이다. 56) 이 문건은 한국전쟁의 모든 문 건 중에 역사상 가장 논란이 많이 되었던 문건이다. 그것은 현재까지 도 그러하다.

남한의 공간(公刊) 물들은 이것을 남침의 가장 결정적인 마지막 지 탱증거처럼 오랫동안 인용하여 왔음에도 불구하고 대부분은 이것의

55) NA, RG-242, SA 2010 Item 3/43. '보고접수철' 1950. 235군부대 5과.
56) MA RG-407 box 350 Issue 2; UN Security Council Doc. S/2179. 뒤의 것은 유엔문서번호이다. 이 문건은 미군에게 노획된 뒤 남침의 증거문서 로 유엔에 제출되었기 때문에 유엔문서로도 남아 있다.

실물을 보지 않고 기록하고 있다. 초기의 대표적인 공간사인 《6·25 사변 육군전사》을 보더라도 이 문건을 가장 결정적인 남침의 증거문 서로 제시하면서도 원문과는 상당히 다르다. 이러한 현상은 나중에 나온 공간사들도 마찬가지이다. 57) 그것은 남침을 주장하는 전통주의 의 대부분의 연구들도 마찬가지이다. 이러한 연구들은 증거 없는 반 공주의 또는 증거 없는 남침주장이라고 부를 수 있을 것이다. 증거를 꼼꼼히 따져서 역사적 사실을 밝히고 재구성한다는 것은 초기의 전통 주의적 시각에서는 반공주의와 엄청난 증오의 크기에 기반한 넘치는 비난 의욕으로 인해 다만 학문적 사치로 보였을 것이다. 오히려 이 문 서는 그것이 남침의 증거문서인지를 심각하게 의심하는 학자에 의해 가장 정밀하게 분석되었다. 58)

이 명령의 비밀등급은 '극밀'이다. 제목은 '전투명령 No. 1'이고 제 四보사참모부(원문 그대로)가 옥계리에서 1950년 6월 22일 14:00에 내린 것으로 되어 있다. 옥계리는 동두천쪽의 38선 북방 연천부근의 지점이다. 4사단의 이동지점이 옥계리라는 점은 이 부대의 다른 내부 명령서들과 일치한다. 내용을 보자.

---

57) 《六. 二五事變 陸軍戰史 2권》(1953), pp. 부록 47~51; 영어의 번역본임이 분명하여 원문의 내용과는 상당히 다르다. 명령권자도 이권무는 이건무로 허봉학은 호봉학으로 되어 있다. 《한국전쟁사 1》(1967초판, 1968재판)도 李健武·허봉학으로 되어 있다(pp. 735~738). 《한국전쟁사 1》개정판 (1977)에 와서야 이권무·허봉학으로 고쳐져 있다(pp. 186~189). 이러한 현상은 남한이 남침의 가장 결정적인 문서라고 주장하는 문서조차 1970년 대까지 전쟁 후 20년이 넘도록 제대로 알지 못하고 있었던 것을 반증한다. 이권무는 전쟁 당시는 물론 그 후에도 북한군에서 매우 핵심적인 인물이었 는데도 이 정도였다.

58) B. Cumings, *Origins*, Vol. 2, pp. 588~593을 보라. 커밍스는 이 문서가 과연 남침을 증거하는지에 대해 강력히 의심하는 논조를 전개한다.

1. 아군의 공격정면에는 적의 七보사 一보련이 방어한다.
2. 본 사단은 군단의 공격정면에서 가장 중요한 방향인 … 에서 적의 방어를 돌파하고 최근임무로서 … 계선을 점령한 뒤 최후임무로는 … 을 점령하고 차후로는 의정부 경성방향에 … 한다. 59) 공격준비완료는 1950년 6월 2 X (2 또는 3) 일까지이다(판독불능). 60) …
9. 포병준비사격은 30분간이며 그 中 15분은 폭격, 15분은 파괴사격으로 한다. ˮ
"포사격준비완료는 1950년 6월 23일 24시 00분까지이다.

여기까지가 전쟁발발시간까지를 담고 있는 명령부분이다. 포사격준비를 6월 23일 24:00까지 완료하라는 명령이 주목할 만하다. 북한이 주장한, 25일 새벽 남한군의 전면침공이 있기 전에 사격준비를 하고 있는 것이다. 실제의 전쟁처럼 먼저 포사격을 하고 나서 보병공격을 개시하려는 계획임을 알 수 있다. 실전투부분은 돌격준비시기, 돌격지원시기, 종심전투시기의 셋으로 나뉘었다. 돌격전투시기는 "적의 방어정면에(원문 그대로—방어정면의) 유생力량을 진앞할(원문 그대로—진압할) 것, 61) 적의 포병진지를 앞도하며 토목화점, 영구화점

---

59) … 은 판독불능. 또는 생략. 남한의 문건들은 이 부분이 원문과는 다르게 전부 채워져 있는데 이는 원문을 자기들의 상상력으로 채워 넣었음에 분명하다.

60) 추론컨대 22일의 명령이기 때문에 23일로 추정된다. 남한의 문서들은 23일 또는 22일이다. 《6·25 事變 陸軍戰史》와 《한국전쟁사》1권은 23일, 《한국전쟁사》1권 개정판은 22일이다. 원문 그대로가 아닌 내용을 옮기면 각각 다음과 같다. "이 작전계획을 수행하기 위하여 1950년 6월 23일까지 만반준비(萬般準備)를 완비하여야한다"(《6·25사변 육군전사》, 부록 p. 47). "이 작전계획을 수행하기 1950년 6월 23일까지 만반준비를 완비하여야한다"(《한국전쟁사》1권, p. 735). "공격준비는 1950년 6월 22일까지 완료한다"(《한국전쟁사》1권 개정판, p. 186).

61) 이 부분이 남한의 공간사들에는 상당히 다른 내용으로 다음과 같이 되어 있다. "적방어진의 전투력을 파괴하여 마비시킬 것"(《6·25사변 육군전사》,

〈표 9-3〉인민군 제4사단 '전투명령 No.1' 중의 기본신호

No	신호 내용	신호탄	전화	무전
1	공(포?)격 개시		폭풍	244
2	돌격 개시	록색 신호탄	영(?)천	224
3	포병공격개시	붉은 신호탄	폭풍	333
4	돌격지원개시	록색 신호탄	눈보라	111
5	사격중지	백색 신호탄	사격중지	222
6	화력호출	목표의 방향으로 적색록색 혼합신호탄	베락(벼락)	444

을 파괴할 것", 돌격지원시기는 "경성으로 통하는 대도로 方향○○ (판독불능) 측에 포치된 적의 유생力량과 토목화점을 영구화점을 소멸할 것", 종심전투시기는 "퇴각하는 적의 퇴각로를 차단할 것, 의정부 방향으로부터의 적의 反돌격부대 집결을 不허할 것"을 명령하고 있다. 끝으로 명령은 기본신호를 제시하고 있다. 표로 보면 〈표 9-3〉과 같다.

다른 많은 문서와 비교해 볼 때 이 명령이, 가장 세밀히 탐구한 학자의 강력한 조작의심에도 불구하고 조작되지 않았다는 것은 분명하다. 그러나 더욱 중요한 것은 이것이 지금까지 보아온 다른 많은 문건들보다 더 결정적으로 한국전쟁 발발의 진실을 알려주고 있는 것은 결코 아니라는 점이다. 그것은 다른 많은 증거자료가 없을 때에 한해서 그러한 의미를 가졌을는지 모른다. 이것은 지금까지 이 연구에서 보아 온 다른 문건들보다 특별히 더 남침을 증거 하지 않는다. 이 문건은 신화화되었을 뿐 많은 문건 중의 하나일 뿐이다.

이러한 내용을 더 구체적으로 담고 있는, 실전투부대인 하급부대

---

p. 48; 《한국전쟁사》 1권, p. 736). "적의 방어전면에 총력량을 집합할 것" (《한국전쟁사》 1권 개정판, p. 187).

들의 많은 명령들이 존재한다. 부대 표시가 마모된 6월 23일에 내려진 구두명령을 하나 보자. [62] 이는 구두 전투명령을 받아쓴 것이다. 따라서 때때로 문장이 끊기는 곳도 많다. 명령은 먼저 방위와 지대(地帶)에 대한 암호를 정하여 "현재 차지하고 잇는 곳-범, 긴 능선-말, 송악산 아래 포대잇는 고지-소, 적참호 있는 곳에서 높은 고지까지-게(개— 원문 그대로), 큰 포대 있는 곳-토끼"로 정해준 뒤, 공격목표는 "1번-소, 2번-개성 건너편에 있는 높은 산. 3번-큰 포대있는 우쪽 포대. 4번-큰 포대, 5번-개의 가장 높은 고지. 6번-개의 전호교차점"으로 지시하였다. 이어서 적정(敵情)을 알려주고 있다. 아주 상세하고 정확하다.

적 제10, 12련대 1, 2대대가 개성을 방어하고 있다. 개성시 동쪽으로 2대대가 있으며 292고지 남경사로 붙어 대원리 외곽구역에 1개중대와 두 개 소대가 배치되어 있다. 적의 방어전선은 '소'의 동남쪽경사로 붙어 '닭'의 북경사명으로 통하였으며 그의 능선에는 약 16개의 토목 화점을 가졌으며 그의 전방에는 일선 참호를 파고 일선 철조망이 가설되었다(단 토끼 제외). 돼지가 전면 골짜기에는 다수의 지뢰를 매설하였다. 개성 넘어가는 도로 양익에는 지뢰가 매설되엿다.

여기서 말하는 돼지는 남한군을 말한다. 북한군은 이러한 분노에 찬 표현을 적지 않게 썼는데 이를테면 이승만은, 그가 미국의 주구이자 일본과 결탁하고 있으며 친일파의 주구라 하여 자주 '개승만'으로 불렀다. 다음은 연대의 임무이다.

---

62) NA, RG-242, SA 2010 Item 1/51. 구두전투명령 1950년 6월 23일.

최초 임무로써 적의 참호와 16개의 토목화점과 개성을 점령하고 京城을(으로) 통하는 도로 … (이하는 받아쓰지 못한 것 같다. 내용이 없다). 차후 임무는 대와리, 고남리 일선을 점령 후 계속 한강을 도하점령을 하기 위하여 전진한다. 공격준비완료는 6월 23일 24시까지이다. 우리 우측에는 경비여단 3대대와 15연대가 송악산과 만수산으로 붙어 개성시 서쪽을 통과하야 도하점까지 전진한다. 좌쪽에는 1사단이 우리와 동등한 임무로서 전진한다.

그리고는 명령은 계속하여 각 대대의 임무를 주었다. 3대대에게는 "최초 임무완성이후 한강 도하지점을 향하여 전진할 것"을 명령하고 있다. 명령은 "공격준비는 3시에 할 것"이며 공격신호는 "전화로 할 경우 '시작', 무전으로 할 경우 '123'"이었다. 상급명령서는 물론 현지부대의 명령서들에 따르더라도 인민군은 애초부터 한강을 도하하려고 계획하고 있었음을 알 수 있다. 제목과 부대, 날짜가 없어진, 그러나 6월 25일 직전 공격을 바로 앞둔 시점임이 분명한 독해가 난해한 다른 한 '명령'을 보자. [63]

적은 공고한 방어로서 동리곡 무문(無文)리 지사리 일대에 방어하고 잇다. … 본대대는 연대장에 명령에 의하여 동리곡 무문리 지사리 일대를 돌격, 만세리 방면으로 진출하라는 임무를 받앗다. 나의 신호에 의하여 진출하데 일상시 반돌격할 준비을 할 것. 공격준비 시간은 1950. 6. 25. 포사격 준비는 6. 25.

명령은 포병에게는 다음과 같이 지시했다.

---

63) NA, RG-242, SA 2010 Item 2/72. 부대와 일자는 마모되었다.

포병은 **준비사격 시기**에 있어서 전방일대에 화점과 전호에 있는 유생역량을 소멸할 것. **보병의 돌격시기**에는 포사격을 중심으로 이동하여 보병을 만세리까지 호송할 것. 전차중대병은 자동포와 협동하여 제4중대와 협동하여 前方 獨立 山中턱으로 하여 금화봉 방향으로 진출할 것 (원문 그대로).

한 인민군 병사의 일기에 따르면 6월 25일 "아침 5시에 진공명령을 받고 우리는 적군 마대비초소, 예성강초소를 진공하였다. 이때 38선 전지역에서는 폭격소리가 천지를 진동하였다". 64) 인민군 부대의 비밀보고인 '사격일지'나 '전투사격일지'들은 6월 25일부터 사용된 탄환의 숫자들이 기록되어 있다. 물론 보고 자체도 6월 25일부터 시작된다. 65) 이 '전투일지' '전투사격일지'들은 형식 면에서도 6월 중순까지는 부대별로 형식이 다르고 또는 무정형의 보고양식이었으나 6월 중순부터는 거의 전부대가 일제히 같은 형식의 같은 내용을 보고하도록 통일되었다. 용지 또한 전과는 달리 깨끗하게 인쇄된 것들이었다.

6월 23일에서 24일 사이에 모든 인민군부대들은 공격출발선을 향하여 일제히 집결지를 떠났다. 상륙부대인 총사령부 직할부대 766부대는 이미 24일에 양양을 출발하여 강원도 해안의 주문진, 정동진, 임원진과 같은 예정된 상륙지점을 향하여 출발하였다. 66) 이들은 이때 인민군 문화부사령관 김일로부터 "인민군 남진에 호응하여 부산에 돌입하라"는 명령을 받았다. 67) 전쟁이 시작된 것이었다. 북한이 명령

---

64) NA, RG-242, SA 2010 Item 1/88. '나의 수기'.
65) NA, RG-242, SA 2009 Item 6/116. 1; Item 6. 116. 2. 제65모터 화련대 76mm포대대 각 중대의 '사격일지'와 '전투사격일지'.
66) Hq, FEC, HNKA, p. 60; '남도부 사건기록' 발행연도 및 면수없음.

에서 사용했던 용어 그대로 그것은 '폭풍', 곧 전쟁이었다.

그러나 이 공격은, 중앙수준에서도 그랬지만, 38선에서의 최후공격명령도 역시 북침에 따른 대응공격으로의 위장이었다. 현지에서 공격명령을 받은 4사단 사령부 소속장교였던 이상연(李相燕)에 따르면 "**국방군이 공격해 왔기 때문에 공격한다**"는 공격명령을 24일 정오 받았다. [68] 또한 당시 통신장교였기 때문에 총사령부에서 하달된 공격명령을 자신이 직접 전선의 전사단들에 암호(그에 따르면 공격개시암호는 CO333. ○는 판독불능. 아마도 영어알파벳 a일듯)로써 전달한 전인민군 소좌 김윤문의 증언에 따르면, "**서부지역에서는 남한이 동부지역에서 북침하였기 때문에 대응공격을 하며 동부지역에서는 남한이 서부에서 북침하였기 때문에 그에 대해 대응 공격한다**"고 명령하였다. [69]

최후의 공격명령과 신호는 여러 가지 명령서와 보고서들을 종합하여 볼 때 네 가지가 사용되었다. 즉, **전화, 무전, 신호탄·총, 포사격**의 네 가지였다. 필자는 남한에서 비밀리에 내려간, 공개된 또는 공개되지 않은 명령과 지령, 작전기록들을 북한의 그것들보다 훨씬 더 많이 입수하여 분석하였다. 그것 중에는 남한의 최고위 군사, 정치, 인사비밀까지도 포함된다. 자료의 입수와 분석에서 필자는 해석의 편견을 초래할 어떠한 선입견도 배제하고 객관적으로 분석하려 노력하였다. 그러나 필자는 남한의 그 비밀스런 자료들에서, 지금까지 분석한 북한의 많은 비밀명령들과는 달리, 임박한 공격을 상정한 공격명령과

---

67) '남도부사건기록' 면수 표기없음.

68) 이상연, 《증언록》, 면수없음. 국방부 전사편찬위원회 '사료' 506호. 1980년 11월 7일.

69) 金允文, 《증언록》, p. 1. 한국 국방부 전사편찬위원회 '사료' 493호. 1980년 11월 18~19일. 김윤문은 평양학원 제1기 졸업생이다.

각종 암호와 이동, 적정보고와 정찰, 집결지 행동규율, 백성과의 관계, 포로처리규정 등에 대한 증거를 찾아내지 못했다. 전쟁은 북한이 일으켰던 것이다.

그러나 북한은 전쟁의 시작과 함께 이 전쟁을 남한이 일으켰다고 주장하였으며 이 주장은 일부 학자들에 의해 강력하게 지지된 바 있었다. 이를 둘러싼 논쟁은 전쟁이 끝난 지 반세기가 되어 오는 지금까지도 계속되고 있다. 우리는 이제 끝으로 이 문제를 검토할 것이다.

제 10 장

마지막 조치: 북침의 주장

1. 전쟁의 시작: '북침' 주장

1950년 6월 25일 새벽 김일성은 조선노동당 중앙위원회 정치위원회와 내각 합동 비상회의를 소집하였다. 그는 먼저 노동당 중앙위원회 정치위원회를 소집하고는 곧이어 내각비상회의를 열었다.[1] 북한최

---

1) 《김일성 저작집》에는 이 회의가 내각비상회의로만 기록되어 있고 《조국해 방전쟁사》에는 "조선로동당 중앙위원회 정치위원회와 내각비상회의"를 열었 다고 나와 있다(《김일성저작집》 6권, p. 1; 《조국해방전쟁사》 1권, p. 95). 오늘날 전자, 곧 정치위원회에 대한 기록은 따로 남아 있지 않다. 당시의 신문과 보도들도 전부 내각비상회의로만 기록하고 있다. 그러나 위의 《조국 해방전쟁사》의 기록과, 당시에 내각비상회의에 참여하였던 강상호의 직위 가 내각각료가 아닌 강원도당 부위원장이었던 것으로 봐서 이 회의는 로동 당 중앙위원회 정치위원회와 내각의 합동비상회의였거나 또는 확대간부회 의였을 것이다.

고지도부를 전부 비상소집한 것이다. 그리고는 "동지들! 매국역적 리 승만 도당의 괴뢰군대는 오늘 이른 새벽 38선 전역에 걸쳐 공화국 북반 부를 반대하는 불의의 무력침공을 개시하였습니다"고 서두를 떼었다.

공화국정부는 전쟁이 더 확대되는 것을 방지하기 위하여 적들에게 무 모한 무력침공을 즉시 중지할 것을 경고하였으며 만일 모험적인 무력 침공을 중지하지 않는다면 그로부터 초래되는 후과에 대하여 전적으 로 책임지게 되리라는 것을 언명하였습니다. 그러나 오만한 적들은 전쟁의 불길을 더욱 확대하고 있습니다. 적들은 이미 38선 이북지역으 로 1∼2키로메터 침공하였으며 모험적인 '전격전'으로 공화국 북반부를 단숨에 삼키려고 시도하고 있습니다. 2) (강조는 원문 그대로)

김일성의 주장은, 남한이 38선 전(全) 전선에서 선제공격하였으며 이미 북한지역으로 상당히 들어왔고 이를 중지하라고 경고하였다는 것이었다. 그러나 이러한 중지경고는 발표되지 않았다. 김일성은 이 어서 다음과 같이 주장하였다.

매국역적 리승만 괴뢰도당의 무력침공으로 말미암아 우리 조국과 인 민 앞에는 커다란 위험이 닥쳐왔습니다. 지금 조선인민은 또다시 제 국주의자들의 식민지노예가 되느냐, 아니면 자주독립국가의 자유로운

한편 김일, 최현, 강량욱 등 북한의 주요 지도층 인사들이 공동으로 남긴 회고록에는 김일성이 이날 당중앙위원회 정치위원회를 소집하고 이어서 내각 비상회의를 소집한 것으로 되어 있다. 이 부분은 김일의 회고인데 그는 당시 에 그 회의의 참석자였다. 김일·강량욱·오진우·리종옥·박성철·최현· 림춘추·오백룡·김중린·김영남·전문섭·현무광·리을설·김만금, 《붉은 해발 아래 창조와 건설의 40년》 2권 (조선로동당 출판사, 1981), p. 2.
2) 《김일성저작집》 6권, p. 1.

인민으로 남아 있느냐 하는 엄중한 사태에 직면하고 있습니다. 리승만 괴뢰도당이 동족상쟁의 내란을 도발한 이상 우리는 절대로 가만히 있을 수 없습니다. 만일 우리가 이 엄혹한 시각에 싸우기를 주저한다면 우리 인민은 또다시 망국노의 운명을 면치 못하게 될 것입니다. 우리는 조국의 독립과 민족의 자유와 영예를 수호하기 위하여 적들과 단호히 싸워야 합니다. 적들의 야만적인 침략전쟁에 우리는 정의의 해방전쟁으로 대답하여야 합니다.

우리 인민군대는 적들의 침공을 좌절시키고 즉시 결정적인 반공작전을 개시하여 무력침범자들을 소탕하여야 하겠습니다. 3)

이 회의기록은 위의 《김일성 저작집》을 빼고는 오늘날 남아 있지 않다. 다만 《로동신문》, 《투사신문》, 《조선인민군》 등에 나타나 있는 당시 북한정부의 공식 '보도'와 《조선중앙년감》이 당시 회의가 열렸었다는 사실만을 알려주고 있다. 4) 그러나 우리는 당시 이 회의에 참여했던 사람 중 유일하게 남아 있는 한 사람의 증언을 이용할 수 있다. 당시 조선로동당의 강원도당 부위원장이었던 강상호(姜尙昊)의 증언이다. 5) 1950년 6월 25일 새벽 2시에 그는 병원에 입원 중이었으나 당중앙위원회로부터 전화를 받고 김일성집무실로 급거 출두하였

3) 《김일성저작집》 6권, p. 4.

4) 《로동신문》 1950년 6월 26일; 《조선인민군》 1950년 6월 26일; 《투사신문》 6월 27일; 《조선중앙년감》(1951～1952), p. 91.

5) "ИВАН АФАНАСЬЕВИЧ МЕНЯЕТ ПРОФЕССИЮ," Ogonyek, No. 1 (1991). ИВАН АФАНАСЬЕВИЧ (이반 아파나시예비치) 는 강상호의 러시아어 원명이다. 강상호는 원래 블라디보스톡 출신으로 2차 세계대전 종전 이후 북한에 파견된 대규모의 한국계 소련인 (Korean-Russian) 전문가집단의 일원이었다. 그는 내각간부학교 교장, 인민군 중장을 거쳐 내무성 부상을 역임하였으며, 1959년 북한의 대숙청 당시 숙청당한 뒤 가까스로 자신이 조국으로 여기는 소련으로 돌아갔다.

다. 출두하자 새벽 세 시였다. 그곳에는 전각료와 고위인사들이 전부 집합하여 있었다. 김일성은 "두시간 전 밤 1시에 남조선군대가 38선을 침공했다"고 말한 후 반격명령을 내렸다. 《저작집》의 내용과 거의 동일한 증언이다. 따라서 아마도 《저작집》의 내용은 당시에 김일성이 한 실제의 말에 상당히 근접하는 내용일 것이다.

그러나 한 가지를 먼저 지적하고 넘어갈 필요가 있다. 우리가 앞서 인민군 내부명령서를 살펴본 대로 이 시간은 인민군의 공병부대들이 지뢰를 제거하고 공격을 위한 최후의 정찰을 할 때였다. 북한의 주장대로 남한군이 38선 전전선에서 공격하였다면 이 시간의 정찰은 불가능한 것이다. 강상호는 전쟁이 발발한 후 38선 이남지역을 내려와 보고서야 38선 이북으로는 전투흔적이 없었으나 38선 남쪽에는 전투흔적이 많아 전쟁의 발발이 북한의 공격에 의한 것임을 알아차렸다. 최고위급 간부조차, 그가 결정에 참여하지 않았을 경우, 완벽하게 북침으로 알고 전쟁에 임했던 것이다.

같은 6월 25일 북한의 내무성은 성명을 통해 "금 6월 25일 이른 새벽에 남조선 괴뢰정부의 소위 국방군들은 38선 전역을 걸쳐 38이북 지역으로 불의의 진공을 개시하였다. 불의의 진공을 개시한 적들은 해주방향 서쪽에서와 금천방향에서와 철원방향에서 38이북 지역에로 1킬로메터 내지 2킬로메터까지 침입하였다"[6]고 '보도'하였다. 이어서 '보도'는 "조선민주주의인민공화국 내무성은 38이북 지역으로 침입한 적들을 격퇴하라고 공화국경비대에 명령을 내렸"으며 "지금 공화국경비대는 진공하는 적들을 항거하여 가혹한 방어전을 전개하고 있

---

6) 《조선인민군》, 《투사신문》 1950년 6월 25일; 《로동신문》 1950년 6월 26일; 《조선중앙년감》(1951~1952), pp. 90~91.

다"고 전하였다. [7]

이 성명에 뒤이어 같은 날 내무성의 다른 '보도'가 또 나왔다. "경비대는 금 6월 25일 이른 새벽에 38연선 전 지역에 대한 불의의 공격을 개시한 남조선괴뢰정부의 소위 국방군들의 침공을 항거하여 가혹한 방어전을 전개한 결과 적들의 진공을 좌절시키였다." 그리고는 '보도'는 "인민군 부대들과의 협동작전하에서 공화국 경비대는 38이북 지역에 침입한 적들을 완전히 격퇴하고 반공격전으로 넘어갔다. 금 6월 25일 현재 공화국 인민군대와 경비대 부대들은 많은 지역들에서 38이남 지역으로 5킬로메터 내지 10킬로메터까지 전진하였다"[8]고 주장했다. 내용이 바뀌어, 인민군이 투입되었으며 남한군을 저지시킴은 물론 반공격으로 넘어와 하루도 가기 전에 벌써 5~10㎞를 전진하였음을 알 수 있다.

김일성 자신은 6월 26일 "매국역적 리승만 괴뢰정부의 군대는 6월 25일에 38선 전역을 걸쳐 38이북 지역에 대한 전면적 진공을 개시하였습니다"라고 방송하였다. [9] 이 모든 초기발표들에서는 세 가지 점이 분명하게 드러나 있다. 첫째 북침의 주체는 미군이 아니라 이승만군대이며, 둘째 북침의 방식은 38선 전(全) 전선이며, 셋째는 북침한 뒤 남한군은 북한으로 1~2㎞를 진격하여 들어갔다는 점이다. 이후 오늘

---

7) 《조선인민군》, 《투사신문》 1950년 6월 25일; 《로동신문》 1950년 6월 26일; 《조선중앙년감》(1951~1952), p. 91.

8) 《조선인민군》, 《로동신문》 1950년 6월 26일; 《투사신문》 6월 27일; 《조선중앙년감》(1951~1952), p. 91.

9) 김일성, "전조선인민들에게 호소한 조선민주주의인민공화국 내각수상 김일성 장군의 방송연설," 《조선중앙년감》(1951~1952), p. 13; "전체 조선인민들에게 호소한 방송연설," 김일성, 《자유와 독립을 위한 조선인민의 정의의 조국해방전쟁》(조선로동당출판사, 1954), p. 1.

날까지 북한의 모든 공식기록들은 한국전쟁이 미제와 남조선의 전면적인 북침으로 인해 발발하였다고 주장한다. 우리는 이에 대해 가장 대표적인 공간사(公刊史) 들인 《민족의 태양 김일성장군》, *History of the Just Fatherland Liberation War of the Korean People*, *The US Imperialists Started the Korean War*, 《조국해방전쟁사》, 《조선전사》를 대표적으로 들 수 있을 것이다. 10)

전쟁의 발발이후 김일성은 1994년 7월 8일 사망할 때까지 49년 동안 한번도 북한의 선제공격을 공개적으로 인정한 적이 없었다. 그것은 '실재했던 역사적 북침'과 '상존하는 북침위협에 대한 강조'를 정권의 가장 중요한 정당성의 원천이자 유지의 자원으로 삼고 있던 그로서는 불가능한 것이었다. 다만 비공개적으로 그가 남침을 인정했다는 주장들은 오늘날 존재하고 있다. 한국전쟁을 오랫동안 연구해온 소진철(蘇鎭轍) 이 인용한 일본공산당에 관한 자료에 따르면 1966년 김일성은 일본공산당 서기장과의 담화에서 다음과 같이 말한 것으로 알려졌다.

1950년 5월 만주 瀋陽에서 朝·中·蘇 3국 당고위회담이 열렸는데 여기서 조선의 남한에 대한 선제방안이 논의되었다. 이때 인민군의 진격에 대해 미군의 도발행위가 있을 경우에는 인민군은 즉시 반격으로 나가 계속 남진한다는 방침을 세웠으며, 중국은 직접 군대를 파견

---

10) 백봉, 《민족의 태양 김일성장군》 2권, pp. 193~199; 《조국해방전쟁사》 2권, pp. 93~94; 《조선전사》 26권, pp. 69~72; The Research Institute of History, Academy of the Democratic People's Republic of Korea, *History of the Just Fatherland Liberation War of the Korean People* (Pyongyang: Foreign Languages Publishing House, 1961), pp. 28~41; *The US Imperialists Started the Korean War* (Pyongyang: Foreign Languages Publishing House, 1977), pp. 179~226.

하여 원조하고 소련은 무기를 보내 원조한다는 점도 결정되었다. [11]

아직까지는 확인이 되지 않고 있지만 만약에 이 자료의 내용이 사실이라면 이 회담은 1950년 4월의 김일성·박헌영-스탈린 회담, 5월의 김일성·박헌영-모택동 회담에서의 고위결정에 이어 3국의 당 (또는 군) 쪽의 어떤 실무회담이었을 것이다.

1972년 이른바 7·4 남북공동성명에 앞서 상호의견조정을 위한 사전 예비회담을 위해 평양을 비밀리에 방문하여 김일성을 만났던 남한의 이후락(李厚洛) 전중앙정보부장은 김일성이 자신과의 회담에서 한국전쟁과 관련된 이야기를 직접 언급하였다고 증언한 바 있다. 한 인터뷰에서 행한 이후락의 증언에 따르면 김일성은 1972년 5월 김일성의 관저에서 2시간 동안 계속된 자신과의 대화에서 1968년의 박정희대통령 시해기도 사건에 대해 자신의 '과격분자 부하들이 저지른 것'이라고 언급하면서 한국전쟁에 대해서도 언급하며, '6·25와 같은 일도 앞으론 없을 것'이라고 말하였다. [12] 당시 이후락의 수행원이자 이후락에 앞서 사전에 북한을 비밀방문했었던 정홍진(鄭洪鎭)의 증언 역시 이와 매우 유사하다. 그에 따르면 김일성은 이후락과의 회담에서 이후락이 "6·25에 대한 것도 확실히 해둬야 한다"고 말하자 "과거는 과거고 다시는 남침 않겠다"(원문 그대로) 고 말했다는 것이다. [13]

---

11) 思想運動研究所 編, 《日本共産黨事典》(東京: 全貌社, 1978), p. 1020. 소진철, "한국전쟁: 국제공산주의자들의 음모," 김철범 편, 《한국전쟁-강대국 정치와 남북한 갈등》(서울: 평민사, 1989), pp. 266~267, 각주 70에서 재인용.
12) 오효진, "秘密의 주인공 李厚洛," 《月刊 朝鮮》1986년 12월, pp. 307~309.
13) 정홍진, "서울밀사의 평양잠입기-내가 만난 金日成·金英柱 형제," 《월간조선 1991년 신년호 별책부록-북한, 그 충격의 실상》(조선일보사, 1991), p. 345; 정홍진, "내가 만난 金日成·金英柱 형제," 조선일보사 월간조선 편,

그러나 이들의 기록과 회고에 기초한 것으로 보이는 당시의 〈이후락-김일성 비밀회담기록 全文〉에는 1950년의 역사적 사건 6·25나 남침에 대해 언급한 사실은 나와 있지 않다. 다만, 앞으로 있을지도 모를 남침과 북침에 대해 그런 일은 서로 결코 없도록 하자는 내용의 김일성 언급만 나와 있다. "남조선에서도 '남침한다'하고 '6·25'와 같은 동란을 염려하는데 이런 일을 중복하지 않기 위해서 이부장[이후락]과 김부장[김영주]의 이야기가 시작된 것 아닙니까?"[14] 일본공산당의 자료나 이후락의 증언처럼 만약에 김일성이 남침을 인정하였다고 해도 이러한 주장과 증언들은 김일성의 죽음 및 흐루시초프 회고록과 같은 녹취기록의 부재로 인해 증명불능이라는 한계가 있음을 부인할 수 없다.

김일성과 북한은 공개적으로는 결코 이를 인정한 적이 없으며 전쟁의 발발 이후 항상 남조선괴뢰도당의 전면 북침만을 주장하여 왔다.

《체험기와 특종사진-韓國現代史 119 大事件》(조선일보사, 1993), pp. 200~201; 월간조선 취재반, "김일성을 만난 남한의 밀사들-정홍진에서 서동권까지," 월간조선 편, 《주석궁 秘史》(조선일보사 출판국, 1994), p. 107.

14) 《북한, 그 충격의 실상》, pp. 349~360. 이후락과 김일성의 회담날짜도 둘의 기억이 서로 다르다. 이후락은 김일성과의 회담을 5월 5일 새벽 1시경으로 기억하고 있는 데 반해 정홍진은 5월 4일 새벽 1시경으로 기억하고 있다.

참고로 68년의 1·21 사태에 대해서는 김일성은 이렇게 언급하고 있다. "모험주의자들이 생길 수 있지요. 박 대통령에게 말씀드리시오. 그 무슨 사건이더라 청와대 사건이던가 그것이 박 대통령에게 대단히 미안한 사건이었습니다. 이 문제에 대해서 전적으로 우리 내부에서 생긴 좌경맹동분자들이 한 짓이지 결코 내 의사나 당의 의사가 아닙니다. 그 때 우리도 몰랐습니다. 보위부 참모장 정찰국장 다 철직하고 지금 다른 일하고 있습니다. … 이런 오해부터 풀어야 합니다. 내가 뭣 때문에 박 대통령을 죽이려 하겠습니까. 나를 죽인다고 공산주의가 없어지지 않습니다"(《북한, 그 충격의 실상》, p. 362).

그렇다면 북한이 오랫동안 북침을 주장하는 문헌적 사실적 근거는 있는 것일까? 북한이 제시한 북침의 증거문서에는 어떤 것들이 있을까? 지금까지 북침을 주장하는 많은 학자들은, 커밍스를 제외하고는, 자신들이 추측하고 발굴한 많은 자료는 채택하면서도 정작 북한이 북침의 증거문서로 제시한 자료들은 보지 않았거나 인용하지 않아 왔다. 그러나 북한의 문서야말로 다른 어떤 문서들보다도 먼저 검토되지 않으면 안 될 증거들이다. 사실상 다른 증거문서들을 갖고 북침을 증거한다는 것은 하나의 새로운 창조일 수 있다. 전쟁이 발발하고 북한은 다음과 같은 몇 가지의 주요 북침의 증거문서를 제시했다.

첫 번째는 《미제의 조선침략정책의 정체와 내란도발자의 진상을 폭로함》이다. [15] 이 문건은 미국군정 방첩대(CIC) 고문관이자 이승만정치고문으로 알려진 문학봉(文學琫)이 1950년 6월 저술하여 전쟁중인 1950년 9월에 평양에서 출판된 책자이다. 책의 저술완료시점이 1950년 6월 30일로 되어 있어서 전쟁의 발발과 즉시로 저술되었음을 알 수 있다. 아니면 미리 저술해 놓았다가 전쟁발발과 동시에 출간할 것일지도 모른다. 스탈린과의 회담에서도 김일성은 지속적으로 북침위장을 논의하였음에 비추어 가능성은 후자가 훨씬 더 높았다. 이 책자는 다른 상투적인 선전선동문과는 매우 달라서, 내부의 관찰자가 아니면 밖에서는 알 수 없는 것까지도 알고 있을 정도로 남한의 정치상황에 대해 권력 내부의 깊숙한 움직임까지 상세하게 알고 있는 것이 특징이다. 그러나 내용 중에 북침의 증거가 될 만한 문서나 명령, 사실적 증거들은 하나도 찾아볼 수 없다. 다른 거의 모든 북침주장 증거문서들과 같이 이것도 역

---

15) NA, RG-242, SA 2012 Item 6/122, 문학봉, 《美帝의 朝鮮侵略政策의 正體와 內亂挑發의 眞相을 暴露함》(조선중앙통신사, 1950).

시 두 가지의 주장, 즉 상황추론적 증거와 미제의 침략적 본성을 강조하는 것이 핵심내용이다. 이 부분에 와서는 역시 도식적 상투성을 벗어나지 못하고 있다. 1945년 9월 진주시부터 이미 미군은 제3차 세계대전을 음모했었고, 그 일환으로 이승만괴뢰를 이용하여 북벌을 감행했다는 것이다. 제3차 세계대전의 작출은 이미 제2차 세계대전 종결 전에 미제국주의의 국책으로 되어 있었다는 것이다.

이 책자에서 주장하는 북침에 관한 가장 결정적인 내용은 다음 부분이다. 요약하면 이렇다. 내란도발음모의 구체적인 시작은 트루만 (Harry Truman)에 의한 6월 17일 지시부터인데 6월 17일 트루만은 동경의 군사거두들에게 지시하여 내란도발사태에 대한 군사문제를 토의하여 즉시적인 군사행동을 취할 것을 준비케 하고, 국무성에는 덜레스(John Foster Dulles)를 남한에 급파하여 이승만에게 내란도발의 지령을 발하게 하였다는 것이다. 덜레스를 통해 트루만의 내란도발 지령을 접한 이승만은 6월 17일부터 덜레스의 지도하에 무초와 군사고문단의 감독하에 북벌을 진지하게 토의하였다. 그리하여 덜레스는 6월 17일 서울에 도착하여 6월 17~19일까지 계속 협의, 마침내 내란도발이 이승만-덜레스-무초(John Muccio) 간에 합의되고 맥아더에게 보고되었다는 것이다.

이 책자에 따르면 덜레스는 이 협의과정에서 전쟁을 일으킨 후 이승만의 동경망명을 권고하였다. 그리고 실제로 전쟁이 발발한 후 인민군의 예상치 못한 반격을 받자 이승만은 6월 26일 오후 무초의 권고에 따라 그대로 일본으로 도망가고 말았다고 되어 있다.[16] 여기에서 규

---

16) 문학봉, 《美帝의 朝鮮侵略政策의 正體와 內亂挑發의 眞相을 暴露함》(조선중앙통신사), pp. 75~76.

명가능한 사실은 덜레스가 6월 17일 남한에 왔다는 점과 6월 26일 이 승만이 동경으로 도망갔다는 점의 두 가지이다. 다른 것은 공개되지 않은, 또는 공개될 수 없는 내막이다. 덜레스의 6월 17일 방한은 일단 맞다.[17] 그러나 6월 26일 이승만의 동경도망은 사실이 아니다. 따라서 앞의 협의와 망명권고에 대한 증언의 신뢰도 역시 당연히 떨어질 수밖에 없다. 그리고 상식의 수준에서 판단할 때, 있었다 하더라도 이러한 최고수준의 비밀지령과 토의가 열흘 만에 적에게 새어나갔다는 것은 이해하기 어려운 것이다. 이때의 지시문이나 협의내용은 그 뒤에 북한이 공개한 어떠한 북침의 증거문서에도 제시되어 있지 않다.

두 번째는 북한첩보조직이 남한에서 비밀리에 입수하여 분석한 내부 자료인 《이승만의 대북 정보·정치·군사공작의 계획안》이다.[18] 상세한 그림까지 나와 있는 이 문건에는 남한과 주한미군의 방대한 대북 정보 첩보조직의 기구와 활동이 자세하게 나와 있다. 그러나 이 문건에는 북침의 증거가 제시되어 있지 않아 북침의 증거문서라고 하기 어렵다. 일반적인 첩보 정보 군사공작 활동의 계획을 담고 있을 뿐이다.

세 번째는 50년 6월 이후 북한군이 남한에 진주한 뒤 입수한 미국과 남한의 다른 증거문서들이다. 이 중 일부는 유엔에 북침의 증거문서로 제출되었다. 먼저 이승만이 그의 미국내 정치고문 올리버(Robert Oliver)에게 1949년 9월 30일에 보낸 편지이다.[19] 이 편지는 1950년 전쟁이 발발한 후 북한측에 의해 서울 대통령관저에서 입수되어 유엔에서 소련의 몰로토프(Vyacheslav M. Molotov)에 의해 '북침의 증거

---

17) 《서울신문》;《경향신문》 1950년 6월 18일.

18) NA, RG-242, SA 2009 Item 9/90, 〈이승만의 대북 정보·정치·군사공 작의 계획안〉.

19) Robert Oliver, *Syngman Rhee*, pp. 251~252.

물'로 제시된 편지이다. [20] 당시 이 편지는 주미대사 장면이나 이승만과 관계있는 다른 미국내 인사들에게는 보내지지 않고 오직 올리버에게만 보내진 편지였다. 몰로토프의 공격을 받고 올리버는 이 편지를 공개할 작정이었으나 미국의 유엔대표 워렌 오스틴(Warren Austin)이 "그러한 편지는 실재하지 않고 소련의 조작"이라고 거짓말을 함으로써 공표할 수 없었다.

지금이야말로 우리가 공격조치를 취하여 우리에게 충성스러운 북한공산군과 합세, 그 잔당들을 평양에서 소탕해야할 최고의 심리적인 호기라고 나는 강렬하게 느끼고 있소. 우리는 김일성 부하들을 산악 지대로 몰아내서 그곳에서 그자들을 서서히 굶겨 항복시키게 될 것이요. 그때에 우리의 국방선은 두만강 압록강에 연해서 강화시켜야하오. … 나는 소련이 지금 침략을 저지를 만큼 무모하지는 않으리라 믿고 있소. 우리 국민들은 북진을 부르짖고 있소. 우리 북한동포들은 우리들이 지금 북진해주기를 바라고 잇으나 그들을 달래느라고 우리는 지금 할 수 있는 최선을 다하고 있소. 그리고 이것은 굉장히 힘든 일이오. … 처칠이 한때 썼던 귀절, 즉 "우리에게 연장을 달라, 그러면 우리는 일을 할 것이다"라고 한 옛말을 퍼뜨리시오. 미국의 정치가들과 일반국민들을 설득시키고 이 사람들로 하여금 우리는 앞으로 전진하며 우리의 계획을 달성할 것인즉 우리가 필요로하는 모든 물질적 지원을 아끼지 말도록 조용히 찬동하도록 하시오.

우리가 오래 끌면 끌수록 일은 점점 더 어려워질 것이요. 소련의 냉전은 항상 승리하는 전쟁이오. … 미국인들이 현재 냉전에서 하고 있는 짓은 패망하는 전쟁이오. 우리가 조용히 앉아 이들 악당들을 그저 피

---

20) 그 이후 이는 북한에서 오랫동안 북침의 증거문서로 제시되어 왔다. 이는 《조선중앙년감》(1951~1952), pp. 229~230에 제시되어 있다.

하기만 함으로써 패자의 전쟁을 계속한다면 인간의 육신과 신경이 그리 오래 견디지 못할 것이요. 한국사람들이 죽기를 맹세하고 기꺼이 일어나 그자들을 소탕하는 때가 바로 심리적으로 알맞은 지금이란 말이오. 우리가 이 일을 결행하도록 허용되기만 하면 당연히 단시일 안에 이 문제를 깨끗이 해결할 수 있으리라고 나는 확신하오. 이러한 모든 얘기를 가장 설득력 있는 성명서에 적어서 여기저기 영향력 있는 몇몇 인사들과 조용히 접촉을 가지시오. 그리고 그들의 지지 찬성을 얻도록 합시다. 만일에 이러한 성명서가 트루먼 대통령의 귀에 들어가게 할 수만 있다면 우리가 바라던 어떤 효과도 얻게 되리라 생각하오.

이 긴 편지의 내용 자체만을 놓고 볼 때는 김일성이 그 동안 종종 강조해 왔던 "이승만도배를 몰아내고 금년에는 반드시 국토완정을 이루어야 한다. 이를 위해 항상 준비되어 있어야 하고 실지전투처럼 열심히 훈련하며 모두 예리한 경각심을 가지고 있어야 한다"는 내용보다도 호전성이나 전쟁각오는 결코 높지 않다. 따라서 그것은 북침의지를 나타내는 것은 될 수 있어도 북침의 증거문서는 될 수 없다. 또 통일-전쟁의지를 표명한 1949년 9월의 편지가 1950년 6월의 공격에 직접적인 증거가 될 수도 없다. 이를 연결한다는 것은 비약이다. 이 서신을 포함하여 《조선중앙년감》 1951~1952에는 〈미제와 리승만도당의 조선전쟁도발 음모 **주요문헌**〉〈강조는 인용자〉이라는 제목 아래 9개의 북침의 증거문서가 제시되어 있다. [21] 여기에는 49년의 국무성 정보조사국의 극비문건, 두 종류의 1950년 남한 육군본부 정보국 제3과의 〈1950년 첩보공작 계획안〉, 이승만, 장면, 덜레스 사이에 오고간 서신 등이 공개되어 있다. 그러나 이것들이 '주요' 문헌들이라면 그것은 객관적으

---

21) 《조선중앙년감》(1951~1952), pp. 227~238.

로 아무리 그렇게 보아주려고 해도 아무런 북침의 증거문서가 되지 못한다. 선제공격을 증명하기 위한 것으로는 앞의 인민군 내부의 비밀명령서 하나만도 못한 것이 사실이다.

네 번째는 남한의 고위관료 군인들이 북한측으로 가담하여 증언한 북침주장이 있다. 대표적으로는 국회의원 조소앙, 전내무부장관 김효석(金孝錫), 전 조선경비대 총사령관 송호성(宋虎聲) 등이 그들이다.

50년 2월까지 남한의 내무부 장관으로 있었던 김효석은 7월 5일 서울 중앙방송국에 나와 이승만의 북벌음모와 개시를 상세하게 폭로하였다.[22] '괴뢰정부 내무장관으로서의' 자신의 반동적 과오를 뉘우친 뒤 그는 먼저 "이승만은 49년 7월 5일을 기하여 소위 북벌을 개시하려 하였다"고 49년의 북벌계획을 폭로하였다. 자신이 직접 이 북벌음모에 가담하였는데 "김석원에게는 옹진방면으로부터 북상하여 평양을 점령할 것과 채병덕에게 본부전선을 지휘하라는 명령을 주었다"고 했다. 이승만의 49년 강력한 북벌의지와 계획은 아마도 사실일 것이다. 그러나 김석원에게 옹진으로 북상하라는 명령을 내렸다는 주장은 신뢰하기 어렵다. 김석원은 당시에 개성방면을 맡고 있던 1사단장이었지 옹진방면은 그의 관할이 아니었기 때문이다. 그는 계속하여 "50년 봄 이승만은 맥아더의 호출로 동경에 가서 북벌을 지시받고 돌아와서는 6월 25일 이른 새벽 재등용한 김석원과 채병덕에게 북벌을 개시하라는 명령을 내렸다"고 말했다. 이때 이승만은 북벌을 개시하기만 하면 미군 비행기와 함선의 원조를 받을 수 있으며, 일본인으로서 의용군을 조직하여 전쟁한다면 반드시 승리한다고 하였다고 김효석은 전한다.

---

22) 《조선인민군》 1950년 7월 8일. 《조선인민군》은 북한의 민족보위성 기관지이다. 이 신문은 대외에 내갈 수 없었다. 곧 인민군 내에서만 볼 수 있는 신문이었다.

끝으로 김효석은 "금번 전쟁의 책임은 전적으로 리승만역도들과 그 상전인 전쟁상인 미제국주의자들에게 있다"며 "이승만정권을 하루속히 소탕하자"고 호소하였다. 이 주장에도 사실의 오류가 들어있다.

김석원은 식민시기에 만주에서 독립운동을 하던 한인과 조선인을 진압하던 악명 높은 일본군 장교출신으로서 남한군 장교 중에는 가장 호전적이고 반공적인 인물이었지만, 그래서 북한군 장교들에게는 원수 같은 존재였지만,[23] 50년 6월 25일 이른 새벽에 그를 재등용하여 북벌개시명령을 내렸다는 것은 사실이 아니다. 김석원은 6월 25일 현재 이승만에 의해 강제예편되어 현역이 아니었다. 김석원은 이른바 남북교역사건(南北交易事件)으로 인한 채병덕과의 격렬한 갈등으로 1949년 10월 1일 이승만에 의해 동시에 강제예편된 뒤 채병덕만이 49년 12월 14일 복직되고 그는 전쟁발발시점에 예비역이었다.[24] 김

---

[23] 따라서 북한장교들은 물론 김일성조차도 연설에서 그를 종종 언급하였다. 북한군의 내부문건은 식민시기에 앞장서서 일본에 대한 충성을 호소하고 동족의 독립운동을 탄압하던 이 친일파 군인에 대해 종종 참을 수 없는 증오와 분노를 나타내었다. 김일성 역시 김석원이 만주에서 그를 잡으러 다녔음을 언급하며 극도의 증오와 분노를 나타내었다.

[24] 1946년 2월 8일 미소공동위원회에서의 합의로 인하여 남북한 간에는 법적으로 물자의 교역이 가능해졌다. 그러나 1948년 5월 10일의 남한단독선거로 인해 5월 14일 북한이 대남 송전(送電)을 중단하면서 교역은 중단되었다. 그 후 동년 10월부터 교역이 재개되었다. 정부 수립 후 1949년 1월 38선 이남의 경비가 미군측에서 남한군측으로 이양되었다.

교역 시 남한의 상인들은 상공부에서 허가를 받아야 하는 것은 물론 경비상의 필요 때문에 육군본부의 교역증을 얻어야 했다. 허가를 받은 상인들은 북한에 직접 들어가 상담을 하여 물물교역에 합의를 보면 38선 부근에서 일시와 장소를 정해서 물자를 인수, 인계하는 방식이었다. 북한에서는 조선교역이라는 대행회사가 이를 전담하고 있어 남한보다 체계적이고 조직적이었다. 남한의 군경에서는 이 회사가 정보의 취득과 비밀 무기거래까지 담당하고 있다고

석원은 1950년 7월 7일에서야 국본특별명령 제1호로 재등용되어 육

판단하고 있었다. 교환하는 물품의 경우 대북 반출품에는 광산물이나 공산품이 포함되어 있는 반면 반입품은 명태를 포함한 주로 수산물이었다.

1949년 1월 김석원 대령이 제1사단장으로 취임하면서 김석원은 자신의 담당지역 내에서의 교역행위를 일방적으로 금지시켰다. 대북 반출물자에 이적물자가 포함되어 있는 것은 이적행위라는 것이 금지의 이유였다. 동시에 그는 북한으로부터 반입된 상인들 소유의 물자〔北魚〕를 압수하였다가 임의로 군내 사병과, 38선 충돌 시 전투에 동원된 개성시민들에게 나누어주었다. 상인들의 강력한 항의로 인하여 당시 육군총참모장 채병덕은 이 물자를 다시 상인들에게 돌려줄 것을 지시하였으나 김석원은 이를 듣지 않았다. 남한의 공식기록들에는 당시 상인들의 배후에는 정치인들과 군 고위층이 있어 이 문제가 정치문제로 비화되었다고 되어 있다. 그러나 그들이 누구인지는 밝혀져 있지 않다. 당시에 김석원은 이 북어를 처분하여 착복하였다는 강력한 의심을 받았다. 물론 그는 자신의 회고록에서는 이를 인정하지 않았다.

채병덕과 김석원의 해결되지 않는 길고도 격렬한 대결은 국가 전체의 정책결정에까지 큰 영향을 끼치게 되자 결국 이승만이 직접 개입하지 않을 수 없었다. 김석원과 채병덕은 각자 이승만을 방문하여 자신이 옳다고 주장하였다. 1949년 9월 이승만은 이들 두 사람을 국방장관 신성모와 함께 직접 불러 화해를 종용하였다. 그러나 둘은 대통령 앞에서도 언쟁을 벌이며 화해하려 하지 않았다. 김석원은 채병덕이 38선에서 돈을 벌고 모리(謀利)를 하고 있다고 공격하였다. 그들은 화해하라는 이승만의 당부를 받고 일단 물러나왔다. 그러고 나서 표면적으로는 화해하였다고 신성모가 보고하여 곧바로 이승만을 다시 방문하였으나 그들은 이승만 앞에서 다시 싸웠다. 김석원은 대통령께 채병덕의 처벌을 건의하지 않는 신성모에게까지 공격을 퍼부었다. 결국 이승만은 군내의 대립과 갈등을 더 이상 방치할 수 없어 49년 10월 1일 채병덕과 김석원을 동시에 강제 예편시키지 않을 수 없었다. 이것이 이른바 남북교역사건이었다.

이 남북교역사건은 초기 군내의 대표적인 지휘부 분열과 갈등사건이었다. 이 사건은 첫째 군내 헤게모니 장악을 둘러싼 채병덕과 김석원의 대립(총참모장 채병덕은 당시 비록 상관이었지만 일본육사 49기로서 해방 당시 소좌였고 김석원은 일본육사 27기로서 해방 당시 대좌였다), 둘째 대북 온건파와 강경파의 대립과 함께, 셋째는 그러한 흐름의 이면을 움직이는 또 하나의 보이지 않는 손인 친북조직의 움직임을 간취케 하는 사건이었다.

《육군역사일지》, p. 49-No. 56(육군본부 군사감실, 발행연도 미상, 1950~

518

군 제 9사단장에 보임되었다. [25] 김석원은 6월 25일 전쟁이 발발하자 신성모의 소집으로 다음날인 26일 아침 급히 육군본부에 출두하여 이른바 군사경력자 긴급회의에 참여하였다. [26]

한편 조소앙의 경우 50년 7월 12일 평양에 도착하여 평양의 조선중앙방송국을 통하여 연설을 하였다. 김효석과 마찬가지로 자신의 반동적 반인민적 과오를 뉘우친 그는 "미제국주의자들은 주구 리승만 살인마로하여금 조선에 내란을 도발케 한 후 그들의 륙해공군을 동원하여 직접 우리조국에 대한 침략전쟁을 개시하고있(다)"고 공격하였다. [27] 역시 모든 내용이 동일하며 실제적 증거는 하나도 없다. 전세

51년경) ; 육군본부 군사연구실 군사편찬과, 《창군전사》(1980), pp. 491~498; 《한국전쟁사 1권-해방과 건군》, pp. 424~427; 김석원, 《노병의 한》(육법사, 1977), pp. 255~266. 익명을 요구한 어떤 전 남한군 고위장교는 필자와의 면담에서 당시 이 남북교역을 통해서 남한의 정치와 군사의 많은 정보가 북한측으로 흘러들어갔다고 증언하였다. 그는 당시의 상인들 중 일부는 북한측의 첩자였다고 증언하였다. 필자는 이를 당시의 여러 관계자로부터 들었으나 자료를 통하여 확인할 수는 없었다. 당시 북한의 정보수집 노력과 각계에의 집요한 침투기도, 남한의 허술한 대비체계에 비추어 아마도 이는 사실일 것이다.

25) 〈國本特別命令(陸)〉 제 2호, 《국방부 특명철 1949~1950》, 한국 국방부 전사편찬위원회 〈사료〉 26호, p. 1423; 육군본부 군사감실, 《육군역사일지》(1950), p. 60. 이 《일지》는 1945년부터 1950년까지의 군 내부의 상세한 일지이다. 문서번호는 기록되어 있지 않다.

당시의 국군비밀인사명령기록은 적지 않은 흥미로운 내용들을 알려주고 있는데 그 중에는 군내 좌파조직 가입으로 파면되었던 전 대통령 박정희의 복직을 명령한 것도 포함되어 있다. 즉, 〈國本特別命令(陸)〉 제 1호는 1950년 7월 4일 내려졌는데 그것은 실제로는 6월 30일 내려진 정일권의 소장 진급과 소령 박정희의 복직명령을 정식으로 발령하는 것이었다. 이 동시 명령은 대통령의 명령에 따른 것이었다(p. 1422).

26) 《한국전쟁사》 2권(1968), p. 225.

27) 《민주조선》 1950년 7월 13일. 《민주조선》은 북한 최고인민회의 상임위원

가 일방적으로 북한측에 기울어 있었고, 그들의 보호하에 언론자유
와 의사표현의 자유가 보장되지 않은 상태에서 한 이 연설들은 믿을
수 없다. 그나마도 오류투성이다.

이승만의 통일-전쟁-북벌의지는 김일성의 통일-전쟁-남벌의지에
못지않았고, 이것이 북한 정치-군부지도자들을 자극했던 것도 사실
이었다. 이승만은 48년 분단정부 수립이후 50년까지 이러한 정책을
지속적으로 추구하였다. 그러나 이것이 6월 25일의 전쟁개시를 증거
하지는 않는다. 북한은 1950년 초부터 이미 "조선인민은 누가 내란을
준비하고 있는지 안다"고 내외적으로 지속적으로 선전하여 왔다. 대
외적인 모든 선전문구는 물론 인민군들에게 내려가는 내부의 비밀문
건들도 "누가 전쟁방화를 위해 준비하고 있는지 안다"고 선전하였다.
앞서 살펴본 대로 김일성과 스탈린은 정당성의 확보를 위해 선제공격
을 하지 않고 남한이 북침하면 이에 대응하여 반격을 개시하려는 구
상을 갖고 있었다. 28) 이것은 49년부터의 지속적인 구상이었다. 그러
나 이승만이 북침하지 않자 선제공격으로 전환하였던 것이다.

이러한 구상은 인민군 장교들에게서도 나타났었다. 그들은 사실상
남한군의 선제공격을 기다리고 있었다. 29) 이것은 남한 고위장교들
중의 상당수도 마찬가지였다. 북한은 또한 평화통일제안 뒤 이를 거
부하면 전쟁을 개시한다는 구상을 49년부터 지속적으로 갖고 있었
다. 30) 남한의 이승만, 신성모와 군고위장교들의 반복되는 북침발언

회와 내각의 공식 기관지이다.
28) 《소련 외교문서》 2, p. 20.
29) USMAGIK, G-2 P/R, No. 152 (Jul. 27, 1949).
30) USMAGIK, G-2 P/R, No. 154 (Jul. 29, 1949); No. 176 (Sep. 6, 1949);
《소련 외교문서》 2, p. 26; "On the Korean War," *CWIHP Bulletin* (Fall

은 이러한 구상과 주장에 정당화의 명분을 제공하였다. 남한의 호전적 발언이 좋은 재료가 되었던 것이다. 전쟁의 결정에 참여하지 않은 조선로동당의 최고위간부조차 인민군의 전방투입 조치를 보고 이것을 "(남한의) 군사행동에 대비하여 북한지도부가 취한 '예방조치'라고 생각하였다."[31]

그렇다면 전쟁을 구상은 했으되 실행은 하지 않은 채, 그렇게도 논란이 되어왔듯이, 사실은 진짜 공격을 받아 반격한 것인가? 최초의 북침보도는 이를 증거하는가, 아닌가? 그것은 어떻게 나오게 된 것인가? 이 '북침' 보도과정을 추적하는 것은 어떻게 하여 북한의 모든 언론기관이 북침을 보도하게 되었는지 잘 보여준다. 50년 6월 25일 북한의《투사신문》은 1면에 내무성의 보도를 전재하여 남한의 전면 북침에 의한 전쟁발발 사실을 보도하였다. 그리고 앞에서 본 대로 북한의 모든 방송과 신문들은 북한 내무성과 조선중앙통신사의 보도를 인용하여 남한군이 38선 전전선에서 북침하였음을 보도하였다. 그러나《로동신문》의 6월 25일자에는 전쟁에 관한 아무런 내용이 없다.[32] 거기에는 6월 26일부터 전쟁발발에 관한 기사가 나온다.

당시《민주조선》의 고위 편집간부를 맡고 있던 정명조(鄭鳴朝)에 따르면 최초의 '북침'보도조차 치밀한 위장계획의 산물이었다. 주지하는 바와 같이《민주조선》은 북한 최고인민회의 상임위원회와 내각의 기관지이다. 6월 24일 저녁 정명조는 다음날 호의 최고책임자인 야간주필을 맡고 있었다.

1993), p. 16; *JAEAR*, p. 442.

31) 강상호, "ИВАН АФАНАСЬЕВИЧ МЕНЯЕТ ПРОФЕССИЮ," *Ogonyek*, No. 1 (1991).

32)《로동신문》1950년 6월 25일.

나는 다음 날이 일요일이었으므로 대동강에서 아내와 함께 즐길려고 (밤) 10시 안에 연판(鉛版)을 윤전기에 걸어야겠다고 서둘렀다. 그러는 도중에 전화가 왔다. 그것은 뜻밖에도 중앙당 선전부에서 걸어온 전화였다. 나는 그만 실망하였다. 왜냐하면 언제나 이 중앙당 선전부나 출판검열지도국에서 오는 전화라는 것은 반드시 무슨 특보가 있으니 신문조판을 좀 기다리라느니 그렇지 않으면 어느 논문은 어디가 틀렸느니 하는 따위로서 골머리를 앓기 마련이기 때문이었다. 시간은 8시 30분이었다. 중대한 기사가 나갈 때까지 조판해서는 안 된다는 것이었다. 나는 지금 지형을 뜨고 있는 중인데 왜 일찍 전화하지 않았냐고 항의하였으나 중앙당 선전부의 요구는 강경했다. 결국 나는 작업을 중지시키고 소파에서 눈을 감았다.

내가 다시 눈을 떴을 때는 정각 12시였다. 어떤 사람이 봉인된 원고가 든 봉투를 가지고 와서 나를 깨웠기 때문이었다. 그는 나를 보고 어디 조용한 방이 없는가하고 물었다. 나는 그를 주필실로 안내하였다. 그는 자기의 당원증을 내어보이며 나의 당원증 제시를 요구하였다. 나는 봉투를 개봉하였다. 원고는 〈조선중앙통신〉발로 되어 있었다. 기사원고는 "남조선괴뢰군대가 북침하였다. 인민군대는 불의의 공격을 받고 2㎞를 후퇴하였다"는 것이었다. 이 원고는 활자호수까지 정하여져 왔으며 "1면 머리기사로 실을 것"이라는 주서(朱書)까지 붙어있었다. 이것은 중앙당 선전부에서 발행한 조선중앙통신이었던 것이다. 결국 "금조 미명에 남조선 괴뢰군대는 38선 전역에 걸쳐서 … "라는 두서로 시작되는 기사가 나오기로 약속된 시간은 24일 저녁 8시반이었다. 그리고 이 원고가 내 손에 들어온 것은 (남조선군이 침공하기 훨씬 이전인) 25일 영시였다. 분명히 영시였다. 24일 저녁에 이미 정해진 "25일 미명에 북침을 당하였다"는 이 기사의 진실성에 대하여 어떻게 설명해야 하는가. 나는 알 수 없다.[33]

---

33) 정명조, "나는 證言한다," 《韓國日報》 1959년 7월 14~15일. 필자는 《민주조선》 1950년 6월 25일치를 아직 직접 확인하지는 못했다.

정명조에 따르면 《민주조선》 신문은 조간이었기 때문에 아침 일찍 나가야 됨에도 불구하고 당의 지시로 인하여 7시가 지나서야 시내에 배포되었다. 그는 위장선전을 위해 '북침'사실을 25일자에 내보내기 위해서 밤중에 조판을 중지시킨 것이라고 증언한다. 정명조에 따르면 6월 25일 북한 각 시군에서는 각종 체육대회가 열려 아주 평화로운 일요일을 위장하고 있었다. "누가 생각해봐도 전쟁을 도발하는 날 체육대회를 개최하는 나라는 없으리라고 믿지 않겠는가?"라고 묻는 정명조는 이러한 주도면밀성이 "북한사람들에게 남한에서 먼저 북침하였다는 것을 조금도 의심치 않게 하는 데 크게 주효했던 것"이라고 증언한다. [34]

정명조에 따를 때 결국 우리가 지금까지 살펴본 '북침'보도는 중앙당에서 미리 결정하여 내려보낸 것이었다. 이 문제가 갖고 있는 중요성에 비추어 다른 한 기관의 책임자의 얘기를 더 들어볼 필요가 있다. 전조선중앙방송위원장인 남봉식(南鳳植)의 증언에 따르면 6·25 3일 전인 6월 22일에 중앙당 선전부장 박창옥(朴昌玉)이 호출하여 "3일 후면 중요한 보도가 있으니 대기하라"고 지시, 이후 그는 24시간 대기하였다. 조선중앙방송은 25일 새벽에 김일성이 직접 쓴 방송원고를 박창옥이 갖고 와 이를 방송했다. 그에 따르면 내용은 "오늘 아침 네시 남조선 리승만 괴뢰도당이 침공했으나 인민군이 반격하여 반공격으로 넘어가고 있다"는 내용이었다. [35] 정명조와 남봉식의 증언은 최초의 북침보도가 어떻게 하여 나오게 되었는지를 잘 보여준다.

우리는 앞서 공격작전수립에 참여했던 유성철의 증언을 통하여 '선

<hr />

34) 《한국일보》 1959년 7월 15일.
35) KBS 다큐멘터리, 〈내가 겪은 공화국 제 2 편-김일성 참모들이 밝힌 6·25 비사〉 1992년 6월 23일.

제타격계획'을 작성할 때 북한지도부가 그것을 "남조선군의 1~2㎞ 북침에 따른 '반타격작전'으로 할 것"과 "북침으로 위장하라"고 하였음을 알고 있다. 전선에 들어와 있던 하급장교인 김윤문과 이상연의 증언 역시 동일하였다. 그렇다면 이들 모두의 증언과 기록이 완전히 일치하는 것임을 알 수 있다. 최고 비상회의에 참여하였던 강상호, 그리고 직접 작전수립에 참여하였던 유성철, 이미 38연선에 들어와 있던 현지부대장 이상연과 김윤문, 이를 보도한 남봉식과 정명조의 30년 이상의 시차를 둔 각기 다른 장소에서의 증언과 기록이 어떤 하나의 짜 맞춘 결론을 도출하기 위해 없었던 사실을 공동으로 조작해 냈으리라고 볼 수는 없다. 더욱이 이들은 모두 상이한 직위와 직무를 맡고 있었고 자기 직무에 해당하는 증언만을 남기고 있다. 소련고문관이 전달해 준 공병의 명령서를 번역한 주영복은 증거문서를 남기지 않기 위해 이러한 명령을 담은 내용의 명령서를 번역하자 소련고문관이 직접 즉시 불태워버렸다고 증언한다. [36)]

지금까지의 논의를 통해 볼 때 1950년 6월 25일의 한국전쟁은 치밀한 계산하에 남한군의 전면적인 북침으로 위장한 북한의 김일성과 박헌영의 선택으로 인해 발발한 것임을 알 수 있다. 그리고 이것은 스탈린과 모택동의 동의가 있었기 때문에 가능했다. 그런데도 불구하고 학문적으로 아직도 이를 둘러싼 논란은 끝나지 않았다. 이것은 1950년의 남북침 자체만큼이나 여전히 격렬한 논란 속에 규명되지 않고 두 개의 반대되는 견해가 날카롭게 대립되어 왔다. 왜 이런 일이 가능하며 계속되고 있을까?

---

36) 주영복 면담, 1993년 10월 19일. 서울; 주영복, 《내가 겪은 조선전쟁》, p. 240.

2. '북침' 이론: 그 대답없는 질문의 구조와 논리

우리가 앞에서 많은 자료를 검토하면서 전쟁이 발발하게 되는 과정을 설명하였지만 아직도 이에 대한 강력한 반대설명이 존재하는 것이 사실이다. 이른바 북침설(北侵說)이라고 할 수 있는 것이다. 그런데 광의의 북침설은 겉으로는 하나인 것처럼 보이나 내용은 서로 다른 두 갈래를 띠고 있다. 첫 번째는 우리가 지금까지 검토한 북한이 말하는 전면적 북침설인데 이것은 사실적으로 이미 검토할 가치가 없는 위장임이 분명해졌다. 남침설을 강력히 회의하는 커밍스조차 이러한 전면 북침설을 인정하지 않는다. 그에 따르면 "(남한이 북한을 전면적으로 침공했다는) 세 번째 모자이크는 논급할 만한 것이 못된다. 그 당시에 나온 북한측 자료를 보더라도 남한이 38선전역에 걸쳐서 총공격을 개시했다는 증거는 없다".37) 따라서 이 주장은 학문적으로 논의할 가치가 없으며 이것은 분명히 위장이었다. 우리가 일반적으로 북침설을 이야기할 때는 이것을 지칭한다.

두 번째는 지금까지 한국전쟁 연구자들을 혼란시키고 있고, 또 믿게 만들고 있으며, '사후적 해석'을 '있었던 실제의 사태'보다 더 복잡하고 미궁으로 빠져들게 하는 해주북침설, 또는 그와 연관된 남한의 침략유도설이다. 이른바 우리가 음모설 또는 유도설(誘導說)로 알고 있는 이론이다. 이것은 첫 번째 주장보다는 훨씬 규명하기 어려우며 그만큼 평가 역시 난해하다. 공개되지 않은 많은 자료를 검토해야 하며, 무엇보다도 이념적 신념과 정치적 의도에 근거하지 않고 역사적 사실에 근거하여 그것이 보여주는 바대로 승복하려는 자세 위에서만

---

37) B. Cumings, *Origins*, Vol. 2, p. 588.

이것을 끝까지 규명할 수 있다. 해주북침설과 유도의 문제, 이 둘은 논리적으로는 교묘하게 얽혀 있지만 사실상 분리되어 논의해야 할 성질의 것이다. 따라서 후자, 곧 미국과 남한의 유도문제에 대해서는 우리는 여기에서 논의하지 않고 뒤에서 논의한다. 38)

전쟁의 발발을 둘러싼 시각의 대립은 전쟁의 시작과 함께 시작되었다. 어떻게 하여 이러한 대답 없는, 서로 공명하지 않는 대립이 반세기를 넘어도 계속하여 있게 되었는가? 1950년 6월 25일 전쟁이 시작되자마자 그날로 세계의 보도는 두 가지로 뚜렷이 나뉘었다. 먼저 앞의 언급처럼 북한의 신문과 방송들은 전부 남한의 북침을 보도하였다. 《프라우다》는 6월 26일자에서 타스통신이 받은 북한 내무성의 보도를 그대로 전재해서 전쟁은 남한이 일으켰다고 주장했다. 39) 중국의 《人民日報》는 6월 27일자에 북한의 《로동신문》의 6월 26일자 사설을 인용해 남한의 북침을 보도했다. 40) 이것은 우리가 이미 고려의 가치가 없다고 규명한 북한의 북침론을 그대로 반복한 것에 지나지 않는다. 더욱이 소련과 중국은 한국전쟁의 결정에 깊이 개입되어 있었으며, 이 신문들은 강력한 중앙의 통제하에 놓여 있었다.

미국에서 북침입장을 취하며 이를 즉각 보도한 신문은, 좌파신문 《데일리 워커》(Daily Worker)가 있었다. 41) 이 신문은 6월 26일자에서 평양의 방송을 인용하여 "남한의 공격이 격퇴되었다"고 일면 머리

---

38) 이 책 제 2권의 제 10장을 참조하라.

39) 《프라우다》 1950년 6월 26일. 한국언론연구원, 《한국전쟁의 동서보도 비교연구》(서울: 한국언론연구원, 1990), p. 118.

40) 《인민일보》 1950년 6월 27일. 《한국전쟁의 동서보도 비교연구》, p. 124.

41) Daily Worker(June 26, 1950). 이 이후로 이 신문의 보도논조는 계속 친북한적이다.

기사로 보도하였다. 신문은 동시에 1면에 박헌영이 코민테른 기관지에 실은 논문을 번역하여 발췌, 게재했다〔박헌영의 이름은 박헌은(Park Hen En)으로 오기되어 있었다〕. 또한 사설에서는 "덜레스가 도착한 후 곧바로 전쟁이 발발하였으며 이승만정권은 인민에 맞서 제국주의세력을 끌어들이려 하고 있다"고 공격하였다. 일면을 모두 장식하였다. 그러나 이 신문의 북침주장의 근거 역시 우리가 앞서 살펴본 북한 내무성의 두 개의 '보도'였다.

서울의 신문들 역시 처음에는 북한과 마찬가지로 일사불란한 보도를 보여주었다. 그들은 오보까지도 동일하였다. 그러나 그들의 보도는 초기 이승만과 남한정부의 대응처럼 곧바로 뭐가 뭔지 도대체 알수가 없는 내용들로 바뀌었다. 그것은 초기 이승만정부의 대응처럼 두 가지의 특성을 뚜렷하게 보여주었는데 하나는 혼란과 뒤죽박죽이었고, 다른 하나는 넘치는 북진(北進) 의욕이었다. 남침소식에 두려워하면서도 어떤 신문의 논조는 마치 "때는 왔다!", "통일의 기회는 바로 이때다!"하는 식이었다.

최초로 공격이 시작되었을 때, 그리고 이것이 25일 국방부에서 발표되자 서울의 신문들은 즉각적으로 호외로써 남침사실을 알렸다. 내용은 "25일 무조(戊朝) 5시부터 8시 사이에 38선 전역에 걸쳐 이북괴뢰집단은 대거하여 불법남침하고 있다"는 것이었다.[42] 이것은 국방부 정훈국장 이선근(李宣根)[43]의 25일 12시의 담화에 근거하여 일제히 남

---

42) 필자는 이 '호외'들을 보지는 못하였는데 이들은 다음날 6월 26일자에 전부 재록되어 있어 우리는 이것들을 볼 수 있다.

43) 이선근은 당시 서울대학교 학생처장 겸 법대학장 서리로 있다가 1950년 3월에 대령계급을 부여받으면서 정훈국장으로 발령받았다. 이선근, 《증언록》, 한국 국방부 전사편찬위원회〈면담번호 427〉1967년 2월 20일;〈국본특별

침사실을 보도한 것이었다. 《조선일보》는 "이북괴뢰 불법남침"이라고 보도하였고 《경향신문》은 "북괴군 전면남침기도", 《서울신문》은 "괴뢰군 今曉 남침, 국군각지서 遊擊中"이라고 기사 타이틀을 뽑았다. 전부 일면이며 기사의 크기는 예상보다는 크지 않았다. 《경향신문》만이 기사를 커다랗게 뽑았다. 전체면 중에 남침기사가 차지하는 비중은 우상단(右上端)만을 차지할 정도였고, 기사내용도 국방부의 발표를 그대로 인용, 보도한 것이었다.

이선근의 발표는 옹진에서부터 동해안까지의 25일 새벽의 실제의 군사상황에 비교적 근접한 것이었다. 그러나 그의 발표는 이 공격을 "제 2차 총선거 이래 대내 대외하여 가일층 육성발전되는 우리 대한민국을 침해파괴함으로써 괴뢰집단自家의 퇴세를 만회하려는 의도아래 소위 조통을 통하여 화평통일이니를 모략방송하다가 하등의 반향도 없음으로 초조한 끝에 감행하게 된 상투수단임에 틀림없다"고 보고 있었다. 44) 이선근의 발표논조는 강조할 필요도 없이 초기 남한군과 정부고위책임자들의 일반적 인식이었다. 신문의 보도 역시 그런 논조였다. 남한의 공보처는 25일 두 시의 국무회의 결과를 발표하면서 "괴뢰의 최후적 발악이니 국민들은 조금도 동요치 말라"고 발표하였다. 동시에 헌병 사령관과 서울 시경국장은 공동포고문을 통하여 "군경을 신뢰하라"고 포고하였다. 45) 최초의 반응은, 두렵지만 안정된 것이었다.

그러나 다음날인 6월 26일에는 서울의 신문들은 완전히 논조를 바꾸

명령(육) 제 66 호〉 1950년 3월 14일, 《육군특명철 49-50》 국방부 전사편찬위원회 〈사료 26호〉, p. 1338.

44) 《서울신문》 6월 26일; 《조선일보》 6월 26일; 《경향신문》 6월 26일. 한국 국방부 정훈국 전사편찬회, 《韓國戰亂一年誌》 3-1-6, p. C4~C5.

45) 《경향신문》 1950년 6월 26일.

어 일제히 북진을 보도하였다. 그리고는 서울은 물론 세계가 혼란에 빠지기 시작한 것이다. 기사 또한 훨씬 커져 있었다. 《동아일보》는 "국군정예 북상 총반격전 전개"라고 커다랗게 전면 타이틀을 뽑고는 "해주시를 완전점령"했다고 보도했다. 46) 옹진부분의 보도내용은 "옹진방면의 부대는 통신연락이 불량하여 명확치 않으나 그 일부가 해주시에 돌입하였으며 …"라고 되어 있었다. 보도의 발표시간은 26일 상오 10시 30분이었고 발표기준시간은 8시 30분 현재의 전황이었다. 이는 국방부 보도과의 김현수(金賢洙) 대령의 발표를 보도한 것이었다. 개성에 파견된 자사 특파원으로부터는 "공비의 임진강 도하기도가 수포로 돌아갔으며 적주력부대는 붕괴하고 있다"고 보도하였다.

《경향신문》역시 "燦! 我軍勇戰에 괴뢰군 全線서 敗走中"이라고 보도하며 "三軍一體 敗敵猛追, 일부는 海州市에 突入"이라고 보도했다. 흥분한 기색이 역력하다. 《조선일보》역시 "국군일부 해주돌입"을 발표하였다. 《서울신문》은 "국군사기는 충천, 생업에 매진하자"는 톱기사를 내는 여유를 보이며 옆에다가 "국군해주에 돌입"기사를 내었다. 47) 여기서 《서울신문》은 남침과 해주돌입사실 보도보다도 훨씬 더 크게 "美對韓 무기수송개시"를 커다란 톱기사로 내보냄으로써 남한인의 원망(願望)과 여론의 향방이 어디에 있는지를 핵심적으로 보여주었다. 이 모든 기사는 국방부 보도과 김현수 대령의 발표를 전재한 것이며, 발표시간과 기준시간은 똑같았다. 서울시내의 거리에도 "국군 일부 해주에 돌입"이라는 벽보가 나붙었다. 48)

---

46) 《동아일보》1950년 6월 27일.

47) 《경향신문》, 《서울신문》, 《조선일보》1950년 6월 27일.

48) 유진오, "서울탈출기," 유진오·모윤숙·이건호·구철회 공저, 《고난의 90일》(서울: 수도문화사, 1950. 11), p. 14.

전날과는 달리 흥미롭게도 일제히 '해주돌입' 기사가 나가고 있음을 알 수 있다. 그리고 이 기사는 역사적으로 오랜 논쟁과 논란의 첫 씨앗이 되었다. 우리가 한국전쟁의 발발을 다루면서 이 부분을 상세하게 검토하는 이유는 바로 여기에 있다. 남침에서 국군 해주돌입으로의 이러한 하루만의 급변한 보도는 미국 신문에서도 그대로 나타났다. 미국의 서쪽끝 하와이에서 전쟁발발 사실을 미국에서는 최초로 보도한 《호놀룰루 애드버타이저》(The Honolulu Advertiser)는 6월 25일 "공산주의자들이 남한을 공격했다"고 보도하였다. [49] 《뉴욕타임스》(The New York Times) 와 《워싱턴 포스트》(The Washington Post) 도 마찬가지로 6월 25일의 첫 보도는 북한에 의한 침략으로 보도했다. [50] 《뉴욕타임스》는 "북한에 의해 전쟁이 포고되었다"고 보도했고, 《워싱턴 포스트》는 "남한이 북한공산주의자들로부터 침략당했다"고 보도했다. 《뉴욕타임스》와 《워싱턴포스트》는 북한이 오전 11시에 라디오를 통하여 선전을 포고했다고 동일하게 보도하였는데 북한은 전쟁을 개시하면서 선전포고를 하지는 않았다.

그러나 6월 26일 들어서 보도는 남한 신문들과 마찬가지로 갑자기 혼란에 빠졌고 남한군의 반격과 해주돌입을 보도하였다. 《뉴욕타임스》는 "남한군대가 반격을 가하여 전하는 바에 의하면 침략자들을 전선으로부터 5마일 북쪽으로 격퇴시켰다"고 보도하였고, 《워싱턴 포스트》는 "한국공산주의자들 몇몇 지점에서 격퇴당하였다"고 1면에 보도하면서 그 지점을 옹진반도로 들었다. "처음에 북한침략자들에게 포기되었다고 알려진 옹진반도에서 남한인들이 반격하고 있다"는 내용이었다. 《뉴욕타임스》는 지점을 들지는 않았다. 둘 다 통신원은

---

49) *The Honolulu Advertiser*(June 25, 1950).
50) *NYT*, 1950년 6월 25일, pp. 1, 21; *WP*, 1950년 6월 25일, pp. 1, 4.

AP통신이었다. 51)

　미국의 정보보고 중의 하나도 역시 혼란에 빠졌다. 기밀 해제되어 입수가능해진 6월 26일의 해군성 정보국장 존슨(Felix Johnson)의 정보각서에 의하면 "북한공산군이 6월 25일 옹진반도를 비롯한 38선 몇 개 지점에서 남한군을 공격하였다. … 경계선을 넘는 남한군의 반격은 북한도시 해주의 점령으로 귀결되었으나 임진강 서쪽의 모든 영토는 조기에 점령당했다" 52) 는 주장이 나온다. 곧 최초의 공격은 북한에 의해서 되었으나 해주가 남한군의 반격에 의해 점령당하였다는 주장이다. 존 간서(John Gunther)는 6월 25일 동경에서 점령군 장교 한 명과 얘기를 나누고 있던 중 전화를 받고 난 그가 "방금 큰 이야깃거리가 터졌다. 남한사람들이 북한을 공격했다!"고 속삭였다. 물론 나중에 그는 이 이야기를, 완전한 기습성공을 거둔 북한의 공격에 대한 오해였다고 치부하였다. 53)

　이제 우리는 다음 질문을 던질 때가 되었다. 많은 신문이 해주돌입을 보도하고 그것이 북진의지에 불타는 남한의 신문들뿐만 아니라 권위 있는 《뉴욕타임스》와 《워싱턴 포스트》까지 그러하였다면 이것은 사실일 수 있지 않은가? 미군의 극비 정보보고 역시 이를 그렇게 보고 있지 않은가? 그렇다면 지금까지 세 개의 장에 걸쳐 길게 탐색한 북한의 공격준비와 시작은 오히려 6월 25일 새벽에 남한의 공격을 되받아서 내려온 것은 아닐까. 우리는 당연히 이러한 질문을 던져야 하고 또

---

51) *NYT*; *WP*, 1950년 6월 26일.

52) Felix Johnson, "Memorandum of Information-Invasion of South Korea by North Korean Armed Forces," NA RG-330, Entry 197, Box 40.

53) John Gunther, *The Riddle of MacArthur* (New York: Harper and Brothers, 1950), pp. 165~166.

이에 대답할 의무가 있다. 학문적으로 이는 어떻게 주장되어 왔으며 실제는 어떻게 된 것일까?

학문적으로 이러한 가능성을 강력하게 주장한 사람들은 대표적으로 이시도어 스톤(Isidor F. Stone)과 굽타(Karunakar Gupta), 콘데(David Conde), 그리고 커밍스(Bruce Cumings)이다.

먼저 스톤을 보자. 스톤은 "무대는 마치 달인적 조심성을 갖고 준비된 것처럼 보였다", "침략은 정치적으로는 침묵에 의해 고무되었고 (encouraged) 군사적으로는 방어적 형태에 의해 유도되었고(invited) 최종적으로는 모든 것이 완료되었을 때 분계선을 넘어선 몇 차례의 소규모 공격에 의해 촉발된(set off) 것이라는 가정은 많은 것을 설명할 수 있을 것이다"[54]라고 말한다. 강력하게 남한에 의해 촉발되었음을 가정하는 그의 책 전체는 이러한 시각에 입각하여 서술된 비조로 간주된다. 그리고 그것은 아직도 "그가 말한 모든 것은 'a, an, the'와 같은 관사 하나까지도 철저히 진실이다"고 평가받고 있기도 하며,[55] 1980년대 들어 커밍스라는 한 뛰어난 역사학자에 의해 스톤 자신이 제기했던 것보다 훨씬 더 다듬어진 형태로 다시 우리 앞에 던져졌다.

다음은 콘데를 보자.

5월 선거에서의 이승만의 패배와 38선을 따라 이루어진 남한군의 대규모적인 증강을 고려해 볼 때 50년 6월에 몇몇 지역에서 이승만이

---

54) I. F. Stone, *The Hidden History of the Korean War* (N. Y. : Monthly Review Press, 1952), pp. 42, 44; *The Hidden History of the Korean War*, Reprinted ed. (Boston: Little Brown and Co. , 1988), pp. 42, 44.

55) Bruce Cumings, "Preface," *The Hidden History of the Korean War*, Reprinted ed. , p. xiii.

도발적인 대규모 공격을 감행함으로써 북한측으로 하여금 강력한 반격의 포문을 열게 하였다는 것은 충분히 있을 수 있는 일이다. 이승만의 군대가 전투에서 북한군을 맞아 용감히 대항할 수 있는 상황이 되었다면 그 경우에는 이승만 주도하에 실제 전투를 통해 반도의 통일이 가능했을지도 모른다. 그러나 남한군이 강력하지 못하다는 현실적인 상황에서는 유엔을 이용하여 북한에게 침략자라는 낙인을 찍히게 하는 일도 있을 수 있는 일이다. … 역사의 이면을 살펴볼 때 한국전쟁의 발전과정에 대한 위의 설명이 미국이 지도하는 유엔 내부에 있는 유엔의 세계평화를 옹호하는 '경찰행동'의 대변자들이 주장하는 설명보다는 훨씬 합리적이라고 필자는 생각한다. 56)

그의 주장은 스톤과 대동소이함을 알 수 있다.

한편 굽타는 1972년에 발표한 논문57)에서 이러한 논지를 다시 제기

---

56) David W. Conde / 陸井三朗 監譯, 《朝鮮戰爭の歷史, 1950～53》(上) (동경: 태평출판사, 1967), pp. 121～122. 이 책은 같은 저자에 의해 1966년에 쓰어진, 1945년에서 1966년까지의 한국을 다룬 전 3권의 《현대한국의 알려지지 않은 역사》(*An Untold History of Modern Korea*, 3 Vols.)의 일본어판이다. 전 3권은 각각 1945～50, 1950～53, 1953～66년을 다룬 저서이다. 전체적인 기조는 미국과 남한에 대해 매우 비판적이다. 저자의 일어판 서문에 따르면 이 책들은 미국에서 영어판으로는 출판될 수 없었다고 한다. 그 이유는 국방성과 CIA가 출판업계에 압력을 넣은 때문이었다.
   한국에서 이 책이 출판된 것은 민주화운동과 좌파운동이 흥기하던 1988년이었다. 이 책은 한국어로는 전부 5권으로 나뉘어 출판되었는데 출판준비작업은 이른바 '6월항쟁' 이전 해인 1986년부터 시작되었고, 세 개의 출판사가 동시에 번역, 출판을 준비하고 있을 정도였다. 결국 세 출판사가 나누어서 출판을 하였다. 이러한 경향의 책이 세 곳에서나 동시에 번역 준비되었다는 점은 스톤, 굽타, 콜코, 커밍스, 시몬즈, 메릴의 논문과 책이 모두 비슷한 시기에 번역, 출간된 것과 함께 당시 한국에서 풍미했던 현대한국에 대한 특정한 연구의 경향을 반영하는 것이다.

하였다. 이 논문은 그 필자가 비록 한국전쟁에 대한 정밀한 연구를 결코 수행한 적이 없는 학자였음에도 나왔을 때부터 많은 논란을 일으킨 논문이다. 주장은 스톤-콘데와 대동소이하다. 그는 "옹진에 주둔하고 있던 남한군대가 해주로 진격했다는 요지의 6월 26일 오전 9시의 서울로부터 방송된 공식발표는 어떻게 설명할 수 있을까? 여기에는 옹진으로부터 해주로의 공격은 6월 25일 새벽 4시 이전에 이루어졌고 이 공격에는 기습적인 요소가 있음에 틀림없다는 가정을 배제할 수 없다. … 간단히 말하자면 해주가 점령을 당했다고 한다면 해주공격은 북한의 옹진반도 공격과 동시이거나 혹은 더 일찍 일어났던 것이라는 추측이 가능하다"고 주장한다.

위의 인용문들은 스톤과 굽타와 콘데의 저서에서 한국전쟁의 발발과 관련된 가장 핵심적인 부분이다. 각각 50년대, 60년대, 70년대에 나온 저서들인데 우리는 여기에서 놀랄 정도로 동일한 논리구조와 정황설정, 때로는 문장의 유사함까지를 발견하게 된다. 이 모든 주장들은 하나의 뚜렷한 공통적인 특성을 갖고 있다. 전부가 "… 이라는 가정은 많은 것을 설명할 수 있을 것이다"(스톤), "… 라는 가정을 배제할 수 없다", "… 이라는 추측이 가능하다"(굽타), "… 것은 충분히 있을 수 있는 일이다", "… 게 하는 일도 있을 수 있는 일이다"(콘데, 이상 전부 원문그대로)와 같이 증거 없는 가정(假定)과 추측을 말하고 있는 것이다. 날카로운 문제제기와 신선한 발상에도 불구하고 가장 핵심적인 주장들을 가정과 추론에 근거하여 전개하고 있는 이 연구들의 주장이 자료와 사실, 그에 기초한 논리에 의해 지탱되기는 어려운 것

---

57) Karunakar Gupta, "How did the Korean War Begin?," *The China Quarterly*, No. 52 (October-December 1972), pp. 699~716.

으로 보인다. 물론 스톤의 경우 광적인 매카시즘의 선풍 속에서 반명제를 제기함으로써 역사를 이해하는 또 하나의 새로운 관점을 열어주었던 점까지 부인할 수는 없다.

유사한 주장과 논리를 깔고 있으면서도, 전혀 다른 수준의 이론과 방대한 자료를 사용하여 이 부분을 규명하고자 시도한 연구가 80년대에 다시 등장하였다. 브루스 커밍스의 방대하고도 치밀한 연구가 그것이다. 그의 연구가 이 주제에 대해 가장 정교하고 학술적이며 깊이 있다는 것은 의심의 여지가 없다. 그러나 지금 살펴보고 있는 부분에 관한 한 필자는 유감스럽게도 그의 견해와 해석에 동의할 수가 없다. 커밍스는 앞의 세 학자들이 보지 못한 비밀자료와 뛰어난 상상력과 분석으로 훨씬 더 정교하고 치밀하게 옹진과 해주를 재구성한다. 이제 필자는 이 문제에 대해, 위의 많은 6월의 인민군 비밀명령서들과 6월 23~24일간의 지뢰제거와 사전정찰에 대한 내부 극비문서들로도 이미 증명되었지만, 더 정밀하게 재구성하려 한다. 그렇지 않으면 이를 둘러싼 논쟁은 다음 세기에도 아마 계속될 것이다.

먼저 해주침공설이 나오게 된 가장 커다란 이유는 북한측의 위장(僞裝)과 함께 남한측의 오보(誤報) 때문이었다. 당시 유일한 방송국인 KBS는 전쟁이 나자 6월 26일부터 국방부 정훈국 보도과의 관장하에 있었다. 초기전황을 발표한 사람은 육군본부의 김현수 대령[58]이었다. '국군 해주돌입' 사실을 처음으로 발설한 종군기자 최기덕(崔起德)이 전하는 바에 따르면 보도의 경위는 이러했다. 그는 6월 24일 옹진에 나갔다. 25일 그는 옹진에서 전쟁의 발발을 만났다. 그가 오전 8시 30분에 연대본부로 가서 제17 연대장 백인엽 대령을 만나자 그는 "전

---

58) 김현수는 6월 28일 새벽 방송국 앞에서 전사하였다.

면전쟁 같다"면서 "해주로 돌입하겠다"고 말했다. 백인엽의 말 속에는 남한군 지도자들이 늘 그래왔듯 강렬한 북진의지를 읽을 수 있다.

최기덕은 25일 오후에 서울로 돌아왔다. 육본에서는 옹진의 17연대에 이미 후퇴명령을 내려놓은 뒤였다. 서울에 돌아와서 그가 그날 저녁 국방부 정훈국에 들러 보도과장 김현수 대령을 만났을 때 옹진의 전황을 묻자 최기덕은 "백인엽 대대장의 사기는 해주로 진격할 정도였다"고 대답했다. 김현수는 이것을 그대로 KBS를 통하여 보도하였고, 26일 오전 10시 30분에 발표한 앞의 국방부의 보도에도 같은 내용으로 포함되었다. 59) 그러나 백인엽 자신은 그러한 말조차 한 적이 없다고 주장한다. 그는 "고전을 면치 못하고 있는 긴급한 상황에서 최 기자와 장황하게 얘기할 마음의 여유도 없었으려니와 해주진공이라는 말은 당시의 상황으로 보아 상상도 할 수 없는 일"60)이라고 말하고 있다.

위 보도의 발표문으로 보아 정식으로 부대의 보고계통의 보고를 받아 옹진의 상황을 보도한 것은 아니었다. 그렇다면 이 보도는, 첫째 백인엽이 위의 말을 실제로 하였든지 안하였든지 최기덕의 전언이나 추측을 근거로 보도되었을 가능성과, 둘째 김현수 독자적으로나 고위지도부와의 협의를 거쳐 남한군과 국민들의 사기를 진작시키기 위해 고의로 남한군이 북진하고 있음을 보도하였을 가능성 두 가지가 존재한다. 그러나 보다 더 그럴 듯한 가능성은 전자이다. 이때까지

---

59) 최기덕, 《민족의 증언》 1권 (중앙일보, 1972), pp. 104~105; 《한국전쟁사》 2권 (1968), p. 94; 《한국전쟁사》 1권, 개정판 (1977), p. 495. 여기에는 최기덕의 증언이 약간 다르게 나와 있다. 백인엽은 그를 만나 "서울에 가거든 이 말 한마디만 전해달라. 백인엽이 부대를 지휘하여 해주로 진격하겠다'고 말한 것으로 되어 있다.

60) 《한국전쟁사》 1권, 개정판 (1977), pp. 495~496.

김현수가 정식보고계통이 아니라면 옹진의 상황을 현지에서 보고 와
서 그에게 전해 줄 수 있는 사람은 최기덕 외에는 없었기 때문이다.

물론 이것은 남한의 공식주장이기 때문에 이를 갖고 학문적 주장을
제기하고 동의를 받을 수는 없다. 이러한 핵심논쟁에 대해 남한과 유
엔, 미국의 해묵은 자료를 동원하여 증명하는 것은 다람쥐가 쳇바퀴
를 돌듯 또다른 반박을 불러일으킬 것이라면 북한문서를 갖고 이를
반박불능의 명백한 사실로 보여줄 수 있어야 한다. 그렇지 않다면 꼬
리에 꼬리를 무는, 지난 반세기 냉전시기 동안 진행돼 왔던 의미 없는
소모적 논쟁은 반복될 것이다. 따라서 많은 유엔 자료와 미군 보고서
들 그리고 남한의 자료들은, 어떤 것은 과장되었고 어떤 것은 진실을
담고 있으나 인용치 않는 것이 좋겠다.

결국 이 논쟁을 끝내기 위해서는 이 부분도 북한의 자료와 보도를
추적하면서 논증해갈 수밖에 없다. 먼저, 가장 흥미 있고 아이러니컬
하게도, 해주침공설에 대한 가장 강력한 반박자(反駁者)는 곧 김일성
과 북한 자신이라는 것이다. 그들은 커밍스와 같은 해석이 아니라 남
한과 같은 해석을 하고 있는 것이다. 북한은 해주침공설이 나돌자 즉
각 이를 남조선 괴뢰도당의 허위선전이라고 공격하였다. 오늘의 북
한 공식기록에 따르면 김일성은 전쟁시작 이틀 만인 6월 27일의 한 연
설에서 "지금 리승만괴뢰도당은 방송을 통하여 저들이 해주를 점령하
였다고 '허위선전'을 하고 있다"고 비난하였다. 61) 이미 당시에 《해방
일보》는 남한의 해주북침보도를 '거짓에 찬 날조'라고 공격하였다. 62)

---

61) 김일성, "조국해방전쟁의 승리를 위한 각 정당들의 과업-조선로동당, 북조선
　　민주당, 북조선천도교청우당 도위원회위원장련석회의에서 한 연설"(1950년
　　6월 27일), 《김일성저작집》 6권, p. 26.
62) NA, RG-242, SA 2005 Item 6/63, 《해방일보》 1950년 7월 8일.

일찍이 백봉은 권위 있는 김일성의 전기에서 남한의 북침주장은 '거짓 보도'라고 기술한 바 있다. [63]

　해주침공설에 대한 북한의 이러한 부인과 비난은 해주침공설이 사실이 아님을 증명하는 가장 강력한 반박자료일 것이다. 그런데 커밍스는 북한의 이러한 반박도 역시 믿을 수 없다고 한다. 그는 이렇게 쓰고 있다. "그러한 비난은 아마도 상승(常勝)의 군대라는 북한 인민군의 전형적인 허장성세 때문이었을 수 있으며, 한편으로는 해주를 점령당했다는 실수로 인해서 북한의 어떤 사령관이 난처해질 것이기 때문에 나왔을 수도 있다. 남한측도 마찬가지로 패배를 시인한 적은 거의 없다." [64] 이 표현을 보면 마치 북한이 패배하였으나 이를 고의로 인정치 않았던 듯한 기술을 하고 있다. 그러나 북침을 주장하는 그들로서, 남한군이 실지로 진격하였다면 왜 최초에는 38선 전전선에서 1~2㎞ 침공하였다고 보도한 그들이 이 기막힌 호재를 '남조선괴뢰군대 북침 계속'이라고 공격하지 않고 '허위선전이요 날조'라고 공격하였을까? 남한군이 해주를 공격하여 북침하였다면 북침을 증거하는 이것보다 더 좋은 재료가 있었을까?

　이곳을 담당하였던 북한 부대의 최고지휘관들은, 다른 누가 아닌 인민군 6사단장 방호산(方虎山)과 38경비대 제3경비여단장 최현(崔賢)이었다. 잘 알려진 바와 같이 최현은 식민시대부터의 김일성의 오랜 전우이자 김책과 최용건과 함께 만주게릴라 그룹의 4인핵심 멤버였다. 1933년 9월 항일게릴라 시절에 김일성과 첫 상봉을 한 이래 1982년 4월 죽을 때까지 그는 김일성의 가장 강력한 지지자이자 친구

---

63) 백봉, 《민족의 태양 김일성 장군》 2권, p. 204.
64) B. Cumings, *Origins*, Vol Ⅱ, p. 579.

였다. 전쟁의 종결후 사망할 때까지 그는 인민무력부장, 중앙인민위원, 노동당 중앙위원회 정치국 정치위원과 군사위원회 위원을 지내는 등 김일성 체제의 중심인물의 하나였다. [65]

최근에 출간된 자신의 회고록 《세기와 더불어》에서도 김일성은 최현을 만난 것을 '나의 생애에서 특기할 만한 사변이요 행운'이라고 표현하고 있다. 또한 노년에 최현이 병석에 누웠을 때는 직접 문안을 수 차례 가고 그가 죽자 그를 주인공으로 하는 영화 〈혁명가〉를 만들도록 지시할 정도의 인물이었다. [66] 그는 김일성이 수령이 되어 이름 앞에 '위대한', '경애하는', '절세의' 하는 긴 수식어가 붙어 다닐 때에조차 다만 공식석상에서만 경어를 사용했으며, '일성' 또는 '일성이 개가 말야' 하는 식으로 김일성에게 반말을 쓰며 어떤 때는 부하들 앞에서도 공개적으로 감히 김일성을 "그 애가 나를 비난한다" 하는 말을 할 수 있는 존재였다. [67] 또한 최현자신에 따르면 항일 게릴라투쟁 시절 김일성이 아팠을 때 일본군의 공격에 직면하여 직접 업고 뛰어 그를 살려준 바도 있었다. [68]

방호산은 한국전쟁에 관한 한 최고의 장군이었으며 당시의 많은 인민군 장교들은 그를 전설적으로 받아들였다. 그는 초전의 전격적인 성공에 힘입어 최고의 영예인 조선인민군 영웅이 되었던 인물이었다. 당시 인민군 내부의 어느 날 신문에는 두 영웅의 투쟁업적에 대한 찬

---

65) 서울신문사 통일안보문제연구소, 《북한인명사전》개정증보판(서울신문사, 1992), p. 612; 이종석, 《현대북한의 이해》(역사비평사, 1995), pp. 258~259.

66) 최현과 김일성의 관계에 대해서는 김일성 《세기와 더불어》4권(조선로동당출판사, 1993), 5장 "백전로장 최현," pp. 285~320.

67) 김일성, 《세기와 더불어》4권, p. 290; 여정, 《붉게 물든 대동강》, p. 52.

68) 여정, 《붉게 물든 대동강》, p. 119.

사가 가득하였는데 제4사단장 이권무와 제6사단장 방호산에 대해서였다. 69) 나중에 후퇴 시에도 탁월한 전공을 세워 방호산은 거의 유례가 없는 '이중영웅'이 된 인물이었다. 70) 필자가 보기에, 그리고 미군의 비밀정보가 정확하게 평가하고 있듯이 그는 남북한을 통틀어 전쟁 중 최고의 군사지휘관으로 평가될 수 있는, 군사적으로는 최현은 비교도 되지 않을 인물이었다. 71) 그는 영웅이 되었을 뿐만 아니라 1951년 1월에는 당시의 인민군 최강부대인 제5군단을 이끄는 군단장으로 진급하였다. 미군의 정보가, 그가 연안출신이었기 때문에 진급에 한계가 있을 것이라고 평가하고 있음에도 불구하고 이러한 그의 진급은 그의 탁월한 전공 때문에 가능했던 것이다.

한국전쟁시의 인민군 지휘관 중에 잔인무도하기 이를 데 없는 최현역시 초기 공격시의 성공으로 6월 30일 곧바로 인민군 2사단장이 되며 9월 8일에는 무정에 이어 제2군단장에까지 오른다. 72) 그렇다면 이들이 초전에서 패배하였다는 가정은 정말로 소설적 추측인 것이다. 이들은 초전에 결코 패배한 적이 없었다. 패배한 두 지휘관을 한 명은 인민군 최고의 영예를 주며 다른 한 명은 급속히 진급을 시킬 수 있을까? 더욱이 김일성은 초기에 인민군 지휘관들의 실패에 대해 즉각적인 응징을 가하였다. 춘천공격을 담당하였던 2사단장 이청송(李靑松)은 애초의 계획대로 밀고 나가지 못하자 6월 30일 즉각적으로 쫓

---

69) 《조선인민군》 1950년 9월 4일; *HNKA*, p. 97.

70) 《조선중앙년감》(1951~1952), p. 442. 그럼에도 불구하고 방호산은 거의 모든 초기 북한의 정치 군사 지도자들과 마찬가지로 혁혁한 전공에 관계없이 나중에 김일성에 의해 숙청된다.

71) Hq. FEC, *HNKA*, p. 98.

72) Hq. FEC, *HNKA*, p. 96.

겨났으며 그 자리에는 다른 누가 아닌 최현이 들어갔다. 2군단장 김광협도 역시 7월 10일에 2군단장에서 물러나 그 자리를 무정에게 물려주고는 그는 군단의 참모장으로 굴욕적인 강등을 당했다. [73] 같은 춘천을 담당했던 7사단장 전우(全宇) 역시 곧바로 철직당했고, [74] 후에 무정의 경우를 보더라도 김일성은 전쟁 내내 실패한 군지휘관에 대해서는 용서 없는 가혹한 징벌을 내렸다. 그럼에도 불구하고 북한이 상승의 이 두 지휘관들의 실패를 은폐하였다는 것은 있을 수 없는 추론이다.

한편 추가로 검토해야 할 중요한 문제가 마지막으로 하나 더 남아 있다. 나중에서야, 즉 6월 26일에서야 북한은, 6월 23일부터 남한군이 해주포격과 침공을 하였다고 주장하였다. 결론부터 말해 이것이야말로 근거 없는 주장이었다. 북한이 여기에서 말하는 내용은 반공격의 근거가 되는 최초의 내무성 보도에는 없던 내용이 추가된 것이었다. 북한은 나중에서야 전쟁발발의 진실을 발견한 것일까? 커밍스는 7월 2일자 《보위신문》(이 신문의 이날치 원문은 보관되어 있지 않는 것 같다. 현재까지 필자는 서울과 워싱턴 어디에서도 이 신문을 발견하지 못했다)의 ATIS 번역본과 6월 26일 방송에 관한 미국의 정보를 근거로 하여 6월 23일부터의 해주침공을 인용하고 있는데 이것은 무리한 논증으로 보인다. [75]

왜냐하면 우리가 앞서 살펴본 6월 25일 《조선인민군》, 《투사신문》은 물론 26일까지의 그 중요한 발표와 보도들에는 없었던 것이 왜

---

73) Hq. FEC, *HNKA*, p. 95.
74) 여정, 《붉게 물든 대동강》, p. 15. 이청송은 나중에 복귀하여 남한지역에서 유명한 빨치산 부대인 남해여단을 지휘하다가 전사한다.
75) B. Cumings, *Origins*, Vol Ⅱ, p. 569, 각주 879.

나중에 가서야 나타나느냐는 의문에 해답을 줄 수 없기 때문이다. 6월 26일 방송에 있는 것이 6월 25일 보도에는 없었다는 점은 이것이 추가된 사실이라는 강력한 의심을 지울 수 없게 한다. 이것이야말로 북한 내무성의 최초 보도와 두 번째 보도에 당연히 실렸어야 할 핵심적 증거였을 텐데 이 모두에는 빠져 있다. 이것의 진실성은 한마디로 의심스러운 것이다.

우리가 이 부분을 커밍스의 주장을 중심으로 상세하게 추적하는 것이 다만 그의 연구를 논박하기 위해서가 아니라는 점을 분명히 해야 할 것 같다. 우리는 단지 필자의 연구결과에 따라, 한국전쟁의 발발을 둘러싸고 가장 중요한 이 문제에 대해 가장 많은 자료를 보았으며, 가장 정교하고 가장 이론적인 주장을 펴는 것이 그의 연구이기 때문에 이것이 사실에 부합하는가 아닌가를 학문적으로 추적하여 필자의 연구결과에 따라 함께 검증해봐야 한다고 여기기 때문이다. 한국전쟁의 가장 핵심적인 주제를 둘러싼, 반세기에 걸친 이 논쟁에 종지부를 찍기 위하여 이 문제와 관련하여 가장 정밀한 연구들을 비교하여 독자들에게 판단을 맡기려는 것이 필자의 의도이다. 커밍스의 작업 이상 이 부분을 상세하게 추적하고 재구성한 연구는 아직 없기 때문이다.

커밍스는 계속하여 다른 가능성을 강력하게 시사한다. 그는 몇 개의 자료를 이용하여 남한군이 옹진반도에서 (북침하여) 해주를 거쳐 서울로 귀환하였을 가능성을 제기한다.[76] 마지막 하나의 가능성까지도 남김없이 추적하여 기존의 신화를 넘어보려는 의지를 읽을 수 있게 하는 부분이다. 그는, 17연대의 최소한 대대급 이상의 부대가 집단적으로 "옹진에서 북침을 하여 해주를 거쳐 육로로 서울로 오지 않

---

76) B. Cumings, *Origins*, Vol Ⅱ, pp. 578~579.

았느냐?" 하는 의문을 제기한다. 이것이 사실일 경우 그것은 옹진북침설의 강력한 지탱근거가 될 것이다. 이에 대한 반박주장 역시 남한과 미국 자료를 근거로 하여서는 또 다른 반박만 불러일으킬 것이다. 따라서 당연히 북한 자료를 갖고 논증해야 할 것이다.

북한은 이에 대해 단 한 줄도 단 한 번도 언급한 적이 없다. 오히려 6월 27일의 북한 신문은 이를 정반대로 보도하고 있다. 결정적인 자료가 하나 남아 있는데 6월 27일의 한 신문에 실린 북한 '총사령부의 보도'가 그것이다. 1950년 6월 27일 《투사신문》은 인민군 총사령부의 보도를 다음과 같이 보도하고 있다. 이것은 옹진-해주-서울 귀환에 대한 명백한 반박자료가 된다.

공화국 인민군대와 경비대부대들은 이미 6월 25일 15시 현재로 **전체 전선에 걸쳐 38선이남 10~15키로메-터 지점에 도달**하였다. 이 진공전투들에서 공화국 인민군대와 경비대부대들은 **연안 백천 청단 등 도시들을 비롯한 남연백전군을 해방**시키였으며 **개성 장단** 등 도시들과 그 부근 지대들을 완전히 해방시키였다. **옹진 강릉 리항 들을 점령하고 옹진반도를 완전히 해방시키였다.**[77]

만약에 남한군이 옹진에서 해주를 거쳐 서울로 가고 있었다면 북한의 이러한 전황보도는 근본적으로 불가능한 것이다. 그리고 북한이 '북침'주장에 너무나도 좋은 이러한 사실을 숨겼을 리가 없다. 가장 강력한 북침의 증거로서 말이다. 지도를 보면서 확인해 보자.

지도에서 보듯이 나와 있는 지명을 따라가면, 북침한 남한군이 옹진에서 해주를 거쳐 서울로 가려면 옹진-연안-백천-청단-개성을 거

---

77) 《투사신문》 1950년 6월 27일. 강릉은 강령(康翎)의 오기이다.

<그림 10-1> 옹진-해주-개성 부근 지도

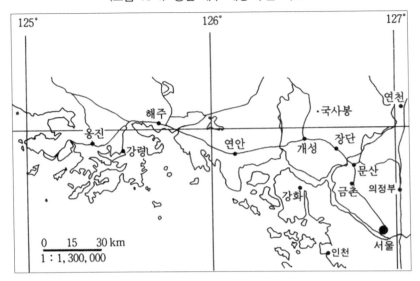

치지 않을 수 없다. 그런데 인민군이 완전하게 점령하고 있는 상태에서 이것은 군사적으로 전혀 불가능한 것이다.

이 문제와 관련하여 필자는 당시 개성 송악산에서 공격을 담당했던 657군부대(6사단 13연대) 정치보위부 장교 최태환을 면담하였다. 필자가 이 부분을 상세하게 질문하였으나 그는 대대급부대는 고사하고 해주방면에서 오는 남한군의 그림자 하나도 보지 못했다고 증언한다. 필자와 면담할 당시 그는 전쟁이 발발할 당시의 남한과 북한의 사회와 통일정책에 대해 매우 균형적인 시각을 갖추고 있었다. 즉 그는 귀순한 대부분의 전 북한 고위급장교들과는 달리 북한과 김일성만을 일방적으로 비난하기보다는 전쟁이 발발할 당시의 남한의 사회와 정책에 대해서도 비판할 것에 대해서는 엄정히 비판하는 인물이었다.

그에 따르면 대대급의 남한군 부대가 인민군이 옹진과 개성 쪽에서 대부대로 양쪽으로 공격하고 있고, 이미 급속하게 이 지역전부를 점령해 버린 상태에서 이 사이를 뚫고 북상하였다가 동진하여 서울로 내려온다는 것은 군사적으로 불가능하다고 했다. 필자는 이러한 기록을 남긴 남한의 17연대병사들의 기록이 있는가를 확인하기 위해 장교와 사병들 모두에 걸쳐 찾아보았으나 아직 발견하지 못했다. 손으로 갈겨 써 독해가 난해한 당시의 17연대의 전투기록인 〈전투상보〉를 상세하게 뒤져도 역시 이러한 내용은 없었다.[78] 그후의 전공기록에서도 이들은 남겨놓은 것이 없었다.

만약에 있었다면 이들은 자신들의 혁혁한 무공을 주장하기 위해서라도 남겼을 것이다. 지리멸렬하여 후퇴할 때조차도 자신들의 손실보다 인민군에 대한 살상전과를 많게는 열 배나 과장하여 보고하는 과장과 전공(戰功) 가로채기는 대부분의 한국군부대의 전투기록들이 안고 있는 특징 중의 하나이다. 그럼에도 불구하고 이 기록적인 전과를 오늘날 아무도 주장하지도 않고 있고 증언자 역시 없다는 사실은 이것이 사실이 아님을 증명한다. 만약에 이것이 가능하여 남한군이 이곳으로 침공하였다 하더라도 이들은 전부 인민군에 체포되거나 사살되었을 것이다.

군사적 견지에서 볼 때 막강한 인민군이 진군해오고 있는데 옹진반도에서 해주를 거쳐 서울까지 그 긴 길을 올 수 있을까? 이것은 지나친 비약이자 상상이다. 신중할 뿐만 아니라 당시의 인민군 내부명령서와의 교차검토를 거친 필자의 확인에 의하더라도 자기 부대의 전투서열과 전투기록까지 거의 정확하게 기억할 정도의 기억력을 가진 위

---

78)《한국전쟁사료》47권, 〈제 17 연대 전투상보〉. 이것은 오늘날의 전투기록이 아니라 당시의 내부기록이다.

의 전인민군장교[최태환]는 이러한 북침주장에 대해 '그건 한마디로 인민군을 너무 우습게 본 얘기'라고 일축하였다. 익명을 요구한 다른 한 전인민군 장교는 그러한 주장은 '전쟁을 모르는, 군사를 모르는 학자적 탁상 상상력의 소산'이라고 주장한다. 위의 지도에서 옹진반도에서 해주-서울까지의 거리를 눈여겨본다면 적군이 점령한 상태에서 적지 않은 규모의 부대가 적진을 뚫고 이들을 격파하며 서울까지 들어온다는 것은 불가능하다고 생각하게 될 것이다.

3. 결 론

소련의 타스통신은 1946년 초의 신탁통치논쟁 때 잘못된 정보에 근거하여 남한의 우익이 이를 반소반공운동에 적극 활용하는 것을 보고 1946년 1월 5일에 "분명히 조선신문들은 옳지 못하고 비민주적인 허위보도의 희생이 된 것"79) 이라고 보도한 바 있다. 우리는 1950년 6월 25일의 사태를 둘러싼 논쟁에 이를 적용할 수 있을지 모른다. 물론 그것은 그 이상이다. 1950년 6월에는 둘의 의지와 현실이 교묘하고도 깊숙이 뒤엉켜 있었다.

한국전쟁의 발발, 특히 해주를 둘러싼 논쟁들은 혼란스럽고 뒤엉킨 상황 속에서 의도를 배면에 은폐하면서도 표면에 공표된 바와는 반대의 목적을 달성하려는 많은 주장들의 엇갈림, 그 중에서도 특히 의도를 날카롭게 숨기고 교묘하게 목적을 달성하려 한 북한의 위장선전

---

79) NA, RG-242, SA 2005 Item 5/20. 소련 외무성 발행, 《쏘베트연맹과 조선문제(문헌집)》(평양: 국제문제연구회, 1949), p. 10.

과, 의도가 넘쳤고 때를 기다렸으되 의도만 드러내고 능력이 형편없었던 남한의 허위보도의 희생자들이 된 것이었다. 하나는 북침을 위장하려 했고 하나는 북침을 희구했다. 자주 반복된 후자의 의지표명은 결정적 순간에 사용된 전자의 위장시도에 효과적으로 이용될 수 있었다. 뒤엉켜버린 위장과 허위 속에 진실은 희생되고 말았던 것이다.

해주를 둘러싼 논쟁은 이제 더 이상 의미가 없다. 필자가 판단하기에 해주는, 그것조차 없었지만 비록 남한으로부터의 49년 여름과 같은 소규모의 포격이 있었다 하더라도, 그것이 전쟁발발의 어떤 비밀을 가르쳐주지는 않는다. 그것이 전쟁을 유도했느냐 아니냐는 것은, 있었다 하더라도 북한지도부가 전면전쟁으로 전이할 어떤 전군적인 대응행동을 취하지 않았다면 실제의 '한국전쟁'은 강조할 필요도 없이 발발하지 않았고, 충돌은 1949년의 경계선 충돌수준에서 머물렀다는 것이다. 그러나 전쟁은 발발했고, 이것은 분명히 통일을 위한, 세계 공산주의지도자들의 지지와 원조를 받은 북한 공산주의자들의, 소극적인 반격이 아니라 적극적인 선택의 결과였다. 이것이 전쟁의 발발에 대한 필자의 결론이다.

한국전쟁의 시작과 관련하여 도이처는 이렇게 말한다. "북한군의 급속한 초기성공은 그 공격이 잘 준비된, 참으로 잘 준비된 것이었음을 보여주었고, 그것은 사전에 스탈린과 모택동이 상의를 하였거나 또는 공격명령을 내렸을 법해 보이게 했다."[80] 오래 전에 내린 그의 추론은 오늘에 와서 자료에 의해 증명되고 있다. 탕초에 따르면 1950년 6월 25일 북한군의 남한에 대한 공격은 "대규모의 '주의 깊게 계획된' 공격"[81] 이

---

80) Isaac Deutscher, *Stalin*, p. 599.
81) Tang Tsou, *America's Failure in China*, Vol. Ⅱ, p. 555.

었다. 필자가 이 견해들을 인용하는 것은 이 오래된, 고전적인 시각과 관점으로 돌아가자는 의도에서가 아니라 옹진은 특별히 새롭지 않았다는 점을 밝히려 함에 있는 것이다. 우리는 그것을 위해 사실 이상으로 너무 많은 논쟁을 벌여왔던 것이다.

한국전쟁 발발의 진실을 둘러싼 그 동안의 오랜 논쟁은 객관적 사실에의 탐구가 이념적 편향과 정치적 목적을 위해 왜곡될 때 그 왜곡이 얼마나 오랫동안 지속될 수 있는가를 보여주는, 그 속에서 진실을 규명하는 작업이 얼마나 어려우며, 한 번 상투화된 고정관념은, 그것이 양쪽 어느 쪽에서였든지간에, 모든 것을 명백히 해주는 결정적 자료의 제시에 의해서조차 교정되기 어려운가를 잘 보여주는 실례라 하겠다. 하나의 편향은 종종 그에 대한 역편향까지 그럴 듯하게 보이게 만든다. 즉 하나의 신화는 새로이 창조된 다른 하나의 신화까지 그럴 듯하게 해주는 역할을 수행하는 것이다. 해석과 관점의 문제를 여기에 대입한다면 그것은 이 장의 내용이 답해야 할 사실의 영역이 아니라 일종의 종교와 유사한 개인적 신념과 이념의 영역일 것이다.

참고문헌

1. 1차 자료

(1) 미출간 자료

《남도부사건재판기록》(요약).

대한민국 국방부 전사편찬위원회 / 한국국방군사 연구소 소장자료.

_____, 육군본부 군사감실, 《육군역사일지》(발행연도미상, 1950~51년경).

_____, 〈육본작전명령38호〉, 《육군 제6사단 작전명령 42호》, 사료 562호, 제 740호.

_____, 《국방부특명철, 1949》, 사료 26호.

_____, 《陸軍將校資歷表》, 군번10001~10300번.

_____, 재조선 미군정청, 《특명철, 1946~1948》.

_____, 《국방부특명철, 1949~1950》, 한국 국방부 전사편찬위원회 사료 26호.

_____, Prisoners of War Preliminary Interrogation Report.

_____, 대한민국육군본부, 《한국전쟁사료》 47권(출판연도미상).

_____, 《면담사료- 증언록》, 필자가 임의로 120명을 추출하여 선정.

_____, 육군본부, 《훈령관계철》, 사료 623호.

_____, 《戰死, 戰傷死, 殉職, 死亡 將兵 階級別 部隊別 統計表 1950~1953》, 사료 129, 5~21호.

_____, 《부대역사일지》, 각 부대.

_____, 《부대역사기록》, 각 부대.

_____, 《韓國戰爭史硏究》 1~2권(1966).

대한민국 공군본부 정훈감실, 《공군사》 제1집(1949~1953)(1962; 1991년 증보판).

대한민국 공보처, 《韓國政·戰日誌》(1952).

대한민국 육군본부 정보참모부, 《北傀 6·25南侵分析》(1970).

陸軍本部 戰史監室, 《6·25事變史》(1959).

조선민주주의인민공화국 민족보위성 문화훈련국, 《정치보도 및 담화자료》(1950년 6월).

조선인민군 총정치국 선전선동부, 《강연자료 — 현대전쟁에 있어서의 경제적 요인에 대하여》(발간연도미상).

《한국전쟁관련 러시아비밀외교문서》(서울신문이 입수, 번역한 한국전쟁관련 구
　　소련 비밀외교문건).
《한국전쟁관련 러시아외교문서》(1994년 6월 한국의 김영삼대통령이 러시아의
　　옐친대통령으로부터 전달받아 한국의 외무부가 번역, 요약한 한국전쟁관
　　련 구소련 비밀외교문건).

Headquarters, Far East Command, *History of the North Korean Army* (HNKA),
　　1952.
MacArthur Memorial, Nolfolk, "Papers of General Douglas MacArthur," Record
　　Group 6.
_____, Record Group 23, "Willoughby Papers".
The National Archives, "National Archives and Records Service, Central
　　Services Administration," Record Group 242, Annotated Lists (National
　　Record Center, 1977).
_____, Record Group 242, "Captured Enemy Documents," S. A. 2005~
　　2013.
_____, Record Group 319, Entry 95, Box 130.
_____, Record Group 330, Entry 190, Box 40.
_____, Record Group 330, Entry 18, Box 69.

(2) 출간 자료
《김일성선집》 2~4권 (평양: 조선노동당출판사, 1953~54).
《김일성저작선집》 1~6권 (평양: 조선로동당출판사, 1969~1973).
《김일성 저작집》 1~17권 (평양: 조선노동당출판사, 1979~1987).
김일성, 《자유와 독립을 위한 조선인민의 정의의 조국해방전쟁》(조선로동당출판
　　사, 1954).
_____, 《조국의 통일독립과 민주화를 위하여》 1·2권 (평양: 조선로동당출판사,
　　1949).
대한민국 교육부 국사편찬위원회, 《북한관계사료집》6권 (국사편찬위원회, 1988).
대한민국 국방부, 《韓國戰亂四年誌》(1955).
_____, 《韓國戰亂五年誌》(1956).
대한민국 국방부 전사편찬위원회, 《한국전쟁사》 1~11권, 개정판 1, 2권 (1967~
　　1978).

_____, 《韓國戰亂一年誌》(1951).

_____, 《韓國戰亂二年誌》(1953).

대한민국 국방부 정훈국, 《韓國戰亂三年誌》(1954).

대한민국 육군본부, 《六. 二五事變 陸軍戰史》 1~3권(1952~1954).

대한민국 육군본부 군사감실, 《육군역사일지》(1950).

대한민국 육군본부 군사연구실 군사편찬과, 《창군전사》(1980).

대한민국 중앙선거관리위원회, 《대한민국정당사》 1권(1973).

대한민국 중앙정보부, 《북한대남공작사》 1권(1972).

대한민국 통계청, 《남북한 경제사회상 비교》(서울: 통계청, 1995).

《로동당 중앙위원회 정기회의 문헌집》(평양: 로동당출판사, 1950).

소련과학아카데미 동양학연구소 편, 통일원 조사연구실 역, 《소련과 북한과의
　　　관계, 1945~1980》(서울: 대한민국 통일원, 1987).

소련 외무성, 《쏘베트연맹과 조선문제(문헌집)》(평양: 국제문제연구회, 1949).

《위대한 수령 김일성동지의 전기》 1~2권(평양: 조선로동당 출판사, 1982).

조선로동당 중앙위원회 당 력사연구소, 《조선로동당 력사교재》(평양: 조선로동당
　　　출판사, 1964).

조선민주주의인민공화국 내각 사무처, 《내각공보》 1949~1951년.

조선민주주의인민공화국 사회과학원 력사연구소, 《력사사전》 I (평양: 사회과학
　　　출판사, 1971).

조선민주주의인민공화국 최고재판소, 《미제국주의고용간첩 박헌영 이승엽 도당
　　　의 조선민주주의인민공화국 정권전복음모와 간첩사건공판문헌》(평양: 국
　　　립출판사, 1956).

조선중앙통신사, 《조선중앙년감》(1949, 50, 51~52 합본, 53년판) (평양: 조선중
　　　앙통신사, 각 년도).

《해방후 10년일지, 1945~1955》(평양: 조선중앙통신사, 1955).

Cagle, Malcolm W. and Frank A. Manson, *The Sea War in Korea* (Annapolis:
　　　U. S. Naval Institute, 1957).

Committee on International Relations, *Selected Executive Session Hearings of
　　　the Committee*, 1943~1950, Vol. VIII, United States Policy in the Far
　　　East Part 2 (Washington: U. S. G. P. O, 1976).

Field, James A., Jr., *History of United States Naval Operations-Korea*
　　　(Washington, D. C. : U. S. G. P. O., 1963).

Headquarters, U. S. Armed Forces in Korea (USAFIK), *G-2 Intelligence Summary Northern Korea* (ISNK), Vol. 1~4 (한림대 아시아문화연구소 영인간행).

_____, *G-2 Periodic Report*, Vol. 1~7.

_____, *G-2 Weekly Summary*, Vol. 1~4.

Korea Military Advisory Group (KMAG), *G-2 Periodic Report*, Vol. 1~2 (이상 한림대 아시아문화연구소 영인간행).

Mao Tse-tung, *Selected Works of Mao Tse-tung*, Vol. 4 (Beijing: Foreign Languages Press, 1961).

Mao, Tse-tung, Stuart R. Schram (ed.), John Chinnery and Tieyun (trans.), *Chairman Mao Talks to the People: Talks and Letters*, 1956~1971 (New York: Pantheon Books, 1974).

"Report of the United Nations Commission on Korea-Covering the Period from 15 December 1949 to 4 September 1950," *General Assembly Official Records: Fifth Session Supplement*, No. 16 (A/1350) (Lake Success, New York: 1950), in Compiled by Ministry of Foreign Affairs, *Report of the United Nations Commission on Korea*, IR-IO, No. 9~5 (Nov. 1961).

R. O. K., M. N. D., War History Compilation Committee, *History of the U. N. Forces in Korea*, Vol. 1~6 (1972~1977).

Truman, Harry S., *Public Papers of the Presidents of the United States: Harry S. Truman*, 1946~1953 (Washington, D. C. ; U. S. G. P. O., 1965~1966).

United Nations, *Year Book of the UN*, 1950 (New York: Columbia University Press, 1951).

U. S. Congress, Senate, Committee on Foreign Relations, *The United States and the Korean Problem*, Documents 1943~1953 (Washington: U. S. G. P. O, 1953).

U. S. Department of State, *Foreign Relations of the United States*, 1945, Vol. VI: British Commonwealth and Far East (Washington: U. S. G. P. O., 1969).

_____, *North Korea: A Case Study in the Techniques of Takeover* (Washington: U. S. G. P. O., 1961).

_____, *American Foreign Policy*, 1950~1955: *Basic Documents* (Washington, D. C. : U. S. G. P. O., 1957).

_____, *The Conflict in Korea* (Washington, D. C. : U. S. G. P. O., 1951).

_____, *United States Policy in the Korean Conflict* (Washington, D. C. : U. S. G. P. O. , 1951).

_____, *United States Policy in the Korean Crisis* (Washington, D. C. : U. S. G. P. O. , 1950).

毛澤東, 《毛澤東選集》, 第五卷(北京: 人民出版社, 1977).

日本 外務省 調査局 第一課, 《朝鮮事變の 經緯》(1952).

中共中央文獻研究室 編, 《建國以來毛澤東文庫》1~2(北京: 中央文獻出版社, 1988).

中國人民抗美援朝總會 宣傳部 編, 《偉大的抗美援朝運動》(北京: 人民出版社, 1954).

中國人民解放軍 軍事科學院 編, 《毛澤東軍事文選 - 內部本》(北京: 中國人民解放軍戰士出版社, 1981).

彭德懷傳記編寫組 編, 《彭德懷軍事文選》(北京: 中央文獻出版社, 1988).

抗美援朝戰爭編輯委員會, 《抗美援朝戰爭》(北京: 中國社會科學出版社, 1990).

2. 단행본

강만길, 《분단시대의 역사인식》(서울: 창작과비평사, 1978).

김기조, 《38線 分割의 歷史: 美·蘇·日 間의 戰略決定과 戰時外交 秘史, 1941~1945》(서울: 동산출판사, 1994).

김남식, 《實錄 南勞黨》(서울: 신현실사, 1975).

_____, 《남로당연구》(서울: 돌베개, 1984).

김석원, 《노병의 한》(서울: 육법사, 1977).

김석중, 《삭풍》(서울: 극동문제연구소, 1991).

김석학·임종명, 《全南의 重要事件 — 光復 30年》 3권(광주: 전남일보사, 1973).

김세원, 《비트》(광주: 일과놀이, 1993).

김영삼, 《미국 상하양원 합동회의 연설 — 21세기 아·태시대를 향한 협력: 평화와 번영의 동반자》(1995년 7월 26일).

김일성, 《세기와 더불어》 1~4권(평양: 조선로동당출판사, 1992~1993).

金日成 將軍 述, 《民族大同團結에 對하야》(청진: 조선공산당 청진시위원회, 1946).

김점곤, 《한국전쟁과 노동당전략》(서울: 박영사, 1973).

김철범 편, 《한국전쟁: 강대국정치와 남북한갈등》(서울: 평민사, 1989).

김철범·제임스 매트레이 편, 《한국과 냉전》(서울: 평민사, 1991).

김학준, 《한국전쟁》(서울: 박영사, 1989).

_____, 《韓國政治論事典》(서울: 한길사, 1990).

라종일, 《끝나지 않은 전쟁: 한반도와 강대국정치, 1950~1954》(서울: 전예원, 1994).

문학봉, 《美帝의 朝鮮侵略政策의 正體와 內亂挑發의 眞相을 暴露함》(평양: 조선중앙통신사, 1950).

박갑동, 《김일성과 한국전쟁》(서울: 바람과 물결, 1988).

_____, 《통곡의 언덕에서》(서울: 서당, 1991).

백남운, 《쏘련印象》(평양: 조선역사편찬위원회, 1950).

백봉, 《민족의 태양 김일성장군》 1~3권(평양: 인문과학사, 1968~1971).

백선엽, 《군과 나》(서울: 대륙출판사, 1989).

사회과학원 력사연구소, 《혁명의 위대한 수령 김일성동지께서 령도하신 조선인민정의의 조국해방전쟁사》 제1권(평양: 사회과학출판사, 1972).

삼균학회, 《素昻先生文集》(下) (서울: 횃불사, 1979).

서울신문사 통일안보문제연구소, 《북한인명사전》(서울: 서울신문사, 1992, 개정증보판).

선우몽령, 《인민정권의 수립과 그의 공고화를 위한 조선로동당의 투쟁》(조선로동당출판사, 1958).

송남헌, 《解放三年史 I》(서울: 까치, 1985).

여정, 《붉게 물든 대동강》(서울: 동아일보사, 1991).

연변 민족출판사 편, 《리홍황지대》(심양: 료녕 민족출판사, 1986).

예관수·조규동, 《한국의 동란》(서울: 병학연구사, 1950).

유진오·모윤숙·이건호·구철회 공저, 《고난의 90일》(서울: 수도문화사, 1950).

이삼성, 《미국의 대한 정책과 한국민족주의》(서울: 한길사, 1993).

이의일·서명훈 주편, 《조선의용군 3지대》(흑룡강민족출판사, 1987).

이종석, 《현대북한의 이해》(서울: 역사비평사, 1995).

이호재, 《한국 외교정책의 이상과 현실》(서울: 법문사, 1986).

임은, 《北朝鮮王朝成立秘史》(서울: 한국양서, 1982).

장준익, 《北韓人民軍隊史》(서울: 서문당, 1991).

정경모·최달곤 편, 《북한법령집》 1권(서울: 대륙연구소, 1990).

정일권, 《6 · 25 전쟁과 휴전》(서울: 동아일보사, 1986).

조선민주주의인민공화국 내각 직속 인민경제대학 통신교육부, 《조국의 자유독립
　　과 민주건설을 위한 조선로동당의 투쟁》(1956).

조선의용군 발자취 집필조, 《중국의 광활한 대지 우에서》(연길: 연변인민출판사,
　　1987).

조선일보 편, 《월간조선 1991년 신년호 별책부록 — 북한, 그 충격의 실상》(서울:
　　조선일보사, 1991).

조선일보사 월간조선 편, 《체험기와 특종사진 — 韓國現代史 119大事件》(조선
　　일보사, 1993).

＿＿＿, 《主席宮 秘史》(서울: 조선일보사, 1994).

조순승, 《한국분단사》(서울: 형성사, 1982).

주동명, 《祖國의 民主獨立과 撤兵問題》(서울: 이상사, 1948).

주영복, 《내가 겪은 조선전쟁》 1권(서울: 고려원, 1990).

중앙일보 편, 《민족의 증언》 1~6권(중앙일보, 1972).

중화인민공화국 연변조선족 략사편찬조, 《조선족략사》(연길: 연변인민출판사,
　　1986).

최장집, 《한국민주주의의 이론》(서울: 한길사, 1993).

＿＿＿, 《한국현대정치의 구조와 변화》(서울: 까치, 1989).

＿＿＿ 편, 《한국전쟁연구》(서울: 태암, 1990).

최태환 · 박혜강, 《젊은 혁명가의 초상》(서울: 공동체, 1989).

하영선 편, 《한국전쟁의 새로운 접근 — 전통주의와 수정주의를 넘어서》(서울:
　　나남, 1990).

한국언론연구원, 《한국전쟁의 동서보도비교연구》(서울: 한국언론연구원, 1990).

한재덕, 《김일성을 告發한다》(서울: 내외문화사, 1965).

현룡순 · 리정문 · 허룡구 편, 《조선족 백년사화》 1~4권(서울: 거름출판사 재간
　　행, 1989).

사회과학원 력사연구소, 《조선전사》 24~27권(평양: 과학, 백과사전출판사, 1981).

＿＿＿, 《조선전사년표》 2권(평양: 과학, 백과사전출판사, 출판연도미상).

중국공산당 연변주위 당사 사업위원회 편저, 《연변인민의 항일투쟁-자료집》(연
　　변: 연변인민출판사, 1989).

한국정치연구회, 《북한정치론》(서울: 백산서당, 1990).

한재덕, 《김일성장군개선기》(평양: 민주조선사, 1947 초판, 1948 증보판).

Croce, Benedetto, 이상신 역, 《歷史의 理論과 歷史》(서울: 삼영사, 1978).

Gromyko, Andrei, 박형규 역, 《그로미코 회고록》(서울, 문학사상사, 1990).

Korotokov, Gavril, 가브릴 코로트코프, 〈6·25 때 美蘇 모두 핵사용 검토했었다〉, 《월간중앙》 1992년 6월호.

Marx, Karl, 홍영두 역, 《헤겔법철학 비판》(서울: 아침, 1988).

Tocqueville, Alexis de, 이용재 역, 《구체제와 프랑스 혁명》(일월서각, 1989).

Toynbee, Arnold, 《역사의 연구》, 11권(대구: 고려서관, 1989).

Volkogonov, Dmitri, 한국전략문제연구소 역, 《스탈린》(서울: 세경사, 1993).

江擁揮, 《三八軍在朝鮮》(沈陽: 遼寧人民出版社, 1989).

權延赤, 《衛士長談毛澤東》, 이성욱 역, 《인간 모택동》(서울: 녹두, 1993).

譚錚, 《中國人民志願軍人物錄》(北京: 中共黨史出版社, 1992).

大森 實, 《朝鮮の戰火》(東京: 講談社, 1981).

杜平, 《在支願軍總部》(北京: 解放軍出版社, 1989).

朴斗福, 《中共參加韓戰原因之硏究》(臺北: 黎明文化事業服分有限公司, 1964).

攝榮臻, 《攝榮臻回憶綠》(北京: 解放軍出版社, 1984).

柴成文·趙勇田, 《板門店談判》(北京: 解放軍出版社, 1989), 윤영무 역, 《중국인이 본 한국전쟁》(서울: 한백사, 1991).

楊得志, 《爲了和平》(北京: 長征出版社, 1987).

楊昭全, 《朝中關係史論文集》(北京: 世界知識出版社, 1988).

曄雨蒙, 《黑雪》(北京: 作家出版社, 1989).

葉雨蒙, 《漢江血 — 出兵朝鮮記實之二》(北京: 經濟日報出版社, 1990).

劉宏渲編, 《抗美援朝硏究》(北京: 人民出版社, 1990).

李鴻文·朱建華·왕토우시·常城(역자미표기), 《동북인민혁명투쟁사》(서울: 참한, 1989).

齊德學, 《朝鮮戰爭決策內幕》(沈陽: 遼寧大學出版社, 1991).

趙素芬, 《周保中將軍傳》(北京: 解放軍出版社, 1988).

萩原遼, 《朝鮮戰爭 — 金日成と マアデの 陰謀》(東京: 文藝春秋, 1993), 최태순 역, 《한국전쟁 — 김일성과 스탈린의 음모》(서울: 한국논단, 1995).

彭德懷, 《彭德懷自述》(北京: 人民出版社, 1981).

洪學智, 《抗美援朝戰爭回憶》(北京: 解放軍文藝出版社, 1990), 홍인표 역, 《중국인이 본 한국전쟁》(서울: 고려원, 1992).

和田春樹, 이종석 역, 《김일성과 만주항일전쟁》(서울: 창작과비평사, 1992).

和田春樹, 《朝鮮戰爭》(東京: 岩波書店, 1995).

姬田光義 外, 편집부 옮김, 《中國現代史》(서울: 일월서각, 1984).

Anderson, Benedict, *Imagined Communities: Reflections on the Origin and Spread of Nationalism* (New York: Verso, 1991, Revised Ed.).

Anderson, Perry, *Arguments within English Marxism* (London: Verso, 1980).

Appleman, E. Roy, *South to the Naktong, North to the Yalu* (Washington: Office of the Chief of Military History, Dept. of the Army, 1961).

Aron, Raymond, Richard Howard and Annette Baker Fox (trans.), *Peace and War: A Theory of International Relations* (New York: Frederick A. Praeger Publishers, 1966).

Beloff, Max, *Soviet Policy in the Far East, 1941~1951* (London: Oxford University Press, 1953).

Bendix, Reinhard and Guenther Roth, *Scholarship and Partisanship: Essays on Max Weber* (Berkeley and Los Angeles: University of California Press, 1971).

Bendix, Reinhard, *Nation-Building and Citizenship: Studies of Our Changing Social Order* (Berkeley and Los Angeles: University of California Press, 1977).

Blair, Clay, *The Forgotten War: America in Korea, 1950~1953* (New York: Anchor Books, 1987).

Bohlen, Charles E., *Witness to History, 1929~1969* (New York: W. W. Norton & Company, Inc., 1973).

Brodie, Bernard, *War and Politics* (New York: Macmillan Press, 1973).

Carr, E. H., *What is History?* (London: Macmillan & Co., Ltd., 1961).

Chow, Ching-wen, *Ten Years of Storm: The True Story of the Communist Regime in China*, 김준엽 역, 《공산정권하의 중국》(서울: 문명사, 1985).

Conde, David W., / 陸井三朗 監譯, 《朝鮮戰爭の 歷史, 1950~53》(上) (東京: 太平出版社, 1967), 최지연 역, 《한국전쟁: 또 하나의 시각》1·2 (서울: 사계절, 1988).

Coser, Lewis A., *The Functions of Social Conflict* (New York: The Free Press, 1956).

Cumings, Bruce, *The Origins of the Korean War*, Vol. I: *Liberation and the*

Emergence of Separate Regimes, 1945~1947, Vol. II: *The Roaring of the Cataract*, 1947~1950 (Princeton: Princeton University Press, 1981, 1990).

_____, *War and Television* (London: Verso, 1992).

_____ (ed.), *Child of Conflict: The Korean-American Relationship*, 1943~1953 (Seattle: University of Washington Press, 1983).

Daniels, Robert V., *The End of the Communist Revolution* (London: Routledge, 1993).

Deutscher, Isaac, *Edited and Introduced by Tamara Deutscher, Marxism, Wars and Revolutions: Essays from Four Decades* (London: Verso, 1984).

_____, Isaac, *Stalin-A Political Biography* (2nd ed.) (New York: Oxford University Press, 1967).

Djilas, Milovan, *Conversations with Stalin* (N. Y. : Harvest Book, 1962).

Furtrell, Robert F., *The United States Air Force in Korea*, 1950~1953 (Washington: Office of Air Force History, United Air Force, 1983, Revised Ed.)

Furet, François, Elborg Forster (trans.), *Interpreting the French Revolution* (Cambridge: Cambridge University Press, 1981).

Gaddis, John Lewis, *The Long Peace* (New York: Oxford University Press, 1987).

Gellner, Ernest, *Nations and Nationalism* (Ithaca and London: Cornell University Press, 1983).

Gerschenkron, Alexander, *Economic Backwardness in Historical Perspective* (Cambridge: The Belknap Press, 1962).

Giddens, Anthony, *The Nation-State and Violence* (California: University of California Press, 1985).

Gittings, John, *The World and China*, 1922~1972 (New York: Harper and Row, 1974).

Goncharov, Sergei N., John W. Lewis, Xue Litai, *Uncertain Partners: Stalin, Mao, and the Korean War* (Stanford: Stanford University Press, 1993).

Goulden, Joseph C., *Korea: The Untold Story of the War* (New York: McGraw-Hill, Inc., 1983).

Gramsci, Antonio, *Selections From the Prison Notebooks of Antonio Gramsci*, Quintin Hoare and Geoffrey Nowell Smith (ed. and trans.) (London: Lawrence and Wishart, 1971).

558

Gunther, John, *The Riddle of MacArthur* (New York: Harper and Brothers, 1950).

Gurtov, Melvin and Byoung-Moo Hwang, *China Under Threat: The Politics of Strategy and Diplomacy* (Baltimore and London: Johns Hopkins Press, 1980).

Halliday, Jon and Bruce Cumings, *Korea: The Unknown War* (New York: Pantheon Books, 1988).

Held, David, *Political Theory and The Modern State* (Stanford: Stanford University Press, 1989).

Hinton, Harold C., *Communist China in World Politics* (Boston: Houghton Mifflin Company, 1966).

Hintze, Otto, *The Historical Essays of Otto Hintze*, Felix Gilbert (Ed. with an Intro.) (New York: Oxford University Press, 1975).

Hobsbawm, Eric, *Nations and Nationalism since 1780* (Cambridge: Cambridge University Press, 1990).

Khrushichev, Nikita, *Khrushchev Remembers*, Strobe Talbott (trans.) (Boston: Little, Brown and Company, 1970).

_____, *Khrushchev Remembers — The Glasnost Tapes*, Jerrold L. Schecter with Vyacheslav V. Luchkov (trans. and ed.) (Boston: Little, Brown and Company, 1990).

Kim, Gye-Dong, *Foreign Intervention in Korea* (Aldershot: Darthmouth, 1993).

Kim, Hakjoon, *The Sino-North Korean Relations*, 1945~84 (Seoul: The Korean Research Center, 1985).

Kissinger, Henry A., *White House Years* (Boston: Little, Brown and Company, 1979).

Lafeber, Walter, *America, Russia and the Cold War*, 1945~1975 (New York: John Wiley and Sons, Inc., 1976).

Luebbert, Gregory, *Liberalism, Fascism, or Social Democracy: Social Classes and Political Origins of Regimes in Interwar Europe* (New York: Oxford University Press, 1991).

MacArthur, Douglas, *Reminiscences: General of the Army Douglas MacArthur* (Seoul: Moonhak Publishing Co., 1964).

Mann, Michael, *States, War and Capitalism* (New York: Blackwell, 1988).

Merrill, John, *Korea — The Peninsular Origins of the War* (Newark: University of Delaware Press, 1989).

Monat, Pawel with John Dille, *Spy in the U. S.* (New York and Evanston: Harper & Row Publishers, n. d.).

Moore, Barrington, Jr. , *Social Origins of Dictatorship and Democracy* (Boston: Beacon Press, 1966).

_____, *Injustice: The Social Bases of Obedience and Revolt* (New York: M. E. Sharpe, 1978).

_____, *Reflections on the Causes of Human Misery and Upon Certain Proposals to Eliminate Them* (Boston: Beacon Press, 1973).

Nietz, Paul H. , *From Hiroshima to Glasnost — At the Center of Decision* (New York: Grove Weidenfeld, 1989).

Oliver, Robert, *Syngman Rhee and American Involvement in Korea*, 1942~1960 (Seoul: Panmun Books, 1979).

Poulantzas, Nicos, *State · Power · Socialism* (London: Verso, 1980).

Ranciere, Jacques, *On the Shores of Politics*, Liz Heron (trans.) (London: Verso, 1995).

Rongzhen, Nie, *Inside the Red Star — The Memoirs of Marshal Nie Rongzhen* (Beijing: New World Press, 1988).

Salisbury, Harison E. , *The Coming War between Russia and China* (New York: W. W. Norton, 1969).

Sandusky, Michael C. , *America's Parallel* (Alexandria, Virginia: Old Dominion Press, 1983).

Schnabel, James F. , *Policy and Direction: The First Year* (Washington: Office of the Chief of Military History, United States Army, 1972).

Simmons, Robert, *The Strained Alliance: Peking, Pyongyang, Moscow and the Politics of the Korean Civil War* (New York: The Free Press, 1975).

Skocpol, Theda, *States and Social Revolutions* (Cambridge: Cambridge University Press, 1979).

Smith, Dennis, *The Rise of Historical Sociology* (Cambridge: Polity Press, 1991).

Snow, Edgar, *The Other Side of the River: Red China Today* (New York: Random House, 1961).

Stinchicombe, Arthur L. , *Theoretical Methods in Social History* (New York: Academic Press, 1978).

560

Stone, I. F. , *The Hidden History of the Korean War* (New York: Monthly Review Press, 1952).

_____, *The Hidden History of the Korean War*, Reprinted. ed. (Boston: Little Brown and Company, 1988).

Suh, Dae-Sook, *Korean Communism, 1945~1980: A Reference Guide to the Political System* (Honolulu: The University Press of Hawaii, 1981).

The Research Institute of History, *Academy of the Democratic People's Republic of Korea, History of the Just Fatherland Liberation War of the Korean People* (Pyongyang: Foreign Languages Publishing House, 1961).

The US Imperialists Started the Korean War (Pyongyang: Foreign Languages Publishing House, 1977).

Tilly, Charles (ed.), *The Formation of National States in Western Europe* (Princeton: Princeton University Press, 1975).

Truman, Harry S. , *Memoirs by Harry, S. Truman*, Vol. I-*Year of Decisions* (N. Y. : Doubleday & Company, Inc. , 1955).

Tsou, Tang, *America's Failure in China*, Vol. I · II (Chicago: The University of Chicago Press, 1963).

_____, *The Cultural Revolution and Post ─ Mao Reforms ─ A Historical Perspective* (Chicago: The University of Chicago Press, 1986).

Ulam, Adam B. , *Expansion and Coexistence: Soviet Foreign Policy, 1917~73* (New York: Praeger Publishers, 1974. 2nd ed.).

Van Ree, Erik, *Socialism in One Zone ─ Stalin's Policy in Korea, 1945~1947* (Oxford: BERG, 1989).

Volkogonov, Dmitri, Harold Shukman (ed. and trans.) *Stalin ─ Triumph and Tragedy* (Rocklin, CA: Prima, 1992).

Walzer, Michael, *Just and Unjust Wars* (New York: Basic Books, Inc. , Publishers, 1979).

Weber, Max, *The Methodology of the Social Sciences*, Edward A. Shills and Fenry Finch (trans. and ed.) (New York: The Free Press, 1949).

Whiting, Allen S. , *China Crosses the Yalu: The Decision to Enter the Korean War* (Stanford: Stanford University Press, 1960).

Yim, Louise, *My Forty Year Fight For Korea* (Seoul: Chung-ang University Press, 1967).

3. 논 문

고승제, "만주농업이민의 사회사적 분석," 윤병석·신용하·안병직 편, 《한국근대사론 I》(서울: 지식산업사, 1977).

고재남, "북한군 정찰명령1호에 대한 고찰," 국방군사연구소, 《軍史》 제 27호 (1993년 12월).

김순기, "무정장군에 대한 이양기," 조선의용군 발자취집필조, 《중국의 광활한 대지우에서》(연길: 연변인민출판사, 1987).

김운룡, "항일장령 리홍광," 현룡순·리문정·허룡구 편, 《조선족 백년사화》 2권 (서울: 거름, 1989).

김학준, "6·25연구의 국제적 동향: 6·25 연구에 관한 문헌사적 고찰," 김철범·제임스 매트레이 편, 《한국과 냉전》(서울: 평민사, 1991).

베버(Max Weber), "직업으로서의 정치," 임영일·차명수·이상률 편역 《막스 베버 선집》(까치, 1991).

박두복, "中共의 韓國戰爭介入의 원인에 관한 연구," 한국정치외교사학회편, 《한국전쟁의 정치외교사적 고찰》(서울: 평민사, 1989).

박명림, "브루스 커밍스의 《한국전쟁의 기원》 1·2에 관한 하나의 비판적 논평 ─ 이론과 사실의 검토," 한국정치연구회(1992년 3월 29일), 〈브루스 커밍스 초청특별토론회〉 주제발표 논문.

방선주, "노획 북한필사문서 해제(1)," 《아시아문화》, Vol. 1 (1986).

백학순, "중국내전시 북한의 중국공산당을 위한 군사원조," 《한국과 국제정치》 제 10권 제 1호(1994년 봄·여름).

소진철, "한국전쟁: 국제공산주의자들의 음모," 김철범 편, 《한국전쟁 ─ 강대국 정치와 남북한갈등》(서울: 평민사, 1989).

_____, "김일성이 말한 한국전쟁의 기원," 《북한》(1989년 6월).

_____, "한국전쟁과 중·소동맹의 대일포위전략"(서울: 외교안보연구원, 1984).

손호철, "브루스 커밍스의 한국현대사 연구비판," 《실천문학》 제 15호(1989년 가을).

신복룡, "한반도 분할결정에 관한 고찰," 《사회과학》 제 15집 (1991), 건국대학교 사회과학연구소.

신주백, "김일성의 만주항일유격운동에 관한 연구," 《역사와 현실》 제 12호(1994).

양성철, "서평 ─ Bruce Cumings, The Origins of the Korean War," 통일원, 《통일문제연구》 제 1권, 제 3호 (1989 가을).

와닌 유리 와실리비치, 전현수 역, "러시아 대외정책문서보관소 소장 해방직후 한국관계자료,"《역사비평》(1994년 봄).

유영익, "民衆史的 立場에서 본 3·1運動,"《韓國近現代史論》(서울: 일조각, 1992).

이삼성, "한국현대사와 미국 대외정책 연구방법론,"《사회와 사상》제 15호(1989년 11월).

이상조, "중국인민해방군의 위대한 승리와 미제국주의 침략정책의 파탄,"《근로자》제 6호(1949).

이완범, "미국의 38선설정과 그 정치적 의도,"《한국정치학회보》29집 1호(1995).

이종석, "북한지도집단과 항일무장투쟁,"김남식 외,《해방전후사의 인식》5(서울: 한길사, 1989).

전상인, "브루스 커밍스의 한국사·한국사회의 인식,"《한국과 국제정치》제 8권, 제 1 호(1992년 봄·여름).

_____, "한국의 국가: 그 생성과 역사적 추이,"《사회비평》5호(1991).

조나단 폴락, "중국, 중·소동맹, 한국전쟁,"김철범·제임스 매트레이 편,《냉전과 한국》(서울: 평민사, 1991).

최상용, "美軍政期 韓國: 아시아 冷戰의 초점,"《한국사회연구 1》(서울: 한길사, 1983).

최장집, "국민국가의 형성과 근대화의 문제,"《한국사》17권(서울: 한길사, 1994).

하앙천, "승리일로의 중국인민해방군,"《선전자》창간호(1949년).

_____, "중화인민공화국 창건을 위한 중국인민들의 투쟁,"《근로자》제 19호(1949년).

하영선, "냉전과 한국,"서울대학교 국제문제연구소,《논문집》제 10 호(1986).

황병무, "중공의 역할,"대한민국 전쟁기념사업회 편,《한국전쟁사 2권 ― 기원》(서울: 행림출판, 1990).

星湖, "朝鮮大成山 革命烈士陵園 及 烈士名單,"《朝鮮研究論叢》(延吉: 延邊大學出版社, 1987).

伍修權, "在外交部 八年的 經歷,"陳維利 역, "伍修權의 外交回顧錄,"《중소연구》제 8권 1호(1984년 봄).

姚旭, "抗美援朝的 英明決策,"이홍영 역, "미국에 대항하고 조선을 지원한 현명한 정책,"《중소연구》8권 4호(1984년 겨울).

張定貴, "抗美援朝戰爭槪述,"《中國現代史》(K4), 1989年 4月.

張希, "彭德懷受命率師 抗美援朝的 前前後後,"中共中央黨史研究室 編,《中共黨史資料》31號 (1989).

翟志海, "중국의 한국전쟁 참전결정," 김철범, 제임스 매트레이 편, 《한국과 냉전》 (서울: 평민사, 1991).

青石, "金日成沮止了毛澤東進攻臺灣的 計劃," 《月刊 明報》 1994年 7月號.

胡光正, "英明的 決策 偉大的 成果 ― 論 抗美援朝戰爭的 出兵參戰決策," 《中共黨史研究》 第 1 號 (1983年).

Banin, Nikolai, "How The War in Korea Was Started" (1991, unpublished paper).

Bremer, Stuart A., "Dangerous Dyads: Likelihood of Interstate War, 1816~1965," *The Journal of Conflict Resolution*, Vol. 36. No. 2 (Jun. 1992).

Cumings, Bruce, "American Policy and Korean Liberation," in Frank Baldwin (ed.), *Without Parallel: The American-Korean Relationship Since 1945* (New York: Pantheon Books, 1973).

Dae-Sook Suh, "Korean Communism, 1945~1980: A Reference Guide to the Political System" (Honolulu: The University Press of Hawaii, 1981).

Dunn, John, "Understanding Revolutions," in *Rethinking Modern Political Theory, Essays* 1979~83 (Cambridge: Cambridge University Press, 1985).

Gupta, Karunakar, "How did the Korean War begin?," *China Quarterly*, No. 52 (October, December, 1972).

Halliday, Jon, "Secret war of the top guns," *The Observer* (5 July, 1992).

Hintze, Otto, "Military Organization and the Organization of the State," in *The Historical Essays of Otto Hintze*, Felix Gilbert (ed. with an Intro.) (New York: Oxford University Press, 1975).

Holliday, Jon, "Air Operations in Korea: The Soviet Side of the Story," in William J. Williams (ed.), *A Revolutionary War: Korea and the Transformation of the Postwar World* (Chicago: Imprint Publications, 1993).

Jian, Chen, "The Sino-Soviet Alliance and China's Entry into the Korean War," Cold War International History Project, Working Paper, No. 1. (The Woodrow Wilson Center, 1992).

Kalinov, Kyril, "How Russia Built the North Korean Army," *The Reporter* (September 26, 1950); *The Reporter* (October 10, 1950).

Kim, Gye-Dong, "Who Initiated the Korean War?," James Cotton and Ian Neary (eds.), *The Korean War in History* (Atlantic Highlands, NJ:

Humanities International, Inc., 1989).

Kim, Hakjoon, "China's Non-Intervention in the Origins of the Korean War," in James Cotton and Ian Neary (eds.), *The Korean War in History* (Atlantic Highlands, NJ: Humanities Press International, Inc., 1989).

Kim, Kook-Hun, "The North Korean People's Army, Its Rise and Fall, 1945~ 1950," Ph. D. Thesis, King's College, The University of London (Aug. 1989).

Kirchheimer, Otto, "The Transformation of the Western European Party Systems," in Joseph LaPalombara and Myron Weiner (eds.), *Political Parties and Political Development* (Princeton, New Jersey: Princeton University Press, 1966).

Lipset, S. M. and S. Rokkan, "Cleavage Structures, Party Systems, and Voter Alignments," in S. M. Lipset & S. Rokkan (eds.), *Party Systems, and Voter Alignments: Crossnational Perspectives* (New York: The Free Press, 1967).

Luebbert, Gregory, "Social Foundations of Political Order in Interwar Europe," *World Politics*, 39 (July 1987).

Manin, Bernard, "On Legitimacy and Political Deliberation," *Political Theory* Vol. 15, No. 3 (Aug. 1987).

Merrill, John, "Internal Warfare in Korea," Bruce Cumings (ed.), *Child of Conflict: The Korean-American Relationship*, 1943~1953 (Seattle: University of Washington Press, 1983).

Mineo, Nakajima, "The Sino-Soviet Confrontation: Its Roots in the International Background of the Korean War," *Australian Journal of Chinese Affairs*, 1 (Jan. 1979).

Monat, Pawel, "Russians in Korea: The Hidden Bosses," *Life* (Jun. 27, 1960).

Nettl, J. P., "The State as a Conceptual Variable," in John A. Hall (ed.), *The State: Critical Concepts*, Vol. I (London: Routledge, 1994).

Paik, Hak Soon, "North Korean State Formation, 1945~1950," Vol. I, II, Ph. D Thesis, The University of Pennsylvania, Political Science Dept. (1993).

Palais, James, "'Democracy' in South Korea: 1945~1972," in Frank Baldwin (ed.), *Without Parallel-The American Korean Relationship Since 1945* (New York: Pantheon Books, 1973).

Sartre, Jean-Paul, "'Socialism in One Country'," *New Left Review*, No. 100 (Nov. 1976~Jan. 1977).

Shanin, Teodor, "Defining Peasants: Conceptualizations and Deconceptualizations-Old and New in a Marxist Debate," *The Sociological Review*, Vol. 30. No. 3 (Aug. 1982).

Smith, Dennis, "Discovering Facts and Values: The Historical Sociology of Barrington Moore," Theda Skocpol (ed.), *Vision and Method in Historical Sociology* (Cambridge: Cambridge University, 1984).

Stanglin, Douglas & Peter Cary, "Secrets of the Korean War," *U. S. News and World Report* (Aug. 9, 1993).

Stelmach, Daniel S., "The Influence of Russian Armored Tactics on the North Korean Invasion of 1950," Ph. D. Thesis, Department of History, Saint Louis University (1973).

Syn, Song-Kil & Sam-Soon Sin, "Who Started the Korean War," *Korea and World Affairs*, Vol. XIV, No. 2 (Summer 1990).

Tilly, Charles, "Reflections on the History of European State-Making," Charles Tilly (ed.), *The Formation of National States in Western Europe* (Princeton: Princeton University Press, 1975).

Volkogonov, Dmitri, "СЛЕДУЕТ ЛИ ЭТОТО ЪОЯТЬСЯ?," *Ogonyek*, No. 25~26 (1993).

Weathersby, Katheryn, "New Findings on the Korean War," Cold War International History Project, Bulletin, Woodrow Wilson International Center for Scholars, Issue, No. 3 (Fall 1993).

_____, "The Soviet Role in the Early Phase of the Korean War: New Documentary Evidence," *The Journal of American — East Asian Relations*, Vol. 2, No. 4 (Winter, 1993).

_____, "Soviet Aims in Korea and the Origins of the Korean War, 1945~1950: New Evidence from Russian Archives," Cold War International History Project, Working Paper, No. 8, Woodrow Wilson International Center for Scholars (Nov. 1993).

Yang, Sung Chul, "Book Review: A Convoluted Approach to the Study of the Korean War — Cumings' Search for a Red Herring," *Korea and World Affairs*, Vol. 17, No. 2 (Summer 1993).

Yufan, Hao and Zhai Zhihai, "China's Decision to Enter the Korean War: History Revisited," *China Quarterly*, 121 (March 1990).

Zolberg, Aristide, "Strategic Interaction and Formation of Modern State: France and England," *International Social Science Journal*, Vol. 32, No. 4 (1980).

ИВАН АФАНАСЬЕВИЧ (강상호), "ИВАН АФАНАСЬЕВИЧ МЕНЯЕТ ПРОФЕССИЮ," *Ogonyek*, No. 1 (Mar. 1991).

Сергей ВОЛОВЕЦ, "ЗАМРЄЩЄННАЯ ВОЙНА," *РОДЙНА*, May 1990.

4. 정기간행물

(1) 신 문

The Daily Worker, *The Honolulu Advertiser*, *The Korea Times*,
The New York Times, *The Washington Post*,
《朝日新聞》, 《경향신문》, 《광주민보》, 《동광신문》, 《동북조선인민보》,
《동아일보》, 《로동신문》, 《민주조선》, 《민주청년》, 《보위신문》,
《서울신문》, 《세계일보》, 《승리를 위하여》, 《인민일보》, 《제민일보》,
《제주신문》, 《조선인민군》, 《조선일보》, 《중앙일보》, 《투사신문》,
《한겨레신문》, 《한국일보》, 《해방일보》, 《호남신문》.

(2) 잡 지

Life, *Ogonyek*, *The Observer*, *U.S. News and World Report*,
《國防》, 《國際評論》, 《民聲》, 《旬刊北朝鮮通信》, 《月刊 明報》,
《군사지식》, 《근로자》, 《내각공보》, 《다리》, 《말》, 《법령공보》,
《사회와 사상》, 《새조선》, 《선동원수첩》, 《선전원수책》, 《선전자》,
《세대》, 《신동아》, 《역사비평》, 《연변문사자료》, 《월간 세대》, 《월간 조선》,
《월간중앙》, 《인민교육》, 《조국보위를 위하여》, 《청년생활》.

5. 기타

(1) 증언(대한민국 국방부 전사편찬위원회 채록)

김윤문, 이상연, 이선근, 지기철, 한재덕, 김홍일, 박승무, 이범석, 오동기, 최홍희, 장 홍, 장도영, 이응준, 이성가, 황규면,

(2) 면 담

차이쳉원(柴成文), 최태규, 스몰체코프(Alexander Pablovich Smolchekov), 유성철, 정일권, 최태환, 장창국, 주영복, 이형근, 오제도, 이연길, 서휘(중앙일보 안성규)

(3) 기록물

KBS 다큐멘터리 '내가 겪은 공화국 제1편: 88여단의 김일성', 1992년 6월 22일; '내가 겪은 공화국 제2편: 김일성참모들이 밝힌 6·25비사', 1992년 6월 23일.

찾아보기

사 항

찾아보기

인명

《한국전쟁의 발발과 기원》의 의미와 평가

최 장 집(고려대 교수 · 정치학)

　박명림 박사의 저서《한국전쟁의 발발과 기원》1 · 2권의 2쇄를 축하한다. 박명림 박사의 이 책은 원래 3년 전 그의 고려대학교의 정치학 박사학위논문을 수정 보완하여 발전시킨 것이었기 때문에 그 논문의 지도교수로서 더욱이 기쁜 마음이 크다. 그러나 나는 이미 두 달 전 저자의 이 저서가 젊은 초학도의 연구로서는 뜻하지 않게도 학계의 지도적인 업적을 남긴 학자들에게 주었던 '월봉저작상'(月峰著作賞) 수상이라는 커다란 영예를 안았을 때 축사의 기회를 가진 바 있었다. 그래서 여기에서는 그때의 축사 내용을 축약하여 2쇄에 대한 축하의 말에 대신하고자 한다.

　여기에서 나는 박명림 박사의 지도교수로서 이 연구가 이루어진 배경이라고 할까 어떤 정신 같은 것을 먼저 말하는 것이 의미 있지 않을까 생각한다. 돌이켜 보면 내가 저자의 연구를 지도하게 된 데는 두 사람의 미국인 정치학자로부터 기원을 갖는다고 할 수 있을 것 같다.

한 사람은 몰톤 카플란(Morton Kaplan)이고 다른 한 사람은 브루스 커밍스(Bruce Cumings)이다.

카플란은 지금은 은퇴해서 명예교수로 있지만 내가 70년대 미국에서 유학할 때 국제정치학 교수로서 50, 60년대의 미국에서 국제정치학을 이끌었던 대가(大家)의 한 사람이었다. 나는 2차 대전의 시작으로부터 한국전쟁에 이르기까지 미국 외교정책을 주제로 했던 그의 미국 외교사 강의를 통하여 전쟁과 냉전, 그리고 한국전쟁에 얽힌 정치적 문제들을 배울 수 있었다. 이 과목을 통해 당시 미국 외교정책의 주요 결정자들이었던 아더 반덴버그(Arthur Vandenberg), 제임스 포레스탈(James Forrestal), 찰스 볼렌(Charles Bohlen), 조지 케난(George F. Kennan) 등이 남긴 사료들을 포함하여 엄청나게 많은 1차 자료와 2차 자료를 접하고, 사료들과 그 속에 담긴 수많은 사실의 엉클어짐을 분석하는 방법을 배웠다. 또한 미중관계의 대가인 탕 초(Tang Tsou) 교수로부터 중국공산당의 정권장악 시기와 냉전을 둘러싼 미국 외교정책도 공부했다. 카플란은 전후 미국 정치학계를 대표하는 이른바 '정통파 이론'의 수장으로서 미국의 전후 대소봉쇄와 팽창을 이론적으로 열렬히 지지하였던, 말하자면 가장 보수적인 반공주의 정치학자였다. 그러나 나는 한국전쟁과 같은 외교사를 전공분야로 택하지 않고 비교정치, 정치사회학, 정치경제 쪽을 전공으로 하게 되었다. 내가 외교사 분야를 공부했음에도 불구하고 한국전쟁과 같은 주제를 전공분야로 택하여 박사학위논문으로 다루지 않게 된 사정은, 후에 내가 귀국하여 교수가 된 이후 학생들에게 이 문제를 가르쳤으면 하는 필요를 느끼게 했다.

그러나 이러한 막연한 느낌을 구체적인 어떤 것으로 실현하려는 욕구를 갖게 한 사람이 바로 커밍스였다. 그는 처음 워싱턴 대학에서 가르쳤고, 《한국전쟁의 기원》이 출간된 이후 시카고 대학으로 옮겼다가 현재 노스웨스턴 대학 교수로 있다. 그는 현재 절정에 있는 중견학자로서 해외학계에서는 한국학을 대표하는 국제적인 명망을 갖는 학자이다. 국내학계에서도 이제 그의 견해를 찬성하는 사람이든, 반대하는 사람이든 한국현대사와 한국전쟁에 관한 그의 연구업적과 스칼라십을 인정하고 있는 형편이다. 미국에서 나의 공부가 끝나갈 무렵, 지금은 고전이 되었지만 당시만 하더라도 워싱턴 대학에서 정치학을 가르치던 무명인 그를 세계적으로 유명하게 만든 《한국전쟁의 기원》 1권을 읽었을 때 나는 그 책이 범상한 책이 아니라는 사실을 이내 알아차릴 수 있었다. 나의 느낌으로는 그의 연구가 그동안 미국에서의 중국학이나 일본학에 비해 크게 낙후되어 있던 한국학을 그 한 권의 책을 통하여 단번에 그 수준으로 끌어올릴 어떤 것이었다. 그 책은 내용과 자료사용에서도 획기적인 것이었지만, 그 책의 방법론, 이론의 범위에서도 그러했다.

커밍스의 책은 한국현대사와 전쟁에 대한 총체적 접근이라고 말할 수 있을 것이다. 무엇보다도 그것은, 미국과 소련의 외교정책이 충돌하는 세계적 수준, 전국 수준에서의 남북한 간 국내정치의 충돌과 상호작용, 남북한 사회의 기층 농촌지방 수준에서의 민중의 조건과 동원이라는 세 층위에 대한 분석을 모두 포괄하는 것이었다. 첫 번째 수준이 전통적인 외교사의 분야라면, 둘째는 정치학의 본령이며, 세 번째는 역사사회학과 농민사회학의 영역이다. 그리고 그는 참신하고도 개척적인 방법론을 동원했을 뿐만 아니라 앞선 연구자들이 접할 수 없었던, 이제 막 비밀해제된 방대한 미국정부의 문서들을 읽고 분석할 수 있었던 최초의 주요한 연구자였다. 새로운 방법론과 새로운 자료라는 이점을 활용하면서 커밍스는 기존의 정통이론과는 크게 관점을 달리하면서 한국전쟁의 초점을 발발 그 자체에 대한 규명으로부

582

터, 일제시기에서부터 시작되고 해방 이후에 더욱 갈등이 증폭된 보수지배세력과 혁명적 동력이었던 농민세력 간의 힘의 충돌이라는 문제로 옮겨놓았다. 그것은 구조적이고 역사적인 해석이었다. 그는 밑으로부터 분출하는 민중의 혁명적 동원화와 이를 제어하려 했던 미국과 남한 내 보수세력의 힘의 동맹이 충돌하는 사태가 전쟁의 배경을 이룬다는, 말하자면 '수정주의 이론'과 역사사회학 또는 정치사회학적 접근을 결합하면서 한국현대사에 대한 새로운 퍼스펙티브를 제시했다. 그러니까 방법론, 자료, 해석의 내용 그 모두가 80년대 당시의 상황에서는 새로운 것이었기 때문에, 실로 그의 연구는 우리에게 커다란 충격으로 다가올 수밖에 없었다.

일견 극복하기 어려운 것으로 보였던 커밍스의 연구였지만, 그것은 몇 가지 점에서 적지 않은 문제점을 갖고 있었다. 그 가운데서도 가장 중요한 것은, 한국전쟁이 일제시기로까지 거슬러 올라가는 농민문제와 그로 인한 사회세력 간 갈등에서도 기원을 발견할 수 있을지 모르지만 남과 북을 가릴 것 없이 우리 민족에 집단적 수난을 가져오고 이후 한국사회에 결정적인 영향을 미쳤던 것은 다른 무엇이 아닌, 북한체제와 김일성이 소련 및 중국의 동의 아래 역사적 결정을 내리고 이를 감행한 전쟁 그 자체였다는 사실이다. 그러나 커밍스의 연구는, 전쟁을 논하되 전쟁의 핵심이 빠져 있는 문제점을 갖고 있었다. 전쟁을 기본적으로 식민지 시기로부터 기원을 갖는 한국사회의 농민혁명의 결과로 보는 관점 때문에, 그가 의도했든 의도하지 않았든 미국과 소련의 역할이 상대적으로 희석되는, 그럼으로써 전쟁이 외세의 한반도 개입의 결과라기보다는 한국인들만의 책임인 것 같이 느끼게 하는, 이른바 내전적 해석을 강조하는 면이 있었다.

그리고 무엇보다도 전쟁의 도래 그 자체가 소련 및 중국과 북한체제의 결정적 역할에 의한 것임에도 불구하고, 남한사회의 내부 모순과 갈등의 결과에 중심을 둠으로써 그것은 전쟁을 야기한 북한사회에 더욱 온정적이고, 농민혁명적 사태를 과대해석하는 결과를 가져왔다. 그의 연구가 남한사회의 민중문제에 초점을 두면서 남한사회의 내부모순과 갈등을 중점적으로 논하는 동안, 북한사회에 대해서는 별로 언급하지 않았거나 못했던 것도 이러한 시각과 무관하지 않다고 볼 수 있다. 이러한 점 때문에 한 사람의 정치학도로서 또 젊은 세대를 가르치는 한 사람의 대학교수로서 나는 우리 민족의 역사와 오늘의 현실에서 어떤 사건보다 커다란 영향을 미친 한국전쟁에 관해 한국의 연구자 누군가가 전쟁 그 자체에 좀더 다가가서 연구하지 않으면 안 되겠다는 생각을 갖게 되었다. 그리고 그것이 가능하다면 국내에서 이를 이루어보게 하고 싶은 욕심을 가졌던 것이 사실이다.

이를 어떻게 실현할 것인가? 커밍스의 연구와 비교될 수 있는 스칼라십의 수준을 이루어 내는 것은 우리의 현실에서는 지난한 문제였다. 어쨌든 이를 위해서는 무엇보다 먼저 커밍스가 사용한 이론들을 공부하지 않으면 안 된다고 생각했다. 아무리 사실을 많이 알고 자료를 많이 본다 하더라도 이론이 약하면 그것들은 한낱 낱개의 파편에 불과한 것이고, 그렇게 해서 무수한 사실들을 엮어보았자 수준 높은 역사학의 연구가 되기 어렵기 때문이다. 이론이 튼튼하지 않고서는 엄청나게 방대한 자료와 무한히 복잡한 사태의 엉클어짐을 커밍스가 이루어낸 수준으로 분석하기가 어렵기 때문이다. 그래서 나는 대학원 세미나를 통하여, 내 자신이 미국에서 공부하는 동안 배웠던 미국 외교정책의 주요 문건들을 읽혔고, 배링턴 무어(Barrington Moore, Jr.), 제프리 페이지(Jeffrey Paige), 제임스 스콧(James Scott), 닐 스멜서(Neil Smelser), 아서 스틴치콤(Arthur Stinchcombe) 등을 포함하

584

는 정치-역사사회학, 농민사회학 및 방법론을 학생들에게 공부시켰다. 나의 희망은 미국에 가지 않고 미국의 일류 대학에서 배우는 것보다 더 많은 것을 배우도록 하겠다는 것이었다. 그러나 오직 대담하게 도전할 수 있고 견인불발의 의지와 노력으로 강훈을 견뎌내는 학생들만이 그 과실을 가져갈 수 있을 것이라는 것이 내 생각이었다. 그리하여 저자의 연구는 지난 십 수 년 동안의 이러한 조건하에서 학생들이 노력하여 만들어낸 몇몇 주요 성과의 하나라고 감히 자평해 본다.

박명림 박사는 한국전쟁 연구과정에서 수많은 1차 자료를 검토하였을 뿐만 아니라, 휴전전 일대를 여러 차례 방문하면서 전쟁의 현장을 답사하였다. 그리고 한국전쟁에 참가했던 생존하고 있는 국내의 정치인 및 장군들은 물론이려니와 냉전해체 이후 소련, 중국 등지에서 내방하는, 전쟁 시 북측으로 참전했던 주요 장교들을 다수 인터뷰하였다. 뿐만 아니라 그동안 연구자 누구도 보지 않았던, 국방부를 비롯한 여러 곳에 사장되어 있었던 묻힌 자료들을 발굴하는 등, 자료동원과 활용에 온갖 노력을 쏟아 부었다. 연구과정에서 보여준 이러한 그의 노력에 비추어볼 때 그의 전쟁연구가 하나의 큰 성과로 나타날 수 있게 된 것은 결코 우연이라고 할 수 없을 것이다. 그는 정치학의 다이내믹스, 역사사회학, 농민사회학, 국가 및 민주주의이론, 방법론 등 사회과학의 분야에서 주요 이론들을 이해하고 습득하는 능력뿐만 아니라, 정치와 역사에서 행위자로서의 인간의 성격과 행태를 이해하는 데에도 재능을 보여주었다. 나는 그가 보통의 경우 구조와 사람 그 어느 하나를 이해하는 능력을 갖기도 어려운데 이 양자를 연결하여 이해할 수 있는 빼어난 능력을 가졌다고 생각한다. 이러한 그의 능력이 유감없이 나타난 것이 바로 그의 《한국전쟁의 발발과 기원》이다.

그의 연구가 뛰어난 점은 이런 것이다. 무엇보다도 그것은, 그가 연구에서 포괄하는 수준과 영역이 커밍스의 그것에 비해 조금도 낮거나 좁지 않은, 세계적 수준, 한반도적 수준, 지방 수준의 세 수준과 이들 간 상호관계의 다이내믹스를 아우르는 총체적 접근이라는 것이다. 커밍스가 모델로서 보여주었듯이 전 영역을 포괄하는 총체적 접근은 전 영역에 걸친 이론이 탄탄하지 않을 때는 성공할 수 없다. 그리고 이 점과 관련하여 더욱 중요한 문제는 한국전쟁에 대한 이러한 총체적 접근 자체가 갖는 장점에 있는 것이 아니라, 한국전쟁이라는 사태가 이러한 3층 수준을 포괄하는 총체적 접근이 아니고는 결코 종합적인 모습과 성격을 파악할 수 없는 대단히 복합적인 사건이라는 점이다. 최근에도 전쟁에 관한 여러 연구들이 나오고 있지만, 작거나 부분적인 문제들을 심도 있게 파고 들어가는 것은 높게 평가되지만 이들 연구들을 통하여 우리는 이론적 영역과 수준의 다층성을 전체적으로 다루고 있는 것은 찾아보기 어렵다.

총체적 접근방법에서는 동일하지만, 그러나 커밍스의 연구가 전쟁을 당하는 남한에 초점을 두어 분석을 진행한 데 반해 이와는 대조적으로, 저자의 연구는 전쟁을 일으킨 북한체제에 관한 해석을 많은 자료의 동원과 높은 분석력으로 훌륭하게 해내고 있다. 물론 저자의 연구는 남한에 대해서도 민주주의와 민족주의, 농민을 해석의 준거점으로 삼아 북한과의 비교 속에 냉전과 미국, 남북대립, 중앙정치와 민중 수준의 다이내믹스를 체계적으로 분석해 주고 있다. 나아가 그는 북한은 북한으로, 남한은 남한으로 고립하여 다루지 않고, '대쌍관계동학'(對雙關係動學)이라는 개념을 통하여 양자를, 그리고 이들의 상호관계를 마치 맞물린 듯 진행하는 동태적 총체성으로 보여준다. 그는, 세 수준은 세 수준대로, 남과 북은 남과 북대로, 구조와 사람의 관계는 관계대로, 그러한 구조적 제약조건하에서 주요 정치세

586

력은 그들대로 역동적인 상호관계의 엉클어짐을 보여주고 이를 해명하고 있다. 그것은, 총체성은 총체성이로되 '구조적 총체성'이 아니라 그 속에서 사람이 움직이면서 드라마를 만들어 내는 '움직이는 총체성'이라고 할 수 있다.

또한 저자의 이 책은, 전쟁 그 자체에 천착하면서 사실의 재구성과 해석에서 정확성을 극대화하려고 시도한다. 이 말은, 그의 연구가 엄청나게 복합적인 배경을 갖는 전쟁이 아무것도 없던 상태에서 김일성의 결정에 의해 특정한 날, 특정 시간에 발발한 것만을 규명하려 했다는 것을 뜻하는 것은 아니다. 전쟁의 시작이 6월 25일임에는 의심의 여지가 없지만 그것이 곧 역사의 시작은 아니다. 그렇다면 그 원인을 어디서부터 찾아볼 것인가? 이 문제야말로 정치사가(政治史家)로서 박 박사가 그의 연구를 시작할 때 결정해야 했던 가장 중요한 사항이었을 것이다. 이 결정이 전쟁에 대한 그의 해석을 성격 짓기 때문이다. 그의 선택은 남북한에 분단국가가 각각 수립되는 1948년, 특히 그가 '48년 질서'라고 부른 시점, 즉 격렬한 남북대립의 상태에서 북한이 군사급진주의로 내닫게 되는 혁명적 동원체제가 수립된 시점까지 거슬러 올라가는 것이다. 한국전쟁을 이해하기 위해서는 다른 어떤 것보다도 전쟁을 결정하고 수행한 북한에서 실제로 무엇이 일어났는가를 보는 것만큼 중요한 것은 없다. 그동안 전쟁에 관한 수많은 연구들이 북한의 전쟁도발을 말해 왔음에도 불구하고, 우리는 정작 한국전쟁의 핵심에 있는 북한체제의 성격과 전쟁 선택의 상관관계, 그리고 어떻게 전쟁이 수행되었는가 하는 가장 기초적인 사실에 대해서 확실한 지식을 갖지 못했다. 이러한 전쟁의 주체와 전쟁의 발발과정을 둘러싼 지식의 제약, 불철저한 연구는, 자주 남침설이 어떻고 북침설이 어떻고, 남침유도설이 어떻고 하는 논쟁을 야기하는 원천이

되기도 했다. 저자의 연구는 이러한 이슈를 거의 완벽하게 해소하는 커다란 업적을 쌓았다는 것이 나의 생각이다.

커밍스의 기원은, 멀리 일제식민통치로까지 그리고 해방 이후, 특히 남한에서의 농민혁명적 사태로까지 거슬러 올라가면서 원인을 규명하는 동안, 분단의 원인과 전쟁의 원인 사이의 구분이 모호해지는 문제점을 해결할 수 없는 것이었다. 커밍스가 보여주는 전쟁은 역사의 핵심주제라고 할 수 있는 역사의 행위 주체로서의 사람, 지도자, 그들의 사고, 이데올로기와 행태를 부차적으로 다룬다. 그러는 동안 그는, 한편으로는 분단과 전쟁이 일제 시기부터 형성된, 어떤 구조적 힘의 작용의 연속선상에서 서로 다른 역사적 사건으로 분리되지 않는 농민혁명적 사태발전과, 다른 한편으로는 미국의 팽창주의적 정책결정자들이 미리 그려놓은 어떤 궤적을 따라 진행된 사태 사이의 동학으로 전쟁의 원인을 보여주려고 시도했다. 나는 앞에서 박 박사의 연구를 동태적이라고 표현했지만, 그의 연구가 읽는 사람으로 하여금 살아 움직이는 것 같이 느끼게 하는 것은 그 속에 살아 움직이는 정치지도자들이 있고, 농민과 대중들이 있고, 전쟁에 참여하고 있는 병사들의 움직임이 보이기 때문이다. 저자의 《한국전쟁의 발발과 기원》은 사태전개의 내부로부터 그것을 보는 것 같은 느낌을 갖게 하고, 그래서 독자들은 왜 그러한 일이 발생했으며 그 과정에서 무엇이 이슈인가를 찾아낼 수 있게 한다.

박명림 박사가 보여주고 있듯이 분단의 원인과 전쟁의 원인을 분리하여 후자를 48년 질서에서 찾는 것은 대단히 의미 깊다. 저자는 분단이 곧 전쟁으로 연결되어야 할 어떤 필연성을 내포한 것은 아니라는 해석을 견지한다. 그것은 둘을 분리하여 전쟁 그 자체의 원인에 초점을 맞출 수 있게 한다. 이를 통하여 남북이 분단되었고 이데올로기적으로 대립하고 있다 하더라도 남북한의 지도자들이 전쟁을 피할 수 있는 공간이 있을 수 있었고, 그리고 그것이 가능하지 않았다면 이를 이루어내지 못한 지도자들의 역사와 국민/민족에 대한 책임의식의 결여, 리더십의 빈곤을 드러내 보일 수 있기 때문이다. 물론 저자는 48년 질서가 등장하기까지 해방 3년 동안 진행된 북한에서의 사태전개를 많은 자료와 이론을 결합하여 치밀하게 재구성, 이 시기의 연구에서 제기되었던 그동안의 학문적 문제들에 대해 체계적인 분석을 통해 설득력을 가질 수 있는 해답을 제시해 주고 있다. 그것은 48년 질서의 등장배경에 대한 분석은 물론이려니와 나아가 오늘의 북한체제의 거시적인 역사적 기원과 출발에 대한 투명한 해명에도 기여하고 있다. 즉, 45년에서 50년까지의 북한의 정치와 사회에 대한 저자의 치밀한 분석은 한국전쟁을 벗어버리더라도 현대 북한의 정치와 사회에 대한 정치학적 연구로서도 남다르게 높은 수준을 보여주고 있다는 것이 나의 평가이다. 저자의 자료발굴과 해석으로부터 우리는 48년 이후는 물론 오늘의 북한체제가 지니는 문제와 특성을 명징하게 추출하게 되는 것이다. 따라서 저자의 연구는 한국전쟁 연구일 뿐만 아니라 사실 오늘의 남한과 북한정치의 원형을 정치사회학적 방법론을 동원하여 탐구한 연구로서도 부족함이 없는 것이다.

　김일성을 전쟁도발자로서 규탄하는 것은 매우 쉬운 일이라고 생각한다. 그러나 이를 격정적으로 규탄해 버리는 동안, 우리는 민족의 비극을 가져온 비상한 시기에 전쟁이라는 비상한 사태가 만들어낸 그 많은 희생으로부터 별로 가려 배우는 것이 없을 것이다. 이념에 경도되어 증오하는 동안 우리가 숱하게 묻고 대답해야 할 학문적 질문들에 대해서는 대답할 수 없는 것이다. 이념적 증오가 이성적 사려를 차단하기 때문이다. 학문적 해답의 추구는 이념의 증오가 멎고 이성적 사려와 분석이 시작되는 곳에서 비로소 찾을 수 있다. 그러한 점에서 저자의 연구는 우리가 비로소 이 전쟁을 바라보는 퍼스펙티브를 냉전시대 이념대결의 영역에서 이성과 학문의 영역으로 전환시키는 한 계기를 제공했다고 평가할 수 있을 것이다. 우리가 전쟁을 연구하는 제일 큰 의미는, 이 민족적 재앙, 우리의 실패로부터 될 수 있으면 많은 것을 배우기 위한 것이다.

이러한 문제의식과 관련하여 박 박사의 전쟁연구는 큰 장점을 갖는다. 저자는 사태의 엉클어짐을 해명하는 동안, 이 사태가 결국 구조적 조건에 직면한 인간행위, 즉 지도자들의 선택의 결과이기 때문에 정치지도자들이 중요한 역사적 국면에서 어떤 대안들을 가질 수 있었는가 하는 것을 찾아내려는 문제의식을 갖는다. 그리고 이 점에서 전쟁을 가져온 정치지도자들과 김일성 체제는 비판될 수 있는 것이다. 정치의 다이내믹스를 만들어 내는 것이 구조라기보다는 실제의 정치에서 실제의 인물들이라는 사실, 그리고 이들이 특정의 이념에 의해 계도되고 이들이 사태를 이해하며 판단하는 것이 무엇보다 중요하다는 저자의 퍼스펙티브는, 일찍이 역사학의 최초의 모델을 제시한 투키디데스의 전통을 따르는 것이기도 하다. 이러한 접근법은 사람의 정치적 행태를 날카롭게 들여다보는 그의 역사학자적인 자질이 뒷받침되지 않았더라면 어려웠을 것이다. 우리는 저자의 연구를 통하여 역사변화의 진로에 리더십의 역할이 얼마나 중요한가를 배우며, 그렇기 때문에 전쟁이 회피될 수 있었던 어떤 공간, 어떤 다른 선택들을 발견할 수 있게 된다.

우리는 해방 이후 그 시점에서 남북한이 서로 전쟁을 치를 만큼 그렇게 큰 원한을 가졌는가라는 물음을 되묻는다. 그리고 우리는 그에 대한 이성적 대답을 저자의 연구에서 발견할 수 있다. 전쟁은 남북한 각각에 분단되어 있었던 민족 간의 화해할 수 없는 원한의 결과가 아니라, 북한체제의 리더십이 보여주었던 바, 이념의 절대성에 대한 맹신과, 이성적 분별력과 사려 깊음을 결여하고 오만에 빠진 권력이 빚어낸 결과였다는 사실이다. 우리는 이 연구를 통하여 오늘의 북한체제가 보여주고 있는 참상의 역사적 뿌리를 볼 수 있을 것이다. 저자가 대안으로서 말하려고 했던 것은 이성과 사려 깊음을 갖추고 민족과 역사에 책임을 지는 리더십, 그리고 그와 아울러 민중의 체제라고 이념에 의해 상정되는 것이 아니라 실제로 민중이 정치에 참여할 수 있는 민주주의의 중요성이라고 할 수 있다.

한국전쟁과 한국현대사 연구의 뚜렷한 전환점을 이루었던 커밍스의 저작은, 해방 이후 현대사에서 혁명적 민족주의 세력의 역할을 포함하여 그동안 냉전반공주의의 질곡 속에 금기시되었던 이념적 스펙트럼을 전면적으로 열어 보이면서 80년대 한국사회에서 아래로부터의 민중운동이 고양되었던 시기를 대변하였던 한국현대사와 전쟁에 관한 연구라고 할 수 있을 것이다. 그와는 대조적으로 또 하나의 전환점으로서의 박명림 박사의 한국전쟁 연구는 북한체제와 혁명적-폐쇄적-근본주의적 민족주의 실험의 총체적 실패, 그리고 그것이 일찍이 한국사에 유례없는 민족의 대재앙으로 나타나는 오늘의 시점에서 이념에 대한 비판적 접근, 민주주의, 권력의 절제와 이성에 기초하여 통일을 준비하는 21세기의 통일시대를 대변하는 연구라고 볼 수 있을 것이다. 역사적 사실을 엄정하게 규명하고 그에 기초하여 우리는 비로소 비극적인 전쟁의 경험에 토대를 둔 증오를 넘어 민족의 화해와 평화, 그리고 통일을 위한 대통합의 정신적, 현실적 준비를 할 수 있다는 것이 저자의 연구가 던지는 가장 큰 의미이자 메시지라고 평가할 수 있을 것이다.

역사와 지식과 사회

한국전쟁 이해와 한국사회

박명림 지음

우리 민족의 고통과 모순의 뿌리, 한국전쟁!

한국전쟁 연구의 새 지평을 연 저자는 이 책에서 1980년 광주항쟁을 전후한 시기부터 지금까지 '주목할 만한 30년' 동안의 우리 사회의 한국전쟁 연구사를 정리한다. 이 책은 한국 사회와 세계의 변화를 함께 고찰하여 그것이 한국전쟁 이해의 변화와 어떠한 양상으로 관련 맺는지를 종합적으로 탐구한다. 이러한 탐구를 통해 저자는 고통의 역사를 온몸으로 껴안아 그 굴레를 깨뜨려 나아갈 수 있는 지혜와 사상을 창출해낼 것을 역설한다.

신국판 | 양장본 | 488면 | 25,000원

한국 1950

전쟁과 평화

박명림 지음

더 이상 아픈 과거일 수 없다

그동안의 한국전쟁 연구가 '밖으로부터' 관련 국가들과 리더십의 정책결정 및 그 요인에 주목하는 동안 실제 전쟁의 사실적 내용에 대해서는 거의 관심을 두지 않았다면, 이 연구는 작은 사태에 대해서도 깊이 파고들며 세계 역사−정치학계의 이론과 해석의 문제를 수정, 보완한다. 한국전쟁과 세계냉전 연구에서 무시되었던 남한과 북한의 자료들은 이 사태를 재구성하고 해석하는 핵심자료의 위치를 차지한다. 한국자료에 대한 재구성과 이해 없이는 이 사건을 결코 제대로 파악할 수 없다.

신국판 | 양장본 | 866면 | 38,000원

나남 nanam www.nanam.net | 031-955-4601